大学入試シリーズ
323

中央大学

理工学部-学部別選抜
一般方式・英語外部試験利用方式・共通テスト併用方式

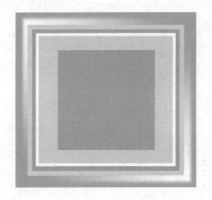

教学社

はしがき

　入力した質問に対して，まるで人間が答えているかのような自然な文章で，しかも人間よりもはるかに速いスピードで回答することができるという，自然言語による対話型の AI（人工知能）の登場は，社会に大きな衝撃を与えました。回答の内容の信憑性については依然として課題があると言われるものの，AI 技術の目覚ましい進歩に驚かされ，人間の活動を助けるさまざまな可能性が期待される一方で，悪用される危険性や，将来人間を脅かす存在になるのではないかという危惧を覚える人もいるのではないでしょうか。

　大学教育においても，本来は学生本人が作成すべきレポートや論文などが，AI のみに頼って作成されることが懸念されており，AI の使用についての注意点などを発表している大学もあります。たとえば東京大学では，「回答を批判的に確認し，適宜修正することが必要」，「人間自身が勉強や研究を怠ることはできない」といったことが述べられています。

　16 〜 17 世紀のイギリスの哲学者フランシス・ベーコンは，『随筆集』の中で，「悪賢い人は勉強を軽蔑し，単純な人は勉強を称賛し，賢い人は勉強を利用する」と記しています。これは勉強や学問に取り組む姿勢について述べたものですが，このような新たな技術に対しても，侮ったり，反対に盲信したりするのではなく，その利点と欠点を十分に検討し，特性をよく理解した上で賢く利用していくことが必要といえるでしょう。

　受験勉強においても，単にテクニックを覚えるのではなく，基礎的な知識を習得することを目指して正攻法で取り組み，大学で教養や専門知識を学ぶための確固とした土台を作り，こうした大きな変革の時代にあっても自分を見失わず，揺るぎない力を身につけてほしいと願っています。

＊　　　＊　　　＊

　本書刊行に際しまして，入試問題や資料をご提供いただいた大学関係者各位，掲載許可をいただいた著作権者の皆様，各科目の解答や対策の執筆にあたられた先生方に，心より御礼を申し上げます。

編者しるす

赤本の使い方

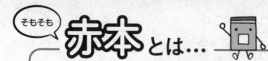

そもそも赤本とは…

受験生のための大学入試の過去問題集！

60年以上の歴史を誇る赤本は，600点を超える刊行点数で全都道府県の370大学以上を網羅しており，過去問の代名詞として受験生の必須アイテムとなっています。

Q. なぜ受験に過去問が必要なの？

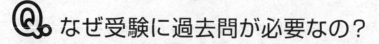

A. 大学入試は大学によって問題形式や頻出分野が大きく異なるからです。

マーク式か記述式か，試験時間に対する問題量はどうか，基本問題中心か応用問題中心か，論述問題や計算問題は出るのか——これらの出題形式や頻出分野などの傾向は大学によって違うので，とるべき対策も大学によって違ってきます。
出題傾向をつかみ，その大学にあわせた対策をとるために過去問が必要なのです。

赤本で志望校を研究しよう！

赤本の掲載内容

傾向と対策

これまでの出題内容から、問題の「**傾向**」を分析し、来年度の入試にむけて具体的な「**対策**」の方法を紹介しています。

問題編・解答編

年度ごとに問題とその解答を掲載しています。
「**問題編**」ではその年度の試験概要を確認したうえで、実際に出題された過去問に取り組むことができます。
「**解答編**」には高校・予備校の先生方による解答が載っています。

ページの上部に年度や日程、科目などを示しています。見たいコンテンツを探すときは、この部分に注目してください。

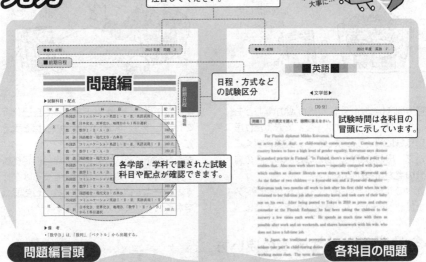

他にも赤本によって、大学の基本情報や、先輩受験生の合格体験記、在学生からのメッセージなどが載っています。

● 掲載内容について ●

著作権上の理由やその他編集上の都合により問題や解答の一部を割愛している場合があります。なお、指定校推薦入試、社会人入試、編入学試験、帰国生入試などの特別入試、英語以外の外国語科目、商業・工業科目は、原則として掲載しておりません。また試験科目は変更される場合がありますので、あらかじめご了承ください。

赤本の使い方

受験勉強は過去問に始まり，過去問に終わる。

STEP 1 （なにはともあれ） まずは解いてみる

STEP 2 （じっくり具体的に） 弱点を分析する

過去問をいつから解いたらいいか悩むかもしれませんが，まずは一度，**できるだけ早いうちに解いてみましょう。実際に解くことで，出題の傾向，問題のレベル，今の自分の実力がつかめます。**
赤本の「傾向と対策」にも，詳しい傾向分析が載っています。必ず目を通しましょう。

解いた後は，ノートなどを使って自己分析をしましょう。**間違いは自分の弱点を教えてくれる貴重な情報源です。**
弱点を分析することで，今の自分に足りない力や苦手な分野などが見えてくるはずです。合格点を取るためには，こうした弱点をなくしていくのが近道です。

合格者があかす赤本の使い方

傾向と対策を熟読
（Fさん／国立大合格）

大学の出題傾向を調べることが大事だと思ったので，赤本に載っている「傾向と対策」を熟読しました。解答・解説もすべて目を通し，自分と違う解き方を学びました。

目標点を決める
（Yさん／私立大合格）

赤本によっては合格者最低点が載っているものもあるので，まずその点数を超えられるように目標を決めるのもいいかもしれません。

時間配分を確認
（Kさん／公立大合格）

過去問を本番の試験と同様の時間内に解くことで，どのような時間配分にするか，どの設問から解くかを決めました。

過去問を解いてみて，まずは自分のレベルとのギャップを知りましょう。
それを克服できるように学習計画を立て，苦手分野の対策をします。
そして，また過去問を解いてみる，というサイクルを繰り返すことで効果的に学習ができます。

STEP 3 重点対策をする（志望校にあわせて）

STEP 1▶2▶3… 実践を繰り返す（サイクルが大事！）

分析した結果をもとに，参考書や問題集を活用して**苦手な分野の重点対策**をしていきます。赤本を指針にして，何をどんな方法で強化すればよいかを考え，**具体的な学習計画を立てましょう**。
「傾向と対策」のアドバイスも参考にしてください。

ステップ1～3を繰り返し，足りない知識の補強や，よりよい解き方を研究して，実力アップにつなげましょう。
繰り返し解いて**出題形式に慣れること**や，試験時間に合わせて**実戦演習を行うこと**も大切です。

添削してもらう
（Sさん／国立大合格）

記述式の問題は自分で採点しにくいので，先生に添削してもらうとよいです。人に見てもらうことで自分の弱点に気づきやすくなると思います。

繰り返し解く
（Tさん／国立大合格）

1周目は問題のレベル確認程度に使い，2周目は復習兼頻出事項の見極めとして，3周目はしっかり得点できる状態を目指して使いました。

他学部の過去問も活用
（Kさん／私立大合格）

自分の志望学部の問題はもちろん，同じ大学の他の学部の過去問も解くようにしました。同じ大学であれば，傾向が似ていることが多いので，これはオススメです。

中央大-理工 ◀目次▶

目 次

大 学 情 報 1

◆ 在学生メッセージ　　33
◆ 合格体験記　　38

傾向と対策 43

2023年度
問 題 と 解 答

■一般方式・英語外部試験利用方式

英　　語	4	解答 69
数　　学	19	解答 87
物　　理	23	解答 100
化　　学	36	解答 106
生　　物	50	解答 112

■共通テスト併用方式

数　　学	122	解答 156
物　　理	125	解答 167
化　　学	134	解答 175
生　　物	141	解答 180

2022年度
問 題 と 解 答

■一般方式・英語外部試験利用方式

英　　語	4	解答 67
数　　学	19	解答 83
物　　理	24	解答 94
化　　学	34	解答 102
生　　物	49	解答 110

■共通テスト併用方式

数　　学	120	解答 158
物　　理	123	解答 173
化　　学	134	解答 180
生　　物	143	解答 185

中央大-理工 ◀目次▶

2021年度
問題と解答

■一般入試

英　　語 ……………………… 4 ／ 解答 65

数　　学 ……………………… 20 ／ 解答 80

物　　理 ……………………… 25 ／ 解答 94

化　　学 ……………………… 36 ／ 解答 101

生　　物 ……………………… 48 ／ 解答 108

■共通テスト併用方式

数　　学 ……………………… 118 ／ 解答 151

物　　理 ……………………… 121 ／ 解答 163

化　　学 ……………………… 131 ／ 解答 171

生　　物 ……………………… 135 ／ 解答 176

掲載内容についてのお断り

・著作権の都合上，下記の英文および全訳を省略しています。
　2023 年度：一般方式・英語外部試験利用方式
　　　　「英語」大問Ⅵ

University Guide

大学情報

大学の基本情報

沿革

1885	（明治18）	英吉利法律学校創設
1889	（明治22）	東京法学院と改称
1903	（明治36）	東京法学院大学と改称
1905	（明治38）	中央大学と改称，経済学科開設
1909	（明治42）	商業学科開設
1920	（大正9）	大学令による中央大学認可
1926	（大正15）	神田錦町から神田駿河台へ移転
1948	（昭和23）	通信教育部開設
1949	（昭和24）	新制大学発足，法・経済・商・工学部開設
1951	（昭和26）	文学部開設
1962	（昭和37）	工学部を理工学部に改組
1978	（昭和53）	多摩キャンパス開校
1993	（平成5）	総合政策学部開設
2000	（平成12）	市ヶ谷キャンパス開校
2004	（平成16）	市ヶ谷キャンパスに法務研究科（ロースクール）開設
2008	（平成20）	後楽園キャンパスに戦略経営研究科（ビジネススクール）開設
2010	（平成22）	市ヶ谷田町キャンパス開校
2019	（平成31）	国際経営学部と国際情報学部開設
2023	（令和5）	茗荷谷キャンパス開校

ブランドマーク

このブランドマークは，箱根駅伝で広く知られた朱色の「C」マークと，伝統ある独自書体の「中央大学」を組み合わせたものとなっています。2007年度，このブランドマークに，新たに「行動する知性。」というユニバーシティメッセージを付加しました。建学の精神に基づく実学教育を通じて涵養された知性をもとに社会に貢献できる人材，という本学の人材養成像を示しています。

学部・学科の構成

大　学

法学部　茗荷谷キャンパス
　法律学科（法曹コース，公共法務コース，企業コース）
　国際企業関係法学科
　政治学科（公共政策コース，地域創造コース，国際政治コース，メディア政治コース）

経済学部　多摩キャンパス
　経済学科（経済総合クラスター，ヒューマンエコノミークラスター）
　経済情報システム学科（企業経済クラスター，経済情報クラスター）
　国際経済学科（貿易・国際金融クラスター，経済開発クラスター）
　公共・環境経済学科（公共クラスター，環境クラスター）

商学部　多摩キャンパス
　経営学科
　会計学科
　国際マーケティング学科
　金融学科

※商学部では，各学科に「フレックス・コース」と「フレックス Plus 1・コース」という2つのコースが設けられている。なお，フリーメジャー（学科自由選択）・コースの合格者は，入学手続時に商学部のいずれかの学科のフレックス・コースに所属し，2年次進級時に改めて学科・コースを選択（変更）できる。

理工学部　後楽園キャンパス
　数学科
　物理学科
　都市環境学科（環境クリエーターコース，都市プランナーコース）
　精密機械工学科
　電気電子情報通信工学科
　応用化学科
　ビジネスデータサイエンス学科
　情報工学科
　生命科学科

4　中央大／大学情報

　人間総合理工学科

文学部　多摩キャンパス

　人文社会学科（国文学専攻，英語文学文化専攻，ドイツ語文学文化専攻，フラン
　　ス語文学文化専攻〈語学文学文化コース，美術史美術館コース〉，中国言語文化専
　　攻，日本史学専攻，東洋史学専攻，西洋史学専攻，哲学専攻，社会学専攻，社会
　　情報学専攻〈情報コミュニケーションコース，図書館情報学コース〉，教育学専攻，
　　心理学専攻，学びのパスポートプログラム〈社会文化系，スポーツ文化系〉）

総合政策学部　多摩キャンパス

　政策科学科

　国際政策文化学科

国際経営学部　多摩キャンパス

　国際経営学科

国際情報学部　市ヶ谷田町キャンパス

　国際情報学科

（備考）クラスター，コース等に分属する年次はそれぞれで異なる。

大学院

法学研究科／経済学研究科／商学研究科／理工学研究科／文学研究科／総
合政策研究科／国際情報研究科／法科大学院（ロースクール）／戦略経営研
究科（ビジネススクール）

大学所在地

茗荷谷キャンパス
多摩キャンパス
後楽園キャンパス
市ヶ谷田町キャンパス

茗荷谷キャンパス	〒112-8631	東京都文京区大塚 1-4-1
多摩キャンパス	〒192-0393	東京都八王子市東中野 742-1
後楽園キャンパス	〒112-8551	東京都文京区春日 1-13-27
市ヶ谷田町キャンパス	〒162-8478	東京都新宿区市谷田町 1-18

入試データ

入試状況(志願者数・競争率など)

- 競争率は受験者数(共通テスト利用選抜は志願者数)÷合格者数で算出し,小数点第2位を四捨五入している。
- 個別学力試験を課さない共通テスト利用選抜〈単独方式〉は1カ年分のみの掲載。
- 商学部国際マーケティング学科は,2022年4月より商業・貿易学科から名称変更。

2023年度 入試状況

6学部共通選抜

区分			募集人員	志願者数	受験者数	合格者数	競争率
法	4教科型	法律	20	363	340	118	2.9
		国際企業関係法	5	9	9	3	3.0
		政治	5	86	82	53	1.5
	3教科型	法律	36	1,311	1,241	156	8.0
		国際企業関係法	10	122	119	47	2.5
		政治	20	364	348	107	3.3
経済	経済		60	989	945	238	4.0
	経済情報システム		5	111	103	21	4.9
	国際経済		10	250	239	44	5.4
	公共・環境経済		5	117	113	15	7.5
商	フリーメジャー		70	1,268	1,215	302	4.0
文	人文社会	国文学	7	176	164	41	4.0
		英語文学文化	7	185	175	65	2.7
		ドイツ語文学文化	3	90	85	29	2.9
		フランス語文学文化	3	251	245	45	5.4
		中国言語文化	3	100	97	27	3.6
		日本史学	3	123	116	19	6.1
		東洋史学	4	58	49	16	3.1
		西洋史学	4	107	101	27	3.7

(表つづく)

中央大／大学情報　7

区　　　　分			募集人員	志願者数	受験者数	合格者数	競争率
文	人文社会	哲　　　　　　学	3	82	74	26	2.8
		社　　会　　学	3	251	241	46	5.2
		社　会　情　報　学	3	111	107	31	3.5
		教　　育　　学	3	101	97	24	4.0
		心　　理　　学	3	208	203	26	7.8
		学びのパスポートプログラム	2	53	52	6	8.7
総合政策		政　　策　　科	25	372	363	101	3.6
		国　際　政　策　文　化	25	295	281	116	2.4
国際経営		4　　教　　科　　型	10	44	41	14	2.9
		3　　教　　科　　型	20	314	296	60	4.9
計			377	7,911	7,541	1,823	―

（備考）• 法学部，文学部及び総合政策学部の志願者数・受験者数は，第1志望の学科（専攻）で算出している。
• 新型コロナウイルス感染症等対応のための特別措置を実施し，上表以外に，経済学部2名，文学部2名の合格者を出した。

■■学部別選抜＜一般方式＞

区　　　分			募集人員	志願者数	受験者数	合格者数	競争率
法	4教科型	法　　　　律	60	647	596	241	2.5
		国際企業関係法	5	42	39	16	2.4
		政　　　　治	20	107	98	46	2.1
	3教科型	法　　　　律	269	2,786	2,628	608	4.3
		国際企業関係法	60	541	517	139	3.7
		政　　　　治	128	920	871	318	2.7
経済	Ⅰ(2/14)	経　　　　済	135	2,386	2,204	263	8.4
		経済情報システム	79	386	350	178	2.0
		公共・環境経済	60	1,196	1,123	180	6.2
	Ⅱ(2/15)	経　　　　済	90	1,336	1,185	148	8.0
		国　際　経　済	113	1,387	1,266	309	4.1
商	経　営	フレックス	130	2,137	2,002	377	5.3
		フレックス Plus1	20	360	334	52	6.4
	会　計	フレックス	115	1,023	972	280	3.5
		フレックス Plus1	40	241	231	64	3.6
	国際マーケティング	フレックス	120	1,214	1,157	360	3.2
		フレックス Plus1	20	160	150	43	3.5
	金　融	フレックス	40	672	631	213	3.0
		フレックス Plus1	15	100	95	24	4.0
理工		数	32	769	648	216	3.0
		物　　　　理	33	856	728	237	3.1
		都　市　環　境	45	848	677	169	4.0
		精　密　機　械　工	80	1,350	1,142	374	3.1
		電気電子情報通信工	65	952	771	260	3.0
		応　　用　　化	78	1,389	1,128	297	3.8
		ビジネスデータサイエンス	65	772	659	175	3.8
		情　　報　　工	65	1,815	1,541	301	5.1
		生　　命　　科	43	527	440	117	3.8
		人　間　総　合　理　工	32	337	288	54	5.3
文	人文社会	国　文　学	29	503	485	125	3.9
		英　語　文　学　文　化	77	588	564	240	2.4
		ドイツ語文学文化	22	183	177	61	2.9
		フランス語文学文化	34	528	510	127	4.0
		中　国　言　語　文　化	23	238	226	80	2.8
		日　本　史　学	43	519	499	155	3.2

（表つづく）

	区　　　分		募集人員	志願者数	受験者数	合格者数	競争率
文	人文社会	東　洋　史　学	25	158	147	53	2.8
		西　洋　史　学	25	309	299	90	3.3
		哲　　　　　学	36	229	219	93	2.4
		社　　会　　学	47	564	539	178	3.0
		社　会　情　報　学	43	219	208	70	3.0
		教　　育　　学	32	310	304	88	3.5
		心　　理　　学	41	610	579	107	5.4
		学びのパスポートプログラム	10	76	71	11	6.5
総合政策	政　　　　策　　　　科		30	881	775	113	6.9
	国　際　政　策　文　化		30	885	765	134	5.7
国　　際　　経　　営			70	1,172	1,102	319	3.5
国　　際　　情　　報			60	985	918	183	5.0
計			2,734	36,213	32,858	8,286	－

（備考）• 経済学部，商学部及び総合政策学部の志願者数・受験者数は，第1志望の学科（コース）で算出している。
• 新型コロナウイルス感染症等対応のための特別措置を実施し，上表以外に，法学部1名，経済学部1名，総合政策学部1名，国際経営学部1名の合格者を出した。

10 中央大／大学情報

■■学部別選抜＜英語外部試験利用方式＞

区　　　　分			募集人員	志願者数	受験者数	合格者数	競争率
経済	Ⅰ (2/14)	経　　　　　　　済	13	505	465	42	11.1
		経済情報システム	8	134	127	12	10.6
		公共・環境経済	7	370	352	100	3.5
	Ⅱ (2/15)	経　　　　　　　済	9	368	338	70	4.8
		国　際　経　済	13	643	582	123	4.7
理工		数	3	1	1	0	—
		物　　　　　　　理	2	2	1	1	1.0
		都　市　環　境	2	11	7	4	1.8
		精　密　機　械　工	2	17	12	6	2.0
		電気電子情報通信工	2	15	12	10	1.2
		応　　用　　化	2	32	19	7	2.7
		ビジネスデータサイエンス	2	12	12	5	2.4
		情　　報　　工	2	5	3	2	1.5
		生　　命　　科	2	20	17	4	4.3
		人　間　総　合　理　工	5	13	9	5	1.8
文	人文社会	国　　文　　学	若干名	15	14	3	4.7
		英　語　文　学　文　化		52	49	16	3.1
		ド　イ　ツ　語　文　学　文　化		18	18	4	4.5
		フ　ラ　ン　ス　語　文　学　文　化		44	43	13	3.3
		中　国　言　語　文　化		20	18	7	2.6
		日　　本　　史　　学		22	22	8	2.8
		東　　洋　　史　　学		12	12	5	2.4
		西　　洋　　史　　学		20	19	7	2.7
		哲　　　　　　　学		19	18	6	3.0
		社　　　会　　　学		53	49	14	3.5
		社　　会　　情　　報　　学		17	16	3	5.3
		教　　　育　　　学		19	19	6	3.2
		心　　　理　　　学		39	37	8	4.6
総合政策	政　　策　　科		5	50	37	13	2.8
	国　際　政　策　文　化		5	129	98	34	2.9
国　　際　　経　　営			20	635	615	198	3.1
国　　際　　情　　報			5	141	139	17	8.2
計			109	3,453	3,180	753	—

（備考）• 経済学部及び総合政策学部の志願者数・受験者数は，第１志望の学科で算出している。
　　　　• 新型コロナウイルス感染症等対応のための特別措置を実施し，上表以外に，総合政策学部１名の合格者を出した。
　　　　• 文学部人文社会学科の学びのパスポートプログラムは，学部別選抜〈英語外部試験利用方式〉での募集は行っていない（2024年度より募集が実施される）。

中央大／大学情報　11

■学部別選抜＜大学入学共通テスト併用方式＞

区　　　分			募集人員	志願者数	受験者数	合格者数	競争率
法	法　　　律		52	528	469	206	2.3
	国際企業関係法		13	102	90	30	3.0
	政　　　治		26	147	128	85	1.5
経済	経　済	Ⅰ（2/14 実施）	9	104	82	17	4.8
		Ⅱ（2/15 実施）	6	56	35	7	5.0
	経済情報システム		7	30	22	12	1.8
	国　際　経　済		12	42	33	12	2.8
	公共・環境経済		6	20	17	12	1.4
商	フリーメジャー	A	10	134	123	35	3.5
		B	10	134	119	40	3.0
理工	数		13	210	194	65	3.0
	物　　　理		10	233	216	78	2.8
	都　市　環　境		9	198	175	62	2.8
	精　密　機　械　工		20	242	221	66	3.3
	電気電子情報通信工		20	208	187	58	3.2
	応　　　用　　　化		25	341	324	115	2.8
	ビジネスデータサイエンス		13	310	288	78	3.7
	情　　　報　　　工		13	380	339	58	5.8
	生　　　命　　　科		10	234	217	66	3.3
	人　間　総　合　理　工		12	141	132	26	5.1
総合政策	政　　　策　　　科		15	98	72	25	2.9
	国　際　政　策　文　化		15	223	180	84	2.1
国	際　　経　　営		10	104	86	20	4.3
国	際　　情　　報		10	198	182	53	3.4
計			346	4,417	3,931	1,310	―

（備考）・経済学部及び総合政策学部の志願者数・受験者数は，第1志望の学科で算出している。
　　　　・商学部フリーメジャー・コースは，学部別選抜A（2/11 実施）・学部別選抜B（2/13 実施）それぞれ 10 名の募集。
　　　　・新型コロナウイルス感染症等対応のための特別措置を実施し，上表以外に，理工学部 3 名の合格者を出した。

12 中央大／大学情報

■■大学入学共通テスト利用選抜＜単独方式＞

区　　　　分				募集人員	志願者数	合格者数	競争率
法	前期選考	5教科型	法　　　　　律	115	1,585	983	1.6
			国 際 企 業 関 係 法	19	212	157	1.4
			政　　　　　治	52	327	225	1.5
		3教科型	法　　　　　律	24	1,218	285	4.3
			国 際 企 業 関 係 法	6	169	82	2.1
			政　　　　　治	12	422	154	2.7
	後期選考		法　　　　　律	6	83	15	5.5
			国 際 企 業 関 係 法	3	42	4	10.5
			政　　　　　治	6	64	10	6.4
経済	前期選考	4教科型	経　　　　　済	16	495	161	3.1
			経 済 情 報 シ ス テ ム	7	106	29	3.7
			国　際　経　済	11	48	23	2.1
			公 共 ・ 環 境 経 済	6	21	9	2.3
		3教科型	経　　　　　済	16	409	79	5.2
			経 済 情 報 シ ス テ ム	7	67	21	3.2
			国　際　経　済	11	71	25	2.8
			公 共 ・ 環 境 経 済	6	39	7	5.6
	後期選考		経　　　　　済	5	65	44	1.5
			経 済 情 報 シ ス テ ム	5	37	17	2.2
			国　際　経　済	5	42	26	1.6
			公 共 ・ 環 境 経 済	5	50	13	3.8
商	前期選考	4教科型	経　営　フレックス	14	245	98	2.5
			会　計　フレックス	14	259	112	2.3
			国　際　マーケティング　フレックス	14	143	63	2.3
			金　融　フレックス	8	49	30	1.6
		3教科型	経　営　フレックス	12	865	184	4.7
			会　計　フレックス	12	380	100	3.8
			国　際　マーケティング　フレックス	12	294	84	3.5
			金　融　フレックス	4	75	25	3.0
	後期選考		経　営　フレックス	4	55	4	13.8
			会　計　フレックス	4	37	4	9.3
			国　際　マーケティング　フレックス	4	45	4	11.3
			金　融　フレックス	4	34	4	8.5

（表つづく）

中央大／大学情報　13

区分			募集人員	志願者数	合格者数	競争率
理工	前期選考	物　　　　　　　　理	5	343	68	5.0
		都　市　環　境	9	376	66	5.7
		精　密　機　械　工	8	347	96	3.6
		電気電子情報通信工	10	403	97	4.2
		応　　　　用　　　　化	10	436	110	4.0
		ビジネスデータサイエンス	13	308	55	5.6
		情　　　　報　　　　工	7	602	55	10.9
		生　　　命　　　科	5	285	69	4.1
		人　間　総　合　理　工	8	227	38	6.0
文	人文社会	4教科型 専攻フリー	40	512	227	2.3
		前期選考 3教科型 国　　文　　学	11	242	55	4.4
		英　語　文　学　文　化	11	236	84	2.8
		ド　イ　ツ　語　文　学　文　化	6	88	30	2.9
		フ　ラ　ン　ス　語　文　学　文　化	5	74	21	3.5
		中　国　言　語　文　化	6	97	25	3.9
		日　　本　　史　　学	5	171	33	5.2
		東　　洋　　史　　学	6	157	43	3.7
		西　　洋　　史　　学	6	135	51	2.6
		哲　　　　　　　　学	5	95	38	2.5
		社　　　　会　　　　学	5	195	44	4.4
		社　会　情　報　学	3	70	17	4.1
		教　　　育　　　学	3	119	25	4.8
		心　　　理　　　学	3	217	29	7.5
		学びのパスポートプログラム	2	35	4	8.8
		後期選考 国　　文　　学	若干名	135	19	7.1
		英　語　文　学　文　化				
		ド　イ　ツ　語　文　学　文　化				
		フ　ラ　ン　ス　語　文　学　文　化				
		中　国　言　語　文　化				
		日　　本　　史　　学				
		東　　洋　　史　　学				
		西　　洋　　史　　学				
		哲　　　　　　　　学				
		社　　　　会　　　　学				
		社　会　情　報　学				
		教　　　育　　　学				
		心　　　理　　　学				
		学びのパスポートプログラム				

（表つづく）

14 中央大／大学情報

区　　　　分			募集人員	志願者数	合格者数	競争率
総合政策	前期選考	政　　　　策　　　　科	24	267	89	3.0
		国　際　政　策　文　化	25	299	142	2.1
	後期選考	政　　　　策　　　　科	5	55	9	6.1
		国　際　政　策　文　化	5	71	9	7.9
国際経営	前期選考	4　　教　　科　　型	7	51	23	2.2
		3　　教　　科　　型	17	388	129	3.0
	後期選考	4　　教　　科　　型	3	50	11	4.5
		3　　教　　科　　型	3	101	15	6.7
国際情報	前期選考	4　　教　　科　　型	10	82	45	1.8
		3　　教　　科　　型	10	407	160	2.5
	後　　期　　選　　考		5	63	21	3.0
計			755	15,792	5,133	－

（備考）経済学部，商学部及び総合政策学部の志願者数は，第1志望の学科（コース）で算出している。

中央大／大学情報　15

2022年度 入試状況

6学部共通選抜

区　分			募集人員	志願者数	受験者数	合格者数	競争率
法	4教科型	法　　　律	20	359	334	116	2.9
		国際企業関係法	5	17	17	3	5.7
		政　　　治	5	63	59	44	1.3
	3教科型	法　　　律	36	1,210	1,139	139	8.2
		国際企業関係法	10	140	135	40	3.4
		政　　　治	20	305	288	89	3.2
経済		経　　　済	60	937	887	199	4.5
		経済情報システム	5	101	97	21	4.6
		国　際　経　済	10	132	124	25	5.0
		公共・環境経済	5	109	103	19	5.4
商		フリーメジャー	70	1,179	1,115	282	4.0
文	人文社会	国　文　学	7	127	123	40	3.1
		英語文学文化	7	170	164	55	3.0
		ドイツ語文学文化	3	79	71	27	2.6
		フランス語文学文化	3	96	93	44	2.1
		中国言語文化	3	75	71	36	2.0
		日　本　史　学	3	142	137	26	5.3
		東　洋　史　学	4	59	57	15	3.8
		西　洋　史　学	4	102	93	35	2.7
		哲　　　学	3	113	105	33	3.2
		社　会　学	3	114	107	57	1.9
		社　会　情　報　学	3	111	108	19	5.7
		教　育　学	3	83	76	26	2.9
		心　理　学	3	166	157	37	4.2
		学びのパスポートプログラム	2	78	75	10	7.5
総合政策		政　策　科	25	311	299	84	3.6
		国際政策文化	25	232	227	85	2.7
国際経営		4　教　科　型	10	29	29	10	2.9
		3　教　科　型	20	277	258	53	4.9
計			377	6,916	6,548	1,669	—

（備考）• 法学部，文学部及び総合政策学部の志願者数・受験者数は，第1志望の学科（専攻）
　　　　で算出している。
　　　• 新型コロナウイルス感染症等対応のための特別措置を実施し，上表以外に，文学部2
　　　　名，総合政策学部1名の合格者を出した。

16　中央大／大学情報

■■■学部別選抜＜一般方式＞

区　　分			募集人員	志願者数	受験者数	合格者数	競争率
法	4教科型	法　　　　律	60	631	576	218	2.6
		国際企業関係法	5	58	54	24	2.3
		政　　　　治	20	118	110	52	2.1
	3教科型	法　　　　律	269	2,515	2,368	638	3.7
		国際企業関係法	60	410	388	167	2.3
		政　　　　治	128	739	694	261	2.7
経済	I (2/14)	経　　　　済	149	2,198	2,026	293	6.9
		経済情報システム	86	565	512	110	4.7
		公共・環境経済	67	1,074	996	378	2.6
	II (2/15)	経　　　　済	99	1,375	1,230	141	8.7
		国　際　経　済	126	1,562	1,446	424	3.4
商	経　　営	フレックス	130	1,491	1,365	295	4.6
		フレックス Plus1	20	346	312	59	5.3
	会　　計	フレックス	115	1,134	1,078	297	3.6
		フレックス Plus1	40	296	280	69	4.1
	国際マーケティング	フレックス	120	1,182	1,126	357	3.2
		フレックス Plus1	20	157	152	41	3.7
	金　　融	フレックス	40	886	824	255	3.2
		フレックス Plus1	15	83	76	18	4.2
理工	数		32	693	621	277	2.2
	物　　　　　理		33	752	663	275	2.4
	都　市　環　境		45	650	561	196	2.9
	精　密　機　械　工		80	1,240	1,078	359	3.0
	電気電子情報通信工		65	1,195	1,059	325	3.3
	応　　用　　化		78	1,287	1,126	475	2.4
	ビジネスデータサイエンス		65	917	812	202	4.0
	情　　報　　工		65	1,460	1,292	330	3.9
	生　　命　　科		43	552	488	168	2.9
	人　間　総　合　理　工		32	494	435	91	4.8
文	人文社会	国　文　学	29	472	450	161	2.8
		英語文学文化	77	730	692	299	2.3
		ドイツ語文学文化	22	226	217	75	2.9
		フランス語文学文化	34	310	293	139	2.1
		中国言語文化	23	190	179	87	2.1
		日　本　史　学	43	609	585	177	3.3

(表つづく)

中央大／大学情報　17

区　　　分		募集人員	志願者数	受験者数	合格者数	競争率
文 社 会	人 文 社 会	東　洋　史　学	25	213	207	95	2.2
		西　洋　史　学	25	270	258	111	2.3
		哲　　　　　　学	36	309	294	113	2.6
		社　　　会　　　学	47	446	432	210	2.1
		社　会　情　報　学	43	298	286	83	3.4
		教　　　育　　　学	32	308	297	127	2.3
		心　　　理　　　学	41	569	540	167	3.2
		学びのパスポートプログラム	10	104	95	22	4.3
総合政策	政　　　　策　　　　科		30	512	435	115	3.8
	国　際　政　策　文　化		30	666	548	155	3.5
国　　　際　　　経　　　営			70	1,286	1,221	217	5.6
国　　　際　　　情　　　報			60	1,154	1,084	208	5.2
計			2,784	34,732	31,861	9,356	―

（備考）• 経済学部，商学部及び総合政策学部の志願者数・受験者数は，第1志望の学科（コース）で算出している。
• 新型コロナウイルス感染症等対応のための特別措置を実施し，上表以外に，法学部1名，経済学部6名，商学部3名，理工学部6名，文学部1名，総合政策学部1名，国際情報学部2名の合格者を出した。

■■学部別選抜＜英語外部試験利用方式＞

区　　分			募集人員	志願者数	受験者数	合格者数	競争率
経済	Ⅰ 2/14	経　　　　　済	5	363	341	45	7.6
		経済情報システム	4	169	157	21	7.5
		公　共・環　境　経　済	3	337	314	97	3.2
	Ⅱ 2/15	経　　　　　済	3	305	270	77	3.5
		国　際　経　済	5	459	426	264	1.6
理工		数	3	1	1	0	―
		物　　　　　理	2	9	6	0	―
		都　市　環　境	2	2	2	1	2.0
		精　密　機　械　工	2	15	11	8	1.4
		電気電子情報通信工	2	7	5	4	1.3
		応　　　用　　　化	2	14	11	9	1.2
		ビジネスデータサイエンス	2	13	13	6	2.2
		情　　　報　　　工	2	5	4	1	4.0
		生　　命　　科	2	8	7	5	1.4
		人　間　総　合　理　工	5	8	6	4	1.5
文	人文社会	国　　文　　学	若干名	33	29	7	4.1
		英　語　文　学　文　化		59	59	19	3.1
		ド イ ツ 語 文 学 文 化		13	11	5	2.2
		フ ラ ン ス 語 文 学 文 化		24	24	10	2.4
		中　国　言　語　文　化		19	19	9	2.1
		日　　本　　史　　学		21	19	6	3.2
		東　　洋　　史　　学		16	15	6	2.5
		西　　洋　　史　　学		18	16	7	2.3
		哲　　　　　学		22	19	6	3.2
		社　　会　　学		32	28	14	2.0
		社　会　情　報　学		38	34	6	5.7
		教　　育　　学		17	16	5	3.2
		心　　理　　学		25	23	8	2.9
総合政策		政　　策　　科	5	42	30	12	2.5
		国　際　政　策　文　化	5	127	90	37	2.4
国　際　経　営			20	729	700	181	3.9
国　際　情　報			5	244	228	14	16.3
計			79	3,194	2,934	894	―

（備考）•経済学部及び総合政策学部の志願者数・受験者数は，第１志望の学科で算出している。
•新型コロナウイルス感染症等対応のための特別措置を実施し，上表以外に，経済学部１名の合格者を出した。

中央大／大学情報　19

■■学部別選抜＜大学入学共通テスト併用方式＞

区　　　　分			募集人員	志願者数	受験者数	合格者数	競争率
法	法	律	52	557	514	189	2.7
	国 際 企 業 関 係 法		13	97	90	52	1.7
	政	治	26	138	132	75	1.8
経	経　　済	I（2/14 実施）	9	156	141	27	5.2
		II（2/15 実施）	6	87	69	10	6.9
	経 済 情 報 シ ス テ ム		7	50	43	14	3.1
済	国 　 際 　 経 　 済		12	59	52	16	3.3
	公 共 ・ 環 境 経 済		6	86	80	25	3.2
商	フ リ ー メ ジ ャ ー		20	229	210	55	3.8
	数		13	150	137	58	2.4
	物	理	10	163	153	55	2.8
	都 　 市 　 環 　 境		9	191	177	62	2.9
理	精 密 機 械 工		20	282	261	81	3.2
	電 気 電 子 情 報 通 信 工		20	330	311	94	3.3
	応 　 用 　 化		25	289	268	128	2.1
工	ビ ジ ネ ス デ ー タ サ イ エ ン ス		13	313	289	74	3.9
	情 　 報 　 工		13	497	459	93	4.9
	生 　 命 　 科		10	240	219	81	2.7
	人 間 総 合 理 工		12	224	210	58	3.6
総合政策	政 　 策 　 科		15	103	84	31	2.7
	国 際 政 策 文 化		15	170	123	64	1.9
国	際 経 営		10	64	58	10	5.8
国	際 情 報		10	289	271	54	5.0
計			346	4,764	4,351	1,406	―

（備考）• 経済学部及び総合政策学部の志願者数・受験者数は，第1志望の学科で算出している。
• 商学部フリーメジャー・コースは，学部別選抜A（2/11実施）・学部別選抜B（2/13実施）それぞれ10名の募集。
• 新型コロナウイルス感染症等対応のための特別措置を実施し，上表以外に，法学部1名，理工学部1名，総合政策学部1名，国際情報学部1名の合格者を出した。

2021年度 入試状況

■■一般入試

区　　　　　分			募集人員	志願者数	受験者数	合格者数	競争率
法	4教科型	法　　　　　律	60	795	694	272	2.6
		国際企業関係法	5	158	140	70	2.0
		政　　　　　治	20	257	221	102	2.2
	3教科型	法　　　　　律	269	2,629	2,411	704	3.4
		国際企業関係法	60	501	465	208	2.2
		政　　　　　治	128	999	908	313	2.9
経済	I (2/14)	経　　　　　済	149	2,655	2,457	361	6.8
		経済情報システム	86	471	428	104	4.1
		公共・環境経済	67	704	665	358	1.9
	II (2/15)	経　　　　　済	99	1,596	1,411	151	9.3
		国　際　経　済	126	1,159	1,058	360	2.9
商	経　　営	フレックス	130	1,751	1,643	190	8.6
		フレックス Plus1	20	360	325	36	9.0
	会　　計	フレックス	115	1,131	1,054	262	4.0
		フレックス Plus1	40	304	288	50	5.8
	商業・貿易	フレックス	120	1,389	1,338	357	3.7
		フレックス Plus1	20	194	186	45	4.1
	金　　融	フレックス	40	928	879	235	3.7
		フレックス Plus1	15	117	109	15	7.3
理工		数	35	677	615	231	2.7
		物　　　　　理	33	814	712	243	2.9
		都　市　環　境	45	728	634	177	3.6
		精　密　機　械　工	80	1,018	896	350	2.6
		電気電子情報通信工	70	1,282	1,122	287	3.9
		応　　用　　化	80	1,345	1,166	443	2.6
		ビジネスデータサイエンス	65	766	663	187	3.5
		情　　報　　工	61	1,547	1,354	297	4.6
		生　　命　　科	40	448	387	146	2.7
		人　間　総　合　理　工	35	204	174	65	2.7

（表つづく）

中央大／大学情報　21

区　　　分		募集人員	志願者数	受験者数	合格者数	競争率
文	人文社会	国　文　学	29	493	473	137	3.5
		英語文学文化	77	625	595	290	2.1
		ドイツ語文学文化	22	141	136	63	2.2
		フランス語文学文化	34	198	188	96	2.0
		中国言語文化	23	148	138	53	2.6
		日　本　史　学	43	472	454	182	2.5
		東　洋　史　学	25	147	139	71	2.0
		西　洋　史　学	25	370	358	94	3.8
		哲　　　　　学	36	350	331	113	2.9
		社　　会　　学	47	504	473	170	2.8
		社　会　情　報　学	43	275	260	80	3.3
		教　　育　　学	32	370	355	115	3.1
		心　　理　　学	41	526	504	135	3.7
		学びのパスポートプログラム	10	116	113	25	4.5
総合政策	一般	政　　策　　科	50	563	460	92	5.0
		国　際　政　策　文　化	50	534	410	117	3.5
	英語換算型	政　　策　　科	5	57	36	13	2.8
		国　際　政　策　文　化	5	128	83	30	2.8
国　　際　　経　　営			70	1,484	1,421	346	4.1
国　　際　　情　　報			60	1,314	1,239	237	5.2
計			2,840	35,742	32,569	9,078	―

（備考）• 経済学部，商学部及び総合政策学部の志願者数・受験者数は，第１志望の学科（コース）で算出している。
• 新型コロナウイルス感染症等対応のための特別措置を実施し，上表以外に，経済学部１名，理工学部３名，総合政策学部１名の合格者を出した。

■■統一入試

区 分			募集人員	志願者数	受験者数	合格者数	競争率
法	4教科型	法　　　　律	20	281	260	128	2.0
		国 際 企 業 関 係 法	5	14	13	5	2.6
		政　　　　治	5	46	44	29	1.5
	3教科型	法　　　　律	36	1,048	981	113	8.7
		国 際 企 業 関 係 法	10	90	85	37	2.3
		政　　　　治	20	243	233	85	2.7
経済		経　　　　済	60	814	773	137	5.6
		経 済 情 報 シ ス テ ム	5	123	114	11	10.4
		国 際 経 済	10	119	114	22	5.2
		公 共 ・ 環 境 経 済	5	111	103	14	7.4
商		フ リ ー メ ジ ャ ー	70	1,158	1,095	245	4.5
文	人文社会	国　文　学	7	140	133	24	5.5
		英 語 文 学 文 化	7	108	103	32	3.2
		ド イ ツ 語 文 学 文 化	3	37	35	12	2.9
		フ ラ ン ス 語 文 学 文 化	3	39	35	14	2.5
		中 国 言 語 文 化	3	72	67	20	3.4
		日　本　史　学	3	114	108	18	6.0
		東　洋　史　学	4	50	48	16	3.0
		西　洋　史　学	4	114	111	21	5.3
		哲　　　　学	3	96	91	24	3.8
		社　会　学	3	132	122	19	6.4
		社 会 情 報 学	3	82	79	17	4.6
		教　育　学	3	80	76	16	4.8
		心　理　学	3	110	100	15	6.7
		学びのパスポートプログラム	2	56	51	10	5.1
総合政策		政　策　科	16	216	204	70	2.9
		国 際 政 策 文 化	16	159	153	50	3.1
国際経営		4 　教　科　型	10	29	27	9	3.0
		3 　教　科　型	20	283	273	40	6.8
計			359	5,964	5,631	1,253	―

（備考）法学部，文学部及び総合政策学部の志願者数・受験者数は，第１志望の学科（専攻）で算出している。

中央大／大学情報　23

■■大学入学共通テスト利用入試＜併用方式＞

区　　分			募集人員	志願者数	合格者数	競争率
法	法　　　　　　　律		52	1,218	497	2.5
	国 際 企 業 関 係 法		13	300	99	3.0
	政　　　　　　　治		26	480	178	2.7
経	経　　　　済	Ⅰ（2/14 実施）	9	434	38	11.4
		Ⅱ（2/15 実施）	6	243	16	15.2
	経 済 情 報 シ ス テ ム		7	97	7	13.9
済	国　　際　　経　　済		12	98	20	4.9
	公 共 ・ 環 境 経 済		6	66	33	2.0
商	フ リ ー メ ジ ャ ー		20	872	100	8.7
	数		13	186	40	4.7
	物　　　　　　　理		10	181	41	4.4
	都　　市　　環　　境		10	238	32	7.4
理	精 密 機 械 工		20	299	63	4.7
	電 気 電 子 情 報 通 信 工		20	441	63	7.0
	応　　　　用　　　　化		25	304	73	4.2
工	ビジネスデータサイエンス		15	298	57	5.2
	情　　　　報　　　　工		16	524	71	7.4
	生　　　命　　　科		15	242	67	3.6
	人 間 総 合 理 工		13	166	56	3.0
総合政策	政　　　策　　　科		15	237	70	3.4
	国 際 政 策 文 化		15	307	89	3.4
国	際　　経　　営		10	357	45	7.9
国	際　　情　　報		10	605	98	6.2
計			358	8,193	1,853	－

（備考）• 経済学部及び総合政策学部の志願者数は，第 1 志望の学科で算出している。
　　　• 商学部フリーメジャー・コースは，併用方式Ａ（2/11 実施）・併用方式Ｂ（2/13 実施）
　　　　それぞれ 10 名の募集。

■英語外部検定試験利用入試

区分			募集人員	志願者数	受験者数	合格者数	競争率
経済	Ⅰ 2/14	経済	5	610	568	99	5.7
		経済情報システム	4	200	186	39	4.8
		公共・環境経済	3	226	212	104	2.0
	Ⅱ 2/15	経済	3	463	414	63	6.6
		国際経済	5	498	449	149	3.0
文	人文社会	国文学	若干名	41	41	9	4.6
		英語文学文化		94	90	23	3.9
		ドイツ語文学文化		21	21	5	4.2
		フランス語文学文化		32	30	6	5.0
		中国言語文化		24	23	6	3.8
		日本史学		19	16	6	2.7
		東洋史学		20	19	6	3.2
		西洋史学		39	39	8	4.9
		哲学		26	24	5	4.8
		社会学		62	54	14	3.9
		社会情報学		44	40	8	5.0
		教育学		28	27	7	3.9
		心理学		41	38	8	4.8
国際経営			20	791	770	232	3.3
国際情報			5	262	252	45	5.6
計			45	3,541	3,313	842	—

(備考) ・経済学部の志願者数・受験者数は，第1志望の学科で算出している。
・新型コロナウイルス感染症等対応のための特別措置を実施し，上表以外に，経済学部1名の合格者を出した。

合格最低点（6学部共通選抜，学部別選抜）

（注）• 2023・2022 年度：6 学部共通選抜，学部別選抜〈一般方式・英語外部試験利用方式〉の合格最低点を掲載。
• 2021 年度：一般入試，統一入試，英語外部検定試験利用入試の合格最低点を掲載。

2023 年度 合格最低点

6 学部共通選抜

区分			合格最低点／満点
法	4教科型	法律	＊269.7／450
		国際企業関係法	＊326.7／500
		政治	＊257.9／450
	3教科型	法律	＊237.6／350
		国際企業関係法	＊263.1／400
		政治	＊226.5／350
経済	経済		＊174.0／300
	経済情報システム		＊175.6／300
	国際経済		＊173.7／300
	公共・環境経済		＊174.7／300
商	フリーメジャー		＊201.0／350
文	人文社会	国文学	＊227.5／400
		英語文学文化	＊185.3／350
		ドイツ語文学文化	＊183.3／350
		フランス語文学文化	＊191.2／350
		中国言語文化	＊187.2／350

区分			合格最低点／満点
文	人文社会	日本史学	＊184.6／300
		東洋史学	＊192.7／350
		西洋史学	＊196.5／350
		哲学	＊193.6／350
		社会学	＊202.5／350
		社会情報学	＊193.4／350
		教育学	＊196.5／350
		心理学	＊176.3／300
		学びのパスポートプログラム	＊182.2／300
総合政策	政策科学		＊206.5／350
	国際政策文化		＊199.5／350
国際経営	4教科型		＊302.5／500
	3教科型		＊242.5／400

（備考）＊印は偏差点を使用している。

■■学部別選抜＜一般方式＞

区分		合格最低点／満点		区分	合格最低点／満点
法	4教科型	法律	＊250.1／450	数　　　　　理	230.0／400
		国際企業関係法	＊271.2／500	物　　　　理	188.0／300
		政治	＊238.1／450	都　市　環　境　工	187.0／300
	3教科型	法律	＊209.3／350	精　密　機　械　工	179.0／300
		国際企業関係法	＊232.2／400	電気電子情報通信工	183.0／300
		政治	＊191.9／350	応　　用　　化	179.0／300
経済	I (2/14)	経済	＊240.0／350	ビジネスデータサイエンス	191.0／300
		経済情報システム	＊231.0／350	情　　報　　工	200.0／300
		公共・環境経済	＊231.1／350	生　　命　　科	176.0／300
	II (2/15)	経済	＊238.0／350	人　間　総　合　理　工	189.0／300
		国際経済	＊227.0／350		

理工の区分行（上表右側）の分類ラベルは「理工」。

文 区分	合格最低点／満点
国　　文　　学	＊250.2／400
英　語　文　学　文　化	＊205.9／350
ドイツ語文学文化	＊205.4／350
フランス語文学文化	＊203.6／350
中　国　言　語　文　化	＊198.0／350
日　　本　　史　　学	＊189.6／350
東　　洋　　史　　学	＊206.2／350
西　　洋　　史　　学	＊222.4／350
哲　　　　　　学	＊208.4／350
社　　会　　学	＊214.9／350
社　会　情　報　学	＊215.9／350
教　　育　　学	＊215.1／350
心　　理　　学	＊196.1／300
学びのパスポートプログラム	＊192.0／300

商 区分		合格最低点／満点
経営	フレックス	＊216.1／350
	フレックス Plus1	＊222.1／350
会計	フレックス	＊203.6／350
	フレックス Plus1	＊214.9／350
国際マーケティング	フレックス	＊200.3／350
	フレックス Plus1	＊213.1／350
金融	フレックス	＊210.0／350
	フレックス Plus1	＊213.4／350

総合政策 区分	合格最低点／満点
政　　策　　科	157.0／250
国　際　政　策　文　化	157.0／250
国　　際　　経　　営	225.0／300
国　　際　　情　　報	180.0／250

（備考）＊印は偏差点を使用している。
総合政策学部の英語の基準点（平均点）は80.43点（素点）。

■■学部別選抜＜英語外部試験利用方式＞

区分		合格最低点／満点
経済 I (2/14)	経済	※／350
	経済情報システム	※／350
	公共・環境経済	※／350
経済 II (2/15)	経済	※／350
	国際経済	※／350
理工	数　　　　理	－／300
	物　　理	112.0／200
	都　市　環　境　工	120.0／200
	精　密　機　械　工	111.0／200
	電気電子情報通信工	99.0／200
	応　用　化	107.0／200
	ビジネスデータサイエンス	108.0／200
	情　　報　　工	129.0／200
	生　　命　　科	136.0／200
	人　間　総　合　理　工	114.0／200

文 区分	合格最低点／満点
国　　文　　学	＊149.9／200
英　語　文　学　文　化	＊142.4／200
ドイツ語文学文化	＊130.1／200
フランス語文学文化	＊132.6／200
中　国　言　語　文　化	＊139.8／200
日　　本　　史　　学	＊143.8／200
東　　洋　　史　　学	＊150.7／200
西　　洋　　史　　学	＊142.4／200
哲　　　　　　学	＊134.3／200
社　　会　　学	＊142.4／200
社　会　情　報　学	＊138.0／200
教　　育　　学	＊140.3／200
心　　理　　学	＊146.2／200

総合政策 区分	合格最低点／満点
政　　策　　科	※／250
国　際　政　策　文　化	※／250
国　　際　　経　　営	※／300
国　　際　　情　　報	80.0／100

（備考）＊印は偏差点を使用している。
※印は非公表。
－印は合格者なし。

2022 年度　合格最低点

■ 6 学部共通選抜

区　　分		合格最低点／満点	区　　分		合格最低点／満点
法	4教科型　法律	＊ 265.6／450	文 人文社会	日本史学	＊ 180.7／300
	4教科型　国際企業関係法	＊ 314.3／500		東洋史学	＊ 193.5／350
	4教科型　政治	＊ 256.5／450		西洋史学	＊ 192.1／350
	3教科型　法律	＊ 234.6／350		哲学	＊ 200.4／350
	3教科型　国際企業関係法	＊ 260.4／400		社会学	＊ 191.8／350
	3教科型　政治	＊ 224.1／350		社会情報学	＊ 204.1／350
経済	経済	＊ 174.0／300		教育学	＊ 194.0／350
	経済情報システム	＊ 174.1／300		心理学	＊ 168.4／300
	国際経済	＊ 173.5／300		学びのパスポートプログラム	＊ 175.2／300
	公共・環境経済	＊ 173.1／300	総合政策	政策科	＊ 210.4／350
商	フリーメジャー	＊ 200.2／350		国際政策文化	＊ 210.3／350
文 人文社会	国文学	＊ 215.8／400	国際経営	4　教科型	＊ 308.6／500
	英語文学文化	＊ 186.8／350		3　教科型	＊ 258.0／400
	ドイツ語文学文化	＊ 185.2／350			
	フランス語文学文化	＊ 175.9／350			
	中国言語文化	＊ 177.7／350			

（備考）＊印は偏差点を使用している。

28　中央大／大学情報

■■学部別選抜＜一般方式＞

区分			合格最低点／満点	区分			合格最低点／満点
法	4教科型	法律	＊ 255.9／450	理工		数	221.0／400
		国際企業関係法	＊ 261.4／500			物理	163.0／300
		政治	＊ 238.3／450			都市環境	167.0／300
	3教科型	法律	＊ 204.9／350			精密機械工	164.0／300
		国際企業関係法	＊ 212.8／400			電気電子情報通信工	170.0／300
		政治	＊ 191.8／350			応用化	162.0／300
経済	I (2/14)	経済	＊ 237.1／350			ビジネスデータサイエンス	176.0／300
		経済情報システム	＊ 233.0／350			情報工	181.0／300
		公共・環境経済	＊ 223.0／350			生命科	172.0／300
	II (2/15)	経済	＊ 238.3／350			人間総合理工	＊ 166.0／300
		国際経済	＊ 223.0／350	文	人文社会	国文学	＊ 268.3／400
商	経営	フレックス	＊ 214.1／350			英語文学文化	＊ 223.5／350
		フレックス Plus 1	＊ 220.4／350			ドイツ語文学文化	＊ 225.8／350
	会計	フレックス	＊ 205.1／350			フランス語文学文化	＊ 210.9／350
		フレックス Plus 1	＊ 215.9／350			中国言語文化	＊ 214.4／350
	国際マーケティング	フレックス	＊ 202.1／350			日本史学	＊ 200.3／350
		フレックス Plus 1	＊ 209.9／350			東洋史学	＊ 219.6／350
	金融	フレックス	＊ 206.5／350			西洋史学	＊ 228.2／350
		フレックス Plus 1	＊ 216.8／350			哲学	＊ 227.0／350
						社会学	＊ 223.2／350
						社会情報学	＊ 240.7／350
						教育学	＊ 221.9／350
						心理学	＊ 200.0／300
						学びのパスポートプログラム	＊ 212.0／300
				総合政策	政策科		175.0／250
					国際政策文化		175.0／250
				国際経営			205.0／300
				国際情報			187.0／250

（備考）＊印は偏差点を使用している。
　　　　総合政策学部の英語の基準点
　　　　（平均点）は 92.14 点（素点）。

■■学部別選抜＜英語外部試験利用方式＞

区分			合格最低点／満点	区分			合格最低点／満点
経済	I (2/14)	経済	※／350	文	人文社会	国文学	153.0／200
		経済情報システム	※／350			英語文学文化	137.0／200
		公共・環境経済	※／350			ドイツ語文学文化	130.0／200
	II (2/15)	経済	※／350			フランス語文学文化	134.0／200
		国際経済	※／350			中国言語文化	135.0／200
理工		数	－／300			日本史学	159.0／200
		物理	－／200			東洋史学	138.0／200
		都市環境	151.0／200			西洋史学	135.0／200
		精密機械工	87.0／200			哲学	142.0／200
		電気電子情報通信工	106.0／200			社会学	136.0／200
		応用化	109.0／200			社会情報学	151.0／200
		ビジネスデータサイエンス	107.0／200			教育学	146.0／200
		情報工	127.0／200			心理学	138.0／200
		生命科	95.0／200	総合政策	政策科		※／250
		人間総合理工	＊ 92.0／200		国際政策文化		※／250
				国際経営			※／300
				国際情報			90.0／100

（備考）＊印は偏差点を使用している。
　　　　※印は非公表。
　　　　－印は合格者なし。

2021年度 合格最低点

■ 一般入試

区 分			合格最低点／満点
法	4教科型	法律	* 251.3 ／ 450
		国際企業関係法	* 261.9 ／ 500
		政治	* 235.7 ／ 450
	3教科型	法律	* 202.0 ／ 350
		国際企業関係法	* 215.2 ／ 400
		政治	* 198.0 ／ 350
経済	I (2/14)	経済	* 237.0 ／ 350
		経済情報システム	* 233.0 ／ 350
		公共・環境経済	* 224.0 ／ 350
	II (2/15)	経済	* 238.0 ／ 350
		国際経済	* 224.1 ／ 350
商	経営	フレックス	* 230.3 ／ 350
		フレックス Plus 1	* 231.5 ／ 350
	会計	フレックス	* 209.0 ／ 350
		フレックス Plus 1	* 224.2 ／ 350
	商・貿	フレックス	* 207.3 ／ 350
		フレックス Plus 1	* 215.2 ／ 350
	金融	フレックス	* 219.5 ／ 350
		フレックス Plus 1	* 228.9 ／ 350

（備考）*印は偏差点を使用している。
　　　　総合政策学部（一般）の英語の基準点
　　　　（平均点）は84.42点（素点）。
　　　　※印は非公表。

区 分			合格最低点／満点
理工		数	240.0 ／ 400
		物理	196.0 ／ 300
		都市環境工	200.0 ／ 300
		精密機械工	188.0 ／ 300
		電気電子情報通信工	197.0 ／ 300
		応用化	189.0 ／ 300
		ビジネスデータサイエンス	198.0 ／ 300
		情報工	212.0 ／ 300
		生命科	176.0 ／ 300
		人間総合理工	* 181.0 ／ 300
文	人文社会	国文学	* 257.6 ／ 400
		英語文学文化	* 204.8 ／ 350
		ドイツ語文学文化	* 201.0 ／ 350
		フランス語文学文化	* 193.6 ／ 350
		中国言語文化	* 211.3 ／ 350
		日本史学	* 186.7 ／ 300
		東洋史学	* 207.8 ／ 350
		西洋史学	* 227.0 ／ 350
		哲学	* 213.9 ／ 350
		社会学	* 221.2 ／ 350
		社会情報学	* 217.6 ／ 350
		教育学	* 218.1 ／ 350
		心理学	* 195.7 ／ 300
		学びのパスポートプログラム	* 192.9 ／ 300
総合政策	一般	政策科	173.0 ／ 250
		国際政策文化	173.0 ／ 250
	英語換算型	政策科	※ ／ 250
		国際政策文化	※ ／ 250
国際経営			209.0 ／ 300
国際情報			192.0 ／ 250

■■統一入試

区　　　分	合格最低点／満点	区　　　分	合格最低点／満点
法　4教科型　法律	＊252.0／450	文　人文社会　日本史学	＊188.2／300
法　4教科型　国際企業関係法	＊310.5／500	文　人文社会　東洋史学	＊214.3／350
法　4教科型　政治	＊248.6／450	文　人文社会　西洋史学	＊217.0／350
法　3教科型　法律	＊233.7／350	文　人文社会　哲学	＊199.7／350
法　3教科型　国際企業関係法	＊260.4／400	文　人文社会　社会学	＊210.3／350
法　3教科型　政治	＊222.1／350	文　人文社会　社会情報学	＊200.5／350
経済　経済	＊180.0／300	文　人文社会　教育学	＊204.6／350
経済　経済情報システム	＊181.6／300	文　人文社会　心理学	＊175.9／300
経済　国際経済	＊184.4／300	文　人文社会　学びのパスポートプログラム	＊172.4／300
経済　公共・環境経済	＊181.6／300	総合政策　政策科	＊216.0／350
商　フリーメジャー	＊203.1／350	総合政策　国際政策文化	＊216.5／350
文　人文社会　国文学	＊242.0／400	国際経営　4教科型	＊302.3／500
文　人文社会　英語文学文化	＊194.2／350	国際経営　3教科型	＊262.2／400
文　人文社会　ドイツ語文学文化	＊186.5／350		
文　人文社会　フランス語文学文化	＊191.5／350		
文　人文社会　中国言語文化	＊202.5／350		

（備考）＊印は偏差点を使用している。

■■英語外部検定試験利用入試

区　　　分	合格最低点／満点	区　　　分	合格最低点／満点
経済　Ⅰ(2/14)　経済	※／350	文　人文社会　国文学	155.0／200
経済　Ⅰ(2/14)　経済情報システム	※／350	文　人文社会　英語文学文化	150.0／200
経済　Ⅰ(2/14)　公共・環境経済	※／350	文　人文社会　ドイツ語文学文化	152.0／200
経済　Ⅱ(2/15)　経済	※／350	文　人文社会　フランス語文学文化	147.0／200
経済　Ⅱ(2/15)　国際経済	※／350	文　人文社会　中国言語文化	146.0／200
		文　人文社会　日本史学	150.0／200
		文　人文社会　東洋史学	147.0／200
		文　人文社会　西洋史学	152.0／200
		文　人文社会　哲学	151.0／200
		文　人文社会　社会学	152.0／200
		文　人文社会　社会情報学	141.0／200
		文　人文社会　教育学	155.0／200
		文　人文社会　心理学	156.0／200
		国際経営	※／300
		国際情報	83.0／100

（備考）※印は非公表。

入学試験要項の入手方法

　出願には，受験ポータルサイト「UCARO（ウカロ）」への会員登録（無料）が必要です。出願は，Web 出願登録，入学検定料の支払いおよび出願書類の郵送を，出願期間内に全て完了することで成立します。詳細は，大学公式 Web サイトで 11 月中旬に公開予定の入学試験要項を必ず確認してください。紙媒体の入学試験要項や願書は発行しません。

　また，「CHUO UNIVERSITY GUIDE BOOK 2024」(大学案内) を 6 月上旬より配付します（無料）。こちらは大学公式 Web サイト内の資料請求フォーム，テレメールから請求できます。

入試に関する問い合わせ先

中央大学　入学センター事務部入試課
https://chuo-admissions.zendesk.com/hc/ja
月～金曜日 9:00～12:00, 13:00～16:00
※土・日・祝日は受付を行っていません。
　詳細は大学公式 Web サイトにて確認してください。
　https://www.chuo-u.ac.jp/connect/

中央大学のテレメールによる資料請求方法

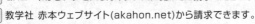

スマートフォンから　QRコードからアクセスしガイダンスに従ってご請求ください。
パソコンから　教学社 赤本ウェブサイト(akahon.net)から請求できます。

合格体験記 募集

2024年春に入学される方を対象に，本大学の「合格体験記」を募集します。お寄せいただいた合格体験記は，編集部で選考の上，小社刊行物やウェブサイト等に掲載いたします。お寄せいただいた方には小社規定の謝礼を進呈いたしますので，ふるってご応募ください。

応募方法

下記URLまたはQRコードより応募サイトにアクセスできます。
ウェブフォームに必要事項をご記入の上，ご応募ください。
折り返し執筆要領をメールにてお送りします。
(※入学が決まっている一大学のみ応募できます)

⇨ http://akahon.net/exp/

応募の締め切り

総合型選抜・学校推薦型選抜	2024年2月23日
私立大学の一般選抜	2024年3月10日
国公立大学の一般選抜	2024年3月24日

受験川柳 募集

受験にまつわる川柳を募集します。
入選者には賞品を進呈！ ふるってご応募ください。

応募方法

http://akahon.net/senryu/ にアクセス！

在学生メッセージ

大学ってどんなところ？　大学生活ってどんな感じ？　ちょっと気になることを，在学生に聞いてみました。

(注) 以下の内容は2020～2022年度入学生のアンケート回答に基づくものです。ここで触れられている内容は今後変更となる場合もありますのでご注意ください。

大学生になったと実感！

　一番実感したことは様々な人がいるということです。出身地も様々ですし，留学生や浪人生など様々な背景をもった人がいるので，違った価値観や考え方などと日々触れ合っています。高校であったおもしろいノリなどが他の人にはドン引きされることもありました。(D. S. さん)

　自由を得たという点です。学びたいことを学び，遊びたいときに遊べるという経験は初めてのことで，今までにない私生活での充実を感じています。また，同じ志をもつ仲間に出会えたことも，大学生になったと実感した点の一つです。(Y. K. さん)

　高校生のときと大きく変わったことは，強制されることがないことです。大学生は，授業の課題を出さなくても何も言われません。ただし，その代償は単位を落とすという形で自分に返ってきます。自己責任が増えるというのが大学生と高校生の違いです。(阿部さん)

　一番初めに，自分が大学生になったなと実感した出来事は，履修登録です。小学校，中学校，高校とずっと決められた時間割で，自分の学びたいもの，学びたくないものなど関係なく過ごしてきましたが，大学は自分の学びたいものを選んで受けられるので，大学生になったなと感じました。(Y. W. さん)

――――メッセージを書いてくれた先輩方――――
《法学部》D.K. さん／C.K. さん／Y.K. さん　《商学部》Y.W. さん
《文学部》阿部龍之介さん

大学生活に必要なもの

　パソコンは絶対に用意しましょう。課題はほとんどが web 上での提出です。Word や Excel などは使う頻度がすごく多いです。課題だけでなくオンラインの授業もまだありますし，試験を web 上で行う授業もあります。タブレットだったり，モニターを複数用意しておくと，メモしたり課題をしたりするときや，オンライン授業を受ける上で楽になると思います。モニターが複数あると，オンラインと並行して作業がある授業にはとても役に立ちます。（D. S. さん）

　自炊をする力です。私自身，一冊のレシピ本を買い，週に5回は自炊をしています。料理は勉強と同じでやった分だけ上達し，その上達はとても嬉しいものです。また，大学生になると色々な出費があります。そのため，うまくお金をやりくりしないといけないので，自炊をして，日々の出費を減らすことも大切です。（Y. K. さん）

この授業がおもしろい！

　国際企業関係法学科では英語が16単位必修で，英語の授業が他の学科よりも多いのですが，気に入っている授業は英語のリスニング・スピーキングの授業です。この授業は世界で起こっている社会問題や国際問題などをリサーチして，その内容をプレゼンするというものです。外国人の先生による授業で，帰国子女の学生が多くいるなかでプレゼンディスカッションをしているので，英語力が一番伸びている実感があります。（D. S. さん）

大学の学びで困ったこと＆対処法

　高校での学習内容から一気に専門的な内容に発展したことです。私は法学部で憲法や民法などの法律科目を履修していますが，法学の基礎的な知識やニュアンスをまったく知らない状態で授業に臨んでしまったので，最初はついていくのが大変でした。大学の講義は高校の授業とは大きく違って，自分が学びたい学問に詳しい教授の話を聞かせてもらうという感じなので，自分での学習が不可欠になります。特に法学は読む量がすごく多く，法学独特の言い回しにも慣れるのがとても大変で苦労しました。（D. S. さん）

4000字を超えるような文章を書く必要があるということです。大学に入るまで，文章を書くという行為自体をあまりやってこなかったこともあり，言葉の使い方や参考文献の書き方，人が見やすいようなレポートの作成の仕方を習得することに時間がかかりました。(Y. K. さん)

高校のときに私立文系コースにいたので，数学はほとんど勉強していないうえに，数学Bなどは学んでもおらず，統計学など，数学が必要となる科目は基礎的なところから理解に苦しむところがありましたが，過去問や，教科書を見て対処しました。(Y. W. さん)

部活・サークル活動

法学会に入っています。一言で言うと，法律に関する弁論のようなものをするサークルです。今はほとんどがオンラインでの活動ですが，いわゆる弁論大会のようなものが他校と合同で開催されたり，校内の予選を行ったりと活発に活動しています。オンラインで弁論内容について話し合いをしたり，交流会Zoomがあったりするので，先輩や同期と交流することもできています。(C. K. さん)

行列サークルというのを作りました。キャンパスのどこかに行列を作るだけのサークルです。自動販売機に行列を作ったりします。(阿部さん)

交友関係は？

中央大学には国際教育寮があり，私はそこに所属しています。寮生の3分の1から半分くらいは外国人留学生で，留学生と交流できるチャンスがたくさんあります。この寮では，料理などは自分でするのですが友達と一緒にもできますし，シアタールームや会議室があるので一緒に映画を見たり課題をしたりもしています。他学部の学生とも仲良くできますし，先輩とも交友関係を築くことができます。(D. S. さん)

いま「これ」を頑張っています

　民法の勉強です。模擬裁判をするゼミに入っており，必修の民法の授業に加えてゼミでも民法の勉強をしています。模擬裁判をすることによって法律を実際の裁判でどのように使うのか具体的にイメージすることができ，さらに民法に興味が湧きます。(C. K. さん)

　自分は公認会計士の資格を取るために中央大学を目指し，入学しました。今は，経理研究所というところに所属し，毎日，大学の授業と会計の勉強を，いわばダブルスクールのような形で，時間を無駄にしないように生活しています。(Y. W. さん)

普段の生活で気をつけていることや心掛けていること

　手洗い・うがいは大事だと思います。しかも，こまめにすることが重要なポイントだと思います。また，季節の変わり目や環境が変わるときには心も体も疲れやすくなってしまうので，なるべく早く寝てしっかりご飯を食べるようにしています。(C. K. さん)

　健康を維持するために筋トレをしています。まず，一人暮らし用のアパートを借りるときに，4階の部屋を選びました。階段なので，毎日の昇り降りで足腰を鍛えています。また，フライパンも通常より重いものにして，腕を鍛えています。(阿部さん)

おススメ・お気に入りスポット

　FOREST GATEWAY CHUO です。最近できたばかりの新しくきれいな建物で，コンセント完備の自習スペースも整っています。英語などのグループワークで使えるようなスペースもあり非常に便利です。トイレもとてもきれいです。(C. K. さん)

入学してよかった！

　志が高い学生が多いことです。中央大学は弁護士や公認会計士など，難関資格を目指して勉強している学生が多いので，常にそのような人を見て刺激を受けることができます。将来のことを考えている学生も多いですし，そのサポートも大学がしっかり行ってくれるので，志が高くて将来やりたいことが明確に決まっている人には特におすすめです。(D. S. さん)

　キャンパスの場所は都心からは少し遠いですが，キャンパス内が充実しており，コロナ禍の中でも学食やお弁当の販売を行うお店が少なくとも5店舗は営業しています。また，学生が気さくで優しく，司法試験や公務員試験，資格取得などの勉強をしている人が9割方で，真面目な人が多いです。周りの人が司法試験のために勉強している姿に刺激を受け，勉強を頑張ろうという意欲が湧いてきます。(C. K. さん)

　目標に向かって努力ができる環境が整っていることです。勉強を継続するために必要なこととして，自分の意思以外にも，周りの環境も大切になってくると思います。そのため，自分の掲げた目標を達成できる環境がある大学に入れたことは本当によかったと思います。(Y. K. さん)

　入学してよかったことは，祖父の後輩になれたことです。コロナが収まったら，祖父が遊びにくるので楽しみです。(阿部さん)

合格体験記

みごと合格を手にした先輩に，入試突破のためのカギを伺いました。入試までの限られた時間を有効に活用するために，ぜひ役立ててください。

（注）ここでの内容は，先輩が受験された当時のものです。2024年度入試では当てはまらないこともありますのでご注意ください。

アドバイスをお寄せいただいた先輩

H. N. さん　理工学部（生命科学科）
一般方式 2023 年度合格，東京都出身

　受験は狭い世界での戦いとなります。しかし，その狭い世界を極めることで逆に広い世界が広がります。受験をただの通過点として見るのではなく，その世界に没入して頑張ることが大切です。また，受験は個人戦とよく言われますが，家族や友人などいろいろな人に支えられているという感謝を忘れずにいたからこそ，やりきることができました。

その他の合格大学　成蹊大（理工），日本大（理工，文理，生物資源科）

入試なんでもQ&A

受験生のみなさんからよく寄せられる，入試に関する疑問・質問に答えていただきました。

Q 「赤本」の効果的な使い方を教えてください。

A 共通テストが終わるまではパラパラ見る程度で，本格的に解いたのは共通テストが終わってからでした。まずは一度，全科目時間無制限で解いて，傾向や問題形式を知った後に勉強の計画を立てました。意見は分かれると思いますが，第一志望以外の大学でも最低で3年分，第一志望の大学は5年分以上解くのがおすすめです。解き終わった後にどこを間違えたのかを復習しながら，間違えたところをノートなどにまとめておくと試験直前や後日に確認ができるので便利でしょう。また，よく言われていることですが，過去問は自分の学力を伸ばすためのものではなく，あくまでも傾向や問題形式に慣れるためのものと捉えてください。

Q 1年間のスケジュールはどのようなものでしたか？

A 7月まではとにかく自分の基礎を積み重ねることを意識して，特に数学と英語に力を入れて勉強しました。また，英語では構文や文法といった部分を意識して取り組み，数学は授業で扱った問題の復習を完璧になるまでやりました。夏休みは選択科目の化学に力を入れて勉強すると同時に，復習も並行して行いました。学校で未習の部分もあると思いますが，この時期までに化学の問題集を1周しておくとよいでしょう。9月以降の勉強がやりやすくなります。9月からは苦手な英語を克服するために英単語を必ず1日2時間以上，隙間時間を使ってやるように心がけ，共通テストまでに単語帳を3周しました。また，ほかの科目でもなるべく9月以降は実践を意識して，予習の方を重点的に行いました。

Q 中央大学を攻略するうえで，特に重要な科目は何ですか？

A 数学です。特に中央大学は MARCH の中でも数学が難しいことが有名で，数学でしっかり点数が取れるかどうかで合否が決まってきます。特に微分と積分が頻出なので，計算がよどみなくできるようになるまで徹底的に練習しました。最初の設問を間違えると後の設問も全滅してしまうような問題が頻出なので，最初の設問をしっかり間違えないで計算することが大切です。検算などで微分は積分をして，積分は微分をして元の式に戻るかどうか確認するように心がけていました。

Q 苦手な科目はどのように克服しましたか？

A 私は英語が苦手だったので，英語は必ず毎日触れるようにしていました。7月までに文法を完璧にして，9月以降はとにかく量をこなしました。特に9月以降は毎日英単語帳をやることで，文章の中でわからない単語というのは直前期にはほとんどなくなりました。単語を覚えて英文を読むという繰り返しで，インプットとアウトプットをバランスよく行うことで英文が読めるようになりました。また，中央大学では文法問題が出ますが配点はそれほど大きくないので，読解問題の方を重点的に過去問などで対策していました。

Q スランプはありましたか？
また，どのように抜け出しましたか？

A 直前期にかなりプレッシャーなどで夜に眠れなかったり，食欲が落ちてしまったり，勉強が手に付かなくなってしまう時期があったので，そのときは友達と一緒に予備校の自習室で勉強するようにしていました。友達と一緒にいることで少しリラックスして緊張がなくなりました。また，先生や親，友達に悩みや心配事を相談することで気分が少し楽になりました。悩みがあるとどうしても視野が狭くなってしまいがちです。視野を広げるために少し休むことも時には大切です。

科目別攻略アドバイス

みごと入試を突破された先輩に，独自の攻略法を科目ごとに紹介していただきました。

■英語

毎日英語に触れましょう。読解問題で点数を取るためには，絶対に単語力が必要です。具体的にどのように覚えていたかというと，単語帳のCDを買ってきて寝る前に流したり，覚えられない単語などはメモをしておいて，後日それがわかるかどうか自分でテストをしていました。また，どうしても覚えられない単語は油性ペンで腕に書いて覚えたりしました。基本的な熟語が絡んだ問題が読解問題でも出るので，基本的な熟語は全部覚えておいた方がいいでしょう。

おすすめ参考書 『改訂版 鉄緑会東大英単語熟語 鉄壁』(KADOKAWA)

■数学

特に微積分の問題がよくでるので，計算はよどみなくできるようにした方がいいでしょう。検算をすることも大切です。問題演習のときの数学全体の解き方としては，まずそれぞれの大問を5〜15分ぐらいかけて解いてみます。そこで難しい問題と簡単な問題を見分けて簡単な問題だけしっかりと確実に解いていきます。そして，手が止まったらほかの問題を解くようにしていました。

おすすめ参考書 『理系数学の良問プラチカ 数学Ⅰ・A・Ⅱ・B』(河合出版)

■化学

　大問Ⅰの総合問題は正誤の組み合わせを選ばせる形式や受験生が知らないような知識を使う問題も出題されるので，解きにくいのではないかと思います。ですが，基本的に出題される問題は教科書に書いてあることが大半なので，私は隅から隅まで直前に教科書を読み込みました。目新しい問題，難しい問題も毎年出てくるので，そういった問題は無理せず，解けるところをしっかりと解ききることが大切です。

　おすすめ参考書　『鎌田の有機化学の講義』（旺文社）

Trend
& Steps

傾向と対策

44 中央大-理工／傾向と対策

傾向と対策を読む前に

科目ごとに問題の「傾向」を分析し，具体的にどのような「対策」をすればよいか紹介しています。まずは出題内容をまとめた分析表を見て，試験の概要を把握しましょう。

■**注意**

「傾向と対策」で示している，出題科目・出題範囲・試験時間等については，2023 年度までに実施された入試の内容に基づいています。2024 年度入試の選抜方法については，各大学が発表する学生募集要項を必ずご確認ください。

また，新型コロナウイルスの感染拡大の状況によっては，募集期間や選抜方法が変更される可能性もあります。各大学のホームページで最新の情報をご確認ください。

■**掲載日程・方式・学部について**

• 一般方式：2021 年度までの名称は一般入試。
• 英語外部試験利用方式：2022 年度より実施。

分析表の記号について
☆印は全問マークシート法，★印は一部マークシート法採用であることを表す。

英　語

▶一般方式

年度	番号	項　　目	内　　　　　容
☆ 2023	〔1〕	読　　解	内容説明，空所補充，内容真偽
	〔2〕	文法・語彙	空所補充
	〔3〕	文法・語彙	空所補充
	〔4〕	文法・語彙	同意表現
	〔5〕	読　　解	空所補充
	〔6〕	読　　解	空所補充
☆ 2022	〔1〕	読　　解	内容説明，空所補充，内容真偽
	〔2〕	文法・語彙	空所補充
	〔3〕	文法・語彙	空所補充
	〔4〕	文法・語彙	同意表現
	〔5〕	読　　解	空所補充
	〔6〕	読　　解	空所補充
☆ 2021	〔1〕	読　　解	内容説明，空所補充，内容真偽
	〔2〕	文法・語彙	空所補充
	〔3〕	文法・語彙	空所補充
	〔4〕	文法・語彙	同意表現
	〔5〕	読　　解	空所補充
	〔6〕	読　　解	空所補充

▶読解英文の主題

年度	番号	主　　　　　　　　　　題
2023	〔1〕	飛行機の二酸化炭素削減問題
	〔5〕	1．空気中から水を採取　2．会計ソフトについて
	〔6〕	永遠の命の獲得のヒントとなるクラゲのライフサイクル
2022	〔1〕	宇宙探査機，火星へ行く
	〔5〕	1．プラスチックのリサイクル問題　2．求人応募
	〔6〕	新技術で解明された「レターロック」
2021	〔1〕	恐竜発見の歴史
	〔5〕	1．NASAの新月面計画　2．新商品発売の案内通知
	〔6〕	変形自在のもの作り素材

46　中央大-理工／傾向と対策

傾　向　効率よく英文を読む力がカギとなる
語彙・構文と文法・語法，読解力のバランスが要

1　出題形式は？

　全問マークシート法による選択式となっている。例年，文法・語彙問題3題，読解問題3題で計6題の出題である。ただし，読解問題のうちの1題は2つの課題文からなるもので，近年は同じ出題パターンとなっている。試験時間は80分。

2　出題内容はどうか？

　読解問題については，例年テーマが多岐にわたっている。自然科学に関するものが多いが，2023年度はTOEICや英検で出題されるようなビジネスメールが取り上げられた。全体的に専門的で高度な英文ではなく標準的な文章であり，専門的な語には語注が与えられている。設問は内容把握に関するものが比較的多い。

3　難易度は？

　読解問題，文法・語彙問題ともに標準的である。読解問題は，内容真偽があり，英文を1文1文読解する読み方では時間内に解答することは難しい。それなりのスピードで問題文を読み，設問に関わる箇所を的確に見つけ出す必要があり，それに慣れていないと難しく感じられるかもしれない。

対　策

1　読解問題

　例年，英文のテーマは多岐にわたっているが，科学技術，動植物や人間に関する生物学にまつわる英文がよく出題されるので，日頃から自然科学や生物学に関する書物や文章に親しんでおくとよいだろう。また，ビジネスメールのような実用的な英文も取り上げられているので，それも考慮しておくとよい。やや専門的な話題が取り上げられることもあるので，頻出の基本語句にとどまらず，それぞれの分野において特徴的な表現に慣れておくようにするとよい。そのためには自前の単語帳を作って未知の語句に出合うたびに書きこんで，それを繰り返し復習するのが効果的である。

市販の問題集を使う際には,『大学入試 ぐんぐん読める英語長文』(教学社) など,英文構造や単語,また各段落についての解説が詳しいものを選ぶとよい。まずは 1 冊仕上げて読解力の礎を築こう。

2 文法・語彙問題

文法・語彙問題は,訓練を積んでおけば確実に得点につながるので,頻出問題集の類を 1 冊は完全にマスターしておくことが重要である。1 冊をマスターしたら,次は過去問などでできるだけ多くの問題を解き,文法知識を確実なものにしていきたい。その際,受験生が間違えやすいポイントを完全網羅した総合英文法書『大学入試 すぐわかる英文法』(教学社) などを手元に置いて,調べながら学習すると効果アップにつながるだろう。

3 会話文問題

ここ数年は大問では出題されていないが,英文読解にも活かせるので,対策は立てておく方がよいであろう。会話文では,発言の内容から会話の場面設定や展開・流れなどを的確に捉えなければならない。相手の発言の主旨に留意し,会話が行われている場面の前後の状況も頭に入れつつ情報を整理できるとよい。また空所の直前,直後に必ず手がかりがあるので,よく注意して読むよう心がけよう。

中央大「英語」対策に必須の参考書

→ 『大学入試 すぐわかる英文法』(教学社)
→ 『大学入試 ぐんぐん読める英語長文』(教学社)
→ 『中央大の英語』(教学社)

数　学

▶一般方式・英語外部試験利用方式

年度	番号	項　　目	内　　　　　容
★ 2023	〔1〕	複素数平面, 確　率	複素数平面上の点と条件付き確率
	〔2〕	図形と計量, 三角関数, 微分法	正五角形の対角線, 余弦定理, 三角比の近似値
	〔3〕	微・積分法	曲線, 接線, 変曲点, 面積
	〔4〕	数　と　式	恒等式を満たす整式
★ 2022	〔1〕	積　分　法, 三角関数	積分方程式, 三角関数の加法定理
	〔2〕	図形と計量	三角比, 加法定理, 半角公式, 2直線のなす角
	〔3〕	微・積分法	曲線, 接線, 変曲点, 面積　　　　　⇨証明・図示
	〔4〕	複素数平面	3次方程式の複素数解と実数解　　　　　⇨図示
★ 2021	〔1〕	微・積分法	座標軸に平行ではない直線を軸とする回転体の体積
	〔2〕	確　率	反復試行の確率, 連立線形漸化式
	〔3〕	整数の性質	3つの自然数が同時に素数となる条件　　　　⇨証明
	〔4〕	数　　列, 積　分　法	定積分の端点で定義された数列, 自然対数の底の近似数列　　　　⇨証明

▶共通テスト併用方式

年度	番号	項　　目	内　　　　　容
2023	〔1〕	高次方程式	複2次方程式, 相反4次方程式　　　　　⇨証明
	〔2〕	積　分　法, 無 限 級 数	三角関数の定積分と無限級数　　　　　⇨証明
	〔3〕	図形と方程式, 微分法	関数の最大最小問題
	〔4〕	微　分　法	曲線の接線, 不等式, 極値条件を満たす関数列
2022	〔1〕	図形と計量, 微　分　法	二等辺三角形の面積, 外接円の半径, 内接円の半径
	〔2〕	確　率	n枚のカードから条件を満たす2枚を取り出すときの確率
	〔3〕	整数の性質	条件を満たす整数の和への素数の分解　　　　⇨証明
	〔4〕	積　分　法, 数列, 極限	区分求積法, 級数, 極限値　　　　　⇨証明

中央大-理工／傾向と対策　49

2021	〔1〕	数　　列	二項係数，二重数列の線形漸化式，数学的帰納法	⇨証明
	〔2〕	微・積分法	第 n 次導関数，数学的帰納法，積分漸化式	⇨証明
	〔3〕	図形と方程式，微分法	2つの定円に同時に外接する円の中心と半径	⇨証明
	〔4〕	積　分　法	三角関数を用いた最小二乗法	⇨証明

(注)　4題のうち3題を選択して解答。

傾　向　微・積分法を中心に広範囲から出題　工夫された良問で，総合力が求められる

1　出題形式は？

　一般方式・英語外部試験利用方式：大問4題で，マークシート法による選択式2題，記述式2題という構成である。問題文の空所を完成させるマークシート法問題は，解答群から正解を選ぶ形式である。記述式の2題の解答用紙にはそれぞれB4判用紙の片面が与えられており，スペースは十分である。試験時間は100分。

　共通テスト併用方式：大問4題のうち3題を選択する形式である。全問記述式で，解答用紙は1題につきB4判用紙の片面が与えられている。試験時間は100分。

2　出題内容はどうか？

　出題範囲は「数学Ⅰ・Ⅱ・Ⅲ・A・B（数列，ベクトル）」である。

　最大・最小，曲線の接線・凹凸，関数のグラフ，面積，回転体の体積など，微・積分法に関する問題が多い。それ以外では，数列，確率，複素数平面などが頻出項目といえる。

　全体的に図を描いて考えさせる問題が多い。また，証明問題や融合問題も多く，できるだけ広範囲から出題しようという意図がうかがえる。

3　難易度は？

　全般的に，工夫された良問が出題されている。教科書の章末問題よりはやや程度が高く，かなりレベルの高いものも1，2題含まれることがあるので，問題の難易を見極めて解ける問題を確実に解くなど時間配分に注意が必要である。

対　策

1　基礎力の充実

　基礎的な力の充実がなければ解けない問題が多い。定理や公式はただ覚えるというだけでなく，それらが導かれるプロセスや少しつっこんだ考察が必要であり，さらにそれらを自由に駆使できる力が求められる。

2　計算力の養成

　例年，計算力を要する問題が出題されている。頻出問題の模範解答に目を通して解法パターンを身につけるとともに，実際に手を動かして解答が出るまで粘り強く実戦練習する必要がある。また，記述式の問題では，単に計算するだけではなく，論理的な記述も重要である。練習を通じてわかりやすい解答作成の力をつけよう。

3　豊かな図形的感性を磨く

　例年，図形・グラフを扱う問題がよく出題されており，図形的センスを必要とするものもよく出題されている。特に，線分の通過する領域，空間図形，面積，体積などの問題では図が重要である。いろいろな図形の性質を理解し，図を要領よく描けるようにするとともに，イメージを正確に思い浮かべ，問題解決に必要な部分を適切に抽出する力を養成しておきたい。なお，問題中の文章や図がヒントになることが多いので，注意深く問題文を読むことも重要である。

4　マークシート法対策

　一般方式・英語外部試験利用方式の一部はマークシート法であるが，工夫された良問が多く，必ずしも易しくはない。しかし，その特徴を逆に利用することも大切である。ときには解答群の中から問題に適するものを見つけるなどして，とにかく結論をうまく出してしまうことも必要である。一方，比較的誤りやすい選択肢が解答群の中に含まれていることがあるので，得られた結果が解答群の中にあっても安心せず，必ず点検をして確実に得点したい。

物　理

▶一般方式・英語外部試験利用方式

年度	番号	項	目	内	容
★ 2023	〔1〕	力	学	斜方投射と第一・第二宇宙速度	
	〔2〕	電 磁	気	磁場中を落下する2本の導体棒（20・70字）⇨論述	
	〔3〕	波	動	レンズの式の導出	
★ 2022	〔1〕	力	学	鉛直ばね振り子と自由落下する物体の衝突　⇨論述・描図	
	〔2〕	電 磁	気	コンデンサーを含む直流回路とRLC直列回路	
	〔3〕	熱 力	学	単原子分子理想気体の熱サイクル	
★ 2021	〔1〕	電 磁	気	磁場中の導体棒の運動	
	〔2〕	力	学	糸につながれた物体の円運動	
	〔3〕	熱 力	学	単原子分子理想気体の状態変化	

▶共通テスト併用方式

年度	番号	項	目	内	容
2023	〔1〕	力	学	落下した2球の衝突　⇨論述	
	〔2〕	電 磁	気	磁場と電場を受けて運動する荷電粒子の跳ね返り	
	〔3〕	波	動	3つの平面波の干渉　⇨描図	
2022	〔1〕	力	学	単振り子の衝突　⇨描図・論述	
	〔2〕	電 磁	気	コンデンサーの極板間距離の変化　⇨描図	
	〔3〕	波	動	全反射の数学的考察　⇨描図・論述	
2021	〔1〕	力	学	針金に沿ったビーズの単振動　⇨描図	
	〔2〕	電 磁	気	磁場中の荷電粒子の運動　⇨証明	
	〔3〕	波	動	複数スリットによる光の干渉の数学的考察　⇨描図	

傾　向　力学・電磁気が中心 高度な物理的センスが必要！

① 出題形式は？

　一般方式・英語外部試験利用方式：試験時間90分で，大問3題の出題。例年，〔1〕がマークシート法による選択式，〔2〕〔3〕が記述式であったが，2022年度は〔1〕，2023年度は〔2〕が記述式で，残りの大問2題がマークシート法となった。いずれの形式でも空所補充の誘導形式が

主で，マークシート法では文字式または数値などを選択する形式。記述式では論述や描図が求められることもある。2023 年度は字数指定のある論述問題が出題された。

共通テスト併用方式：物理 3 題，化学 3 題，生物 3 題の合計 9 題（数・物理・都市環境学科は生物を除く合計 6 題）から 3 題を選択して解答する方式。試験時間は 100 分である。すべて記述式で，論述問題や過去には導出の過程も含めて解答するものもあり，一般方式・英語外部試験利用方式とは大きく異なっている。描図やグラフの作成があり，数値計算や実験データの解析が必要であるなど，理科系志望者としての能力を確かめる形式となっている。

2 **出題内容はどうか？**

出題範囲は「物理基礎，物理」である。

例年，力学，電磁気からの出題が中心である。電磁気では，静的なものよりは動的，過渡現象が出題対象となることが多い。これらの分野以外では，波動と熱力学のいずれかが出題されている。また，図を描かせる，図やグラフ，実験結果の表から情報を読み取らせるといった，高度な物理的センスを要求する出題も見られる。さらに，近似式の取り扱いを必要とする問題など，数学的な力を求められる問題も多い。例年，いずれもよく練られた良問であり，教科書にもある基本事項が中心であるが，過去には宇宙で回転するスペースコロニーなど，受験生には見慣れない題材を用いた問題が出題されたこともあるので，落ち着いて問題文を読むこと。

3 **難易度は？**

かつて見られたような難しい問題は，ここ数年は姿を消しているが，高度な物理的思考力や解析能力が要求されると見ておくべきである。また，選択式，記述式ともに前問の結果を利用して解いていく誘導形式の問題が多いので，最初の設問には十分注意して取りかかり，その後は問題を丁寧に読み，内容をよく把握しながら解答を進めていく訓練が必要である。また，計算問題では近似式などが問題文中に与えられていない場合もあるので要注意である。

対 策

1 教科書を中心にして，理解のための学習を

まず，教科書を中心にして，基本事項を十分に理解し，自らの力で公式や法則を導出，または説明できるよう基礎づくりに励んでおきたい。授業で行われる実験には意欲的に取り組み，科学的に探究する能力を向上させる機会を大事にしたい。また，公式の言外の意味をつかむという，物理的イメージの裏づけをきちんと理解する学習が大切である。『体系物理』（教学社）などの問題集でトレーニングしておこう。

2 流れをつかむトレーニングを

見慣れない問題には誰もが戸惑うものであるが，設問には流れがあり，必ず丁寧に正解へと誘導してくれる。何度も問題文を読み，この流れをつかむことが大切である。本書を用いて，過去問で十分にトレーニングを積んでおくとよいであろう。

3 近似計算の練習

物理では条件が複雑であった場合，数学的な取り扱いを可能にするために，近似計算をすることが多い。この近似を使う問題がかなりの頻度で出題されているので，十分に慣れておくようにしたい。日常的に使いこなしておかないと，いざというときに活用できない。

4 解答のポイントを見極める

導出過程を含む解答形式や，論述・証明問題への対策として，何が解答のポイントであるかを見極め，簡潔に要旨をまとめる練習をしておきたい。

5 グラフに慣れる

描図・グラフの問題にも十分に気をつけたい。教科書にある図やグラフを注意して読み取る力をつけておくとよい。また，実験をしたときには，その結果をグラフにするなどの習慣をつけておくこと。

化　学

▶一般方式・英語外部試験利用方式

年度	番号	項　　目	内　　　　　容	
★ 2023	〔1〕	総　　合	原子の構造，実在気体，化学変化とエネルギー，芳香族化合物の異性体，アニリンの合成，アミノ酸・タンパク質の反応，塩の反応，ケイ素，反応速度，気体の溶解度	⇨計算
	〔2〕	理　　論	ボイルの法則と気体の反応，気体の質量	⇨計算
	〔3〕	理　　論	中和滴定	⇨計算
	〔4〕	有機・理論	アルケンの付加反応とオゾン分解，熱化学	⇨計算
★ 2022	〔1〕	総　　合	無機化合物の性質，合成ゴム，反応速度，溶解度積，蒸気圧降下，電離度と pH，結晶格子，鉛蓄電池，飽和水蒸気圧，沸点上昇，有機化合物の反応	⇨計算
	〔2〕	理　　論	溶解熱の測定実験	⇨計算
	〔3〕	無機・理論	アルミニウムとその化合物，溶融塩電解，結晶格子の計算	⇨計算
	〔4〕	有機・理論	エステルの構造決定	⇨計算
★ 2021	〔1〕	総　　合	同位体，化学反応と光，電子親和力，物質量，希薄溶液の性質，電気分解，酸化物の性質，水素化合物の性質，有機化合物の合成，合成高分子化合物	⇨計算
	〔2〕	理　　論	混合気体，蒸気圧	⇨計算
	〔3〕	理論・無機	メタンハイドレートと燃焼熱	⇨計算
	〔4〕	有　　機	芳香族炭化水素の構造決定	

▶共通テスト併用方式

年度	番号	項　　目	内　　　　　容	
2023	〔1〕	理　　論	浸透圧	⇨計算
	〔2〕	理　　論	電気分解	⇨計算
	〔3〕	有機・理論	芳香族化合物の構造決定，合成高分子化合物	⇨計算
2022	〔1〕	無機・理論	アンモニアソーダ法	⇨計算
	〔2〕	理論・無機	硫酸鉄(Ⅱ)七水和物の合成実験，酸化還元滴定	⇨計算
	〔3〕	有機・理論	アセチレンの製法と反応，ビニロン	⇨計算
2021	〔1〕	理　　論	気体反応と物質量，反応速度	⇨計算
	〔2〕	無機・理論	硫黄とその化合物	⇨計算
	〔3〕	有　　機	フェノール類の製法，反応	

中央大-理工／傾向と対策　55

傾　　向	計算問題が多く出題される 正確さとスピードを！

1　出題形式は？

　一般方式・英語外部試験利用方式：マークシート法と記述式が各2題となっている。記述式の問題は，化学反応式や構造式を書かせるものや，計算問題の結果の数値を書かせるものが出題されている。計算問題の計算過程は，例年求められていない。試験時間は90分。

　共通テスト併用方式：物理3題，化学3題，生物3題の合計9題（数・物理・都市環境学科は生物を除く合計6題）から3題を選択して解答する方式。全問記述式で，一般方式・英語外部試験利用方式で出題されている小問集合形式の大問は見られない。過去には，論述問題や計算過程を記述させる問題も出題されていた。試験時間は100分。

2　出題内容はどうか？

　出題範囲は「化学基礎，化学」である。

　一般方式・英語外部試験利用方式の〔1〕の小問集合問題は，理論化学分野を中心にさまざまな分野から幅広く出題されている。答えの数値を選ばせる計算問題，元素記号や化合物などの正しい組み合わせを答えさせる選択問題，正誤を判定させる問題などである。

　また，いずれの方式でも理論分野では例年，混合気体の反応と分圧，熱化学，酸・塩基，酸化還元反応，化学平衡などが主に出題されている。有機分野では，典型問題だけでなく，総合力が問われる問題も多い。

3　難易度は？

　マークシート法は基本的な内容が中心であるが，正しい数値や異性体の数を答えるのには，選択式であっても，ある程度の時間を必要とする。記述式は，理論分野の計算は標準的であるが，有機分野では年度によってはやや難しい問題も出題され，かなりの知識と応用力が必要である。また，共通テスト併用方式では，大問によって解答に要する時間に差があることもあった。問題選択で不利にならないように，過去問を研究しておくこと。全体的に標準レベルであるが，長めの問題文を読ませることが多いので，要点を読み取る能力が要求されている。

対　策

1　理　論

　マークシート法で問われる基礎的な問題に関しては，共通テスト対策用の問題集などで演習を積むとよい。物質の性質や反応に関する幅広い知識を身につけるには，教科書を満遍なく学習すること。さらに解答のスピードを上げることが高得点につながる。記述式の対策は，理論化学全体，特に，気体の状態方程式と分圧，物質の溶解度，酸・塩基や酸化還元反応の量的な関係やpH，電池，電気分解，化学平衡などに関する標準レベルの計算問題を演習しておくとよい。

2　無　機

　単独の大問としてはあまり出題されない分野であるが，周期表の理論や，金属と無機塩類の性質などの内容がよく出題されるので，単体や無機化合物の性質は体系的に整理しておくこと。金属イオンの性質と沈殿生成反応は頻出なので，陽イオンの反応への対策は欠かさないようにしたい。代表的な化学式や化学反応式は何度も書いて覚え，さらに実験考察力や応用力が問われるような問題への対策も必要である。

3　有　機

　代表的な有機化合物の構造や反応式を系統的に覚え，失点を少なくすることから始めるとよい。脂肪族，芳香族を問わず，エステルの構造決定に関する内容がよく出題されている。近年は，長めのリード文を読んで，その内容を把握して解くタイプの問題が多くなり，総合問題としての意味合いが強まっている。詰め込み型の学習ではなく，理解力の養成が必要である。高分子化合物についての出題は比較的少ないが，差がつきやすいため，学習が手薄にならないようにきちんと対策しておきたい。

4　計　算

　計算問題の分量が多いので，計算の正確さとスピードを身につけておく必要がある。過去には計算過程を書かせる問題が出題されたこともあり，普段から単に計算結果を書くだけでなく，単位や有効数字などを確実に処理して，ミスなく解答を導く練習をしておく必要がある。

中央大-理工／傾向と対策　57

生　物

▶一般方式・英語外部試験利用方式

年度	番号	項　　目	内　　　　　　　　容
★ 2023	〔1〕	総　　合	細胞分裂，核型と DNA，複製，物質循環，個体群，生態系の保全　⇨計算
	〔2〕	進化・系統	地質時代と生物界の変遷，進化のしくみ，植物の系統
	〔3〕	遺伝情報，生殖・発生	遺伝子発現，mRNA の輸送・修飾，ショウジョウバエの発生　⇨論述
	〔4〕	総　　合	ドメイン，代謝，光合成色素，細胞の進化，細胞の増殖と温度　⇨計算・論述
★ 2022	〔1〕	総　　合	浸透圧調節，ホルモン，遺伝子の発現，個体群，生物群集と生態系
	〔2〕	遺伝情報，代　　謝	PCR 法，タンパク質の構造，酵素反応（50字）　⇨論述
	〔3〕	代謝，生態	C_4 植物と CAM 植物，地球温暖化
	〔4〕	総　　合	系統と分類，植物の生殖と発生，食物連鎖，日本のバイオーム（40字2問）　⇨論述
★ 2021	〔1〕	総　　合	生体防御・免疫，植物の物質輸送，代謝，体内成分，動物の行動
	〔2〕	細　　胞	細胞研究の歴史，顕微鏡，細胞計数盤　⇨計算
	〔3〕	遺伝情報，生殖・発生	遺伝子発現，核移植実験　⇨論述・計算
	〔4〕	進化・系統，生　　態	生物の分類・ドメイン，炭素の循環

▶共通テスト併用方式

年度	番号	項　　目	内　　　　　　　　容
2023	〔1〕	遺伝情報	DNA の複製，遺伝子発現，突然変異，ウイルスゲノム，PCR 法　⇨計算・論述
	〔2〕	総　　合	興奮の伝導と伝達，細胞骨格と物質輸送，解糖系の反応経路（100字）　⇨計算・論述
	〔3〕	進化・系統，生　　態	系統と分類，個体数ピラミッドと栄養段階
2022	〔1〕	遺伝情報，生殖・発生	体細胞分裂と卵割，染色体，カエルの発生　⇨論述・計算
	〔2〕	総　　合	遺伝子の導入，エチレンの作用，抗酸化活性の計測　⇨計算
	〔3〕	総　　合	生物界と大気組成の変遷，細菌の同化，ドメイン，大腸菌のゲノム　⇨計算

2021	〔1〕	動 物 の 反 応	電位発生のしくみ (70字)	⇒描図・論述
	〔2〕	総 合	タンパク質の構造, 酸素解離曲線, 窒素代謝 (65字)	⇒計算・論述
	〔3〕	遺 伝 情 報	PCR法	⇒計算・論述

傾 向　標準レベルの出題が中心
論述・計算問題に対処できる力を

1　**出題形式は？**

　一般方式・英語外部試験利用方式：大問4題。従来が〔1〕がマークシート法で，〔2〕以降は記述式であったが，2023年度は〔1〕と〔2〕がマークシート法で，〔3〕〔4〕が記述式であった。試験時間は90分。

　共通テスト併用方式：大問3題ですべて記述式である。物理3題，化学3題，生物3題の合計9題から3題を選択して解答する方式。試験時間は100分。

　いずれの方式も，空所補充問題や名称などを答える問題のほか，実験考察問題，論述問題，計算問題，描図問題がある。論述問題は字数制限があるものもある。一般方式・英語外部試験利用方式の〔1〕は小問集合形式で，文章の正誤を判断させる問題が多い。

2　**出題内容はどうか？**

　出題範囲は「生物基礎，生物」である。

　各分野から幅広く出題されており，1題の中に複数の分野を含んだ総合問題もみられる。全体に，広い範囲から出題しようとする意図が感じられ，どの分野からも出題されると考えておく必要がある。特に遺伝情報，代謝，生殖・発生，動物の反応，生態，進化・系統からの出題が多い。

3　**難易度は？**

　標準レベルの知識や理解を問う問題が多いが，問題量が多く，論述問題や実験考察問題，計算問題，描図問題も含まれる。全体的な難易度は，一般方式・英語外部試験利用方式は標準程度，共通テスト併用方式はやや難～難である。多くの場合，順序立てて論理的に考えれば正解が導き出せ，意外な答えが要求されるということもない。計算問題は，与えられた条件から計算方法を考える問題が多く，計算問題のセンスを身につ

けるための取り組みが求められる。論述問題は標準レベルのオーソドックスな内容が多いが，正確な理解がないと，ポイントを押さえた論述は難しいので，やはり日頃の学習が問われる。数は少ないが，細かい知識を必要とする問題もある。論述・計算問題が多いので，時間配分には注意が必要である。

対　策

■ 基本的な知識の習得

基本的な問題で点を落とすことがないようにしたい。また，発展的な問題にあたる場合も，まず基本的な内容を正しく理解していることが前提である。出題範囲が広いので，どの分野ももれなく，教科書に書かれていることを正確に理解し，自分の頭に定着させておくことが必要である。具体的には，日々の授業を大切にして内容を正しく理解するほか，教科書を十分に読み込んで重要用語を書き出すなどしておきたい。記憶を確実なものにするには，基本的な問題集を活用するのが効果的である。

■ 発展問題への対処

見慣れない問題が出ても，惑わされず落ち着いて対処する必要がある。そのためには，問題集で発展的な問題を数多く経験して慣れておこう。特に，リード文が長い問題に取り組むことが，対策として効果的であろう。最初は時間がかかるだろうが，リード文をよく読み，問題を解く手がかりとなる部分を探すことができるような力，つまり問題文の読解力を高めておくとよい。そして，問題の意図に沿う形で答えることができるよう論理的に正しく考える力を，さまざまな問題を解く中で養っておくこと。

■ 論述対策

字数制限のある論述では，ポイントをはずさないよう表現する能力が必要である。そのためには，まずはその問題が何を問うているのかを，しっかり把握することが大切である。このことに気をつけながら，問題集の論述問題に取り組んでみる。そして自分の答案を何度も読み直し，文章のおかしなところは妥協せずに手直しをする。この繰り返しが，表現力を磨くことになる。また，教科書の索引などを利用して，重要な用

語の説明や現象の理由などの説明を限られた字数にまとめる練習をしておくのも，字数に対する感覚が身につくので効果的である。

4 計算問題対策

まずは教科書レベルの代表的な計算問題を確実に解けるよう，問題集などで練習しておこう。また，教科書では見慣れないものが出題されることもあるので，公式化して覚えるのではなく，与えられた条件を整理し，論理的に考えて正しい式を立てる力がつくよう，意識して練習しておく必要がある。さまざまな問題にあたって，これらの能力を高めよう。

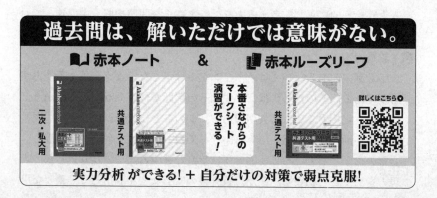

2023 年度

問題と解答

中央大−理工〈一般・英語外部試験利用〉　　　　2023 年度　問題　*3*

■一般方式・英語外部試験利用方式

問題編

▶試験科目・配点

〔一般方式〕

教　科	科　　　　　目	配　点
外国語	コミュニケーション英語Ⅰ・Ⅱ・Ⅲ，英語表現Ⅰ・Ⅱ	100 点
数　学	数学Ⅰ・Ⅱ・Ⅲ・Ａ・Ｂ	100 点
理　科	物理学科・電気電子情報通信工学科 　「物理基礎，物理」「化学基礎，化学」から 1 科目選択 上記以外の学科 　「物理基礎，物理」「化学基礎，化学」「生物基礎，生物」から 1 科目選択	100 点

▶備　考

• 「数学Ｂ」は「数列，ベクトル」から出題する。

• 数学科は「数学」の配点を 200 点に換算する。

〔英語外部試験利用方式〕

• 指定の英語資格・検定試験のスコアおよび合格級により，中央大学独自の「外国語」の受験が免除される。

• 各外部試験のスコアおよび合格級は出願資格としてのみ使用する。

• 合否判定は，一般方式の「数学」および「理科」の 2 教科 2 科目の合計得点（200 点満点〈数学科は 300 点満点〉）で行う。

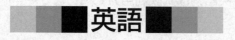

(80分)

Ⅰ 次の英文を読み，設問に答えなさい（＊印の語は〔注〕を参照しなさい）。(34点)

　　Aircraft use an incredible amount of fuel. A large passenger jet carries 240,000 liters of fuel, equal to about a tenth of an Olympic-sized swimming pool, and burns through it at a rate of four liters per second. That is [1] flying individuals or goods around the world is so energy intensive and so terrible for the climate. Just one flight can emit as much CO_2 as many people do in a year, and the number of flights globally is expected to grow at a sharp pace over the coming decades. Compared to other industries, *aviation is a relatively small contributor to greenhouse emissions, but it is also one of the fastest growing. Between 2000 and 2019, there was a five percent rise in flights per year. By 2019, they were causing 2.5 percent of the world's CO_2 emissions.

　　What this means is that we need to start doing far more on aviation emissions. If the world hopes to limit global warming, aviation will need to move away from fossil fuels completely in the long term. Companies like Airbus have ambitious plans to develop hydrogen planes within fifteen years, but, considering the cost and complexity, powering aircraft with this technology appears unrealistic within this time frame. In the meantime, what can be done to reduce the aviation industry's impact on the climate? Can we find alternative fuels to burn in our aircraft until hydrogen planes become a reality?

　　In 2010, a company called SkyNRG began one of the first efforts to develop a more environmentally friendly fuel for aircraft. Eleven years later, it is one of a few companies that supplies "advanced waste" *biofuels to airlines, made from recycled waste such as used cooking oil and industrial chemicals. Another short-term alternative to fossil jet fuel is *synthetic fuel made using chemical reactions between water and carbon. Known together as sustainable aviation fuels (SAFs), these two types of fuel have a similar chemistry to conventional jet fuel. They can be mixed with fossil fuels and used on aircraft without needing any new engine technology. <u>Some</u> can be used with up to a 50:50 blend with the fuels that have been in use for many years.

[　2　], the use of alternative sustainable fuels in the airline industry remains tiny. The reason is that they are both expensive and have limited supply. Along with aircraft, there is a demand for SAFs from other kinds of transport, such as ships, trucks, and cars. There is simply not enough to go around. In 2019, 50 million liters of SAFs were used in flights, just 0.01 percent of global aviation fuel, meaning that the industry missed a goal set in 2010 to reach six percent by 2020. A recent study found that at most 5.5 percent of aviation fuel in the EU could come from sustainable sources by 2030.

If sustainable fuels are not a realistic answer to the problem of aviation emissions, what else can we do? Until now, the industry has made most progress on fuel efficiency gains in planes, with new aircraft today around eighty percent more efficient than <u>those</u> entering service in the 1960s. The UN's aviation agency aims to achieve a two percent improvement in efficiency a year up to 2050.

The problem is that the growth in flights strongly exceeds these gains, and the industry's long-term predictions for growth will see this continue. "Even if the new generation of aircraft is more efficient," says Jo Dardenne, a transport analyst, "if you add more flights, you're going to increase your emissions overall."

Flights nowadays are *optimized on a cost basis, but optimizing them for the environment could have a more positive impact. Technology is available that can support this: airlines such as Air France and Norwegian Airlines have signed up to use Sky Breathe, an AI technology which analyzes flight operations to make <u>them</u> as least damaging as possible.

One important aspect of the contribution Sky Breathe could make is the issue of airplane *contrails, the white, line-shaped clouds left behind as a plane flies through the sky. Contrails, which in some conditions can spread out and last for extended periods of time, block and absorb heat as it leaves the Earth at night,

6 2023 年度 英語　　　　　　　　　中央大-理工〈一般・英語外部試験利用〉

increasing the greenhouse effect.　Studies have estimated that contrails may
[　3　] over half of the climate impact of aviation.

　　But not all flights create contrails to the same extent.　A 2020 study found that
just two percent of flights contributed to eighty percent of the contrail warming
effect.　The study indicated that relatively simple changes to altitude to these
flights could greatly reduce their production.　"That's something that we think
could be done easily within the next decade," says Marc Stettler, an aviation expert
at Imperial College London.

　　These measures could go some way to reducing the climate impact of aviation.
However, they are still not likely to be enough.　Studies predict aviation emissions
in 2030 will be higher than 2020 levels, even including these measures, [　4　]
the expected growth in the number of flights.　In the end, the only real way to
prevent this is to get people to fly less.　The climate action group "Possible" is
pushing for a change to airline taxation, proposing that everyone should get one
tax-free flight each year but pay a gradually rising tax on any flights afterwards.
Technology alone, they argue, is not sufficient to solve the problem.

　　*〔注〕aviation　航空　　biofuel　バイオ燃料　　synthetic　合成
　　　　optimize　最適化する　　contrail　飛行機雲

設　問
1．下線部(ア)〜(エ)が指すものをA〜Dよりそれぞれ1つ選び，その記号をマークし
　なさい。
　(ア) Some
　　　　A．aircraft　　　　　　　　B．fossil jet fuels
　　　　C．airplane engines　　　　D．SAFs

　(イ) those
　　　　A．efficiency gains　　　　B．aircraft
　　　　C．aviation emissions　　　D．sustainable fuels

出典追記：The fastest way aviation could cut its carbon emissions, BBC Future on May 26, 2021 by Jocelyn Timperley

中央大-理工〈一般・英語外部試験利用〉　　　　　　　　2023 年度　英語　7

(ウ)　them

A．flight operations　　　　B．CO$_2$ levels

C．the growth in flights　　D．Air France and Norwegian Airlines

(エ)　their

A．contrails　　　　　　　　B．flights

C．changes to altitude　　　D．aircraft

2．本文の [　1　] ～ [　4　] に入る最も適当なものをA～Dよりそれぞれ1
つ選び、その記号をマークしなさい。

1．A．because　　B．so　　　　C．why　　　　D．for

2．A．Consequently　　　　　B．Eventually

C．Unfortunately　　　　　D．Accordingly

3．A．set out　　B．draw up　　C．consist of　　D．account for

4．A．due to　　B．despite　　C．regardless of　D．since

3．次の1～4の問いの答えとして最も適当なものをA～Dよりそれぞれ1つ選び、
その記号をマークしなさい。

1．Why is the problem of aviation emissions unlikely to be solved soon?

A．Aviation emissions are comparatively small, so they are not a high
priority.

B．It will be difficult to make further improvements in fuel efficiency.

C．Plans to create hydrogen planes are not ambitious enough.

D．Technological gains cannot make up for the growth in flights.

2．What advantage of sustainable aviation fuels is NOT mentioned in the
article?

A．They can replace as much as fifty percent of an aircraft's fuel.

B．Unlike hydrogen planes, they are already available today.

C．Thanks to new technologies, they will soon be cheaper than fossil fuels.

D．They do not require special adjustments to a plane's engine.

8 2023 年度 英語　　　　　　　　　中央大-理工〈一般・英語外部試験利用〉

3. How might Sky Breathe help to reduce the damage caused by airplanes?

A. It could recommend adjustments to an airplane's altitude so that it leaves fewer contrails.

B. It could show how contrails could be used to block heat from the sun.

C. It could prove that contrails contribute a small amount of CO_2 to the atmosphere.

D. It could make flight operations more cost-efficient.

4. How does the climate action group "Possible" propose to reduce airline emissions?

A. By increasing taxes on airlines that do not optimize their flight operations.

B. By preventing people from flying more than once a year.

C. By taxing each flight a person takes more than the one before.

D. By using taxation to encourage more technological improvements.

4. 次のA〜Gの英文で，本文の内容に一致しているものを <u>2 つだけ</u>選び，その記号をマークしなさい。

A. The aviation industry's contribution to CO_2 emissions will reach a peak of 2.5 percent.

B. In fifteen years' time, we are unlikely to be using hydrogen planes.

C. SkyNRG began to sell the first sustainable fuel in 2010.

D. SAFs appear to be the key for reducing airplane emissions by 2030.

E. Aircraft in the 1960s could carry much less fuel than modern airplanes.

F. Only a very small proportion of flights leave damaging contrails.

G. Under the proposal of "Possible," the first flight a person takes each year will be free.

中央大-理工〈一般・英語外部試験利用〉　　　　　　　　　　2023 年度　英語　*9*

Ⅱ　次の 1 ～ 10 の英文の空所に入る最も適当なものを A ～ D よりそれぞれ 1 つ選び，その記号をマークしなさい。(10 点)

1 . (　　　　) in simple words, this book is very easy to understand.

A．Writing　　　　B．Wrote　　　　C．Write　　　　D．Written

2 . (　　　　) there be mistakes in the file, the computer will stop processing the data.

A．Before　　　　B．Should　　　　C．If　　　　D．As

3 . I will always help you, (　　　　) happens.

A．no longer if　　　　　　　　　B．no sooner it

C．no matter what　　　　　　　　D．no more than

4 . I am not good at making plans. That is (　　　　) worries me most.

A．what　　　　B．why　　　　C．where　　　　D．which

5 . The concert was so popular all tickets sold out. (　　　　) were available on the day of the concert.

A．No　　　　B．None　　　　C．Neither　　　　D．Nothing

6 . She likes jogging (　　　　) her dog following her.

A．on　　　　B．with　　　　C．for　　　　D．in

7 . According to Professor Smith, the university museum (　　　　) by local architects a long time ago.

A．will be built　　　B．building　　　C．build　　　D．was built

8 . I went to the bank today, but I don't think I have received my payment (　　　　).

A．yet　　　　B．hardly　　　　C．all　　　　D．clearly

10　2023 年度　英語　　　　　　　　　　　　中央大-理工〈一般・英語外部試験利用〉

9. (　　　) my poor performance, I was lucky enough to pass the test.

   A. Nevertheless　　　　　　　　B. However

   C. In spite of　　　　　　　　　D. But

10. It is not clear (　　　) the traffic accident happened last night.

   A. how　　　　B. who　　　　C. which　　　　D. what

Ⅲ　次の 1 〜 10 の英文の空所に入る最も適当なものを A〜D よりそれぞれ 1 つ選び、その記号をマークしなさい。(10 点)

1. Although Tom had been in a serious condition, he recovered (　　　) by exercising hard.

   A. mostly　　　B. additionally　　C. inclusively　　D. variously

2. Before starting my talk, I would like to take this (　　　) to thank you all for your continued support.

   A. advantage　　B. place　　　C. break　　　　D. opportunity

3. The researchers planned to (　　　) a survey to better understand the issue.

   A. conduct　　　B. work　　　　C. decide　　　　D. increase

4. Don't (　　　) to contact me if you have any further questions about our businesses or products.

   A. ask　　　　B. hesitate　　　C. apply　　　　D. enable

5. It is a great honor to (　　　) my country and compete with athletes from many parts of the world.

   A. represent　　B. top　　　　C. register　　　D. charge

6. Building a strong house cost much more than we thought, since we used a lot

中央大-理工〈一般・英語外部試験利用〉   2023 年度　英語　*11*

of (　　　) materials for the walls.

A．late　　　　B．durable　　　C．short　　　D．analytic

7．He was hired as the new president of the company given his (　　　) knowledge and experience in the field.

A．exotic　　　B．excessive　　C．extensive　　D．explosive

8．It is difficult even to provide a (　　　) estimate of how many hours you need to practice in order to be a professional baseball player.

A．rough　　　B．familiar　　　C．recent　　　D．background

9．Do you happen to have time to answer our questionnaire?　We are interested to receive your (　　　).

A．agreement　　B．signal　　　C．feedback　　D．passion

10．There were several mechanical (　　　), so it was a miracle no one was injured in the accident.

A．conclusions　　B．faults　　　C．essence　　D．data

12 2023 年度　英語　　　　　　　　　　　　　中央大-理工〈一般・英語外部試験利用〉

Ⅳ　次のA～Lに示された1と2の英文の組み合わせのうち，1の文で示されている内容から判断して2の文の内容が妥当と考えられるものを<u>4つだけ</u>選び，その記号をマークしなさい。例を参照のこと。(12 点)

　　(例)　1：I'm 18 years old and Takeshi is 10 years old.

　　　　　2：I'm much older than Takeshi.（妥当）/I'm a little younger than Takeshi.（誤っている）

A.　1：The most you could score on the test is eighty percent.

　　2：You should be able to get at least eighty percent on the test.

B.　1：We are proceeding ahead of schedule.

　　2：The schedule may need to be revised so we can catch up.

C.　1：The candidate exaggerated his ability with computers.

　　2：The candidate was not as skilled with computers as he said he was.

D.　1：Please follow these instructions in the event of an emergency.

　　2：These instructions are to be used if the event is unable to take place.

E.　1：Against our expectations, the project was completed on time.

　　2：We had not believed the project would be finished by the deadline.

F.　1：Her daughter will have gone to bed by the time she gets home.

　　2：She will arrive home just in time to put her daughter to bed.

G.　1：This is as far as this train line goes.

　　2：This is the final stop on this train line.

H.　1：If you had brought the map, we wouldn't have ended up lost.

　　2：I can't believe you lost the map we brought.

中央大-理工〈一般・英語外部試験利用〉　　　　　　　　　　　2023 年度　英語　*13*

Ⅰ．1：I don't mind the hot weather as long as it doesn't get humid.

　　 2：This humidity is making the hot weather even harder to bear.

Ｊ．1：Why don't you pay attention to your teacher for a change?

　　 2：For once, you should listen to what your teacher is saying.

Ｋ．1：He tripped and fell on the way home.

　　 2：He went home after a holiday.

Ｌ．1：I don't suppose you know the way to the station, do you?

　　 2：I'm afraid I can't tell you how to get to the station.

Ⅴ　次の設問 1，2 に答えなさい。(20 点)

設　問

　1．次の英文を読み，本文の空所 ［　1　］ ～ ［　5　］ に入る最も適当なものを
　　Ａ～Ｄよりそれぞれ 1 つ選び，その記号をマークしなさい。

14 2023 年度 英語　　　　　　　　　　　　中央大-理工〈一般・英語外部試験利用〉

WATER FROM NOTHING

People need both energy and clean water to live. Sadly, millions around the world have no reliable access to [1]. But a new system can provide these resources, and it can work anywhere — even in remote deserts.

　Peng Wang is an environmental scientist who has been developing the new system. Growing up in western China, Wang's home had no tap water, so his family had to get water from a village well. His new research could now bring water and power to regions like the one [2] he grew up. He is part of a team in Saudi Arabia that has created a water-based gel that can suck fresh water out of seemingly dry air.

　The gel is placed on the back of solar panels that generate electricity. A metal chamber attached to the system stores the water collected by the material. The water can be used to cool down the solar panels, [3] them to function more efficiently, or it can be taken away for drinking. In a three-month trial in the Saudi desert, the device collected an average of 1.2 liters per solar panel each day, [4] satisfy the needs of one person. While the research is still in its early stages, Wang hopes it will become a practical solution for some of the world's poorest regions. [5].

1. A. neither　　　B. either　　　C. both　　　D. none

2. A. in which　　B. which　　　C. that　　　D. from which

3. A. enables　　 B. enabled　　 C. enable　　 D. enabling

4. A. enough to　 B. able to　　　C. so that　　 D. so as

5. A. Someday, it may no longer be necessary to live in a desert

　　B. With clean energy, people's lifestyles should improve a great deal

　　C. The quicker this can happen, the better

　　D. Many of these regions do not have access to wells

出典追記：This sun-powered system delivers energy as it pulls water from the air, Science News Explores on May 2, 2022 by Laura Allen, Society for Science & the Public

中央大-理工〈一般・英語外部試験利用〉 2023 年度 英語 *15*

2．次の英文を読み，本文の空所 ［ 1 ］ 〜 ［ 5 ］ に入る最も適当なものを
A〜Dよりそれぞれ 1 つ選び，その記号をマークしなさい。

To: Ace Software Solutions
From: David Griffiths
Subject: Accounting software

Dear Sir / Madam

I am wondering ［ 1 ］ you could assist me. I saw on the Internet
recently that your firm supplies software for accounting, and I am writing
to request some more details about one of the products you offer.

I run a small bookselling company and I need some easy-to-use software
that will help me keep track of my daily expenses. I currently use the IP
Account software supplied by Max Computing, but I have not been
［ 2 ］ with either the functions provided by the software or its
reliability. It does not suit the particular needs of my business and it has
a distressing tendency to crash at the wrong moment! On more than one
occasion, I have lost several days' worth of accounts after the software
suddenly froze ［ 3 ］ I had a chance to save my work.

I noticed on your website that you sell a piece of software called Wave
XP, which appears to ［ 4 ］ for small businesses such as mine.
［ 5 ］

Thank you very much for your attention. I look forward to hearing from
you soon.

Yours sincerely,

David Griffiths

1．A．that B．if C．why D．what

2．A．familiar B．concerned C．understood D．satisfied

3. A. before   B. without   C. unless   D. despite
4. A. design   B. be designed
   C. have designed   D. be designing
5. A. This software is not available at Max Computing.
   B. Could you tell me why it does not crash so often?
   C. I am hoping you will be interested in purchasing my business.
   D. Could you send me some more information about its functions?

Ⅵ 次の英文を読み，本文の空所 [1] ～ [7] に入る最も適当なものをA～G よりそれぞれ1つ選び，その記号をマークしなさい。ただし，同じものを繰り返して 選ぶことはできない（*印の語は〔注〕を参照しなさい）。(14点)

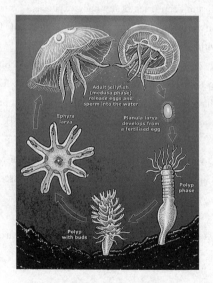

Figure. Jellyfish life cycle

Te Ara—The Encyclopedia of New Zealand
Artwork by Bruce Mahalski

著作権の都合上，省略。

中央大-理工〈一般・英語外部試験利用〉　　2023 年度　英語　*17*

著作権の都合上，省略。

The jellyfish that never dies, BBC Earth

* 〔注〕tentacles 触手　　larva 幼生　　polyp ポリープ

sea anemone　イソギンチャク

18 2023 年度　英語　　　　　　　　中央大-理工〈一般・英語外部試験利用〉

A. can rise from the dead

B. sinks to the ocean floor and begins to decay

C. have been floating in the ocean this whole time

D. are created when the polyp clones itself

E. use its incredible ability and regenerate

F. starts its life as a tiny organism

G. was growing out of the top of the jellyfish

中央大-理工〈一般・英語外部試験利用〉　　　　　　　　　　　2023 年度　数学　*19*

数学

(100 分)

(注)　満点が 100 点となる配点表示になっていますが，数学科は満点が 200 点であり，
各問の配点は 2 倍となります。

Ⅰ　次の問題文の空欄にもっとも適する答えを解答群から選び，その記号をマーク解答
用紙にマークせよ。ただし，同じ記号を 2 度以上用いてもよい。(20 点)

　　さいころを 2 回ふって出た目の数を順に a, b とし，複素数 α, β を

$$\alpha = \cos \frac{a\pi}{3} + i \sin \frac{a\pi}{3}, \qquad \beta = \cos \frac{b\pi}{3} + i \sin \frac{b\pi}{3}$$

と定める（i は虚数単位）。また，$\alpha - \beta$ の絶対値を $d = |\alpha - \beta|$ とおく。

(1) d のとりうる値は，小さいものから順に

$$0, \quad \boxed{\text{ア}}, \quad \boxed{\text{イ}}, \quad \boxed{\text{ウ}}$$

である。$d = 0, \boxed{\text{ア}}, \boxed{\text{イ}}, \boxed{\text{ウ}}$ が成り立つ確率はそれぞれ

$$\boxed{\text{エ}}, \quad \boxed{\text{オ}}, \quad \boxed{\text{カ}}, \quad \boxed{\text{キ}}$$

である。

(2) $\alpha - \beta$ が実数となる確率は $\boxed{\text{ク}}$ であり，$\alpha - \beta$ が実数という条件の下で $d < \boxed{\text{ウ}}$
が成り立つ条件付き確率は $\boxed{\text{ケ}}$ である。

(3) $\alpha^2 = \beta^3$ という条件の下で $\alpha + \beta$ の虚部が正となる条件付き確率は $\boxed{\text{コ}}$ で
ある。

問題 I のア〜コの解答群

ⓐ 0　　　ⓑ 1　　　ⓒ 2　　　ⓓ 3　　　ⓔ $\dfrac{1}{2}$　　　ⓕ $\dfrac{1}{3}$

ⓖ $\dfrac{2}{3}$　　ⓗ $\dfrac{1}{4}$　　ⓘ $\dfrac{3}{4}$　　ⓙ $\dfrac{1}{6}$　　ⓚ $\dfrac{5}{6}$　　ⓛ $\sqrt{2}$

ⓜ $\dfrac{\sqrt{2}}{2}$　ⓝ $\dfrac{3\sqrt{2}}{2}$　ⓞ $\sqrt{3}$　　ⓟ $\dfrac{\sqrt{3}}{2}$　ⓠ $\dfrac{\sqrt{3}}{3}$　ⓡ $\dfrac{2\sqrt{3}}{3}$

II　次の問題文の空欄にもっとも適する答えを解答群から選び，その記号をマーク解答用紙にマークせよ。ただし，同じ記号を 2 度以上用いてもよい。(20 点)

(1) $\dfrac{\pi}{12} \le x \le \dfrac{\pi}{6}$ のとき，関数 $\dfrac{\sin x}{x}$ は $\boxed{\text{サ}}$ する。このことより，$\dfrac{\pi}{12} \le x \le \dfrac{\pi}{6}$ では

$$\boxed{\text{シ}} \le \frac{\sin x}{x} < \boxed{\text{シ}} + 0.05$$

が成り立つ。

(2) 底面が正五角形 PQRST で，側面が正三角形である五角錐を K とする。ただし，K の各辺の長さを 1 とする。底面にはない K の頂点を A とし，線分 PQ の中点を M とする。また，線分 PS と QT の交点を U とする。このとき，△PUT と △STP は相似であり，線分 PS の長さは $\boxed{\text{ス}}$ である。これより，$\cos\angle\text{SAM}$ の値は

$$\boxed{\text{セ}} - 0.025 \le \cos\angle\text{SAM} < \boxed{\text{セ}} + 0.025$$

を満たす。さらに，(1) の $\dfrac{\sin x}{x}$ についての結果より，$\angle\text{SAM}$ の大きさは

$$\boxed{\text{ソ}} - 1.5° \le \angle\text{SAM} < \boxed{\text{ソ}} + 1.5°$$

を満たす。

　なお，必要ならば，

$$\sqrt{2} = 1.41\cdots, \quad \sqrt{3} = 1.73\cdots, \quad \sqrt{5} = 2.23\cdots$$

を用いてよい。

中央大-理工〈一般・英語外部試験利用〉　　　　　　　　　　　2023 年度　数学　21

問題 II のサの解答群

ⓐ 区間 $\dfrac{\pi}{12} \leqq x \leqq \dfrac{\pi}{6}$ で増加

ⓑ 区間 $\dfrac{\pi}{12} \leqq x \leqq \dfrac{\pi}{6}$ で減少

ⓒ 区間 $\dfrac{\pi}{12} \leqq x \leqq \dfrac{\pi}{8}$ で増加し，区間 $\dfrac{\pi}{8} \leqq x \leqq \dfrac{\pi}{6}$ で減少

ⓓ 区間 $\dfrac{\pi}{12} \leqq x \leqq \dfrac{\pi}{8}$ で減少し，区間 $\dfrac{\pi}{8} \leqq x \leqq \dfrac{\pi}{6}$ で増加

ⓔ 区間 $\dfrac{\pi}{12} \leqq x \leqq \dfrac{1}{2}$ で増加し，区間 $\dfrac{1}{2} \leqq x \leqq \dfrac{\pi}{6}$ で減少

ⓕ 区間 $\dfrac{\pi}{12} \leqq x \leqq \dfrac{1}{2}$ で減少し，区間 $\dfrac{1}{2} \leqq x \leqq \dfrac{\pi}{6}$ で増加

問題 II のシの解答群

ⓐ 0.8　ⓑ 0.85　ⓒ 0.9　ⓓ 0.95　ⓔ 1　ⓕ 1.05　ⓖ 1.1　ⓗ 1.15

問題 II のスの解答群

ⓐ $\sqrt{2}$　　　　　　ⓑ $\sqrt{3}$　　　　　　ⓒ $\sqrt{5}$

ⓓ $\dfrac{1+\sqrt{2}}{2}$　　　ⓔ $\dfrac{1+\sqrt{3}}{2}$　　　ⓕ $\dfrac{1+\sqrt{5}}{2}$

ⓖ $\dfrac{\sqrt{2}+\sqrt{3}}{2}$　　ⓗ $\dfrac{\sqrt{2}+\sqrt{5}}{2}$　　ⓘ $\dfrac{\sqrt{3}+\sqrt{5}}{2}$

ⓙ $\dfrac{\sqrt{2}+\sqrt{3}}{3}$　　ⓚ $\dfrac{\sqrt{2}+\sqrt{5}}{3}$　　ⓛ $\dfrac{\sqrt{3}+\sqrt{5}}{3}$

問題 II のセの解答群

ⓐ -0.4　ⓑ -0.35　ⓒ -0.3　ⓓ -0.25　ⓔ -0.2　ⓕ -0.15　ⓖ -0.1

問題 II のソの解答群

ⓐ $105°$　ⓑ $108°$　ⓒ $111°$　ⓓ $114°$　ⓔ $117°$　ⓕ $120°$

III $f(x) = \dfrac{1}{1+e^{-x}}$ とし，曲線 $y = f(x)$ を C とする。以下の問いに答えよ。(30点)

(1) 曲線 C の変曲点 P の座標を求めよ。

(2) 曲線 C の点 P における接線 ℓ の方程式を求めよ。また，直線 ℓ と直線 $y = 1$ の交点の x 座標 a を求めよ。

(3) b を (2) で求めた a より大きい実数とする。曲線 C と直線 $y = 1$, $x = a$, $x = b$ で囲まれた部分の面積 $S(b)$ を求めよ。

(4) $\displaystyle\lim_{b \to \infty} S(b)$ を求めよ。

IV 以下の問いに答えよ。(30点)

(1) 整式
$$f(x) = a_n x^n + a_{n-1} x^{n-1} + \cdots + a_1 x + a_0 \quad (a_n \neq 0)$$
に対し，$f(x+1) - f(x) = b_n x^n + b_{n-1} x^{n-1} + \cdots + b_1 x + b_0$ と表すとき，b_n と b_{n-1} を求めよ。

(2) 整式 $g(x)$ が恒等式 $g(x+1) - g(x) = (x-1)x(x+1)$ および $g(0) = 0$ を満たすとき，$g(x)$ を求めよ。

(3) 整式 $h(x)$ が恒等式 $h(2x+1) - h(2x) = h(x) - x^2$ を満たすとき，$h(x)$ を求めよ。

物理

(90 分)

I 次の文章の空欄にあてはまる最も適した数式を解答群の中から選び，マーク解答用紙の所定の場所にマークしなさい。(30 点)

質量 m [kg] の物体を地表から高さ H [m] の位置 P から，水平方向に速さ v [m/s] で投射する。図1のように，点Pの鉛直真下の地表の点Oを原点として，投射した向きを正とした水平軸と，鉛直上向きを正とした鉛直軸の2つの座標軸をとる。以下では物体の大きさや空気の抵抗は無視できるものとする。また，重力加速度の大きさを g [m/s²] とする。水平に投射した時刻を0とし，物体が地表に到達する時刻を T [s] とする。$t < T$ を満たすある時刻 $t > 0$ での物体の位置を Q とすると，この点の座標の水平成分は (1) ，鉛直成分は (2) で与えられる。

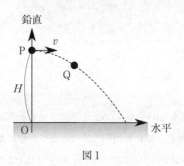

図 1

この物体の水平投射を「地球規模のサイズ」で考え直してみよう。地球を半径 R [m] の球とし，地表の重力の方向（鉛直線）は地球の中心に向かう方向と考えてよいものとする。あらためて，地球の中心を原点として図2のように座標軸をとり，位置 Q の座標を (x, y) とする。上の結果より，$x =$ (1) ，$y = R +$ (2) である。この2つの式から t を消去すると，y 座標は x を用いて $y =$ (3) と表せる。また原点から点 Q までの距離を r [m] とすると，

$$r^2 = (R+H)^2 + (\boxed{(4)})x^2 + (\boxed{(5)})x^4$$

と書ける。この式より，水平投射の速さがある値 $\boxed{(6)}$ （これを以下では V とおく）をこえると，物体と原点（地球の中心）との間の距離 r は常に $R+H$ より大きくなること，つまり地表から測った物体の高さは投射したときの高さを下回ることはなく，したがって物体が地表に落ちることはないことがわかる。このことより，水平投射した物体は，その初速度の大きさが $\boxed{(6)}$ の限界値 V よりも大きければ，宇宙に脱出することができるといえるのだろうか。その点を以下で検討してみることにしよう。

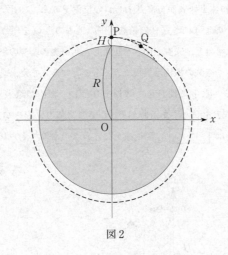

図 2

地表から高さ H の位置から質量 m の物体を速さ v で水平投射したとき，地球の周りを半径 $R+H$ の円軌道を描いて周回し続ける条件を考えよう。地球が地球上の物体に及ぼす引力は，地球各部が及ぼす万有引力の合力で，これは地球の全質量が地球の中心に集まったときに及ぼす引力に等しい。地球の質量を M [kg]，万有引力定数を G [N·m²/kg²] とすると，物体にはたらく地球の万有引力の大きさは $\boxed{(7)}$ と与えられ，その向きは物体から地球の中心に向かう方向となる。半径 $R+H$ の円軌道を描いて地球を周回する物体にはたらく遠心力は $\boxed{(8)}$ であるので，これが地球の万有引力 $\boxed{(7)}$ とつりあうという条件から，v は G などを用いて $\boxed{(9)}$ と与えられる。地表付近の重力が地球の万有引力によるものであることから，g を地表から高さ H の地点での重力加速度の大きさと考えて G，M などを用いて表すと g

中央大-理工〈一般・英語外部試験利用〉　　　　　　　　2023 年度　物理　*25*

は $\boxed{\text{(10)}}$ となり，$\boxed{\text{(6)}}$ の限界値 V は物体が円軌道を描いて地球を周回し続ける場合の速さになっていることがわかる。

　それでは，水平投射されるときの初速度の大きさが $\boxed{\text{(6)}}$ の限界値 V をこえると物体は地球の周りの円軌道を離れて無限の彼方に飛び去ることができるのだろうか。地表から高さ H の地点から速さ v で水平投射された物体の力学的エネルギーの総和は，万有引力による位置エネルギーを考慮すると $\boxed{\text{(11)}}$ と与えられる。ただし，無限遠点を万有引力による位置エネルギーの基準点とする。この物体が地球を離れて無限の彼方に飛び去るためには，地球の中心からの距離 r が無限大のところで物体が 0 でない速さをもって運動していなければならない。したがって，無限の彼方に飛び去る物体にも力学的エネルギー保存の法則が成り立つことを考慮すれば，初速度の大きさは $\boxed{\text{(12)}}$ より大きくなくてはならないといえる。

[解 答 群]

(1)，(2)に対するもの

(a) vt

(b) $vt + \dfrac{1}{2}gt^2$

(c) $vt - \dfrac{1}{2}gt^2$

(d) $H + vt$

(e) $H + \dfrac{1}{2}gt^2$

(f) $H - \dfrac{1}{2}gt^2$

(g) $H + vt + \dfrac{1}{2}gt^2$

(h) $H + vt - \dfrac{1}{2}gt^2$

(3)に対するもの

(a) $H + \dfrac{g}{2v^2}x^2$

(b) $H - \dfrac{g}{2v^2}x^2$

(c) $H + x + \dfrac{g}{2v^2}x^2$

(d) $H + x - \dfrac{g}{2v^2}x^2$

(e) $R + H + \dfrac{g}{2v^2}x^2$

(f) $R + H - \dfrac{g}{2v^2}x^2$

(g) $R + H + x + \dfrac{g}{2v^2}x^2$

(h) $R + H + x - \dfrac{g}{2v^2}x^2$

(4)に対するもの

(a) $1 + \dfrac{g(R+H)}{v^2}$

(b) $1 + \dfrac{g(R+H)}{2v^2}$

(c) $1 - \dfrac{g(R+H)}{v^2}$

(d) $1 - \dfrac{g(R+H)}{2v^2}$

(e) $-1 + \dfrac{g(R+H)}{v^2}$

(f) $-1 + \dfrac{g(R+H)}{2v^2}$

(g) $1 - \dfrac{gR}{v^2}$

(h) $1 - \dfrac{gR}{2v^2}$

26 2023 年度 物理　　　　　　　　　　　中央大-理工〈一般・英語外部試験利用〉

(5)に対するもの

(a) $\dfrac{g}{2v^2}$　　　(b) $\dfrac{g}{4v^2}$　　　(c) $\dfrac{g}{2v^4}$　　　(d) $\dfrac{g}{4v^4}$

(e) $\dfrac{g^2}{2v^2}$　　　(f) $\dfrac{g^2}{4v^2}$　　　(g) $\dfrac{g^2}{2v^4}$　　　(h) $\dfrac{g^2}{4v^4}$

(6)に対するもの

(a) $\sqrt{gR}$　　　(b) $\sqrt{\dfrac{gR}{2}}$　　　(c) $\sqrt{g(R+H)}$　　　(d) $\sqrt{\dfrac{g(R+H)}{2}}$

(e) gR　　　(f) $\dfrac{gR}{2}$　　　(g) $g(R+H)$　　　(h) $\dfrac{g(R+H)}{2}$

(7)に対するもの

(a) $\dfrac{GMm}{R}$　　　(b) $\dfrac{GMm}{R^2}$　　　(c) $\dfrac{GMm}{2R}$　　　(d) $\dfrac{GMm}{2R^2}$

(e) $\dfrac{GMm}{R+H}$　　　(f) $\dfrac{GMm}{(R+H)^2}$　　　(g) $\dfrac{GMm}{2(R+H)}$　　　(h) $\dfrac{GMm}{2(R+H)^2}$

(8)に対するもの

(a) $\dfrac{mv^2}{R}$　　　(b) $\dfrac{mv^2}{R^2}$　　　(c) $\dfrac{mv^2}{2R}$　　　(d) $\dfrac{mv^2}{2R^2}$

(e) $\dfrac{mv^2}{R+H}$　　　(f) $\dfrac{mv^2}{(R+H)^2}$　　　(g) $\dfrac{mv^2}{2(R+H)}$　　　(h) $\dfrac{mv^2}{2(R+H)^2}$

(9)に対するもの

(a) $\sqrt{\dfrac{GM}{R}}$　　　(b) $\sqrt{\dfrac{GM}{2R}}$　　　(c) $\dfrac{GM}{R^2}$　　　(d) $\dfrac{GM}{2R^2}$

(e) $\sqrt{\dfrac{GM}{R+H}}$　　　(f) $\sqrt{\dfrac{GM}{2(R+H)}}$　　　(g) $\dfrac{GM}{(R+H)^2}$　　　(h) $\dfrac{GM}{2(R+H)^2}$

(10)に対するもの

(a) $\dfrac{GM}{R}$　　　(b) $\dfrac{GM}{R^2}$　　　(c) $\dfrac{GM}{2R}$　　　(d) $\dfrac{GM}{2R^2}$

(e) $\dfrac{GM}{R+H}$　　　(f) $\dfrac{GM}{(R+H)^2}$　　　(g) $\dfrac{GM}{2(R+H)}$　　　(h) $\dfrac{GM}{2(R+H)^2}$

(11)に対するもの

(a) $\dfrac{1}{2}mv^2 - \dfrac{GMm}{R}$　　　(b) $\dfrac{1}{2}mv^2 - \dfrac{GMm}{R^2}$　　　(c) $\dfrac{1}{2}mv^2 - \dfrac{GMm}{2R}$

中央大-理工〈一般・英語外部試験利用〉　　　　　　　　2023 年度　物理　**27**

(d) $\dfrac{1}{2}mv^2 - \dfrac{GMm}{2R^2}$　　　(e) $\dfrac{1}{2}mv^2 - \dfrac{GMm}{R+H}$　　　(f) $\dfrac{1}{2}mv^2 - \dfrac{GMm}{(R+H)^2}$

(g) $\dfrac{1}{2}mv^2 - \dfrac{GMm}{2(R+H)}$　　　(h) $\dfrac{1}{2}mv^2 - \dfrac{GMm}{2(R+H)^2}$

⑿に対するもの

(a) $\sqrt{\dfrac{GM}{R}}$　　　(b) $\sqrt{\dfrac{2GM}{R}}$　　　(c) $\sqrt{\dfrac{3GM}{R}}$　　　(d) $2\sqrt{\dfrac{GM}{R}}$

(e) $\sqrt{\dfrac{GM}{R+H}}$　　　(f) $\sqrt{\dfrac{2GM}{R+H}}$　　　(g) $\sqrt{\dfrac{3GM}{R+H}}$　　　(h) $2\sqrt{\dfrac{GM}{R+H}}$

Ⅱ　次の問題の答えを記述解答用紙の所定の場所に書きなさい。（40 点）

　　図 1 のように鉛直下向きを正として z 軸をとり，直線状の金属レール P，Q を L[m] の間隔で z 軸と平行になるように xz 平面内に置く。重力加速度の大きさは g[m/s^2] であり，時間変化しない磁束密度の大きさ B[T] の一様な磁場が y 軸正の向きにかかっている。レール P，Q の上端には電気抵抗 R[Ω]，長さ L[m]，質量 m[kg] の導体棒 1 が取りつけられ，その下に電気抵抗の無視できる長さ L[m]，質量 m[kg] の導体棒 2 が取りつけられている。導体棒 1，2 は留め具で固定されているが，留め具を外すと水平な状態を保ちながらレールに沿ってなめらかに動くことができる。導体棒 1，2 の両端はレールと接しており，レールとの接触部分を含めて導体棒 1 以外の導体部分の電気抵抗は考えなくてよい。空気抵抗やレールとの摩擦，回路を流れる電流によって生じる磁場の影響は無視してよい。レールは十分に長く，運動中に導体棒 1，2 が下端に達することはないものとする。

　　まず，導体棒 2 の留め具だけを静かに外した。鉛直下向きに落下する導体棒 2 の速度を v[m/s]，加速度を a[m/s^2] として，問 1 ～ 6 に答えなさい。

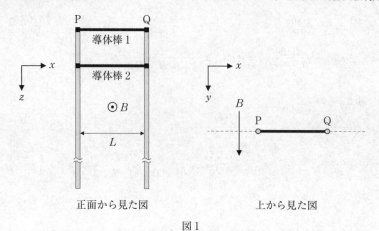

図1

問い

1. 導体棒2に流れる電流の大きさとその向きを答えなさい。

2. 導体棒2の運動方程式を a, v, B, L, m, R, g のうち必要なものを用いて答えなさい。

3. 導体棒1の電気抵抗によって単位時間当たりに消費されるエネルギーを v, B, L, m, R, g のうち必要なものを用いて答えなさい。

4. 導体棒2の留め具を外して十分長い時間が経過すると導体棒2の速度は一定となった。このときの速度 v_f を B, L, m, R, g のうち必要なものを用いて答えなさい。

5. 問4のとき，時間 t [s] の間に失われる導体棒2の重力による位置エネルギーを B, L, m, R, g, t のうち必要なものを用いて答えなさい。

6. 問4のとき，時間 t [s] の間に導体棒1の電気抵抗で消費されるエネルギーを B, L, m, R, g, t のうち必要なものを用いて答えなさい。

次に，導体棒2の速度が $v = v_f$ で一定になってから導体棒1の留め具も静かに外した。その結果，導体棒2の速度は再び変化した。このときの導体棒1の速度を w [m/s]，導体棒2の速度を v [m/s] として，問7〜10に答えなさい。

問い

7. 導体棒2に流れる電流の大きさとその向きを答えなさい。

中央大-理工〈一般・英語外部試験利用〉 2023 年度 物理 29

8．導体棒 2 に流れる電流が磁場から受ける力の大きさ $F[\mathrm{N}]$ とその向きを答えなさい。また，導体棒 1 に流れる電流が磁場から受ける力の大きさ $f[\mathrm{N}]$ とその向きも答えなさい。

9．十分長い時間が経過したとき，v と w の大小関係はどうなるか。その理由も分かるように 70 字程度（77 字以内）で説明しなさい。記号を用いる場合は，記号 1 つにつき 1 字とする。

10．十分長い時間が経過したとき，導体棒 2 を単独で見るとどのような運動をしているとみなせるか。20 字以内で答えなさい。

Ⅲ　次の文章の空欄にあてはまる最も適した数式または数値を解答群の中から選び，マーク解答用紙の所定の場所にマークしなさい。（30 点）

　　レンズの多くは 2 つの球面の一部にはさまれたガラスでできており，中心部が周辺部より厚いレンズを凸レンズという。ここでは，凸レンズの両側の面が球面の一部からなる場合について考えよう。凸レンズの両側の球面を形づくる 2 つの球の中心を結ぶ直線（以下，光軸とよぶ）に平行な光線が凸レンズに入射すると，レンズ後方の光軸上の 1 点に光が集まる。この点を凸レンズの焦点という。焦点は凸レンズの両側に，レンズの中心に対して対称な位置にある。図 1 は凸レンズの断面を表している。凸レンズの焦点の外側の点 M から出た光線は，点 N に集まる。点 M から光軸に下した垂線の足を M′，点 N から光軸に下した垂線の足を N′ とし，レンズの中心から点 M′ までの距離を a，レンズの中心から点 N′ までの距離を b，レンズの中心から焦点までの距離を f とすると，a と b と f の間に

$$\frac{1}{a} + \frac{1}{b} = \frac{1}{f} \tag{ア}$$

の関係式が成り立つ。この関係式が光軸の近くで成り立つことを以下の手順で示してみよう。

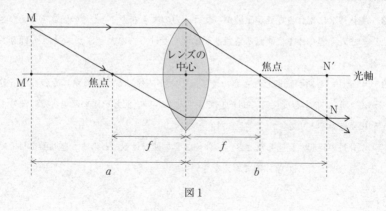

図1

　図2は，厚いガラス板の表面に加工された凸部の断面を表している。凸部は，点Cを中心とする半径Rのガラス球の左半分の一部である。空気中の点Aから出た光線が球面上の点Pで屈折して点Bに達したとする。点Bは，点Aと点Cを通る直線（以下，中心軸とよぶ）上にある。点Pにおける入射角をθ，屈折角をϕとすると，空気の絶対屈折率を1，ガラスの絶対屈折率をnとして，θとϕの間には屈折の法則より ┃(1)┃ という関係式が成り立つ。また，APと中心軸のなす角度をα，PBと中心軸のなす角度をβ，PCと中心軸のなす角度をγとすると，θとϕは，それぞれ，

$$\theta = \alpha + \gamma, \quad \phi = \gamma - \beta \qquad (イ)$$

と表される。ここで，点Pが中心軸の近くにあるとすると，α，β，γは小さく，(イ)式よりθとϕも小さい。ここで，$|x|$が1に比べて十分に小さいときに$\sin x \fallingdotseq x$，$\cos x \fallingdotseq 1$，$\tan x \fallingdotseq x$が成り立つので，┃(1)┃ は ┃(2)┃ のように近似される。┃(2)┃ に(イ)式を代入すれば，α，β，γの間に成り立つ関係式 ┃(3)┃ が得られる。また，点Pから中心軸に下した垂線の足を点Hとすると，点Pが中心軸の近くにある場合，CHの長さはガラス球の半径Rに等しいとみなせる。HPの長さをh，HAの長さをa，HBの長さをbで表すことにすると，α，β，γは ┃(4)┃ のように近似される。こうして得られたα，β，γを ┃(3)┃ に代入することにより，

$$\frac{\boxed{(5)}}{a} + \frac{1}{b} = \frac{\boxed{(6)}}{R} \qquad (ウ)$$

の関係式が得られる。

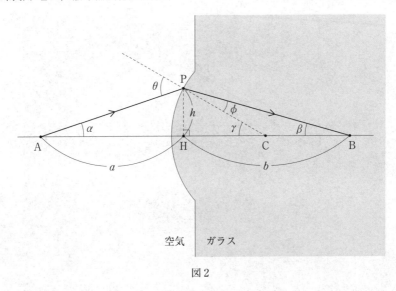

図2

　次に,点Aを図2に示した位置からガラス球に近づけていったところ,$a = $ (7) の位置に達したときに点Pで屈折した光線が中心軸に届かなくなった。図3は,点Aが$a < $ (7) を満たす位置にあるときの,点Aから出た光線の経路を表している。図2で中心軸上にあった点Bは,図3の断面図の中心軸上には存在しないことがわかる。そこで,点Pで屈折した光線の延長線と中心軸の交点(点Aの左側)を点B′として,HB′の長さをb'で表すことにする。(ウ)式のbを$-b'$に置き換えることにより,

$$\frac{\boxed{(5)}}{a} - \frac{1}{b'} = \frac{\boxed{(6)}}{R} \qquad (エ)$$

の関係式が得られる。

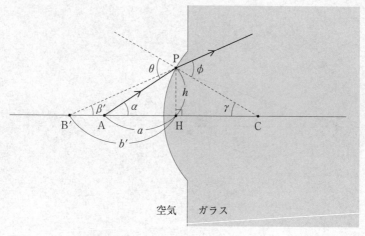

図3

最後に，凸レンズによる光線の屈折について考えよう。図4は凸レンズの断面を表している。凸レンズは空気中にあるとして，光軸上の点Aから出た光線が，凸レンズの表面の点Pで屈折したあと，さらに点P'で屈折して光軸上の点Bに達したとする。ここで，凸レンズの左半分は半径 R_1 の球の一部からなり，凸レンズの右半分は半径 R_2 の球の一部からなるとする。点Pから光軸に下した垂線の足を点H，点P'から光軸に下した垂線の足を点H'とする。凸レンズの厚さは球の半径 R_1 と R_2 に比べて無視できるくらい薄く，点Pと点P'は光軸の近くにあるとする。点Aの位置については，点Pにおける屈折光が光軸に届かない条件を満たしているとする。HAの長さを a，H'Bの長さを b，HB'の長さを b' とすると，凸レンズの左半分に対しては(エ)式より，

$$\frac{\boxed{(5)}}{a} - \frac{1}{b'} = \frac{\boxed{(6)}}{R_1} \qquad \text{(オ)}$$

の関係式が成り立つ。一方，レンズの右半分に対しては光線の経路を逆にたどると(ウ)式と同様に考えることができて，

$$\left(\boxed{(8)} \times \frac{\boxed{(5)}}{a}\right) + \left(\boxed{(9)} \times \frac{1}{b}\right) = \frac{\boxed{(6)}}{R_2} \qquad \text{(カ)}$$

の関係式が得られる。こうして得られた(オ)式と(カ)式より，

$$\frac{1}{a}+\frac{1}{b}= \boxed{(10)} \qquad (キ)$$

の関係式が得られる。ここで，$\frac{1}{f}= \boxed{(10)}$ とおくと，(キ)式は

$$\frac{1}{a}+\frac{1}{b}=\frac{1}{f} \qquad (ク)$$

と表される。凸レンズの厚さが無視できるくらい薄いことを考慮すると，レンズの中心 O から点 A までの距離とレンズの中心 O から点 B までの距離は，それぞれ HA と H′B の長さに等しいとみなせる。また，無限遠にある光源からの平行光線が集まる点が焦点であることから，(ク)式で a を無限に大きくすると $b=f$ となり，焦点距離 f が求まる。(ク)式は，点 A から出た光線の点 P における屈折光が光軸に届く条件を満たす場合についても成り立つ。以上のようにして，(ア)式が光軸の近くで成り立つことを示すことができた。

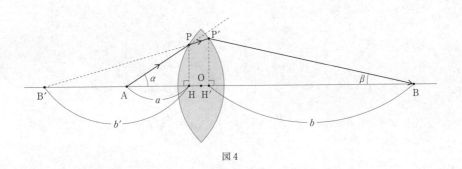

図 4

[解 答 群]

(1)に対するもの

(a) $\dfrac{\sin\theta}{\sin\phi}=n$ (b) $\dfrac{\sin\phi}{\sin\theta}=n$ (c) $\dfrac{\cos\theta}{\cos\phi}=n$

(d) $\dfrac{\cos\phi}{\cos\theta}=n$ (e) $\dfrac{\tan\theta}{\tan\phi}=n$ (f) $\dfrac{\tan\phi}{\tan\theta}=n$

(g) $\sin\theta\sin\phi=n$ (h) $\cos\theta\cos\phi=n$

(2)に対するもの

(a) $\theta=\phi$ (b) $\theta=n\phi$ (c) $\phi=n\theta$

34 2023 年度 物理 　　　　　　　　中央大-理工〈一般・英語外部試験利用〉

(d) $\theta\phi = 1$ 　　　　　(e) $\theta\phi = n$ 　　　　　(f) $\theta\phi = \dfrac{1}{n}$

(g) $\theta = n(\theta - \phi)$ 　　　(h) $\phi = n(\theta - \phi)$

(3)に対するもの

(a) $\gamma - \beta = n(\alpha + \gamma)$ 　(b) $\gamma - \beta = n(\alpha + \beta)$ 　(c) $\alpha + \gamma = n(\gamma - \beta)$

(d) $\alpha + \gamma = n(\alpha + \beta)$ 　(e) $(\alpha + \gamma)(\gamma - \beta) = n$ 　(f) $(\alpha + \gamma)(\gamma - \beta) = 1$

(g) $(\alpha + \beta)(\gamma - \beta) = \dfrac{1}{n}$ 　(h) $\alpha + \beta - 2\gamma = 0$

(4)に対するもの

(a) $\alpha = \dfrac{a}{\sqrt{a^2 + h^2}}, \ \ \beta = \dfrac{b}{\sqrt{b^2 + h^2}}, \ \ \gamma = \dfrac{R}{\sqrt{R^2 + h^2}}$

(b) $\alpha = \dfrac{\sqrt{a^2 + h^2}}{a}, \ \ \beta = \dfrac{\sqrt{b^2 + h^2}}{b}, \ \ \gamma = \dfrac{\sqrt{R^2 + h^2}}{R}$

(c) $\alpha = \dfrac{h}{a}, \ \ \beta = \dfrac{h}{b}, \ \ \gamma = \dfrac{h}{R}$ 　　　(d) $\alpha = \dfrac{a}{h}, \ \ \beta = \dfrac{b}{h}, \ \ \gamma = \dfrac{R}{h}$

(e) $\alpha = \dfrac{h}{b}, \ \ \beta = \dfrac{h}{a}, \ \ \gamma = \dfrac{h}{R}$ 　　　(f) $\alpha = \dfrac{b}{h}, \ \ \beta = \dfrac{a}{h}, \ \ \gamma = \dfrac{R}{h}$

(g) $\alpha = \dfrac{h}{a}, \ \ \beta = \dfrac{h}{b}, \ \ \gamma = \dfrac{h}{2R}$ 　　(h) $\alpha = \dfrac{a}{h}, \ \ \beta = \dfrac{b}{h}, \ \ \gamma = \dfrac{2R}{h}$

(5), (6)に対するもの

(a) $n - 1$ 　　(b) n 　　　(c) $n + 1$ 　　(d) $\dfrac{1}{n - 1}$

(e) $\dfrac{1}{n}$ 　　(f) $\dfrac{1}{n + 1}$ 　(g) $\dfrac{n - 1}{n}$ 　　(h) $\dfrac{n}{n + 1}$

(7)に対するもの

(a) R 　　　(b) $\dfrac{R}{n - 1}$ 　(c) $\dfrac{R}{n}$ 　　(d) $\dfrac{R}{n + 1}$

(e) $\dfrac{nR}{n - 1}$ 　(f) $\dfrac{(n - 1)R}{n}$ 　(g) $\dfrac{(n + 1)R}{n}$ 　(h) $\dfrac{nR}{n + 1}$

(8), (9)に対するもの

中央大-理工〈一般・英語外部試験利用〉 2023 年度 物理 *35*

(a) 1 　　(b) -1 　　(c) $\dfrac{a}{b}$ 　　(d) $-\dfrac{a}{b}$

(e) $\dfrac{a}{b'}$ 　　(f) $-\dfrac{a}{b'}$ 　　(g) $\dfrac{b}{b'}$ 　　(h) $-\dfrac{b}{b'}$

⑽に対するもの

(a) $\dfrac{1}{R_1} + \dfrac{1}{R_2}$ 　　(b) $(n-1)\left(\dfrac{1}{R_1} + \dfrac{1}{R_2}\right)$ 　　(c) $n\left(\dfrac{1}{R_1} + \dfrac{1}{R_2}\right)$

(d) $(n+1)\left(\dfrac{1}{R_1} + \dfrac{1}{R_2}\right)$ 　　(e) $\dfrac{1}{n-1}\left(\dfrac{1}{R_1} + \dfrac{1}{R_2}\right)$ 　　(f) $\dfrac{1}{n}\left(\dfrac{1}{R_1} + \dfrac{1}{R_2}\right)$

(g) $\dfrac{1}{n+1}\left(\dfrac{1}{R_1} + \dfrac{1}{R_2}\right)$ 　　(h) $\dfrac{n-1}{n}\left(\dfrac{1}{R_1} + \dfrac{1}{R_2}\right)$

化学

(90分)

問題 I , II の解答は，マーク解答用紙の指定された欄にマークしなさい。問題 III , IV の解答は，記述解答用紙の解答欄に書きなさい。必要な場合は，次の値を用いなさい。

気体定数：$R = 8.3 \times 10^3$ Pa·L/(K·mol)

原子量：H = 1.0, He = 4.0, C = 12, N = 14, O = 16

I 以下の問い(1)〜(10)の解答は，それぞれの解答群のどれに該当するか。番号を1つ選んでマークしなさい。(40点)

(1) 原子の構造に関する次の記述(ア)〜(ウ)について，正しい正誤の組み合わせはどれか。

(ア) あらゆる原子について，原子核中の陽子数と中性子数は等しい。

(イ) 電子1個の質量は，陽子1個の質量に比べて小さい。

(ウ) 1つの陽子と1つの電子がもつ電荷の絶対値は互いに等しい。

[解答群]

	(ア)	(イ)	(ウ)
①	正	正	正
②	正	正	誤
③	正	誤	正
④	正	誤	誤
⑤	誤	正	正
⑥	誤	正	誤
⑦	誤	誤	正
⑧	誤	誤	誤

(2) 図1は，4種の物質 A–D（酸素，オゾン，水素，水のいずれか）の気体を密閉容器に入れ，温度が一定の条件で圧力を加えていったときのグラフである。p, V, T, n はそれぞれ，圧力，体積，絶対温度，および気体の物質量である。図1に関する次の記述(ア)～(ウ)について，正しい正誤の組み合わせはどれか。

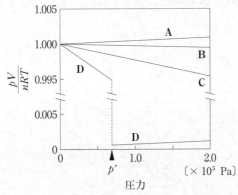

図1　物質 A–D の $\dfrac{pV}{nRT}$ の値と気体の圧力 p の関係

(ア) 物質 B はオゾンである。
(イ) 物質 D は圧力を上げていくと，圧力 p' において凝縮する。
(ウ) この図は 110 ℃ で測定されたデータを示している。

[解答群]

	(ア)	(イ)	(ウ)
①	正	正	正
②	正	正	誤
③	正	誤	正
④	正	誤	誤
⑤	誤	正	正
⑥	誤	正	誤
⑦	誤	誤	正
⑧	誤	誤	誤

(3) 状態変化，化学変化とエネルギーに関する次の記述(ア)～(ウ)について，正しい正誤

38 2023 年度　化学　　　　　　　　　　　中央大-理工〈一般・英語外部試験利用〉

の組み合わせはどれか。

㋐　化学反応の際には，必ず熱の出入りを伴う。

㋑　固体から液体への変化時に必要なエネルギーを融解熱と呼ぶ。

㋒　C_{60} と黒鉛は炭素の同素体で，炭素 1 mol 当たりの化学エネルギーは等しい。

［解答群］

	㋐	㋑	㋒
①	正	正	正
②	正	正	誤
③	正	誤	正
④	正	誤	誤
⑤	誤	正	正
⑥	誤	正	誤
⑦	誤	誤	正
⑧	誤	誤	誤

⑷　ベンゼンの水素原子のうち 2 つをメチル基で置換したキシレン（ジメチルベンゼン）には，オルト・メタ・パラの 3 種の構造異性体が存在する。同様に，ナフタレンの水素原子のうち 2 つをメチル基で置換したジメチルナフタレンには，何種の構造異性体が存在するか。

［解答群］

①　3 種　　　②　4 種　　　③　5 種　　　④　6 種

⑤　7 種　　　⑥　8 種　　　⑦　9 種　　　⑧　10 種

⑸　試験管中にニトロベンゼンをとり，そこにスズを加えたあと，㋐～㋔の 5 つの操作の中の 3 つを組み合わせて行うことにより，アニリンを合成し単離したい。操作は矢印で示す順に行うとしたとき，正しいものはどれか。

㋐　適切な量の塩酸を加えて温めながら振り混ぜる

中央大-理工〈一般・英語外部試験利用〉　　　　　　　2023 年度　化学　*39*

　　⑷　冷却してから適切な量の亜硝酸ナトリウム水溶液を加えて振り混ぜる

　　⑼　冷却してから適切な量の水酸化ナトリウム水溶液を加えて振り混ぜる

　　㈢　エーテルを加えて抽出し，エーテルを注意深く揮発させる

　　㈣　沈殿物をろ過により集める

［解答群］

　　①　(ア) → (イ) → (エ)

　　②　(ア) → (イ) → (オ)

　　③　(ア) → (ウ) → (エ)

　　④　(イ) → (ア) → (オ)

　　⑤　(イ) → (ウ) → (オ)

　　⑥　(ウ) → (ア) → (エ)

　　⑦　(ウ) → (イ) → (エ)

　　⑧　(ウ) → (イ) → (オ)

⑹　アミノ酸とタンパク質に関する次の記述(ア)～(ウ)について，正しい正誤の組み合わせはどれか。

　　㈠　硫黄を含むタンパク質は，水酸化ナトリウム水溶液を加えて加熱してから酢酸鉛(Ⅱ)水溶液を加えると黒色沈殿を生じる。

　　㈡　タンパク質水溶液に濃い水酸化ナトリウム水溶液を加えて加熱すると，アンモニアが発生する。

　　㈢　アミノ酸に水酸化ナトリウム水溶液と硫酸銅(Ⅱ)水溶液を加えても，ビウレット反応は示さない。

40 2023 年度　化学　　　　　　　　　　　　中央大-理工〈一般・英語外部試験利用〉

［解答群］

	(ア)	(イ)	(ウ)
①	正	正	正
②	正	正	誤
③	正	誤	正
④	正	誤	誤
⑤	誤	正	正
⑥	誤	正	誤
⑦	誤	誤	正
⑧	誤	誤	誤

⑺　3本の試験管に，濃度 0.5 mol/L の硝酸ナトリウム水溶液，炭酸ナトリウム水溶
　液，硫酸ナトリウム水溶液のいずれか1種ずつが入っている。2種の適切な試薬を
　用いることによって，どの試験管にどの水溶液が入っているかを確かめたい。その
　ためには，どの試薬の組み合わせを用いればよいか。

［解答群］

　　① 塩化アンモニウム水溶液，塩化バリウム水溶液

　　② 塩化アンモニウム水溶液，塩酸

　　③ 塩化アンモニウム水溶液，塩化カルシウム水溶液

　　④ 塩化カルシウム水溶液，　塩化バリウム水溶液

　　⑤ 塩化カルシウム水溶液，　塩化ナトリウム水溶液

　　⑥ 塩化カルシウム水溶液，　塩酸

　　⑦ 塩化カリウム水溶液，　　塩酸

　　⑧ 塩化カリウム水溶液，　　塩化アンモニウム水溶液

⑻　ケイ素の単体と化合物に関する次の記述(ア)～(ウ)について，正しい正誤の組み合わ
　せはどれか。

　(ア)　高純度のケイ素は電気をわずかに通す半導体で，これに少量のリンやホウ素な
　　どを加えると，電気を通しにくくなる。

中央大-理工〈一般・英語外部試験利用〉　　　　　　　　　2023 年度　化学　*41*

　(イ)　二酸化ケイ素は，水や塩酸などの強酸にも溶けない安定な化合物であるが，

　　　　フッ化水素酸とは反応する。

　(ウ)　ケイ素は，天然には主に酸化物または単体で存在する。

　〔解答群〕

	(ア)	(イ)	(ウ)
①	正	正	正
②	正	正	誤
③	正	誤	正
④	正	誤	誤
⑤	誤	正	正
⑥	誤	正	誤
⑦	誤	誤	正
⑧	誤	誤	誤

(9)　化合物 X の気相における熱分解反応 $(2X(g) \longrightarrow Y(g) + Z(g))$ は，反応速度
　　が反応物の濃度の 2 乗に比例する。時間 t 〔s〕における反応速度 v 〔mol/(L·s)〕は，
　　化合物 X の濃度を $[X]$〔mol/L〕，反応速度定数を k 〔L/(mol·s)〕とすると，次式
　　で表される。

$$v = -\frac{d[X]}{dt} = k[X]^2$$

　　この式を変形して積分すると次式が得られる。

$$\frac{1}{[X]} = kt + C \quad (C は定数)$$

　　ここで，反応物の初濃度（$t = 0$ における濃度）を $[X]_0$〔mol/L〕とすると，

$$C = \frac{1}{[X]_0}$$

となる。

42 2023 年度　化学 　　　　　　　　　　　中央大-理工〈一般・英語外部試験利用〉

　これらのことを用いて，化合物 **X** の濃度が初濃度の半分になるまでの時間を求めるとどのようになるか。

[解答群]

① $\dfrac{1}{k[\mathbf{X}]_0}$ 　　② $\dfrac{1}{2k[\mathbf{X}]_0}$ 　　③ $\dfrac{2}{k[\mathbf{X}]_0}$ 　　④ $\dfrac{4}{k[\mathbf{X}]_0}$

⑤ $k[\mathbf{X}]_0$ 　　⑥ $2k[\mathbf{X}]_0$ 　　⑦ $\dfrac{k[\mathbf{X}]_0}{2}$ 　　⑧ $\dfrac{k[\mathbf{X}]_0}{4}$

⑽　空気（窒素と酸素の体積比が $8.0 : 2.0$ である混合気体とする）が，$40\,℃$，4.0×10^5 Pa で水に接しているとき，この水に溶けている酸素に対する窒素の質量比の値として，最も近い値はどれか。ただし $40\,℃$ において，気体の圧力が 1.013×10^5 Pa のとき，水 1 L に溶ける気体の体積を標準状態（$0\,℃$，1.013×10^5 Pa）に換算した値は，窒素は 0.0123 L，酸素は 0.0231 L である。

[解答群]

① 0.27 　　② 0.47 　　③ 0.54 　　④ 0.93

⑤ 1.1 　　⑥ 1.9 　　⑦ 2.2 　　⑧ 3.7

Ⅱ 次の**文章**①および②の中の空欄 (ア) 〜 (キ) の値として最も適切なものを，以下の解答群より選びなさい。ただし，気体は理想気体としてふるまうものとする。(20 点)

文章①

気体 A, B, C でそれぞれ満たした 3 つの容器をコックで連結して一定温度に保つ装置を作製し（図 1），下記の操作に従って実験を行った。コック連結部分の容積は無視できるものとする。

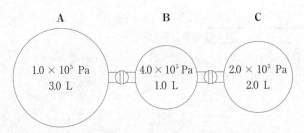

図 1　気体の実験装置

操作

(1) 全てのコックを開いて気体を完全に混合した。このとき，混合気体中の気体 A, B, C は反応しなかった。混合後の気体 C の分圧は (ア) $\times 10^5$ Pa となる。

(2) 気体 A は，外部から光を照射すると気体 B と反応し，このとき 1 mol の気体 A と 3 mol の気体 B から 2 mol の気体 D が生じる。気体 C は気体 A, B, D とは反応しない。また，気体 D は気体 A, B とは反応しない。操作(1)で得られた混合気体について，外部から光を照射して反応させた。気体 A あるいは B のいずれかが完全になくなるまで反応させたとき，反応後の混合気体の全圧は (イ) $\times 10^5$ Pa であり，反応後に残った気体（A または B）の分圧は (ウ) $\times 10^5$ Pa，気体 D の分圧は (エ) $\times 10^5$ Pa となった。

［空欄 (ア) 〜 (エ) の解答群］
① 0.20　　② 0.28　　③ 0.33　　④ 0.44

44 2023 年度　化学　　　　　　　　　　　　　中央大-理工〈一般・英語外部試験利用〉

⑤　0.50　　　　⑥　0.67　　　　⑦　1.4　　　　⑧　1.8

文章②

　ヘリウム気球を考える。温度が 300 K で圧力が 1.0×10^5 Pa のとき，体積 1.0 m³ のヘリウムの質量は　(オ)　kg である。また，このヘリウムと同温同圧における体積 1.0 m³ の空気（窒素と酸素を物質量比 8.0：2.0 で混合した気体）の質量は，(カ)　kg である。従って，体積 1.0 m³ のヘリウム気球は，地表近くでは，気球の質量を含めて　(キ)　kg までの物体を持ち上げる能力がある。ただし，地表近くでは温度が 300 K で圧力が 1.0×10^5 Pa とする。

［空欄　(オ)　〜　(キ)　の解答群］

①　0.13　　②　0.16　　③　0.23　　④　0.81

⑤　0.94　　⑥　1.0　　　⑦　1.2　　　⑧　1.6

Ⅲ　次の文章を読み，以下の問い⑴〜⑺に答えなさい。数値は有効数字 2 桁で答えなさい。(20 点)

　中和反応を用いて，食酢中の酢酸の濃度を求めるため，次の操作を行った。ただし食酢中の酸はすべて酢酸であるとし，食酢の密度は 1.00 g/cm³ とする。

操作　食酢 10.0 mL を　(ア)　でとり，100 mL 用の　(イ)　に入れて，純水で正確に 10 倍に薄めた。薄めた水溶液 10.0 mL をふたたび　(ア)　でとり，(ウ)　に入れた。そこに**指示薬 A** を加え，　(エ)　から 0.100 mol/L の水酸化ナトリウム水溶液を滴下した。7.10 mL 加えたところで**指示薬 A を加えた溶液が B 色**から **C 色**に変色した。

⑴　空欄　(ア)　〜　(エ)　にあてはまる最も適切な実験器具を次の解答群①〜⑧の中からそれぞれ 1 つ選び番号で答えなさい。

中央大-理工〈一般・英語外部試験利用〉　　　　　　　　2023 年度　化学　45

[解答群]

① メスフラスコ　　　　　② シャーレ（ペトリ皿）

③ メスシリンダー　　　　④ ビュレット

⑤ コニカルビーカー　　　⑥ 試験管

⑦ ホールピペット　　　　⑧ 駒込ピペット

(2)　空欄　(ア)　と　(エ)　の実験器具の内側が水でぬれている場合は，使用する水溶液で数回すすいだ後に用いる。この操作の名称を答えなさい。

(3)　**指示薬Ａおよび Ｂ・Ｃ 色**の正しい組み合わせを次の解答群①〜⑧の中から１つ選び番号で答えなさい。

[解答群]

	指示薬A	B色	C色
①	メチルオレンジ	赤	無
②	メチルオレンジ	無	赤
③	メチルオレンジ	黄	赤
④	メチルオレンジ	赤	黄
⑤	フェノールフタレイン	赤	無
⑥	フェノールフタレイン	無	赤
⑦	フェノールフタレイン	黄	赤
⑧	フェノールフタレイン	赤	黄

(4)　この中和反応で生じる塩の化学式を書きなさい。

(5)　水酸化ナトリウム水溶液は，使用直前に酸の標準溶液で滴定し，正確な濃度を求めてから使用する。この標準溶液で使用する酸として最も適切なものを次の解答群①〜⑤の中から１つ選び番号で答えなさい。

[解答群]

① 塩酸　　　② 硫酸　　　③ 硝酸　　　④ ギ酸　　　⑤ シュウ酸

46 2023 年度　化学　　　　　　　　中央大-理工〈一般・英語外部試験利用〉

(6)　10 倍に薄める前の食酢中の酢酸のモル濃度を求めなさい。

(7)　10 倍に薄める前の食酢中の酢酸の質量パーセント濃度を求めなさい。

Ⅳ　次の文章を読み，以下の問い(1)〜(8)に答えなさい。有機化合物の構造式は図 1 の例
にしたがって書くこと。(20 点)

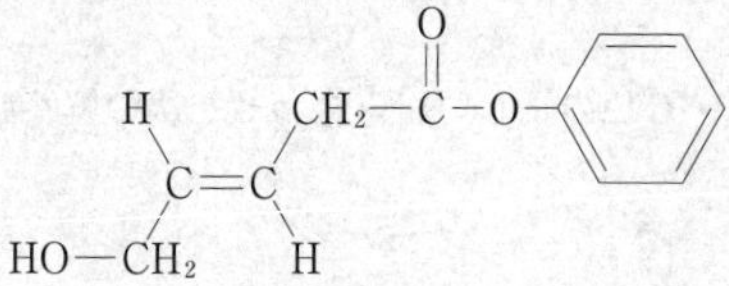

$$\begin{array}{c} \text{H} \\ \diagdown \\ \text{C}=\text{C} \\ \diagup \qquad \diagdown \\ \text{HO}-\text{CH}_2 \qquad \text{H} \end{array} \quad \text{CH}_2-\overset{\displaystyle \text{O}}{\overset{\|}{\text{C}}}-\text{O}-\bigcirc$$

図 1　構造式の例

先生　今日はアルケンの性質を調べることになっていたね。

生徒　教科書にあまり書いていない反応について資料を使って予習してみましたが，
　　　全部の空欄は埋まりませんでした。

中央大-理工〈一般・英語外部試験利用〉　　　　　　　　　　2023 年度　化学　47

アルケン	燃焼熱〔kJ/mol〕	HCl の付加の主生成物	オゾン分解の生成物
エチレン $CH_2＝CH_2$	1411	$Cl-CH_2-CH_3$	$\overset{\displaystyle O}{\overset{\displaystyle \|}{H-C-H}}$
プロペン $CH_2＝CHCH_3$	2058	$\overset{\displaystyle Cl}{\overset{\displaystyle \|}{CH_3-CH-CH_3}}$	
1-ブテン $\underset{H}{\overset{H}{}}C=C\underset{CH_2-CH_3}{\overset{H}{}}$	2717		$\overset{\displaystyle O}{\overset{\displaystyle \|}{H-C-CH_2-CH_3}}$ $\overset{\displaystyle O}{\overset{\displaystyle \|}{H-C-H}}$
シス-2-ブテン $\underset{H_3C}{\overset{H}{}}C=C\underset{CH_3}{\overset{H}{}}$	2710		
トランス-2-ブテン $\underset{H_3C}{\overset{H}{}}C=C\underset{H}{\overset{CH_3}{}}$	2706		

先生　調べて書き込んだところは，それぞれの反応などの特徴がちゃんと表れている
　　　よ。だから，書き込まれていることを参考にすれば，いろいろなことが推定でき
　　　るんじゃないかな。

　　　　たとえば，アルケンと HCl の付加反応を見てごらん。

生徒　Br₂ との反応のように，HCl もアルケンと付加反応をするんですね。

先生　そうだね。1-ブテンと HCl の反応では何ができるか，表の結果を参考にして
　　　(a)
　　　考えてみよう。

生徒　H と Cl の付加する位置には規則があるのでしょうか…確かに，推定できました。
　　　　ところで，エチレンよりプロペンのほうが燃焼熱が大きいのは 1 分子に含まれ
　　　る炭素原子や水素原子の数が多いから理解できるのですが，1-ブテンとシス-2-
　　　ブテン，トランス-2-ブテンという 3 種のブテンの燃焼熱は同じにならないんで
　　　すね。

先生　うん。それに関して考えてみよう。触媒を使うと 1-ブテンをトランス-2-ブテン
　　　に変えられるんだけれど，そのときの反応熱はどうなるだろう。次の熱化学方程
　　　(b)

48 2023 年度　化学　　　　　　　　　　　　中央大-理工〈一般・英語外部試験利用〉

　　　式の Q だね。　　　(ア)　　　の法則で燃焼熱から求められるんじゃないかな。
　　　　(c)

$$
\begin{array}{ccc}
\underset{H}{\overset{H}{}}C=C\underset{CH_2-CH_3}{\overset{H}{}} & = & \underset{H_3C}{\overset{H}{}}C=C\underset{H}{\overset{CH_3}{}} + Q\,〔kJ〕
\end{array}
\qquad (式1)
$$

生徒　はい。この Q の値の正負から考えると，どちらのアルケンの化学エネルギー
　　　が低いかわかるんですね。

先生　化学エネルギーが低いアルケンのほうが安定だと考えると，ブテンの3種の異
　　　　　　　　　　　　　　　　　　　　　　　　　　　　　　　　　(d)
　　　性体の安定性の順番も決められることになるね。

生徒　アルケンの異性体は構造により安定性が異なっていたんですね。

先生　そういうことになるね。さて，オゾン分解の生成物も見てみよう。オゾン分解
　　　というのは，アルケンを低温でオゾンと反応させてから亜鉛で還元する反応のこ
　　　　　　　　　　　　　　　　　(e)
　　　とで，C=C 結合が開裂してカルボニル化合物が得られるんだ。

生徒　表を見ると，確かにそうなっていますね。

先生　この反応は，アルケンの構造を調べるのに使えるね。C_5H_{10} の分子式をもつ
　　　2種のアルケンA，Bで考えてみよう。Aは分枝状，Bは直鎖状の構造であると
　　　し，またオゾン分解でAからはCとDの2種，BからはEとFの2種の生成物が
　　　それぞれ得られて，C～Fはすべて異なる化合物だったとしよう。CとDはどち
　　　らもヨウ素と水酸化ナトリウム水溶液を加えて加熱したときに黄色沈殿を生じた
　　　とすると，AとBの構造はどうなるかな。

生徒　CとDを区別するには銀鏡反応が使えそうですね。

先生　そうだね。では，Cは銀鏡反応をするけれどもDはしないとして，まずCとD
　　　　　　　　　　　　　　　　　　　　　　　　　　　　　　　　　　　　　(f)
　　　それぞれの構造を考えてごらん。もうAとBの構造も決められるね。
　　　　　　　　　　　　　　　(g)

問い

(1)　下線部(a)について，1-ブテンと HCl の付加反応の主生成物を表の結果から推
　　定して構造式で答えなさい。

(2)　1-ブテンの完全燃焼の化学反応式を答えなさい。

中央大−理工〈一般・英語外部試験利用〉   2023 年度　化学　*49*

(3)　下線部(b)について，式 1 の Q〔kJ〕の値を求め，正負の符号をつけた整数値で
　　答えなさい。

(4)　下線部(c)の空欄　　(ア)　　に当てはまる法則の名前を答えなさい。

(5)　下線部(d)について，1−ブテン，シス−2−ブテン，トランス−2−ブテンの中で最も
　　安定なもの，最も不安定なものを選ぶとどのようになるか。正しい組み合わせを
　　次の解答群①〜⑥の中から 1 つ選び番号で答えなさい。

〔解答群〕

	最も安定なもの	最も不安定なもの
①	1−ブテン	シス−2−ブテン
②	1−ブテン	トランス−2−ブテン
③	シス−2−ブテン	1−ブテン
④	シス−2−ブテン	トランス−2−ブテン
⑤	トランス−2−ブテン	1−ブテン
⑥	トランス−2−ブテン	シス−2−ブテン

(6)　下線部(e)のオゾンの分子式を答えなさい。

(7)　下線部(f)について，**C** および **D** の構造式を答えなさい。

(8)　下線部(g)について，**A** および **B** の構造式を答えなさい。

50　2023 年度　生物　　　　　　　　中央大-理工〈一般・英語外部試験利用〉

生物

（90 分）

問題 I と II の解答は，マーク解答用紙の指定された欄にマークしなさい。問題 III と IV の解答は，記述解答用紙の解答欄に答えなさい。

I 以下の **A ～ C** の設問に答えなさい。（30 点）

A 真核生物に関する以下の問い(1)～(9)に答えなさい。

(1) 細胞周期に関する以下の記述の中で，<u>誤っているもの</u>を 1 つ選び，記号をマークしなさい。

　(a) 細胞周期は，分裂期と間期とに大分される。
　(b) 染色体の DNA が複製されるのは，S 期だけである。
　(c) 分裂期の前期に染色体が凝縮し，紡錘体が形成される。
　(d) 分裂期の中期に染色体が赤道面に整列する。
　(e) 分裂期の終期に染色体が分離し，両極へ移動する。

(2) 減数分裂に関する以下の記述の中で，<u>誤っているもの</u>を 1 つ選び，記号をマークしなさい。

　(a) 第一減数分裂前期に，相同染色体の対合がみられる。
　(b) 第一減数分裂前期に，二価染色体がつくられる。
　(c) 第二減数分裂で，相同染色体の分離がみられる。
　(d) 第一減数分裂で，相同染色体の乗換えがみられる。
　(e) 第一減数分裂と第二減数分裂の間には，DNA 複製は起こらない。

中央大-理工〈一般・英語外部試験利用〉 2023 年度 生物 *51*

(3) 染色体構成が 2n = 8 の生物において，乗換えが起こらないと仮定すると，1 個体から生じる配偶子の染色体の組み合わせはいくつになるか，以下の中から適切なものを 1 つ選び，記号をマークしなさい。

    (a) 4

    (b) 8

    (c) 12

    (d) 16

    (e) 32

(4) ヒトの染色体に関する以下の記述の中で，適切なものを 1 つ選び，記号をマークしなさい。

    (a) 染色体複製後にできる 2 本の染色体は相同染色体である。

    (b) 配偶子の核に含まれる染色体は，どれも互いに相同染色体ではない。

    (c) 23 組の常染色体をもつ。

    (d) 男女に共通する性染色体は Y 染色体である。

    (e) Y 染色体は X 染色体よりも大きく，その中に含まれる遺伝子の数も多い。

(5) DNA に関する以下の記述の中で，誤っているものを 1 つ選び，記号をマークしなさい。

    (a) ヌクレオソームは，DNA がヒストンに巻きついた構造である。

    (b) ヌクレオチドは，リン酸と糖と塩基からなる。

    (c) アデニン，チミン，グアニン，シトシンの 4 種類の塩基を含む。

    (d) ヌクレオチド鎖の一方の塩基が決まると，もう一方も自動的に決まる相補的な関係にある。

    (e) ヌクレオチド鎖には方向性があり，リン酸で終わる末端は 3′ 末端，糖で終わる末端は 5′ 末端とよばれる。

(6) DNA に含まれる塩基数の割合として，アデニンが 20%含まれていた場合，グア

ニンが含まれる割合はいくらか。適切なものを1つ選び，記号をマークしなさい。

(a) 20%
(b) 30%
(c) 40%
(d) 50%
(e) 70%

(7) 以下の記述の中で，DNA ポリメラーゼのはたらきを正しく説明したものを1つ選び，記号をマークしなさい。

(a) 鋳型鎖に相補的な RNA プライマーを合成する。
(b) 岡崎フラグメントを連結する。
(c) 鋳型鎖と同じ塩基配列の DNA を合成する。
(d) 1本鎖 DNA どうしを連結する。
(e) ヌクレオチド鎖とデオキシリボヌクレオシド三リン酸を連結する。

(8) DNA の複製に関する以下の記述の中で，適切なものを1つ選び，記号をマークしなさい。

(a) DNA ヘリカーゼは，二重らせんを1本鎖にほどく。
(b) DNA リガーゼは，ラギング鎖を合成する。
(c) リーディング鎖はセンス鎖である。
(d) リーディング鎖では，断片的な DNA が合成される。
(e) 岡崎フラグメントはアンチセンス鎖である。

(9) 染色体の複製起点（▶印）から DNA が合成され始めるとき，DNA はふくらんだ輪のような構造になる。以下の図は，これを模式的に表している。複製起点から同じスピードで左右に複製フォークが進んでいると仮定して，DNA 複製時の様子を正しく示しているものを1つ選び，記号をマークしなさい。ただし，矢印は新しく合成されている DNA の鎖を，矢印の向きは DNA の合成方向を示し

ている。鋳型鎖に 5′ 末端と 3′ 末端を示している。

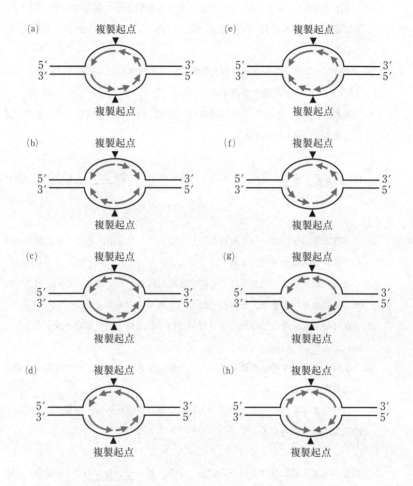

B 環境における物質循環に関する以下の問い(1)～(5)に答えなさい。

(1) 海洋生態系の炭素循環に関する以下の記述の中で，誤っているものを1つ選び，記号をマークしなさい。

(a) 河川を流れる植物の分解物など，様々な有機物が陸上生態系から海洋生態系へと移動するが，海洋生態系から陸上生態系へも，有機物は移動する。

(b) 沿岸部よりも外洋のほうが，単位面積あたりの生産量は一般に大きい。

(c) 海洋生態系においては，幹や茎などの支持組織をもつ生産者が少ないため，単位面積あたりの炭素の現存量は，陸上生態系よりも海洋生態系のほうが一般に小さい。

(d) 植物プランクトンや海藻類の光合成により生成された有機物の一部は，食物連鎖に従って栄養段階を移動する。

(e) 海水からサンゴに吸収される炭素の一部は，石灰岩を形成し，食物連鎖を通した炭素の循環から外れる。

(2) 森林生態系の炭素循環に関する以下の記述の中で，誤っているものを1つ選び，記号をマークしなさい。

(a) 一般に陽生植物は，陰生植物よりも光飽和点や光補償点となる光の強さが強く，二酸化炭素を固定する最大速度も大きい。

(b) 森林の成長量は，光合成により固定した炭素量から，被食と枯死，および呼吸で失われる炭素量を，差し引いたものである。

(c) 森林の形成が進むにつれて呼吸量が増加するため，純生産量が減少に転じる場合がある。

(d) 草原と森林の生態系を比較すると，単位面積あたりの炭素の現存量は一般にあまり変わらない。

(e) 自然発生する山火事のように，人為的でない現象からも，短期間に大量の二酸化炭素が放出される。

(3) 農地の窒素循環に関する以下の記述の中で，誤っているものを1つ選び，記号をマークしなさい。

(a) 根粒菌と共生するマメ科植物を育てることで，肥料成分となる土壌中の窒素化合物を増やすことができる。

(b) 大気から人工的に固定された窒素の一部は，肥料成分として作物に吸収された後，食物として人間社会へと移動する。

(c) 土壌中の窒素化合物の一部は，土壌動物や作物の体内における呼吸に使われ，

中央大-理工〈一般・英語外部試験利用〉　　　　2023 年度　生物　55

窒素分子として大気に放出される。

(d) 微生物の分解作用により，肥料成分となる土壌中のアンモニウム塩が，増加する場合がある。

(e) 土壌中の窒素化合物のうち，作物により吸収されないものは水域に流出し，水質問題の原因となることがある。

(4) 富栄養化に関する以下の記述の中で，誤っているものを 1 つ選び，記号をマークしなさい。

(a) 特定のプランクトンが大量発生し，水中の酸素濃度が低下することを富栄養化とよぶ。

(b) 富栄養化の結果，生息する生物の種構成や個体数が大きく変化することがある。

(c) 一般に富栄養化は，海だけでなく，湖沼においても発生する。

(d) 水質汚染の度合いを測定するためには，指標生物の有無など，様々な目安が活用される。

(e) 富栄養化は，栄養塩の希釈や，泥や岩石への吸着で緩和されることがある。

(5) 炭素や窒素の循環において，人間社会におけるヒト体内の代謝も重要な要素である。以下の(ア)〜(オ)は，ヒト体内の代謝に関連する化合物に関する記述である。それぞれの記述に該当する化合物を［選択肢］(a)〜(i)から 1 つずつ選び，記号をマークしなさい。

(ア) ヒトが食べる作物に含まれる代表的なタンパク質であり，光合成における重要な酵素である。

(イ) 体内のアンモニア濃度を下げるために，肝臓で合成される。

(ウ) 作物の細胞壁を構成する主成分の 1 つだが，ヒトにはこれを消化するしくみがない。

(エ) 筋肉が酸素を使わずに活動を続ける際の，解糖における最終生成物である。

(オ) 細胞質やミトコンドリアで合成され，様々な生命活動に必要なエネルギー源となる。

[選択肢]

(a) ATP   (b) アミラーゼ   (c) ルビスコ

(d) デンプン   (e) セルロース   (f) グルコース

(g) グリコーゲン   (h) 尿素   (i) 乳酸

C 個体群や生物群集，生態系に関する以下の問い(1)〜(5)に答えなさい。

(1) 個体群の相互作用に関する以下の記述の中で，適切なものを1つ選び，記号をマークしなさい。

(a) 競争の程度は，生態的地位が遠い種間ほど強い傾向がある。

(b) 同じ資源を利用する種どうしでも，生活空間を分けたり活動時間を分けたりして同所に共存することができる。

(c) 捕食者は，別の生物の被食者にはなりえない。

(d) 相互作用しながら生活している異種の個体群の集まりを，生態系という。

(2) 外来生物に関する以下の記述の中で，適切なものを1つ選び，記号をマークしなさい。

(a) 外来生物が生態系や人間の活動に悪影響を与える場合がある一方，在来生物がそのような影響を与えることはない。

(b) 国内であれば，本来生息していない地域に生物が持ち込まれても問題は生じない。

(c) 外来生物による生態系，人間の生命・身体，農林水産業への被害を防止することを目的として，いわゆる「外来生物法」が制定された。

(d) 外来生物を駆除して生態系を復元する試みは，世界各地で行われている。日本でも，ほとんどの外来生物の根絶に成功している。

(3) 以下のうち特定外来生物に指定されていない生物を1つ選び，記号をマークしなさい。

中央大-理工〈一般・英語外部試験利用〉　　　　　　2023 年度　生物　*57*

　　(a)　ボタンウキクサ　　　(b)　オオクチバス

　　(c)　アライグマ　　　　　(d)　アマミノクロウサギ

(4)　生物多様性に関する以下の記述の中で，適切なものを 1 つ選び，記号をマーク
　　しなさい。

　　(a)　生物多様性には，遺伝的多様性，種多様性，地域多様性の 3 種類がある。

　　(b)　撹乱がない場合，種間競争に強い種だけが存在するようになり，生物多様性
　　　　は高くなる。

　　(c)　一般に食物や生活空間などの資源が多様であれば，そこに生息する生物の種
　　　　も多様になる。

　　(d)　野焼きや草刈りなどの人為的な撹乱は生物多様性を減少させるため，生物多
　　　　様性の保全の観点から避けるべきである。

(5)　生態系サービスに関する以下の記述の中で，適切なものを 1 つ選び，記号を
　　マークしなさい。

　　(a)　人間に生態系サービスを与える生物を選別し，それらを保全することが重要
　　　　である。

　　(b)　生態系サービスのうち，人間の生活を支える物質などを提供するものを調節
　　　　サービスとよぶ。

　　(c)　森林をハイキングし自然に触れる体験ができることは，生態系サービスの 1
　　　　つである。

　　(d)　農業生産により農産物が得られることは，生態系サービスには含まれない。

58 2023 年度 生物　　　　　　　　　　中央大-理工〈一般・英語外部試験利用〉

Ⅱ 以下の問い(1)〜(5)に答えなさい。(20 点)

(1) 下記のできごと(a)〜(e)は，最初の生命の誕生から陸上植物の出現までの間に起こった。それらを古い順に並び替え，記号(a)〜(e)を下の空欄 (ア) 〜 (オ) にマークしなさい。

(a) 多細胞生物の出現　　　　　(b) 酸素非発生型光合成の開始

(c) オゾン層の形成と，オゾン層による紫外線の大幅な吸収

(d) 酸素発生型光合成の開始　　(e) 真核生物の出現

「最初の生命の誕生」→ (ア) → (イ) → (ウ) → (エ) → (オ) →「陸上植物の出現」

(2) 古生代以降の地質時代での生物の変遷を表 1 に示す。つぎの(ⅰ)〜(ⅲ)に答えなさい。

(ⅰ) 表 1 中の空欄 (カ) 〜 (コ) にあてはまる地質時代の名称を下の［選択肢］から 1 つ選び，記号をマークしなさい。

［選択肢］

(a) ジュラ紀　　　(b) 石炭紀　　　(c) 白亜紀　　　(d) デボン紀

(e) シルル紀

(ⅱ) 表 1 中の下線部①が示す，最初の脊椎動物に最も近いと考えられている現生の脊椎動物を下の［選択肢］から 1 つ選び，記号をマークしなさい。

［選択肢］

(a) サメ　　　　(b) ヤツメウナギ　　　(c) ナメクジウオ

(d) シーラカンス　　(e) 肺魚

中央大-理工〈一般・英語外部試験利用〉　　　　　　　　2023 年度　生物　59

表1　古生代以降の地質時代での生物の変遷

地質時代		5.4億年前	生物の変遷
古生代	カンブリア紀		バージェス動物群 脊椎動物の出現 ①
	オルドビス紀　㋐		陸上植物の出現
	(カ)		あごのある魚類の出現 シダ植物の出現
	(キ)　　㋑		両生類の出現 裸子植物の出現
	(ク)		は虫類の出現 シダ植物が大森林を形成
	ペルム紀　㋒	2.5億年前	シダ植物の衰退
中生代	三畳紀　㋓		は虫類の発展 哺乳類の出現
	(ケ)		裸子植物の繁栄 鳥類の出現
	(コ)　　㋔	6600万年前	被子植物の出現
新生代	古第三紀		被子植物の繁栄 哺乳類の繁栄
	新第三紀		人類の出現
	第四紀		ヒトの出現

(ⅲ)　化石の研究から，古生代以降の地球では少なくとも5回，表1中の㋐〜㋔で示す地質時代（紀）の最後に大量絶滅があったと考えられている。つぎの㋐〜㋓のできごとはどの地質時代で起こったか。表1中の㋐〜㋔から1つ選び，記号をマークしなさい。同じ記号を何度選んでもよい。

(あ)　非常に活発な火山活動が原因と考えられている最大規模の大量絶滅で，海生生物の9割が絶滅したとされる

(い)　アンモナイトの絶滅　　　(う)　三葉虫の絶滅　　　(え)　恐竜の絶滅

(3)　化石でしか知られていないシダ植物を下の［選択肢］から1つ選び，記号を

マークしなさい。

[選択肢]

(a) ゼンマイ　(b) ソテツ　(c) メタセコイア　(d) ロボク　(e) イチョウ

(4) 大量絶滅を生き延びた生物種の中で，ある系統はさまざまな環境に適応して多数の系統に分岐した。「さまざまな環境に適応して多数の系統に分岐すること」を何というか。もっともよくあてはまる語を下の［選択肢］から1つ選び，記号をマークしなさい。

[選択肢]

(a) 自然選択　(b) 遺伝的浮動　(c) 収れん　(d) 共進化　(e) 適応放散

(5) 生物の系統樹には，祖先である生物が新たな形質を獲得しながら進化した過程が示されている。植物の系統についてみると（図1），造卵器はすべての植物に，(サ)はコケ植物以外の植物に共通する形質である。図1中の空欄(サ)～(ス)にあてはまる形質を下の［選択肢］から1つ選び，記号をマークしなさい。

[選択肢]

(a) 菌糸　(b) 種子　(c) りん片　(d) 子房　(e) 維管束

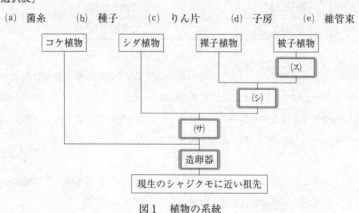

図1　植物の系統

中央大-理工〈一般・英語外部試験利用〉　　　　2023 年度　生物　*61*

Ⅲ　以下の文章を読み，問い(1)〜(5)に答えなさい。(25 点)

　大腸菌などの原核生物では，遺伝子の転写と翻訳は同時に起こる。しかし，下に示
①
すオペロンO（オー）のように，転写された mRNA が細胞内の特定の場所に運ばれ
②
たのちに，そこで翻訳が行われる例も知られている。

　転写された mRNA が細胞内のどこに存在するかは，ウイルス由来のあるタンパク質
T を使って調べることができる。タンパク質 T には，RNA 上の配列 S と結合する性
質がある。そこであらかじめ，その存在場所を知りたい mRNA に，配列 S を挿入し
ておく。そして，mRNA 上の配列 S に，タンパク質 T と緑色蛍光タンパク質（GFP）
との融合タンパク質（T-GFP）を結合させる。そうすると，目的の mRNA が存在す
る場所に，緑色蛍光が検出される。この方法を用いて，大腸菌のあるオペロンから転
写された mRNA の存在場所を調べた。

　オペロンOは，遺伝子A，遺伝子B，遺伝子Cからなる（図 1）。これらの遺伝子か
らつくられる酵素A，酵素B，酵素Cのうち，酵素Aと酵素Cは細胞質基質に存在し，
酵素Bは細胞膜に埋め込まれてはたらく。遺伝子Aの上流領域に配列 S を数回繰り返
して挿入したオペロンOと，T-GFP を発現させる遺伝子とを導入した大腸菌の株を
用いて，オペロンOから転写された mRNA の存在場所を調べた。その結果，mRNA
は細胞膜に存在することがわかった。さらに，配列の一部を欠損させたオペロンOを
もつ 2 種の株を用いて，オペロンOから転写された mRNA の存在場所を調べた（実
験 1）。その結果を表 1 に示す。

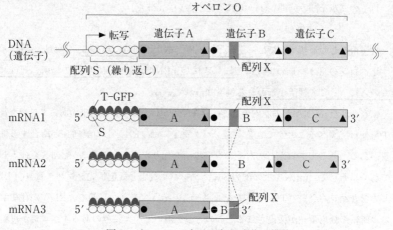

図1 オペロンOとその転写産物の構造

🏴はmRNA上の配列Sに結合したT-GFPを，●と▲は各遺伝子内の開始コドンと終止コドンの位置をそれぞれ示す。配列Xは遺伝子Bの内部に存在する。

表1 実験1の結果

	転写産物 (mRNA)	転写産物の 存在場所
オペロンO	mRNA1	細胞膜
配列Xを欠損させたオペロンO	mRNA2	細胞質基質
配列Xよりも3′側を欠損させたオペロンO	mRNA3	細胞膜

(1) 下線部①に関連して，図2はある原核生物と真核生物の染色体の電子顕微鏡像とその模式図である。それぞれ，転写が起きている1つの遺伝子領域を示す。以下の(i)，(ii)の問いに答えなさい。

(i) 原核生物の例である図2Aでは，矢印の方向で示すように，転写は図の上側から下側に向かって進行すると考えられる。その理由を説明しなさい。

(ii) 図2を説明する以下の文中の空欄 (ア) ～ (オ) にあてはまる適切な語を答えなさい。

原核生物では転写と翻訳が同時に起こることから，写真AにおいてRNAに

結合している多数の粒子は ア であると考えられる。一方，真核生物では一般に，転写と翻訳が起こる細胞内の場所は異なり，転写のみが イ 内で行われる。転写された RNA からは， ウ によって エ が取り除かれ，mRNA として完成する。写真 B の RNA にみられるループ状の構造は，この エ であると考えられる。ののち，mRNA は イ の外に運ばれ，細胞質基質，または， オ の膜上にある ア で翻訳が行われる。

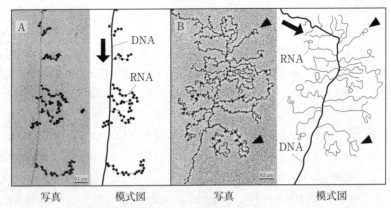

図 2　原核生物の染色体（A）および真核生物の染色体（B）の構造

それぞれ左は転写が起きている領域の電子顕微鏡像，右はその模式図。模式図内の太線は DNA を，細線は RNA を表す。矢印は転写の方向，▶ は RNA にみられるループ状の構造の例。

(2) オペロン O から転写される mRNA に関して，実験 1 の結果（表 1）にもとづいて考えられることを，以下の記述からすべて選び，記号で答えなさい。

(a) オペロン O から転写された mRNA が細胞膜に運ばれるためには，酵素 A が翻訳される必要がある。

(b) オペロン O から転写された mRNA が細胞膜に運ばれるためには，mRNA 上の遺伝子 C の配列は必要ない。

(c) 遺伝子 A の塩基配列に改変を加えなければ，オペロン O から転写された mRNA は細胞質基質に運ばれる。

(d) オペロン O から転写される mRNA が細胞膜に運ばれるためには，mRNA 上

64 2023 年度 生物 中央大-理工〈一般・英語外部試験利用〉

の配列 X に相当する部分が必要である。

(e) mRNA2 や mRNA3 からは，酵素 A は翻訳されない。

(3) さらに，以下の実験（実験 2 ～ 4）を行い，実験 1 と同じ方法で mRNA の存在場所を調べた。同時に，翻訳された酵素の存在場所も調べた。実験 2 ～ 4 の結果にもとづいて考えられることを，(a)～(e)の記述からすべて選び，記号で答えなさい。

実験 2 ：オペロン O 内の遺伝子 B の，配列 X の直前に終止コドンが生じるように配列を改変したところ，このオペロン O から転写される mRNA（mRNA1′）は細胞膜に存在していた。また，酵素 A と酵素 C は細胞質基質に存在していた。

実験 3 ：ロイシンを指定する 6 つのコドンのうちの 1 つ（CUA）は，それと結合するアンチコドンをもつ tRNA がこの大腸菌内には存在しない。遺伝子 B の，配列 X を除く領域に存在する，ロイシンを指定する複数箇所のコドンを，CUA に改変したところ，酵素 B はつくられなくなった。一方，この改変したオペロン O から転写される mRNA（mRNA1″）は細胞膜に存在し，酵素 A と酵素 C は細胞質基質に存在していた。

実験 4 ：オペロン O をもたない大腸菌の株に遺伝子 C を導入し，遺伝子 C が他の遺伝子とオペロンを構成せずに転写・発現するようにした。その結果，遺伝子 C の mRNA も酵素 C も，細胞質基質に存在していた。

(a) 酵素 B は，酵素 A と酵素 C に結合し，それらを細胞膜に移動させる。

(b) ロイシンを指定するコドン CUA をもつ mRNA は，オペロン O の mRNA 以外でも，細胞膜に存在する。

(c) オペロン O 内に存在する配列 X の塩基配列を改変しなければ，酵素 B が翻訳されなくても，オペロン O の mRNA は細胞膜に存在する。

(d) 遺伝子 B とともにオペロンを構成しなければ，遺伝子 C の mRNA は細胞膜に存在できない。

(e) T-GFP は，配列 CUA にも結合できる。

中央大-理工〈一般・英語外部試験利用〉   2023 年度　生物　*65*

(4)　膜タンパク質である酵素Bのはたらきとして，可能性のもっとも高いものは以下のうちどれか。1つ選び，記号で答えなさい。

　(a)　遺伝子の転写を調節する。

　(b)　細胞に物質を取り込む。

　(c)　解糖系で糖の代謝を行う。

　(d)　RNA を合成する。

　(e)　DNA の特定の配列を認識して切断する。

(5)　下線部②に関連して，真核生物においても，転写された mRNA が細胞内の特定の場所に運ばれたのちに，そこで翻訳が行われる例が知られている。ショウジョウバエの発生過程において，卵の特定の場所に存在することが知られている mRNA の名称と，分布のしかた，およびその効果について説明しなさい。

Ⅳ　以下の文章 **A**，**B** を読み，問い(1)〜(11)に答えなさい。(25 点)

A　温泉が自噴する所では，そこから湯の流れができる。その湯の中からシアノバクテリアを採取した。採取地点の泉温は 55 ℃であった。

　このシアノバクテリアを顕微鏡で観察したところ，単細胞で細長く，その長さは大腸菌の約 1 〜 2 倍であった。この細胞の特性を詳しく調べるため，培養を試みた。① 無機塩類のみを加えた培地に細胞を懸濁し，50 ℃で光を照射すると同時に，CO_2 を加えた空気を通気したところ良好な生育を示した。

　シアノバクテリアのなかには，空気中の窒素を還元してアンモニウムイオンを合②成するものがある。しかし，培養したシアノバクテリアにはこのはたらきはみられなかった。増殖した細胞の吸収スペクトルを測定したところ，図 1 の実線で示されるスペクトルが得られた。これは，クロロフィルとカロテノイドの吸収スペクトル，③さらに，シアノバクテリアと紅藻がもつ光合成色素である，フィコシアニンの吸収スペクトルをすべて足し合わせたものに近かった。

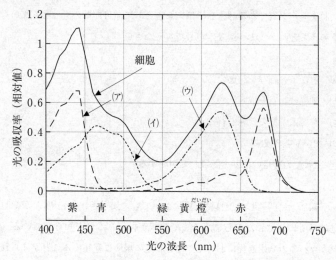

図1 温泉から採取したシアノバクテリア細胞と各色素の吸収スペクトル

(1) ウーズはさまざまな生物の遺伝子の塩基配列を解析し、生物を大きく3つのドメインに分類した。この分類では、シアノバクテリアはバクテリアドメインに属している。あと2つのドメインは何とよぶか。名称を答えなさい。

(2) 下線部①について、採取したシアノバクテリアの細胞の長さはどのくらいだと考えられるか。以下の［選択肢］の中からもっとも適切と考えられるものを1つ選び、記号で答えなさい。

［選択肢］
(a) $0.02 \sim 0.05\ \mu m$ 　(b) $0.2 \sim 0.5\ \mu m$ 　(c) $2 \sim 5\ \mu m$
(d) $20 \sim 50\ \mu m$ 　(e) $200 \sim 500\ \mu m$

(3) 大腸菌のように、有機物を摂取し、それらを利用して生命活動に必要な物質につくり変えたり、エネルギーを得たりして生きている生物を総称して何とよぶか、漢字で答えなさい。

(4) 下線部②のはたらきは何とよぶか答えなさい。

中央大-理工〈一般・英語外部試験利用〉 2023 年度 生物 *67*

(5) 紅色硫黄細菌も光合成を行う生物である。シアノバクテリアと紅色硫黄細菌について述べた以下の文の中から正しいものを**すべて**選び，記号で答えなさい。

(a) シアノバクテリアは炭酸同化を行うが，紅色硫黄細菌は炭酸同化を行わない。

(b) シアノバクテリアはクロロフィルをもつが，紅色硫黄細菌はバクテリオクロロフィルをもつ。

(c) シアノバクテリアは1種類の光化学系をもつが，紅色硫黄細菌は2種類の光化学系をもつ。

(d) シアノバクテリアは光合成で酸素を発生するが，紅色硫黄細菌は酸素を発生しない。

(e) シアノバクテリアは葉緑体をもつが，紅色硫黄細菌は葉緑体をもたない。

(6) 下線部③について，それぞれの吸収スペクトルは図1の(ア)～(ウ)のどれにあたるか，記号で答えなさい。

(7) 図1の吸収スペクトルから，この温泉産シアノバクテリアはどんな色をしていると考えられるか。図1に示した6つの色の中からもっとも近いものを1つ選び，答えなさい。

(8) 真核生物の葉緑体はシアノバクテリアが，ミトコンドリアは好気性細菌が，他の細胞に取り込まれて成立したと考えられている。この考えを何とよぶか答えなさい。また，これを提唱した人の名前を答えなさい。

B 温泉から採取したシアノバクテリアが増殖していく過程を追跡するために，一定時間毎に試料を取り，1 mL あたりの細胞数を計数した。これを30, 35, 40 および 50℃ の4つの異なる温度で行った（図2）。

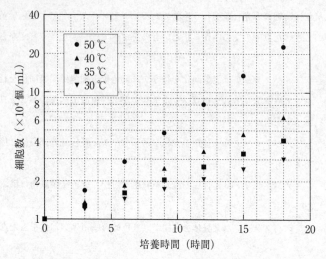

図2　温泉から採取したシアノバクテリアの増殖

培養液中で細胞数が2倍になるのに要する時間を倍加時間（T）として定義すると，2T時間後には細胞数が最初の （エ） 倍に，3T時間後には （オ） 倍になる。任意の時間t時間後には （カ） 倍になるので，最初の細胞数をN_0とすると，t時間後の細胞数Nは （キ） と表すことができる。実際には細胞数の時間経過をグラフに表したものから数値を読み取って，この倍加時間Tを求めることになる。

(9) 上の文中の （エ） ～ （キ） に入るもっとも適切な数値もしくは式を答えなさい。

(10) このシアノバクテリアを50℃で培養したときの倍加時間Tをグラフから読み取って計算し，小数点第2位の値を四捨五入して小数第1位までの値で答えなさい。

(11) 30，35，40℃における倍加時間Tは，それぞれ11.42，8.79，6.76時間であった。これらの間にはある規則性があり，それは50℃での倍加時間にもあてはまる。このとき45℃での倍加時間は何時間になると推定されるか。その根拠，ならびに推定倍加時間を小数点第2位の値を四捨五入して小数第1位までの値で答えなさい。

中央大-理工〈一般・英語外部試験利用〉　　　2023 年度　英語〈解答〉　*69*

解答編

■英語■

I　解答

1．㋐—D　㋑—B　㋒—A　㋓—A
2．1—C　2—C　3—D　4—A
3．1—D　2—C　3—A　4—C
4．B・F

◆━━━━━━◆全　訳◆━━━━━━◆

≪飛行機の二酸化炭素削減問題≫

飛行機は信じられないくらいの量の燃料を使う。大型旅客機は 24 万リットルの燃料を積んでいる。これはオリンピックで使われるプールの大きさの約 10 分の 1 に相当し，1 秒につき 4 リットルの割合で燃やし続ける。そのような理由から人やモノを世界中に運ぶことは，集中的にエネルギーを使い，気候にはひどく悪いことになる。たった 1 回の飛行で多くの人が 1 年に排出する二酸化炭素と同量の二酸化炭素を排出する可能性があり，世界的な飛行回数はこれからの数十年の間に急速に増加するとみられている。他の産業と比べて，航空産業は温室効果ガスの排出量は比較的少ない。しかし，航空産業は成長が最も速い産業でもある。2000 年から 2019 年の間は，1 年間の飛行回数は 5 ％増え，2019 年までに世界の二酸化炭素排出量の 2.5 ％を排出している。

このことの意味は，航空機の排出ガスに関して今よりはるかに多くのことを始める必要があるということだ。世界中で地球温暖化を制限することが望まれているとするならば，航空業界は長期的には化石燃料から完全に撤退する必要があるだろう。エアバスのような会社には，15 年以内に水素飛行機を開発するという野心的な計画がある。しかし，その費用と複雑さを考えると，この技術を使って，この期間の枠内で飛行機を飛ばせるようになるというのは，非現実的なように思われる。航空業界が気候に与える影響を減らすために，当面できることは何があるだろうか。水素燃料の

飛行機が現実のものとなるまで，飛行機で使う代替燃料が見つけられるで
あろうか。

2010年，SkyNRGという会社が，航空機用の環境により優しい燃料開
発のための，最初の努力の一つを始めた。11年後，それは「高次廃棄物」
バイオ燃料を飛行機に供給する数少ない会社の一つとなった。この燃料は，
使用済みの料理用油や産業用の化学物質のような再利用廃棄物から作られ
る。飛行機用化石燃料に代わる短期的な代用燃料のもう一つは，水と炭素
の化学的反応を使って作られる合成燃料である。この2種類の燃料はとも
に持続可能な航空機燃料（SAFs）として知られており，従来の飛行機の
燃料と似た化学的性質を持っている。これらは，新たなエンジン技術を必
要とせず，化石燃料と混合させて飛行機で使うことができる。この燃料の
一部は，長年使われてきた燃料と半々の割合まで混合して使うことができ
る。

残念なことに，航空業界における持続可能な代替燃料の利用はごくわず
かなままである。その理由は，それらはどちらも価格が高く，供給に限界
があることである。航空機とともに，他の輸送機関，例えば船，トラック，
車のような輸送機関からのSAFsに対する需要がある。端的に言って，
行き渡るだけの十分なSAFsがないのである。2019年に，5,000万リッ
トルのSAFsが飛行機で使われたが，それは世界中で使われている航空
機燃料の0.01％に過ぎない。つまり，2020年までに6％にするという，
2010年に取り決められた目標に航空産業は達していないということであ
る。最近のある研究でわかったのは，EUにおける航空機燃料は，2030年
までに持続可能な資源から得られるものはせいぜい5.5％くらいのものだ
ろうということである。

もし持続可能な燃料が航空機の排出ガス問題の現実的な答えとならない
ならば，他に我々にできることがあるだろうか。今まで航空産業では飛行
機の燃料効率向上に関しては最も進歩し，今日の新しい飛行機は1960年
代に運航を始めた飛行機よりも約80％効率がよくなっている。国連航空
機関の目標は，2050年までに，年2％の効率向上を達成することである。

問題は，航空便の増加がこのような効率向上をはるかに上回っており，
航空産業の成長に関する長期的予測では，この傾向は続くということであ
る。「たとえ新世代航空機の効率がよくなっても，もし航空便が増えれば，

中央大-理工〈一般・英語外部試験利用〉　　　　　2023 年度　英語〈解答〉　71

全体的に排出量は増すことになる」と輸送アナリストのジョー＝ダーデン
は言う。

　近頃，航空便はコスト面で最適化されているが，環境のために航空便を
最適化すれば，もっとよい影響が出るであろう。これを支援できる技術は
利用可能である。エールフランスやノルウェー航空のような航空会社は，
航空便の運航を分析してできるだけ被害を少なくさせる，スカイブリーズ
という AI 技術を使う契約を結んだ。

　スカイブリーズがなし得る貢献の重要な面の一つに，飛行機が空を飛ん
で行くときに，尾を引いて残す白い線状の雲，飛行機雲の問題がある。飛
行機雲は状況によっては，拡大し，長い時間継続し，夜，熱が地球から離
れていくときに，その熱を遮断し吸収してしまい，温室効果を増大させて
しまう。複数の研究では，飛行機雲は飛行機が気候に与える影響の半分以
上を占めていると推定している。

　しかし，すべての飛行機が同じ程度の飛行機雲を作り出すわけではない。
2020 年のある研究によって，たった 2％の航空便が飛行機雲の温暖化効
果の 80％を占めていることがわかった。この研究によって，これら 2％
の航空便に比較的単純な高度の変更を行うことで，飛行機雲の発生を激減
させることが示された。「それは，次の 10 年のうちには簡単にできると私
たちが考えていることだ」とインペリアル＝カレッジ＝ロンドンの航空専門
家のマーク＝ステットラーは言う。

　このような方法によって，ある程度航空機が気候に与える影響を減らす
ことはできるかもしれない。しかし，それでもまだ十分とは言えないだろ
う。複数の研究では，たとえ，このような措置をとっても，予測される航
空便の数の増加のために，2030 年の航空機の排出ガスは 2020 年レベルよ
りも高くなるであろうと予測している。結局，これを防ぐ唯一の現実的方
法は，人々の航空機利用を減らすことだけである。「ポシブル」という気
候行動グループは航空税の変更を強く求め，誰でも毎年 1 回無課税の飛行
機利用はできるが，その後の飛行機利用は段階的に高くなる税金を払うべ
きだと提案している。科学技術だけでは，この問題を解決するには不十分
だというのが彼らの主張である。

◀解　説▶

1．㋐前文の主語をみると They が化石燃料と混合できると書かれている。

この They はさらに前文の SAFs として知られる種類の燃料を指す。したがって，この Some は SAFs の一部であり，今まで使われてきた燃料と5対5の割合で使うことができると述べていることがわかる。正解はD。

(イ) those は複数形名詞を受ける指示代名詞。前述部分で複数形を探すと planes と gains があるが，gains のここでの意味は「燃料効率の向上」のことで，entering service「サービスを始める」という述部と合わない。ここは1960年代に「運航サービス」を始めたという文脈。選択肢には planes がないが，Bの aircraft「航空機」がある。aircraft は第1段第1文をみると，Aircraft use と動詞に use が使われており，aircraft は三人称単数扱いではなく，複数形扱いとなっている。したがって，Bが正解だとわかる。

(ウ) make them as least damaging as possible は「できる限りそれらを被害の少ないものにする」という意味。下線部の「それら」に当たるものとして，すぐ前に flight operations「飛行機の運航」という複数形の名詞がある。これで考えれば，「飛行機の運航によって生じる被害を少なくするために，その運航を分析する AI 技術」ということで意味が通る。したがって，Aが正解。

(エ) reduce their production は「それらの産出を減らす」という意味。複数名詞を受ける their「それらの」に相当するものを探すと that 節の主語に相当する部分に changes と flights があるが，この that 節の主語に相当する部分の意味は「これらの航空便の高度を比較的単純に変えること」である。したがって，their がこの部分の中の changes や flights では意味が通らない。もっと遡って複数名詞を探すと，段落最初の contrails「飛行機雲」が相当するとわかる。やや遠いものを受けているが，Aが正解。

2．1．前文の主旨は飛行機が膨大な燃料を使うということである。この前文を受けるのが That である。空所以下の主旨は，人やモノを飛行機で運ぶのは energy intensive「エネルギー集約型だ」という意味。つまり，That が空所以下の文の理由となっている。したがって，Cの why を入れ，That is why ～「そういうわけで～だ」が正解となる。ちなみに，That is because ～ の形は「それは～が理由だ」となり，因果関係が逆になるので注意。

2．前段落では，SAFs が従来の燃料と混合して使うことができると述べ

られているが，この空所の後では，持続可能な代替燃料の利用は，tiny「ほんのわずかだ」と述べられている。この逆接的ニュアンスを表すには，CのUnfortunately「残念なことに」が適切。

3．この段落では，飛行機雲が温室効果に影響を与えているということが述べられている。したがって，この文脈では，Dのaccount for ～「～を占める」を入れ，「飛行機雲が航空機の気候に与える影響の半分以上を占める」と理解するのが適切。ちなみにCのconsist of ～ は「～から成り立っている」という意味で，これを入れると「飛行機雲が気候の影響からできている」ことになり意味が通らなくなる。

4．この文の前半は，飛行機の排出ガスは減らないということであり，その理由が空所の後の「予測される航空便の増大」である。したがって，理由を表すAのdue to ～「～のために」が適切。Dのsince は理由を表す接続詞でもあるが，その場合，since の後に直接名詞は来ないので不可。

3．1．航空機の排出ガスの問題がすぐには解決しない理由を問う問題。

A．「航空機の排出ガスは比較的少ないので，優先順位が高くない」

B．「燃料効率をこれ以上改善するのは困難である」

C．「水素燃料の飛行機を作る計画は野心的でない」

D．「技術的向上が航空便の増加に追いつくことはできない」

第6段第1文（The problem is …），および最終段第3文（Studies predict aviation …）に「航空便の増加」が理由として挙げられている。この内容と一致するのが，Dである。

2．SAFsの利点として本文に述べられていないものを問う問題。

A．「それらは航空機の燃料の50％も代替することができる」

B．「水素燃料の飛行機とは異なり，現在すでに利用可能である」

C．「新しい技術のおかげで，すぐに化石燃料より安くなるだろう」

D．「飛行機のエンジンに特別な調整をする必要がない」

Aは第3段最終文（Some can be …）に，Bは第2段第3文（Companies like Airbus …）と第3段最終文（Some can be …）に述べられていることと一致する。また，Dは第3段の最後から2番目の文（They can be …）に言及がある。Cは，第4段第2文（The reason is …）に「価格が高く，供給に限りがある」と述べられてはいるが，今後安くなるという言及はない。したがって，Cが正解。

3. 飛行機による被害を緩和するためにスカイブリーズが貢献する方法を問う問題。

A.「飛行機の高度調節を勧めて，飛行機雲の発生を少なくすることができる」

B.「飛行機雲を使って太陽からの熱を遮る方法を示すことができる」

C.「飛行機雲が大気中にある少量の CO_2 の原因になっていることを証明できる」

D.「航空便運航の費用効率を高めることができる」

第9段第3文（The study indicated …）に「航空便の高度に比較的単純な変更を加えることで，飛行機雲をかなり減らすことができる」と述べられている。この内容と一致するのがAである。

4. 気候行動グループ「ポシブル」が提案している飛行機の排出ガス減少方法について問う問題。

A.「航空便運航を最適化しない航空会社に対する課税を強化することによって」

B.「人々が1年に2回以上飛行機に乗ることを禁止することによって」

C.「2回目以降飛行機に乗るごとに，前回より多く課税することによって」

D.「技術的な改善を促すために税金を使うことによって」

第10段第5文（The climate action …）に「気候行動グループ『ポシブル』が航空税の変更を強く求め，1年に1回の飛行機利用では無税だが，その後の飛行機利用については段階的に税を上げていくことを提案している」と述べられている。この内容と一致するのがCである。

4. 各選択肢の訳は以下の通り。

A.「航空産業による CO_2 排出量の全体に占める割合は，ピーク時の2.5％に達するだろう」

B.「15年間のうちに，水素燃料の飛行機は利用できそうにない」

C.「SkyNRG は2010年に最初のサステナブル燃料の販売を開始した」

D.「2030年までに航空機の排出量を削減するためには，SAFs がカギとなるようだ」

E.「1960年代の航空機は，現代の航空機よりもはるかに少ない燃料しか運べなかった」

中央大-理工〈一般・英語外部試験利用〉　　2023 年度　英語〈解答〉　75

F．「被害をもたらす飛行機雲を出す航空便の割合は，ほんのわずかである」

G．「『ポシブル』の提案では，毎年最初に乗る航空便は無料になる」

Bが第2段第3文（Companies like Airbus …）後半で「その費用と複雑さを考えると，この技術を使って，この期間の枠内で飛行機が飛べるようになるというのは，非現実的なように思われる」と述べられていることと一致する。また，Fが第9段第2文（A 2020 study …）で「たった2％の航空便が飛行機雲の温暖化効果の80％を占めていることがわかった」と述べられていることと一致する。「たった2％」であるから，航空便全体からみれば「ほんのわずか」である。

Ⅱ 解答　1—D　2—B　3—C　4—A　5—B　6—B
7—D　8—A　9—C　10—A

◀解　説▶

1．「簡単な言葉で書かれているので，この本はとても理解しやすい」　この文は分詞構文。分詞構文の隠れ主語は主節の主語である。したがって，「この本は書かれている」と受動態で考えること。したがって，Dが正解。なお，Being written の Being は省略される。

2．「万が一ファイルの中に間違いがあったら，コンピュータはデータ処理を止める」　there の後が be と原形になっている。原形がきてもよいのは，仮定法の倒置形となるBの Should のみ。元の形は，If there should be である。

3．「何があっても私はいつでもあなたを助ける」　空所の後の動詞 happens の主語になりうるのは，BかCであるが，no sooner はこのように主語の働きをする接続詞的な使い方はできない。no matter what＝whatever の譲歩構文でCが正解となる。

4．「私は計画を立てるのは苦手だ。それが私の一番の心配の種だ」　worries が動詞なので主語が必要。主語になれるのは what と which だが，which の疑問詞では意味をなさない。また，関係代名詞なら which の前に名詞が必要。先行詞がなく，主語になれる関係代名詞はAの what のみ。

5．「そのコンサートは非常に人気で，チケットはすべて売り切れた。コンサートの日に手に入るチケットはない」　空所の後は were という複数

名詞を受ける be 動詞。したがって，neither は原則単数扱い，nothing は単数扱いの名詞なので不適。none は単数・複数両方を表せる名詞。また，neither は原則2つの人・ものについて用いて，3つ以上については none が通常使われる。本問は文脈上，3枚以上のチケットになるので，このことからも B の None が正解。

6．「彼女は犬を連れてジョギングするのが好きだ」 付帯状況の with の構文。with の後は〈意味上の主語＋述部〉の関係になっていることにも注意。直訳すれば「彼女の犬が彼女の後を追って」となる。B が正解。

7．「スミス教授によれば，大学の博物館は，かなり昔に地元の建築家によって建てられた」 文の主語は「大学の博物館」である。したがって，「博物館は建てられる」と受け身で理解すること。A の未来形は a long time ago と過去を表す副詞と矛盾するので不可。したがって，D が正解。

8．「私は今日，銀行へ行ったが，まだ支払いを受けていないと思う」not 〜 yet「まだ〜でない」の構文で A が正解。日本語では「支払いを受けていない」と「受ける」の方を否定の形にするが，英語は「思う」の方で否定するので注意。

9．「出来は悪かったが，幸い試験に合格できた」 my poor performance という名詞句を後に続けられる形は，C の In spite of 〜「〜にもかかわらず」のみ。A の Nevertheless「それにもかかわらず」，B の However「しかしながら」は前文を受ける副詞であり，単独で名詞を直接続けることはできない。

10．「昨夜，その交通事故がどのようにして起こったかは明らかでない」空所以下が完全な文になっているので，who，which，および what の名詞を表す疑問詞は使えない。したがって，A の how「どのようにして」の副詞を表す疑問詞が適切。

III 解答

1 —A　2 —D　3 —A　4 —B　5 —A　6 —B
7 —C　8 —A　9 —C　10 —B

◀解　説▶

1．「トムは深刻な状態だったが，運動を一生懸命してほとんど回復した」A の mostly は「ほとんど」という意味の副詞。意味がよく似ている almost とセットで覚えること。almost は almost all students などのよう

中央大-理工〈一般・英語外部試験利用〉　　　　　2023 年度　英語〈解答〉　77

に使われ，単独の副詞として動詞を修飾しないので注意。

2．「私の話を始める前に，この機会に皆様の継続的な支援に感謝の言葉を述べたいと思います」 take this opportunity to *do* は「この機会を利用して〜する」という意味。Dが正解。なお，日本語的発想で，take this place to *do*「この場をお借りして〜する」とは言わないので注意。

3．「研究者たちは，その問題をよりよく理解するために調査を行う計画を立てた」 a survey「調査」を目的語に取って不自然でないのはＡの conduct「行う」である。

4．「もし我が社の事業や商品についてさらに質問がある場合には，遠慮なく私に連絡してください」 don't hesitate to *do* は「躊躇なく〜する」の意味。Bが正解。

5．「我が国を代表して世界各国のアスリートたちと戦えることを非常に名誉に思います」 my country を目的語に取り，世界のアスリートたちと競技するという内容にふさわしい動詞はＡの represent「代表する」である。

6．「強靭な家を建てるのに，思ったよりはるかに多くの費用がかかった。壁に耐久性のある資材を多く使ったからだ」「強靭な家」を建てるためには materials「資材」が強くなければいけない。その意味の語はＢの durable「耐久性のある」である。

7．「その分野における彼の広範囲な知識と経験を考えて，彼は会社の新社長として雇われた」「社長」になるには「知識と経験」が必要である。その「知識と経験」を修飾する形容詞としては，Ｃの extensive「広範囲な」が適切。Ｂの excessive は「過度の」という意味なので，「過度の知識」では不自然。なお，文中の given は「〜を考えると」の意味で使われる分詞構文必須表現。

8．「プロ野球選手になるのに練習時間がどれくらい必要かを，大ざっぱに見積もることさえ難しい」 estimate は「見積もり」という意味。プロの野球選手になれるのは個人の能力にも左右されるので，必要な練習時間を推定することは難しい。したがって，Ａを入れて rough estimate「大ざっぱな見積もり」とするのが適切。

9．「今，ちょっとアンケートにお答えいただける時間はおありでしょうか。あなたのご意見をお伺いしたいと思うのですが」 questionnaire「ア

ンケート」にはいろいろな種類があるが，その回答に関連する語はCの feedback が適切。「フィードバック」はそのままカタカナで言われることが多いが，「意見」「評価」などの意味である。

10.「機械的欠陥がいくつかあった。だから，その事故で一人も負傷しなかったのは奇跡だった」 誰も負傷しなかったことを「奇跡」だと言っている。ということは，負傷者が出るような mechanical「機械的な」なんらかの不備，欠陥があったということ。したがって，「欠陥」「不備」に相当するBの faults が正解。

Ⅳ 解答 C・E・G・J

◀解 説▶

A．1.「テストで取れる点はせいぜい 80％だ」

2.「テストでは少なくとも 80％は取れるはずだ」

1の The most you could score は，All you can *do*「できることは～だけだ」の類いのバリエーション。直訳すれば「取れる最も多くの点」ということで，「最も多くても 80％」ということになる。2の at least は「少なくとも」という意味なので，意味が逆になる。

B．1.「予定より早く進んでいる」

2.「追いつけるように予定を変える必要がある」

1の ahead of schedule は「予定より早く」という意味である。したがって，2の catch up「追いつく」ことは不要となるので，誤り。

C．1.「その候補者は自身のコンピュータ能力を誇張した」

2.「その候補者は彼が言うほどコンピュータに習熟していなかった」

1の exaggerated は「誇張した」という意味。したがって，2の was not as skilled with computers as ～「～ほどにはコンピュータに習熟していなかった」と同じ意味になる。

D．1.「緊急事態の場合，これらの指示に従って下さい」

2.「これらの指示は，もしそのイベントが行えないならば使われます」

1の in the event of an emergency は火事や地震などの「緊急事態の場合には」という意味。2の the event は「行事」などの意味で，「緊急避難」の意味合いはなく，1とは全く意味が異なり誤り。

中央大-理工〈一般・英語外部試験利用〉　　　2023 年度　英語〈解答〉　79

E．1．「予測に反して，そのプロジェクトは時間通りに完成した」

2．「我々はそのプロジェクトが期日までに終えられるとは信じていなかった」

1 の Against our expectations は「我々の予測に反して」という意味であり，on time は「時間通りに」という意味。したがって，このプロジェクトは予定通りに完成するとは信じられていなかった。2 の by the deadline は「期日までに」という意味であり，期日までに終えられるとは思っていなかったということで，1 と 2 は同じ意味になる。

F．1．「彼女の娘は彼女が家に帰る頃までには寝てしまっているであろう」

2．「彼女は娘を寝かせる時間に間に合うように家に着くだろう」

1 の by the time は「～する頃までには」という意味。つまり彼女が家に着いたときには娘は寝ているということ。2 の in time は「間に合って」の意味。また，put A to bed は「A を寝かせる」という意味で，娘を寝かせるのに間に合うように帰宅できるという意味となる。1 と 2 は意味が逆。

G．1．「ここがこの路線が行ける範囲で最も遠い場所だ」

2．「ここがこの路線の最終駅だ」

1 の as far as A goes は「A が行ける範囲の最大」のこと。つまり This「ここ」が最終地点ということ。したがって，2 の the final stop「最終駅」と一致する。

H．1．「もし地図を持ってきていれば，私たちは道に迷うことにならなかったであろうに」

2．「私たちが持ってきた地図をあなたがなくしたとは私は信じられない」

1 の lost は「道に迷う」の意味で使われており，2 は「なくす」の意味で使われているので，1 と 2 は意味が全く異なる。なお，end up は後に前置詞句や分詞などがきて，「結局～になる」の意味になる必須表現。

I．1．「暑い天気は湿度がない限り私は気にならない」

2．「この湿度は暑い天気を一層耐えがたいものにしている」

1 では「湿度」が高いのか低いのかに言及はなく，ただ「湿度がなければ」暑いのは気にならないと言っている。一方，2 では暑さも耐えがたいが，「この湿度」で一層耐えがたいと言っているので，1 と 2 では意味が

異なる。

Ｊ．１．「気分を変えて先生の話に注意を向けたらどうか」

２．「たまには先生が言っていることにも耳を傾けるべきだ」

１の Why don't you は提案の表現の一つ。また，for a change は「気分転換に」の意味のイディオム表現。２の For once は「１回は，たまには」という意味で，１の for a change に近い。また should listen to は「聞くべきだ」でやはり，１の意味に近い。したがって，１と２は同じ意味内容のことを伝えている。

Ｋ．１．「彼は家に帰る途中，つまずいて転んだ」

２．「彼は休日の後に家へ帰った」

１の trip は「旅行する」の意味ではなく「つまずく」という意味。また，fell は fall の過去形で「倒れる」の意味。２の holiday とは全く関係がない。

Ｌ．１．「あなたは駅への道を知らないよね」

２．「残念ながら，駅への行き方を私は教えられないと思うよ」

１は駅への道を知らないのは「あなた」であり，２では道を知らないのは「私」なので意味が全く異なる。

Ⅴ 解答
1．1－B　2－A　3－D　4－A　5－C
2．1－B　2－D　3－A　4－B　5－D

◆全　訳◆

1．≪空気中から水を採取≫

無から水を生み出す

　人々は生きていくのにエネルギーときれいな水の両方を必要としている。悲しいことに，世界にはその両方とも安心して利用できない人々が何百万人といる。しかし新しいシステムによって，この両方の資源を提供できる。また，このシステムはどこでもうまく機能する——たとえ僻地の砂漠であっても。

　ペン=ワンは環境科学者で，この新しいシステムを開発してきた人物である。中国西部で成長したワンの家庭には水道がなかった。それで彼の家族は村の井戸から水を手に入れなければならなかった。彼の新しい研究によって，今や彼が育った地域のようなところでも水と電気が得られる可能

性が出てきた。ワンは，一見乾燥した空気から新鮮な水を取り出すことができる，水性のジェルを作ったサウジアラビアの研究チームの一員である。

このジェルは電気を生み出すソーラーパネルの裏側に置かれる。システムに取り付けられた金属製の部屋にジェルによって集められた水が貯蔵される。その水はソーラーパネルの冷却に使って，パネルをより効率的に機能させることができる。もしくは，この水は飲料水として取り出すこともできる。サウジの砂漠で3カ月間，試行的にこのシステムを使ったところ，このシステムは毎日，ソーラーパネル1枚につき平均1.2リットルの水を集めた。これは，1人分の需要を満たすには十分な量である。研究はまだ初期段階であるが，ワンの希望としては，このシステムが世界の最貧地域の一部で実用的な解決策となることである。それも早ければ早いほどよいのである。

2．《会計ソフトについて》

宛先：エース＝ソフトウエア＝ソリューションズ様

送信者：ディヴィッド＝グリフィス

件名：会計ソフト

担当者様

貴社に助けて頂けるのではないかと思っています。最近，インターネットを見て貴社では会計ソフトを提供されていることがわかりました。それで，貴社が提供されている商品の一つについてもう少し詳しいことを教えて頂きたく，メールをさせて頂いております。

私は本を販売する小さな会社を経営しており，日々の支出を追っていくのに役立つ，使いやすいソフトを必要としています。今使っていますのは，IP Account のソフトでマックス＝コンピューティングが提供しているものです。しかし，このソフトは，その機能面でも信頼性でも満足できるものではありません。このソフトは私の仕事が特に必要とすることには合っておらず，また悪いときにクラッシュする傾向があり，悩まされております！ 今までに2回以上，作ったデータを保存する前にソフトが突然フリーズしてしまい，数日分の経理データが消失してしまいました。

貴社のウェブサイトを見て気づきましたが，貴社では Wave XP というソフトを販売されており，このソフトは私のような小規模事業者向けに設計されているように思いました。このソフトの機能について，もう少し情

報を送って頂けませんか。

　メールをお読み頂きありがとうございます。近いうちに返信を頂ければ幸甚です。

敬具

ディヴィッド＝グリフィス

━━━━━◆解　説▶━━━━━

1．1．この文には，no が使われている。したがって，これは not ～ either ＝ neither「両方とも～でない」のバリエーションだということに気づくこと。Bが正解。なお，not ～ both の形は「両方とも～とは限らない」という意味の部分否定。

2．空所直前の the one の one はその直前の regions を受けた不定代名詞。したがって，場所を受ける関係副詞の where か in which が入るが，where はないので，Aの in which を入れ，the region in which he grew up「彼が育った地域」と理解すること。

3．この1文は後半で，or it can … と文が始まっている。主語（it）を含む選択肢がないので，この文は The water …, it …, or it … と3つの文から成り立っているのではなく，or までで1文，or の後が1文と考えるべき。とすれば，この設問は分詞構文の理解を問うているとわかる。つまり，「その水がソーラーパネルを冷却するのに使え，そして，その結果，ソーラーパネルがより効率的に機能することを可能にする」という意味になる付帯状況を表す分詞構文である。Dが正解。

4．空所直後に satisfy という動詞があるので，C，Dは使えない。また，Bを入れて，分詞構文の being able to の being の省略形だとしても，意味上の主語が the device という無生物主語となり，文法的にはあまり適切ではない。また，文脈的にも不自然。したがって，Aの enough to を入れて，「1日にパネル1枚につき1.2リットルは1人の需要を満たすには十分である」と理解するのが妥当。

5．空所直前の文では，最貧地域の人々が安心して電気と水が手に入るようにできることは，研究者ワンの願いであると述べられている。したがって，ワンの研究がまだ初期段階だとしても，Cの「これが早く実現できればできるほどよい」が適切。Bは clean energy「きれいなエネルギー」ということにだけ言及され，安心して利用できる「水」には言及がない。

中央大-理工〈一般・英語外部試験利用〉　　　2023 年度　英語〈解答〉　*83*

エネルギーを作り出すソーラーパネルが安全な「水」も作り出す研究がワンの研究なので，Bは不適切。

２．１．wonder if S V「〜かしら」は受験必須表現だが，wonder why S V も wonder that S V もある。why がくれば「なぜだろう」の意味になり，that 節がくれば「〜ということに驚く」の意味になる。文脈上，Bを入れて wonder if とするのが正解。

２．空所の次の文で，自分の仕事に合っていない，また，悪いときにクラッシュすると言っているので，グリフィスは今使っているソフトに「満足していない」と理解できる。したがって，Dが正解。

３．several days' worth of accounts「数日分の経理データ」を失ったと述べられている。失うのは，データを save「保存する」前だと理解するのが適切。したがって，Aが正解。なお，Bの前置詞 without の後に文はこない。

４．空所の前の関係代名詞 which が受けているのは，a piece of software called Wave XP である。したがって，「ソフトは設計される」と受動態で考えるのが適切なので，Bが正解。

５．グリフィスは，Wave XP というソフトの情報がもっと欲しいということであるから，締めの言葉としては，Dの「このソフトの機能についてもう少し情報を送って頂けませんか」が適切。

Ⅵ　解答　　1−C　2−F　3−D　4−B　5−A　6−G 7−E

━━━━━◆全　訳◆━━━━━

≪永遠の命の獲得のヒントとなるクラゲのライフサイクル≫

著作権の都合上，省略。

著作権の都合上，省略。

中央大-理工〈一般・英語外部試験利用〉 2023 年度 英語〈解答〉 *85*

■■■■■ ◀解 説▶ ■■■■■

1．空所の前に助動詞 may があるので，選択肢は，CかEに限られる。同文前半では人間がいろいろなところで不死の謎を探究していたということが述べられているが，実は，その秘密はクラゲにあるかもしれないという内容になると考えられる。あてはめてみてどちらが自然かを考えてみるのもよいが，一つ着目すべきは，Cの this whole time「この期間」。同文前半の While we were searching …「人類が宇宙から…地球の隅々までを探している間」を指していると考えられるので，Cの「この間，（不死の秘密は）海に漂っていたのかもしれない」が正解。

2．空所の後の a bean-shaped larva「豆のような形の幼生」は図を見るとわかるように，クラゲの最も初期の段階を示している。したがって，Fの「クラゲの一生が小さな生物から始まる」が適切。ちなみに，空所直前の it は三人称単数なので，この段階でもA，B，F，Gと選択肢は限られ，さらに文脈の時制からGも自動的に除外できる。

3．この文の主語は Colonies と複数形である。したがって，すでに使った選択肢を除いて，この段階で選択可能なものはA，Dのみである。注目すべきは，空所直後の，which means … である。直前の内容を言い換えている。「コロニーが広範囲を覆うことができる」というのは，Dの「ポリープ自身がクローンを作り」数が増えるからと考えられるので，Dが正解。なお最後まで読めば，Aはクラゲが死骸から蘇るという文脈だとわかるので，不適切。

4．文の主語は it である。また文脈の時制からみて，文法的に可能な選択肢はA，Bしか残っていない。空所以下の文脈では，クラゲの蘇りの〈過程〉が描かれているので，Aの「蘇ることができる」は不自然で，Bの「死んだ後は海底に沈んで腐敗し始める」が，蘇るまでの過程に言及していて適切。

5．所空の後の文では，死から蘇る他の種のクラゲの説明が続いている。したがって，ここでは，Aの「死から蘇ることができる」のは，*Turritopsis dohrnii* だけではないと理解するのが適切。なお，この文がIt is 〜 that … の強調構文であり，not just が not only *A* but also *B* のバリエーションだと気づくこと。

6．残った選択肢と時制からみて，正解はGだとすぐわかる。つまり，死

んだと思っていたのに，ポリープが成長し始めていたということ。

7．最後の選択肢Eを入れ，クラゲは老いたり病気になったりしたとき，
「再生する能力がある」という理解で文脈的に妥当であることを確認。

❖講　評

　2023 年度は，2022 年度とほぼ同じ形式。読解問題が 3 題で，うち 1
題は 2 つに分かれている。文法・語彙問題が 3 題で，大問は計 6 題であ
る。記述式はなく，すべてマークシート法による選択式の出題である。

　読解問題の内容は，自然科学に関するものが多いが，2023 年度は
2022 年度と同様，TOEIC や英検で出題されるようなビジネスに関する
ものも出題されている。読解問題は，概ね標準的で設問もそれほど紛ら
わしいものはない。文法・語彙問題は，分詞構文，疑問詞，仮定法など
の基本的なもの，またイディオム表現など，基本をしっかり押さえてお
けば十分解答できるレベルの問題である。

　全般的に，基本的な英文の内容把握に関する問題が中心。読解問題は
英文全体の内容が把握されていれば解きやすい問題であり，内容真偽や
全体の内容把握の問題も設問の関連箇所を見つけだせば，それほど紛ら
わしいものではない。

数学

I 解答

(1)アー⑥ イー⓪ ウー© エー① オー⑥ カー⑥
キー① (2)クー⑥ ケー⑥ (3)コー⑥

◀解　説▶

≪複素数平面上の点と条件付き確率≫

a, b は整数で，$1 \leq a \leq 6$，$1 \leq b \leq 6$ を満たす。

$$\alpha = \cos\frac{a\pi}{3} + i\sin\frac{a\pi}{3}$$

$$\beta = \cos\frac{b\pi}{3} + i\sin\frac{b\pi}{3}$$

$\omega = \cos\frac{\pi}{3} + i\sin\frac{\pi}{3}$ とおき，

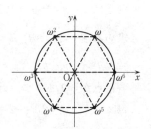

$P_k(\omega^k)$ $(k=0, 1, 2, \cdots)$ と定める。

このとき，$P_{6n+k} = P_k$ は正六角形の頂点である。ド・モアブルの定理より，α, β は $\{\omega^k | 1 \leq k \leq 6\}$ のどれかと一致する。

(1)　$d = |\alpha - \beta|$ の値は

(i)　$d = |\omega - \omega| = 0$

(ii)　$d = |\omega - \omega^2| = 1$　（正六角形の1辺の長さ）　（→ア）

(iii)　△OP_1P_3 に正弦定理を用いると

$$\frac{P_1P_3}{\sin \angle P_1OP_3} = \frac{OP_1}{\sin \angle OP_3P_1}$$

$$d = |\omega - \omega^3| = P_1P_3 = \frac{\sin\frac{2\pi}{3}}{\sin\frac{\pi}{6}} = \frac{\sqrt{3}}{2} \cdot 2 = \sqrt{3}　（→イ）$$

(iv)　$d = |\omega - \omega^4| = 2$　（外接円の直径）　（→ウ）

a, b はさいころを2回ふって出た目の数だから，目の出方の総数 N は

$$N = 6^2 = 36 \text{ 通り}$$

(i)　$d = 0$ のとき

$(a, b) = (1, 1), (2, 2), \cdots, (6, 6)$ で6通り。

求める確率は $P(d=0)=\dfrac{6}{N}=\dfrac{1}{6}$ （→エ）

(ii) $d=1$ のとき

各頂点から両隣に 2 本ずつで，合計 $2 \times 6 = 12$ 通り。

例えば $d=P_1P_2=P_1P_6=1 \Longleftrightarrow (a,\ b)=(1,\ 2),\ (1,\ 6)$

求める確率は $P(d=1)=\dfrac{12}{N}=\dfrac{1}{3}$ （→オ）

(iii) $d=\sqrt{3}$ のとき

各頂点から 2 本ずつで，合計 $2 \times 6 = 12$ 通り。

例えば $d=P_1P_3=P_1P_5=\sqrt{3} \Longleftrightarrow (a,\ b)=(1,\ 3),\ (1,\ 5)$

求める確率は $P(d=\sqrt{3})=\dfrac{12}{N}=\dfrac{1}{3}$ （→カ）

(iv) $d=2$ のとき

各頂点から 1 本ずつ，外接円の直径の端点を結ぶ，合計 6 通り。

例えば $d=P_1P_4=2 \Longleftrightarrow (a,\ b)=(1,\ 4)$

求める確率は $P(d=2)=\dfrac{6}{N}=\dfrac{1}{6}$ （→キ）

(2) $\alpha - \beta = \left(\cos\dfrac{a\pi}{3} - \cos\dfrac{b\pi}{3}\right) + i\left(\sin\dfrac{a\pi}{3} - \sin\dfrac{b\pi}{3}\right)$

$\alpha - \beta$ が実数

$\Longleftrightarrow \sin\dfrac{a\pi}{3} = \sin\dfrac{b\pi}{3}$

$\Longleftrightarrow \{\alpha,\ \beta\}$ が次のどれかの組と一致

$\{\omega^k,\ \omega^k\}\ (1 \le k \le 6),\ \{\omega^1,\ \omega^2\},\ \{\omega^3,\ \omega^6\},\ \{\omega^4,\ \omega^5\}$

$\Longleftrightarrow (a,\ b)=(k,\ k)\ (1 \le k \le 6),\ (1,\ 2),\ (2,\ 1),\ (3,\ 6),$

$(6,\ 3),\ (4,\ 5),\ (5,\ 4)$ …12 通り

$\alpha - \beta$ が実数という事象を A とする。求める確率は

$$P(A)=\dfrac{12}{N}=\dfrac{1}{3} \quad（→ク）$$

$\alpha - \beta$ が実数かつ $d<2$ という事象を B とする。このとき

$(a,\ b)=(k,\ k)(1 \le k \le 6),\ (1,\ 2),\ (2,\ 1),\ (4,\ 5),\ (5,\ 4)$

…10 通り

求める条件付き確率は

中央大-理工〈一般・英語外部試験利用〉　　　　　　　　　　2023 年度　数学〈解答〉　89

$$P_A(B) = \frac{10}{12} = \frac{5}{6} \quad (\rightarrow \text{ケ})$$

(3)　$\alpha^2 = \beta^3$ が成り立つ事象を C とする。

ド・モアブルの定理より

$$\cos\frac{2a\pi}{3} + i\sin\frac{2a\pi}{3} = \cos\frac{3b\pi}{3} + i\sin\frac{3b\pi}{3}$$

$$\begin{cases} \cos\dfrac{2a\pi}{3} = \cos(b\pi) = (-1)^b & \cdots\cdots\text{①} \\ \sin\dfrac{2a\pi}{3} = \sin(b\pi) = 0 & \cdots\cdots\text{②} \end{cases}$$

②より，a は 3 の倍数である。

$a = 3k$ とおくと，①より　　　$1 = (-1)^b$

ゆえに，b は 2 の倍数である。

　　$C : (a,\ b) = (3,\ 2),\ (3,\ 4),\ (3,\ 6),\ (6,\ 2),\ (6,\ 4),\ (6,\ 6)$

　　　　　　　　　　　　　　　　　　　　　　　　　　　…6 通り

　　　$\alpha^2 = \beta^3$　かつ　$\mathrm{Im}(\alpha + \beta) > 0$

が成り立つ事象を D とする。

ここで，$\mathrm{Im}(z)$ は複素数 z の虚部を表す。

$$f(a,\ b) = \mathrm{Im}(\alpha + \beta) = \sin\frac{a\pi}{3} + \sin\frac{b\pi}{3}$$

とおく。

$$f(3,\ 2) = \sin\frac{3\pi}{3} + \sin\frac{2\pi}{3} > 0$$

$$f(3,\ 4) = \sin\frac{3\pi}{3} + \sin\frac{4\pi}{3} < 0$$

$$f(3,\ 6) = \sin\frac{3\pi}{3} + \sin\frac{6\pi}{3} = 0$$

$$f(6,\ 2) = \sin\frac{6\pi}{3} + \sin\frac{2\pi}{3} > 0$$

$$f(6,\ 4) = \sin\frac{6\pi}{3} + \sin\frac{4\pi}{3} < 0$$

$$f(6,\ 6) = \sin\frac{6\pi}{3} + \sin\frac{6\pi}{3} = 0$$

　　$D : (a,\ b) = (3,\ 2),\ (6,\ 2)$　…2 通り

ゆえに，求める条件付き確率は

$$P_C(D) = \frac{2}{6} = \frac{1}{3} \quad (\to コ)$$

II 解答

(1) サ—ⓑ　シ—ⓓ
(2) ス—ⓕ　セ—ⓑ　ソ—ⓒ

◀解　説▶

≪正五角形の対角線，余弦定理，三角比の近似値≫

(1) $f(x) = \dfrac{\sin x}{x} = x^{-1}\sin x \quad \left(0 < x < \dfrac{\pi}{2}\right)$ とおく。

積（または商）の微分法より

$$f'(x) = -x^{-2} \cdot \sin x + x^{-1} \cdot \cos x$$
$$= \frac{(x - \tan x)\cos x}{x^2} \quad \cdots\cdots ①$$

$g(x) = x - \tan x$ とおく。

$$g'(x) = 1 - \frac{1}{\cos^2 x} = -\tan^2 x < 0 \quad \left(0 < x < \frac{\pi}{2}\right) \quad \cdots\cdots ①'$$

①，①' より　$f'(x) < 0 \quad \left(0 < x < \dfrac{\pi}{2}\right)$

ゆえに，$f(x)$ は $0 < x < \dfrac{\pi}{2}$ で減少関数である。（→サ）

$a = \dfrac{\pi}{12}$，$b = \dfrac{\pi}{6}$ とおくと，上の結果より

$$f(b) \leqq f(x) \leqq f(a) \quad (a \leqq x \leqq b) \quad \cdots\cdots ②$$

$$f(b) = f\left(\frac{\pi}{6}\right) = \frac{6}{\pi} \cdot \sin\frac{\pi}{6} = \frac{3}{\pi} \quad \cdots\cdots ③$$

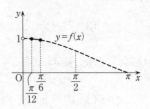

また，半角公式より

$$\sin^2 a = \frac{1}{2}(1 - \cos b) = \frac{2 - \sqrt{3}}{4}$$
$$= \frac{4 - 2\sqrt{3}}{8} = \left(\frac{\sqrt{3} - 1}{2\sqrt{2}}\right)^2$$

$$\therefore \quad f(a) = f\left(\frac{\pi}{12}\right) = \frac{12}{\pi} \cdot \frac{\sqrt{3} - 1}{2\sqrt{2}} = \frac{3}{\pi} \cdot \sqrt{2}(\sqrt{3} - 1)$$

$$= \frac{3}{\pi} \cdot \frac{4}{\sqrt{2}(\sqrt{3}+1)} \quad \cdots\cdots ④$$

$c = \dfrac{3}{\pi}$, $d = \dfrac{3}{\pi} \cdot \dfrac{4}{\sqrt{2}(\sqrt{3}+1)}$ とおくと, ②, ③, ④より

$$c \leq f(x) \leq d \quad (a \leq x \leq b)$$

c, d を評価すればよい。

$3.14 < \pi < 3.15$, $\sqrt{2} > 1.41$, $\sqrt{3} > 1.73$ より

$$c = \frac{3}{\pi} > \frac{3}{3.15} = 0.952\cdots$$

$$d = \frac{3}{\pi} \cdot \frac{4}{\sqrt{2}(\sqrt{3}+1)} < \frac{3}{3.14} \times \frac{4}{1.41 \times 2.73} = 0.992\cdots$$

∴ $0.95 \leq c \leq f(x) \leq d < 0.95 + 0.05 = 1$ （→シ）

(2) 1辺の長さが1である正五角形をPQRSTとする。正五角形の内角の和は, 3つの三角形PQR, PRS, PSTの内角の和であるから, 3π である。

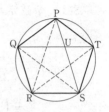

ゆえに, 正五角形の1つの内角は, $\dfrac{3\pi}{5}$ である。

また, 等しい弦の円周角は等しいから, 各頂点から出る2本の対角線は頂角を3等分する。

線分 PS と QT の交点をUとし, $\varphi = \dfrac{\pi}{5}$ とおくと

$\angle$RQT + $\angle$QRS = $2\varphi + 3\varphi = 5\varphi = \pi \Longrightarrow$ QT // RS

$\angle$QRS + $\angle$PSR = $3\varphi + 2\varphi = 5\varphi = \pi \Longrightarrow$ QR // PS

ゆえに, 四辺形 QRSU は平行四辺形である。

∴ US = QR = 1

一方, $\angle$SPT = $\angle$PST = $\angle$PTQ = φ より

△PST∽△PTU

PU = UT = x とおくと

PS : PT = PT : PU

$(1+x) : 1 = 1 : x$

$x^2 + x - 1 = 0$

$x = \dfrac{-1 + \sqrt{5}}{2} \quad (\because \ x > 0)$

$$PS = 1 + x = \frac{1+\sqrt{5}}{2} \quad (\to ス)$$

線分PQの中点をMとすると，△SPQにおいて
SP=SQ，PM=QM より　　SM⊥PQ

$$SM^2 = PS^2 - PM^2$$
$$= (PS - PM)(PS + PM)$$
$$= \frac{\sqrt{5}}{2} \cdot \frac{2+\sqrt{5}}{2}$$

$$\therefore \quad SM = \frac{\sqrt{5+2\sqrt{5}}}{2} \quad \cdots\cdots ⑤$$

∠SAM=θ ($0<\theta<\pi$) とおく。△APQ は正三角形である。

△ASM に余弦定理を用いると，AS=1，AM=$\frac{\sqrt{3}}{2}$

および⑤より

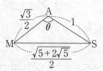

$$\cos\theta = \frac{AM^2 + AS^2 - SM^2}{2 \cdot AM \cdot AS}$$
$$= \frac{1}{\sqrt{3}}\left(\frac{3}{4} + 1 - \frac{5+2\sqrt{5}}{4}\right)$$
$$= \frac{1-\sqrt{5}}{2\sqrt{3}} = \frac{-2}{\sqrt{3}(1+\sqrt{5})} < 0 \quad \cdots\cdots ⑥$$

$1.73 < \sqrt{3} < 1.74$, $2.23 < \sqrt{5} < 2.24$ および⑥より

$$(-\cos\theta) > \frac{2}{1.74 \times 3.24} = 0.354\cdots > 0.35 > 0.35 - 0.025$$

$$(-\cos\theta) < \frac{2}{1.73 \times 3.23} = 0.357\cdots < 0.375 = 0.35 + 0.025$$

$$\therefore \quad -0.35 - 0.025 \leq \cos\theta < -0.35 + 0.025 \quad (\to セ)$$

$g(x) = \cos x$ とおくと，$f(x)$ は $0 \leq x \leq \pi$ の範囲で減少関数である。

⑥より，$g(\theta) = \cos\theta < 0 = f\left(\frac{\pi}{2}\right)$ だから　　$\frac{\pi}{2} < \theta < \pi$

$$g\left(\frac{\pi}{6} + \frac{\pi}{2}\right) = -\sin\frac{\pi}{6} = -\frac{1}{2} \quad \cdots\cdots ⑥'$$

$$g\left(\frac{\pi}{12} + \frac{\pi}{2}\right) = -\sin\frac{\pi}{12} = \frac{1-\sqrt{3}}{2\sqrt{2}} \quad \cdots\cdots ⑥''$$

中央大-理工〈一般・英語外部試験利用〉　　　　　　2023 年度　数学〈解答〉　*93*

⑥, ⑥′, ⑥″ より

$$g\left(\theta\right)-g\left(\frac{\pi}{6}+\frac{\pi}{2}\right)=\frac{1+\sqrt{3}-\sqrt{5}}{2\sqrt{3}}$$

$$=\frac{2\sqrt{3}-1}{2\sqrt{3}\left(1+\sqrt{3}+\sqrt{5}\right)}>0$$

$$g\left(\frac{\pi}{12}+\frac{\pi}{2}\right)-g\left(\theta\right)=\frac{1-\sqrt{3}}{2\sqrt{2}}-\frac{1-\sqrt{5}}{2\sqrt{3}}$$

$$=\frac{\sqrt{3}+\sqrt{10}-(3+\sqrt{2})}{2\sqrt{6}}$$

$$=\frac{(\sqrt{3}+\sqrt{10})^{2}-(3+\sqrt{2})^{2}}{2\sqrt{6}\left(\sqrt{3}+\sqrt{10}+3+\sqrt{2}\right)}$$

$$=\frac{2+2\sqrt{30}-2\sqrt{18}}{2\sqrt{6}\left(\sqrt{3}+\sqrt{10}+3+\sqrt{2}\right)}>0$$

$$g\left(\frac{\pi}{6}+\frac{\pi}{2}\right)<g\left(\theta\right)<g\left(\frac{\pi}{12}+\frac{\pi}{2}\right)$$

$$\frac{\pi}{12}<\theta-\frac{\pi}{2}<\frac{\pi}{6} \quad\cdots\cdots⑦$$

⑦および(1)の結果より

$$f\left(\frac{\pi}{6}\right)<f\left(\theta-\frac{\pi}{2}\right)<f\left(\frac{\pi}{12}\right)$$

$$f\left(\frac{\pi}{6}\right)\left(\theta-\frac{\pi}{2}\right)<\sin\left(\theta-\frac{\pi}{2}\right)<f\left(\frac{\pi}{12}\right)\left(\theta-\frac{\pi}{2}\right)$$

$$f\left(\frac{\pi}{6}\right)\left(\theta-\frac{\pi}{2}\right)<(-\cos\theta)<f\left(\frac{\pi}{12}\right)\left(\theta-\frac{\pi}{2}\right)$$

$$\frac{(-\cos\theta)}{f\left(\frac{\pi}{12}\right)}+\frac{\pi}{2}<\theta<\frac{(-\cos\theta)}{f\left(\frac{\pi}{6}\right)}+\frac{\pi}{2}$$

$$\frac{\sqrt{5}-1}{2\sqrt{3}}\cdot\sqrt{2}\left(\sqrt{3}+1\right)\frac{\pi}{12}+\frac{\pi}{2}<\theta<\frac{\sqrt{5}-1}{2\sqrt{3}}\cdot\frac{\pi}{3}+\frac{\pi}{2}$$

$$\left\{\frac{\sqrt{2}\left(\sqrt{3}+3\right)\left(\sqrt{5}-1\right)}{72}+\frac{1}{2}\right\}\pi<\theta<\left\{\frac{2}{3\sqrt{3}\left(\sqrt{5}+1\right)}+\frac{1}{2}\right\}\pi$$

$$\left\{\frac{\sqrt{2}\left(\sqrt{3}+3\right)\left(\sqrt{5}-1\right)}{72}+\frac{1}{2}\right\}\pi>\left(\frac{1.41\times4.73\times1.23}{72}+0.5\right)\times3.14=1.92\cdots$$

$$\left\{\frac{2}{3\sqrt{3}\,(\sqrt{5}+1)}+\frac{1}{2}\right\}\pi < \left(\frac{2}{3\times 1.73\times 3.23}+0.5\right)\times 3.15 = 1.95\cdots$$

∴ $1.92 < \theta < 1.96$ ……⑧

rad（radian）と deg（degree）の変換式は　　$\text{rad} = \dfrac{\text{deg}}{180}\pi$

deg	1.5	111−1.5	111	111+1.5
rad	0.026	1.91	1.93	1.96

……（∗）

⑧および（∗）より

　　$111°-1.5° \leq \angle\text{SAM} < 111°+1.5°$　　（→ソ）

III　解答

(1)　$C: y=f(x),\ f(x)=\dfrac{1}{1+e^{-x}}=(1+e^{-x})^{-1}$

合成関数の微分公式および積の微分公式より

　　$f'(x) = (-1)(1+e^{-x})^{-2}(1+e^{-x})'$
　　　　$= (-1)(1+e^{-x})^{-2}(-e^{-x}) = (1+e^{-x})^{-2}e^{-x}$　……①
　　$f''(x) = (-2)(1+e^{-x})^{-3}(-e^{-x})e^{-x}+(1+e^{-x})^{-2}(-e^{-x})$
　　　　$= (e^{-x}-1)e^{-x}(1+e^{-x})^{-3}$

$f''(x)=0$ より　$e^{-x}=1$　∴　$x=0$

ゆえに，変曲点は　　$P\left(0,\ \dfrac{1}{2}\right)$　……（答）

(2)　C 上の点 $P(0,\ f(0))$ における接線が l だから，①より

　　$l: y = f'(0)x+f(0)$
　　　　$= \dfrac{1}{4}x+\dfrac{1}{2}$　……（答）

直線 l と直線 $y=1$ の交点の x 座標 a は

　　$\dfrac{1}{4}x+\dfrac{1}{2}=1$

　　$x=a=2$　……（答）

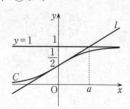

(3)　$b>a=2$ とする。
求める面積 $S(b)$ は

　　$S(b) = \displaystyle\int_a^b \{1-f(x)\}\,dx$

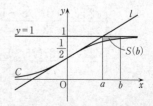

中央大-理工〈一般・英語外部試験利用〉　　　　2023 年度　数学〈解答〉　95

$$= \int_a^b \left(1 - \frac{1}{1 + e^{-x}} \right) dx$$

$$= \int_a^b \frac{e^{-x}}{1 + e^{-x}} dx$$

$$= -\int_a^b \frac{-e^{-x}}{1 + e^{-x}} dx$$

$$= -\Big[\log (1 + e^{-x}) \Big]_a^b$$

$$= \log (1 + e^{-2}) - \log (1 + e^{-b}) \quad \cdots\cdots ② \quad \cdots\cdots (答)$$

(4)　②より

$$\lim_{b \to \infty} S(b) = \lim_{b \to \infty} \{ \log (1 + e^{-2}) - \log (1 + e^{-b}) \}$$

$$= \log (1 + e^{-2}) - \log 1$$

$$= \log (1 + e^{-2}) \quad \cdots\cdots (答)$$

別解　(3)　$b > a = 2$ とする。

求める面積 $S(b)$ は

$$S(b) = \int_a^b \{ 1 - f(x) \} dx = \int_a^b \frac{e^{-x}}{1 + e^{-x}} dx$$

$$= \int_a^b \frac{1}{1 + e^x} dx$$

$e^x = t$ とおくと　　$x = \log t, \ \dfrac{dx}{dt} = \dfrac{1}{t}$

$$S(b) = \int_{e^a}^{e^b} \frac{1}{(1 + t) t} dt = \int_{e^a}^{e^b} \left(\frac{1}{t} - \frac{1}{1 + t} \right) dt$$

$$= \Big[\log t - \log (1 + t) \Big]_{e^a}^{e^b} = \left[\log \frac{t}{1 + t} \right]_{e^a}^{e^b}$$

$$= \log \frac{e^b}{1 + e^b} - \log \frac{e^2}{1 + e^2}$$

(4)　

$$\lim_{b \to \infty} S(b) = \lim_{b \to \infty} \left(\log \frac{e^b}{1 + e^b} - \log \frac{e^2}{1 + e^2} \right)$$

$$= \lim_{b \to \infty} \left(\log \frac{1}{1 + e^{-b}} - \log \frac{e^2}{1 + e^2} \right)$$

$$= -\log \frac{e^2}{1 + e^2} = \log \frac{1 + e^2}{e^2}$$

$$= \log (1 + e^{-2})$$

◀解　説▶

≪曲線，接線，変曲点，面積≫

(1) まず，$f'(x)$ を求める。C の変曲点を求めるために，$f''(x)$ を計算する。

(2) 接線の方程式は公式の通り。直線 $y=1$ との交点の x 座標は l の方程式で $y=1$ とおく。

(3) 次の公式を用いた。

$$\int_a^b \frac{f'(x)}{f(x)}\,ds = \Big[\log|f(x)|\Big]_a^b$$

ここで，重要なことは，与えられた $f(x)$ を変形しないことである。$f(x)$ を変形したときの解法が〔別解〕である。一見すると，被積分関数は簡単になったが，積分が簡単になるわけではない。本問では，その逆である。与えられた式の形には意味がある。

(4) $\displaystyle\lim_{b\to\infty} e^{-b}=0$ を用いた。

Ⅳ 解答

(1) $f_k(x)=x^k \quad (k=0,\ 1,\ 2,\ \cdots)$

$$f(x)=\sum_{k=0}^{n} a_k f_k(x) \quad \cdots\cdots(*)$$

ただし，整式において，$x^0=1$ と規約する。

$n\geqq 2$ とする。$(*)$ および二項定理より

$$f_n(x+1)-f_n(x)=\sum_{k=0}^{n}{}_n C_k x^{n-k}-x^n$$

$$=\sum_{k=1}^{n}{}_n C_k x^{n-k} \quad [(n-1)\ \text{次式}]$$

$$f_{n-1}(x+1)-f_{n-1}(x)=\sum_{k=1}^{n-1}{}_{n-1} C_k x^{n-1-k} \quad [(n-2)\ \text{次式}]$$

$$\therefore\quad f(x+1)-f(x)=\sum_{k=0}^{n} a_k\{f_k(x+1)-f_k(x)\}$$

$$={}_n C_1 a_n x^{n-1}+((n-2)\ \text{次以下の項}) \quad \cdots\cdots\text{①}$$

一方

$$f(x+1)-f(x)=\sum_{k=0}^{n} b_k x^k \quad \cdots\cdots\text{②}$$

中央大-理工〈一般・英語外部試験利用〉　　　　2023 年度　数学〈解答〉　97

①，②より

$$b_n = 0, \quad b_{n-1} = na_n \quad \cdots \cdots ③ \quad \cdots \cdots (答)$$

③は $n=1$ のときも成り立つ。

(2)　　$g(x+1) - g(x) = x^3 - x \quad \cdots \cdots ④$

④の右辺は 3 次式だから，(1)の結果より，$g(x)$ は 4 次式である。

$g(0) = 0$ より，$g(x) = ax^4 + bx^3 + cx^2 + dx$ とおく。

$$af_4(x+1) - af_4(x) = a(4x^3 + 6x^2 + 4x + 1)$$
$$bf_3(x+1) - bf_3(x) = b(3x^2 + 3x + 1)$$
$$cf_2(x+1) - cf_2(x) = c(2x + 1)$$
$$bf_1(x+1) - bf_1(x) = d$$

$$\therefore \quad g(x+1) - g(x)$$
$$= 4ax^3 + (6a + 3b)x^2 + (4a + 3b + 2c)x + (a + b + c + d) \quad \cdots \cdots ⑤$$

④，⑤より

$$\begin{cases} 4a = 1 \\ 3(2a + b) = 0 \\ 4a + 3b + 2c = -1 \\ a + b + c + d = 0 \end{cases}$$

$$\therefore \quad (a, b, c, d) = \left(\frac{1}{4}, \frac{-1}{2}, \frac{-1}{4}, \frac{1}{2} \right)$$

$$g(x) = \frac{1}{4}x^4 - \frac{1}{2}x^3 - \frac{1}{4}x^2 + \frac{1}{2}x \quad \cdots \cdots (答)$$

(3)　　$h(2x+1) - h(2x) = h(x) - x^2 \quad \cdots \cdots ⑥$

$h(x)$ を n 次式とする。

$2x = t$ とおくと，$h(2x+1) - h(2x) = h(t+1) - h(t)$ は t の $(n-1)$ 次式であり，したがって，x の $(n-1)$ 次式である。

⑥を　　$h(2x+1) - h(2x) - h(x) = -x^2 \quad \cdots \cdots ⑦$

と変形すると，⑦の左辺は n 次式である。

⑦より，$h(x)$ は 2 次式である。

$$h(x) = ax^2 + bx + c \quad \cdots \cdots ⑧$$

とおくと

$$h(2x+1) - h(2x) = a\{(2x+1)^2 - (2x)^2\} + b\{(2x+1) - (2x)\}$$
$$= a(4x + 1) + b$$

$$= 4ax + (a + b) \quad \cdots\cdots ⑨$$

⑦, ⑧, ⑨より, 次式は恒等式である。

$$0 = h(2x+1) - h(2x) - h(x) + x^2$$
$$= (1-a)x^2 + (4a-b)x + (a+b-c)$$

$$\begin{cases} 1-a=0 \\ 4a-b=0 \\ a+b-c=0 \end{cases}$$

$$\therefore \quad (a,\ b,\ c) = (1,\ 4,\ 5)$$
$$h(x) = x^2 + 4x + 5 \quad \cdots\cdots (\text{答})$$

◀━━━━━ ◀解　説▶ ━━━━━

≪恒等式を満たす整式≫

(1)　$f(x)$ が n 次式のとき, $f(x+1) - f(x)$ は $(n-1)$ 次式である。

(2)　(1)の結果より, $g(x)$ は 4 次式である。

(3)　まず, $h(x)$ の次数を調べる。$h(x)$ が n 次式のとき $h(2x)$ も n 次式である。(1)の結果より, $h(2x+1) - h(2x)$ は $(n-1)$ 次式で, $h(2x+1) - h(2x) - h(x)$ は n 次式であるから, 与式より $n=2$ である。

❖講　評

　どの問題も出題者が受験生に何を求めているかが明確な良問である。分野で一番重要なのは, 微・積分法であるが, 重要な分野からまんべんなく出題されている。

　Ⅰ　複素数平面上の点と確率の融合問題である。本質的には, 条件を満たす複素数平面上の点の組を数えることである。確率に関しては, 確率の定義および条件付き確率の定義を理解していればよい。標準問題である。

　Ⅱ　前半は関数の値域の近似値の問題である。後半は, まず, 正五角形の基本事項である対角線の長さの問題であり, 黄金比を求める問題である。このとき, QRSU が平行四辺形であることがポイントである。なお, 対角線とは, 隣り合わない 2 頂点を結ぶ線分である。正五角形の 5 本の対角線はすべて長さが等しい。また, 各頂点を出る 2 本の対角線は頂角を 3 等分する。次に, 五角錐において, cos∠SAM の近似値を求める。最後に, ∠SAM の値の近似値を求める。マークシート法であ

中央大-理工〈一般・英語外部試験利用〉 2023 年度 数学〈解答〉 *99*

るが，計算量が多く，本問が一番時間がかかる。やや難しい標準問題である。

Ⅲ 微・積分法の典型的な問題である。変曲点，接線，面積，極限のどれも基本問題である。易しい標準問題である。

Ⅳ 関数方程式の問題である。あまり馴染みがない受験生もいたと思われる。基本事項として，n 次多項式 $f(x)$ の差分 $f(x+1)-f(x)$ は，$(n-1)$ 次多項式になる。標準問題である。

物理

I **解答**
(1)—(a) (2)—(f) (3)—(f) (4)—(c) (5)—(h) (6)—(c)
(7)—(f) (8)—(e) (9)—(e) (10)—(f) (11)—(e) (12)—(f)

◀解 説▶

≪斜方投射と第一・第二宇宙速度≫

(1) 水平方向には等速運動をする。また，点Pの座標の水平成分は0であるので，点Qの座標の水平成分は　vt

(2) 鉛直方向には下向きの重力加速度で等加速度運動をする。また，点Pの座標の鉛直成分はHであるので，点Qの座標の鉛直成分は

$$H - \frac{1}{2}gt^2$$

(3) $x = vt$ より　$t = \dfrac{x}{v}$

これをyの式に代入すると

$$y = R + H - \frac{1}{2}gt^2 = R + H - \frac{g}{2v^2}x^2$$

(4)・(5) 三平方の定理より

$$r^2 = x^2 + y^2 = x^2 + (R+H)^2 - (R+H)\frac{g}{v^2}x^2 + \frac{g^2}{4v^4}x^4$$

$$= (R+H)^2 + \left\{1 - \frac{g(R+H)}{v^2}\right\}x^2 + \frac{g^2}{4v^4}x^4$$

(6) $(R+H)^2 + \left\{1 - \dfrac{g(R+H)}{v^2}\right\}x^2 + \dfrac{g^2}{4v^4}x^4 > (R+H)^2$ を満たせばよいので

$$\left\{1 - \frac{g(R+H)}{v^2}\right\}x^2 + \frac{g^2}{4v^4}x^4 > 0$$

$x^2 > 0$，$v^2 > 0$ であるので

$$v^2 - g(R+H) + \frac{g^2}{4v^2}x^2 > 0$$

xによらず成り立つには $v^2 - g(R+H) > 0$ を満たせばよいので

$$v > \sqrt{g(R+H)}\,\text{〔m/s〕}$$

中央大-理工〈一般・英語外部試験利用〉 2023 年度 物理〈解答〉 *101*

別解 第一宇宙速度を求めればよいので，重力と遠心力のつり合いより

$$mg = \frac{mV^2}{R+H} \qquad \therefore \quad V = \sqrt{g(R+H)} \ \text{(m/s)}$$

(7) 万有引力の公式より，万有引力の大きさ F_G は

$$F_G = \frac{GMm}{(R+H)^2} \ \text{(N)}$$

(8) 向心加速度の公式より，遠心力 F は

$$F = \frac{mv^2}{R+H} \ \text{(N)}$$

(9) 万有引力と遠心力が等しいので

$$\frac{GMm}{(R+H)^2} = \frac{mv^2}{R+H} \qquad \therefore \quad v = \sqrt{\frac{GM}{R+H}} \ \text{(m/s)}$$

(10) 重力の大きさは mg であるので

$$\frac{GMm}{(R+H)^2} = mg \qquad \therefore \quad g = \frac{GM}{(R+H)^2} \ \text{(m/s}^2)$$

参考 ここで(6)の値に(10)の値を代入すると

$$V = \sqrt{\frac{GM}{(R+H)^2}(R+H)} = \sqrt{\frac{GM}{R+H}}$$

となり，(9)の値になっている。

(11) 運動エネルギーと万有引力による位置エネルギーの和は

$$\frac{1}{2}mv^2 - \frac{GMm}{R+H} \ \text{(J)}$$

(12) $\dfrac{1}{2}mv^2 - \dfrac{GMm}{R+H} > 0 \qquad v > \sqrt{\dfrac{2GM}{R+H}} \ \text{(m/s)}$

Ⅱ 解答 1．大きさ：$\dfrac{vBL}{R}$ 〔A〕 向き：x 軸負の向き

2．$ma = mg - \dfrac{vB^2L^2}{R}$

3．$\dfrac{v^2B^2L^2}{R}$ 〔J〕

4．$\dfrac{mgR}{B^2L^2}$ 〔m/s〕

5. $\dfrac{m^2 g^2 R}{B^2 L^2} t \,〔\text{J}〕$

6. $\dfrac{m^2 g^2 R}{B^2 L^2} t \,〔\text{J}〕$

7. 大きさ：$\dfrac{(v-w)BL}{R}〔\text{A}〕$　向き：x 軸負の向き

8. $F=\dfrac{(v-w)B^2 L^2}{R}$　F の向き：z 軸負の向き

$f=\dfrac{(v-w)B^2 L^2}{R}$　f の向き：z 軸正の向き

9. $v>w$ のとき，2つの導体棒は速度の差が減少する向きに電磁力を受けるが，差が縮まると電磁力は減少し，最終的に $w=v$ となると速度の差は変化しなくなる。(70字程度)

10. 重力のみを受けた等加速度直線運動をする。(20字以内)

━━━━━━━━━━ ◀解　説▶ ━━━━━━━━━━

≪磁場中を落下する2本の導体棒≫

1. レール P，Q および導体棒 1，2 からなる回路を貫く磁束は毎秒 $vBL〔\text{Wb}〕$ だけ増加するため，電磁誘導により大きさ $vBL〔\text{V}〕$ の誘導起電力が生じ，流れる電流の大きさはオームの法則より $\dfrac{vBL}{R}〔\text{A}〕$ となる。また，その方向はレンツの法則より図1正面から見て時計回りの方向であるため，導体棒2においては x 軸負の向きとなる。

2. 導体棒2が受ける力は重力と流れる電流による電磁力である。大きさ $I〔\text{A}〕$ の電流が磁場から受ける電磁力は $IBL〔\text{N}〕$ で，その方向は z 軸負の向きであるので

$$ma = mg - IBL = mg - \dfrac{vB^2 L^2}{R}$$

3. 単位時間当たりに消費されるエネルギー，つまり消費電力は電圧と電流の積で求められるので

$$vBL \times \dfrac{vBL}{R} = \dfrac{v^2 B^2 L^2}{R}〔\text{J}〕$$

参考　導体棒2が失った重力の位置エネルギーは，導体棒2の運動エネルギーの増加分と発生するジュール熱に等しい。

中央大-理工〈一般・英語外部試験利用〉　　　　2023 年度　物理〈解答〉　*103*

4．速度が変化しないとき，重力と電磁力がつり合っているので

$$mg = \frac{v_\mathrm{f} B^2 L^2}{R} \qquad \therefore \quad v_\mathrm{f} = \frac{mgR}{B^2 L^2} \,(\mathrm{m/s})$$

5．$t\,(\mathrm{s})$ の間に落下する距離は $v_\mathrm{f} t\,(\mathrm{m})$ であるので，$t\,(\mathrm{s})$ の間に失われる導体棒 2 の重力による位置エネルギーは

$$mgv_\mathrm{f} t = \frac{m^2 g^2 R}{B^2 L^2} t \,(\mathrm{J})$$

6．エネルギー保存則より，失われた位置エネルギーはすべてジュール熱として電気抵抗で消費されている。

よって　　$\dfrac{m^2 g^2 R}{B^2 L^2} t \,(\mathrm{J})$

別解　問 3 より，速さ $v_\mathrm{f}\,(\mathrm{m/s})$ で落下するときの消費電力は $\dfrac{v_\mathrm{f}^2 B^2 L^2}{R}$

(W) である。

よって，$t\,(\mathrm{s})$ の間に電気抵抗で消費されるエネルギーは

$$\frac{v_\mathrm{f}^2 B^2 L^2}{R} t = \frac{m^2 g^2 R}{B^2 L^2} t \,(\mathrm{J})$$

7・9．導体棒 1 を外した瞬間，$v > w = 0$ である。$v > w$ を満たすとき，P，Q および導体棒 1，2 からなる回路を貫く磁束は増加するため，導体棒 1 には x 軸正の向きに，導体棒 2 には x 軸負の向きに電流が流れる。このときフレミングの左手の法則より導体棒 1，2 に流れる電流が磁場から受ける力の向きは，それぞれ y 軸正の向き，y 軸負の向きである。よって，電磁力と y 軸正の向きの重力を受け運動する導体棒 1，2 の加速度は，導体棒 1 のほうが導体棒 2 よりも大きくなり，w は v に近づいていく。w と v の差が小さくなると，流れる電流が減少し，加速度の差も小さくなる。そして，$w = v$ となると，電流は流れず，導体棒 1，2 ともに重力のみを受けて同じ加速度で運動するようになるため，$w > v$ にはならない。よって，導体棒 2 に流れる電流の向きは常に x 軸負の向きとなる。

また，P，Q および導体棒 1，2 からなる回路を貫く磁束は毎秒 $(v-w) BL\,(\mathrm{Wb})$ だけ増加するため，流れる電流の大きさは $\dfrac{(v-w) BL}{R}$

(A) である。

8．前述のとおり導体棒 1，2 を流れる電流が磁場から受ける力の向きは

それぞれz軸正の向き，z軸負の向きである。導体棒1，2を流れる電流の大きさは等しいため，その力の大きさはどちらも

$$IBL = \frac{(v-w)BL}{R} \times BL = \frac{(v-w)B^2L^2}{R} \,\text{(N)}$$

10. 十分長い時間が経過したとき，流れる電流は0であり，導体棒が磁場から受ける電磁力も0となるので，導体棒1，2はともに重力のみを受けて等加速度直線運動をする。

Ⅲ 解答

(1)—(a)　(2)—(b)　(3)—(c)　(4)—(c)　(5)—(e)　(6)—(g)
(7)—(b)　(8)—(c)　(9)—(g)　(10)—(b)

◀解 説▶

≪レンズの式の導出≫

(1) 屈折の法則より

$$1 \cdot \sin\theta = n\sin\phi \qquad \therefore \quad \frac{\sin\theta}{\sin\phi} = n$$

(2) $\quad n = \frac{\sin\theta}{\sin\phi} \fallingdotseq \frac{\theta}{\phi} \qquad \therefore \quad \theta = n\phi$

(3) (イ)式，(2)の式より

$$\alpha + \gamma = n(\gamma - \beta)$$

(4) $\quad \alpha \fallingdotseq \tan\alpha = \dfrac{h}{a} \qquad \beta \fallingdotseq \tan\beta = \dfrac{h}{b} \qquad \gamma \fallingdotseq \sin\gamma = \dfrac{h}{R}$

(5)・(6)　(3)の式を変形して

$$\frac{1}{n}\alpha + \beta = \frac{n-1}{n}\gamma$$

これに(4)の値を代入して

$$\frac{1}{n}\cdot\frac{h}{a} + \frac{h}{b} = \frac{n-1}{n}\cdot\frac{h}{R} \qquad \therefore \quad \frac{\dfrac{1}{n}}{a} + \frac{1}{b} = \frac{\dfrac{n-1}{n}}{R}$$

(7) 題意のとき，直線PBは光軸と平行になっているので，$\phi = \gamma$である。
(2)の式に代入すると

$$\theta = n\gamma$$

(イ)式，(4)より

中央大-理工〈一般・英語外部試験利用〉　　　　　2023 年度　物理〈解答〉　*105*

$$\frac{h}{a}+\frac{h}{R}=n\frac{h}{R} \qquad \therefore \quad a=\frac{R}{n-1}$$

(8)・(9)　(ウ)式の a を b，b を H′B′，R を R_2 に置き換えればよい。レンズの厚さは無視できるくらい薄いため，$H'B' \fallingdotseq b'$ とすると

$$\frac{\dfrac{1}{n}}{b}+\frac{1}{b'}=\frac{\dfrac{n-1}{n}}{R_2} \qquad \therefore \quad \frac{a}{b}\cdot\frac{\dfrac{1}{n}}{a}+\frac{b}{b'}\cdot\frac{1}{b}=\frac{\dfrac{n-1}{n}}{R_2}$$

(10)　(オ)式，(カ)式を辺々足し合わせると

$$\frac{\dfrac{1}{n}}{a}+\frac{\dfrac{1}{n}}{b}=\frac{\dfrac{n-1}{n}}{R_1}+\frac{\dfrac{n-1}{n}}{R_2}$$

$$\therefore \quad \frac{1}{a}+\frac{1}{b}=(n-1)\left(\frac{1}{R_1}+\frac{1}{R_2}\right)$$

❖講　評

　　出題数は大問 3 題で，力学，電磁気，波動から各 1 題であった。Ⅰ，Ⅲは空所に適当な式を選択肢から選ぶマークシート法の問題，Ⅱは解答のみを答える問題と論述問題であった。

　　Ⅰ　水平投射した物体を地球規模サイズで考えたときに，地面に到達しない条件や無限遠方に飛び去るための条件を求める問題。第一宇宙速度，第二宇宙速度を求める典型的な問題で，誘導も丁寧であるため高得点が期待できる。(4)，(5)で三平方の定理を用いることに気がつけるか，(6)の不等式評価を適切に処理することができるかがポイント。

　　Ⅱ　磁場中に置かれた平行な金属レール上を運動する導体棒に関する問題。典型的な問題であるため，特に前半は確実に得点したい。問 7 以降は電流，力，運動がどのように変化していくかしっかりとイメージしながら解答できるとよい。

　　Ⅲ　屈折の法則と近似を用いてレンズの式を導出する問題。誘導に従いながら図を活用し，適切に近似を用いていくことが必要。問題自体の難易度は高くないが，あまり見ない問題設定であるため問題文を丁寧に読み解き理解する力が求められる。

化学

I 解答

(1)—⑤　(2)—⑥　(3)—⑥　(4)—⑧　(5)—③　(6)—①
(7)—⑥　(8)—⑥　(9)—①　(10)—⑥

▶解　説◀

≪小問10問≫

(2) ㈠誤文。圧力を上げていくと途中で凝縮する物質 **D** は水。O_2 と O_3 は，分子量が大きいほど分子間力が大きくなり体積が減少するため，$\dfrac{pV}{nRT}$ の値は 1.000 より小さくなる。よって，物質 **B** は O_2，物質 **C** は O_3 である。H_2 は分子間力が非常に小さく，分子自身の体積が強く影響するため，$\dfrac{pV}{nRT}$ の値は 1.000 より大きくなる。よって物質 **A** は H_2 である。

㈡誤文。この温度では約 0.7×10^5 Pa で凝縮している。つまり，0.7×10^5 Pa における沸点がこの温度であるということがわかる。1.0×10^5 Pa における水の沸点は 100℃ なので，この温度は 100℃ より低いことがわかる。

(3) ㈠誤文。化学発光では熱の出入りを伴わず，光により反応が進行する。

㈡誤文。同素体でも化学エネルギーは異なる。

(4) 置換基の位置を右図の数字で表すと

$(1, 2)$，$(1, 3)$，$(1, 4)$，$(1, 5)$，$(1, 6)$，$(1, 7)$，$(1, 8)$，$(2, 3)$，$(2, 6)$，$(2, 7)$

の 10 種類。

(5) ㈠

㈡

のように反応させ，合成したアニリンをエーテルで抽出する。

(6) ㈠正文。有機化合物中に硫黄を含むと，PbS の黒色沈殿が生じる。

㈡正文。タンパク質水溶液に濃い水酸化ナトリウム水溶液を加え加熱するとタンパク質が分解され，アンモニアが生成される。

㈡正文。ビウレット反応はアミノ酸が 3 分子以上結合したペプチドを検出

する反応。

(7) $CaCl_2$ 水溶液を加えると，Na_2CO_3 水溶液から $CaCO_3$，Na_2SO_4 水溶液から $CaSO_4$ が沈殿し，どちらも白色である。なお，$BaCl_2$ 水溶液を加えても同様の反応が起こる。HCl 水溶液を加えると，Na_2CO_3 水溶液から CO_2 が発生する。$NaCl$ 水溶液，KCl 水溶液，NH_4Cl 水溶液を加えても，いずれの試験管も変化しない。

(8) (ア)誤文。高純度のケイ素に少量のリンやホウ素などを加えると，電気を通しやすくなる。

(ウ)誤文。ケイ素は天然には主に酸化物として存在する。単体のケイ素は天然には存在しない。

(9) リード文から $\dfrac{1}{[\mathbf{X}]} = kt + \dfrac{1}{[\mathbf{X}]_0}$

$[\mathbf{X}] = \dfrac{[\mathbf{X}]_0}{2}$ を代入して

$\dfrac{2}{[\mathbf{X}]_0} = kt + \dfrac{1}{[\mathbf{X}]_0}$ ∴ $t = \dfrac{1}{k[\mathbf{X}]_0}$

(10) 溶ける気体の質量は

窒素：$\dfrac{0.0123}{22.4} \times 28 \times \dfrac{4.0 \times 10^5 \times \dfrac{8.0}{8.0+2.0}}{1.013 \times 10^5}$〔g〕

酸素：$\dfrac{0.0231}{22.4} \times 32 \times \dfrac{4.0 \times 10^5 \times \dfrac{2.0}{8.0+2.0}}{1.013 \times 10^5}$〔g〕

よって

$\dfrac{窒素}{酸素} = \dfrac{0.0123}{0.0231} \times \dfrac{28}{32} \times \dfrac{8.0}{2.0} = 1.86 ≒ 1.9$

Ⅱ 解答

(ア)―⑥　(イ)―⑦　(ウ)―②　(エ)―④　(オ)―②　(カ)―⑦
(キ)―⑥または⑦

◀解　説▶

≪ボイルの法則と気体の反応，気体の質量≫

文章①　操作(1)

混合後の気体**C**の分圧を P_C〔Pa〕とすると，ボイルの法則より

$$2.0 \times 10^5 \times 2.0 = P_C \times (3.0 + 1.0 + 2.0)$$

$$\therefore \quad P_C = 0.666 \times 10^5 \fallingdotseq 0.67 \times 10^5 \,[\text{Pa}] \quad \cdots\cdots(\text{ア})$$

同様に，混合後の気体 **A**，気体 **B** の分圧はそれぞれ，

気体 **A**：$0.500 \times 10^5 \,[\text{Pa}]$，気体 **B**：$0.666 \times 10^5 \,[\text{Pa}]$ と求められる。

操作(2)

	A	**+**	**3B**	**⟶**	**2D**
(反応前)	0.500		0.666		0
(変化量)	−0.222		−0.666		+0.444
(平衡時)	0.278		0		0.444

(単位は$[\times 10^5 \text{Pa}]$)

反応後の混合気体の全圧は

$$(0.278 + 0.444 + 0.666) \times 10^5 = 1.388 \times 10^5$$
$$\fallingdotseq 1.4 \times 10^5 \,[\text{Pa}] \quad \cdots\cdots(\text{イ})$$

反応後に残った気体 **A** の分圧は

$$0.278 \times 10^5 \fallingdotseq 0.28 \times 10^5 \,[\text{Pa}] \quad \cdots\cdots(\text{ウ})$$

気体 **D** の分圧は

$$0.444 \times 10^5 \fallingdotseq 0.44 \times 10^5 \,[\text{Pa}] \quad \cdots\cdots(\text{エ})$$

文章②

求めるヘリウムの質量を $w\,[\text{g}]$ とすると，気体の状態方程式より

$$1.0 \times 10^5 \times 1.0 \times 10^3 = \frac{w}{4.0} \times 8.3 \times 10^3 \times 300$$

$$\therefore \quad w \fallingdotseq 1.60 \times 10^2 \,[\text{g}] = 0.16 \,[\text{kg}] \quad \cdots\cdots(\text{オ})$$

空気の平均分子量は

$$28 \times \frac{8.0}{8.0 + 2.0} + 32 \times \frac{2.0}{8.0 + 2.0} = 28.8$$

同温同圧同体積の気体の質量は分子量に比例するから，$1.0\,\text{m}^3$ の空気の質量は

$$0.160 \times \frac{28.8}{4.0} = 1.152 \fallingdotseq 1.2 \,[\text{kg}] \quad \cdots\cdots(\text{カ})$$

空気の質量とヘリウムの質量の差の分だけ持ち上げることができるので

$$1.152 - 0.160 = 0.992 \fallingdotseq 1.0 \,[\text{kg}] \quad \cdots\cdots(\text{キ})$$

（なお，$1.2 - 0.16 = 1.14\,[\text{kg}]$ と計算すると⑦の 1.2 も解となりうる）

中央大-理工〈一般・英語外部試験利用〉　　　　　　2023 年度　化学〈解答〉　*109*

Ⅲ　**解答**　(1)(ア)—⑦　(イ)—①　(ウ)—⑤　(エ)—④
(2)共洗い

(3)—⑥　(4)CH_3COONa　(5)—⑤

(6)7.1×10^{-1} mol/L　(7)4.3 %

◀解　説▶

≪中和滴定≫

(2)　ホールピペットやビュレットのように，濃度を変化させてはいけない場面で使用するガラス器具が水でぬれているときは，共洗いを行う。

(3)　弱酸と強塩基の中和滴定において，中和点は塩基性である。そのため，変色域が塩基性側のフェノールフタレインを用いる。

(5)　空気中で安定である，固体なので質量が測りやすいなどの理由から，シュウ酸の標準溶液が用いられることが多い。

(6)　薄める前のモル濃度を x〔mol/L〕とすると

$$\frac{x}{10} \times \frac{10.0}{1000} \times 1 = 0.100 \times \frac{7.10}{1000} \times 1$$

$$\therefore \quad x = 7.1 \times 10^{-1} \text{〔mol/L〕}$$

(7)　溶液 1〔L〕$= 1 \times 10^3 \times 1.00$〔g〕中に，溶質（$CH_3COOH = 60$）は 0.71 mol，つまり，$0.71 \times 60$ g 含まれているので

$$\frac{0.71 \times 60}{1 \times 10^3 \times 1.00} \times 100 = 4.26 \fallingdotseq 4.3 \text{〔\%〕}$$

Ⅳ　**解答**　(1) $H_3C-\underset{\underset{\text{Cl}}{|}}{CH}-CH_2-CH_3$

(2) $\underset{H}{\overset{H}{>}}C=C\underset{CH_2-CH_3}{\overset{H}{<}} + 6O_2 \longrightarrow 4CO_2 + 4H_2O$

(3)$+11$ kJ　(4)ヘス

(5)—⑤　(6)O_3

(7)**C**．$H_3C-\underset{\underset{O}{\parallel}}{C}-H$　　**D**．$H_3C-\underset{\underset{O}{\parallel}}{C}-CH_3$

(8)**A**．$\underset{H_3C}{\overset{H_3C}{>}}C=C\underset{CH_3}{\overset{H}{<}}$　　**B**．$\underset{H}{\overset{H}{>}}C=C\underset{CH_2-CH_2-CH_3}{\overset{H}{<}}$

◀解　説▶

≪アルケンの付加反応とオゾン分解，熱化学≫

(1) 生成する物質は主に，次の①，②の2種類。

$$H-\underset{H}{\overset{H}{C}}=\underset{}{\overset{H}{C}}-C-C \longrightarrow H-\underset{Cl}{\overset{H}{C}}-\underset{H}{\overset{H}{C}}-C-C,\ H-\underset{H}{\overset{H}{C}}-\underset{Cl}{\overset{H}{C}}-C-C$$
　　　　　　　　　　　　　　　　　①　　　　　　　　　②

このうち，反応前の二重結合炭素のうち水素原子が多く結合している炭素原子にHClのH原子が結合した②が主生成物である（一部の水素原子は省略してある。反応前に，二重結合の左の炭素には2個，右の炭素には1個の水素原子が結合している）。この法則をマルコフニコフ則という。表のプロペンの付加反応主生成物でも同じ法則が確認できる。

(3)・(5) 燃焼熱をエネルギー図で表すと，次のようになる。

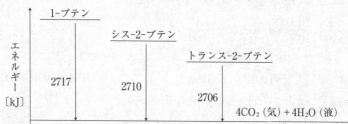

1-ブテンとトランス-2-ブテンのエネルギー差は
　　　$2717-2706=11$ 〔kJ〕
また，化学エネルギーが低い物質ほど安定する。

(7) アルケンのオゾン分解は，次のようになる。

$$\underset{R^2}{\overset{R^1}{>}}C=C\underset{R^4}{\overset{R^3}{<}} \xrightarrow{O_3} \underset{R^2}{\overset{R^1}{>}}C=O + O=C\underset{R^4}{\overset{R^3}{<}}$$

Aは分枝状であることから，考えられる構造は以下の3種類。

$$\underset{③}{C=\overset{C}{C}-C-C}\quad \underset{④}{C-\overset{C}{C}=C-C}\quad \underset{⑤}{C-\overset{C}{C}-C=C}$$

オゾン分解で生成するC，Dがともにヨードホルム反応を示すことから，Aは④である。また，Aをオゾン分解すると以下の⑥，⑦が得られる。

中央大-理工〈一般・英語外部試験利用〉　　2023 年度　化学〈解答〉　*111*

$$
\begin{array}{c}
\overset{\displaystyle C}{\underset{\displaystyle \textcircled{4}}{\vert}} \\
C-C=C-C
\end{array}
\xrightarrow{O_3}
H_3C-\overset{\displaystyle O}{\underset{\displaystyle \textcircled{6}}{\overset{\Vert}{C}}}-CH_3
+
H_3C-\overset{\displaystyle O}{\underset{\displaystyle \textcircled{7}}{\overset{\Vert}{C}}}-H
$$

C が銀鏡反応を示す，つまりアルデヒドであることから，**C** は⑦，**D** は⑥である。

(8)　**B** は直鎖状であることから，考えられる構造は以下の 2 種類。

$$
\underset{\textcircled{8}}{C=C-C-C-C}
\qquad
\underset{\textcircled{9}}{C-C=C-C-C}
$$

このうち，⑨をオゾン分解すると⑦が生成するので，**C～F** はすべて異なるという記述に合わない。したがって **B** は⑧である。

なお，⑧のオゾン分解は以下のようになる。

$$
\underset{\textcircled{8}}{C=C-C-C-C}
\xrightarrow{O_3}
H-\overset{\displaystyle O}{\overset{\Vert}{C}}-H
+
H_3C-CH_2-CH_2-\overset{\displaystyle O}{\overset{\Vert}{C}}-H
$$

❖講　評

　Ⅰ・Ⅱがマークシート法，Ⅲ・Ⅳが記述式で，2022 年度までと同じ形式であった。

　Ⅰ　小問 10 問の構成で，2022 年度までと同じ。全分野からの出題で，正誤のセットを選ばせるものや計算問題の数値を選ばせるものなど，これまでの出題スタイルと同様であった。全体的に難易度も易化したが，(4)のように異性体の個数を正確に数えるのは難しく，正誤問題もしっかりした知識をもたないと対応できないなど，得点差は出やすかったと思われる。

　Ⅱ　前半はボイルの法則と化学反応に関する出題であった。過不足のある化学反応に関して，分圧で計算するなど，計算の手間を省く工夫が必要。

　Ⅲ　中和滴定に関する出題であった。基本的な実験操作や計算に関するもので，あまり苦労せずに解くことができただろう。

　Ⅳ　アルケンの反応に関する出題であった。マルコフニコフ則やオゾン分解についてはあらかじめ知識をもっている受験生も多いと思われる。あるいは知らなくても，表や会話文から推測できる構成になっていた。

　全体に，難易度は標準レベル。実験問題や会話文といった近年の傾向が続いている。

生物

I 解答 A. (1)—(e) (2)—(c) (3)—(d) (4)—(b) (5)—(e) (6)—(b) (7)—(e) (8)—(a) (9)—(f)

B. (1)—(b) (2)—(d) (3)—(c) (4)—(a) (5)(ア)—(c) (イ)—(h) (ウ)—(e) (エ)—(i) (オ)—(a)

C. (1)—(b) (2)—(c) (3)—(d) (4)—(c) (5)—(c)

◀**解 説**▶

≪細胞分裂，核型と DNA，複製，物質循環，個体群，生態系の保全≫

A. (1) (e)誤文。染色体が分離し，両極へ移動するのは，終期ではなく後期である。

(2) (c)誤文。相同染色体の分離がみられるのは，第二減数分裂ではなく第一減数分裂である。

(3) 減数分裂において，乗換えが起こらない場合，1 組の相同染色体はそれぞれ 2 種類の配偶子へと分配される。$2n = 8$ の生物は 4 組の相同染色体をもつため，この個体から生じる配偶子の染色体の組み合わせは $2^4 = 16$ 種類となる。

(4) (a)誤文。相同染色体は体細胞にみられる形や大きさの等しい 2 本の染色体であり，染色体を複製していない細胞にもみられる。染色体複製後にできるわけではない。

(c)誤文。ヒトの体細胞には 22 組の常染色体が含まれる。

(d)誤文。男女に共通する性染色体は Y 染色体ではなく X 染色体である。

(e)誤文。Y 染色体は X 染色体に比べて小さく，その中に含まれる遺伝子の数は少ない。

(5) (e)誤文。ヌクレオチド鎖の 3′ 末端は糖で終わる末端であり，5′ 末端はリン酸で終わる末端である。

(6) DNA に含まれる塩基数の割合はそれぞれ，アデニンとチミン，グアニンとシトシンとで等しいことから，アデニンが 20 ％含まれていた場合，グアニンが含まれる割合は次のように求めることができる。

$$\{100 - (20 \times 2)\} \div 2 = 30 \,(\%)$$

(7) (a)誤文。鋳型鎖に相補的な RNA プライマーを合成するのは、DNA ポリメラーゼではなくプライマーゼである。
(b)・(d)誤文。岡崎フラグメントや 1 本鎖 DNA どうしを連結するのは、DNA ポリメラーゼではなく DNA リガーゼである。
(c)誤文。DNA ポリメラーゼは、鋳型鎖と同じ塩基配列の DNA を合成するわけではなく、鋳型鎖と相補的な塩基配列の DNA を合成する。
(8) (b)誤文。ラギング鎖を合成するのは、DNA リガーゼではなく DNA ポリメラーゼである。
(c)誤文。センス鎖とは転写の際に鋳型とならない鎖のことで、リーディング鎖がセンス鎖になるかどうかは DNA の領域ごとに異なる。
(d)誤文。断片的な DNA が合成されるのは、リーディング鎖ではなくラギング鎖である。
(e)誤文。アンチセンス鎖とは転写の際に鋳型となる鎖のことで、岡崎フラグメント（ラギング鎖）がアンチセンス鎖になるかどうかは DNA の領域ごとに異なる。
(9) DNA ポリメラーゼは、新生鎖を $5'\rightarrow 3'$ 方向へのみ伸長させる酵素であるため、リーディング鎖は DNA ヘリカーゼの進行方向と同じ方向へ連続的に合成され、ラギング鎖は DNA ヘリカーゼの進行方向と反対方向へ不連続的に合成される。このことを正しく表現している図は(f)である。

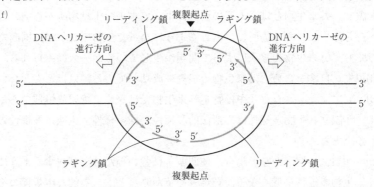

B．(1) (b)誤文。沿岸部に比べて外洋は地球の表面積に占める割合が大きく、全地球の生産量に占める割合も大きいが、単位面積あたりの生産量は外洋よりも沿岸部のほうが大きい。
(2) (d)誤文。草原を主に構成している草本に比べて、森林を主に構成して

いる樹木は大きく，そのぶん炭素の現存量も大きい。したがって，単位面積あたりの現存量は草原よりも森林のほうが大きい。

(3) (c)誤文。土壌中に含まれる NO_3^- などの窒素化合物は，脱窒素細菌の呼吸によって窒素分子として大気に放出される。土壌動物や作物の呼吸によるものではない。

(4) (a)誤文。湖や内湾などにおいて富栄養化が進み，水中の栄養塩類の濃度が増加すると，それを取り込んだ特定の藻類（プランクトン）が水面近くで大量発生することがある。その際，中層や深層の酸素濃度は低下するが，表層の酸素濃度は上昇する。したがって，水中の酸素濃度がすべて低下するわけではない。

C. (1) (a)誤文。競争の程度は，生態的地位が近い種間ほど強い傾向がある。生態的地位が遠い種間では競争が起きにくい。

(c)誤文。昆虫を食べるカエルがヘビに食べられるように，捕食者は，別の生物の被食者になりうる。

(d)誤文。相互作用しながら生活している異種の個体群の集まりを，生物群集という。生態系とは，生物群集とそれを取り巻く非生物環境を物質循環やエネルギーの流れに着目し，一体的なものとしてとらえたものである。

(2) (a)誤文。農作物を荒らすイノシシなど，在来生物の中にも生態系や人間の活動に悪影響を与えるものもいる。

(b)誤文。外来生物とは，人間の活動によって本来の生息場所から別の場所へ持ち込まれ，その場所にすみ着くようになった生物のことで，国内であっても，外来生物の移入によって問題が生じているケースはみられる。

(d)誤文。日本を含め，外来生物の根絶に成功している国はほとんどない。

(3) (d)アマミノクロウサギは特定外来生物ではなく，絶滅危惧種である。

(4) (a)誤文。生物多様性は，遺伝的多様性，種多様性，生態系多様性の3種類である。

(b)・(d)誤文。撹乱がない場合，種間競争に強い種だけが存在するようになり，生物多様性は低くなる。野焼きや草刈りなど，人為的な中規模の撹乱が起きた場合は，多くの種の共存がみられ，生物多様性は高くなる。

(5) (a)誤文。人間が生態系サービスの恩恵を持続的に受けるためには，生態系および生物多様性を保全する必要がある。生物を選別し，保全することは重要ではない。

中央大-理工〈一般・英語外部試験利用〉　　　　2023 年度　生物〈解答〉　115

(b)誤文。生態系サービスのうち，人間の生活を支える物質などを提供するものは調節サービスではなく，供給サービスである。

(c)正文。森林をハイキングし自然に触れる体験ができることは，生態系サービスの1つである文化的サービスに含まれる。

(d)誤文。農業生産により農産物が得られることは，生態系サービスの1つである供給サービスに含まれる。

Ⅱ　解答

(1)(ア)—(b)　(イ)—(d)　(ウ)—(e)　(エ)—(a)　(オ)—(c)

(2)(i)(カ)—(e)　(キ)—(d)　(ク)—(b)　(ケ)—(a)　(コ)—(c)

(ii)—(b)　(iii)(あ)—(ウ)　(い)—(オ)　(う)—(ウ)　(え)—(オ)

(3)—(d)　(4)—(e)　(5)(サ)—(e)　(シ)—(b)　(ス)—(d)

◀解　説▶

≪地質時代と生物界の変遷，進化のしくみ，植物の系統≫

(1)　(a)多細胞生物の出現は約10億年前，(b)酸素非発生型光合成の開始（光合成細菌の出現）は最初の生命の誕生直後，(c)オゾン層の形成と，オゾン層による紫外線の大幅な吸収は約5億年前，(d)酸素発生型光合成の開始（シアノバクテリアの出現）は約27億年前，(e)真核生物の出現は約19億年前に起こった出来事であると考えられている。

(2)(ii)　カンブリア紀の中頃に，最初の脊椎動物として無顎類が出現した。無顎類の現生の種の例としては，(b)ヤツメウナギやヌタウナギが挙げられる。

(iii)　古生代期以降の地球では，次の5回の大量絶滅が起きたと考えられている。

㋐オルドビス紀末：フデイシや三葉虫などが激減した。すべての生物の約8.5割が絶滅したとされる。

㋑デボン紀末：無顎類や三葉虫などが激減した。海水の酸素濃度の低下や寒冷化が起こったと考えられている。

㋒ペルム紀末：フズリナや三葉虫などが絶滅した。最大規模の大量絶滅で，海生生物の約9割が絶滅したとされる。大規模な火山活動とそれに伴う海洋無酸素事変が原因であると考えられている。　→(あ)，(う)

㋓三畳紀末：海生動物の約2割以上が絶滅したとされる。

㋔白亜紀末：恐竜やアンモナイトなどが絶滅した。巨大隕石の衝突が原因

116 2023 年度　生物〈解答〉　　　　　　中央大-理工〈一般・英語外部試験利用〉

であると考えられている。→(い), (え)

Ⅲ　**解答**　　(1)(i)　図 2 A において，下側の mRNA が上側の mRNA よりも長いことから，RNA ポリメラーゼが図の上側から下側に向かって進行していると考えられるため。

(ii)(ア)リボソーム　(イ)核　(ウ)スプライシング　(エ)イントロン

(オ)小胞体（粗面小胞体）

(2)—(b)・(d)　(3)—(c)・(d)　(4)—(b)

(5)　名称：ビコイド mRNA

分布のしかた：未受精卵の前端に局在している。

効果：翻訳されて前端から後端にビコイドタンパク質の濃度勾配ができ，からだの前後軸が決定される。

━━━━━━━◀解　説▶━━━━━━━

≪遺伝子発現，mRNA の輸送・修飾，ショウジョウバエの発生≫

(1)(i)　本問では「図 2 A において，下側の mRNA が上側の mRNA よりも長いこと」「RNA ポリメラーゼが図の上側から下側に向かって進行していること」の 2 点を盛り込みたい。

(2)　(a)・(e)考えられない。実験 1 は，さまざまなオペロン O から転写された mRNA の存在場所を調べる実験であり，実験 1 の結果（表 1 ）にもとづいて，酵素Aの翻訳の必要性や有無を確かめることができない。

(b)考えられる。表 1 において，遺伝子Cの配列をもたない mRNA3 が細胞膜に存在していることから，オペロン O から転写された mRNA は，遺伝子Cの配列がなくても細胞膜に運ばれることがわかる。

(c)考えられない。表 1 において，遺伝子Aの塩基配列に改変を加えていない mRNA1 や mRNA3 が細胞膜に存在していることから，オペロン O から転写された mRNA は，遺伝子Aの塩基配列に改変を加えていなくても細胞質基質に運ばれていないことがわかる。

(d)考えられる。表 1 において，配列Xをもつ mRNA1 と mRNA3 が細胞膜に存在していて，配列Xをもたない mRNA2 が細胞質基質に存在していることから，オペロン O から転写された mRNA が細胞膜に運ばれるためには，配列Xに相当する部分が必要であることがわかる。

(3)　(a)考えられない。実験 2 ～ 4 では，酵素Bの発現がみられなかったこ

とから，実験2〜4の結果にもとづいて，酵素Bが酵素Aと酵素Cに結合し，それらを細胞膜に移動させることを推測することができない。

(b)考えられない。実験3では，オペロンOのmRNA以外のCUAをもつmRNAを用いた実験が行われていないため，オペロンOのmRNA以外のCUAをもつmRNAが細胞膜に存在することを推測することができない。

(c)考えられる。配列Xをもつ（配列Xを改変していない）実験2のmRNA1′と実験3のmRNA1″が細胞膜に存在していて，配列Xをもたない（配列Xを改変した）実験4のmRNAが細胞質基質に存在していることから，配列Xを改変しなければ，オペロンOのmRNAは細胞膜に存在することがわかる。

(d)考えられる。遺伝子Bの配列をもつ実験2のmRNA1′と実験3のmRNA1″（ともに遺伝子Cの配列をもつ）が細胞膜に存在していて，遺伝子Bをもたない実験4のmRNA（遺伝子Cの配列をもつ）が細胞質基質に存在していることから，遺伝子CのmRNAは，遺伝子Bとともにオペロンを構成しなければ，細胞膜に存在できないことがわかる。

(e)考えられない。実験2〜4では，T-GFPと配列CUAとの結合に関する実験が行われていないため，T-GFPと配列CUAが結合することを推測することができない。

(4)　酵素Bは膜タンパク質であるため，(b)のような細胞膜上でのはたらきについて言及している選択肢を選ぶ。(b)以外の選択肢はすべて，細胞内における酵素のはたらきである。

(5)　本問では，ショウジョウバエの卵の特定の場所に存在するmRNAについて問われているため，母性因子であるビコイドmRNAが解答として適当である。ビコイドmRNAの分布としては「卵の前端に存在すること」，効果としては「からだの前後軸を決定する位置情報としてはたらくこと」について言及していればよいだろう。また，別解としてナノスmRNAも挙げられる。その際，分布としては「卵の後端に存在すること」，効果としてはビコイドmRNAのときと同様「からだの前後軸を決定する位置情報としてはたらくこと」について言及していればよいだろう。

IV 　**解答**　(1)　ユーカリアドメイン（真核生物ドメイン），
アーキアドメイン（古細菌ドメイン）

(2)—(c)

(3)　従属栄養生物

(4)　窒素固定

(5)—(b)・(d)

(6)　クロロフィル：(ア)　カロテノイド：(イ)

(7)　緑

(8)　名称：細胞内共生説（共生説）　人名：マーグリス

(9)(エ) 4　(オ) 8　(カ) $2^{\frac{t}{T}}$　(キ) $N_0 \times 2^{\frac{t}{T}}$

(10)　4.0 時間

(11)　根拠：$6.76 \times 1.3 \fallingdotseq 8.79$, $8.79 \times 1.3 \fallingdotseq 11.42$ より，このシアノバクテリアでは，培養温度が 5℃ 低くなる度に T が約 1.3 倍になる規則性があることがわかる。つまり，45℃ における T は，50℃ における T である 4.0 時間の 1.3 倍である 5.2 時間である。

倍加時間：5.2 時間

◀解　説▶

≪ドメイン，代謝，光合成色素，細胞の進化，細胞の増殖と温度≫

A.　(2)　下線部①を含むリード文にシアノバクテリアの長さは大腸菌の約 1～2 倍と記載されていることから，大腸菌のおおよその大きさである 3 μm の約 1～2 倍に相当する(c) 2～5 μm が解答として適切である。

(5)　(a)誤文。シアノバクテリアと紅色硫黄細菌は，ともに炭酸同化を行う。

(c)誤文。シアノバクテリアは光化学系を 2 種類もつが，紅色硫黄細菌は光化学系を 1 種類しかもたない。

(e)誤文。シアノバクテリアと紅色硫黄細菌は，ともに原核生物であり，葉緑体をもたない。

(6)　クロロフィルは青紫色と赤色の光を効率よく吸収し，カロテノイドは青緑色の光を効率よく吸収する。したがって，図 1 において青紫色と赤色の 2 つの色で光の吸収率が高い(ア)がクロロフィル，青緑色のみで光の吸収率が高い(イ)がカロテノイドとなる。ちなみに，フィコシアニンは赤色の光を効率よく吸収し，図 1 において赤色のみで光の吸収率が高い(ウ)がフィコ

シアニンである。

⑺ 図1の実線データをみると，緑色の光の吸収率が極端に低いことがわかる。これは，この温泉産のシアノバクテリアが緑色の光をあまり吸収せず，反射しているからである。したがって，このシアノバクテリアの色は緑色であると考えられる。

B. ⑼ T 時間後に細胞数が2倍になることから，$2T$ 時間後には細胞数が最初の $2^2=4$ 倍㈓，$3T$ 時間後には $2^3=8$ 倍㈺になると考えられる。xT 時間後には細胞数が最初の 2^x 倍になり，この xT を任意の時間 t に置き換えて考えてみると

$$xT = t$$

$$x = \frac{t}{T}$$

となる。つまり

$$2^x = 2^{\frac{t}{T}}$$

ということになり，任意の時間 t 時間後には細胞数は最初の $2^{\frac{t}{T}}$ 倍㈛になると考えられる。また，最初の細胞数を N_0 とすると，t 時間後の細胞数 N は $N_0 \times 2^{\frac{t}{T}}$ ㈜と表すことができる。

⑽ 図2の●（50℃）のデータをみると，培養時間（横軸）が12時間のときに細胞数（縦軸）が 8×10^4 個であることを読み取ることができる。これは，12時間後にシアノバクテリアの数が最初（1×10^4 個）の $8 = 2^3$ 倍になったということであり，これによりこのシアノバクテリアが12時間のうちに3回分裂したことがわかる。したがって，このシアノバクテリアの倍加時間 T は 12時間÷3＝4.0時間 となる。

⑾ 30℃における倍加時間 T である11.42時間が，35℃における倍加時間 T である8.79時間のおよそ1.3倍，35℃における倍加時間 T である8.79時間が，40℃における倍加時間 T である6.76時間のおよそ1.3倍，といった規則性をみつければ容易に解ける問題である。

培養温度	30℃	35℃	40℃	45℃	50℃
培養時間 T	11.42 時間	8.79 時間	6.76 時間	5.20 時間	4.00 時間

1.3倍　　1.3倍　　1.3倍　　1.3倍

本問では「培養温度が5℃低くなる度に T が約1.3倍になる規則性があ

ること」「45℃における T は 4.0 時間の 1.3 倍である 5.2 時間であること」の 2 点を盛り込みたい。

❖講　評

　大問 4 題の出題であり，2022 年度と比べ，小問の数は同じであったが，計算問題と論述問題の数は増加した。難易度は例年に比べてやや易化していた。Ⅲ.⑵・⑶の考察問題，Ⅳ.⑼・⑾の計算問題で差がついたことが予想される。

　Ⅰ　細胞分裂，核型と DNA，複製，物質循環，個体群，生態系の保全に関する小問集合問題であった。ほとんどの問題が教科書レベルであったため，ここでしっかりと得点しておきたい。しかし，Ｂの物質循環の問題に関しては答えを選ぶのが難しく，苦労した受験生が多かったと思われる。

　Ⅱ　地質時代と生物界の変遷，進化のしくみ，植物の系統に関する出題であった。基本的な内容が多く，ここでしっかりと得点しておきたい。

　Ⅲ　遺伝子発現，mRNA の輸送・修飾，ショウジョウバエの発生に関する出題であった。⑵・⑶では，配列 X を含む mRNA が細胞膜へ輸送された後，酵素Ｂがそのまま細胞膜へ埋め込まれ，酵素ＡとＣは細胞質基質へ移動することを見抜く必要があった。

　Ⅳ　ドメイン，代謝，光合成色素，細胞の進化，細胞の増殖と温度に関する問題であった。⑼の㋕における指数計算問題や，⑾における数字の規則性を見つける問題では，解きにくいと感じた受験生が多くいたであろう。

　Ⅰは例年通り小問集合，Ⅱ～Ⅳは従来からの頻出分野である遺伝情報，代謝，生殖・発生，進化・系統からの出題であった。大問によっては時間がかかるものもあるので，90 分という与えられた時間を有効に使うことを意識しておくとよいだろう。

中央大-理工〈共通テスト併用〉　　　　　　　2023 年度　問題　*121*

■共通テスト併用方式

問題編

▶試験科目・配点（個別試験）

教　科	科　　　　　目	配　点
数　学	「数学Ⅰ・Ⅱ・Ⅲ・A・B」から4題出題し，そのうち任意の3題を選択解答	150 点
理　科	数学科・物理学科・都市環境学科 　「物理基礎，物理」「化学基礎，化学」から各3題，計6題出題し，そのうち任意の3題を選択解答 上記以外の学科 　「物理基礎，物理」「化学基礎，化学」「生物基礎，生物」から各3題，計9題出題し，そのうち任意の3題を選択解答	150 点

▶備　考

• 「数学B」は「数列，ベクトル」から出題する。

• 数学科は「数学」の配点を 300 点に換算する。

• 合否判定は，上記の個別試験と大学入学共通テストの「英語」（150 点満点）の合計得点（450 点満点〈数学科は 600 点満点〉）で行う。

数学

(100 分)

(注)

1. 問題は，Ⅰ～Ⅳの 4 題あります。そのうち 3 題を選択して解答してください。

2. 満点が 150 点となる配点表示になっていますが，数学科は満点が 300 点であり，各問の配点は 2 倍となります。

Ⅰ 素数 p に対し，整式 $f(x)$ を

$$f(x) = x^4 - (4p+2)x^2 + 1$$

により定める。以下の問いに答えよ。(50 点)

(1) $f(x) = (x^2 + ax - 1)(x^2 + bx - 1)$ を満たす実数 a と b を求めよ。ただし，$a \geq b$ とする。

(2) 方程式 $f(x) = 0$ の解はすべて無理数であることを示せ。

(3) 方程式 $f(x) = 0$ の解のうち最も大きいものを α，最も小さいものを β とする。整数 A と B が

$$AB\alpha + A - B = p(2 + p\beta)$$

を満たすとき，A と B を求めよ。

II $n = 1,\ 2,\ 3,\ \cdots$ に対し, $I_n = \displaystyle\int_0^{\frac{\pi}{4}} \tan^{n-1} x\,dx$ とおく. 以下の問いに答えよ.
(50 点)

(1) $I_n + I_{n+2}$ を n の式で表せ.

(2) $I_n < \dfrac{1}{n}$ を示せ.

(3) 次の等式を示せ.

$$I_1 - (-1)^n I_{2n+1} = \frac{1}{1} - \frac{1}{3} + \frac{1}{5} - \frac{1}{7} + \cdots + (-1)^{n-1}\frac{1}{2n-1}$$

(4) (2) と (3) を利用して, 次の等式を示せ.

$$\frac{\pi}{4} = \frac{1}{1} - \frac{1}{3} + \frac{1}{5} - \frac{1}{7} + \cdots + (-1)^{n-1}\frac{1}{2n-1} + \cdots$$

III   座標平面に 2 点 A$(-3, -2)$, B$(1, -2)$ をとる. また点 P が円 $x^2 + y^2 = 1$ 上を動くとし, $S = \mathrm{AP}^2 + \mathrm{BP}^2$, $T = \dfrac{\mathrm{BP}^2}{\mathrm{AP}^2}$ とおく. 以下の問いに答えよ. (50 点)

(1) 点 P の座標を (x, y) とするとき, S を x, y の 1 次式として表せ.

(2) S の最小値と S を最小にする点 P の座標を求めよ.

(3) T の最小値と T を最小にする点 P の座標を求めよ.

IV 微分可能な関数 $f(x)$ に対し，関数 $g(t)$ を以下で定める。$y = f(x)$ のグラフの点 $(t-1, f(t-1))$ における接線と直線 $x = t$ との交点の y 座標を $g(t)$ とする。以下の問いに答えよ。(50 点)

(1) a を定数とする。$f(x) = x^4 + ax^2$ のとき，$g(t)$ を求めよ。

(2) $f(x)$ を (1) の通りとする。$f(x) \geqq g(x)$ がすべての実数 x で成り立つような a の条件を求めよ。

(3) n を 2 以上の自然数とし，$f(x) = x^n$ のときの $g(x)$ を $g_n(x)$ とする。方程式 $g_n(x) = 0$ の解を求めよ。また，$n \geqq 3$ のとき，$g'_n(x)$ を $g_{n-1}(x)$ で表せ。

(4) $g_n(x)$ を (3) の通りとする。$n \geqq 3$ のとき，関数 $y = g_n(x)$ が極大値をもつための n の条件と，そのときの極大値を求めよ。

物理

（理科 3 題で 100 分）

(注) 問題は，「物理」：Ⅰ～Ⅲ，「化学」：Ⅰ～Ⅲ，「生物」：Ⅰ～Ⅲ の 9 題あります。そのうち 3 題を選択して解答してください。「生物」は精密機械工学科，電気電子情報通信工学科，応用化学科，ビジネスデータサイエンス学科，情報工学科，生命科学科，人間総合理工学科受験者のみ選択解答できます。

Ⅰ 次の問題の答えを解答用紙の所定の場所に書きなさい。(50 点)

　図 1 のように質量 M[kg] の重い球（今後，球 M とよぶ）を下に，質量 m[kg] の軽い球（今後，球 m とよぶ）をその上にして自由落下させ，水平な床ではね返らせる。時間の経過とともに図 1 の左から右に向かって示すように，まず球 M が床と衝突して，そのあとすぐに 2 つの球が衝突し，その結果として球 m が上昇する，という順序で考えよう。球 M と床との間の反発係数を e とし，2 つの球は弾性衝突するものとする。重力加速度の大きさを g[m/s^2] とし，球の大きさや空気抵抗はないものとする。また，鉛直方向の運動のみが起きるとする。図 1(a) に示すように，床の上の高さ h[m] のところから 2 つの球を同時にそっと落とした。図 1(b) に示すように，球 M と球 m が床に衝突する直前の速さをそれぞれ v_0[m/s] と w_0[m/s] とおく。

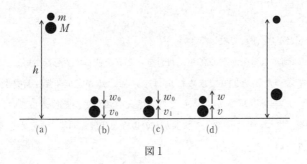

図 1

問い

1. v_0 を M, g, h のうち必要なものを使って表しなさい。

2. 図 1 (c)に示すように, 球 M が床に衝突した直後の速さを v_1[m/s]とする。v_1 を M, g, e, v_0 のうち必要なものを使って表しなさい。

3. 床からはね上がった直後の速さ v_1 の球 M と速さ w_0 で落下する球 m が衝突した。図 1 (d)に示すように, この衝突の後の球 M の速度を v[m/s], 球 m の速度を w[m/s]とする。ただし, 速度については鉛直上向きを正とする。運動量保存則から v_1, w_0, v, w の間に成り立つ関係式を示しなさい。

4. 2 つの球が弾性衝突することから v_1, w_0, v, w の間に成り立つ関係式を示しなさい。

5. 問 2, 問 3, 問 4 をもとにして, v と w をそれぞれ M, m, e, v_0 を使って表しなさい。

このあと, 球 m はある高さに達したのちに再び落下した。以下では 2 つの場合を考えよう。まず, 問 5 で球 M の速度 v が 0 となるように質量 M と質量 m の比を選んだとする。

問い

6. w を e と v_0 を使って表しなさい。

7. 球 m の到達点の床からの高さ h_1[m]を e と h を使って表しなさい。

次に, 質量 M が質量 m に比べて十分に大きい場合を考える。

問い

8. w を e と v_0 を使って表しなさい。

9. 球 m の到達点の床からの高さ h_2[m]を e と h を使って表しなさい。

10. 問 7 で求めた h_1 と問 9 で求めた h_2 は, 球 M と床が完全非弾性衝突するときに, $h_1 < h_2$, $h_1 = h_2$, $h_1 > h_2$ のうちどの関係式を満たすかを答えなさい。また, その理由を, 2 つの球が衝突する状況がどのような状況と同等であるかを考えながら説明しなさい。

II 次の問題の答えを解答用紙の所定の場所に書きなさい。(50点)

図1のように，電荷 q[C]（> 0），質量 m[kg]の荷電粒子が座標原点から y 軸に沿って正の向きに一定の速さ v[m/s]で打ち出される場合を考えよう。このとき，z 軸に平行に正の向きに，時間によって変化しない一様な磁束密度の大きさが B[T]の磁場および，強さが E[N/C]の電場がかかっているとする。座標原点を時刻 $t = 0$ s に出発した荷電粒子は，電場に平行な方向（z 軸方向）には電場による静電気力によって等加速度運動をし，磁場に垂直な面内（xy 面に平行な面内）では磁場によるローレンツ力を向心力とする等速円運動をする。$z = L$[m]（> 0）の位置には xy 面に平行な無限に広い平面があり，荷電粒子はこの平面を通り抜けること無く，完全弾性衝突をすることとする。

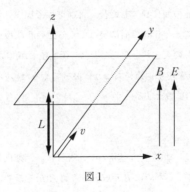

図1

まずは，電場に平行な等加速度運動について考えよう。

問い

1. 荷電粒子にかかる静電気力の向きと大きさを求めなさい。
2. 座標原点から出発した荷電粒子が最初に平面に衝突する時刻を求めなさい。
3. 最初に平面に衝突した荷電粒子がその後，最初に $z = 0$ m の面に戻ってくる時刻を T[s]とする。時刻 T を求めなさい。
4. $t = T$ の時の z 軸方向の速度を求めなさい。

次に磁場に垂直な面内の等速円運動について考えよう。

128 2023 年度 物理　　　　　　　　　　　　中央大-理工〈共通テスト併用〉

問い

5．ローレンツ力の大きさを求めなさい。

6．ローレンツ力を向心力とする等速円運動の角速度を求めなさい。

　一般には荷電粒子は $t = T$ の時に，出発点である座標原点にちょうど戻ってくるわけではない。$t = T$ の時にちょうど座標原点に戻るための条件を考えよう。

問い

7．$v,\ B$ の大きさを変えずに E の大きさを変えた場合，荷電粒子が，等速円運動で n 周して，$t = T$ の時に出発点である座標原点にちょうど戻ってくるために E が取るべき値 E_n を求めなさい。ただし，n は正の整数とする。

　荷電粒子は $z = 0\,\mathrm{m}$ の面に到達した後，再び電場で加速されて平面に向かって運動し，平面に衝突して $z = 0\,\mathrm{m}$ の面に戻ってくるという往復運動を繰り返す。$v,\ B$ の大きさを変えずに E の大きさを変えた場合，荷電粒子が，電場による往復運動の k 往復目に，出発点である座標原点にちょうど戻ってくるための条件を考えよう。ただし，ここで k は，正の整数とする。

問い

8．荷電粒子が，電場による往復運動の k 往復目に，等速円運動でちょうど 1 周して座標原点に戻ってくるために E が取るべき値 $E(k)$ を求めなさい。

9．荷電粒子が，電場による往復運動の k 往復目に，等速円運動でちょうど原点に戻ってくるような E は一般的に複数存在する。このような E を，E の大きい順に求めたとき，n 番目に大きな E を $E_n(k)$ と書くとする。$E_n(k)$ を n と k，及び問 7 までに出てきた変数を使って表しなさい。

　以上のような $E_n(k)$ を様々な k と n について計測してプロットすることにより，この荷電粒子の比電荷 $\dfrac{q}{m}$ を求めることができる。

中央大-理工〈共通テスト併用〉　　　　　　　　　　　　　　　2023 年度　物理　*129*

Ⅲ　次の問題の答えを解答用紙の所定の場所に書きなさい。ただし，問2，問5および問6については解答用紙のグラフにそれぞれ書き込みなさい。(50 点)

　水面上の十分離れた2か所を振動させて2方向から平面波を送るとき，これらの波が干渉する様子が現れる。図1(a)のように左斜め下方から右斜め上方に向かって進む波Aと，右斜め下方から左斜め上方に向かって進む波Bの重ねあわせを考えてみよう。平面波の基準の位置を基準線とよび，平面波は基準線と垂直に交わる線（以下，射線とよぶ）に沿って進む正弦波と考えてよい。このとき，2つの波の山と山（谷と谷）が重なりあう場所では波が強めあい，山と谷が重なりあう場所では波が弱めあう。

　図1(a)は，同じ波長 λ[m]と同じ振幅 a[m]をもつ波Aと波Bについて，時刻 $t = 0$ s の波の山を実線，谷を破線，波Aの基準線Dと波Bの基準線Eを点線で表している。波Aおよび波Bは，それぞれの基準線Dおよび基準線Eでは同位相で振動し，基準線において $t = 0$ での位相（初期位相）をともに 0 rad とする。図1(b)では，波Aと波Bの射線が点Pで交差している様子を表している。ここで，波Aの射線と波Bの射線は 120° で交差しているとする。

　一般に，2つの波が干渉するとき，強めあう場所や弱めあう場所は2つの波源からの距離の差によって決まる。ここでは，波源の代わりに基準線を用いて，特定の点までの距離の差を考えてみよう。図1(b)のように，波Aでは点Pを通る射線を用意し，基準線Dから点Pまでの射線上の線分の長さを距離 x_P[m]として考える。波Bの場合も，点Pを通る射線を用意し，基準線Eから点Pまでの射線上の線分の長さを距離 x'_P[m]として考える。

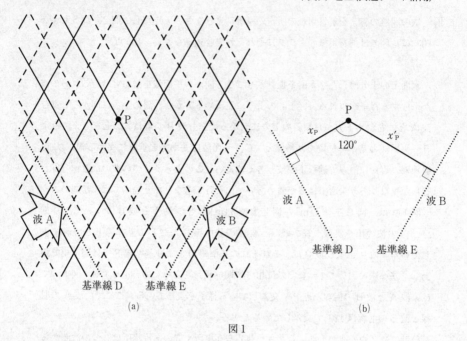

図1

問い

1. 点Pでは波Aと波Bが干渉して弱めあう。x_Pとx'_Pの差$|x_P - x'_P|$を図1から読みとり，λを用いて示しなさい。

2. 波Aと波Bが干渉して弱めあう点は，連続的に分布し平行な直線となる。解答用紙のグラフ1内に現れる，これらのすべての直線を実線で書き込みなさい。

[解答欄] グラフ1

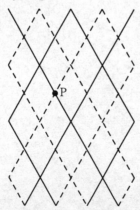

3．問 2 で求めた平行線の間隔 d [m] を，λ を用いて示しなさい．

　次に図 2 (a) のように，図 1 (a) の波 A と波 B に加えて上方から下方に向かって進む，波長 λ と振幅 a をもつ平面波 C が十分離れた場所から進行する場合を考えてみよう．図 2 (a) では，時刻 $t = 0$ の波 A，波 B，波 C の山を実線，波の谷を破線で表し，波 A の基準線 D，波 B の基準線 E，波 C の基準線 F を点線で表している．波 C は基準線 F では，波 A の基準線 D および波 B の基準線 E と同位相で振動し，基準線において $t = 0$ での初期位相はすべて 0 rad とする．波 A の射線と波 C の射線，波 B と波 C の射線もともに 120° で交差しているとする．

　3 つの波が干渉するとき，強めあう場所や弱めあう場所は 3 つの波源からの距離の関係によって決まる．ここでも，図 1 で考えたように波源の代わりに基準線を用いて，特定の点までの距離の関係を考えてみよう．なお，点 Q では波 A，波 B，波 C のそれぞれの基準線からの距離がすべて等しく r_Q [m] となるとする．

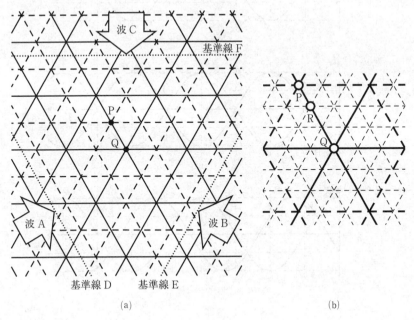

図 2

ここで3つの波が弱めあう点について考えてみよう。一般に振幅 a, 波長 λ, 周期 T[s], 波源から距離 r[m]の位置における, 時刻 t で波の変位の式は $a\sin 2\pi\left(\dfrac{t}{T}-\dfrac{r}{\lambda}\right)$ で表される。3つの波が弱めあうとき, 3つの波の変位の和は時刻 t によらず0となる。図2(b)では図2(a)の点Pと点Q付近を拡大し, それぞれの山と谷を3等分した場所を点線で書き加えてある。また, 点Pと点Qをつないだ線分を1:2に分ける点を点Rとした。これらの3つの点について, 3つの波の変位の時間変化を見てみよう。図3(a)は点Qにおける3つの波の変位について横軸を時刻 t として描いたグラフである。ここで波A, 波B, 波Cはすべて重なっている。同様に, 図3(b)は点Pにおける3つの波の変位について横軸を時刻 t として描いたグラフであり, 波Bと波Cが重なっている。最後に, 図3(c)は点Rにおける波Aと波Bの変位について横軸を時刻 t として描いたグラフである。

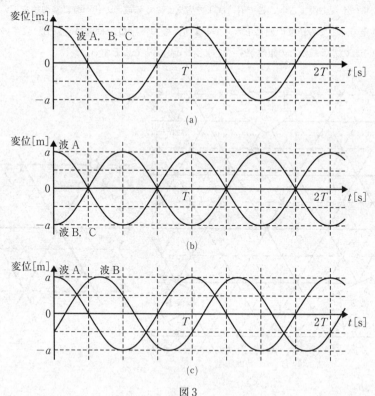

図3

問い

4. 波Bの基準線Eから点Rまでの距離を r'_R [m]，波Aの基準線Dから点Rまでの距離を r_R [m] としたとき，これらの距離の差 $|r_R - r'_R|$ を，λ を用いて示しなさい。

5. 点Rでは，図3(c)で示したように，基準線からの距離の差によって波Aと波Bの間には位相差が生じていることがわかる。このグラフに加えて，波Cの変位のグラフを解答用紙のグラフ2に実線で書き込みなさい。

〔解答欄〕グラフ2は図3(c)と同じ。

6. 図2で示された3つの波が交差して弱めあう場所はすべて点として現れる。解答用紙のグラフ3内での，弱めあうすべての点を黒丸（●）で示しなさい。解答用紙のグラフ3には，点P，点Qおよび点Rを白丸（○）で表している。

〔解答欄〕 グラフ3

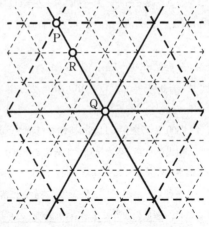

7. 問6で示したすべての黒丸の位置を，波が強めあう点Qに近づけるためには，どのような波を用いればよいか記述しなさい。

134 2023 年度　化学　　　　　　　　　　中央大-理工〈共通テスト併用〉

化学

（理科 3 題で 100 分）

（注）　問題は,「物理」: Ⅰ～Ⅲ,「化学」: Ⅰ～Ⅲ,「生物」: Ⅰ～Ⅲの 9 題あります。
そのうち 3 題を選択して解答してください。「生物」は精密機械工学科, 電気電
子情報通信工学科, 応用化学科, ビジネスデータサイエンス学科, 情報工学科,
生命科学科, 人間総合理工学科受験者のみ選択解答できます。

Ⅰ　次の文章を読み, 以下の問い(1)～(9)に答えなさい。数値は有効数字 2 桁で答えなさ
い。必要な場合は, 次の値を用いなさい。(50 点)

気体定数: $R = 8.3 \times 10^3$ Pa·L/(K·mol)

原子量: H = 1.0, C = 12, O = 16, Na = 23, Cl = 35.5

絶対温度が 300 K の条件で以下の実験を行った。断面積が 1.0 cm² で一定の U 字
管のちょうど中央を水分子のみを通す半透膜で仕切り, 左側に純水, 右側に水溶液を
液面が同じ高さになるように入れた（図 A）。これを長時間放置すると水分子が半透
膜を通過して移動し, やがて, 左右の液面差が h に落ち着いた（図 B）。この液面差
を解消するには, 図 C のように水溶液側の液面に圧力 P を加えればよい。希薄溶液
_(a)の場合, この圧力 P は, 溶媒や溶質の種類と無関係に, 溶液のモル濃度と絶対温度
に比例することが知られている。_(b)

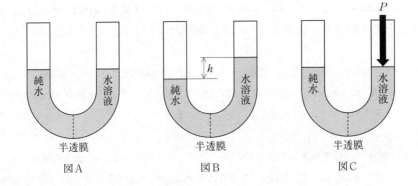

図A　　　　　図B　　　　　図C

問い

(1) 半透膜は，溶液を構成する一部の成分を通すが，他の成分は通さない。

ⅰ) 下線部(a)の圧力 P に相当する圧力を何と呼ぶか。

ⅱ) 半透膜の性質を用いて，コロイド溶液から半透膜を通れるイオンや分子を分離する操作を何と呼ぶか。

(2) 下線部(b)の法則の名称を答えなさい。

(3) 図Aの水溶液として，スクロース（$C_{12}H_{22}O_{11}$）3.6 g を純水に溶かして 1.0 L としたものを用いた。図Cの圧力 P を〔Pa〕単位で求めなさい。

(4) 大気圧（1.0×10^5 Pa とする）は，76.0 cm の水銀柱による圧力に等しい。問い(3)の圧力 P は，何 cm の水銀柱の圧力に相当するか。

(5) 液柱の底面にかかる圧力は，液柱の高さと溶液の密度の積に比例する。問い(3)の圧力 P は，何 cm の水溶液柱の圧力に相当するか。ただし，スクロースの水溶液および水銀の密度をそれぞれ 1.0 g/cm³，13.6 g/cm³ とする。

(6) 図Aの水溶液として，非電解質の高分子化合物 5.0 g を純水に溶かして 100 mL としたものを全量U字管の右側に入れたところ，水が半透膜を通過して移動し，図Bの液面差が $h = 10$ cm となって落ち着いた。このときの水溶液の濃度を〔g/L〕単位で求めなさい。

(7) 問い(6)で用いた非電解質の高分子化合物の平均分子量を求めなさい。ただし，高分子化合物の水溶液の密度を 1.0 g/cm³ とする。

(8) 図Aの水溶液として，質量パーセント濃度 1.0％の塩化ナトリウム水溶液 1.0 L（密度：1.0 g/cm³）を用いた。図Cの圧力 P を〔Pa〕単位で求めなさい。塩化ナトリウムはすべて電離しているものとする。

(9) 図Aの水溶液として，次の解答群に示す①〜④を用いるとき，図Bの液面差 h が最大になるものはどれか。電解質は完全に電離しているものとする。また，すべての水溶液の密度は等しいとする。

〔解答群〕
① 2.0×10^{-3} mol/L のスクロース水溶液
② 2.0×10^{-3} mol/L の塩化ナトリウム水溶液
③ 1.0×10^{-3} mol/L の尿素水溶液
④ 1.0×10^{-3} mol/L の塩化マグネシウム水溶液

中央大-理工〈共通テスト併用〉　　　　　　　　　　　2023 年度　化学　*137*

II 　次の文章を読み，以下の問い(1)〜(10)に答えなさい。数値は有効数字 2 桁で答えなさい。必要な場合は，次の値を用いなさい。(50 点)

　　ファラデー定数：$F = 9.65 \times 10^4$ C/mol
　　原子量：H $= 1.0$,　O $= 16$,　S $= 32$,　Cl $= 35.5$,　Cu $= 63.5$

実験操作

　[**実験 1**]　白金電極を陽極，陰極に用いて，硫酸銅(II)水溶液を 0.643 A の電流で
　　　　　　25 分間電気分解した。

　[**実験 2**]　銅電極を陽極，陰極に用いて，硫酸銅(II)水溶液を 　(ア)　 A の電流で
　　　　　　25 分間電気分解した。

　[**実験 3**]　炭素棒を陽極，陰極に用いて，塩化銅(II)水溶液を 0.483 A の電流で 25
　　　　　　分間電気分解した。

　気体が発生した場合は，水に溶けないものとする。

問い

　(1)　[**実験 1**]の陽極で起こる反応を，電子 e^- を含んだ反応式で書きなさい。

　(2)　[**実験 1**]の電気分解で流れた電子の物質量を求めなさい。

　(3)　[**実験 1**]の陰極で生成する物質の質量を求めなさい。

　(4)　[**実験 1**]の陽極で発生した気体の，標準状態における体積を求めなさい。標準状態での 1 mol の気体の体積は 22.4 L とする。

　(5)　[**実験 1**]の陽極付近の水溶液の pH を，反応の前後で測定した。説明として最も適切なものを解答群①〜③から 1 つ選び番号で答えなさい。

　[解答群]
　　①　反応後は反応前と比較して上昇した

138 2023年度 化学　　　　　　　　　　　　中央大-理工〈共通テスト併用〉

② 反応後は反応前と比較して低下した

③ 反応前後で変化は見られなかった

(6) 　[**実験2**]の陰極で起こる反応を，電子 e^- を含んだ反応式で書きなさい。

(7) 　[**実験2**]の陰極で生成する物質の質量は，[**実験1**]の陰極で生成する物質の質量の 1.5 倍であった。　(ア)　の値を求めなさい。

(8) 　[**実験3**]の陽極で発生した気体の性質として，適切なものを解答群①〜③から1つ選び番号で答えなさい。

[解答群]

① 極性分子である

② 無極性分子である

③ 単原子分子である

(9) 　[**実験3**]の陽極で発生した気体の標準状態における体積は，[**実験1**]の陽極で発生した気体の何倍になるか，求めなさい。

(10) 　[**実験1**][**実験2**][**実験3**]の陽極で起こる反応について，同じ反応式で表せる組み合わせとして適切なものを解答群①〜⑤から1つ選び番号で答えなさい。

[解答群]

① [**実験1**]と[**実験2**]

② [**実験1**]と[**実験3**]

③ [**実験2**]と[**実験3**]

④ [**実験1**]と[**実験2**]と[**実験3**]

⑤ すべて異なる反応式である

中央大-理工〈共通テスト併用〉 2023 年度 化学 *139*

Ⅲ 次の文章を読み，以下の問い(1)〜(8)に答えなさい。有機化合物の構造式は図１の例にしたがって書くこと。必要な場合は，次の値を用いなさい。(50 点)

原子量：H = 1.0，C = 12，O = 16

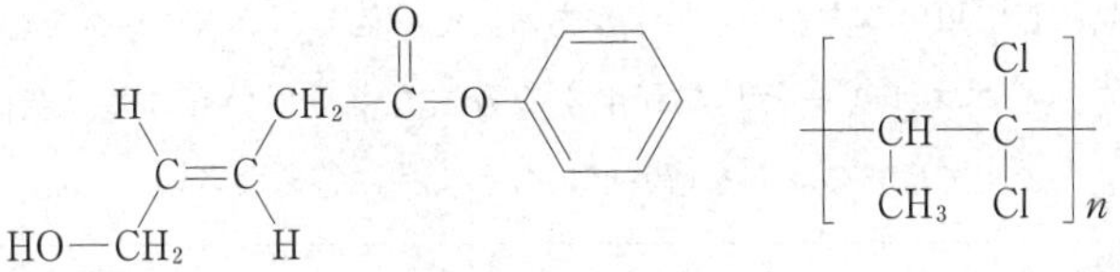

図1 構造式の例

プラスチックとして利用されている**ポリマーA**は，加熱すると軟化し，やがて粘性
(a)
の大きな液体となる。さらに高温にすると分解して**A**の**モノマーB**が主に生成する。
(b)
Bの元素分析をすると，炭素 92.3 ％，水素 7.7 ％であり，その他の元素は含まれていなかった。また，1.30 g の **B** をベンゼン 100 g に溶解して凝固点を測定すると，0.64 ℃の凝固点降下が観測された。さらに，適当な触媒の存在下で **B** を水素と反応さ
(c)
せると水素の付加が進行して**C**が生成した。**C**は不飽和結合を持つが，それ以上の付
(d)
加反応は受けにくいのに対し，濃硫酸と濃硝酸の混合物によるニトロ化などの置換反応は起こりやすい。一方，**B** を酸触媒の存在下で水と反応させると，水の付加（H と OH の付加）が進行して**アルコールD**が生成した。**D**は硫酸酸性の二クロム酸カリウム水溶液との反応で**E**となったが，単離した **E** はフェーリング液と加熱しても，また炭酸水素ナトリウム水溶液を加えても，どちらも反応しなかった。

問い

(1) 下線部(a)について，**A**と同様に熱可塑性樹脂に分類されるものを次の解答群①〜⑤の中からすべて選び，番号で答えなさい。

［解答群］

① ポリプロピレン

② フェノール樹脂

③ ポリメタクリル酸メチル（メタクリル樹脂）

140 2023 年度　化学　　　　　　　　　　　　　中央大-理工〈共通テスト併用〉

④　ナイロン 66

⑤　メラミン樹脂

(2)　プラスチックの再生利用（リサイクル）の手法には，利用後に下線部(b)のように原料になる物質まで分解して再利用する方法　(ア)　と，融かしてからもう一度製品にして用いる方法　(イ)　がある。その他，プラスチックを燃焼させて発生した熱をエネルギーとして利用する方法も多く用いられる。空欄　(ア)　，(イ)　に当てはまる語句を解答欄に合うように答えなさい。

〔解答欄〕

(ア)		(イ)	
	リサイクル		リサイクル

(3)　下線部(c)から **B** の分子量を求め，整数値で答えなさい。ただし，ベンゼンのモル凝固点降下を 5.12 K·kg/mol とする。

(4)　**A** の構造式を答えなさい。

(5)　**C** の水素原子のうちの 1 つを塩素原子に置き換えた構造の化合物は，立体異性体を区別して数えるとしたとき，全部で何種類考えられるか答えなさい。

(6)　下線部(d)のように，触媒の存在下で **B** を水素と反応させて **C** を合成するとき，1.30 g の **B** は標準状態で何 mL の水素と反応するか。有効数字 2 桁で求めなさい。なお，標準状態での 1 mol の気体の体積は 22.4 L とする。

(7)　**D**，**E** の構造式を答えなさい。

(8)　ペットボトルとして利用されているプラスチックである PET も，原料物質へ分解して再利用できることが原理的に確かめられている。高温の水で加水分解することによって PET を分解したとき，回収される原料物質である**二価カルボン酸 F** と**二価アルコール G** の構造式を答えなさい。

中央大-理工〈共通テスト併用〉 2023 年度 生物 *141*

生物

（理科 3 題で 100 分）

(注) 問題は，「物理」：Ⅰ〜Ⅲ，「化学」：Ⅰ〜Ⅲ，「生物」：Ⅰ〜Ⅲの 9 題あります。
そのうち 3 題を選択して解答してください。「生物」は精密機械工学科，電気電子情報通信工学科，応用化学科，ビジネスデータサイエンス学科，情報工学科，生命科学科，人間総合理工学科受験者のみ選択解答できます。

Ⅰ 以下の**文章A**，**B**を読み，問い(1)〜⑽に答えなさい。(50 点)

A DNA の複製においては， ［ (ア) ］ という酵素のはたらきにより，二重らせん構造をとるヌクレオチド鎖が，1 本鎖にほどかれていく。各々の 1 本鎖では， ［ (イ) ］
という酵素のはたらきにより，それぞれの配列に相補的な塩基配列をもつヌクレオチド鎖が新しく合成される。

 塩基配列にタンパク質のアミノ酸配列の情報があることを，「コードする」という。コードする DNA 配列に突然変異が生じた場合は，それが形質の変化として現れることがある。例えば，遺伝病のひとつである ［ (ウ) ］ では，ヘモグロビン β 鎖の N 末端付近でグルタミン酸をコードするコドン GAG が GTG に変わり，コードされたアミノ酸がバリンに変わる。それによりヘモグロビンの立体構造が変化し，貧血などの症状が現れる。

問い

(1) 本文中の空欄 ［ (ア) ］ ， ［ (イ) ］ にあてはまる酵素の名称を答えなさい。

(2) 下線部①に関連して，DNA の構成単位であるヌクレオチドは，糖 (dR)，塩基 (B)，リン酸 (P) からなる。次の選択肢のうち，1 本鎖 DNA のヌクレオチド鎖の基本構造として正しいものを 1 つ選び，記号で答えなさい。

[選択肢]

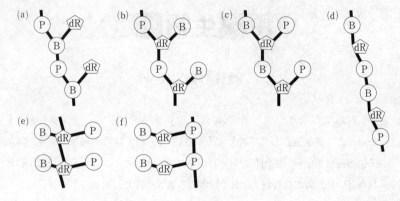

(3) 本文中の空欄　(ウ)　にあてはまる病名を答えなさい。

(4) ヘモグロビンβ鎖を構成するタンパク質のアミノ酸配列は，N末端のメチオニンから，バリン，ヒスチジン，ロイシン，トレオニン，プロリン，グルタミン酸と続く。最初の4アミノ酸分「メチオニン-バリン-ヒスチジン-ロイシン」をコードするDNA塩基配列は，理論的には何通り考えられるか。145ページにある表2の遺伝暗号表を参照して答えなさい。

(5) 下線部②のような，DNAの複製方式を何とよぶか，答えなさい。また，このしくみを解明するために，メセルソンとスタールは以下の実験を行った。^{15}Nの窒素を含む培地で大腸菌を長時間培養して大腸菌内の窒素をすべて^{15}Nに置き換え，^{15}Nを含む重いDNAをつくらせた。その後，^{14}Nを含む培地に移し，大腸菌が1回分裂した後と，2回分裂した後で，大腸菌からDNAを抽出した。そして，得られたDNAの比重を密度勾配遠心分離法で比較した。表1の空欄　(エ)　〜　(ケ)　にあてはまる数値を答えなさい。

中央大-理工〈共通テスト併用〉　　　　　　　　　　　　　　2023 年度　生物　*143*

表1　大腸菌の DNA の比重比較

		比重別の DNA の存在割合		
		^{15}N を含む DNA	^{15}N と ^{14}N の両方を含む DNA	^{14}N を含む DNA
	^{15}N を含む培地	100%	0 %	0 %
段	1 回分裂後	(エ) %	(オ) %	(カ) %
階	2 回分裂後	(キ) %	(ク) %	(ケ) %

B　ウイルスは，核酸をタンパク質の殻で包んだ微小構造体である。ウイルスは細胞に侵入し，細胞がもつ物質や反応系を利用することで増殖する。ヒトに感染して疾病を引き起こすコロナウイルスやインフルエンザウイルスは，宿主の機能を借用して翻訳を行う。一般にウイルスのゲノムはサイズが小さく，また，遺伝情報の複製
③　　　　　　　　　　　　　　　　　④
時に突然変異を起こしやすい。

あるタンパク質をコードする配列内で1塩基の置換が起きたとき，コードするアミノ酸が変わらない場合を同義置換，コードするアミノ酸が変わる場合を非同義置換という。非同義置換には，コードするアミノ酸が他のアミノ酸に換わるミスセンス変異と，終止コドンに換わるナンセンス変異がある。

ウイルスのゲノムに突然変異が生じても，ほとんどは増殖に影響しないか，逆に増殖に不利な形質をもたらす。しかし，ウイルスは高頻度に多種の変異を起こすので，その中の1つでも感染や増殖に有利な変異があれば，その変異をもつウイルスが優先的に次の宿主へと感染するため，同じ変異型のウイルスが増加することになる。

(6)　下線部③に関連して，RNA を遺伝物質としてもつウイルスが翻訳の際に宿主から借用する2種類の RNA の名称とそのはたらきを答えなさい。

(7)　下線部④について，コロナウイルスのゲノム長は約 30,000 塩基である。これはヒトゲノム長の約何分の1か，もっとも適切な値を選択肢から1つ選び，記号で答えなさい。

144 2023 年度　生物　　　　　　　　　　　　　　　　中央大-理工〈共通テスト併用〉

［選択肢］

(a) $\dfrac{1}{1,000}$　　(b) $\dfrac{1}{10,000}$　　(c) $\dfrac{1}{100,000}$　　(d) $\dfrac{1}{1,000,000}$

(e) $\dfrac{1}{10,000,000}$

⑻　図1は，ウイルスのあるタンパク質をコードする遺伝子の塩基配列を，メチオ
　ニンのコドン AUG から3文字ずつ区切って示したものである。右側の数字は5′
　末端の A を1としたときの塩基番号を示す。表2に示す遺伝暗号表を参考に，
　(i)～(iii)の問いに答えなさい。

5′-AUG UUU CAU CUC GUU GAC $\boxed{\text{UUU}}^{\text{コドン1}}$ CAG GUU ACU AUA GCA GAG AUA UUA CUA　48

AUU AUU AUG AGG ACU UUU AAA $\boxed{\text{GUU}}^{\text{コドン2}}$ UCC AUU UGG AAU CUU GAU UAC AUC　96

AUA AAC CUC AUA AUU AAA AAU UUA UCU AAG UCA CUA ACU GAG AAU AAA　144

$\boxed{\text{UAU}}^{\text{コドン3}}$ UCU CAA UUA GAU GAA GAG CAA CCA AUG GAG AUU GAU UAA-3′　186

図1　ウイルスのあるタンパク質をコードする遺伝子の塩基配列

⑴　この遺伝子がコードするタンパク質のアミノ酸数を答えなさい。

⑵　この遺伝子において，コドン1の3番目のU（下線）が欠失する1塩基欠失
　が起きた場合，この配列がコードするタンパク質のアミノ酸数を答えなさい。

⑶　図1のコドン1，コドン2，コドン3の，それぞれの3番目の塩基のUがGに置
　換された場合，それぞれは同義置換か非同義置換のいずれか，答えなさい。非同
　義置換の場合は，ミスセンス変異なのか，ナンセンス変異なのかも，答えなさい。

中央大-理工〈共通テスト併用〉　　　　　　　　　　2023 年度　生物　145

表2　遺伝暗号表

		2番目の塩基				
		U	C	A	G	
1番目の塩基	U	UUU UUC } フェニルアラニン UUA UUG } ロイシン	UCU UCC UCA UCG } セリン	UAU UAC } チロシン UAA UAG } (終止)	UGU UGC } システイン UGA (終止) UGG トリプトファン	U C A G
	C	CUU CUC CUA CUG } ロイシン	CCU CCC CCA CCG } プロリン	CAU CAC } ヒスチジン CAA CAG } グルタミン	CGU CGC CGA CGG } アルギニン	U C A G
	A	AUU AUC AUA } イソロイシン AUG メチオニン(開始)	ACU ACC ACA ACG } トレオニン	AAU AAC } アスパラギン AAA AAG } リシン	AGU AGC } セリン AGA AGG } アルギニン	U C A G
	G	GUU GUC GUA GUG } バリン	GCU GCC GCA GCG } アラニン	GAU GAC } アスパラギン酸 GAA GAG } グルタミン酸	GGU GGC GGA GGG } グリシン	U C A G
						3番目の塩基

(9) コロナウイルスに感染したかどうかは，PCR 検査で調べることができる。ただし，PCR は DNA を増幅する技術であるため，ゲノムが RNA であるコロナウイルスに対して，そのままでは適用できない。そこで，ある酵素を用いてコロナウイルスのゲノム RNA を，DNA に変換する必要がある。この酵素の名称を答えなさい。

(10) PCR を行うには，増幅したい DNA 領域の両末端に対応するプライマーを2種類設計し，化学的に合成する必要がある。**問い(8)**の図1に示す遺伝子の全長を増幅するプライマーを設計することを想定し，(i)，(ii)の問いに答えなさい。

(i) 「開始コドン側」として適切なプライマーの塩基配列を下記の(a)〜(d)より1つ選び記号で答えなさい。

(a) 5′-ATG TTT CAT CTC GTT-3′

(b) 5′-TAC AAA GTA GAG CAA-3′

(c) 5′-TTG CTC TAC TTT GTA-3′

(d) 5′-AAC GAG ATG AAA CAT-3′

(ii) 「終止コドン側」として適切なプライマーの塩基配列を下記の(e)〜(h)より1つ

146 2023 年度　生物　　　　　　　　　　　中央大-理工〈共通テスト併用〉

選び記号で答えなさい。

(e) 5′-ATG GAG ATT GAT TAA-3′

(f) 5′-TAC CTC TAA CTA ATT-3′

(g) 5′-AAT TAG TTA GAG GTA-3′

(h) 5′-TTA ATC AAT CTC CAT-3′

Ⅱ　動物のニューロンに関する以下の文章を読み，問い(1)～(12)に答えなさい。(50 点)

　動物のニューロン（神経細胞）は，他の細胞から受け取った情報を別の決まった場所
へ，膜電位の変化として高速に伝播するはたらきを担う。この伝播の速度（V [m/秒]）
　　　①
は，以下の式(i)で示すように，神経軸索の半径（R [m]）と比例関係にある。

$$V = a \times R \qquad 式(i)$$

ただし，a は神経軸索の細胞膜の種類や周囲の溶液などの条件によって変化する値で，
哺乳類のニューロンの場合，5×10^4 [/秒] である。

　神経軸索は，電気的な信号を高速で伝えるだけでなく，物質を輸送する役割も担う。
このしくみによって，興奮伝達や神経の活動を維持するうえで必要な物質が神経軸索
の末端へ供給される。物質輸送が単純な拡散だけで行われる場合，その平均的な移動
距離（L）と移動に必要な時間（t）との関係は，以下の式(ii)で表される。

$$L = \sqrt{2Dt} \qquad 式(ii)$$

ただし，D は拡散するものの大きさ，温度，液体の粘性などで決まる定数である。例
えば，直径が 50 nm（0.05 μm）の大きさの細胞内の顆粒の場合，10 μm（式(ii)の L
に相当）の距離を拡散で移動するのに平均で，100 秒（式(ii)の t に相当）を要するこ
とがわかっている。

　数 μm ほどの短い距離ならば，細胞小器官などは拡散だけで移動できる。しかし，
神経軸索に沿った輸送など，数 mm 以上の距離では，エネルギーを使う輸送機構が
ないと非常に長い時間を要する。例えば，成人では，脊髄からつま先までのニューロ
ンの長さが 1 m あるので，式(ii)を使って計算すると，輸送するのに　(ア)　日もの

中央大-理工〈共通テスト併用〉　　　　　　　　　　　　　2023 年度　生物　*147*

長い日数が必要になる。

　動物の神経軸索の内部には，微小管に沿って能動的に顆粒を輸送するしくみが存在
する。これを神経軸索輸送という。ニューロン内の ATP の大半は，ミトコンドリア
②
から供給されているが，最近，神経軸索輸送については，この常識を修正しなければ
ならないような新事実がわかった。神経軸索内の顆粒を取り出して，そのタンパク質
の成分を調べると，微小管と相互作用するモータータンパク質の他に，GAPDH（グ
③
リセルアルデヒド３リン酸デヒドロゲナーゼ）など，図１に含まれる解糖系の酵素が
見つかったのである。

　神経軸索内で移動する顆粒は，蛍光色素で染色して観察できる。図２のような
ニューロンの中の神経軸索に着目し，内部の顆粒がどのように移動するかを調べた結
果が図３である。このような観察から，ミトコンドリアでの ATP 産生を抑制する薬
剤（オリゴマイシン）でニューロンを処理しても神経軸索輸送は抑えられないことと，
GAPDH の活性を抑える薬剤（ヨード酢酸）によって神経軸索輸送が停止することが
わかった。さらに，ATP を枯渇させた後でも，ホスホエノールピルビン酸（図１参
照）と ADP をニューロンに供給すると，運動が観察された。また，ハンチントン病
④
（神経軸索の変性が起こる疾患）の原因となるタンパク質として HTT（ハンチンチ
ン）が知られていたが，このタンパク質がないと，GAPDH は神経軸索内の顆粒に安
定して結合できないことが近年解明された。

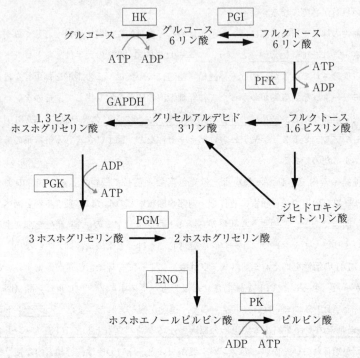

図1 解糖系の反応経路,およびATP加水分解と産生過程を示す模式図

神経軸索輸送によって運ばれる顆粒には,解糖系の酵素が存在する。図中の略称は以下の酵素名である。HK：ヘキソキナーゼ, PGI：ホスホグルコイソメラーゼ, PFK：ホスホフルクトキナーゼ, GAPDH：グリセルアルデヒド3リン酸デヒドロゲナーゼ, PGK：ホスホグリセリン酸キナーゼ, PGM：ホスホグリセリン酸ムターゼ, ENO：エノラーゼ, PK：ピルビン酸キナーゼ。

問い

(1) 下線部①について,神経軸索に沿って伝播する性質をもつ膜電位の変化を何とよぶか,その名称を答えなさい。

(2) 哺乳類の座骨神経では,0.1～0.8 μmの半径をもつ感覚ニューロンの神経軸索がみられる。これらの神経軸索に沿って電気的な信号が伝播する速度 [m/秒] を,式(i)を使って計算し,答えなさい。

中央大-理工〈共通テスト併用〉　　　　　　　　　　　　　　2023 年度　生物　*149*

(3)　イカには，半径 0.5 mm の巨大神経軸索があることが知られている。この神経軸索に沿って電気的な信号が伝播する速度［m/秒］を，式(i)を使って計算し，答えなさい。

(4)　ネコの運動ニューロンの神経軸索では，半径 10〜20 μm でありながら，イカの巨大神経軸索と同等の伝播速度を達成しているものがある。そのような速い伝播速度を可能にするしくみの名称を答えなさい。

(5)　文中の空欄　(ア)　に入れる数値を，式(ii)を使って計算し，答えなさい。ただし，1 日 = 8.0 × 10⁴ 秒として，有効数字 2 桁で表記しなさい。

(6)　図 2 は，シャーレ内で培養したニューロンの写真をもとに描いた模式図である。図の中の空欄　(イ)　〜　(エ)　が示す箇所の名称を答えなさい。

(7)　図 3 は，図 2 の中の神経軸索でみられる顆粒の動きを調べた結果である。このグラフから神経軸索内の顆粒運動速度を推測し，その最大速度で顆粒が移動している場合に，1 m の神経軸索内を進むのに必要な日数を答えなさい。ただし，1 日 = 8.0 × 10⁴ 秒として，有効数字 2 桁で表記しなさい。

(8)　下線部②について，神経軸索輸送により軸索の末端まで運ばれる細胞小器官の中で，ニューロンによる興奮伝達に関わるものは何か，名称を答えなさい。

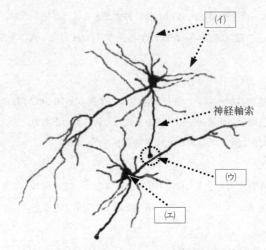

図2 ニューロンの顕微鏡観察像

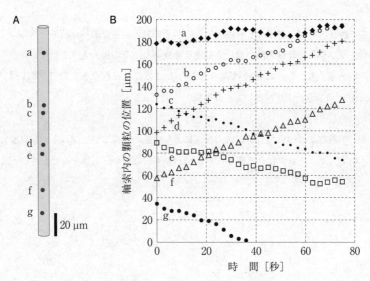

図3 図2で示した神経軸索の一部で蛍光染色した顆粒（a～g）の動き
Aは，時間0での顆粒の位置を示す。その位置がどのように変化するかを示したグラフがBである。

中央大-理工〈共通テスト併用〉　　　　　　　　　　　　2023 年度　生物　*151*

(9)　下線部③について，神経軸索の中にあり，微小管と相互作用すると考えられる
　　モータータンパク質を 2 つ挙げ，その名称を答えなさい。

(10)　神経軸索輸送について説明した本文，および図 3 の観察結果をもとに，以下の
　　記述(a)～(f)の中から，正しいものを<u>すべて</u>選び，記号で答えなさい。

　(a)　モータータンパク質による神経軸索輸送では，ATP が必須である。
　(b)　神経軸索輸送では，おもにミトコンドリアでつくられる ATP が使われる。
　(c)　神経軸索輸送では，解糖系の化学物質の中でも，ピルビン酸が必須である。
　(d)　神経軸索輸送では，微小管の長軸に沿って双方向の輸送運動活性がみられる。
　(e)　解糖系の代謝反応を考慮すると，ADP がなくてもホスホエノールピルビン
　　　酸だけで神経軸索輸送を引き起こすことができる。
　(f)　GAPDH は直接 ATP 産生には関わらないが，神経軸索輸送には必須の酵素
　　　である。

(11)　ATP を加水分解する酵素として，神経軸索輸送に関わるモータータンパク質や
　　図 3 に含まれる酵素<u>以外</u>の例を 1 つ挙げ，その酵素の名称と役割とを答えなさい。

(12)　下線部④について，ハンチントン病が発症する原因は何と推測できるか，
　　HTT タンパク質の役割や解糖系の酵素の寄与を考慮して，100 字以内で答えな
　　さい。

152 2023 年度 生物　　　　　　　　　　　　　　　　中央大-理工〈共通テスト併用〉

Ⅲ　以下の**文章A**，**B**を読み，問い(1)〜(10)に答えなさい。(50 点)

A　この生物は，体の表面がクチクラとよばれる層で覆われている。このクチクラは
キチンという多糖類およびタンパク質を含む。体は多数の節からなり，3 対の歩行
器官がある。発達した眼をもち，背側に生じた 2 対の器官を利用して空を飛ぶこと
ができる。成長の初期にはえらで呼吸し，成長すると<u>大気を直接体内に取り入れて</u>
　　　　　　　　　　　　　　　　　　　　　　　　　　①
生活するようになる。

問い

(1)　**文章A**の生物としてあてはまるものを，次の語群から 1 つ選び，記号で答えな
さい。

[語群]

(a)　イセエビ　　　　　(b)　ショウジョウバエ　　　(c)　カイメン

(d)　ミズクラゲ　　　　(e)　ゾウリムシ　　　　　　(f)　トビウオ

(g)　ケンミジンコ　　　(h)　トクサ　　　　　　　　(i)　ウミユリ

(j)　ハス　　　　　　　(k)　シオカラトンボ　　　　(l)　アオミドロ

(m)　トノサマガエル　　(n)　マダコ　　　　　　　　(o)　モンシロチョウ

(2)　**文章A**の生物が属する分類群を，次の語群から<u>すべて</u>選び，記号で答えなさい。

[語群]

(a)　脱皮動物　　　(b)　原核生物　　　(c)　脊索動物　　　(d)　昆虫類

(e)　真核生物　　　(f)　甲殻類　　　　(g)　クモ類　　　　(h)　軟体動物

(i)　原生生物　　　(j)　両生類　　　　(k)　棘皮動物

(3)　下線部①について，**文章A**の生物は，どのような器官を用いてこれを行ってい
るか。その名称を答えなさい。

(4)　個体の発生過程において，口と肛門が形成される過程に着目したとき，**文章A**
の生物と同様の過程を経る生物を，次の語群から 3 つ選び，記号で答えなさい。

中央大-理工〈共通テスト併用〉　　　　　　　　　　　　2023 年度　生物　*153*

［語群］

(a) バフンウニ　　　(b) カタツムリ　　　(c) ヒト　　　(d) ミズクラゲ

(e) アンモナイト　　(f) スズメ　　　　　(g) 恐竜　　　(h) オニグモ

(i) ミドリムシ　　　(j) ホヤ

(5) クチクラとは，生物の体表を覆う部分を記述する際に使われる用語で，生物に
よってその特徴や構成する化学物質が異なることがある。**問い**(1)**に使用した語群
から**，キチンとは異なる多糖類を主成分とするクチクラによって表皮細胞が覆わ
れる生物を**すべて**選び，記号で答えなさい。また，選んだ生物は同じ分類群に属
している。この分類群の名称を答えなさい。

(6) **問い**(1)の語群にある生物を独立栄養生物と従属栄養生物とにそれぞれ分け，解
答欄には独立栄養生物のみを記号で答えなさい。

(7) 従属栄養生物の中には，**問い**(6)で選別した生物とは異なる方法で従属的な栄養
摂取を行う別の生物群がある。その生物群が属する代表的で大きな分類群の名称
を解答欄に書きなさい。また，その分類群に分類される生物を次の語群から**すべ
て**選び，記号で答えなさい。

［語群］

(a) コウボ　　　　　(b) チスイビル　　　(c) モウセンゴケ

(d) シイタケ　　　　(e) カイチュウ　　　(f) ゼニゴケ

(g) メタン（細）菌　 (h) ワカメ　　　　　(i) アオカビ

(j) シアノバクテリア

B 次の図 1 は，ある生態系で生活し，食う－食われる関係にある 3 種の生物(イ)，(ロ)，
(ハ)についての個体数ピラミッドである。

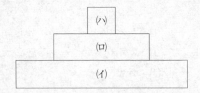

図1　3種の生物(イ), (ロ), (ハ)からなる個体数ピラミッドの模式図
　　　図の横幅は個体数の違いを厳密に表しているわけではない。

問い

(8) 生物(ロ)の個体数が増加したとする。この変化にともなって，他の種の個体数は一般にどのように変動すると予想されるか。選択肢から適切なものを<u>すべて</u>選び，記号で答えなさい。

[選択肢]
- (a) 生物(イ)が減少する。
- (b) 生物(イ)が増加する。
- (c) 生物(イ)はとくに変化しない。
- (d) 生物(ハ)が減少する。
- (e) 生物(ハ)が増加する。
- (f) 生物(ハ)はとくに変化しない。

(9) 生物(イ)がこの生態系における生産者であるとすると，生物(ハ)の生態系における栄養段階上の役割はどのように位置づけできるか。適切な名称を答えなさい。

(10) 図2の写真にある生物の中から，生物(ロ)に相当する役割を果たしているものを2つ選び，記号で答えなさい。

図2 世界のさまざまな生態系にみられる生物

156 2023 年度　数学〈解答〉

解答編

■ 数学 ■

I 　解答　(1) $f(x) = x^4 - (4p+2)x^2 + 1$ 　（p は素数）　……①

$g(x) = x^2 + ax - 1$ 　（a は実数）

$h(x) = x^2 + bx - 1$ 　（b は実数）

$g(x)h(x)$ を展開して

$$g(x)h(x) = (x^2+ax)(x^2+bx) - (x^2+ax) - (x^2+bx) + 1$$
$$= (x^4 + ax^3 + bx^3 + abx^2) - (x^2+ax) - (x^2+bx) + 1$$
$$= x^4 + (a+b)x^3 + (ab-2)x^2 - (a+b)x + 1 \quad ……②$$

$f(x) = g(x)h(x)$ および①，②より

$$\begin{cases} a+b=0 \\ ab-2 = -(4p+2) \end{cases} \quad \therefore \quad \begin{cases} a+b=0 \\ ab = -4p \end{cases}$$

ゆえに，a, b は 2 次方程式 $t^2 - 4p = 0$ の 2 つの解である。

$p>0$，$a \geqq b$ より

$$(a, b) = (2\sqrt{p}, -2\sqrt{p}) \quad ……③ \quad ……（答）$$

(2) $f(x) = g(x)h(x) = 0$ の解は，③より

$g(x) = x^2 + 2\sqrt{p}\,x - 1 = 0$ より

$$x = -\sqrt{p} \pm \sqrt{p+1}$$

$h(x) = x^2 - 2\sqrt{p}\,x - 1 = 0$ より

$$x = \sqrt{p} \pm \sqrt{p+1}$$

$$\alpha = \sqrt{p+1} + \sqrt{p}, \quad \beta = -\sqrt{p+1} - \sqrt{p} \quad ……④$$
$$\gamma = \sqrt{p+1} - \sqrt{p}, \quad \delta = -\sqrt{p+1} + \sqrt{p}$$

とおくと，$f(x) = 0$ の解の集合は $\{\alpha, \beta, \gamma, \delta\}$ となる。

また，$f(0) = 1 \neq 0$ より，0 は $f(x) = 0$ の解ではない。

$$\beta = -\alpha, \quad \delta = -\gamma$$

$$\gamma = \frac{(\sqrt{p+1} - \sqrt{p})(\sqrt{p+1} + \sqrt{p})}{\sqrt{p+1} + \sqrt{p}} = \frac{1}{\alpha}$$

中央大-理工〈共通テスト併用〉　　　　　　　　2023 年度　数学〈解答〉　157

すなわち，$f(x)=0$ の解の集合は　　$\left\{\alpha,\ -\alpha,\ \dfrac{1}{\alpha},\ \dfrac{-1}{\alpha}\right\}$

ゆえに，α が有理数なら，すべての解は有理数であり，α が無理数なら，すべての解は無理数である。

α が無理数であることを示せばよい。

$\alpha=\sqrt{p+1}+\sqrt{p}=c$ とおくと，$p>0$ より　　　$c>1$

$$\sqrt{p+1}=c-\sqrt{p}$$
$$p+1=c^2-2c\sqrt{p}+p$$
$$\sqrt{p}=\frac{c^2-1}{2c}\quad\cdots\cdots\text{⑤}$$

ゆえに，$c=\alpha$ が有理数ならば，⑤より，$\sqrt{p}$ も有理数である。

対偶をとると，$\sqrt{p}$ が無理数ならば，α も無理数である。

$\sqrt{p}$ が無理数であることを背理法により示す。

$\sqrt{p}$ が有理数と仮定すると，$\sqrt{p}=\dfrac{m}{n}$（$m,\ n$ は互いに素な自然数）と書ける。

$$pn^2=m^2\quad\cdots\cdots\text{⑥}$$

ゆえに，m は素因子 p をもち，$m=pl$ と書ける。

⑥に代入して　　　$n^2=pl^2$

ゆえに，n も素因子 p をもち，$m,\ n$ が互いに素であることに矛盾する。

（証明終）

(3)　題意より，$\alpha,\ \beta$ は④で与えられる。$\beta=-\alpha$ より

$$AB\alpha+A-B=p\,(2+p\beta)$$
$$(AB+p^2)\,\alpha+(A-B-2p)=0\quad\cdots\cdots\text{⑦}$$

$A,\ B$ は整数で，α は無理数だから，⑦より

$$\begin{cases}AB+p^2=0\\A-B-2p=0\end{cases}\quad\therefore\quad\begin{cases}A\,(-B)=p^2\\A+(-B)=2p\end{cases}$$

$A,\ -B$ は 2 次方程式　$t^2-2pt+p^2=0$　の解である。

ゆえに　　$(A,\ B)=(p,\ -p)$　　$\cdots\cdots$（答）

この解は，$A,\ B$ が整数であるという条件を満たす。

158 2023 年度　数学〈解答〉　　　　　　　　　　　中央大-理工〈共通テスト併用〉

━━━◀解　説▶━━━

≪複 2 次方程式，相反 4 次方程式≫

(1)・(2)　$f(x)$ は x^2 の 2 次式である（x, x^3 の項を含まない 4 次式）。x, x^3 の項を含まない 4 次式を複 2 次式という。

一方，

$$R(x) = Ax^4 + Bx^3 + Cx^2 + Dx + E \quad (A \neq 0)$$

が $A = E$, $B = D$ を満たすとき，$R(x)$ を相反 4 次式，$R(x) = 0$ を相反 4 次方程式という。

本問では，$f(x)$ は $A = E = 1$, $B = D = 0$ の特別な場合である。

$f(0) = 1 \neq 0$ より，0 は相反 4 次方程式 $f(x) = 0$ の解ではない。

ゆえに　　$f(\alpha) = 0$ ならば $f(\alpha^{-1}) = 0$

さらに $f(x)$ は複 2 次式より　　$f(\alpha) = 0$ ならば $f(-\alpha) = 0$

4 つの解の集合 $\{\alpha, -\alpha, \alpha^{-1}, -\alpha^{-1}\}$, $\{\beta, -\beta, \beta^{-1}, -\beta^{-1}\}$, $\{\gamma, -\gamma, \gamma^{-1}, -\gamma^{-1}\}$, $\{\delta, -\delta, \delta^{-1}, -\delta^{-1}\}$ は一致する（集合として同じ）。

無理数であることの証明は 2 段階で示す。

(i) α が有理数ならば，$\sqrt{p}$ が有理数，(ii) $\sqrt{p}$ が有理数ならば，矛盾。

(3)　X, Y が整数（有理数でよい）で，α が無理数のとき

$X + Y\alpha = 0$ ならば　　$X = Y = 0$

II　**解答**　(1)　$I_n = \displaystyle\int_0^{\frac{\pi}{4}} \tan^{n-1}x\,dx$　$(n = 1, 2, 3, \cdots)$

$$I_n + I_{n+2} = \int_0^{\frac{\pi}{4}} (1 + \tan^2 x)\tan^{n-1}x\,dx$$

$$= \int_0^{\frac{\pi}{4}} \frac{\tan^{n-1}x}{\cos^2 x}\,dx \quad \cdots\cdots①$$

$\tan x = t$ とおくと　　$\dfrac{dt}{dx} = \dfrac{1}{\cos^2 x}$

$x = 0$ のとき　　$t = 0$

$x = \dfrac{\pi}{4}$ のとき　　$t = 1$

①より

中央大-理工〈共通テスト併用〉　　　　　　　　　2023 年度　数学〈解答〉　*159*

$$I_n + I_{n+2} = \int_0^1 t^{n-1} dt = \left[\frac{t^n}{n}\right]_0^1 = \frac{1}{n} \quad \cdots\cdots ② \quad \cdots\cdots (答)$$

(2)　$\tan x > 0 \left(0 < x \leq \dfrac{\pi}{4}\right)$ より　　　$I_n > 0$　……③

②, ③より

$$I_n < I_n + I_{n+2} = \frac{1}{n} \qquad\qquad\qquad (証明終)$$

(3)　②より

$$I_{2k-1} + I_{2k+1} = \frac{1}{2k-1} \quad (k = 1, \ 2, \ 3, \ \cdots)$$

$$(-1)^{k-1}(I_{2k-1} + I_{2k+1}) = \frac{(-1)^{k-1}}{2k-1} \quad (k = 1, \ 2, \ 3, \ \cdots)$$

$$\sum_{k=1}^n (-1)^{k-1}(I_{2k-1} + I_{2k+1}) = \sum_{k=1}^n \frac{(-1)^{k-1}}{2k-1} \quad \cdots\cdots④$$

④の左辺は

$$\sum_{k=1}^n (-1)^{k-1}(I_{2k-1} + I_{2k+1})$$

$$= (I_1 + I_3) - (I_3 + I_5) + (I_5 + I_7) + \cdots + (-1)^{n-1}(I_{2n-1} + I_{2n+1})$$

$$= I_1 + (-1)^{n-1} I_{2n+1}$$

$$= I_1 - (-1)^n I_{2n+1} \quad \cdots\cdots⑤$$

④, ⑤より

$$I_1 - (-1)^n I_{2n+1} = \sum_{k=1}^n \frac{(-1)^{k-1}}{2k-1} \quad \cdots\cdots⑥ \qquad\qquad (証明終)$$

(4)　$0 < I_{2n+1} < \dfrac{1}{2n+1}$

および

$$\lim_{n \to \infty} \frac{1}{2n+1} = 0$$

より

$$\lim_{n \to \infty} I_{2n+1} = 0 \quad \cdots\cdots⑦$$

また　　$I_1 = \displaystyle\int_0^{\frac{\pi}{4}} 1 dx = \frac{\pi}{4}$　……⑧

⑥, ⑦, ⑧より

160 2023 年度　数学〈解答〉　　　　　　　　中央大-理工〈共通テスト併用〉

$$\lim_{n \to \infty} \{I_1 - (-1)^n I_{2n+1} = \lim_{n \to \infty} \sum_{k=1}^{n} \frac{(-1)^{k-1}}{2k-1}$$

$$\therefore \quad \frac{\pi}{4} = \sum_{n=1}^{\infty} \frac{(-1)^{n-1}}{2n-1} \qquad\qquad\qquad\qquad (証明終)$$

◀解　説▶

≪三角関数の定積分と無限級数≫

(1)　$\tan x = t$ とおく置換積分法である。

(2)　$I_n > 0$ および(1)の結果を用いる。

(3)　②の等式を符号を交互に変えながら加える。

(4)　I_1 の値および(2)の不等式を用いる。

III **解答** (1)　A$(-3, -2)$, B$(1, -2)$, P(x, y)

$$S = AP^2 + BP^2, \quad T = \frac{BP^2}{AP^2}$$

ただし，点Pは円 $K : x^2 + y^2 = 1$ ……① 上の点。

$$AP^2 = (x+3)^2 + (y+2)^2, \quad BP^2 = (x-1)^2 + (y+2)^2$$

より

$$S = AP^2 + BP^2$$
$$= (x+3)^2 + (y+2)^2 + (x-1)^2 + (y+2)^2$$
$$= 2(x^2 + y^2) + 4x + 8y + 18$$
$$= 4x + 8y + 20 \quad (\because \quad x^2 + y^2 = 1) \quad ……(答)$$

(2)　$x + 2y = k$ ……②

とおくと

$$S = 4k + 20 \quad ……②'$$

点Pが円 K 上を動くとき，k の最小値を求めればよい。

k を定数として，方程式②が表す直線を l とすると，l は傾き $-\dfrac{1}{2}$，y 切片

が $\dfrac{k}{2}$ の直線である。

円 K と直線 l が接するとき，k は最大最小となる。

$x^2 + y^2 = 1$ と $y = 2x$ の交点を l が通るとき，k は最大最小となる。

連立方程式 $x^2 + y^2 = 1$, $y = 2x$ の解は

$(x, y) = \left(\pm\dfrac{1}{\sqrt{5}}, \pm\dfrac{2}{\sqrt{5}}\right)$ （複号同順）

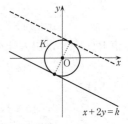

ゆえに，S が最小になるときの点 P は

$$P\left(\dfrac{-1}{\sqrt{5}}, \dfrac{-2}{\sqrt{5}}\right) \quad \cdots\cdots（答）$$

このとき，S の最小値は，②′ より

$$S = 20 + 4\left(-\dfrac{1}{\sqrt{5}} - \dfrac{4}{\sqrt{5}}\right)$$

$$= 20 - 4\sqrt{5} \quad \cdots\cdots（答）$$

別解　連立方程式 ①，② が実数解をもつような k の範囲を求める。

①，② から x を消去して

$$(k-2y)^2 + y^2 = 1$$

$$5y^2 - 4ky + k^2 - 1 = 0 \quad \cdots\cdots③$$

③ は実数解をもつから

判別式 $\dfrac{D}{4} = 4k^2 - 5(k^2 - 1) \geqq 0$

$$k^2 - 5 \leqq 0$$

$$-\sqrt{5} \leqq k \leqq \sqrt{5}$$

$k = -\sqrt{5}$ となるのは ③ が重解をもつときで，その重解は

$$y = \dfrac{2k}{5} = \dfrac{-2}{\sqrt{5}}$$

このとき，② より

$$x = k - 2y = -\sqrt{5} - \dfrac{-4}{\sqrt{5}} = \dfrac{-1}{\sqrt{5}}$$

$P\left(\dfrac{-1}{\sqrt{5}}, \dfrac{-2}{\sqrt{5}}\right)$ のとき，S は最小になり，最小値は ②′ より

$$S = 20 + 4k = 20 - 4\sqrt{5}$$

(3)　T の定義より

$$T = \dfrac{\mathrm{BP}^2}{\mathrm{AP}^2} = \dfrac{(x-1)^2 + (y+2)^2}{(x+3)^2 + (y+2)^2}$$

$$= \dfrac{x^2 + y^2 - 2x + 4y + 5}{x^2 + y^2 + 6x + 4y + 13}$$

$$= \frac{-x+2y+3}{3x+2y+7} \quad (\because \quad x^2+y^2=1)$$

点 $P(x, y)$ は円 K 上の点だから

$$(x, y) = (\cos\theta, \sin\theta) \quad (0 \leq \theta < 2\pi)$$

と書ける。

$$T = \frac{-\cos\theta + 2\sin\theta + 3}{3\cos\theta + 2\sin\theta + 7} = f(\theta)$$

とおく。

$$f'(\theta) = \frac{g(\theta)}{(3\cos\theta + 2\sin\theta + 7)^2} \quad \cdots\cdots ④$$

とおく。

$$g(\theta) = (-\cos\theta + 2\sin\theta + 3)'(3\cos\theta + 2\sin\theta + 7)$$
$$\qquad - (-\cos\theta + 2\sin\theta + 3)(3\cos\theta + 2\sin\theta + 7)'$$
$$= 8(\cos\theta + 2\sin\theta + 1) \quad \cdots\cdots ⑤$$

$f(\theta)$ の極値を調べる。

$f'(\theta) = 0$ および半角の公式より

$$g(\theta) = 8(1 + \cos\theta + 2\sin\theta) = 0$$

$$\cos^2\frac{\theta}{2} + 2\sin\frac{\theta}{2}\cos\frac{\theta}{2} = 0$$

$$\left(\cos\frac{\theta}{2} + 2\sin\frac{\theta}{2}\right)\cos\frac{\theta}{2} = 0 \quad (0 \leq \theta < 2\pi)$$

(i) $\cos\dfrac{\theta}{2} = 0 \quad (0 \leq \theta < 2\pi)$ のとき $\theta = \pi$

(ii) $\cos\dfrac{\theta}{2} + 2\sin\dfrac{\theta}{2} = 0 \quad (0 \leq \theta < 2\pi)$ のとき $\theta \neq \pi \quad \cdots\cdots ⑥$

$$1 + 2\tan\frac{\theta}{2} = 0 \quad (0 \leq \theta < 2\pi)$$

$$\tan\frac{\theta}{2} = -\frac{1}{2} \quad \left(0 \leq \frac{\theta}{2} < \pi\right) \quad \cdots\cdots ⑥'$$

これを満たす $\theta = \alpha$ とおくと

$$\tan\frac{\alpha}{2} = -\frac{1}{2} \quad \left(\frac{5}{6}\pi < \frac{\alpha}{2} < \pi\right)$$

④, ⑤, ⑥, ⑥′ より

$$f'(\pi) = 0$$

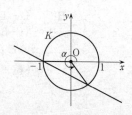

$$f'(\alpha)=0 \quad \left(\frac{5}{3}\pi<\alpha<2\pi\right)$$

$$g(\theta)=16\left(1+2\tan\frac{\theta}{2}\right)\cos^2\frac{\theta}{2} \quad (0\leq\theta<2\pi,\ \theta\neq\pi)$$

増減表は次の通り。

θ	0		π		α		(2π)
$f'(\theta)$		$+$	0	$-$	0	$+$	
$f(\theta)$		↗	1	↘		↗	

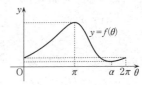

増減表より，$T=f(\theta)$ は $\theta=\alpha$ で最小値 $f(\alpha)$ をとる。

$\tan\dfrac{\alpha}{2}=t\ \left(\dfrac{5\pi}{3}<\alpha<2\pi\right)$ のとき，⑥′ より

$$x=\cos\alpha=2\cos^2\frac{\alpha}{2}-1=2\left(\frac{1}{1+\tan^2\frac{\alpha}{2}}\right)-1$$

$$=2\left(\frac{1}{1+t^2}\right)-1=\frac{1-t^2}{1+t^2}=\frac{3}{5}$$

$$y=\sin\alpha=-\frac{4}{5}$$

$$f(\alpha)=\frac{3-\cos\alpha+2\sin\alpha}{7+3\cos\alpha+2\sin\alpha}=\frac{1}{9}$$

よって，T は $\mathrm{P}\left(\dfrac{3}{5},\ \dfrac{-4}{5}\right)$ のとき，最小値 $\dfrac{1}{9}$ をとる。……(答)

◀解　説▶

≪関数の最大最小問題≫

(1) $x,\ y$ の 2 次の項は，x^2+y^2 の形のみであり，定数 1 に置き換えられる。

(2) $x^2+y^2=1$ と $x+2y=k$ の交点を考えればよい。

(3) $(x,\ y)$ は円 K 上の点だから

$$(x,\ y)=(\cos\theta,\ \sin\theta) \quad (0\leq\theta<2\pi)$$

と書ける。T を θ で表した式の導関数は少し複雑であり，符号を調べるのには少し工夫がいる。

IV 解答

(1) 曲線 $C: y = f(x)$ 上の点 $P(t-1, f(t-1))$ における接線を l とする。

直線 l と直線 $x = t$ との交点を $Q(t, g(t))$ とする。
$f(x) = x^4 + ax^2$ (a は定数) とする。
点 P における C の接線 l の方程式は

$$l: y = p(x) = f'(t-1)\{x - (t-1)\} + f(t-1)$$

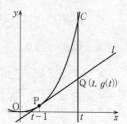

$g(t)$ の定義および $f'(x) = 4x^3 + 2ax$ より

$$g(t) = p(t) = f'(t-1) + f(t-1)$$
$$= \{(t-1)^4 + 4(t-1)^3\} + a\{(t-1)^2 + 2(t-1)\}$$
$$= (t^4 + at^2) - (6t^2 - 8t + a + 3) \quad \cdots\cdots ① \quad \cdots\cdots (答)$$

(2) $h(x) = f(x) - g(x)$ とおくと, ① より

$$h(x) = 6x^2 - 8x + a + 3 \geq 0 \quad \cdots\cdots ②$$

がすべての実数 x で成り立つから, ② より

判別式 $\dfrac{D}{4} = 16 - 6(a+3) \leq 0$

∴ $a \geq -\dfrac{1}{3}$ ……(答)

(3) $f(x) = x^n$ ($n \geq 2$) のとき, 定義より

$$g_n(x) = f(x-1) + f'(x-1) \quad \cdots\cdots ③$$
$$= (x-1)^n + n(x-1)^{n-1}$$
$$= (x+n-1)(x-1)^{n-1}$$

$g_n(x) = 0$ より $x = 1, 1-n$ ……(答)

$n \geq 3$ のとき, ③ より

$$g'_n(x) = f'(x-1) + f''(x-1)$$
$$= n(x-1)^{n-1} + n(n-1)(x-1)^{n-2}$$
$$= n(x+n-2)(x-1)^{n-2}$$
$$= n g_{n-1}(x) \quad \cdots\cdots (答)$$

(4) $n \geq 3$ とする。

$$g_n(x) = (x+n-1)(x-1)^{n-1}$$
$$g'_n(x) = n g_{n-1}(x) = n(x+n-2)(x-1)^{n-2}$$

(i) n が偶数 ($n \geq 3$) のとき

($n-2$) は偶数より，増減表は次の通り。

x		$2-n$		1	
$g'_n(x)$	$-$	0	$+$	0	$+$
$g_n(x)$	↘		↗		↗

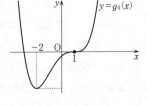

増減表より，$g_n(x)$ は $x=2-n$ で極小値をとる。

しかし，$g_n(x)$ は極大値をもたない。

(ii) n が奇数 ($n \geq 3$) のとき

($n-2$) は奇数より，増減表は次の通り。

x		$2-n$		1	
$g'_n(x)$	$+$	0	$-$	0	$+$
$g_n(x)$	↗		↘		↗

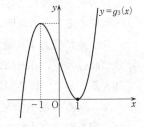

増減表より，$g_n(x)$ は $x=2-n$ で極大値をとる。

$g_n(x)$ の極大値は

$$g_n(2-n) = (1-n)^{n-1}$$
$$= (-1)^{n-1}(n-1)^{n-1}$$
$$= (n-1)^{n-1} \quad \cdots\cdots ④$$
$$(\because \ (n-1) \text{ は偶数})$$

(i), (ii)より，$y=g_n(x)$ が極大値をもつための条件は，n ($n \geq 3$) が奇数であることである。……(答)

そのときの $y=g_n(x)$ の極大値は，④で与えられる。……(答)

◀解　説▶

≪曲線の接線，不等式，極値条件を満たす関数列≫

(1) 関係式 $g(t)=f'(t-1)+f(t-1)$ が基本である。$f(x)$ の具体形はなるべく表に出さずに計算するとよい。

(2) $f(x)-g(x)$ は x の2次式である。非負の定符号条件を考える。

(3) 基本関係式 $g_n(x)=f(x-1)+f'(x-1)$ から，求める式が出る。

(4) n の偶奇によって増減表が異なる。グラフは $n=3$，$n=4$ のときに示したが，他もほぼ同じ形状である。

❖講　評

　共通テスト併用方式は全問記述式であり，4題中3題を選択する形式である。一般方式と試験時間が同じで，問題数が1題少ない。レベルは一般方式とほぼ同じである。どの問題も出題者が受験生に何を求めているかが明確な良問である。分野で一番重要なのは微・積分法であるが，まんべんなく出題されている。

　I　複2次方程式かつ相反4次方程式は，0を解としてもたず，1つの解 α が求まれば，残りの3つの解は，$\{-\alpha,\ \alpha^{-1},\ -\alpha^{-1}\}$ で与えられる。したがって，1つの解が有理数ならば，すべての解が有理数であり，1つの解が無理数ならば，すべての解が無理数である。すべての解が無理数であることの証明は背理法による。標準問題である。

　II　定積分および級数の和の問題である。漸化式は正接（tan）と余弦（cos）の基本関係式を用いる。級数は漸化式を交互に符号を変えて加える。易しい標準問題である。

　III　関数の最小値問題である。前半の S の最小値問題は，円と傾きが一定な直線が共有点をもつための，直線の y 切片のとりうる値の範囲から求められる。後半の T は円を三角関数で媒介変数表示して，その導関数を求め，符号を調べる。そのために，座標平面で，導関数が正になる領域，負になる領域を調べる。標準問題である。

　IV　関数列の問題である。多項式列 $\{f_n(x)\}$ から，関数列 $\{g_n(x)\}$ を

$$g_n(x) = f_n(x-1) + f'_n(x-1) \quad \cdots\cdots(*)$$

で定めている。本問では，$(*)$ の幾何学的意味を接線を用いて示している。(3)，(4)が主要な設問であり，簡単な単項式 $f_n(x) = x^n$ から，n の偶奇により性質の異なる多項式 $g_n(x)$ が生成される過程が興味深い。標準問題である。

中央大-理工〈共通テスト併用〉　　　　　　　　　　2023 年度　物理〈解答〉　*167*

物理

I　解答

1．$v_0 = \sqrt{2gh}$ 〔m/s〕

2．$v_1 = ev_0$〔m/s〕

3．$Mv_1 - mw_0 = Mv + mw$

4．$1 = -\dfrac{v-w}{v_1 + w_0}$

5．$v = \dfrac{eM - (2+e)\,m}{M+m}v_0$〔m/s〕，　$w = \dfrac{(1+2e)\,M - m}{M+m}v_0$〔m/s〕

6．$w = (1+e)\,v_0$〔m/s〕

7．$h_1 = (1+e)^2 h$〔m〕

8．$w = (1+2e)\,v_0$〔m/s〕

9．$h_2 = (1+2e)^2 h$〔m〕

10．$h_1 \neq h_2$　〔理由〕球Mと床が完全非弾性衝突するとき，球mは床面上で静止した球M上で弾性衝突をするため，球mは床面上で弾性衝突をしたのと同等の運動をする。

◀解　説▶

≪落下した2球の衝突≫

1．力学的エネルギー保存則より

$$Mgh = \frac{1}{2}Mv_0^2 \qquad \therefore \quad v_0 = \sqrt{2gh}\text{〔m/s〕}$$

2．鉛直上向きを速度の正方向として，反発係数の定義より

$$e = -\frac{-v_0}{v_1} \qquad \therefore \quad v_1 = ev_0\text{〔m/s〕}$$

3．v_1, w_0 は速さであるので，図1(c)における球mの速度は $-w_0$ であることに注意して運動量保存則を立式する。

4．弾性衝突であるので反発係数は1である。

$$1 = -\frac{v-w}{v_1 - (-w_0)} = -\frac{v-w}{v_1 + w_0}$$

5．$w_0 = v_0$ であるので，問3より

$$eMv_0 - mv_0 = Mv + mw \quad \cdots\cdots ①$$

168 2023 年度　物理〈解答〉

問 4 より

$$ev_0 + v_0 = -v + w \quad \cdots\cdots ②$$

②の両辺に M をかけ，①と辺々足すと

$$\{(1+2e)M - m\}v_0 = (M+m)w$$

$$\therefore \quad w = \frac{(1+2e)M - m}{M+m}v_0 \,[\mathrm{m/s}]$$

$$v = w - (1+e)v_0 = \frac{eM - (2+e)m}{M+m}v_0 \,[\mathrm{m/s}]$$

6. $v = \dfrac{eM - (2+e)m}{M+m}v_0 = 0 \quad \therefore \quad M = \dfrac{2+e}{e}m$

$$w = \frac{(1+2e)\dfrac{2+e}{e}m - m}{\dfrac{2+e}{e}m + m}v_0 = \frac{(1+2e)(2+e) - e}{2+2e}v_0$$

$$= \frac{2e^2 + 4e + 2}{2(1+e)}v_0 = (1+e)v_0 \,[\mathrm{m/s}]$$

別解　$v = \dfrac{eM - (2+e)m}{M+m}v_0 = 0 \quad \therefore \quad M = \dfrac{2+e}{e}m$

2 つの球は弾性衝突するので力学的エネルギーは保存する。

$$\frac{1}{2}mw_0^2 + \frac{1}{2}Mv_1^2 = \frac{1}{2}mw^2 + \frac{1}{2}mv^2$$

$$\frac{1}{2}mv_0^2 + \frac{1}{2}\cdot\frac{2+e}{e}m\,(ev_0)^2 = \frac{1}{2}mw^2$$

$$\therefore \quad w = \pm(1+e)v_0$$

題意より $w \geqq 0$ なので

$$w = (1+e)v_0 \,[\mathrm{m/s}]$$

7. 力学的エネルギー保存則より

$$\frac{1}{2}mw^2 = mgh_1$$

$$h_1 = \frac{w^2}{2g} = (1+e)^2\frac{v_0^2}{2g} = (1+e)^2 h \,[\mathrm{m}]$$

別解　失われる力学的エネルギーは $\dfrac{1}{2}M(v_0^2 - v_1^2)\,[\mathrm{J}]$ であるので

$$mgh_1 = (m+M)gh - \frac{1}{2}M(v_0^2 - v_1^2)$$

中央大-理工〈共通テスト併用〉 　　　　　　　　　　2023 年度　物理〈解答〉　*169*

$$= (m+M)\,gh - \frac{1}{2}Mv_0{}^2(1-e^2)$$

$$= (m+M)\,gh - Mgh\,(1-e^2)$$

$$= (m+e^2M)\,gh = mg\,(1+e)^2h$$

$$\therefore\quad h_1 = (1+e)^2h\,[\text{m}]$$

8. 質量 M が質量 m に比べて十分大きいとき，$\dfrac{m}{M} \doteqdot 0$ とみなせるので

$$w = \frac{(1+2e)\,M-m}{M+m}v_0 = \frac{1+2e-\dfrac{m}{M}}{1+\dfrac{m}{M}}v_0$$

$$\doteqdot (1+2e)\,v_0\,[\text{m/s}]$$

9. 問 7 で代入する w の値を $(1+2e)v_0$ にすると

$$h_2 = \frac{w^2}{2g} = (1+2e)^2\frac{v_0{}^2}{2g} = (1+2e)^2h\,[\text{m}]$$

10. $e=0$ のとき，$h_1 = h_2 = h$ である。

球Mは床面と非弾性衝突するため，球mは，運動していない球M上で跳ね返ることになる。それは球Mという弾性衝突をする面が床面上に固定されていた場合と同等である。

Ⅱ　解答　1. z 軸正の向きに，$qE\,[\text{N}]$

2. $\sqrt{\dfrac{2mL}{qE}}\,[\text{s}]$

3. $2\sqrt{\dfrac{2mL}{qE}}\,[\text{s}]$

4. 0

5. $qvB\,[\text{N}]$

6. $\dfrac{qB}{m}\,[\text{rad/s}]$

7. $\dfrac{2qLB^2}{\pi^2mn^2}\,[\text{N/C}]$

8. $\dfrac{2qLB^2k^2}{\pi^2m}\,[\text{N/C}]$

9. $\dfrac{2qLB^2k^2}{\pi^2mn^2}$〔N/C〕

◀解 説▶

≪磁場と電場を受けて運動する荷電粒子の跳ね返り≫

1．電場の大きさは，1Cの正電荷に及ぼす静電気力の大きさである。

2．荷電粒子はz軸方向に等加速度運動をするので，z軸方向の加速度をa〔m/s²〕，荷電粒子が最初に平面に衝突する時刻をt_0〔s〕とおくと

$$L = \dfrac{1}{2}at_0^2$$

また，運動方程式より

$$ma = qE$$

2式を連立して

$$t_0 = \sqrt{\dfrac{2mL}{qE}} \text{〔s〕}$$

3・4．荷電粒子のz軸方向の速度変化は右図のようになる。完全弾性衝突するので，力学的エネルギーは保存されている。よって，$t=T$におけるz軸方向の速度は0である。

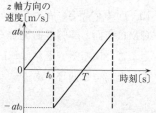

また，等加速度運動であるので，原点から平面，平面からxy面に移動する過程でそれぞれかかる時間は等しい。よって

$$T = 2t_0 = 2\sqrt{\dfrac{2mL}{qE}} \text{〔s〕}$$

6．等速円運動の運動方程式より

$$qvB = mr\omega^2 = mv\omega \quad \therefore \quad \omega = \dfrac{qB}{m} \text{〔rad/s〕}$$

7．荷電粒子がn周するのにかかる時間t_nは

$$t_n = \dfrac{2\pi}{\omega} \times n = 2\pi\dfrac{mn}{qB} \text{〔s〕}$$

$T = t_n$となればよいので

$$2\sqrt{\dfrac{2mL}{qE_n}} = 2\pi\dfrac{mn}{qB} \quad \therefore \quad E_n = \dfrac{2qLB^2}{\pi^2mn^2} \text{〔N/C〕}$$

8. $kT = t_1$ となればよいので

$$2k\sqrt{\dfrac{2mL}{qE(k)}} = 2\pi \dfrac{m}{qB}$$

$\therefore \ E(k) = \dfrac{2qLB^2k^2}{\pi^2 m}$ 〔N/C〕

9. $E_n(k)$ は大きい順に n が振られていく。$E_n(k)$ が大きければ荷電粒子の z 軸方向の往復にかかる時間は短くなるので，$E_1(k)$ のとき荷電粒子は等速円運動で最小の1周，$E_2(k)$ のとき2周，同様に $E_n(k)$ のとき n 周することになる。よって，ここでの n は問7の n と同じである。$kT = t_n$ となればよいので

$$2k\sqrt{\dfrac{2mL}{qE_n(k)}} = 2\pi \dfrac{mn}{qB}$$

$\therefore \ E_n(k) = \dfrac{2qLB^2k^2}{\pi^2 mn^2}$ 〔N/C〕

Ⅲ 解答

1. $|x_P - x'_P| = \dfrac{\lambda}{2}$ 〔m〕

2.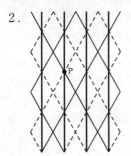

3. $d = \dfrac{\sqrt{3}}{3}\lambda$ 〔m〕

4. $|r_R - r'_R| = \dfrac{\lambda}{3}$ 〔m〕

5.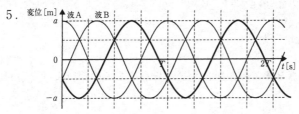

6.

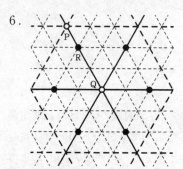

7. 波長が小さな波。

◀解 説▶

≪3つの平面波の干渉≫

1. 図1より, $x_P = \frac{7}{4}\lambda$, $x'_P = \frac{9}{4}\lambda$ であるので

$$|x_P - x'_P| = \frac{\lambda}{2} \text{ [m]}$$

2. 山と谷が重なり合う点,すなわち実線と点線の交点で波は弱めあう。図1のある点Xに対し,その点から縦方向に引いた直線上の点を考えると,2本の基準線からの距離は,点Xと比べてそれぞれ同じ距離だけ変化するので,2本の基準線からの距離の差はすべて等しい。逆に,縦方向でない方向に移動した点は,2本の基準線からの距離の差が変化する。よって,波Aが山,波Bが谷の点に対し,その点を通る縦方向の直線上で波は弱めあっていることがわかる。

3. 右図の線分PSの長さが λ [m] であるので,平行線の間隔は $\frac{\sqrt{3}}{3}\lambda$ [m] となる。

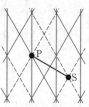

4. 基準線Dから点Rまでの距離は,Dから点Qまでの距離と等しい。基準線EからRまでの距離は,EからQまでの距離より $\frac{\lambda}{3}$ [m] だけ大きい。

よって $|r_R - r'_R| = \frac{\lambda}{3}$ [m]

5. 基準線Fから点Rまでの距離は,FからQまでの距離より $\frac{\lambda}{3}$ [m]

だけ小さい。よって，図3(c)において，波Aの波形に対し，波Bの波形は$\frac{T}{3}$〔s〕だけ遅れて，つまりt軸正方向にずれ，波Cの波形は$\frac{T}{3}$〔s〕だけ進んで，つまりt軸負方向にずれる。

6．点Rにおいて，波B，Cは波Aに対して位相がそれぞれ$\pm\frac{2}{3}\pi$〔rad〕だけずれているため，波A，B，Cの合成波の変位は常に0である。このことは，右図のように半径aの円周上に点A，B，Cを取り，そのy座標をそれぞれの波の変位と考えるとき，$\overrightarrow{OA}+\overrightarrow{OB}+\overrightarrow{OC}=\vec{0}$となることからもわかる。よって，示すべき点の1つは点Rである。

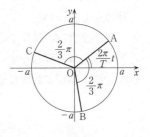

また，$\overrightarrow{OA}+\overrightarrow{OB}+\overrightarrow{OC}=\vec{0}$ となる点A，B，Cの位置関係は図のA，B，Cを入れ替えたもの以外にない。よって，波A，B，Cの射線に対称な点も弱めあう点となり，点Qの周りの6点が答えとなる。

なお，図2(a)において，3つの山（実線）が交わるすべての点は3つの波の位相が揃っている点であるため，これらの点の周りにも，点Qの周りに生じたのと同様に弱めあう点がそれぞれ6点ずつ生じるが，今回示すべき解答用紙のグラフ3の範囲には，点Qの周りの6点以外は存在しない。

7．点Qから$\frac{\lambda}{3}$〔m〕離れた位置に黒丸が生じるので，短い波長の波を用いればよい。また，媒質である水や水深を変えないのであれば，波の進む速さは一定であり，波長と振動数は反比例の関係にあることから，大きな振動数の波と解答することもできる。

❖講　評

　出題数は大問3題で，力学，電磁気，波動から各1題であった。理由の説明の論述問題や描図問題も出題された。

　Ⅰ　落下した2つの球が床面で衝突，跳ね返る設定の問題。問題文をよく読み，状況の移り変わりを正確にとらえ，適切な式をきちんと立式・計算できるかが重要である。また，速さと速度がどちらも登場するため，向きを適切に処理することも求められた。

Ⅱ　電場と磁場がかかった空間中を運動する荷電粒子に関する問題。らせん状に運動する荷電粒子が跳ね返る運動の様子をイメージできたかがポイントである。さまざまな値が登場し，一見難解な問題設定であるが，各問ごとの必要なパラメータに着目できれば，問われている内容自体は難しくない。

Ⅲ　2方向，後半では3方向から進行する平面波の干渉に関する問題。問題設定は理解しやすいため，うまく誘導に乗って解答したい。基本的な知識を適切に設問に適用していくことが必要である。

中央大-理工〈共通テスト併用〉　　　　　　　　　　　2023 年度　化学〈解答〉　*175*

化学

I 　**解答**　(1) i) 浸透圧　　ii) 透析
　　　　　(2) ファントホッフの法則

(3) $2.6 \times 10^4 \, \mathrm{Pa}$　(4) $2.0 \times 10 \, \mathrm{cm}$　(5) $2.7 \times 10^2 \, \mathrm{cm}$

(6) $4.8 \times 10 \, \mathrm{g/L}$　(7) 1.2×10^5　(8) $8.5 \times 10^5 \, \mathrm{Pa}$　(9)—②

◀解　説▶

≪浸透圧≫

(2)　下線部(b)の性質はペッファーが発見し，その後ファントホッフが現在のような式 $\varPi V = nRT$ に表した。

(3)　$\pi V = nRT$ より

$$P \times 1.0 = \frac{3.6}{342} \times 8.3 \times 10^3 \times 300$$

$\therefore \quad P = 2.62 \times 10^4 \fallingdotseq 2.6 \times 10^4 \, [\mathrm{Pa}]$

(4)　$2.62 \times 10^4 \times \dfrac{76.0}{1.0 \times 10^5} = 19.9 \fallingdotseq 20 = 2.0 \times 10 \, [\mathrm{cm}]$

(5)　同じ圧力の場合，溶液の高さと溶液の密度の積は等しいので，水溶液柱の高さを $h \, [\mathrm{cm}]$ とすると

$$h \times 1.0 = 19.9 \times 13.6$$

$\therefore \quad h = 270 \fallingdotseq 2.7 \times 10^2 \, [\mathrm{cm}]$

(6)　図Bのときの水溶液の体積は，図Aの $100 \, \mathrm{mL}$ より $\dfrac{10}{2} \times 1.0 = 5.0$

$[\mathrm{mL}]$ 増加しているので，求める濃度は

$$\frac{5.0}{(100 + 5.0) \times 10^{-3}} = 47.6 \fallingdotseq 48 = 4.8 \times 10 \, [\mathrm{g/L}]$$

(7)　(5)と同様に，液面差 $10 \, \mathrm{cm}$ が水銀柱 $x \, [\mathrm{cm}]$ に相当するとして

$$10 \times 1.0 = x \times 13.6 \quad \therefore \quad x = \frac{10}{13.6} \, [\mathrm{cm}]$$

よって，浸透圧は

$$P = \frac{10}{13.6} \times \frac{1.0 \times 10^5}{76.0} = 9.67 \times 10^2 \, [\mathrm{Pa}]$$

溶質の質量を w，分子量を M とすると，ファントホッフの法則より

$$PV = \frac{w}{M}RT \qquad M = \frac{w}{V} \cdot \frac{RT}{P}$$

これに上記および(6)の値を代入して

$$M = 47.6 \times \frac{8.3 \times 10^3 \times 300}{9.67 \times 10^2} = 1.22 \times 10^5 ≒ 1.2 \times 10^5$$

(8) 水溶液中の NaCl（式量 58.5）の物質量は

$$1.0 \times 10^3 \times 1.0 \times \frac{1.0}{100} \times \frac{1}{58.5} = \frac{10}{58.5} 〔mol〕$$

で，NaCl は水溶液中で NaCl $\longrightarrow$ Na$^+$ + Cl$^-$ と電離するので，水溶液中の総イオン濃度は

$$\frac{10}{58.5} \times 2 = \frac{20}{58.5} 〔mol〕$$

したがって

$$P \times 1.0 = \frac{20}{58.5} \times 8.3 \times 10^3 \times 300$$

$$\therefore \quad P = 8.51 \times 10^5 ≒ 8.5 \times 10^5 〔Pa〕$$

(9) 液面差 h は，溶液のモル濃度に比例するが，(8)と同様に溶質が電解質の場合，電離後のモル濃度で考える必要がある。

① スクロースは非電解質なので，2.0×10^{-3} mol/L のままである。

② NaCl $\longrightarrow$ Na$^+$ + Cl$^-$ のように 2 個のイオンに電離するので，総イオン濃度は

$$2.0 \times 10^{-3} \times 2 = 4.0 \times 10^{-3} 〔mol/L〕$$

③ 尿素は非電解質なので 1.0×10^{-3} mol/L のままである。

④ MgCl$_2$ $\longrightarrow$ Mg^{2+} + 2Cl$^-$ のように 3 個のイオンに電離するので，総イオン濃度は

$$1.0 \times 10^{-3} \times 3 = 3.0 \times 10^{-3} 〔mol/L〕$$

以上から，最もモル濃度が高い②が液面差が最も大きくなる。

II 解答

(1) 2H$_2$O $\longrightarrow$ O$_2$ + 4H$^+$ + 4e$^-$

(2) 1.0×10^{-2} mol　(3) 0.32 g

(4) 5.6×10^{-2} L　(5)—②

(6) Cu^{2+} + 2e$^-$ $\longrightarrow$ Cu

(7) 0.96　(8)―②　(9) 1.5 倍　(10)―⑤

◀解　説▶

≪電気分解≫

各電極における反応式は

[実験1] 陽極：$2H_2O \longrightarrow O_2 + 4H^+ + 4e^-$

　　　　陰極：$Cu^{2+} + 2e^- \longrightarrow Cu$

[実験2] 陽極：$Cu \longrightarrow Cu^{2+} + 2e^-$

　　　　陰極：$Cu^{2+} + 2e^- \longrightarrow Cu$

[実験3] 陽極：$2Cl^- \longrightarrow Cl_2 + 2e^-$

　　　　陰極：$Cu^{2+} + 2e^- \longrightarrow Cu$

(2) $\dfrac{0.643 \times (25 \times 60)}{9.65 \times 10^4} = 9.99 \times 10^{-3} \fallingdotseq 1.0 \times 10^{-2}$ [mol]

(3) $9.99 \times 10^{-3} \times \dfrac{1}{2} \times 63.5 = 0.317 \fallingdotseq 0.32$ [g]

(4) $9.99 \times 10^{-3} \times \dfrac{1}{4} \times 22.4 = 5.59 \times 10^{-2} \fallingdotseq 5.6 \times 10^{-2}$ [L]

(5) 陽極では H^+ が生成するので，pH は小さくなる。

(7) [実験1] の陰極で起こる反応は，[実験2] の陰極と同じで生成量が 1.5 倍なので，流れた電子の物質量は 1.5 倍。電流を流した時間は同じなので，電流が 1.5 倍。したがって

　　$0.643 \times 1.5 = 0.9645 \fallingdotseq 0.96$ [A]

(8) 生成する気体は Cl_2 であり二原子分子の単体は無極性分子である。

(9) 流れた電流は $\dfrac{0.483}{0.643}$ 倍で時間は同じなので，流れた電子の物質量は $\dfrac{0.483}{0.643}$ 倍。電子 1 mol あたりに生成する気体の物質量は 2 倍なので

　　$\dfrac{0.483}{0.643} \times 2 = 1.50 \fallingdotseq 1.5$ 倍

(1)―①・③・④

(2)(ア)ケミカルリサイクル　(イ)マテリアルリサイクル

(3) 104

178 2023 年度 化学〈解答〉　　　　　　　　　中央大-理工〈共通テスト併用〉

(4) $\left[\begin{array}{c}CH_2-CH\\ \end{array}\right]_n$ （ベンゼン環付き）

(5) 6 種類　(6) 2.8×10^2 mL

(7) **D.** ⬡-CH-CH₃ (OH)　**E.** ⬡-C-CH₃ (O)

(8) **F.** HO-C-⬡-C-OH (O, O)　**G.** HO-CH₂-CH₂-OH

◀解　説▶

≪芳香族化合物の構造決定，合成高分子化合物≫

(3) 分子量を M とすると

$$0.64 = 5.12\times\left(\frac{1.30}{M}\times\frac{1000}{100}\right)\quad\therefore\quad M=104$$

(4) (3)および **B** の元素分析の結果から

炭素：$104\times\dfrac{92.3}{100}=95.99$　→ C 原子 8 個分

水素：$104\times\dfrac{7.7}{100}=8.00$　→ H 原子 8 個分

よって，**B** の分子式は C_8H_8 となる。付加反応をすること，ポリマーを分解して生成することなどから，**B** はスチレンである。**A** は，**B** が付加重合して生成するポリスチレンである。

CH₂=CH （ベンゼン環付き）

(5) **B** に水素を付加して生成する **C** はエチルベンゼンである。

⬡-CH₂-CH₃

C の水素原子のうちの 1 つを塩素原子に置き換えた構造の化合物は，右図(i)の→の位置に塩素原子が結合した 5 種類が考えられる。

(i) ⬡-C-C （矢印付き）

このうち右図(ii)の＊のついた炭素原子は不斉炭素原子なので，鏡像異性体が存在する。

(ii) ⬡-C*-C (Cl)

したがって，全部で 6 種類。

(6) 1 mol の **B** に 1 mol の H_2 が付加するので

$$\frac{1.30}{104}\times22.4\times10^3=2.8\times10^2\,[\text{mL}]$$

中央大-理工〈共通テスト併用〉   2023 年度 化学〈解答〉 *179*

(7) **B**に水を付加すると

① ⌬$-\overset{|}{\underset{\underset{OH}{|}}{C}}-C$ ② ⌬$-C-\overset{|}{\underset{\underset{OH}{|}}{C}}$

の2種類のアルコールが生成する（①が主生成物）。アルコール**D**を酸化して生じる**E**がフェーリング反応を示さなかったことから，**E**はアルデヒドではない，つまり**D**は第一級アルコールではないことがわかり，**D**は①である。

(8) PET（ポリエチレンテレフタラート）は，テレフタル酸と 1,2-エタンジオール（エチレングリコール）を縮合重合させると得られる。

$$n\text{HO}-\overset{|}{\underset{\underset{O}{\|}}{C}}-⌬-\overset{|}{\underset{\underset{O}{\|}}{C}}-\text{OH} + n\text{HO}-\text{CH}_2-\text{CH}_2-\text{OH}$$

$$\longrightarrow \left[\overset{}{\underset{\underset{O}{\|}}{C}}-⌬-\overset{}{\underset{\underset{O}{\|}}{C}}-\text{O}-\text{CH}_2-\text{CH}_2-\text{O}\right]_n + 2n\text{H}_2\text{O}$$

❖**講　評**

　Ⅰ，Ⅱは理論分野，Ⅲは有機分野からの出題で，無機分野からの出題はなかった。

　Ⅰ　浸透圧に関する出題で，主として計算問題であった。液柱の高さ，水銀柱の高さ，圧力の関係について，正しく理解しているかどうかが問われていて，標準程度の問題集をこなしているかどうかで差がついたと思われる。

　Ⅱ　電気分解についての出題であった。条件ごとの電極の反応がきちんと整理できていれば，それほど難しくはなかっただろう。

　Ⅲ　芳香族化合物の反応および構造決定，合成高分子化合物の知識に関する出題であった。異性体の個数を数えるのはやや難しかったが，それ以外は基本から標準レベルの知識を身につけていれば，困ることはなかったと思われる。

　全体的な難易度は例年並み。複数科目から選択する受験生は，得意分野の問題を解くことで高得点を目指せる内容であった。

生物

Ⅰ **解答**　(1)　(ア) DNA ヘリカーゼ　(イ) DNA ポリメラーゼ
(2)—(b)

(3)　かま状赤血球貧血症（かま状赤血球症）

(4)　48 通り

(5)　複製方式：半保存的複製

(エ) 0　(オ) 100　(カ) 0　(キ) 0　(ク) 50　(ケ) 50

(6)　RNA の名称：tRNA（運搬 RNA，転移 RNA）

はたらき：ウイルスがもつ RNA がコードするアミノ酸を，リボソームまで運ぶ。

RNA の名称：rRNA（リボソーム RNA）

はたらき：tRNA が運んできたアミノ酸どうしのペプチド結合を触媒し，タンパク質を合成する。

(7)—(c)

(8)　(ⅰ) 61 個　(ⅱ) 10 個

(ⅲ) コドン 1：非同義置換　非同義置換の場合：ミスセンス変異

コドン 2：同義置換　非同義置換の場合：該当なし

コドン 3：非同義置換　非同義置換の場合：ナンセンス変異

(9)　逆転写酵素

(10)　(ⅰ)—(a)　(ⅱ)—(h)

◀解　説▶

《DNA の複製，遺伝子発現，突然変異，ウイルスゲノム，PCR 法》

A．(2)　隣り合うヌクレオチドどうしは，それぞれ一方のヌクレオチドの糖（デオキシリボース）と，他方のヌクレオチドのリン酸との間で結合している。この様子を表している模式図は(b)である。

(4)　表 2 の遺伝暗号表より，メチオニンをコードするコドンは AUG の 1 種類，バリンをコードするコドンは GUU・GUC・GUA・GUG の 4 種類，ヒスチジンをコードするコドンは CAU・CAC の 2 種類，ロイシンをコードするコドンは UUA・UUG・CUU・CUC・CUA・CUG の 6 種類である

中央大-理工〈共通テスト併用〉 2023 年度 生物〈解答〉 *181*

ことがわかる。したがって，これら 4 アミノ酸分をコードする塩基配列は，
理論的には $1\times4\times2\times6=48$ 通りあると考えられる。

(5) 1 回分裂後の DNA は，すべて ^{15}N と ^{14}N の両方を含むので，比重別
の DNA の存在割合は

$$^{15}\text{N}+{}^{15}\text{N} : {}^{15}\text{N}+{}^{14}\text{N} : {}^{14}\text{N}+{}^{14}\text{N}=0 : 1 : 0=0\% : 100\% : 0\%$$

となる。2 回分裂後の DNA は ^{15}N と ^{14}N の両方を含むものと，^{14}N のみ
を含むものとに分かれ，その存在割合は

$$^{15}\text{N}+{}^{15}\text{N} : {}^{15}\text{N}+{}^{14}\text{N} : {}^{14}\text{N}+{}^{14}\text{N}=0 : 1 : 1=0\% : 50\% : 50\%$$

となる。

B. (6) コロナウイルスやインフルエンザウイルスなどの RNA ウイルス
は，RNA そのものを mRNA としてはたらかせる。したがって，翻訳の
際に宿主から借用する RNA は tRNA（運搬 RNA，転移 RNA）と rRNA
（リボソーム RNA）の 2 種類であることがわかる。tRNA のはたらきと
しては「規定のアミノ酸をリボソームに運ぶこと」，rRNA のはたらきと
しては「タンパク質を合成すること」について言及していればよいだろう。

(7) ヒトゲノム長は約 30 億塩基（3.0×10^9 塩基）である。したがって，
コロナウイルスのゲノム長はヒトゲノム長の

$$(3.0\times10^4)\div(3.0\times10^9)=1.0\times10^{-5}\left(=\frac{1}{100,000}\right)$$

(8)(i) 図 1 に記載されている塩基配列は 186 塩基からなり，ここから終
止コドン（UAA）の 3 塩基分を引いた 183 塩基がアミノ酸をコードして
いることとなる。したがって，この遺伝子がコードするタンパク質のアミ
ノ酸数は

$$183\div3=61\ \text{個}$$

(ii) 図 1 において，コドン 1 の 3 番目の U が欠失するとコドンの読み枠が
ずれる。これにより 5′ 側から数えて 11 番目のコドンが終止コドンとなる
UAG に変わる。したがって，図 1 の配列がコードするタンパク質のアミ
ノ酸数は 10 個である。

(iii) 図 1 のコドン 1，コドン 2，コドン 3 の 3 番目の U が G に置換された
場合，それぞれ次のようになる。

• コドン 1 の 3 番目の U が G に置換された場合，フェニルアラニンのコド
ン UUU からロイシンのコドン UUG に変わるため，非同義置換のミスセ

ンス変異である。
- コドン2の3番目のUがGに置換された場合,置換前のGUUも,置換後のGUGも,ともにバリンをコードするため,同義置換である。
- コドン3の3番目のUがGに置換された場合,チロシンのコドンUAUから,終止コドンUAGに変わるため,非同義置換のナンセンス変異である。

(10) 図1に記載されているRNAの塩基配列が逆転写によりDNAの塩基配列に変換された場合,その開始コドン側15塩基分と終止コドン側15塩基分,および,PCRの際に設計された2種類のプライマーを次に示す。

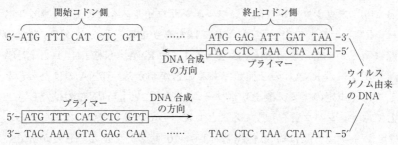

上記のように,DNAの合成が5′→3′方向へのみ行われることから,開始コドン側のプライマーは(a),終止コドン側のプライマーは(h)となる。

II 解答

(1) 活動電位
(2) $5\times10^{-3}\sim4\times10^{-2}$ m/秒
(3) 25 m/秒
(4) 跳躍伝導
(5) 1.3×10^7
(6) (イ)樹状突起　(ウ)シナプス　(エ)細胞体
(7) 1.3×10^1 日
(8) シナプス小胞
(9) キネシン,ダイニン
(10)—(a)・(d)・(f)
(11) 酵素名:Na^+-K^+-ATPアーゼ
役割:Na^+やK^+を能動輸送する。
(12) HTTはGAPDHと神経軸索内の顆粒との結合を促進し,ニューロン

内への ATP 供給を引き起こす役割をもつが，この HTT が正常に機能せず，ATP の合成が十分に起こらないことが原因で発症する。(100 字以内)

■━━━◆解　説▶━━━■

≪興奮の伝導と伝達，細胞骨格と物質輸送，解糖系の反応経路≫

(1) 神経軸索への刺激によって生じる瞬間的な膜電位の変化を活動電位という。「興奮」と解答した受験生もいたかもしれないが，興奮とは活動電位が発生することであり，解答としては不可である。

(2) リード文に「a は…哺乳類のニューロンの場合，5×10^4〔/秒〕である」と記載されていることから，式(i)の a に 5×10^4〔/秒〕を，R に 0.1×10^{-6} m または 0.8×10^{-6} m を代入して求めていく。

したがって，哺乳類の座骨神経において，0.1μm $(0.1 \times 10^{-6}$ m$)$ の半径をもつ感覚ニューロンの神経軸索に沿って電気的な信号が伝播する速度（V）は

$$5 \times 10^4 〔/秒〕 \times 0.1 \times 10^{-6} 〔m〕 = 5 \times 10^{-3} 〔m/秒〕$$

0.8μm $(0.8 \times 10^{-6}$ m$)$ の半径をもつ感覚ニューロンの場合は

$$5 \times 10^4 〔/秒〕 \times 0.8 \times 10^{-6} 〔m〕 = 4 \times 10^{-2} 〔m/秒〕$$

となることから，正解は $5 \times 10^{-3} \sim 4 \times 10^{-2}$ m/秒である。

(3) (2)同様，式(i)に適する数値を代入して求めていく。本問において，イカのニューロンに関する a の値の記載がみられないが，ここでは(2)と同じ 5×10^4〔/秒〕を使用する。したがって，0.5 mm $(0.5 \times 10^{-3}$ m$)$ の半径をもつイカの巨大神経軸索に沿って電気的な信号が伝播する速度（V）は

$$5 \times 10^4 〔/秒〕 \times 0.5 \times 10^{-3} 〔m〕 = 25 〔m/秒〕$$

(4) ネコ（脊椎動物）がもつ運動ニューロンは有髄神経であり，跳躍伝導を起こすため，イカ（無脊椎動物）がもつ無髄神経に比べ，伝導速度が速い。ネコの運動ニューロンの神経軸索は，この跳躍伝導のしくみによって，イカの巨大神経軸索と同等である速い伝播速度を可能にしている。

(5) リード文に「直径が 50 nm $(0.05 \mu$m$)$ の大きさの細胞内の顆粒の場合，10μm（式(ii)の L に相当）の距離を拡散で移動するのに平均で，100 秒（式(ii)の t に相当）を要する」と記載されていることから，式(ii)の L に 10μm を，t に 100 秒を代入して D を求めていく。

$$10 = \sqrt{2 \times D \times 100}$$

$$D = \frac{1}{2}$$

次に，上記で求めた D の値 $\left(\dfrac{1}{2}\right)$ をもとに，長さ $1\,\mathrm{m}$ $(1.0 \times 10^6 \mu\mathrm{m})$ のニューロン内の顆粒における，拡散の移動に必要な時間 (t) を求めていく。

$$1.0 \times 10^6 = \sqrt{2 \times \frac{1}{2} \times t}$$

$$t = 1.0 \times 10^{12} \text{ 秒}$$

この t の値の単位を「秒」から「日」へ換算すると

$$1.0 \times 10^{12} \div 8.0 \times 10^4 = 1.25 \times 10^7 \fallingdotseq 1.3 \times 10^7 \text{ 日}$$

(7) 図3の顆粒 d のグラフにおいて，顆粒が平均して 10 秒あたり約 10 μm 移動していることから，神経軸索内の顆粒の最大移動速度は $\dfrac{10}{10} = 1$ 〔μm/秒〕である。

したがって，長さ $1\,\mathrm{m}$ $(1.0 \times 10^6 \mu\mathrm{m})$ のニューロン内の顆粒における，微小管に沿った能動的な移動に必要な時間は

$$1.0 \times 10^6 \div 1 = 1.0 \times 10^6 \text{ 秒}$$

問い(5)同様，単位を「秒」から「日」へ換算すると

$$1.0 \times 10^6 \div 8.0 \times 10^4 = 12.5 \fallingdotseq 13 \text{ 日}$$

(8) ニューロンによる興奮伝達は，軸索の末端に多く存在するシナプス小胞から神経伝達物質が放出されることで起きる。

(10) (a)正文。リード文に「動物の神経軸索の内部には，微小管に沿って能動的に顆粒を輸送するしくみが存在する」と記載されていることから，モータータンパク質による神経軸索輸送では，ATP が必須であることがわかる。

(b)誤文。リード文に「ミトコンドリアでの ATP 産生を抑制する薬剤（オリゴマイシン）でニューロンを処理しても神経軸索輸送は抑えられない」と記載されていることから，神経軸索輸送に使われる ATP は主にミトコンドリアでつくられるわけではないことがわかる。

(c)誤文。図1において，ピルビン酸は解糖系の最終産物であり，解糖系での ATP 合成に必要ではないことから，ピルビン酸は ATP の供給を必要とする神経軸索輸送に必須でないことがわかる。

中央大-理工〈共通テスト併用〉　　　　　　　　2023 年度　生物〈解答〉　*185*

(d)正文。図 3 より，顆粒 a・b・d・f は上側に，顆粒 c・e・g は下側に移動していることから，神経軸索輸送では，微小管の長軸に沿って双方向の輸送運動活性がみられるといえる。

(e)誤文。リード文には「ATP を枯渇させた後でも，ホスホエノールピルビン酸と ADP をニューロンに供給すると，運動が観察された」と記載されているが，ADP がなくてもホスホエノールピルビン酸だけで神経軸索輸送を引き起こすことができると断定することはできない。

(f)正文。図 1 より，GAPDH での触媒において ATP 産生が起きていないことがわかり，また，リード文に「GAPDH の活性を抑える薬剤（ヨード酢酸）によって神経軸索輸送が停止する」と記載されていることから，GAPDH は直接 ATP 産生には関わらないが，神経軸索輸送には必須の酵素であることがわかる。

⑾　Na$^+$-K$^+$-ATP アーゼは ATP を加水分解する活性をもつ酵素であり，ATP を分解してできたエネルギーを利用して，Na$^+$ の細胞外への排出と，K$^+$ の細胞内への取り込みを行う。

⑿　問い⑽の選択肢(f)より，GAPDH が神経軸索輸送に必須の酵素であることがわかり，また，リード文に「ハンチントン病（神経軸索の変性が起こる疾患）の原因となるタンパク質として HTT（ハンチンチン）が知られて」いる，HTT がないと，「GAPDH は神経軸索内の顆粒に安定して結合できない」と記載されていることから，HTT が GAPDH と神経軸索内の顆粒との結合を促進し，GAPDH を活性化することでニューロン内へ ATP を供給する役割をもち，それによって神経軸索輸送が起こることがわかる。字数制限は厳しいが，本問では「HTT が GAPDH と神経軸索内の顆粒との結合を促進すること」「HTT によってニューロン内への ATP 供給が起こること」「HTT が正常に機能せず，ATP の合成が十分に起こらないことが原因でハンチントン病が発症すること」の 3 点を盛り込みたい。

Ⅲ　解答

(1)—(k)　(2)—(a)・(d)・(e)

(3)　気門

(4)—(b)・(e)・(h)

(5)　生物：(h)・(j)　分類群：植物（維管束植物）

(6)—(h)・(j)・(l)

(7) 分類群：菌界　生物：(a)・(d)・(i)

(8)—(a)・(e)

(9) 二次消費者

(10)—A・E

◀■■■■■■■■■■■■◆解　説▶■■■■■■■■■■■■

≪系統と分類，個体数ピラミッドと栄養段階≫

A. (1) 文章Aの内容から，この生物は昆虫類に属することがわかる。選択肢の中に，昆虫類は(b)ショウジョウバエ，(k)シオカラトンボ，(o)モンシロチョウの3つがあるが，文中に「背側に生じた2対の器官」「成長の初期にはえらで呼吸」と記載されていることから，成虫期に2対の翅をもち，幼虫期を水中ですごす(k)シオカラトンボが正解となる。

(2) 昆虫類は節足動物であり，節足動物は脱皮動物に属する。また，昆虫類は真核生物である。

(4) 昆虫類（節足動物）は，原口が口になり，その反対側に肛門ができる旧口動物に属する。また，旧口動物には節足動物（(h)オニグモ）の他に，線形動物，環形動物，軟体動物（(b)カタツムリ，(e)アンモナイト），扁形動物，輪形動物などが属する。

(5) コケ植物やシダ植物，種子植物（被子植物や裸子植物）などの陸上に生息する植物は，クチンやロウからなるクチクラによって表皮細胞が覆われている。選択肢において，陸上に生息する植物は(h)トクサ（シダ植物），(j)ハス（被子植物）であり，これらは分類群として維管束植物に属する。

(6) 独立栄養生物とは外界から取り入れた無機物から有機物を合成する生物のことで，従属栄養生物とは有機物（同化産物）を体内に取り入れる生物のことである。選択肢のうち，光合成を行う独立栄養生物は(h)トクサ，(j)ハス，(l)アオミドロである。

(7) 問い(6)で選別した従属栄養生物はすべて，取り入れた有機物を体内で消化する。それとは異なり，菌界に属する生物は，有機物を体外で消化し，その消化産物を体内に取り入れる。菌界には(a)コウボや(i)アオカビなどの子のう菌類，(d)シイタケなどの担子菌類が含まれる。

B. (8) 生物(ロ)の個体数が増加すると，その被食者である生物(イ)の食べられる機会が増える。したがって，生物(イ)の個体数は減少する。また，生物

(ロ)の個体数が増加すると，その捕食者である生物(ハ)の食べる機会が増える。したがって，生物(ハ)の個体数は増加する。

(9) 生物(イ)が生産者であった場合，生物(ロ)は一次消費者，生物(ハ)は二次消費者となる。

(10) 問い(9)同様，生物(イ)がこの生態系における生産者であるとする。Aはシカ（草食動物）の一種，Bはペンギン（肉食動物）の一種，Cはカエル（肉食動物）の一種，Dはアザラシ（肉食動物）の一種，Eはガ（草食動物）の一種，Fはキツネ（肉食動物）の一種である。このうち，生物(ロ)に相当する一次消費者である草食動物はAとEである。

❖講 評

　例年，理科3科目から各3題，計9題が出題され，その中から3題を選択して解答する形式である。2022年度と比べ，計算問題と論述問題の数が増加した。難易度は例年に比べてやや易化していた。Ⅱ．(2)・(3)・(5)・(7)の計算問題で差がついたことが予想される。

　Ⅰ　DNAの複製，遺伝子発現，突然変異，ウイルスゲノム，PCR法に関する出題であった。基本的な知識問題と，標準レベルの計算問題で構成されていた。ここでしっかりと得点しておきたい。

　Ⅱ　興奮の伝導と伝達，細胞骨格と物質輸送，解糖系の反応経路に関する出題であった。分野横断型の出題であったが，1つ1つの問題は標準レベルであった。神経の電気信号が伝播する速度や細胞内構造物が輸送されるのにかかる時間を，単位に注意しながら求めていく計算問題もあった。情報をきちんと整理すればそれほど難しくはない問題である。

　Ⅲ　系統と分類，個体数ピラミッドと栄養段階に関する出題であった。Ⅰ同様，基本的な内容が多く，ここでもしっかりと得点しておきたい。

　従来からの頻出分野である遺伝情報，動物の反応，代謝，進化・系統，生態からの出題であった。Ⅱは近年ではみられなかった細胞骨格に関する問題が出題された。例年，問題文の量が多いため，文章読解能力を鍛えておくと有利にはたらくと思われる。2023年度では論述問題の数が増え，解答に時間がかかったと思われる。100分の試験時間を有効に使うことを意識していきたい。

||||||||||| **MEMO** ||||||||||||||||||||||||||||||||||||||||||||||||||||||||||||||||||||||||||||||||||||||||||||||||||||||||||||||||||||||||||||||||||||||||||||||

2022 年度

問題と解答

中央大-理工〈一般・英語外部試験利用〉　　　2022 年度　問題　*3*

■一般方式・英語外部試験利用方式

問題編

▶試験科目・配点

〔一般方式〕

教　科	科　　　　　目	配　点
外国語	コミュニケーション英語Ⅰ・Ⅱ・Ⅲ，英語表現Ⅰ・Ⅱ	100 点
数　学	数学Ⅰ・Ⅱ・Ⅲ・Ａ・Ｂ	100 点
理　科	物理学科・電気電子情報通信工学科 　「物理基礎，物理」「化学基礎，化学」から１科目選択 上記以外の学科 　「物理基礎，物理」「化学基礎，化学」「生物基礎，生物」から１科目選択	100 点

▶備　考

• 「数学Ｂ」は「数列，ベクトル」から出題する。

• 数学科は「数学」の配点を 200 点に換算する。

〔英語外部試験利用方式〕

• 指定の英語資格・検定試験のスコアおよび合格級により，中央大学独自の「外国語」の受験が免除される。

• 各外部試験のスコアおよび合格級は出願資格としてのみ使用する。

• 合否判定は，一般方式の「数学」および「理科」の２教科２科目の合計得点（200 点満点〈数学科は 300 点満点〉）で行う。

英語

(80分)

Ⅰ 次の英文を読み，設問に答えなさい（＊印の語は〔注〕を参照しなさい）。(34点)

In February 2021, three new spacecraft arrived independently at Mars. For two of them, it was the first time their countries had sent craft so deeply into space, while the third opened a new period of Mars exploration. The first was the UAE's Mars Mission, also known as Hope, which entered *orbit on 9 February. Shortly after, China's Tianwen-1 spacecraft reached the planet with a plan to send a *rover down to its surface.

Both of these missions were extraordinary achievements for their countries, allowing their makers to join the U.S., Russia, Europe, and India in having successfully sent spacecraft to Mars. However, it was the third mission that captured the most headlines.

On 18 February, NASA landed the car-sized rover Perseverance onto the surface of Mars. It had a long list of scientific objectives to work through. "We want to get a fuller understanding of how Mars formed as a planet," says Sanjeev Gupta, a member of the Perseverance science team. On Earth, the constant movement of the *crust has mostly destroyed the very first surface rocks to form, but on Mars the oldest rocks are [　1　], so there is an unbroken record stretching back more than four billion years. As well as telling us about the history of the planet's formation, those ancient rocks could also contain clues as to whether life ever started on the red planet.

Yet what makes the Perseverance mission unique is that it is also the first part of an ambitious 10-year plan between NASA and the European Space Agency to bring *Martian rocks to Earth in around 2031. "Scientists really want rocks from Mars back on Earth," says Gupta. Samples can be analyzed much more carefully on Earth than using even the most advanced Mars vehicle. And because laboratory techniques improve constantly, they can continue to be examined year after year for new discoveries.

The [2] of returning samples to Earth was demonstrated in the 1970s when the analysis of moon rocks brought back by the Apollo astronauts changed our understanding of the solar system's history and formation.

To repeat this success for Mars, Perseverance is equipped with more than 30 containers into which interesting-looking rocks will be loaded. In accordance with the joint project between NASA and the European Space Agency, a European rover will arrive on Mars in 2028 to collect the containers. It will load them into a NASA spacecraft known as the Mars Ascent Vehicle, which will carry them to a European craft called the Earth Return Orbiter that will bring the samples to Earth.

[3] the moon samples of the 1970s were from a lifeless world, Mars could once have been a *habitable planet. So key investigations will involve looking for evidence of past — or possibly present — life, and that produces a whole new problem. "If you discover signs of life on Mars, you want to know that it's Martian life, right? You don't want to discover bacteria that accidentally came with you on your spacecraft," says Casey Dreier, a space policy adviser.

To keep the scientific results as pure as possible, spacecraft and equipment are cleaned with chemicals or by heating. Such measures are known as planetary protection, which is split into two parts. Forward *contamination is the introduction of Earth life on to other worlds; backwards contamination is concerned with the possibility, however unlikely, of alien life being brought back to Earth and escaping into the open.

The issue of planetary protection was originally discussed in the 1950s when the first satellites were launched into orbit around Earth. But the story changed in 1971 when Mariner 9 became the first spacecraft to enter orbit around Mars. The pictures it sent back disappointed many people. There was no vegetation and no visible signs of life. Indeed, there was not even an indication of past life. "People were surprised at just how dead Mars actually turned out to look," says space lecturer Thomas Cheney.

Closer investigation in more recent decades, however, has swung opinions back again. It is now thought that Mars could have been habitable and that tiny bacteria may still be surviving in parts of the planet where liquid water is present. Planetary protection means spacecraft cannot go into these areas. So life-detection experiments cannot investigate the areas most likely to support life and must concentrate, therefore, on looking for evidence of past life on Mars.

There is also concern about repeating the mistakes people made in terms of exploration on Earth in the past. The European colonization of Hawaii, for example, introduced various bacteria to the island that had not existed there previously, killing a large number of the native people with diseases they had no natural protection against. While there is no real chance of animal life on Mars, some scientists think that the same concerns should apply to bacteria. "If there's life there, we don't want to accidentally introduce an organism that destroys it," argues Cheney. This is particularly significant with NASA's plan to send people to Mars and eventually set up a human colony.

Not everyone agrees, however, that planetary protection rules should be [4]. Robert Zubrin, a strong supporter of sending humans to Mars, points out that *meteorites regularly crash into Earth from outer space. One Martian meteorite in particular, ALH84001, attracted great interest in 1996 when a group of scientists claimed to have found fossils of Martian bacteria inside. Although that conclusion is still hotly debated, the analysis showed that the meteorite had never been exposed to temperatures above 40 degrees Celsius. "If there had been bacteria in it, they could have survived the trip," says Zubrin, "and billions of tons of such material have transferred from Mars to Earth in the last four billion years." In other words, if nature does not respect planetary protection rules, why should we?

* 〔注〕 orbit 軌道　　rover 探査車　　crust 地殻

　　　　Martian Mars の形容詞　　habitable 居住可能な

　　　　contamination 汚染　　meteorite 隕石

中央大-理工〈一般・英語外部試験利用〉　　　　　　　2022 年度　英語　7

設　問

1．下線部(ア)〜(エ)が指すものをA〜Dよりそれぞれ1つ選び，その記号をマークしなさい。

(ア)　they

A．laboratory techniques　　B．scientists on Earth

C．rock samples　　　　　　D．signs of life

(イ)　it

A．Mariner 9　　　　　　　　B．orbit around Mars

C．Mars　　　　　　　　　　D．the first satellite

(ウ)　these areas

A．areas that are now habitable

B．areas where tiny bacteria have been found

C．areas protected by planets

D．areas where liquid water is present

(エ)　they

A．bacteria brought to Hawaii

B．diseases taken to Hawaii

C．animals on Hawaii

D．the native people of Hawaii

2．本文の [　1　] 〜 [　4　] に入る最も適当なものをA〜Dよりそれぞれ1つ選び，その記号をマークしなさい。

1．A．broken　　　B．preserved　　　C．missing　　　D．discovered

2．A．value　　　　B．difficulty　　　C．danger　　　　D．investigation

3．A．However　　B．Unlike　　　　C．Because　　　D．Whereas

4．A．warned　　　B．obeyed　　　　C．allowed　　　D．ignored

3．次の1〜4の問いの答えとして最も適当なものをA〜Dよりそれぞれ1つ選び，

8 2022 年度 英語　　　　　中央大-理工〈一般・英語外部試験利用〉

その記号をマークしなさい。

1．Which objective is NOT part of the Perseverance mission to Mars?

　A．Beginning the process of bringing Martian rocks back to Earth.

　B．Discovering more about the formation of Mars.

　C．Investigating crust movements on the surface of Mars.

　D．Finding evidence of past life on Mars.

2．Why is it important to bring Martian rocks to Earth?

　A．To prevent forward contamination on Mars.

　B．Because the Mars rover cannot analyze them in as much detail.

　C．So they can be compared to the moon rocks brought back in the 1970s.

　D．Since pictures taken from space seem to show there is no life on the rocks.

3．What purpose of planetary protection rules is NOT mentioned in the article?

　A．To prevent Earth bacteria being accidentally brought to Mars.

　B．To make sure life on Mars is not destroyed if it exists.

　C．To introduce Earth life safely to Mars.

　D．To stop alien life escaping on Earth.

4．What is the significance of meteorite ALH84001 in terms of planetary protection?

　A．It means that alien life might already have been brought to Earth.

　B．It shows that bacteria can survive high temperatures.

　C．It proves there used to be life on Mars.

　D．It reminds us we must protect ourselves from large space objects.

4．次のA〜Gの英文で，本文の内容に一致しているものを2つだけ選び，その記号をマークしなさい。

　A．Of the three missions to Mars in February 2021, only NASA's intended to land on the planet.

B．As on Earth, the rocks on Mars can reveal a history of over four billion years.

C．Including Perseverance, at least four rovers and spacecraft will be needed to complete the process of bringing Martian rocks to Earth.

D．Casey Dreier is talking about the danger of backwards contamination.

E．Opinions about life on Mars have not really changed since 1971.

F．Perseverance cannot travel to the parts of Mars where life is most likely to exist.

G．Hawaii is mentioned as an example of the dangers of bringing harmful bacteria back to Earth.

Ⅱ　次の1〜10の英文の空所に入る最も適当なものをA〜Dよりそれぞれ1つ選び，その記号をマークしなさい。(10点)

1．There came the day（　　　）the final presentation.

　A．of　　　　　　B．that　　　　　　C．in　　　　　　D．as

2．Not（　　　）has she collaborated internationally with leading researchers, Dr. Sato has led many research projects in Japan as well.

　A．even　　　　　B．all　　　　　　C．only　　　　　D．always

3．It（　　　）six o'clock, the office was closed.

　A．was　　　　　B．being　　　　　C．has been　　　D．is

4．It is careless（　　　）you to make such an obvious mistake.

　A．for　　　　　B．of　　　　　　C．on　　　　　　D．to

5．I can't say anything（　　　）relation to this matter.

　A．in　　　　　　B．of　　　　　　C．for　　　　　　D．on

10 2022 年度　英語　　　　　　　　　　　中央大-理工〈一般・英語外部試験利用〉

6．She hadn't done the assignment for the class, nor (　　　) she read the textbook.

　　A．didn't　　　　B．had　　　　C．does　　　　D．has

7．There are, despite the criticism, still (　　　) who follow that theory.

　　A．that　　　　　B．some　　　　C．these　　　　D．them

8．He is now very different from (　　　) he used to be five years ago.

　　A．as　　　　　　B．so　　　　　C．that　　　　D．how

9．They made their speech scripts in such a way (　　　) only the positive aspects were seen.

　　A．as　　　　　　B．which　　　　C．that　　　　D．it

10．The medicine should arrive tomorrow (　　　) delivery services here usually run on schedule.

　　A．given that　　B．according to　　C．as if　　　　D．as soon as

中央大-理工〈一般・英語外部試験利用〉　　　　　　　　　　　　2022 年度　英語　*11*

Ⅲ　次の 1 ～ 10 の英文の空所に入る最も適当なものを A ～ D よりそれぞれ 1 つ選び，
その記号をマークしなさい。(10 点)

1．I can't（　　　）to purchase the house.
　　A．determine　　　B．afford　　　　C．stand　　　　D．force

2．The document for the submission is（　　　）from the website of this
company.
　　A．capable　　　　B．suitable　　　C．comfortable　　D．available

3．The part-time staff member has left without（　　　）.
　　A．notice　　　　　B．exception　　　C．potential　　　　D．regulation

4．The coach tried to（　　　）mental strength with physical fitness in order to
develop the team.
　　A．insert　　　　　B．combine　　　C．attach　　　　　D．confuse

5．He（　　　）a schedule, taking into account the needs of all members.
　　A．set up　　　　　　　　　　　　B．got over
　　C．brought about　　　　　　　　 D．stood out

6．The team president apologized for the（　　　）wording.
　　A．incorporated　B．unemployed　C．misleading　　D．depressed

7．The newspaper（　　　）some important information from the article.
　　A．converted　　　B．distracted　　C．registered　　D．omitted

8．I realized that my license was about to（　　　）when I received the message.
　　A．expire　　　　　B．exhaust　　　C．extend　　　　D．exclude

9．We will need to find more（　　　）evidence if we want to confirm the idea.

A．considerable　　B．reliable　　　　C．conditional　　D．functional

10. It is a widely (　　　) view that global warming is caused by human activity.

　　A．scientific　　　　B．specific　　　　C．opposing　　　　D．accepted

Ⅳ　次のA～Lに示された1と2の英文の組み合わせのうち，1の文で説明されている
　　内容から判断して2の文の内容が妥当と考えられるものを<u>4つだけ</u>選び，その記号を
　　マークしなさい。例を参照のこと。(12点)

　　(例)　1：I'm 18 years old and Takeshi is 10 years old.
　　　　　2：I'm much older than Takeshi.（妥当）/I'm a little younger than
　　　　　　Takeshi.（誤っている）

　　A．1：The trains rarely run on time around here.
　　　　2：It is unusual for the trains to be late in this town.

　　B．1：There is nothing worse for me than roller coasters.
　　　　2：I love roller coasters more than anything else.

　　C．1：Had I known about the test earlier, I would have studied for it.
　　　　2：By the time I heard about the test, it was too late to study for it.

　　D．1：My proposal was turned down after some discussion.
　　　　2：Once we'd talked about it, we decided to go ahead with my idea.

　　E．1：Innovation was said to be behind the firm's profitable year.
　　　　2：The firm made profits this year because of its ability to innovate.

　　F．1：The company hires people regardless of experience.
　　　　2：Despite its lack of experience, the company was still hiring people.

中央大-理工〈一般・英語外部試験利用〉　　　　　　　　　2022 年度　英語　*13*

G.　1 ：We anticipated the problems we would have in introducing the new system.

　　2 ：The introduction of the new system did not create any unexpected problems.

H.　1 ：Being alone does not necessarily mean you feel lonely.

　　2 ：It's not necessary to be by yourself if it makes you feel lonely.

I .　1 ：The harder the wind blew, the faster the boat began to go.

　　2 ：As the wind got stronger, the boat could hardly keep up its speed.

J .　1 ：It is an open question as to whether social media has been positive for society.

　　2 ：We now know that social media has been good for society on the whole.

K.　1 ：This lake is almost as large as the one in Michigan.

　　2 ：The lake in Michigan has only a slightly greater area than this one.

L .　1 ：I ran out of time before completing the test.

　　2 ：I managed to finish the test just in time.

14 2022 年度　英語　　　　　　　　中央大-理工〈一般・英語外部試験利用〉

Ⅴ　次の設問１，２に答えなさい。(20点)

設　問

1．次の英文を読み，本文の空所 ［　1　］ ～ ［　5　］ に入る最も適当なものを
　　Ａ～Ｄよりそれぞれ１つ選び，その記号をマークしなさい。

PLASTIC'S RECYCLING PROBLEM

It feels good to recycle. When you sort soda bottles and plastic bags from
the rest of your garbage, it seems like you're helping the planet. The
more plastic you put in the unburnable bin, the more you're keeping out
of landfills, right? Wrong. ［　1　］ how much plastic you try to recycle,
most ends up in the trash. Take food packages. Those packages contain
several layers, each constructed of a different type of plastic. Because
each type is different, these packages are not recyclable. Even some
items made from only one kind of plastic are not recyclable. Yogurt cups,
for instance, contain a plastic called polypropylene. When this gets
recycled, it turns into a dark and smelly material. ［　2　］, most
recycling plants don't do anything with it.

　　Only two kinds of plastic are commonly recycled. One is the type
used in soda bottles, known as PET, and ［　3　］ is the plastic in soap
containers. Together, those plastics ［　4　］ only a small fraction of
plastic trash. What this means is that only 9 percent of all the world's
plastic trash is recycled. Almost 12 percent is burned, while the
remaining 79 percent piles up on land or sea. ［　5　］.

1．A．For　　　　　B．No matter　　C．However　　D．As

2．A．Likewise　　　　　　　　　B．Fortunately

　　C．For example　　　　　　　D．As a result

3．A．the other　　B．another　　C．other　　　D．two

4．A．make by　　　B．make from　　C．make out　　D．make up

出典追記：New recycling technologies could keep more plastic out of landfills, Science News for Students on April 29,
2021 by Maria Temming, Society for Science & the Public

5. A. Plastic recycling is a problem that needs to be solved urgently

B. We must find a way to recycle more soda bottles and soap containers

C. This percentage must be increased dramatically

D. If we can burn more plastic, less will need to be thrown away

2. 次の英文を読み，本文の空所 [1] ～ [5] に入る最も適当なものを
A～Dよりそれぞれ1つ選び，その記号をマークしなさい。

To:	Richard Landon, Hinkerton Retail Ltd
From:	Peter Girton
Subject:	Retail Times advertisement

Dear Mr. Landon

I am writing to apply for the position of marketing manager that was
advertised in Retail Times magazine on October 14th.

I have over twenty years' experience in the supermarket industry, having
worked for Kallmart Holdings, Fresco Supermarkets and, most recently,
the Balmoral Group. At the Balmoral Group, I served as the assistant
manager of the marketing department, where I was jointly [1]
organizing the launch of all new products and services within the group.
In 2018, I took charge of Balmoral's move into banking services, [2]
a national advertising campaign that helped to beat predicted sales by
over forty percent. The following year, I managed a project to gather
data about the [3] new store layouts on customer behavior. The
project made several recommendations that were put into operation in
Balmoral stores nationwide.

I believe that with my strong professional background and hard work, I
can make a positive contribution to your marketing team at Hinkerton
Retail. Please find [4] my resumé, which provides further details of
my qualifications and experience.

[5]. I look forward to hearing from you in due course.

Yours sincerely,

Peter Girton

1. A. in place of   B. subject to
   C. responsible for   D. capable of
2. A. managed   B. manage   C. managing   D. have managed
3. A. effect of   B. change to   C. design of   D. turn to
4. A. placed   B. attached   C. arranged   D. concerned
5. A. I will contact you again soon to continue my application
   B. Thank you very much for your attention
   C. I know you will be satisfied with the recommendations of the Balmoral Group
   D. Please let me know when my first day of work will be

Ⅵ 次の英文を読み，本文の空所 [1] ～ [7] に入る最も適当なものをA～Gよりそれぞれ1つ選び，その記号をマークしなさい。ただし，同じものを繰り返して選ぶことはできない。(14点)

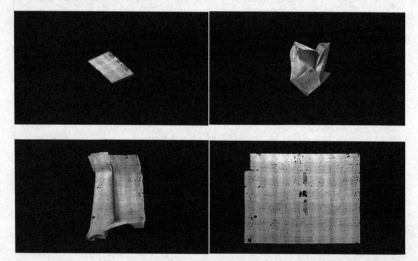

Figure. Images of a scanned and virtually unfolded letter

中央大-理工〈一般・英語外部試験利用〉　　　　　　　　　　2022 年度　英語　*17*

In 1697 a man in France wrote to his cousin in the Netherlands to request an important certificate. He folded and sealed his letter so it would hold together without an envelope and mailed it off to his cousin. For some reason, it [　1　] and remains sealed today. Yet a team of historians and scientists have still read it — thanks to high-resolution imaging and a "virtual unfolding" algorithm.

The scanning-and-unfolding technique [　2　] of applications, from revealing text on historical documents too delicate to touch to understanding historical origami procedures. But the researchers behind the new study, published in *Nature Communications*, are most excited about using it to examine the art of "letterlocking." Letterlocking is a technique to carefully fold, cut, and seal letters so that they cannot be opened easily. This technique was used widely in the period before the invention of modern envelopes, which are also used to keep letters "locked" inside. Almost two decades ago it [　3　] of Jana Dambrogio, a researcher at Massachusetts Institute of Technology Libraries and a co-author of the new paper.

Dambrogio had noticed tiny cuts and folds, apparently done on purpose, in a number of historical documents and eventually guessed their purpose. "They [　4　], and security was my guess — that it was built in on purpose," she says. "The reaction for me was, 'Oh my gosh, we need to let people know not to remove this evidence, because the little tiny cuts and folds [　5　] of this security tradition that has not been deeply studied.'"

For the past seven years, she has collaborated in this quest with Daniel Starza Smith, a lecturer in early modern English literature at King's College London and a co-author of the paper. The two researchers and their team [　6　] more than 60 letterlocking methods. "Before 1850 there weren't really any such things as modern envelopes," Smith says. Paper [　7　] not to be wasted on a separate envelope. "So if you wanted to send a letter, you had to use letterlocking — the letter had to become its own envelope or sending device."

出典追記：Algorithm Virtually Unfolds a Historical Letter without Unsealing It, Scientific American on April 21, 2021 by Sophie Bushwick

18　2022 年度　英語　　　　　　　　中央大-理工〈一般・英語外部試験利用〉

A. are the evidence

B. captured the interest

C. could have a variety

D. have catalogued

E. looked like locks

F. never reached its destination

G. was an expensive material

中央大-理工〈一般・英語外部試験利用〉　　　　　　　2022 年度　数学　**19**

■ 数学 ■

（100 分）

（注）　満点が 100 点となる配点表示になっていますが，数学科は満点が 200 点で
　　　　あり，各問の配点は 2 倍となります。

Ⅰ　次の問題文の空欄にもっとも適する答えを解答群から選び，その記号をマーク解答
　　用紙にマークせよ。ただし，同じ記号を 2 度以上用いてもよい。(20 点)

　　関数 $f(x)$ が

$$f(x) = \int_0^\pi t f(t) \cos(x+t)\, dt + \frac{1}{4}$$

を満たしている。このとき，

$$A = \int_0^\pi t f(t) \cos t\, dt, \quad B = \int_0^\pi t f(t) \sin t\, dt \quad \cdots\cdots \ ①$$

とおいて $f(x)$ を A と B で表すと，

$$f(x) = A \times \left(\boxed{\ \text{ア}\ } \right) + B \times \left(\boxed{\ \text{イ}\ } \right) + \frac{1}{4} \quad \cdots\cdots \ ②$$

となる。ここで，

$$\int_0^\pi t \cos t\, dt = -2, \quad \int_0^\pi t \cos^2 t\, dt = \boxed{\ \text{ウ}\ }, \quad \int_0^\pi t \sin t\, dt = \pi,$$

$$\int_0^\pi t \sin^2 t\, dt = \boxed{\ \text{エ}\ }, \quad \int_0^\pi t \cos t \sin t\, dt = \boxed{\ \text{オ}\ }$$

を用い，① に ② を代入して整理すると，A と B の満たす連立方程式

$$\begin{cases} \left(\boxed{\ \text{カ}\ } \right) A - \pi B + 2 = 0 \\ \pi A + \left(\boxed{\ \text{キ}\ } \right) B - \pi = 0 \end{cases}$$

が得られる。この連立方程式を解くと

20 2022 年度 数学 中央大-理工〈一般・英語外部試験利用〉

$$A = \frac{\boxed{ク}}{\pi^4 - \pi^2 - 16}, \quad B = \frac{\pi\left(\boxed{ケ}\right)}{\pi^4 - \pi^2 - 16}$$

が得られ，したがって

$$f(x) = \frac{\boxed{ク}}{\pi^4 - \pi^2 - 16} \times \left(\boxed{ア}\right) + \frac{\pi\left(\boxed{ケ}\right)}{\pi^4 - \pi^2 - 16} \times \left(\boxed{イ}\right) + \frac{1}{4}$$

となる。

問題 I のア，イの解答群

ⓐ $\sin x$ ⓑ $-\sin x$ ⓒ $\cos x$ ⓓ $-\cos x$

ⓔ $\tan x$ ⓕ $-\tan x$

問題 I のウ，エ，オの解答群

ⓐ π ⓑ $\dfrac{\pi}{2}$ ⓒ $\dfrac{\pi}{4}$ ⓓ $\dfrac{\pi}{8}$

ⓔ $-\pi$ ⓕ $-\dfrac{\pi}{2}$ ⓖ $-\dfrac{\pi}{4}$ ⓗ $-\dfrac{\pi}{8}$

ⓘ π^2 ⓙ $\dfrac{\pi^2}{2}$ ⓚ $\dfrac{\pi^2}{4}$ ⓛ $\dfrac{\pi^2}{8}$

ⓜ $-\pi^2$ ⓝ $-\dfrac{\pi^2}{2}$ ⓞ $-\dfrac{\pi^2}{4}$ ⓟ $-\dfrac{\pi^2}{8}$

ⓠ $\dfrac{\pi^2+4}{16}$ ⓡ $\dfrac{\pi^2-4}{16}$ ⓢ $\dfrac{-\pi^2+4}{16}$ ⓣ $-\dfrac{\pi^2+4}{16}$

問題 I のカ，キ，ク，ケの解答群

ⓐ π^2+2 ⓑ π^2-2 ⓒ $-\pi^2+2$ ⓓ $-\pi^2-2$

ⓔ π^2+4 ⓕ π^2-4 ⓖ $-\pi^2+4$ ⓗ $-\pi^2-4$

ⓘ π^2+6 ⓙ π^2-6 ⓚ $-\pi^2+6$ ⓛ $-\pi^2-6$

ⓜ π^2+8 ⓝ π^2-8 ⓞ $-\pi^2+8$ ⓟ $-\pi^2-8$

中央大-理工〈一般・英語外部試験利用〉　　　　　　2022 年度　数学 *21*

II　次の問題文の空欄にもっとも適する答えを解答群から選び，その記号をマーク解答
用紙にマークせよ。ただし，同じ記号を 2 度以上用いてもよい。(20 点)

　　AB = 1, ∠ABC = 90°, ∠BCA = 7.5° である △ABC の辺 BC 上に AD = CD
となるように点 D をとる。このとき，BD = $\boxed{コ}$ ，CD = $\boxed{サ}$ である。した
がって，

$$\tan 7.5° = \frac{1}{\boxed{コ} + \boxed{サ}}$$

である。

　　次に，正の実数 k に対して，2 直線 $y = 3kx$, $y = 4kx$ のなす角度を θ とする。た
だし，$0° < \theta < 90°$ である。このとき，$\tan\theta = \boxed{シ}$ である。したがって，$\tan\theta$
は $k = \dfrac{1}{\boxed{ス}}$ のとき最大値 $\dfrac{1}{\boxed{セ}}$ をとる。また，$k = \dfrac{1}{\boxed{ス}}$ のとき $\boxed{ソ}$ をみ
たす。

　　なお，必要ならば，

$$\sqrt{2} = 1.4\cdots, \quad \sqrt{3} = 1.7\cdots, \quad \sqrt{5} = 2.2\cdots, \quad \sqrt{6} = 2.4\cdots$$

を用いてよい。

　　問題 II のコ，サの解答群

　　ⓐ $\sqrt{2} + \sqrt{3}$　　　ⓑ $\sqrt{2} + \sqrt{5}$　　　ⓒ $\sqrt{2} + \sqrt{6}$　　　ⓓ $2 + \sqrt{3}$

　　ⓔ $2 + \sqrt{5}$　　　ⓕ $2 + \sqrt{6}$　　　ⓖ $\sqrt{3} + \sqrt{5}$　　　ⓗ $\sqrt{5} + \sqrt{6}$

　　問題 II のシの解答群

　　ⓐ $\dfrac{k}{1 - 12k^2}$　　ⓑ $\dfrac{k}{1 + 12k^2}$　　ⓒ $\dfrac{7k}{1 - 12k^2}$　　ⓓ $\dfrac{7k}{1 + 12k^2}$

　　ⓔ $\dfrac{12k^2}{1 - 12k^2}$　　ⓕ $\dfrac{12k^2}{1 + 12k^2}$　　ⓖ $\dfrac{12k^2}{1 - 7k}$　　ⓗ $\dfrac{12k^2}{1 + 7k}$

　　問題 II のス，セの解答群

　　ⓐ 2　　　　　ⓑ $2\sqrt{2}$　　　　　ⓒ 3　　　　　ⓓ $2\sqrt{3}$

ⓔ 4   ⓕ $3\sqrt{2}$ ⓖ $3\sqrt{3}$ ⓗ $4\sqrt{2}$

ⓘ 6   ⓙ $4\sqrt{3}$ ⓚ 7   ⓛ $7\sqrt{2}$

問題 II のソの解答群

ⓐ $\theta > 7.5°$ ⓑ $\theta = 7.5°$ ⓒ $\theta < 7.5°$

III   関数 $f(x) = -xe^x$ を考える。曲線 $C : y = f(x)$ の点 $(a, f(a))$ における接線を ℓ_a とし，接線 ℓ_a と y 軸の交点を $(0, g(a))$ とおく。以下の問いに答えよ。(30 点)

(1) 接線 ℓ_a の方程式と $g(a)$ を求めよ。

以下，a の関数 $g(a)$ が極大値をとるときの a の値を b とおく。

(2) b を求め，点 $(b, f(b))$ は曲線 C の変曲点であることを示せ。

(3) 曲線 C の点 $(b, f(b))$ における接線 ℓ_b と x 軸の交点の x 座標 c を求めよ。さらに，$c \leqq x \leqq 0$ の範囲で曲線 C の概形と接線 ℓ_b を xy 平面上にかけ。

(4) 曲線 C，接線 ℓ_b および y 軸で囲まれた部分の面積 S を求めよ。

中央大-理工〈一般・英語外部試験利用〉　　　　2022 年度　数学　*23*

Ⅳ　t を実数とし，x の 3 次式 $f(x)$ を

$$f(x) = x^3 + (1 - 2t)x^2 + (4 - 2t)x + 4$$

により定める。以下の問いに答えよ。(30 点)

(1) 3 次式 $f(x)$ を実数係数の 2 次式と 1 次式の積に因数分解し，$f(x) = 0$ が虚数
　　の解をもつような t の範囲を求めよ。

実数 t が (1) で求めた範囲にあるとき，方程式 $f(x) = 0$ の異なる 2 つの虚数解を
α，β とし，実数解を γ とする。ただし，α の虚部は正，β の虚部は負とする。以下，
α，β，γ を複素数平面上の点とみなす。

(2) α，β，γ を t を用いて表せ。また，実数 t が (1) で求めた範囲を動くとき，点
　　α が描く図形を複素数平面上に図示せよ。

(3) 3 点 α，β，γ が一直線上にあるような t の値を求めよ。

(4) 3 点 α，β，γ が正三角形の頂点となるような t の値を求めよ。

(90分)

I 次の問題の答えを，記述解答用紙の所定の場所に書きなさい。(40点)

図1のように床から鉛直上向きに長い棒が立ててある。棒には，ばね定数 k の十分長いばねが巻き付いており，ばねの下端は床に固定されている。鉛直上向きに x 軸をとり，ばねが自然長のときのばねの上端の位置を $x = 0$ とする。このばねの上端に，まず質量 m の物体Aを固定する。物体Aの貫通孔は棒に貫かれているため，物体Aは鉛直方向のみに動くことができる。物体Aの上方には，さらに質量 m の物体Bが棒に貫かれている。摩擦，空気抵抗，ばねの質量，物体の大きさはすべて無視できるものとし，重力加速度の大きさを g とする。

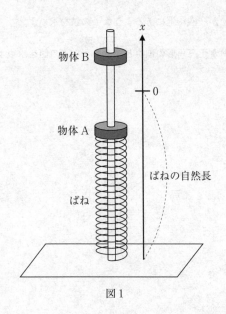

図1

問い

1．以下の空欄(a), (b)にあてはまる数式を書きなさい。答えのみ書けばよい。

中央大-理工〈一般・英語外部試験利用〉 　　　　　　　2022 年度　物理　*25*

　　物体 B が物体 A と離れている場合に，物体 A にはたらく重力とばねの弾性力が
つりあう位置における x の値を k, m, g を用いて表すと　(a)　となる。一方，
物体 A の上に物体 B を乗せた状態で，2 つの物体にはたらく重力とばねの弾性力
がつりあう位置における x の値を k, m, g を用いて表すと　(b)　となる。

　　まず，A さんは物体 A を　(a)　より低い位置 $x = a$ まで押し下げて保持し，
B さんは物体 B を物体 A より上方の位置 $x = b$ に保持した。その後，A さんは時
刻 t_A に物体 A から，B さんは時刻 t_B に物体 B から，それぞれ静かに手をはなし
て，その後の物体の運動を観察する実験を行った。その結果，a, b, t_A, t_B をうま
く調整すると，それぞれの物体は動き始めてから一度も速度の向きを変えることな
く運動した後，時刻 s に完全非弾性衝突して一体となり，その後は完全に静止し続
けるということが起きた。以下ではこの条件を考えてみよう。衝突直前の物体 A
の速度を v，物体 B の速度を w とする。

問い

2．衝突後に物体が完全に静止し続けるための条件は以下のとおりである。空欄(c)，
(d)にあてはまる数式を書きなさい。答えのみ書けばよい。

　　　　条件 1 ：2 つの物体が衝突する位置における x の値を k, m, g を用いて表すと
　　　　　　　(c)　となる。

　　　　条件 2 ：$|v|$ と $|w|$ の間には　(d)　という関係が成り立っていなければなら
　　　　　　　ない。

3．問 2 に示された 2 つの条件が成り立っていなければならない理由を説明しなさい。

4．以下の空欄(e)，(f)にあてはまる数式を書きなさい。答えのみ書けばよい。

　　　力学的エネルギー保存の法則を用いて，衝突直前の物体 A の運動エネルギーを
k, m, g, a を用いて表すと

$$\frac{1}{2}mv^2 = \boxed{\text{(e)}} \tag{ア}$$

となり，衝突直前の物体 B の運動エネルギーを k, m, g, b を用いて表すと

$$\frac{1}{2}mw^2 = \boxed{\text{(f)}} \tag{イ}$$

となる。

5．運動エネルギーは正または 0 であること，さらに $a < $　(a)　という条件で

実験していることから a, b のとりうる範囲は限定される。このことに注意して，式(ア)の関係を実線（――）で，式(イ)の関係を破線（……）で1つのグラフにプロットしなさい。ただし，解答用紙に書かれている x_0 は問1の (a) の値であり，$\dfrac{(mg)^2}{2k}$ を E_0 と表した。

〔解答欄〕

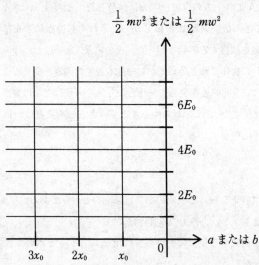

6．$a = -\dfrac{3mg}{k}$ の場合について，衝突後の物体が静止し続けるためには b はどのような値をとらなければならないか。導出の過程も含めて答えなさい。

以下では，$a = -\dfrac{3mg}{k}$ の場合について，衝突後の物体が静止し続けるために，それぞれが手をはなさなければならない時刻について考えてみよう。

問い

7．以下の空欄(g), (h), (i), (j)にあてはまる数式を k, m, g のうち必要なものを用いて書きなさい。答えのみ書けばよい。

Aさんが手をはなしてから衝突するまでの物体Aの運動は，周期 (g) の単振動の一部とみなすことができるので，この間の物体Aの位置を時刻 t の関数で表すと

$$\boxed{(a)} - \boxed{(h)} \times \cos\left\{\dfrac{2\pi}{\boxed{(g)}}(t - t_A)\right\} \qquad (ウ)$$

となる。これが [(c)] と同じ値をとる時刻のうち，t_A 以降で最も早いものが s であるので，A さんが手をはなしてから衝突するまでにかかる時間 $s - t_A$ は [(i)] である。一方，B さんが手をはなしてから衝突するまでにかかる時間 $s - t_B$ は [(j)] であり，これらを比較すると B さんが先に手をはなさなければならないことがわかる。

II 次の文章の空欄にあてはまる最も適した数式を解答群の中から選び，マーク解答用紙の所定の場所にマークしなさい。(30 点)

 図1のように，内部抵抗が無視できる起電力 V_0 [V] の直流電源，交流電圧の最大値 V_1 [V]，角周波数 ω [rad/s] の交流電源，静電容量がそれぞれ C_A [F]，C_B [F] のコンデンサー A，B，自己インダクタンス L [H] のコイル，抵抗値がそれぞれ $4R$ [Ω]，$2R$ [Ω]，R [Ω] の3つの抵抗，およびスイッチ S_1，S_2 からなる電気回路がある。時刻 t [s] における交流電源の交流電圧は $V_1 \sin \omega t$ [V] で表される。導線やコイルの抵抗は無視できるものとする。最初は，スイッチ S_1，S_2 の両方が図1のように開かれていて，コンデンサー A に蓄えられた電荷は 0 であった。

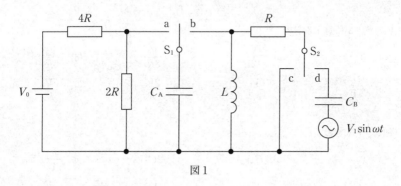

図1

 まず，スイッチ S_1 を点 a につないでコンデンサー A の充電を開始した。充電を開始した直後，点 a には大きさ [(1)] [A] の電流が流れた。その後，コンデンサー A の極板間の電位差が $\dfrac{V_0}{6}$ [V] となる瞬間に点 a に大きさ [(2)] [A] の電流が流れた。十分に時間が経過すると，点 a に流れる電流の大きさは [(3)] [A] となり，コンデンサー A には [(4)] [C] の電荷が蓄えられて充電が完了した。

28 2022 年度 物理 中央大-理工〈一般・英語外部試験利用〉

次に，スイッチ S_1 を点 b につなぎかえたところ，固有周波数 $\boxed{(5)}$ [Hz]の振動電流がコイルに流れた。その電流の最大値を測定したところ $\boxed{(6)}$ [A]であった。その後，スイッチ S_2 を点 c につなぐと抵抗値 $R[\Omega]$ の抵抗でジュール熱が発生し，振動電流は減衰を始めた。十分に時間が経過すると振動電流は 0 となり，コンデンサー A は完全に放電した。

放電後，コンデンサー A に蓄えられた電荷が 0 になった状態でスイッチ S_1 を点 b からはなして開放し，スイッチ S_2 を点 d につないで交流電源と接続した。ここで，交流電圧の最大値 $V_1[V]$ を一定にして周波数を変えたところ，ある特定の周波数でコイルに流れる電流の最大値が最も大きくなった。この現象を共振という。この回路の共振周波数を調べたところ $\boxed{(5)}$ [Hz]の 2 倍であった。この結果から，$C_B = \boxed{(7)}$ であることがわかる。

ここで，交流電圧の周波数を共振周波数に固定する。このとき，電流が流れる回路のインピーダンスは $\boxed{(8)}$ [Ω]となり，交流 1 周期の間に $\boxed{(9)}$ [J]のエネルギーが消費される。コンデンサー B に加わる電圧の最大値を $V_B[V]$，抵抗値 $R[\Omega]$ の抵抗に流れる電流の最大値を $I_0[A]$ とすれば，それらの比 $\dfrac{V_B}{I_0}$ はコンデンサー B のリアクタンス（容量リアクタンス）を表し，その値は $\boxed{(10)}$ [Ω]になる。

[解 答 群]

(1), (2), (3)に対するもの

(a) 0　　　　　(b) $\dfrac{V_0}{12R}$　　　　　(c) $\dfrac{V_0}{8R}$　　　　　(d) $\dfrac{V_0}{6R}$

(e) $\dfrac{V_0}{4R}$　　　　　(f) $\dfrac{V_0}{2R}$　　　　　(g) $\dfrac{2V_0}{R}$　　　　　(h) $\dfrac{6V_0}{R}$

(4)に対するもの

(a) 0　　　　　(b) $C_A V_0$　　　　　(c) $2C_A V_0$　　　　　(d) $\dfrac{1}{3} C_A V_0$

(e) $\dfrac{1}{6} C_A V_0$　　　　　(f) $\dfrac{1}{2} C_A V_0^2$　　　　　(g) $\dfrac{V_0^2}{C_A}$　　　　　(h) $\dfrac{3V_0^2}{C_A}$

(5)に対するもの

(a) $\dfrac{1}{\sqrt{LC_A}}$　　　　　(b) $\dfrac{1}{\pi\sqrt{LC_A}}$　　　　　(c) $\dfrac{1}{2\pi\sqrt{LC_A}}$　　　　　(d) $\dfrac{2\pi}{\sqrt{LC_A}}$

中央大-理工〈一般・英語外部試験利用〉　　　　　　　　　2022 年度　物理　29

(e) $\sqrt{LC_A}$　　　　　(f) $2\pi\sqrt{LC_A}$　　　　　(g) $\dfrac{\pi\sqrt{LC_A}}{2}$　　　　　(h) $2\pi\sqrt{\dfrac{C_A}{L}}$

(6)に対するもの

(a) $\dfrac{V_0}{3}\sqrt{\dfrac{L}{C_A}}$　　　(b) $\dfrac{V_0}{3}\sqrt{\dfrac{2L}{C_A}}$　　　(c) $V_0\sqrt{\dfrac{L}{C_A}}$　　　(d) $\dfrac{V_0}{3R}$

(e) $\dfrac{V_0}{6R}$　　　(f) $V_0\sqrt{\dfrac{C_A}{L}}$　　　(g) $\dfrac{V_0}{3}\sqrt{\dfrac{C_A}{L}}$　　　(h) $\dfrac{V_0}{3}\sqrt{\dfrac{C_A}{2L}}$

(7)に対するもの

(a) 0　　　(b) $\dfrac{1}{16}C_A$　　　(c) $\dfrac{1}{4}C_A$　　　(d) $\dfrac{1}{2}C_A$

(e) C_A　　　(f) $2C_A$　　　(g) $4C_A$　　　(h) $16C_A$

(8), (10)に対するもの

(a) 0　　　(b) R　　　(c) $\dfrac{1}{2}\sqrt{\dfrac{C_A}{L}}$　　　(d) $\sqrt{\dfrac{L}{C_A}}$

(e) $2\sqrt{\dfrac{L}{C_A}}$　　　(f) $\sqrt{R^2+\dfrac{L}{C_A}}$　　　(g) $\sqrt{R^2+\dfrac{4L}{C_A}}$　　　(h) $\sqrt{R^2+\dfrac{C_A}{4L}}$

(9)に対するもの

(a) 0　　　(b) $\dfrac{V_1^2}{R}$　　　(c) $\dfrac{V_1^2}{2R}$　　　(d) $\dfrac{V_1^2}{R}\sqrt{LC_A}$

(e) $\dfrac{V_1^2}{2R}\sqrt{LC_A}$　　　(f) $\dfrac{\pi V_1^2}{R}\sqrt{LC_A}$　　　(g) $\dfrac{\pi V_1^2}{R}\sqrt{\dfrac{LC_A}{2}}$　　　(h) $\dfrac{\pi V_1^2}{2R}\sqrt{LC_A}$

Ⅲ 次の文章の空欄にあてはまる最も適した数式を解答群の中から選び，マーク解答用紙の所定の場所にマークしなさい。（30点）

単原子分子理想気体 n [mol]に対して操作を行い，図1の4つの状態 A（圧力 p_1 [Pa]，体積 V_1 [m³]），B（圧力 p_2 [Pa]，体積 V_1 [m³]），C（圧力 p_1 [Pa]，体積 V_2 [m³]），D（圧力 p_3 [Pa]，体積 V_2 [m³]）の間を実線で表された直線にそって変化させる。図1の破線はそれぞれ温度 T_1 [K]，T_2 [K]の等温曲線を表す。定積モル比熱を C_V [J/(mol·K)]，定圧モル比熱を C_p [J/(mol·K)]，気体定数を R [J/(mol·K)]とする。

A→B，A→Cの状態変化において気体が吸収した熱量は，それぞれ $Q_{AB} = $ (1) [J]，$Q_{AC} = $ (2) [J]と表される。また，A→Cの状態変化において気体が外部にした仕事は $W_{AC} = $ (3) [J]と表される。他方，A→B，A→Cの2つの状態変化における内部エネルギーの変化 ΔU_{AB} [J]，ΔU_{AC} [J]の間には関係式 (4) が成り立つ。これらの関係を用いると，定積モル比熱と定圧モル比熱の間にはマイヤーの関係 $C_p = C_V + R$ が成り立つことが示される。

以下では $C_V = \dfrac{3}{2}R$ を用いる。A→B→C→Aを1サイクルとする熱機関 S_1 について考える。ただし，B→Cの状態変化は全て吸熱過程であるとする。B→Cの状態変化においては，BとCにおける温度が等しいため，気体が吸収した熱量は $Q_{BC} = $ (5) [J]と表される。このサイクルA→B→C→Aにおいて気体が外部から吸収する熱量，気体が外部にした仕事は，それぞれ $Q_+ = $ (6) [J]，$W = $ (7) [J]と表される。これより，この熱機関 S_1 の熱効率は $e = \dfrac{W}{Q_+} = 1 - $ (8) と表される。

次に，A→B→C→D→Aを1サイクルとする熱機関 S_2 について考える。ただし，D→Aの状態変化は全て放熱過程であるとする。このサイクルA→B→C→D→Aにおいて気体が外部から吸収する熱量，気体が外部にした仕事は，それぞれ $Q'_+ = $ (9) [J]，$W' = $ (10) [J]と表される。これより，この熱機関 S_2 の熱効率は，$\alpha = \dfrac{V_1}{V_2}$ とすると，$e' = \dfrac{W'}{Q'_+} = 1 - $ (11) と表される。したがって，S_2 の方が高い熱効率をもつことがわかる。

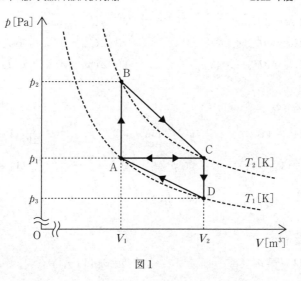

図 1

[解 答 群]

(1)に対するもの

(a) $C_V(T_2 - T_1)$ (b) $nC_V(T_2 - T_1)$ (c) $\dfrac{C_V(T_2 - T_1)}{n}$ (d) $\dfrac{nC_V}{T_2 - T_1}$

(e) $C_p(T_2 - T_1)$ (f) $nC_p(T_2 - T_1)$ (g) $\dfrac{C_p(T_2 - T_1)}{n}$ (h) $\dfrac{nC_p}{T_2 - T_1}$

(2)に対するもの

(a) $C_V(T_2 - T_1)$ (b) $nC_V(T_2 - T_1)$ (c) $\dfrac{C_V(T_2 - T_1)}{2n}$ (d) $\dfrac{2nC_V}{T_2 - T_1}$

(e) $C_p(T_2 - T_1)$ (f) $nC_p(T_2 - T_1)$ (g) $\dfrac{C_p(T_2 - T_1)}{2n}$ (h) $\dfrac{2nC_p}{T_2 - T_1}$

(3)に対するもの

(a) $(p_1 - p_2)V_1$ (b) $(p_1 - p_2)V_2$ (c) $np_1(V_2 - V_1)$

(d) $n(p_2 - p_1)(V_2 - V_1)$ (e) $R(T_1 - T_2)$ (f) $R(T_2 - T_1)$

(g) $nR(T_1 - T_2)$ (h) $nR(T_2 - T_1)$

(4)に対するもの

(a) $\Delta U_{AB} = \Delta U_{AC}$ (b) $\Delta U_{AB} = -\Delta U_{AC}$

32 2022 年度　物理　　　　　　　　　　　　中央大-理工〈一般・英語外部試験利用〉

(c)　$\Delta U_{AB} = 2\Delta U_{AC}$　　　　　　　　　　(d)　$\Delta U_{AB} = \Delta U_{AC} + RT_1$

(e)　$\Delta U_{AB} = \Delta U_{AC} + 2RT_2$　　　　　(f)　$\Delta U_{AB} = \Delta U_{AC} + R(T_2 - T_1)$

(g)　$\Delta U_{AB} = \Delta U_{AC} + C_V T_1$　　　　(h)　$\Delta U_{AB} = \Delta U_{AC} + C_p T_2$

(5)に対するもの

(a)　$p_2(V_2 - V_1)$　　　　(b)　$\dfrac{p_2}{2}(V_2 - V_1)$　　　　(c)　$\dfrac{p_2}{2V_2}(V_2 - V_1)^2$

(d)　$\dfrac{p_2}{2V_2}(V_2^2 - V_1^2)$　　　(e)　$p_2(V_1 + V_2)$　　　(f)　$\dfrac{p_2}{2}(V_1 + V_2)$

(g)　$\dfrac{p_2}{2V_2}(V_1 + V_2)^2$　　　(h)　$\dfrac{p_2}{2V_2}(V_1^2 + V_2^2)$

(6)に対するもの

(a)　$p_2(V_2 - V_1)$　　　　　　　　　　(b)　$2p_2(V_2 - V_1)$

(c)　$\dfrac{2p_2}{V_2}(4V_1 + V_2)(V_2 - V_1)$　　　(d)　$\dfrac{2p_2}{V_2}(V_1 + 4V_2)(V_2 - V_1)$

(e)　$p_2(V_1 + V_2)$　　　　　　　　　(f)　$\dfrac{p_2}{2}(V_2 - V_1)$

(g)　$\dfrac{p_2}{2V_2}(4V_1 + V_2)(V_2 - V_1)$　　(h)　$\dfrac{p_2}{2V_2}(V_1 + 4V_2)(V_1 + V_2)$

(7)に対するもの

(a)　$p_2(V_2 - V_1)$　　　　(b)　$\dfrac{p_2}{2}(V_2 - V_1)$　　　　(c)　$\dfrac{p_2}{2V_2}(V_2 - V_1)^2$

(d)　$\dfrac{p_2}{2V_2}(V_2^2 - V_1^2)$　　　(e)　$p_2(V_1 + V_2)$　　　(f)　$\dfrac{p_2}{2}(V_1 + V_2)$

(g)　$\dfrac{p_2}{2V_2}(V_1 + V_2)^2$　　　(h)　$\dfrac{p_2}{2V_2}(V_1^2 + V_2^2)$

(8)に対するもの

(a)　$\dfrac{T_1}{T_1 + T_2}$　　(b)　$\dfrac{T_2}{T_1 + T_2}$　　(c)　$\dfrac{2T_1}{2T_1 + T_2}$　　(d)　$\dfrac{2T_2}{T_1 + 2T_2}$

(e)　$\dfrac{2T_1}{T_1 + 4T_2}$　　(f)　$\dfrac{2T_2}{T_1 + 4T_2}$　　(g)　$\dfrac{5T_1}{4T_1 + T_2}$　　(h)　$\dfrac{5T_2}{4T_1 + T_2}$

(9)に対するもの

(a)　$p_2(V_2 - V_1)$　　　　　　　　　　(b)　$\dfrac{p_2}{2}(V_2 - V_1)$

中央大-理工〈一般・英語外部試験利用〉　　　2022 年度　物理　*33*

(c)　$\dfrac{p_2}{2V_2}(4V_1 + V_2)(V_2 - V_1)$　　　　(d)　$\dfrac{p_2}{2V_2}(V_1 + 4V_2)(V_2 - V_1)$

(e)　$p_2(V_1 + V_2)$　　　　(f)　$\dfrac{p_2}{2}(V_1 + V_2)$

(g)　$\dfrac{p_2}{2V_2}(4V_1 + V_2)(V_1 + V_2)$　　　　(h)　$\dfrac{p_2}{2V_2}(V_1 + 4V_2)(V_1 + V_2)$

⑽に対するもの

(a)　$p_1(V_1 + V_2)$　　　　(b)　$p_2(V_1 + V_2)$　　　　(c)　$(p_1 - p_2)(V_1 + V_2)$

(d)　$\dfrac{1}{2}(p_1 - p_2)(V_1 + V_2)$　　　(e)　$p_2(V_2 - V_1)$　　　　(f)　$p_3(V_2 - V_1)$

(g)　$(p_2 - p_3)(V_2 - V_1)$　　　(h)　$\dfrac{1}{2}(p_2 - p_3)(V_2 - V_1)$

⑾に対するもの

(a)　$\dfrac{\alpha T_1}{T_1 + T_2}$　　　　(b)　$\dfrac{\alpha T_2}{T_1 + T_2}$　　　　(c)　$\dfrac{2\alpha T_1}{2T_1 + T_2}$　　　　(d)　$\dfrac{2\alpha T_2}{T_1 + 2T_2}$

(e)　$\dfrac{(2 + \alpha)T_1}{T_1 + 4T_2}$　　　(f)　$\dfrac{(2 + \alpha)T_2}{T_1 + 4T_2}$　　　(g)　$\dfrac{(4 + \alpha)T_1}{4T_1 + T_2}$　　　(h)　$\dfrac{(4 + \alpha)T_2}{4T_1 + T_2}$

34 2022 年度 化学　　　　　　　　　中央大-理工〈一般・英語外部試験利用〉

■■■化学■■■

（90 分）

問題 I，II の解答は，マーク解答用紙の指定された欄にマークしなさい。問題 III，IV の解答は，記述解答用紙の解答欄に書きなさい。必要な場合は，次の値を用いなさい。

アボガドロ定数：$N_A = 6.0 \times 10^{23}$/mol

ファラデー定数：$F = 9.65 \times 10^4$ C/mol

気体定数：$R = 8.3 \times 10^3$ Pa・L/(K・mol)

原子量：H = 1.0，C = 12，O = 16，Na = 23，Al = 27，S = 32，Cu = 63.5，
　　　　Br = 80，Pb = 207

I　以下の問い(1)〜(10)の解答は，それぞれの解答群のどれに該当するか。番号を選んでマークしなさい。(40 点)

(1)　水晶の主成分は元素 a と元素 b の化合物である。大理石の主成分は元素 b と元素 c と元素 d の化合物である。ホタル石の主成分は元素 c と元素 e の化合物である。5 種類の元素 a 〜 e に関する次の記述(ア)〜(ウ)について，正しい正誤の組み合わせはどれか。最もふさわしいものを以下の解答群より 1 つ選びなさい。

(ア)　元素 a 〜 e を原子番号の小さなものから順に並べたとき，元素 a は 3 番目である。

(イ)　元素 b と元素 c が 1 ：1 の数の比で結合した化合物に水を加えると発熱しながら反応する。

(ウ)　元素 e の単体は二原子分子であり，きわめて酸化力が強く，水と激しく反応する。

中央大-理工〈一般・英語外部試験利用〉　　　　　　　　2022 年度　化学　*35*

［解答群］

	(ア)	(イ)	(ウ)
①	正	正	正
②	正	正	誤
③	正	誤	正
④	正	誤	誤
⑤	誤	正	正
⑥	誤	正	誤
⑦	誤	誤	正
⑧	誤	誤	誤

(2)　平均分子量 6.0×10^4 のスチレン–ブタジエンゴムに，臭素を完全に付加させて得た反応生成物の元素分析を行ったところ，臭素の質量パーセントは 40％であった。臭素を付加する前のスチレン–ブタジエンゴム中のブタジエン成分の質量パーセントは何％か。最も近いものを以下の解答群より 1 つ選びなさい。ただし，臭素はベンゼン環とは反応しないものとする。

［解答群］

① 11％　　② 17％　　③ 23％　　④ 29％

⑤ 35％　　⑥ 41％　　⑦ 47％　　⑧ 53％

(3)　化学反応に関する次の記述(ア)～(ウ)について，正しい正誤の組み合わせはどれか。最もふさわしいものを以下の解答群より 1 つ選びなさい。

(ア)　分子間で化学反応が起こるためには，反応物の分子どうしが衝突する必要がある。しかし，分子が衝突すれば必ず化学反応が起こるわけではない。

(イ)　温度が高いほど分子が高速に運動するため，分子が単位時間当たり衝突する回数が少なくなる。そのため，化学反応を効率よく起こさせるには適した温度がある。

(ウ)　一段階で起こる反応の活性化エネルギーとその反応の逆反応の活性化エネル

36 2022 年度　化学　　　　　　　　　　　　　中央大-理工〈一般・英語外部試験利用〉

ギーがともにわかっていれば，反応熱を求めることができる。

［解答群］

	(ア)	(イ)	(ウ)
①	正	正	正
②	正	正	誤
③	正	誤	正
④	正	誤	誤
⑤	誤	正	正
⑥	誤	正	誤
⑦	誤	誤	正
⑧	誤	誤	誤

⑷　次の記述(ア)〜(ウ)中の空欄(A)〜(C)に当てはまる語句の組み合わせとして，最もふさ
わしいものを以下の解答群より1つ選びなさい。

(ア)　トタンは鉄に亜鉛をめっきしたものである。亜鉛の表面に傷がついて鉄が露出
しても，　　(A)　　の大きい亜鉛が酸化されてイオンとなるので，鉄は酸化され
ず，さびにくい。

(イ)　$[Ag^+]$ と $[Cl^-]$ の積が，AgCl の　　(B)　　を超えると AgCl の沈殿が生成す
る。

(ウ)　不揮発性の溶質を溶かした溶液の蒸気圧は，純溶媒の蒸気圧より　　(C)　　な
る。

中央大-理工〈一般・英語外部試験利用〉　　　　　　　2022 年度　化学　37

〔解答群〕

	(A)	(B)	(C)
①	イオン化傾向	溶解度	高く
②	イオン化傾向	溶解度	低く
③	イオン化傾向	溶解度積	高く
④	イオン化傾向	溶解度積	低く
⑤	電気陰性度	溶解度	高く
⑥	電気陰性度	溶解度	低く
⑦	電気陰性度	溶解度積	高く
⑧	電気陰性度	溶解度積	低く

(5)　硫酸は水に溶けると二段階で電離する。モル濃度 C〔mol/L〕の硫酸水溶液において，硫酸の一段階目の電離は完全に進行し，二段階目は一部が電離した状態になっているとする。二段階目の電離による電離度を α とすると，この水溶液の水素イオン濃度 $[H^+]$〔mol/L〕を表している式はどれか。最もふさわしいものを以下の解答群より 1 つ選びなさい。ただし，水の電離によって生じた水素イオンの濃度は無視できるものとする。

〔解答群〕

① C　　　　　　② $2C$　　　　　　③ $C\alpha$　　　　　④ $2C\alpha$

⑤ $C(1-\alpha)$　　⑥ $C(1-2\alpha)$　　⑦ $C(1+\alpha)$　　⑧ $C(1+2\alpha)$

(6)　固体に関する次の記述(ア)〜(ウ)について，正しい正誤の組み合わせはどれか。最もふさわしいものを以下の解答群より 1 つ選びなさい。

(ア)　金属結晶の多くは，体心立方格子，面心立方格子，六方最密充填構造の三種類の結晶格子をとる。これらの充填率は，

　　　体心立方格子　<　面心立方格子　<　六方最密充填構造

の順に大きくなる。

(イ)　1 価の陽イオン A^+ と 1 価の陰イオン X^- からなるイオン結晶 AX の単位格子

38 2022 年度　化学　　　　　　　　　　中央大-理工〈一般・英語外部試験利用〉

の構造は，常に同じ訳ではない。

(ウ)　すべての純物質の密度は，温度が低いほど大きくなる。

[解答群]

	(ア)	(イ)	(ウ)
①	正	正	正
②	正	正	誤
③	正	誤	正
④	正	誤	誤
⑤	誤	正	正
⑥	誤	正	誤
⑦	誤	誤	正
⑧	誤	誤	誤

(7)　鉛蓄電池は，負極に鉛，正極に酸化鉛(Ⅳ)，電解液に希硫酸を用いた代表的な二

次電池である。放電前の希硫酸の質量パーセント濃度は 30％，質量は 1.0 kg で

あった。放電により 1.0 mol の電子が流れたとき，負極・正極の電極の質量はそれ

ぞれ何 g 増加したか。また，放電後の希硫酸の質量パーセント濃度は何％か。最

も近い値の組み合わせとして，ふさわしいものを以下の解答群より 1 つ選びなさい。

[解答群]

	増加した負極の質量〔g〕	増加した正極の質量〔g〕	希硫酸の質量パーセント濃度〔％〕
①	48	32	12
②	48	32	22
③	48	64	12
④	48	64	22
⑤	96	32	12
⑥	96	32	22
⑦	96	64	12
⑧	96	64	22

中央大-理工〈一般・英語外部試験利用〉　　　　　　　2022 年度　化学　*39*

(8)　温度を 20℃に保った容積 10 L の剛直な容器内を乾燥空気で満たし，圧力を 2.0 × 10^4 Pa にした。その中に水 1.8 g を入れ，加熱して温度を 60℃にしたときの圧力は何 Pa か。20℃および 60℃における水の飽和水蒸気圧は，それぞれ 2.3 × 10^3 Pa，2.0 × 10^4 Pa とする。最も近いものを以下の解答群より 1 つ選びなさい。ただし，気体は理想気体の状態方程式に従うものとする。また，容器内での水の体積は無視できるものとする。

[解答群]

① 2.1 × 10^4 Pa　　② 2.3 × 10^4 Pa　　③ 2.5 × 10^4 Pa

④ 2.7 × 10^4 Pa　　⑤ 4.1 × 10^4 Pa　　⑥ 4.3 × 10^4 Pa

⑦ 4.5 × 10^4 Pa　　⑧ 4.7 × 10^4 Pa

(9)　分子量未知の不揮発性の非電解質である有機化合物 w〔g〕を，ある溶媒 W〔g〕に溶解させた溶液の沸点上昇度は Δt_b〔K〕であった。この溶媒のモル沸点上昇を K_b〔K・kg/mol〕とすると，この有機化合物の分子量を表している式はどれか。最もふさわしいものを以下の解答群より 1 つ選びなさい。

[解答群]

① $\dfrac{1000WK_b}{w\Delta t_b}$　　② $\dfrac{1000W\Delta t_b}{wK_b}$　　③ $\dfrac{1000wK_b}{W\Delta t_b}$　　④ $\dfrac{1000w\Delta t_b}{WK_b}$

⑤ $\dfrac{100WK_b}{w\Delta t_b}$　　⑥ $\dfrac{100W\Delta t_b}{wK_b}$　　⑦ $\dfrac{100wK_b}{W\Delta t_b}$　　⑧ $\dfrac{100w\Delta t_b}{WK_b}$

(10)　次の記述(ア)～(ウ)について，正しい正誤の組み合わせはどれか。最もふさわしいものを以下の解答群より 1 つ選びなさい。

(ア)　一般にエステルが水酸化ナトリウム水溶液のような強塩基によって加水分解され，カルボン酸の塩とアルコールを生じる反応をけん化という。

(イ)　ヨウ素デンプン反応はヨウ素やデンプンの検出に用いられる。この反応で，呈色した水溶液を加熱するとヨウ素デンプン反応の色が消え，冷却すると再び呈色する。

(ウ)　生体のタンパク質を構成する主要な α-アミノ酸は 20 種類ある。この 20 種類

40 2022 年度　化学　　　　　　　　　中央大-理工〈一般・英語外部試験利用〉

の α-アミノ酸はすべて不斉炭素原子を持つ。

［解答群］

	(ア)	(イ)	(ウ)
①	正	正	正
②	正	正	誤
③	正	誤	正
④	正	誤	誤
⑤	誤	正	正
⑥	誤	正	誤
⑦	誤	誤	正
⑧	誤	誤	誤

Ⅱ　次の文章を読み，以下の問い(1)～(4)に答えなさい。(20点)

　図1に示すように発泡スチロール（断熱材）でできた溶解熱測定装置を用いて，物質が水に溶ける際の溶解熱測定を行う。物質が溶解した際に装置内で発生する熱量 Q〔J〕は，装置内の温度変化 ΔT〔K〕と水を含む装置全体の熱容量 C〔J/K〕（装置全体の温度を 1 K 上げるのに必要な熱量）を用いて，式(i)で求めることができる。

$$Q = C\Delta T \qquad\qquad\qquad\qquad\qquad\cdots 式(i)$$

　一方，図1に示すように装置のヒーターに電源を入れたときに，ヒーターから発生する熱量 Q'〔J〕は，ヒーターにかかる電圧 V〔V〕，ヒーターを流れる電流 I〔A〕および通電時間 t〔s〕を用いて式(ii)で求めることができる。（〔J〕=〔A・V・s〕）

$$Q' = IVt \qquad\qquad\qquad\qquad\qquad\cdots 式(ii)$$

　物質の溶解により発生した熱およびヒーター通電により発生した熱は，装置のみに

伝わると考えることとする。また，断熱は完全であるとする。

この溶解熱測定装置を用いて，次の実験手順(A)～(H)より，硫酸銅(Ⅱ)五水和物およびその無水物の溶解熱を測定した。

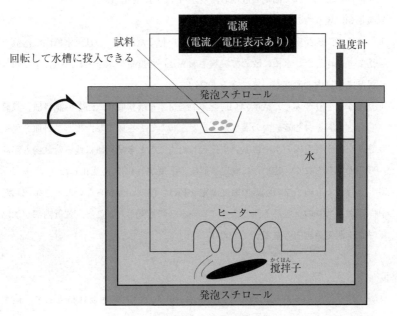

図1　溶解熱測定装置の概略図

[実験手順]

以下の実験において，温度変化量は十分小さく温度変化しても水が凝固点あるいは沸点に達することはないものとする。また，試料が試料皿の中で潮解することはないものとする。

<硫酸銅(Ⅱ)五水和物の溶解熱測定>
(A)　測定装置内の水槽に温度計とヒーターが浸かるように水を入れ，撹拌子でかき混ぜて水槽内の温度が一定になるまで待った。
(B)　細かくすりつぶした硫酸銅(Ⅱ)五水和物を12.5 g量り取り，図1の試料皿に設置した。試料を含む装置内の温度が一定となったことを確認した後，試料皿を

反転させ，測定装置内の水中に試料を投入した。このとき試料皿に残った試料も溶け残った試料もなく，速やかに測定装置内の温度が −0.10 K 変化した。

(C)　しばらくそのままの状態で温度測定を続け，温度が変わらないことを確認した。

(D)　<u>電流が 1.4 A，電圧が 10.0 V の条件でヒーターに 5 分間通電した</u>ところ，装置内部が加熱され，測定装置内の温度が +1.00 K 変化した。

＜硫酸銅（Ⅱ）無水物の溶解熱測定＞

(E)　続いて，硫酸銅（Ⅱ）無水物の溶解熱測定を行うために，一旦，水槽内の溶液を捨て，洗浄した。水槽に改めて実験手順(A)と同程度量の水を入れ，撹拌子でかき混ぜて水槽内の温度が一定になるまで待った。

(F)　細かくすりつぶした硫酸銅（Ⅱ）無水物を 3.2 g 量り取り，図 1 の試料皿に設置した。試料を含む装置内の温度が一定となったことを確認した後，試料皿を反転させ，測定装置内の水中に試料を投入した。このとき試料皿に残った試料も溶け残った試料もなく，速やかに測定装置内の温度が +0.30 K 変化した。

(G)　しばらくそのままの状態で温度測定を続け，温度が変わらないことを確認した。

(H)　実験手順(D)の下線部と同じ条件でヒーターに通電したところ，装置内部が加熱され，測定装置内の温度が +1.00 K 変化した。

問い

(1)　実験手順(D)の下線部について，ヒーターから発生した熱量〔kJ〕として，最も近いものを以下の解答群より 1 つ選びなさい。ただし，測定温度範囲内では熱容量は一定であるとする。

［解答群］

①　0.0007 kJ　　②　0.007 kJ　　③　0.07 kJ　　④　0.7 kJ

⑤　4.2 kJ　　　⑥　42 kJ　　　⑦　420 kJ　　⑧　4200 kJ

(2)　実験手順(A)～(H)に記した溶解熱測定手順に関する次の記述(ア)～(ウ)について，正しい正誤の組み合わせはどれか。最もふさわしいものを以下の解答群より 1 つ選びなさい。ただし，硫酸銅（Ⅱ）無水物の水溶液の熱容量は，水の熱容量と等しいとする。

中央大-理工〈一般・英語外部試験利用〉　　　　　　　　　2022 年度　化学　*43*

- (ア)　硫酸銅（Ⅱ）無水物の溶解熱測定に関わる手順(F)と手順(H)は入れ替えてはならない。

- (イ)　手順(A)で水槽に入れた水の量と，手順(E)で水槽に入れた水の量を同じにしなければ，硫酸銅（Ⅱ）五水和物と硫酸銅（Ⅱ）無水物それぞれの試料 1 mol あたりの溶解熱を互いに比較することはできない。

- (ウ)　各試料を溶解させる手順(B)または手順(F)で，試料の溶け残りが生じた場合でも，その後の操作で手順(D)または手順(H)のヒーター加熱により試料をすべて溶解させることができるならば，その試料の溶解熱を求めることができる。

[解答群]

	(ア)	(イ)	(ウ)
①	正	正	正
②	正	正	誤
③	正	誤	正
④	正	誤	誤
⑤	誤	正	正
⑥	誤	正	誤
⑦	誤	誤	正
⑧	誤	誤	誤

(3)　(ア)硫酸銅（Ⅱ）五水和物と(イ)硫酸銅（Ⅱ）無水物の 1 mol あたりの水への溶解熱〔kJ/mol〕として，最も近いものを以下の解答群よりそれぞれ 1 つ選びなさい。

[解答群]

(ア)　硫酸銅（Ⅱ）五水和物

　①　　4.0 kJ/mol　　②　　8.0 kJ/mol　　③　　12 kJ/mol

　④　　16 kJ/mol　　⑤　　−4.0 kJ/mol　　⑥　　−8.0 kJ/mol

　⑦　　−12 kJ/mol　　⑧　　−16 kJ/mol

(イ)　硫酸銅（Ⅱ）無水物

　①　　48 kJ/mol　　②　　53 kJ/mol　　③　　58 kJ/mol

④　63 kJ/mol　　⑤　−48 kJ/mol　　⑥　−53 kJ/mol

⑦　−58 kJ/mol　　⑧　−63 kJ/mol

(4)　硫酸銅(Ⅱ)五水和物および硫酸銅(Ⅱ)無水物は，水に溶解する際，陽イオンと陰イオンへと解離する。これは水和により各イオンが安定化されるためである。ヘスの法則を用いると，この安定化は，硫酸銅(Ⅱ)五水和物および硫酸銅(Ⅱ)無水物が気相中のイオン（五水和物の場合は，更に5つの水分子）にまず解離し，その後水和による安定化を受けると考えることができる。以上をふまえて考えたとき，次の記述(ア)～(ウ)について，正しい正誤の組み合わせはどれか。最もふさわしいものを以下の解答群より1つ選びなさい。ただし，気相中の水分子が水和される際の水和熱は無視できるものとする。

(ア)　硫酸銅(Ⅱ)五水和物が気相中のイオンおよび水分子へと解離する際のエネルギーは，硫酸銅(Ⅱ)無水物が気相中のイオンへと解離する際のエネルギーより大きい。

(イ)　硫酸銅(Ⅱ)五水和物1 molおよび硫酸銅(Ⅱ)無水物1 molを十分な同じ量の水に溶解するとき，それぞれの水溶液中の銅(Ⅱ)イオンの物質量は等しい。

(ウ)　硫酸銅(Ⅱ)五水和物と硫酸銅(Ⅱ)無水物の生成熱は等しい。

[解答群]

	(ア)	(イ)	(ウ)
①	正	正	正
②	正	正	誤
③	正	誤	正
④	正	誤	誤
⑤	誤	正	正
⑥	誤	正	誤
⑦	誤	誤	正
⑧	誤	誤	誤

中央大-理工〈一般・英語外部試験利用〉　　　　2022 年度　化学　45

Ⅲ　次の文章を読み，以下の問い(1)〜(7)に答えなさい。(20 点)

　アルミニウムは 13 族に属する元素であり，自然界には単体として存在しないが，地殻中には化合物として多く存在する。アルミニウムはイオン化傾向が大きいため，その塩を含む水溶液を電気分解してもアルミニウムの単体を得ることはできない。工業的には，原料鉱石であるボーキサイトから酸化アルミニウムをつくり，それを溶融塩（融解塩）電解して製造する。約 1000 ℃に加熱した氷晶石（Na_3AlF_6）に酸化アルミニウムを加えて融解した後，2つの炭素電極を用いて電気分解すると，陰極にアルミニウムが析出し，陽極では一酸化炭素および二酸化炭素が発生する。
　　　　　　　　　　　　　　(a)

　　　　陰極：$\boxed{}$　…式(i)

　　　　陽極：　　　　$C + O^{2-} \longrightarrow CO + 2e^-$　　　…式(ii)

　　　　　　　$\boxed{}$　…式(iii)

　得られたアルミニウムの単体は銀白色の軟らかい軽金属で，展性・延性に富み，電気伝導性が大きい。アルミニウムは塩酸および水酸化ナトリウム水溶液のいずれにも
　　　　　　　　　　　(b)
反応して気体を発生する。アルミニウムと酸化鉄(Ⅲ)の粉末を混ぜて点火すると，激
　　　　　　　　　　(c)
しく反応して融解した鉄の単体を生じる。

問い

(1) 下線部(a)の陰極で起こる反応の半反応式（式(i)）を書きなさい。なお，半反応式とは電子 e^- を含むイオン反応式である。

(2) 下線部(a)の陽極で起こる反応のうち，二酸化炭素を発生する反応の半反応式（式(iii)）を書きなさい。

(3) 酸化アルミニウムの溶融塩電解を行った。陽極の炭素電極で一酸化炭素が 1.4 kg と二酸化炭素が 4.4 kg 発生したとき，陰極で生成したアルミニウムの質量は何 kg か。有効数字 2 桁で求めなさい。ただし，発生した一酸化炭素と二酸

化炭素はすべて電気分解により生成したものであり，酸素は発生していないものとする。

(4) 問い(3)とは異なる条件で酸化アルミニウムの溶融塩電解を行った。400 A の電流を 4.0 時間流したとき，陰極で生成するアルミニウムの質量は何 kg か。有効数字 2 桁で求めなさい。また，陽極で発生する気体がすべて一酸化炭素であると仮定して，その標準状態における体積は何 L となるか。有効数字 2 桁で求めなさい。ただし，発生した一酸化炭素はすべて電気分解により生成したものであり，酸素は発生していないものとする。

(5) 下線部(b)で，アルミニウムが水酸化ナトリウム水溶液に溶解するときの化学反応式は式(iv)のとおりである。空欄(ア)，(イ)に当てはまる化学式をそれぞれ書きなさい。

$$2Al + 2NaOH + 6H_2O \longrightarrow 2\;\boxed{(ア)}\;+3\;\boxed{(イ)}\;\uparrow\;\cdots 式(iv)$$

(6) 下線部(c)の化学反応式を書きなさい。

(7) アルミニウムの結晶構造は面心立方格子である。アルミニウム原子は球とみなし，最近接の原子と互いに接しているとする。アルミニウムの原子半径を r 〔cm〕，モル質量を M 〔g/mol〕，アボガドロ定数を N_A 〔/mol〕とすると，密度は，$\boxed{(ウ)} \times \dfrac{M}{N_A \cdot r^3}$〔g/cm³〕と表せる。$r$ を 1.4×10^{-8} cm とすると，アルミニウムの密度は $\boxed{(エ)}$ g/cm³ となる。空欄(ウ)，(エ)に当てはまる数値をそれぞれ有効数字 2 桁で求めなさい。ただし，$\sqrt{2} = 1.41$ とする。

中央大-理工〈一般・英語外部試験利用〉　　　　　2022 年度　化学　47

Ⅳ　次の文章を読み，以下の問い(1)〜(8)に答えなさい。(20 点)

　有機化合物Aに希硫酸を加えて加熱し加水分解すると，直鎖状の**有機化合物B**と**有機化合物C**の二種類のみが 3：1 の分子数の比で生成した。**有機化合物A**の組成式は元素分析結果により $C_{15}H_{26}O_6$，分子量は凝固点降下度の測定により 301.8〜302.4 の間であることが判明した。**有機化合物A**は水に溶けにくく芳香がある。**有機化合物B**は水に溶かすとわずかに電離して弱酸性を示す化合物であり，**有機化合物D**や**有機化合物E**の酸化によって得られる。**有機化合物D**は水に少量溶け，フェーリング液を加えて加熱すると赤色沈殿を生じる。**有機化合物D**と**有機化合物E**は**有機化合物B**と同数の炭素原子をもち，ヨードホルム反応を示さない。**有機化合物C**の分子量は凝固点降下度の測定により 91.8〜92.3 の間であることが判明した。**有機化合物C**は水に非常によく溶け，合成樹脂の材料となるだけでなく，食品添加物，医薬品，化粧品等としても，広く使われている。**有機化合物C**に濃硫酸と濃硝酸の混合物（混酸）を加えると，脱水縮合反応が起こり，一分子中に 3 個の窒素原子を含む硝酸エステルである**有機化合物F**が生成した。

問い

(1)　下線部(a)の反応において触媒としてはたらくイオンは何か。解答欄のイオンから 1 つ選んで，○で囲みなさい。

〔解答欄〕

　　H^+　　・　　OH^-

(2)　下線部(b)の反応で生成する**有機化合物F**の分子式を書きなさい。

(3)　**有機化合物B**の構造式を書きなさい。なお，構造式は図 1 の例にしたがって書くこと。

(4)　**有機化合物D**の構造式を書きなさい。なお，構造式は図 1 の例にしたがって書くこと。

(5)　**有機化合物E**の構造式を書きなさい。なお，構造式は図 1 の例にしたがって書くこと。

(6) **有機化合物B**と構造異性体の関係にある化合物のうち，エステルは何種類ある
か。その数を書きなさい。

(7) **有機化合物E**と構造異性体の関係にある化合物は，何種類あるか。その数を書
きなさい。ただし，**有機化合物E**は数には含めない。

(8) 問い(7)の異性体のうち，不斉炭素原子を有する**異性体G**の構造式を書きなさい。
不斉炭素原子に＊印を付けなさい。なお，構造式は図1の例にしたがって書くこ
と。

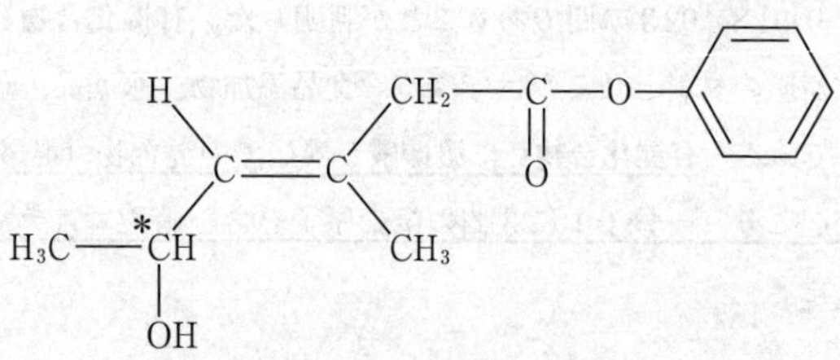

図1　構造式の例（＊印は不斉炭素原子を表す）

中央大-理工〈一般・英語外部試験利用〉　　　　　　　　　2022 年度　生物　*49*

生物

（90 分）

問題 I の解答は，マーク解答用紙の指定された欄にマークしなさい。問題 II，III，IV の解答は，記述解答用紙の解答欄に答えなさい。

I　以下の **A ～ C** の設問に答えなさい。（30 点）

A　生物の組織や細胞における，恒常性調節機構に関する以下の問い(1)～(9)に答えなさい。

(1)　以下の記述の中で，動物細胞の外側の塩濃度が細胞内よりも高くなったときの変化として適切なものを 1 つ選び，記号をマークしなさい。

　(a)　水が細胞内から細胞外に出るので，細胞は収縮する。

　(b)　水が細胞外から細胞内に入るので，細胞は膨張する。

　(c)　塩類が細胞内から細胞外に出るので，細胞は収縮する。

　(d)　塩類が細胞外から細胞内に入るので，細胞は膨張する。

(2)　以下の記述の中で，植物の組織を蒸留水に浸したときの変化として適切なものを 1 つ選び，記号をマークしなさい。

　(a)　水が細胞内から細胞外に出るが，細胞壁があるので原形質分離が起こる。

　(b)　水が細胞外から細胞内に入るが，細胞壁があるので細胞の膨張が制限される。

　(c)　塩類が細胞内から細胞外に出るが，細胞壁があるので原形質分離が起こる。

　(d)　塩類が細胞外から細胞内に入るが，細胞壁があるので細胞の膨張が制限される。

(3) ゾウリムシは収縮胞を使って細胞内の水分量を調節している。以下の記述の中で，細胞外の塩濃度を細胞内よりも低くしたときに起こる変化として適切なものを1つ選び，記号をマークしなさい。

(a) 水が細胞内から細胞外に出るが，収縮胞の収縮頻度が下がり，細胞の体積は維持される。

(b) 水が細胞内から細胞外に出るが，収縮胞の収縮頻度が上がり，細胞の体積は維持される。

(c) 水が細胞外から細胞内に入るが，収縮胞の収縮頻度が下がり，細胞の体積は維持される。

(d) 水が細胞外から細胞内に入るが，収縮胞の収縮頻度が上がり，細胞の体積は維持される。

(4) 以下の記述の中で，炭水化物を多く含む食べ物を摂ったときに体内で起こる変化として適切なものを1つ選び，記号をマークしなさい。

(a) 消化酵素として重要なはたらきを担うトリプシンが，膵臓から分泌される。

(b) 筋でのグリコーゲン分解が促進され，グルコースが産生される。

(c) 小腸で吸収されたグルコースが肝門脈を通して肝臓へと運ばれる。

(d) 血糖値が下降し，膵臓でのグルカゴンの分泌が促進される。

(5) 以下の記述の中で，運動によってグルコースの血中濃度が下降したときに体内で起こる変化として適切なものを1つ選び，記号をマークしなさい。

(a) 肝臓でのグリコーゲンの分解が促進される。

(b) 脂肪組織での脂質の分解が抑えられる。

(c) 筋におけるグルコースの取り込み量が上昇する。

(d) 腎臓の集合管での水再吸収が促進される。

(6) 冬眠する小動物は，冬眠から目覚めるときに急速に体温を上昇させる。以下の記述の中で，冬眠から目覚めるときに体内で起こる変化として適切なものを1つ

選び，記号をマークしなさい。

(a) 副交感神経が活性化する結果，立毛筋が弛緩する。
(b) 交感神経が活性化し，さらに，肝臓での代謝が上昇する。
(c) 甲状腺ホルモン（チロキシン）の分泌が減少し，代謝が抑えられる。
(d) 皮膚を流れる毛細血管の内径が拡張して，血流量が増加する。

(7) 以下の記述の中で，階段を上がるなどの軽い運動をしたときの変化として適切なものを1つ選び，記号をマークしなさい。

(a) 筋収縮刺激が引き金となり，骨格筋から心臓へと神経興奮が伝えられる結果，心拍数が増加する。
(b) 筋収縮により体温が上昇すると，アセチルコリンが副腎から分泌され，心拍数が増加する。
(c) 肺での呼吸による酸素の取り込み速度が上昇するとともに，筋での酸素の取り込みと細胞呼吸が促進される。
(d) 筋の内部で酸素が使われずにグルコースが分解し，血液中の二酸化炭素濃度が上昇する。

(8) 短距離走のアスリートは，100 m をほとんど無呼吸のまま走破する。以下の記述の中で，競技の直後に走者の体内で起こる変化として誤っているものを1つ選び，記号をマークしなさい。

(a) 筋内のグルコースが分解し，乳酸の濃度が上昇する。
(b) 不足する血液中の酸素濃度を補うために，肺の呼吸数が上昇する。
(c) 心拍数の調節に関わる副交感神経の活動が活発になる。
(d) 筋組織が熱を産生するので，体温が上昇し発汗が促進される。

(9) 動物の体にはさまざまなフィードバック調節のしくみがある。以下の記述の中で，フィードバックによる調節機構が関わらないものを2つ選び，記号をマークしなさい。

(a) 血液中にチロキシンを注入すると，下垂体からの甲状腺刺激ホルモンの分泌が抑制される。

(b) 血糖値が上昇すると，その変化を膵臓のランゲルハンス島にあるB細胞が直接感知してインスリンを分泌し，このホルモンのはたらきで肝臓へのグルコースの取り込み速度が上昇する。

(c) ひざの腱紡錘によって受容された機械的な刺激の情報は，脊髄に伝えられ，運動ニューロンを経て，ひざの伸筋に伝えられ，収縮を引き起こす。

(d) 動物の皮膚の温度が低下すると，体の深部の温度が変化する前であっても，筋収縮などの体温調節反応が引き起こされる。

(e) 網膜上の視細胞が受ける光が増加すると，その刺激が視神経を介して中枢神経系へ，さらに，動眼神経とよばれるニューロンを介して眼に伝わり，瞳孔を収縮させる結果，視細胞が受ける光の量が減少する。

B 転写，翻訳に関する以下の問い(1)〜(9)に答えなさい。

(1) mRNA を合成する際に RNA 鎖を伸長させる酵素を何とよぶか。以下の選択肢の中から，もっとも適切なものを1つ選び，記号をマークしなさい。

(a) RNA ポリメラーゼ

(b) RNA プライマーゼ

(c) RNA ヘリカーゼ

(d) RNA キナーゼ

(e) RNA リガーゼ

(2) mRNA が合成されるときの DNA 鎖について述べた以下の文の中から，正しいものを1つ選び，記号をマークしなさい。

(a) センス鎖もアンチセンス鎖も読み取られる。

(b) プロモーター領域にリプレッサーが結合しているかどうかでセンス鎖が読み取られるか，アンチセンス鎖が読み取られるかが変わる。

(c) センス鎖が読み取られる。

中央大-理工〈一般・英語外部試験利用〉 2022 年度 生物 *53*

(d) アンチセンス鎖が読み取られる。

(e) センス鎖とアンチセンス鎖のどちらが読み取られるかは，エキソンごとに異なる。

(3) 真核生物において，翻訳開始コドンに結合する tRNA について述べた以下の文の中から，正しいものを 1 つ選び，記号をマークしなさい。

(a) メチオニンを運搬する。

(b) フェニルアラニンを運搬する。

(c) トリプトファンを運搬する。

(d) 運搬するアミノ酸は決まっていない。

(e) 運搬するアミノ酸はタンパク質の種類により異なる。

(4) 翻訳の終了について述べた以下の文の中から，もっとも適切なものを 1 つ選び，記号をマークしなさい。

(a) 3 つの終止コドンが連続したところで終了する。

(b) 3 つの終止コドンのいずれかが現れたところで終了する。

(c) 3 つの終止コドンの中の 1 つのみを使うが，どれを使うかは生物ごとに異なる。

(d) mRNA の 3′ 末端まで翻訳されて終了する。

(e) エキソンとイントロンの境界で終了する。

(5) リボソームについて述べた以下の文の中から，もっとも適切なものを 1 つ選び，記号をマークしなさい。

(a) 分泌タンパク質は大サブユニットのみで合成される。

(b) 小サブユニットのみで合成されるタンパク質がある。

(c) タンパク質だけでなく tRNA の合成の場でもある。

(d) RNA だけからなる。

(e) 大小 2 つのサブユニットからなる。

54　2022 年度　生物　　　　　　　　　　　中央大-理工〈一般・英語外部試験利用〉

(6) コドンとそれに対応するアミノ酸について述べた以下の文の中から，正しいものを 1 つ選び，記号をマークしなさい。

(a) すべてのコドンにアミノ酸が対応している。

(b) タンパク質合成後に別のアミノ酸に変換されるものが 1 個あるので，コドン表にはそれを除く 19 種のアミノ酸が示されている。

(c) 20 種のアミノ酸はそれぞれ 1 個のコドンに対応しているので，対応しないコドンが 44 個存在する。

(d) コドンの 1 番目と 2 番目の塩基が決まれば，対応するアミノ酸が決まる場合がある。

(e) 1 個のコドンに複数種のアミノ酸が対応する。

(7) タンパク質合成が行われる場所もしくは細胞小器官として，適切でないものを 1 つ選び，記号をマークしなさい。

(a) 葉緑体

(b) ミトコンドリア

(c) 核

(d) 細胞質基質

(e) 小胞体

(8) 以下の(ア)～(オ)は，翻訳の各ステップを述べたものである。正しい順番に並べられているものはどれか。もっとも適切な選択肢を 1 つ選び，記号をマークしなさい。

[ステップ]

(ア) mRNA が核膜孔を通って細胞質に移動する。

(イ) アミノ酸と結合した tRNA が mRNA に結合する。

(ウ) リボソームが mRNA を 5′ から 3′ 末端の方向に移動するとともに tRNA がリボソームから離れる。

(エ) アミノ酸どうしがペプチド結合により結びつく。

(オ) mRNA がリボソームと結合する。

中央大-理工〈一般・英語外部試験利用〉　　　　　　　　2022 年度　生物　*55*

[選択肢]

(a) (ア) → (イ) → (ウ) → (エ) → (オ)

(b) (ア) → (オ) → (ウ) → (エ) → (イ)

(c) (ア) → (オ) → (イ) → (エ) → (ウ)

(d) (ア) → (エ) → (オ) → (イ) → (ウ)

(e) (ア) → (ウ) → (オ) → (イ) → (エ)

(9) tRNA の合成について述べた以下の文の中から，もっとも適切なものを 1 つ選び，記号をマークしなさい。

(a) 翻訳に使われたあとの mRNA を使い，細胞質で合成される。

(b) 核内で DNA の塩基配列を写し取って合成される。

(c) 細胞分裂にともなって娘細胞に分配されるので，新たな合成は起こらない。

(d) tRNA 自身が鋳型となって新しい tRNA が細胞質で合成される。

(e) 細胞質に tRNA の遺伝情報を持つ DNA があり，これをもとに細胞質で合成される。

C 個体群や生物群集，生態系に関する以下の問い(1)〜(5)に答えなさい。

(1) 動物種の個体の分布に関する以下の記述の中で，<u>間違っているもの</u>を 1 つ選び，記号をマークしなさい。

(a) ある地域において，ある動物種の個体数を推定するには，個体の分布パターンや移動能力を把握することが必要不可欠である。

(b) 繁殖に適している生息地域においては，個体の分布は常に等間隔になる。

(c) 繁殖期と非繁殖期とでは，個体の分布が異なることが多い。

(d) 個体の分布には，各個体が必要とする資源の分布や種間相互作用が影響を与えている。

(2) 生物種の個体数の調査法に関する以下の記述の中で，<u>適切でないもの</u>を 1 つ選び，記号をマークしなさい。

(a) ある生物種の個体数を調査する際には，生息地域において全個体の位置を確かめ，観察された個体数を合計する。

(b) 生息地域に一定の面積をもつ区画を複数設け，その中で確認された個体数に基づいて生息地域全体の個体数を推定する。

(c) 移動能力の高い動物種の場合には，標識再捕法を用いて個体数を計算することができる。

(d) 個体数を調査する際には，対象種の行動や習性の日内変動や季節変動を考慮する必要がある。

(3) 個体群の成長に関する以下の記述の中で，間違っているものを1つ選び，記号をマークしなさい。

(a) ある個体群が利用できる資源の量を制限すると，個体群の成長曲線がS字型になる傾向がある。

(b) 個体群密度には，利用可能な資源量以外に，個体の平均的な資源利用率や他の生物との相互作用，偶然に起きる撹乱が影響を与える。

(c) 個体群の成長は環境の収容力によって制限され，環境収容力に相当する個体数まで増えた後は一切変動しなくなり，長期的に安定する。

(d) 同種の個体間の競争は，異種の場合と比べて強い傾向があるので，個体群の成長が著しく制限されることが多い。

(4) 生物群集に関する以下の記述の中で，間違っているものを1つ選び，記号をマークしなさい。

(a) ある一定の地域に生息する複数の種の個体群の集まりを生物群集とよぶ。

(b) 種の多様性を評価する指標として，出現する種の数や，それぞれの種の個体数の均等さを使うことができる。

(c) 生物群集の構成においては，共生や食物連鎖など種間相互作用が重要な役割を果たしている。

(d) 同じ地域に出現する複数の種の生態的地位は重ならないので，種間競争が起きない。

中央大-理工〈一般・英語外部試験利用〉 2022 年度 生物 57

(5) 生物の個体群動態と人の生活との関係に関する以下の記述の中で，<u>間違っているものを1つ選び，記号をマークしなさい。</u>

(a) 農業や林業においては，作物や木材などの収穫量を減少させる害虫や病原菌の個体群動態を制御することが重要な課題である。

(b) 人間の営みは環境収容力に影響を及ぼさないので，野生生物個体群の成長曲線の形が人為的影響によって変わることはない。

(c) ある地域における野生生物個体数の変動を予測する際には，出生率や死亡率を把握するだけでなく，対象地域からの移出や移入も考慮する。

(d) 野生生物を資源として合理的に利用するには，個体群の齢構成と年齢毎の生存率から，個体数の動態を予測することが必要である。

Ⅱ 以下の文章を読み，問い(1)〜(6)に答えなさい。(25 点)

好熱菌は 70 ℃以上の高温でも増殖できる。一方，大腸菌は 40 ℃以下の温度でないと増殖できない。どちらの菌も，<u>増殖する上で重要な役割を担う酵素A</u>をもち，好熱
①
菌のものは約 800 アミノ酸，大腸菌のものは約 600 アミノ酸からなるポリペプチド鎖 1 本で構成されている。好熱菌由来の酵素Aは，C末端側の 600 アミノ酸の部分が大腸菌由来の酵素Aと同じ形に折りたたまれており，また，インスリンなど他のタンパク質にみられる<u>システイン残基を介した立体構造を強固にする力</u>がはたらいていない
②
ことも，共通点として挙げられる。しかし，これらの酵素Aの大きな違いとして，600 アミノ酸の部分において，大腸菌の酵素Aでは，水になじみやすい親水性のアミノ酸残基の数がより多く，水をはじきやすい疎水性のアミノ酸残基の数がより少ない傾向にあることが挙げられる。つまり，2 つの酵素Aでは ア 次構造に大きな違
③
いがあっても，よく似た イ 次構造をもつといえる。

タンパク質を構成する 20 種類のアミノ酸の間では，それぞれの側鎖の構造だけが異なっている。側鎖にはアルギニン側鎖のように親水性のものと，イソロイシン側鎖のように疎水性のものとがある。この性質の違いは，図1で示すように，アミノ酸の中にある炭素（C），水素（H），酸素（O），窒素（N）の間の化学結合において生じる電荷の偏りの違いに起因する。たとえば，CとCの間，またはCとHの間の化学

結合に比べて，NとCの間の化学結合では，Nが負，Cが正の電荷を生じやすい。同様に，OとCの間の化学結合では，Oが負，Cが正の電荷を生じやすい。

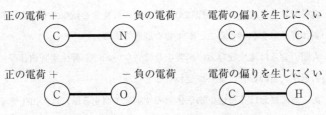

図1　原子どうしの結合における電荷の偏り

　この原理によって，タンパク質中のアミノ酸の間で，水分子との相互作用における性質の違いが生じる。たとえば，図2のアルギニン側鎖は，点線で示すNの集まっている部分で，3つのNが負の電荷を，それに化学結合しているCが大きな正の電荷をもつので，アルギニンを水に溶かすと，電荷の偏りをもつこの側鎖部分に，多くの水分子が接近する。このようなアミノ酸を総称して親水性アミノ酸とよぶ。また，図2のイソロイシン側鎖は，電荷の偏りを生じにくいので，水分子は引き寄せられない。このようなアミノ酸を総称して疎水性アミノ酸とよぶ。

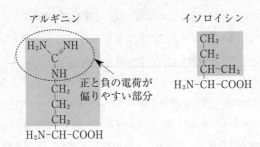

図2　親水性アミノ酸と疎水性アミノ酸の例（網掛けは側鎖を示す）

　タンパク質の折りたたみのパターンは，そのタンパク質を構成するアミノ酸側鎖と水分子との間の相互作用に，深く関係している。親水性のアミノ酸側鎖と水分子との間は互いに引きあう力がはたらき，この力は疎水性のアミノ酸側鎖との間にははたらかない。水分子は安定して親水性のアミノ酸の周囲に集まろうとする。逆に，これが，

中央大−理工〈一般・英語外部試験利用〉　　　　　　　　2022 年度　生物　*59*

疎水性のアミノ酸側鎖から水分子を遠ざけるので，疎水性のアミノ酸側鎖どうしを近くに集めるようにはたらく。これを「疎水性相互作用」という。タンパク質を加熱すると，水分子が疎水性のアミノ酸の周囲にも接近しやすくなるので，特定の折りたたみ構造をとりにくくなり，その結果，立体構造が失われる。
⑥

⑴　下線部①の酵素Aは，遺伝子工学の実験では，微量の DNA を短時間で大量に増幅させる酵素として利用される。この酵素Aの名称と，DNA を増幅させる方法の名称を答えなさい。

⑵　⑴で答えた方法において，好熱菌の酵素Aがとくに利用される理由は何か。50字以内で説明しなさい。ただし，「疎水性相互作用」の語句を用いること。

⑶　下線部②で示す立体構造を強固にする化学結合の名称を答えなさい。また，この結合に関与するアミノ酸を，選択肢1のA〜Eの中から選び，記号で答えなさい。

［選択肢1］

A
CH$_3$
｜
S
｜
CH$_2$
｜
CH$_2$
｜
H$_2$N−CH−COOH

B
OH
｜
CH$_2$
｜
H$_2$N−CH−COOH

C
CH$_2$
╱　　╲
CH$_2$　CH$_2$
｜
HN − CH−COOH

D
CH$_3$
｜
H$_2$N−CH−COOH

E
SH
｜
CH$_2$
｜
H$_2$N−CH−COOH

（網掛けは側鎖を示す）

⑷　下線部③の空欄　ア　と　イ　にあてはまる整数を答えなさい。

⑸　下線部④と⑤の記述を参考に，選択肢2のF〜Mの中から，疎水性のアミノ酸

をすべて選び,記号で答えなさい。

[選択肢2]

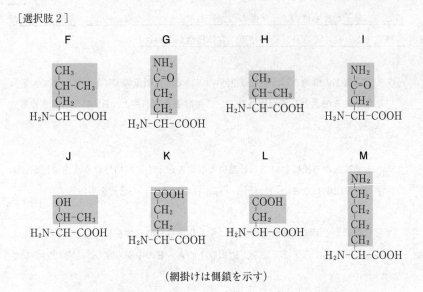

(網掛けは側鎖を示す)

(6) 下線部⑥に示す現象が酵素で起こり,酵素による化学反応速度が著しく低下することを何とよぶか,答えなさい。

Ⅲ 以下の文章を読み，問い(1)〜(6)に答えなさい。(25点)

　植物が，気孔の開閉を通して調節する CO_2 固定経路は，図1の3つに大別される。1つ目の C_3 植物の場合，CO_2 は最初に ｢(ア)｣ とよばれる C_5 化合物と反応する。この反応では ｢(イ)｣ とよばれる酵素が触媒としてはたらき，C_3 化合物である ｢(ウ)｣ が生成される。C_3 植物は高温や乾燥といった条件下で，気孔を閉じやすくなり，CO_2 固定速度が ｢(エ)｣ する。

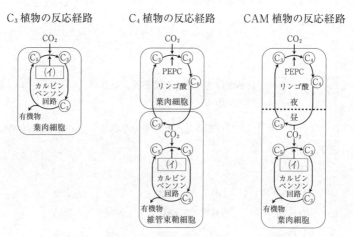

図1　植物が気孔の開閉を通して調節する CO_2 固定経路

　2つ目の C_4 植物の場合，CO_2 は最初に C_3 化合物と反応する。この反応では，PEPC（ホスホエノールピルビン酸カルボキシラーゼ）とよばれる酵素が触媒としてはたらく。この反応で生成された C_4 化合物は，さらに維管束鞘細胞まで運搬されたのち，カルビン・ベンソン回路に取り込まれる。このしくみにより，気孔を半分閉じたままであっても，内部で CO_2 を ｢(オ)｣ できるため，C_4 植物は高温や乾燥といった条件下であっても，CO_2 固定速度が ｢(エ)｣ しにくい。したがって C_3 植物と比較して，C_4 植物は高温の地域や，降水量の少ない地域に多い。この適応のしくみを理解するために，高温や乾燥といった条件に加え，光の強さや$\underline{CO_2 濃度を変化させ，C_4 植物と C_3 植物の CO_2 吸収速度を比較する実験が行われている}$。
①

　3つ目のCAM植物は，まず夜間に気孔を開け，取り込んだ CO_2 をリンゴ酸のか

たちで $(カ)$ する。そして昼間に気孔を閉め，リンゴ酸から取り出した CO_2 をカルビン・ベンソン回路に取り込む。したがって CAM 植物は，CO_2 固定経路を $(キ)$ に分けている。一方で C_4 植物は，CO_2 固定経路を $(ク)$ に分けているため，CAM 植物との違いが明確である。CAM 植物は茎や葉が肉厚な多肉植物に多く，昼間であっても気孔を閉めたまま，カルビン・ベンソン回路で有機物を合成できるため，C_4 植物よりもさらに高温や乾燥に適応できる。このように，高温や乾燥に対する植物の適応に注目すると，上記の 3 つの CO_2 固定経路の違いがよく理解できる。温度や湿度の変化が植物におよぼす影響を理解したうえで，地球温暖化の具体的な影響と対策
②
を考えることが重要である。

問い

(1) $(ア)$ ～ $(ウ)$ にあてはまる適切な語を答えなさい。

(2) $(エ)$ ～ $(カ)$ にあてはまるもっとも適切な語を，下記のそれぞれの語群から選び，答えなさい。

$(エ)$ の [語群]	上昇	低下	安定	変動
$(オ)$ の [語群]	合成	酸化	希釈	濃縮
$(カ)$ の [語群]	消費	蓄積	分離	分配

(3) $(キ)$ と $(ク)$ にあてはまるもっとも適切な語を，それぞれ下記の語群から選び，答えなさい。

[語群]

促進的　　抑制的　　好気的　　嫌気的
空間的　　時間的　　酸化的　　還元的

(4) 下線部①に該当する実験を行うために，ある実験装置の中に植物を入れた。その結果の一例を，図 2 に示す。下記の選択肢(a)～(f)から，図 2 の説明として適切なものをすべて選び，答えなさい。

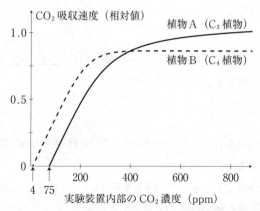

図2　CO_2濃度の変化に対する植物Aと植物BのCO_2吸収速度

CO_2吸収速度の値は，単位面積あたりの葉における，見かけの光合成速度（単位時間あたりに，葉への吸収が実際に観察されたCO_2重量）の相対値である。負の値は除外した。

［選択肢］
(a)　CO_2濃度が4 ppmのとき，植物Bのみが，光合成による成長が可能である。
(b)　CO_2濃度が75 ppmのとき，植物Bのみが，光合成による成長が可能である。
(c)　CO_2濃度が75 ppmのとき，植物Bのみが，光合成を行っている。
(d)　CO_2濃度が75 ppmのとき，植物Aの光合成によるCO_2吸収量と，呼吸によるCO_2放出量とがつり合っている。
(e)　CO_2濃度が600 ppmのとき，植物Aのみが，光合成による成長が可能である。
(f)　CO_2濃度が400 ppmから800 ppmに倍増するとき，植物Aのみが，光合成速度を増加させる。

(5)　C_3植物，C_4植物，CAM植物の，それぞれの例として，もっとも適切なものを，下記の解答群(a)〜(f)から選び，答えなさい。

［解答群］
(a)　イネ，ヒエ　　　　　(b)　コムギ，レタス
(c)　シイタケ，ブナシメジ　(d)　ウチワサボテン，イチョウ

64 2022 年度 生物　　　　　　　　　　　　中央大-理工〈一般・英語外部試験利用〉

　　(e)　パイナップル，アロエ　　　　(f)　トウモロコシ，サトウキビ

(6)　下線部②が指す地球温暖化の影響の事例として，正しくないものを下記の選択
　　肢(a)～(f)からすべて選び，答えなさい。

[選択肢]

　(a)　寒冷地農業の伝統的な主要作物は，C_3植物が多いため，収穫量は地球温暖
　　　化の影響を受けにくい。

　(b)　異なる緯度や標高に，生息場所を移動することが難しい植物は，地球温暖化
　　　の影響による絶滅の危険性が高まりやすい。

　(c)　熱帯地域の農業では，地球温暖化の影響によりC_4植物の雑草が増加し，収
　　　穫量の減少につながる場合がある。

　(d)　人間の活動領域から遠く離れた高山や島においては，地球温暖化が植生に与
　　　える影響は少ない。

　(e)　地球温暖化の影響で，短期的に収穫量が増加する地域や農作物がある。

　(f)　地域と農作物の種類によっては，地球温暖化の影響で，従来の収穫量と品質
　　　を維持することが難しい。

Ⅳ 以下の図1をよく見て，問い(1)〜(8)に答えなさい。(20点)

図1　中央大学多摩キャンパスの生物

B，Iは10月中旬，Gは6月中旬，それ以外はすべて4月末の撮影である。
Gの右側は左側の写真の拡大。

(1) 図1の生物から，従属栄養生物をすべて選び，記号で答えなさい。

(2) 図1の生物から，胞子で繁殖する独立栄養生物をすべて選び，記号で答えなさい。

(3) 写真Aは，ヤマツツジ *Rhododendron kaempferi* の一部である。写真にある番

66 2022 年度　生物　　　　　　　　　　　　　　　　　中央大-理工〈一般・英語外部試験利用〉

号 1 および 2 の名称を，それぞれ解答欄に答えなさい。また，その構造と同様のは
たらきをする構造を，写真 G（クロマツ *Pinus thunbergii*）にある黒と白の矢印か
ら選び，解答欄にある文字のあてはまる方を丸で囲みなさい。なお，G の左写真に
ある白矢印のうち上のものはこの年につくられ，下のものは前年につくられてい
る。

〔解答欄〕

1 の矢印の色：　黒　　　白

2 の矢印の色：　黒　　　白

(4)　写真 D の中央にある葉をもつ植物は，矢印で示したような器官をつくる。この
器官は中央に穴が開いた壺のような形をしており，写真 A にある器官と同じはた
らきをする。写真 A に番号で示した構造はこの壺形の中にある。この器官はなぜ
このような地表すれすれの場所につくられているか。理由を考えて，40 字以内
で答えなさい。

(5)　写真 F は，ブナ科のコナラ *Quercus serrata* という植物の種子が発芽後，しば
らく経ったものである。白矢印で示した 2 つの構造は，右側の部分で茎の基部と
連結しているが，色は茶色であった。この構造は何であると考えられるか。適切
な用語を答えなさい。また，このような特徴をもつ種子を何とよぶか答えなさい。

(6)　写真 I の生物には，白矢印で示したように，よく見ると体表に短い突起のよう
なものがたくさんみられるが，これも生物である。この生物は生態系における食
物連鎖の中では，分解者としてはたらいている。このような生物が関わる食物連
鎖はとくに何とよばれるか，その名称を答えなさい。また，その連鎖において写
真 I の生物と同様の役割を果たしている生物を，図 1 の写真 A ～ H の中から 1 つ
選び，記号で答えなさい。

(7)　中央大学多摩キャンパスがある地域のバイオームの名称を，答えなさい。

(8)　日本のバイオームは，特殊な環境を除けば，どの地域でも森林である。その理
由を 40 字以内で答えなさい。

中央大-理工〈一般・英語外部試験利用〉　　　2022 年度　英語〈解答〉　67

解答編

英語

Ⅰ **解答**
1. ㈠—C　㈡—A　㈢—D　㈣—D
2. 1—B　2—A　3—D　4—B
3. 1—C　2—B　3—C　4—A　4. C・F

◆全　訳◆

≪宇宙探査機，火星へ行く≫

　2021 年 2 月，新たな 3 機の宇宙探査機がそれぞれ別々に火星に到達した。それらのうち 2 機は，それを宇宙の奥深くまで送った国にとっては初めてのものだった。一方で 3 番目の宇宙探査機は，火星探索に新たな時代を開いた。最初の探査機は Hope としても知られる，アラブ首長国連邦の Mars Mission（火星ミッション）だった。この探査機は 2 月 9 日に軌道に入った。その後まもなく，中国の天問 1 号探査機が火星に到達した。この探査機は火星の表面に探査車を下ろす計画だった。

　これらのミッションはどちらも両国にとっては並外れた偉業であり，おかげで両国は火星に探査機を送ることに成功したアメリカ，ロシア，ヨーロッパ，インドの仲間入りを果たした。しかしながら，新聞の見出しが最も躍ったのは 3 番目の探査機のミッションだった。

　2 月 18 日，NASA は自動車サイズの探査車，パーサヴィアランスを火星表面に着陸させた。この探査車には行うべき科学的目標の長いリストがあった。「我々は火星が惑星としていかにして形成されたか，もっと十分に理解したいのである」と，パーサヴィアランス科学チームの一員であるサンジーブ=グプタは言う。地球上では地殻が絶えず動いており，そのせいで，形成されたまさに最初の地球表面の岩石がほとんど破壊されてしまっている。しかし，火星では最も古い岩石が保存されている。したがって，40 億年以上，絶えることなくずっと記録を遡れる。そのような非常に古い岩石は火星の生成の歴史を教えてくれるばかりではなく，そもそも生命

がこの赤い惑星に誕生したかどうかの鍵も含んでいるかもしれない。

　しかしパーサヴィアランスの任務がユニークなものになっているのは，これが 2031 年頃に火星の岩石を地球に持ち帰るという，NASA と欧州宇宙機関共同の野心的な 10 年計画の第一弾でもあるということだ。「科学者たちは火星から地球に岩石を持ち帰ることを非常に望んでいる」とグプタは言う。最も進んだ火星探査車であっても，それを使うより地球での方がサンプルをはるかに丁寧に分析できる。また，実験技術は絶えず向上しているので，サンプルは年々調べ続けることができ，新たな発見があるかもしれないのである。

　サンプルの岩石を地球に持ち帰ることの価値が実証されたのは，1970 年代だった。アポロ宇宙船の飛行士たちが持ち帰った月の岩石の分析によって，太陽系の歴史と形成に関する我々の理解が変わってしまったのである。

　この成功を火星で繰り返すために，パーサヴィアランスには 30 個以上の容器が備え付けられており，その中に興味深そうな岩石を積み込むことになっている。NASA と欧州宇宙機関との共同プロジェクトに従って，欧州の探査車が 2028 年に火星に到達して容器を回収してくる予定だ。探査車はそれらの容器を火星上昇機として知られる NASA の宇宙探査機に詰め込む。そして，この火星上昇機がそれらの容器を地球回帰軌道機と呼ばれる欧州の探査機に運び，その探査機がサンプルを地球に持ってくることになっている。

　1970 年代の月の岩石サンプルは生命のない世界から持ち帰られたが，一方火星はかつて生命体が存在可能な惑星であった可能性がある。したがって，重要な調査は過去，もしくは恐らく現在の生命体の証拠探しを伴うものとなるであろう。そして，それはまったく新たな問題を生み出すことになる。「もし火星で生命を示すしるしを発見すれば，それが火星の生命体であるということを知りたくなるだろう。そうではないか？　宇宙探査機で自分に偶然くっついてきたバクテリアなど発見したくはないだろう」と宇宙政策アドバイザーのケーシー＝ドレイアーは言う。

　科学的結果をできるだけ純粋なものにしておくために，宇宙探査機と装備は薬品もしくは熱処理によってきれいにされる。そのような措置は惑星保護として知られているものであり，二つの部分に分かれる。一つは前方

汚染で，地球生命体を他の世界に持ち込むことであり，もう一つは後方汚染である。これはどれだけ可能性が少ないとしても，地球外生命体が地球に持ち帰られ，それが外に逃れ出す可能性に関わるものである。

　惑星保護の問題は，元々は初めての衛星が地球周回軌道に打ち上げられた1950年代に議論されていたものである。しかし，1971年にマリナー9号が火星の周回軌道に入った初めての宇宙探査機となったとき，話は変わった。マリナー9号が送ってきた映像に多くの人々が失望した。なんら植物は見られず，生命体を示す目に見えるものは何もなかったからである。実際，過去の生命体を示すものさえ何もなかった。「実際，火星がどれだけただ死んだ様相を呈していたか，それを見た人々は驚いた」とトーマス=チェニー宇宙学講師は言う。

　しかし，もっと最近の数十年間におけるより詳しい研究により，再び意見は逆になった。火星は生物が住める可能性があったし，液体の水が存在する惑星の部分にはまだ小さなバクテリアが生存しているかもしれないと，今では考えられている。惑星保護が意味するのは，宇宙探査機がこのような地域には入れないということだ。したがって生命探知実験は生命を維持している可能性が最も高い地域は調査できず，それゆえに火星の過去の生命体の証拠を探すことに集中しなければならないのである。

　また，地球探検の観点から，過去に人間が犯した間違いを繰り返すのではないかという懸念もある。たとえば，ヨーロッパ人のハワイ植民は，その島にはそれまでなかった種々のバクテリアを島に持ち込み，ハワイ原住民が生まれつきの抵抗力を持っていない病気で彼らの多くを殺してしまった。火星には動物という生命体が実際にいる可能性はゼロだが，一方，科学者の中にはハワイの場合と同じ懸念がバクテリアにもあると考えている者もいる。「もし生命がそこにあるならば，偶然にしろ，その生命体を殺してしまう生物を持ち込みたくはない」とチェニーは主張する。これは，人間を火星に送り，やがて人間の居住地を作るというNASAの計画では，特に重要なことなのである。

　しかし惑星保護の規則に従わなければならないということに，すべての人が同意しているわけではない。人間を火星に送ることを強く支持しているロバート=ズブリンは，宇宙からの隕石が何度も地球に衝突していることを指摘している。特にALH84001という火星から来た一つの隕石は，

70 2022 年度　英語〈解答〉　　　　　　　　　中央大-理工〈一般・英語外部試験利用〉

1996 年に科学者たちの研究グループが隕石内部に火星のバクテリアの化石を発見したと主張して，非常な関心を集めた。その結論は未だに熱く議論されているけれども，分析によって，その隕石は摂氏 40 度以上の温度にさらされたことは一度もないということがわかった。「もしその中にバクテリアが含まれていたとしたら，それらは地球に達するまで生き延びることができていたであろう。何十億トンものそのような物質が過去 40 億年の間に火星から地球へ運ばれてきている」とズブリンは言う。言い換えれば，もし自然が惑星保護の規則を尊重していないとしたら，どうして人間が尊重しなければならないのであろうか？

━━━━━━━◀解　説▶━━━━━━━

1．㋐複数名詞を受ける they が何を指しているか。前にある複数名詞を見ると，laboratory techniques とさらにその前文の主語 samples がある。ここで they に続く動詞を見ると，be examined と受身になっている。techniques が「調べられる」わけではない。調べられるのは火星から持ち帰ってきた「サンプル」である。したがって，Cが適切。

㋑The pictures it sent back の it 以下は関係代名詞節。したがって「送り返す」の主語は it。映像を「送り返す」ことができるものについては，前文に Mariner 9 と spacecraft がある。選択肢の中には Mariner 9 があるので，これが正解。

㋒these areas「これらの地域」の these は複数名詞を受ける。前文を見ると，parts of the planet「惑星（火星）の地域」がある。文脈的にも水のあるところはバクテリアがいて，入っていくには危険だという話で辻褄が合う。ただし，選択肢は parts of the planet が areas と書き換えられているので注意。

㋓they had no natural protection against が関係代名詞節であることに注意。against の目的語に相当する先行詞は disease である。病気に対する生まれつきの抵抗力を持たない「彼ら」とは，ハワイに住む native people「原住民」である。

2．1．文の前半で地球の岩石は destroyed「破壊されている」と述べられている。そして，次に逆接の but「しかし」があるので，火星の岩石は「破壊されていない」という趣旨の言葉が来るはず。それに相当するのはBの preserved「保持されている」である。

中央大-理工〈一般・英語外部試験利用〉 2022 年度 英語〈解答〉 71

2．月から持ち帰られた岩石が太陽系の歴史と生成に関する人々の理解を変えたと述べられている。それほど実際のサンプルを持って帰る「価値」はあるということ。したがって，Aの value が正解。

3．文の前半は月が生命のない世界であると述べられ，文の後半では火星は生物が生存可能であった可能性があると述べられている。前半と後半は逆接的関係になっている。したがって，Dの whereas「〜である一方で」という接続詞が適切。なお，Aの However は副詞，Bの Unlike は前置詞などであり，文頭で接続詞としては使えないので不可。

4．次文でロバート＝ズブリンが「惑星保護の規則」に反した主張をしており，すべての人が「惑星保護の規則」に賛同しているわけではないことがわかる。したがって，Bの obeyed「守られる」を入れて，「すべての人が規則は守られるべきだということに同意しているわけではない」と理解するのが適切。

3．1．パーサヴィアランスの目的と合致していないのは，Cの「火星表面の地殻の運動を調べること」である。第 3 段第 4 文 (On Earth, the constant …) に「地殻の運動」の話はあるが，これは「地球」の話である。

2．火星の岩石を地球に持って来る理由については，第 4 段第 3 文 (Samples can be analyzed …) に「地球での方がサンプルをはるかに丁寧に分析できる」と述べられている。このことと，Bの「火星探査車は詳しく岩石を調べられないから」が内容的に一致する。

3．惑星保護の規則の目的と一致しないのは，Cの「地球の生命体を無事に火星に持って行く」である。第 8 段第 3 文 (Forward contamination is …) に述べられているように，惑星保護の目的は次の 2 つ。1 つ目は，火星にもし生命体があるとしたら，それを殺すようなものを地球から持っていかない。2 つ目は，その逆に地球の生命体を危険にさらすようなものを火星から持ち込まないということである。

4．ALH84001 については最終段で言及されている。同段第 5 文 ("If there had been …) でズブリンが言っていることは，もし隕石にバクテリアが含まれているとしたら，すでに地球には火星から相当のバクテリアが入ってきているということである。Aの「その意味は，地球外生命がすでに地球に持ち込まれているかもしれないということである」がこの内容

に一致する。

4．Ｃの「火星の岩石を地球に持ち帰る工程を完了するには，パーサヴィアランスを含めて少なくとも４機の探査車および宇宙探査機が必要だろう」は，第6段に具体的内容が書かれている。その工程は

①パーサヴィアランスが備え付けの容器に岩石を積み込む。

②欧州の探査車が火星に到着してその容器を回収する。

③欧州の探査車は火星上昇機として知られる宇宙探査機にその容器を詰め込む。

④火星上昇機はそれらの容器を地球回帰軌道機と呼ばれる欧州の探査機に運び，その探査機がサンプルを地球に持ち帰る。

の４段階である。したがって，少なくとも４機の探査車および宇宙探査機が必要であることがわかり，本文の内容に一致する。

Ｆの「パーサヴィアランスは火星で生命が存在している可能性が最も高い地域には行くことができない」は，第10段第２・３文（It is now … into these areas.）にバクテリアが存在する可能性のあるところには宇宙探査機は入れないと述べられていることと一致する。

Ⅱ 解答

1—A　2—C　3—B　4—B　5—A　6—B
7—B　8—D　9—C　10—A

◀解　説▶

1．「最終プレゼンの日が来た」 There came the day は「〜の日が来た」という意味で主語は the day である。したがって，この文は「最終のプレゼンの日」と理解してAの of を入れるのが適切。

2．「サトウ博士は一流の研究者たちと国際的に協力したばかりでなく，日本でも同様に多くの研究プロジェクトをリードした」 not only A but also B「A ばかりでなく B も」のバリエーション。否定の副詞句 not only が前置されているので，has she と倒置になっている。

3．「6時になったので，オフィスは閉められた」 この文では接続詞がないのがポイント。接続詞がないので，Aの was は入れられない。Bの being を入れ分詞構文にする。

4．「そのような明らかなミスを犯すとは君は不注意だ」 形式主語構文の It is 〜 for A to do は，〜に人の性格などを表す形容詞（careless, kind

中央大-理工〈一般・英語外部試験利用〉　　　　2022 年度　英語〈解答〉　*73*

など）がくると for ではなく of になる。これも必須構文。

5．「この問題に関して，私は何も言うことができない」 in relation to ～ という形で「～に関連して」という意味。

6．「彼女は授業の宿題をしなかった。また，教科書を読むこともしなかった」 Nor ＋倒置文は「また～でない」という構文。肯定文の So ＋倒置文「また～である」とセットで覚えること。

7．「批判にもかかわらず，その理論に従う人が今でも一部いる」 despite the criticism という挿入句があるが，基本構文は There are ～ 「～がある」である。したがって who の前には主語の形になれる名詞がくる。関係代名詞が who なので，人も表せる B の some が正解。

8．「今や彼は 5 年前の彼とは全く違う」「昔の彼」という言い方は通常，what he was もしくは what he used to be である。しかし，選択肢にwhat はない。what に代わるものとして使え，また前置詞 from の目的語となり，かつ be 動詞の補語になれるのは how だけである。how he used to be も意味は「昔の彼」である。

9．「彼らは良い面だけが見られるようにスピーチ原稿を作った」 in such a way that ～ は「～といった方法で，～となるように」という意味。これもひとつの形として覚えておきたい。

10．「ここでは通常，配達業務は予定通りに行われるので，薬は明日入るはずだ」 分詞構文で使われる given を問う問題。given は「～を考えると」の意味。given の後には名詞や that 節がくる。

Ⅲ　解答　1―B　2―D　3―A　4―B　5―A　6―C
　　　　　　7―D　8―A　9―B　10―D

◀解　説▶

1．「その家を買う余裕はない」 can afford to *do*「～する余裕がある」の必須表現。

2．「その提出用の文書は，この会社のホームページから手に入る」 前置詞 from に相応しいのは D の available である。「～から手に入る」と理解するのが妥当。なお，A の capable「～できる」は be capable of の形で覚えること。

3．「そのパートの人は予告もなしに辞めた」 without notice は「予告な

74 2022 年度 英語〈解答〉　　　　　　　　中央大-理工〈一般・英語外部試験利用〉

しに」という意味。

4．「コーチはチームの発展のために精神的強さと肉体的健康を結びつけ
ようとした」 前置詞 with に相応しい動詞は B の combine である。
combine *A* with *B* で「*A* を *B* と結びつける」の意味。

5．「彼はみんなの要望を考慮にいれて予定を立てた」 set up a
schedule で「予定を立てる」の意味。また，take *A* into account は「*A*
を考慮に入れる」という必須表現。

6．「そのチームの代表は誤解を招く言い方を謝罪した」 wording は「言
い方，言葉遣い」の意味。「謝罪する」に相応しい形容詞は C の
misleading「誤解を招く」である。

7．「新聞は記事からある重要な情報を省いた」 前置詞 from に相応しい
動詞は D の omit「省略する」である。omit *A* from *B*「*B* から *A* を省く」
の意。

8．「その知らせを受けて，私の免許が今にも有効期限が切れそうになっ
ていることに気づいた」 license「免許」に相応しい動詞は A の expire
「有効期限が切れる」である。なお，文中の be about to *do* は「まさに
～しようとしている」の必須表現。

9．「もしその考えを確認したいならば，もっと信頼できる証拠を見つけ
る必要があるだろう」 confirm the idea「その考えを確認する」ために
必要な evidence「証拠」はどのような証拠かを考える。これに相応しい
のは B の reliable「信頼できる」である。

10．「人間の活動が地球温暖化を引き起こしているということは広く受け
入れられている考えである」 この文の It は that 節を受ける形式主語で
ある。副詞 widely「広く」に相応しい形容詞は D の accepted「受け入れ
られている」である。

Ⅳ 解答 C・E・G・K

◀解　説▶

A．1．「ここでは電車はめったに時間通り走らない」

2．「この町では電車が遅れるのは普通ではない」

1 では「電車は遅れる」で，2 では「時間通り」というのが基本的な文意

なので，意味が反対。

B．1．「ジェットコースターほど悪いものは私にはない」

2．「私はジェットコースターが他の何よりも好きだ」

1は「ジェットコースターが嫌い」，2は「好き」ということなので意味が反対。

C．1．「もしテストのことをもっと早く知っていれば，テスト勉強をしていたのに」

2．「テストについて聞いたころには，試験勉強をするには遅すぎた」

1は仮定法の文。実際は勉強できなかったということなので，2と同じ意味になる。

D．1．「私の提案は少し議論された後，却下された」

2．「私の考えについていったん話し合うや否や，私たちはそれを推し進めることを決定した」

1は「却下された」で，2は「同意された」ということであるから意味が反対。

E．1．「イノベーションが，その会社の収益が出た年の後押しをしたと言われていた」

2．「会社はイノベーション能力のおかげで今年は収益を上げた」

1の文における behind（前置詞）は「支持して，後押しして，推進して」の意味である。

F．1．「その会社は，経験の有無にかかわらず人を雇う」

2．「経験不足にもかかわらず，その会社はまだ人を雇っていた」

1の「経験の有無」は人に関してであり，2の「経験不足」はその会社についてである。

G．1．「我々は新しいシステムの導入の際に出てくると思われる問題を予想していた」

2．「新しいシステムの導入は予想外の問題を作り出しはしなかった」

2は「予想外の問題を作り出さなかった」つまり「想定内の問題」だったという意味で1と意味内容が一致する。

H．1．「一人でいることは必ずしも孤独を感じるという意味ではない」

2．「もし一人でいて孤独を感じることがあるとしても，一人でいることは必要ではない」

1の not necessarily は「必ずしも～とは限らない」という部分否定であり，「～する必要がない」という2とは意味がずれている。

Ｉ．1．「風が強く吹けば吹くほど，舟は速く進み始めた」

2．「風が強くなるにつれて，舟はほとんどスピードを維持できなくなった」

1は「舟が速く進む」で，2は「速く進まなかった」ということで意味が反対。

Ｊ．1．「ソーシャルメディアが社会にとってよいものであるかどうかは議論の余地がある」

2．「今ではソーシャルメディアは全般的によいものだとわかっている」

1は，ソーシャルメディアが社会にとってよいかどうかわからないという内容，2はよいという内容なので意味がずれている。

Ｋ．1．「この湖はミシガンの湖とほぼ同じ大きさだ」

2．「ミシガンの湖はこの湖よりわずかに大きいだけだ」

1は「ほぼ同じ大きさ」，2は「わずかに大きいだけ」ということで，どちらも似たりよったりの大きさという点で，意味内容が近い。

Ｌ．1．「テストを終える前に時間切れとなってしまった」

2．「テストをなんとか時間内に終えることができた」

1は時間内にできなかったという意味であり，2は時間内にできたということで，意味が反対。

Ⅴ 解答
1．1－Ｂ　2－Ｄ　3－Ａ　4－Ｄ　5－Ａ
2．1－Ｃ　2－Ｃ　3－Ａ　4－Ｂ　5－Ｂ

◆━━◆全　訳◆━━◆

1．≪プラスチックのリサイクル問題≫

　もののリサイクルはよい感じがする。炭酸飲料容器とビニール袋を他のゴミと分別するとき，自分が地球を助けているように思える。不燃物用のゴミ箱にプラスチックをたくさん入れれば入れるほど，ゴミ埋め立て地からどんどん遠ざかっていくのだ。そうでしょ？　いや，それは間違っている。どれだけ多くのプラスチックをリサイクルしようとしても，ほとんどのプラスチックは結局ゴミになるのである。食品の包装材を取りあげてみよう。食品の包装材は数層から成っていて，それぞれの層は異なった種類

のプラスチックからできている。それぞれの種類は異なっているので，これらの包装材はリサイクルできない。たった一種類のプラスチックから作られているものでさえ，リサイクルできないものがある。たとえばヨーグルトのカップにはポリプロピレンというプラスチックが含まれている。これがリサイクルされると，黒くて臭い物質になる。その結果，ほとんどのリサイクル工場はそれにまったく手を出さない。

　2種類のプラスチックだけが一般的にリサイクルされている。1つは，炭酸飲料に使われる種類のもので，PET（ポリエチレンテレフタラート）として知られているものであり，もう1種類は洗剤容器に使われる種類のプラスチックである。これらのプラスチックを合わせても，プラスチックゴミのごくわずかにしかならない。これが意味するのは，世界中のプラスチックゴミのたった9％しかリサイクルされていないということなのだ。プラスチックのだいたい12％が焼却され，残りの79％が陸地や海に積み上がっているのである。プラスチックのリサイクルは緊急に解決される必要のある問題である。

２．≪求人応募≫

宛先：ヒンカートン・リテール社　リチャード＝ランドン様

送信者：ピーター＝ガートン

件名：『リテール・タイムズ』誌の広告

ランドン様

　貴社が10月14日付けの『リテール・タイムズ』誌に広告を出された，マーケティング・マネージャーの職に応募するためにこれを書いております。

　私はスーパー業界で20年以上の経験があります。カルマート・ホールディングス，フレスコ・スーパーマーケット，もっとも最近ではバルモラル・グループに勤務しておりました。バルモラル・グループでは，マーケティング部門の副マネージャーをしており，そこでグループ内の新製品の発売や新サービスの開始に関するすべての企画の共同責任者を務めておりました。2018年には，バルモラルの銀行業務進出の責任者を務め，全国宣伝キャンペーンを担当し，売上げを予測より40％以上押し上げることに貢献いたしました。翌年には，新しい店舗の設計が顧客の行動に与える影響に関するデータ集めの企画を担当いたしました。その企画でいくつか

の提案を行い，それらは全国のバルモラルの店で実施されました。

　プロとしての確かな経歴と勤勉さで，私はヒンカートン・リテール社のマーケティングチームに積極的な貢献ができるものと確信しております。私の資格および経験についての詳細は添付の履歴書を見てくださるようにお願いいたします。

　お読みいただきありがとうございます。しかるべきときにお返事をいただければ幸甚です。

敬具

ピーター＝ガートン

■■■■■■■■　◀解　説▶　■■■■■■■■

１．１．how much に繋がる形としては，BのNo matter しかない。接続詞であるDのAs では how much 以下の意味が取れない。No matter how much plastic you try to recycle「どれだけ多くプラスチックを再利用しようとしても」という譲歩構文。

２．前文では，ヨーグルトのカップはリサイクルされるときに黒く臭い物質になってしまうと述べられている。空所２に続く文では「リサイクル工場がそれにまったく手を出さない」と述べられている。つまり，後続文は前文の「結果」となっている。したがって，DのAs a result「結果として」が適切。

３．この段の第１文（Only two kinds of …）で「２つのもの」しかリサイクルできないと述べられ，１つがPETだと言われている。次に「もう１つのもの」が述べられている。「２つのもの」しかない場合の「１つは〜，もう１つは…」の構文は，one 〜, the other … の組み合わせになる。Bは３つ以上の場合になるので注意。

４．次の文で，リサイクルされるプラスチックゴミは，世界のプラスチックゴミの９％に過ぎないと述べられている。つまり，PET と洗剤容器がプラスチックゴミのわずかな部分を占めるだけだとわかる。よって，Dのmake up「構成する」が適切。

５．プラスチックゴミのリサイクル率はとても低い。したがって，問題は残ったままで，事態は深刻になる一方である。だとすれば，空所にはAの「プラスチックのリサイクルは緊急に解決される必要のある問題だ」がもっとも適切。Bは，炭酸飲料や洗剤容器だけのリサイクルでは問題は解決

しないので不可。また，Cは This percentage「このパーセンテージ」が何を指すのか不明。焼却分の12％を指すとすれば，リサイクルとは関係がなくなる。リサイクルの9％を指すとすれば，this ではなく，that のように遠くのものを指す指示代名詞か，the 9 percent「その9％」としないと意味がわからない。Dは「焼却」の話になっており，「リサイクル」の趣旨からずれる。

2．1．空所1の前の jointly は「共同で」という意味。つまり新製品発売の企画などを「共同で」行っていたという話である。したがって，Cの responsible for ～「～に責任がある」が適切。

2．これは文法問題。空所2の前に接続詞がない。つまり，この文が分詞構文であると気づけるかが問われている。それがわかれば，過去形の managed が不適切で，分詞の managing を選ぶべきだとわかる。

3．文末の on customer behavior の on を見て，effect on ～「～への影響」という形が見えるかという問題。the effect of new store layouts on customer behavior は「新しい店舗の設計が顧客の行動に与える影響」という意味である。

4．文法的には少々不思議な形だが，Please find attached my resumé. は「添付の履歴書をご確認ください」の意味の定型表現。

5．自己アピールの最後の言葉として適切なのは，Bの「お読みいただきありがとうございます」という感謝の言葉であろう。Aは自分からさらにしつこく連絡するという押しつけがましい表現。Cは本文中にバルモラル・グループは出てくるが，この会社の recommendations「推薦状」の話はない。Dはまだ採用が決まっていないので不適切。

Ⅵ 解答 1−F 2−C 3−B 4−E 5−A 6−D 7−G

◆全 訳◆

≪新技術で解明された「レターロック」≫

　1697年，フランスのある男がオランダにいる従兄弟に手紙を書いて重要な証明書を求めた。彼はその手紙が封筒なしでもまとまるように折り畳み，封印して従兄弟に出した。なんらかの理由でその手紙が宛先に届くことは決してなく，今日でも封印されたままである。しかし，それでも歴史

家と科学者のチームがその手紙を解読した。それは，高分解能撮影と「バーチャル開封」アルゴリズムのおかげである。

「スキャン＆開封」技術は様々な用途があり，たとえば非常に脆くて手で触れないような歴史的文書の文章を明らかにすることから，古い折り紙の折り方を理解することまで幅広く使われる。しかし，『Nature Communications』に発表されたこの新しい研究を推進した研究者たちが最もワクワクしたのは，スキャン＆開封技術を使って「レターロッキング」という技術を調べたことである。レターロッキングとは，手紙を簡単には開封できないように丁寧に折り畳んで，ハサミを入れ，封印する技術である。この技術は現代の封筒が発明される以前の時代に広く使われていた。現代の封筒も手紙を中に「ロック」するために使われるものである。ほぼ20年前に，この技術はマサチューセッツ工科大学図書館の研究者で『Nature Communications』に発表された新しい研究論文の共著者であるジャナ＝ダンブロジオの関心を引いた。

ダンブロジオは，数多くの歴史的文書にある，明らかにわざとつけられた小さな切れ目と折り目に注目していた。やがて彼女はその目的を推測した。「切れ目や折り目は錠のように見えた。私の推測では，それは安全を保つためであり，つまりそれは意図的に組み込まれていたということである。私の反応は『まあ大変。この証拠を取り去ってしまわないように人々に知らせる必要がある。なぜなら，この小さな切り込みや折り畳みは，今まで深く研究されたことのない，安全性を保つためのこの慣習を示す証拠だから』というものだった」と彼女は言う。

過去7年間，彼女はダニエル＝スターザ＝スミス（ロンドン大学キングス・カレッジの初期近代英文学講師であり，論文の共著者）と協力してレターロッキングの探求を行ってきた。この二人の研究者とそのチームは60以上のレターロッキングの方法のカタログを作成した。「1850年以前には現代の封筒のようなものは実際まったくなかった」とスミスは言う。紙は高価なものであり，別の封筒用に無駄使いはできなかった。「だから，もし手紙を送りたいなら，レターロッキングを使わなければならなかった。つまり，その手紙はそれ自体が封筒，すなわち送るための道具となる必要があった」と彼女は言う。

中央大-理工〈一般・英語外部試験利用〉　　　2022 年度　英語〈解答〉　*81*

■■■■■■■■ ◀解　説▶ ■■■■■■■■

１．空所１の後の and remains sealed today「今日も封印されたままである」という内容から見て，その手紙は never reached its destination「決して宛先に届かなかった」と考えるのが適切。よって F が入る。

２．空所２の後の applications は「用途」という意味。以下，その具体例となっている。この applications に相応しい選択肢は C の could have a variety である。have a variety of applications で「様々な用途がある」の意味。

３．この文の主語は it＝this technique（レターロッキング）である。また空所３の後に前置詞 of がある。この主語と前置詞 of に相応しい選択肢は B の captured the interest である。つまり「ジャナ＝ダンブロジオの関心を引いた」ということ。

４．文の主語の They は前文の cuts and folds「切れ目と折り目」である。また空所４の後には security「安全性」という言葉がある。つまり「安全」を保つための looked like locks「錠のように見えた」ということである。「切れ目と折り目」が「錠」の役割をしていたということ。よって E が入る。

５．because 以下の主語は「切れ目と折り目」である。この複数形の名詞と空所５の後の前置詞 of this security tradition「安全性を保つためのこの慣習」をつなぐのに相応しいのは，A の are the evidence である。つまり，「切れ目と折り目が，安全性を保つためのこの慣習の証拠である」ということ。

６．文の主語は「二人の研究者とそのチーム」である。また目的語は「60 以上のレターロッキングの方法」となっている。研究者たちが行ったこととして相応しいのは，D の have catalogued である。つまり，レターロッキングの方法のカタログを作成したということ。

７．封筒のなかった時代，「紙」はどういう存在であったか。空所７の後は「無駄にされるべきではない」となっているので，G の was an expensive material を入れ，無駄にできないほど「高価なものであった」と理解するのが妥当。

❖講 評

　2022年度は2021年度とほぼ同じ形式であった。読解問題が3題で，うち1題は2つに分かれている。文法・語彙問題が3題で，大問は計6題。記述式はなく，すべてマークシート法による選択式の出題である。

　読解問題の内容は，例年自然科学に関するものが多いが，2022年度は2021年度と同様，TOEICや英検で出題されるような求人応募のメール文も取り上げられている。読解問題は，おおむね標準的で設問もそれほど紛らわしいものはない。文法・語彙問題は，空所補充や同意表現の形式で問われており，文法やイディオム表現などの基本をしっかり押さえておけば十分解答できるレベルの問題である。

　全般的に，基本的な英文の内容把握に関する問題が中心。読解問題は英文全体の内容が把握されていれば解きやすい問題である。内容真偽や全体の内容把握の問題も，設問の関連箇所を見つけだせば，それほど難しいものではない。

中央大-理工〈一般·英語外部試験利用〉　　　　　2022 年度　数学〈解答〉　83

数学

I 解答

アー ⓒ　イー ⓑ　ウー ⓚ　エー ⓚ　オー ⓖ　カー ⓖ
キー ⓔ　クー ⓜ　ケー ⓙ

◀解　説▶

≪積分方程式，三角関数の加法定理≫

$$f(x) = \int_0^\pi tf(t) \cos(x+t) \, dt + \frac{1}{4} \quad \cdots\cdots(*)$$

$$A = \int_0^\pi tf(t) \cos t \, dt, \quad B = \int_0^\pi tf(t) \sin t \, dt \quad \cdots\cdots①$$

加法定理より

$$\cos(x+t) = \cos x \cos t - \sin x \sin t$$

よって　　$\displaystyle\int_0^\pi tf(t) \cos(x+t) \, dt$

$$= \int_0^\pi tf(t) \cos x \cos t \, dt - \int_0^\pi tf(t) \sin x \sin t \, dt$$

$$= A \cos x + B(-\sin x)$$

(*)に代入して

$$f(x) = A \cos x + B(-\sin x) + \frac{1}{4} \quad \cdots\cdots② \quad (\to ア \cdot イ)$$

ここで，$I_1 \sim I_5$ を以下のようにおく。

(ⅰ)　$\displaystyle I_1 = \int_0^\pi t \cos t \, dt = -2$

(ⅱ)　$\displaystyle I_2 = \int_0^\pi t \cos^2 t \, dt = \frac{\pi^2}{4} \quad (\to ウ)$

(ⅲ)　$\displaystyle I_3 = \int_0^\pi t \sin t \, dt = \pi$

(ⅳ)　$\displaystyle I_4 = \int_0^\pi t \sin^2 t \, dt = \frac{\pi^2}{4} \quad (\to エ)$

(ⅴ)　$\displaystyle I_5 = \int_0^\pi t \cos t \sin t \, dt = -\frac{\pi}{4} \quad (\to オ)$

※(ⅱ)，(ⅳ)，(ⅴ)の計算については後述。(ⅰ)，(ⅲ)については〔参考〕を参照。
②を①に代入すると

$$A = \int_0^\pi \left(A\cos t - B\sin t + \frac{1}{4} \right) t\cos t\,dt$$

$$= AI_2 - BI_5 + \frac{1}{4}I_1 = \frac{\pi^2}{4}A + \frac{\pi}{4}B - \frac{1}{2} \quad \cdots\cdots ③$$

$$B = \int_0^\pi \left(A\cos t - B\sin t + \frac{1}{4} \right) t\sin t\,dt$$

$$= AI_5 - BI_4 + \frac{1}{4}I_3 = -\frac{\pi}{4}A - \frac{\pi^2}{4}B + \frac{\pi}{4} \quad \cdots\cdots ③'$$

③，③′ より

$$\begin{cases} (4-\pi^2)A - \pi B + 2 = 0 & \cdots\cdots ④ \quad (\rightarrow カ) \\ \pi A + (4+\pi^2)B - \pi = 0 & \cdots\cdots ④' \quad (\rightarrow キ) \end{cases}$$

④ × $(4+\pi^2)$ + ④′ × π より

$$(4+\pi^2)(4-\pi^2)A + \pi^2 A = -2(4+\pi^2) + \pi^2$$

$$(16+\pi^2-\pi^4)A = -(8+\pi^2)$$

よって $\quad A = \dfrac{\pi^2+8}{\pi^4-\pi^2-16} \quad \cdots\cdots ⑤ \quad (\rightarrow ク)$

④ × $(-\pi)$ + ④′ × $(4-\pi^2)$ より

$$\pi^2 B + (4+\pi^2)(4-\pi^2)B = 2\pi + \pi(4-\pi^2)$$

$$(16+\pi^2-\pi^4)B = \pi(6-\pi^2)$$

よって $\quad B = \dfrac{\pi(\pi^2-6)}{\pi^4-\pi^2-16} \quad \cdots\cdots ⑤' \quad (\rightarrow ケ)$

②，⑤，⑤′ より

$$f(x) = \frac{\pi^2+8}{\pi^4-\pi^2-16}\cos x + \frac{\pi(\pi^2-6)}{\pi^4-\pi^2-16}(-\sin x) + \frac{1}{4}$$

〔定積分(ii)，(iv)，(v)の計算〕

部分積分法を用いる。まず，不定積分を求める。積分定数は省略。

(ii)について，半角の公式より

$$F_2(x) = \int t\cos^2 t\,dt = \frac{1}{2}\int t(1+\cos 2t)\,dt$$

$$G_2(x) = \int t\cos 2t\,dt$$

$$= t\cdot\frac{\sin 2t}{2} - \int 1\cdot\frac{\sin 2t}{2}\,dt$$

$$= \frac{t\sin 2t}{2} + \frac{\cos 2t}{4}$$

$$F_2(x) = \frac{t^2}{4} + \frac{t\sin 2t}{4} + \frac{\cos 2t}{8}$$

$$I_2 = \Big[F_2(x)\Big]_0^\pi = \frac{\pi^2}{4} \quad \cdots\cdots ⑥$$

(iv)について，⑥より

$$I_2 + I_4 = \int_0^\pi t\,dt = \Big[\frac{t^2}{2}\Big]_0^\pi = \frac{\pi^2}{2}$$

$$I_4 = \frac{\pi^2}{2} - I_2 = \frac{\pi^2}{4}$$

〔注〕 半角の公式を用いて，(ii)と同様に直接計算してもよい。

(v)について，2倍角の公式より

$$2F_5(x) = \int 2t\cos t\sin t\,dt = \int t\sin 2t\,dt$$

$$= t\cdot\frac{-\cos 2t}{2} - \int 1\cdot\frac{-\cos 2t}{2}dt$$

$$= -\frac{t\cos 2t}{2} + \frac{\sin 2t}{4}$$

$$I_5 = \Big[-\frac{t\cos 2t}{4} + \frac{\sin 2t}{8}\Big]_0^\pi = -\frac{\pi}{4}$$

参考 〔定積分(i)，(iii)の計算〕

部分積分法を用いる。

(i)について　　$I_1 = \int_0^\pi t\cos t\,dt = \Big[t\cdot\sin t\Big]_0^\pi - \int_0^\pi 1\cdot\sin t\,dt$

$$= \Big[t\sin t + \cos t\Big]_0^\pi = -2$$

(iii)について　　$I_3 = \int_0^\pi t\sin t\,dt = \Big[t\cdot(-\cos t)\Big]_0^\pi - \int_0^\pi 1\cdot(-\cos t)\,dt$

$$= \Big[-t\cos t + \sin t\Big]_0^\pi = \pi$$

なお，$f(x)$ は周期 2π の周期関数である。グラフに示すと右図のようになる。

$$f(x) = A\cos x - B\sin x + \frac{1}{4}$$

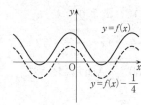

$$= \sqrt{A^2+B^2}\cos(x+\omega) + \frac{1}{4}$$

$$\cos\omega = \frac{A}{\sqrt{A^2+B^2}}$$

$$\sin\omega = \frac{B}{\sqrt{A^2+B^2}}$$

II 解答 コ—ⓓ サ—ⓒ シ—ⓑ ス—ⓓ セ—ⓙ ソ—ⓐ

◀ 解 説 ▶

≪三角比，加法定理，半角公式，2直線のなす角≫

AB=1，∠ABC=90°，∠BCA=7.5°，
点Dは辺BC上にあり，AD=CDをみ
たす。

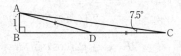

(i) $\varphi=7.5°$ とおくと　$2\varphi=15°$，$4\varphi=30°$

AD=CD より　∠CAD=∠BCA=φ

よって　∠ADB=∠ACD+∠CAD=2φ

BD=x，CD=y とおく。△ABDにおいて

$$x = AB \cdot \tan\angle DAB$$
$$= 1 \cdot \tan(90°-2\varphi) = \frac{1}{\tan 2\varphi} \quad \cdots\cdots ①$$

半角の公式より

$$\tan^2 2\varphi = \frac{1-\cos 4\varphi}{1+\cos 4\varphi} = \frac{2-\sqrt{3}}{2+\sqrt{3}}$$
$$= \frac{(2-\sqrt{3})(2+\sqrt{3})}{(2+\sqrt{3})^2} = \frac{1}{(2+\sqrt{3})^2}$$

$$\tan 2\varphi = \frac{1}{2+\sqrt{3}} \quad \cdots\cdots ①'$$

①，①' より

$$x = \frac{1}{\tan 2\varphi} = 2+\sqrt{3} \quad (\to コ)$$

(ii) △ABDにおいて　　AB=ADsin∠ADB

$$y = CD = AD = \frac{AB}{\sin\angle ADB} = \frac{1}{\sin 2\varphi} \quad \cdots\cdots ②$$

半角の公式より

$$\sin^2 2\varphi = \frac{1-\cos 4\varphi}{2} = \frac{2-\sqrt{3}}{4} = \frac{(2-\sqrt{3})(2+\sqrt{3})}{4(2+\sqrt{3})}$$

$$= \frac{1}{2(4+2\sqrt{3})} = \frac{1}{2(\sqrt{3}+1)^2}$$

$$\sin 2\varphi = \frac{1}{\sqrt{2}+\sqrt{6}} \quad \cdots\cdots ②'$$

②, ②' より

$$y = \frac{1}{\sin 2\varphi} = \sqrt{2}+\sqrt{6} \quad (\to \text{サ})$$

(iii) (i), (ii)より

$$BD = x + y = 2 + \sqrt{2} + \sqrt{3} + \sqrt{6}$$

$$\tan\varphi = \frac{1}{BD} = \frac{1}{2+\sqrt{2}+\sqrt{3}+\sqrt{6}} \quad \cdots\cdots ③$$

2直線 $l_1 : y = 3kx$, $l_2 : y = 4kx$ $(k>0)$ のなす角を θ とする。

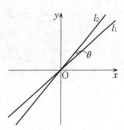

$k>0$ より

$$\tan\alpha = 3k \quad (0<\alpha<90°)$$
$$\tan\beta = 4k \quad (0<\beta<90°)$$

と書ける。定義より $\theta = \beta - \alpha$

$$\tan\theta = \tan(\beta-\alpha) = \frac{\tan\beta - \tan\alpha}{1+\tan\alpha\tan\beta}$$

$$= \frac{k}{1+12k^2} = f(k) \quad \cdots\cdots ④ \quad (\to \text{シ})$$

$$f'(k) = \frac{1\cdot(1+12k^2) - k\cdot(24k)}{(1+12k^2)^2}$$

$$= \frac{1-12k^2}{(1+12k^2)^2} \quad (k>0)$$

$f'(k) = 0$ $(k>0)$ より

$$k = k_0 = \frac{1}{\sqrt{12}} = \frac{1}{2\sqrt{3}} \quad (\to \text{ス})$$

$$f(k_0) = \frac{k_0}{2} = \frac{1}{4\sqrt{3}} \quad \cdots\cdots ⑤ \quad (\to セ)$$

k	(0)	$\cdots$	k_0	$\cdots$
$f'(k)$		+	0	−
$f(k)$		↗		↘

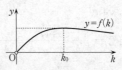

③, ④, ⑤より

$$\tan\varphi = \frac{1}{2+\sqrt{2}+\sqrt{3}+\sqrt{6}} \quad \cdots\cdots ③$$

$$\tan\theta = \frac{1}{4\sqrt{3}} \quad (0 < \theta < 90°) \quad \cdots\cdots ⑥$$

$$p = 2+\sqrt{2}+\sqrt{3}+\sqrt{6}, \quad q = 4\sqrt{3} \quad \cdots\cdots ⑦$$

とおく。

φ と θ の大小を比較する。関数 $\tan t$ $(0 < t < 90°)$ は単調増加だから, p と q の大小を比較すればよい。

$$\begin{aligned} p - q &= 2+\sqrt{2}+\sqrt{6}-3\sqrt{3} \\ &= \frac{(2+\sqrt{2}+\sqrt{6}-3\sqrt{3})(2+\sqrt{2}+\sqrt{6}+3\sqrt{3})}{2+\sqrt{2}+\sqrt{6}+3\sqrt{3}} \\ &= \frac{(2+\sqrt{2}+\sqrt{6})^2 - 27}{2+\sqrt{2}+\sqrt{6}+3\sqrt{3}} \\ &= \frac{(12+4\sqrt{2}+4\sqrt{3}+4\sqrt{6}) - 27}{2+\sqrt{2}+\sqrt{6}+3\sqrt{3}} \\ &= \frac{4\sqrt{2}+4\sqrt{3}+4\sqrt{6}-15}{2+\sqrt{2}+\sqrt{6}+3\sqrt{3}} \\ &= \frac{4(\sqrt{2}-1)+2(2\sqrt{3}-3)+4(\sqrt{6}-2)+3}{2+\sqrt{2}+\sqrt{6}+3\sqrt{3}} > 0 \quad \cdots\cdots ⑧ \end{aligned}$$

ここで, $\sqrt{2} > 1$, $\sqrt{3} > 1.5$, $\sqrt{6} > 2$ を用いた。

③, ⑥, ⑦, ⑧より

$$p > q > 0$$

$$\tan\theta = \frac{1}{q} > \frac{1}{p} = \tan\varphi$$

よって　$\theta > \varphi = 7.5°$　(→ソ)

別解 ス・セ. $\tan\theta = f(k)$ とおくところまでは〔解答〕と同じ。

中央大-理工〈一般・英語外部試験利用〉　　　　　　2022 年度　数学〈解答〉　*89*

$$f'(k) = \frac{k}{1+12k^2}$$

$$= \frac{1}{\dfrac{1}{k}+12k}$$

$k>0$ だから，相加・相乗平均の大小関係から

$$\frac{1}{k}+12k \geqq 2\sqrt{\frac{1}{k}\cdot 12k} = 4\sqrt{3}$$

等号は $\dfrac{1}{k}=12k$ のときに成り立つ。

すなわち　　$k^2 = \dfrac{1}{12}$

$k>0$ より　　$k = \dfrac{1}{\sqrt{12}} = \dfrac{1}{2\sqrt{3}}$

したがって　　$f(k) \leqq \dfrac{1}{4\sqrt{3}}$

$f(k)$ は $k = \dfrac{1}{2\sqrt{3}}$ のとき最大値 $\dfrac{1}{4\sqrt{3}}$ をとる。

Ⅲ　**解答**　$C : y=f(x),\ f(x) = -xe^x$

(1)　積の微分公式より

$$f'(x) = -\{1\cdot e^x + x\cdot e^x\} = -(x+1)e^x$$

$$f''(x) = -\{1\cdot e^x + (x+1)\cdot e^x\} = -(x+2)e^x \quad \cdots\cdots①$$

C 上の点 $(a,\ f(a))$ における接線が l_a だから

$$l_a : y = -(a+1)e^a(x-a) - ae^a$$

$$= -(a+1)e^a x + a^2 e^a \quad \cdots\cdots (答)$$

直線 l_a の y 切片が $g(a)$ より

$$g(a) = a^2 e^a \quad \cdots\cdots (答)$$

(2)　積の微分公式より

$$g'(a) = 2ae^a + a^2 e^a = a(a+2)e^a$$

増減表は次の通り。

a	$\cdots$	-2	$\cdots$	0	$\cdots$
$g'(a)$	$+$	0	$-$	0	$+$
$g(a)$	↗		↘		↗

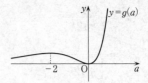

$g(a)$ が極大値をとるときの a の値が b だから

$\quad b = -2$ ……(答)

一方, ①より, $f''(x)$ は $x=-2$ の前後で符号が変化するので, C の変曲点は $\quad (-2, f(-2))$

ゆえに, $(b, f(b)) = (-2, f(-2))$ は変曲点である。　　（証明終）

(3) 点 $(b, f(b))$ における C の接線 l_b は,
$f'(b) = e^{-2}$, $f(b) = 2e^{-2}$ より

$\quad l_b : y = e^{-2}(x+4)$

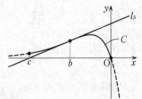

l_b と x 軸との交点が $(c, 0)$ より

$\quad c = -4$ ……(答)

C, l_b は右図の通り。

(4) $b \leqq x \leqq 0$ の範囲で $\quad f(x) \leqq e^{-2}(x+4)$

求める面積 S は, $b = -2$ より

$$S = \int_{-2}^{0} \{e^{-2}(x+4) - f(x)\} dx$$

$$= \int_{-2}^{0} \{e^{-2}(x+4) + xe^x\} dx$$

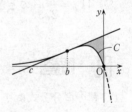

ここで, 部分積分法より

$$F(x) = \int xe^x dx = xe^x - \int 1 \cdot e^x dx$$

$$= (x-1)e^x$$

よって $\quad S = \left[\dfrac{e^{-2}(x+4)^2}{2} + (x-1)e^x\right]_{b}^{0}$

$$= (8e^{-2} - 1) - (2e^{-2} - 3e^{-2})$$

$$= \dfrac{9 - e^2}{e^2} \quad ……（答）$$

◀ 解　説 ▶

≪曲線, 接線, 変曲点, 面積≫

(1) まず, $f'(x)$ を求める。接線の方程式は公式の通り。y 切片の座標は

l_a の方程式で $x=0$ とおく。

(2) $g(a)$ の極値を求めるために，増減表を作成する。C の変曲点を求めるために，$f''(x)$ を計算する。

(3) 曲線は変曲点で接しながら接線を横断する。すなわち，曲線は変曲点の近くで接線の両側に現れる。

(4) 面積を求めるために，まず，部分積分法を用いて，$f(x)$ の不定積分を求める。

Ⅳ 解答

$$f(x) = x^3 + (1-2t)x^2 + (4-2t)x + 4 \quad (t:実数) \quad \cdots\cdots(\ast)$$

(1) $(\ast)$ より

$$f(x) = (x^3 + x^2) - 2t(x^2 + x) + 4(x+1)$$
$$= (x+1)(x^2 - 2tx + 4)$$

$$g(x) = x^2 - 2tx + 4$$

とおく。

$f(x) = 0$ が虚数解をもつための条件は，$g(x) = 0$ が虚数解をもつことである。

ゆえに $\dfrac{D}{4} = t^2 - 4 < 0$

よって $-2 < t < 2$ ……(答)

(2) $g(x) = (x-t)^2 + (4-t^2) = 0$

$x = t \pm i\sqrt{4-t^2} \quad (-2 < t < 2)$

α, β, γ の定義より

$\alpha = t + i\sqrt{4-t^2}$ ……(答)

$\beta = t - i\sqrt{4-t^2}$ ……(答)

$\gamma = -1$ ……(答)

$\alpha = x + iy$ (x, y は実数) とおくと

$\begin{cases} x = t \\ y = \sqrt{4-t^2} \end{cases} \quad (-2 < t < 2)$

以上より $y = \sqrt{4-x^2} \quad (-2 < x < 2)$

よって，t が $-2 < t < 2$ の範囲を動くときの点 α の軌跡は，円 $x^2 + y^2 = 4$ の $y > 0$ の部分（半円）である。

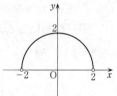

(3) α, β は互いに共役だから, α, β を通る直線は虚軸 (y 軸) に平行である。
α, β を通る直線が γ を通るためには, α, β の実部が γ と一致しなければならない。
ゆえに $\quad t = \gamma = -1 \quad \cdots\cdots$(答)

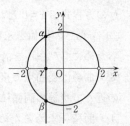

(4) $A(\alpha)$, $B(\beta)$, $C(\gamma)$ とおく。
△ABC は AC=BC である二等辺三角形だから, △ABC が正三角形になるための条件は, AB=AC である。

$$\begin{cases} \alpha - \beta = 2i\sqrt{4-t^2} \\ \alpha - \gamma = (t+1) + i\sqrt{4-t^2} \end{cases}$$

$$\begin{cases} |\alpha - \beta|^2 = 4(4-t^2) \\ |\alpha - \gamma|^2 = (t+1)^2 + (4-t^2) = 2t+5 \end{cases}$$

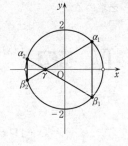

AB=AC より
$$4(4-t^2) = 2t+5$$
$$4t^2 + 2t - 11 = 0$$

$-2 < t < 2$ より
$$t = \frac{-1 \pm 3\sqrt{5}}{4} \quad \cdots\cdots\text{(答)}$$

◀解　説▶

≪3次方程式の複素数解と実数解≫

(1) $f(-1) = 0$ より, $f(x)$ は $(x+1)$ で割り切れる (因数定理)。 $f(x) = (x+1)g(x)$ と分解し, $g(x) = 0$ が虚数解をもつ条件を求めればよい。

(2) $g(x) = 0$ の解が α, β である。α の軌跡は, 原点中心, 半径 2 の円の $y > 0$ の部分である。

(3) 直線 $\alpha\beta$ が γ を通る条件を求める。

(4) 正三角形になるような t の値は 2 つある。すなわち, 条件を満たす正三角形が 2 つある。

中央大-理工〈一般・英語外部試験利用〉　　　2022 年度　数学〈解答〉　93

❖講　評

　どの問題も出題者が受験生に何を求めているかが明確な良問である。微・積分法からの出題が多いが，重要な分野からまんべんなく出題されている。

　Ⅰ　積分（定積分，不定積分）の被積分関数に未知関数を含む方程式を積分方程式という。加法定理により，$\cos(x+t)$ を x の関数と t の関数の積の和に分解する（変数分離する）ことがすべてである。定積分の計算は独立に計算できる。どれも部分積分法を用いる。$f(x)$ は $\cos x$，$\sin x$ に関する 1 次式であり，周期 2π の周期関数である。$y=f(x)$ は正弦曲線である。標準問題である。

　Ⅱ　図形と計量の問題である。前半は，直角三角形を用いて $\tan 7.5°$ を求める問題。$\varphi=7.5°$ とおき，$2\varphi=15°$，$4\varphi=30°$ と半角の公式を用いる。後半は，2 直線のなす角の最大値 θ と φ の大小を比較する問題である。その際，$\tan t$ が $0<t<90°$ で増加関数であることを用いる。標準問題である。

　Ⅲ　微・積分法の問題である。関数 $g(a)$ は $a=b$ で極大値をとり，$a=0$ で極小値をとる。$a≦0$ の範囲では，$g(b)$ は最大値であるが，$a>0$ の範囲では $g(a)$ はいくらでも大きくなる。曲線の図示の問題は多くあるが，曲線と接線を同じ座標系に図示させる問題は多くはない。その意図は，変曲点の近くでは，曲線が変曲点での接線の両側に現れることの確認である。標準問題である。

　Ⅳ　3 次方程式の解と複素数平面の問題である。3 次関数 $f(x)$ は実数の範囲で簡単に因数分解できる。$f(x)=(x-\gamma)g(x)$ と書けるから，虚数解は，2 次方程式 $g(x)=0$ から具体的に求められる。$g(x)$ の係数は実数だから，α，β は互いに共役である。$f(x)=0$ が虚数解をもつとき，α の軌跡は原点を中心とし，半径 2 の円の $y>0$ の部分である。α，β，γ が 1 直線上にあるのは，α，β の実部が γ に一致するときである。正三角形になる t の値は 2 つある。標準問題である。

物理

I 解答 1．(a)$-\dfrac{mg}{k}$ (b)$-\dfrac{2mg}{k}$

2．(c)$-\dfrac{2mg}{k}$ (d)$|v|=|w|$

3．衝突後に静止するためには，衝突位置が力のつりあいの位置である必要があるので条件1が必要。また，衝突直後に物体A，Bの速度が0になる必要があるので，運動量保存則より条件2が必要である。

4．(e)$\dfrac{1}{2}ka^2+mga$ (f)$mg\left(b+\dfrac{2mg}{k}\right)$

5．

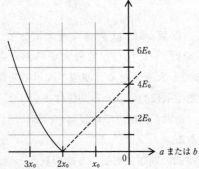

6．$a=-\dfrac{3mg}{k}$ のとき，$|v|=|w|$ より，$\dfrac{1}{2}mv^2=\dfrac{1}{2}mw^2$ となればよい。

$\dfrac{1}{2}mv^2=\dfrac{3m^2g^2}{2k}$，$\dfrac{1}{2}mw^2=mg\left(b+\dfrac{2mg}{k}\right)$ なので

$\dfrac{3m^2g^2}{2k}=mg\left(b+\dfrac{2mg}{k}\right)$

以上より $b=-\dfrac{mg}{2k}$ ……(答)

7．(g)$2\pi\sqrt{\dfrac{m}{k}}$ (h)$\dfrac{2mg}{k}$ (i)$\dfrac{\pi}{3}\sqrt{\dfrac{m}{k}}$ (j)$\sqrt{\dfrac{3m}{k}}$

中央大-理工〈一般・英語外部試験利用〉　　2022 年度　物理〈解答〉　95

■■■　◀解　説▶　■■■

≪鉛直ばね振り子と自由落下する物体の衝突≫

1．(a)　力のつりあいの式より

$$kx + mg = 0 \qquad x = -\frac{mg}{k}$$

(b)　力のつりあいの式より

$$kx + 2mg = 0 \qquad x = -\frac{2mg}{k}$$

2．(c)　衝突した直後静止し続けるためには，衝突後一体となった物体の位置が力のつりあいの位置である必要があるので，1の(b)と同様に，

$x = -\dfrac{2mg}{k}$ である。

(d)　衝突直後の一体となった物体の速度が 0 になる必要があるので，運動量保存則より

$$mv + mw = 0$$

よって　　$|v| = |w|$

3．衝突後の物体が静止し続けるためには，衝突直後の速度と加速度が 0 になる必要がある。

4．(e)　物体 A について，力学的エネルギー保存則より

$$\frac{1}{2}ka^2 = \frac{1}{2}mv^2 + \frac{1}{2}k\left(\frac{2mg}{k}\right)^2 - mg\left(\frac{2mg}{k} + a\right)$$

$$\frac{1}{2}mv^2 = \frac{1}{2}ka^2 - \frac{2(mg)^2}{k} + mg\left(\frac{2mg}{k} + a\right) = \frac{1}{2}ka^2 + mga \quad \cdots\cdots①$$

(f)　物体 B について，力学的エネルギー保存則より

$$\frac{1}{2}mw^2 = mg\left(b + \frac{2mg}{k}\right)$$

5．物体 A について考える。4の(e)より

$$\frac{1}{2}mv^2 = \frac{1}{2}ka^2 + mga = \frac{1}{2}k\left(a + \frac{mg}{k}\right)^2 - \frac{(mg)^2}{2k}$$

となるので，2次関数である。$\dfrac{1}{2}mv^2 > 0$ の範囲においてグラフ化すればよい。続いて物体 B について考えると，4の(f)より

$$\frac{1}{2}mw^2 = mg\left(b + \frac{2mg}{k}\right)$$

となるので，$\frac{1}{2}mw^2 > 0$ の範囲においてグラフ化すればよい。

6．2より $|v|=|w|$ を満たす必要があるので，5より $\frac{1}{2}mv^2 = \frac{1}{2}mw^2$ を説明すればよい。

①式に $a = -\frac{3mg}{k}$ を代入すると

$$\frac{1}{2}mv^2 = \frac{1}{2}k\left(-\frac{3mg}{k}\right)^2 + mg \times \left(-\frac{3mg}{k}\right) = \frac{3m^2g^2}{2k}$$

これが $\frac{1}{2}mw^2 = mg\left(b + \frac{2mg}{k}\right)$ と等しくなればよいので

$$\frac{3m^2g^2}{2k} = mg\left(b + \frac{2mg}{k}\right)$$

よって　$b = -\frac{mg}{2k}$

7．(h)　物体Aの単振動の振幅を求めればよい。$x = a = -\frac{3mg}{k}$ は振動の端であり，振動の中心は $x = -\frac{mg}{k}$ なので

$$\frac{3mg}{k} - \frac{mg}{k} = \frac{2mg}{k}$$

(i)　単振動は等速円運動の正射影であることを考慮すると，求める時間は右図のように円運動の周期の $\frac{1}{6}$ 周期に相当する。これは単振動でも同じことがいえるので

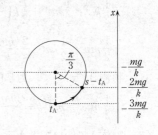

$$s - t_A = \frac{1}{6} \times 2\pi\sqrt{\frac{m}{k}} = \frac{\pi}{3}\sqrt{\frac{m}{k}}$$

(j)　物体Bの衝突直前の速さ $|w|$ は6より

$$\frac{1}{2}m|w|^2 = \frac{3(mg)^2}{2k} \quad |w| = g\sqrt{\frac{3m}{k}}$$

また物体Bは自由落下することから，正負に注意して立式すると

$$g\sqrt{\frac{3m}{k}} = g(s - t_B) \quad (s - t_B) = \sqrt{\frac{3m}{k}}$$

中央大-理工〈一般・英語外部試験利用〉　　　　　　　　2022 年度　物理〈解答〉　*97*

Ⅱ　解答

(1)—(e)　(2)—(c)　(3)—(a)　(4)—(d)　(5)—(c)　(6)—(g)
(7)—(c)　(8)—(b)　(9)—(h)　(10)—(e)

◀解　説▶

≪コンデンサーを含む直流回路と RLC 直列回路≫

(1)　充電を開始した直後，電荷のないコンデンサーは導線とみなすことができるので抵抗値 $2R$〔Ω〕の抵抗には電流が流れない。よってオームの法則より点 a に流れる電流の大きさ I_1〔A〕は

$$V_0 = I_1 \times 4R \qquad I_1 = \frac{V_0}{4R}\,\text{〔A〕}$$

(2)　抵抗値 $4R$〔Ω〕の抵抗にかかる電圧は $\dfrac{5}{6}V_0$〔V〕なので，回路全体には $\dfrac{5V_0}{24R}$〔A〕の電流が流れる。また，抵抗値 $2R$〔Ω〕の抵抗にかかる電圧は $\dfrac{1}{6}V_0$〔V〕なので，流れる電流は $\dfrac{V_0}{12R}$〔A〕であるから，点 a に流れる電流の大きさ I_2〔A〕は

$$I_2 = \frac{5V_0}{24R} - \frac{V_0}{12R} = \frac{V_0}{8R}\,\text{〔A〕}$$

と求まる。

(3)　十分に時間が経過すると，コンデンサーの充電が完了するため，コンデンサーに電流は流れない。

(4)　抵抗値 $2R$〔Ω〕の抵抗にかかる電圧は $\dfrac{V_0}{3}$ になり，コンデンサー A にも同じ電圧がかかる。よってコンデンサー A には $C_A \times \dfrac{V_0}{3} = \dfrac{C_A V_0}{3}$〔C〕の電気量が蓄えられる。

(5)　充電されたコンデンサー A とコイルの LC 回路である。固有周波数の公式は覚えておきたい。

(6)　求める電流の大きさを I_3〔A〕とすると，エネルギー保存則より

$$\frac{1}{2}C_A\left(\frac{V_0}{3}\right)^2 = \frac{1}{2}LI_3{}^2 \qquad I_3 = \frac{V_0}{3}\sqrt{\frac{C_A}{L}}\,\text{〔A〕}$$

(7)　この回路の共振周波数 f〔Hz〕は $f = \dfrac{1}{2\pi\sqrt{LC_B}}$〔Hz〕である。これが(5)

98 2022 年度 物理〈解答〉　　　　　中央大-理工〈一般・英語外部試験利用〉

の 2 倍であるので

$$\frac{1}{2\pi\sqrt{LC_B}} = 2 \times \frac{1}{2\pi\sqrt{LC_A}} \qquad C_B = \frac{C_A}{4} \, [\text{F}]$$

⑻　⑺より，共振周波数のとき $\omega L - \dfrac{1}{\omega C_B} = 0$ になるので，インピーダンスは $R\,[\Omega]$ である。

⑼　共振周波数 $f = \dfrac{1}{2\pi\sqrt{LC_B}} \, [\text{Hz}]$ より，周期 $T\,[\text{s}]$ は $T = 2\pi\sqrt{LC_B}$ $[\text{s}]$ である。また，交流電圧の最大値は V_1 なので電圧の実効値は $\dfrac{V_1}{\sqrt{2}}$ $[\text{V}]$ である。

以上より，1 周期の間に消費されるエネルギーすなわち電力量 $W\,[\text{J}]$ は

$$W = \frac{\left(\dfrac{V_1}{\sqrt{2}}\right)^2}{R} \times 2\pi\sqrt{LC_B} = \frac{\pi V_1{}^2\sqrt{LC_A}}{2R} \, [\text{J}]$$

⑽　コンデンサー B の容量リアクタンスは $\dfrac{1}{\omega C_B} \, [\Omega]$ である。よって

$$\frac{1}{\omega C_B} = \frac{1}{2\pi f \times \frac{1}{4}C_A} = \frac{1}{2\pi \times \frac{1}{\pi\sqrt{LC_A}} \times \frac{1}{4}C_A} = 2\sqrt{\frac{L}{C_A}} \, [\Omega]$$

Ⅲ　解答

(1)—(b)　(2)—(f)　(3)—(h)　(4)—(a)　(5)—(d)　(6)—(g)
(7)—(c)　(8)—(g)　(9)—(c)　(10)—(h)　(11)—(g)

◀解　説▶

≪単原子分子理想気体の熱サイクル≫

⑴　A→B は定積変化であり温度変化は $T_2 - T_1 \, [\text{K}]$ なので，定積モル比熱 C_V を用いると

$$Q_{AB} = nC_V(T_2 - T_1)$$

⑵　A→C は定圧変化であり温度変化は $T_2 - T_1 \, [\text{K}]$ なので，定圧モル比熱 C_p を用いると

$$Q_{AB} = nC_p(T_2 - T_1)$$

⑶　気体がした仕事は p-V グラフの面積と等しい。理想気体の状態方程式を用いると

中央大-理工〈一般・英語外部試験利用〉　2022 年度　物理〈解答〉　99

$$W_{AC} = p_1(V_2 - V_1) = nR(T_2 - T_1)〔J〕$$

(4)　A→B，A→Cはどちらも温度変化は $T_2 - T_1$〔K〕なので

$$\Delta U_{AB} = \Delta U_{AC} = \frac{3}{2}nR(T_2 - T_1)〔J〕$$

(5)　BとCの温度は等しいので，B→Cの変化における内部エネルギーの変化は0である。よって，この状態変化で気体が吸収した熱量 Q_{BC}〔J〕は，この間に気体が外部にした仕事 W_{BC}〔J〕と等しい。よって

$$Q_{BC} = W_{BC} = \frac{1}{2} \times (p_1 + p_2) \times (V_2 - V_1)$$

ここで，ボイル・シャルルの法則より

$$\frac{p_2 V_1}{T_2} = \frac{p_1 V_2}{T_2} \qquad p_1 = \frac{V_1}{V_2}p_2$$

これを代入すると

$$Q_{BC} = \frac{1}{2} \times \left(\frac{V_1}{V_2}p_2 + p_2\right) \times (V_2 - V_1) = \frac{p_2(V_2{}^2 - V_1{}^2)}{2V_2}$$

(6)・(7)　1サイクルで気体が外部にした仕事 W は p-V グラフの面積より

$$W = \frac{1}{2}(p_2 - p_1)(V_2 - V_1) = \frac{1}{2}\left(p_2 - \frac{V_1}{V_2}p_2\right)(V_2 - V_1) = \frac{p_2(V_2 - V_1)^2}{2V_2}$$

C→Aは放熱過程，A→Bは吸熱過程である。A→Bで外部から吸収した熱量は，(1)より

$$Q_{AB} = nC_V(T_2 - T_1) = \frac{3}{2}nR(T_2 - T_1) = \frac{3}{2}V_1(p_2 - p_1)$$

よって，1サイクルで気体が吸収した熱量 Q_+ は

$$\begin{aligned}
Q_+ &= Q_{AB} + Q_{BC} \\
&= \frac{3}{2}V_1(p_2 - p_1) + \frac{p_2(V_2{}^2 - V_1{}^2)}{2V_2} \\
&= \frac{3}{2}V_1\left(p_2 - \frac{V_1}{V_2}p_2\right) + \frac{p_2(V_2{}^2 - V_1{}^2)}{2V_2} \\
&= \frac{3p_2 V_1(V_2 - V_1) + p_2(V_2{}^2 - V_1{}^2)}{2V_2} \\
&= \frac{p_2(V_2{}^2 + 3V_1 V_2 - 4V_1{}^2)}{2V_2} = \frac{p_2(V_2 + 4V_1)(V_2 - V_1)}{2V_2}〔J〕
\end{aligned}$$

(8)　与えられた条件より

$$e = \frac{W}{Q_+} = \frac{\dfrac{p_2(V_2 - V_1)^2}{2V_2}}{\dfrac{p_2(V_2 + 4V_1)(V_2 - V_1)}{2V_2}} = \frac{V_2 - V_1}{V_2 + 4V_1}$$

ここで，ボイル・シャルルの法則より

$$\frac{p_1 V_2}{T_2} = \frac{p_1 V_1}{T_1} \qquad V_2 = \frac{T_2}{T_1} V_1$$

これを代入すると

$$e = \frac{V_2 - V_1}{V_2 + 4V_1} = 1 - \frac{5V_1}{V_2 + 4V_1} = 1 - \frac{5V_1}{\dfrac{T_2}{T_1}V_1 + 4V_1} = 1 - \frac{5T_1}{T_2 + 4T_1}$$

(9) A→B→C→D→Aの1サイクルで，吸熱過程になるのはA→BとB→Cのみである。よって

$$Q'_+ = Q_+ = Q_{AB} + Q_{BC} = \frac{p_2(V_2 + 4V_1)(V_2 - V_1)}{2V_2}$$

(10) p-Vグラフの面積が，1サイクルで気体が外部にした仕事になるので

$$W' = \frac{1}{2}(p_2 - p_1)(V_2 - V_1) + \frac{1}{2}(p_1 - p_3)(V_2 - V_1)$$

$$= \frac{1}{2}(p_2 - p_3)(V_2 - V_1)$$

(11) ボイル・シャルルの法則より

$$\frac{p_2 V_1}{T_2} = \frac{p_1 V_2}{T_2} \qquad p_1 = \frac{V_1}{V_2} p_2$$

$$\frac{p_3 V_2}{T_1} = \frac{p_1 V_1}{T_1} \qquad p_3 = \frac{V_1}{V_2} p_1 = \frac{V_1^2}{V_2^2} p_2$$

よって(10)より

$$W' = \frac{1}{2}\left(p_2 - \frac{V_1^2}{V_2^2} p_2\right)(V_2 - V_1) = \frac{p_2(V_2^2 - V_1^2)(V_2 - V_1)}{2V_2^2}$$

以上より

$$e' = \frac{W'}{Q'_+} = \frac{\dfrac{p_2(V_2^2 - V_1^2)(V_2 - V_1)}{2V_2^2}}{\dfrac{p_2(V_2 + 4V_1)(V_2 - V_1)}{2V_2}} = \frac{V_2^2 - V_1^2}{V_2(V_2 + 4V_1)} = \frac{V_2 - \dfrac{V_1^2}{V_2}}{V_2 + 4V_1}$$

ここで，$\alpha = \dfrac{V_1}{V_2}$ を用いると

$$e' = \frac{V_2 - \alpha V_1}{V_2 + 4V_1} = \frac{V_2 + 4V_1 - (4+\alpha)V_1}{V_2 + 4V_1} = 1 - \frac{(4+\alpha)V_1}{V_2 + 4V_1}$$

ボイル・シャルルの法則より

$$\frac{p_1 V_1}{T_1} = \frac{p_1 V_2}{T_2} \qquad V_2 = \frac{T_2}{T_1} V_1$$

なので

$$e' = 1 - \frac{(4+\alpha)V_1}{V_2 + 4V_1} = 1 - \frac{(4+\alpha)V_1}{\dfrac{T_2}{T_1}V_1 + 4V_1} = 1 - \frac{(4+\alpha)T_1}{T_2 + 4T_1}$$

❖講　評

　出題数は大問3題で，力学，電磁気，熱力学から各1題だった。Ⅰは解答のみ答える問題と，導出過程を答えるものや，論述問題，描図問題もみられた。Ⅱ，Ⅲは空所に適当な式またはグラフを選択肢から選ぶマークシート法の問題であった。

　Ⅰ　鉛直ばね振り子の運動をする物体と自由落下する物体の衝突を考える問題。丁寧な誘導があるので，それに乗ることができれば高得点を期待できる。座標を聞かれている問題が多いので，座標軸に注意が必要。

　Ⅱ　前半はコンデンサーを含む直流回路問題。後半は RLC 直列回路の問題であった。基本的な問題が多いので，1問1問慌てずに取り組みたい。

　Ⅲ　p-V グラフの問題。モル比熱の扱いはしっかり演習を積んでおきたい。典型的な問題なので完答を狙いたいが，計算量がやや多いので時間配分に気をつけたい。

化学

I **解答** (1)—⑤ (2)—③ (3)—③ (4)—④ (5)—⑦ (6)—⑥
(7)—② (8)—⑥ (9)—③ (10)—②

◀**解　説**▶

≪小問 10 問≫

(1) 水晶 SiO_2，大理石 $CaCO_3$，ホタル石 CaF_2 なので

元素 a：Si　元素 b：O　元素 c：Ca　元素 d：C　元素 e：F

(ア)誤文。原子番号の小さなものから順に並べると，d・b・e・a・cの順。

(イ)正文。この化合物は CaO で，水と反応すると発熱する。

$$CaO + H_2O \longrightarrow Ca(OH)_2$$

(ウ)正文。$2F_2 + 2H_2O \longrightarrow 4HF + O_2$

(2) スチレン-ブタジエンゴム 1 分子中に含まれるブタジエン単位（$C_4H_6 = 54$）x 個，スチレン単位（$C_8H_8 = 104$）y 個とする。

　　ブタジエン単位　　　　　スチレン単位
　$-CH_2-CH=CH-CH_2-$　　$-CH_2-CH-$

ブタジエン単位 1 個に臭素（$Br_2 = 160$）1 個付加するので

$$\frac{160x}{54x + 104y + 160x} \times 100 = 40 \quad \therefore \quad 93x = 52y$$

臭素付加前のブタジエン成分の質量パーセントは

$$\frac{54x}{54x + 104y} \times 100 = \frac{54x}{54x + 2 \times 93x} \times 100 = 22.5 \fallingdotseq 23〔\%〕$$

(3) (ア)正文。活性化エネルギー以上でなければ反応は起こらない。

(イ)誤文。温度が高いほど衝突する回数が多くなる。また，高温にするほど反応速度は大きくなる（ただし，酵素が関連する場合は，最適な温度がある）。

㈦正文。右図は正反応が発熱反応の場合。(反応熱)＝(逆反応の活性化エネルギー)－(正反応の活性化エネルギー) から求めることができる。

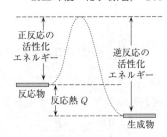

(5)　一段階目：$H_2SO_4 \longrightarrow H^+ + HSO_4^-$
完全電離し，H^+，HSO_4^- がそれぞれ C [mol/L] 生成する。

　　　　二段階目：$HSO_4^- \longrightarrow H^+ + SO_4^{2-}$
電離前の HSO_4^- は C [mol/L]，電離度 α なので，H^+ は $C\alpha$ [mol/L] 生成する。

合わせて　　[H^+] $= C + C\alpha = C(1+\alpha)$ [mol/L]

(6)　㋐誤文。体心立方格子＜面心立方格子＝六方最密充塡構造
㋒誤文。多くの場合，温度が低いほど体積が小さくなるので密度は大きくなるが，例外もある。水は0℃のときよりも4℃のときの方が密度は大きい。

(7)　負極での反応は　　$Pb + SO_4^{2-} \longrightarrow PbSO_4 + 2e^-$
1.0 mol の電子が流れたときに負極の質量増加は

$$1.0 \times \frac{1}{2} \times 96 = 48 \text{ [g]}$$

正極での反応は

$$PbO_2 + SO_4^{2-} + 4H^+ + 2e^- \longrightarrow PbSO_4 + 2H_2O$$

正極の質量増加は　　$1.0 \times \frac{1}{2} \times 64 = 32$ [g]

全体の反応式は，電子 2 mol あたり

$$Pb + PbO_2 + 2H_2SO_4 \longrightarrow 2PbSO_4 + 2H_2O$$

放電前の電解液中の溶質は

$$1.0 \times 10^3 \times \frac{30}{100} = 3.0 \times 10^2 \text{ [g]}$$

放電時に 1.0 mol＝98 g 減少するから，放電後の質量は

$$3.0 \times 10^2 - 98 = 202 \text{ [g]}$$

また，水が 1.0 mol＝18 g 生成するので，放電後の溶液の質量は

$$1.0 \times 10^3 - 98 + 18 = 920 \text{ [g]}$$

104 2022 年度　化学〈解答〉　　　　　　　中央大-理工〈一般・英語外部試験利用〉

よって，放電後の希硫酸の質量パーセント濃度は

$$\frac{202}{920} \times 100 = 21.9 \fallingdotseq 22 \,[\%]$$

(8)　空気について，20℃（293K）→ 60℃（333K）に温度が変化する。温度上昇後の分圧を P_1 とすると，シャルルの法則より

$$\frac{2.0 \times 10^4}{293} = \frac{P_1}{333} \qquad P_1 = 2.27 \times 10^4 \,[\text{Pa}]$$

水について，すべて気体になっていると仮定したときの分圧を P_2 とすると，気体の状態方程式より

$$P_2 \times 10 = \frac{1.8}{18} \times 8.3 \times 10^3 \times 333 \qquad P_2 = 2.76 \times 10^4 \,[\text{Pa}]$$

これは60℃における飽和水蒸気圧を超えているので，水は一部液体になっていて，水蒸気の分圧は飽和水蒸気圧 $2.0 \times 10^4 \text{Pa}$ に等しい。以上より容器内の気体の全圧は

$$2.27 \times 10^4 + 2.0 \times 10^4 = 4.27 \times 10^4 \fallingdotseq 4.3 \times 10^4 \,[\text{Pa}]$$

(9)　分子量を M とすると，質量モル濃度 m は

$$m = \frac{w}{M} \div \frac{W}{1000} = \frac{1000w}{MW} \,[\text{mol/kg}]$$

よって，$\Delta t_b = K_b m$ より

$$\Delta t_b = K_b \cdot \frac{1000w}{MW} \qquad \therefore \quad M = \frac{1000wK_b}{W \Delta t_b}$$

(10)　(ウ)誤文。グリシンは不斉炭素原子を持たない。

Ⅱ　解答　(1)—⑤　(2)—⑧　(3)(ア)—⑥　(イ)—④　(4)—②

◀解　説▶

≪溶解熱の測定実験≫

(1)　式(ⅱ)を用いて

$$1.4 \times 10.0 \times (5 \times 60) = 4.2 \times 10^3 \,[\text{J}] = 4.2 \,[\text{kJ}]$$

(2)　(ア)誤文。問題文より，硫酸銅(Ⅱ)水溶液と水の熱容量は等しいことから，(F)と(H)を入れかえて測定してもよい。

(イ)誤文。溶解熱は十分な量があれば溶媒の量に依存しない。また，手順(D)・(H)でそれぞれの溶液の熱容量を求めているので，水の量を一致させる

中央大-理工〈一般・英語外部試験利用〉　　　2022 年度　化学〈解答〉　*105*

必要はない。

(ウ)誤文。溶解熱の測定は手順(B)・(F)なので，その段階で試料をすべて溶かしてしまわなければならない。

(3)　(ア)手順(D)で，ヒーターから発生した $4.2×10^3$ J で溶液の温度が 1.00 K 上昇したことから，この装置の熱容量 C_1 は

$$4.2×10^3 = C_1×1.00 \qquad C_1 = 4.2×10^3 〔J/K〕$$

手順(B)で温度が -0.10 K 変化したことから，吸熱量は

$$C_1 \varDelta T = 4.2×10^3×0.10 = 4.2×10^2〔J〕= 0.42〔kJ〕$$

これが $CuSO_4 \cdot 5H_2O$ （式量 249.5）12.5 g を溶解させたときの吸熱量だから，1 mol あたりの吸熱量は

$$0.42÷\frac{12.5}{249.5} = 8.383 ≒ 8.38〔kJ/mol〕$$

吸熱反応であることを考慮して最も近いのは⑥。

(イ)(ア)と同様で，手順(H)から装置の熱容量 C_2 は C_1 と同じ $4.2×10^3$ J/K である。よって，手順(F)での発熱量は

$$4.2×10^3×0.30 = 1.26×10^3〔J〕= 1.26〔kJ〕$$

1 mol あたりの発熱量は

$$1.26÷\frac{3.2}{159.5} = 62.8 ≒ 63〔kJ/mol〕$$

(4)　(ウ)誤文。$CuSO_4 \cdot 5H_2O$ の生成熱のほうが大きくなる。

Ⅲ　**解答**　(1)$Al^{3+} + 3e^- \longrightarrow Al$

(2)$C + 2O^{2-} \longrightarrow CO_2 + 4e^-$

(3)4.5 kg

(4)アルミニウムの質量：0.54 kg　気体の体積：$6.7×10^2$ L

(5)　(ア)$Na[Al(OH)_4]$　(イ)H_2

(6)$2Al + Fe_2O_3 \longrightarrow Al_2O_3 + 2Fe$

(7)　(ウ)0.18　(エ)2.9

◀解　説▶

≪アルミニウムとその化合物，溶融塩電解，結晶格子の計算≫

(3)　式(ii)，(iii)を用いて，流れた電子の物質量は

$$\frac{1.4\times10^3}{28}\times2+\frac{4.4\times10^3}{44}\times4=5.0\times10^2\,(\text{mol})$$

よって，式(i)から生成するアルミニウムの質量は

$$5.0\times10^2\times\frac{1}{3}\times27\times10^{-3}=4.5\,(\text{kg})$$

(4) 流れた電子の物質量は

$$\frac{400\times(4.0\times3600)}{9.65\times10^4}=59.6\,(\text{mol})$$

よって，生成するアルミニウムの質量は

$$59.6\times\frac{1}{3}\times27\times10^{-3}=0.536\doteqdot0.54\,(\text{kg})$$

また，発生する一酸化炭素の体積は

$$59.6\times\frac{1}{2}\times22.4=6.67\times10^2\doteqdot6.7\times10^2\,(\text{L})$$

(7) (ウ)結晶格子の1辺の長さを$a\,(\text{cm})$とすると，右下図の対角線の長さから

$$\sqrt{2}\,a=4r \qquad a=2\sqrt{2}\,r$$

単位格子内の原子数は左下図から

$$\frac{1}{2}\times6+\frac{1}{8}\times8=4\text{個}$$

よって　　密度$=\dfrac{\dfrac{M}{N_A}\times4}{a^3}=\dfrac{4M}{(2\sqrt{2}\,r)^3\cdot N_A}=\dfrac{\sqrt{2}}{8}\times\dfrac{M}{N_A\cdot r^3}$

$$=\frac{1.41}{8}\times\frac{M}{N_A r^3}$$

$$\doteqdot0.18\times\frac{M}{N_A r^3}\,(\text{g/cm}^3)$$

中央大-理工〈一般・英語外部試験利用〉　　　　　2022 年度　化学〈解答〉　*107*

(エ) (ウ)に数値を代入して

$$\frac{1.41}{8} \times \frac{27}{6.0 \times 10^{23} \times (1.4 \times 10^{-8})^3} = 2.89 \doteqdot 2.9 \, [\text{g/cm}^3]$$

Ⅳ 　解答　(1)H^+　(2)$C_3H_5N_3O_9$

(3)$H_3C-CH_2-CH_2-\underset{\underset{O}{\|}}{C}-OH$

(4)$H_3C-CH_2-CH_2-\underset{\underset{O}{\|}}{C}-H$

(5)$H_3C-CH_2-CH_2-CH_2-OH$

(6)4 種類　　(7)6 種類

(8)$H_3C-CH_2-\overset{*}{\underset{\underset{OH}{|}}{C}}H-CH_3$

━━━◀解　説▶━━━

≪エステルの構造決定≫

(2)　Aの組成式 $C_{15}H_{26}O_6 = 302$ で分子量が 301.8〜302.4 なので，分子式
も　　$C_{15}H_{26}O_6$

下線部(a)からAは3分子のBと1分子のCから成るエステルであり，リー
ド文後半の情報から，Cはグリセリン（$C_3H_8O_3 = 92$）である。下線部(b)
の反応は

$$\begin{array}{ccc}
\underset{}{CH_2-OH} & & CH_2-ONO_2 \\
| & \xrightarrow{\text{濃硫酸，濃硝酸}} & | \\
CH-OH & & CH-ONO_2 \\
| & & | \\
CH_2-OH & & CH_2-ONO_2 \\
\text{C（グリセリン）} & & \text{F（ニトログリセリン）}
\end{array}$$

(3)　下線部(a)の反応は

　　$A + 3H_2O \longrightarrow 3B + C$

なので，Bの分子式は

$$\{(C_{15}H_{26}O_6) + 3 \times (H_2O) - (C_3H_8O_3)\} \times \frac{1}{3} = C_4H_8O_2$$

直鎖状であることから〔解答〕の構造と決まる。

(4)・(5)　Bはカルボン酸であり，D・Eを酸化するとBが得られること，

D がフェーリング液を還元することから，**E** は第一級アルコール，**D** はアルデヒドとわかり，それぞれ〔解答〕の構造が決まる。**D・E** がヨードホルム反応を示さないこととも合致する。

(6)　　C–C–C–O–C　　C–C–O–C–C　　H–C–O–C–C
　　　　　‖　　　　　　　　‖　　　　　　　‖　　｜
　　　　　O　　　　　　　　O　　　　　　　O　　C

　　　H–C–O–C–C–C
　　　　‖
　　　　O

の 4 種類。

(7)　アルコール 3 種類（*C は不斉炭素原子）。

　　　　　　　　　　　　　　　　　　　　　　　OH
　　　　　　　　　　　　　　　　　　　　　　　｜
　　　C–C–*C–C　　　C–C–C–OH　　　C–C–C
　　　　　｜　　　　　　　　｜　　　　　　　｜
　　　　　OH　　　　　　　C　　　　　　　C

エーテル 3 種類。

　　　C–C–O–C–C　　　C–C–C–O–C　　　C–C–O–C
　　　　　　　　　　　　　　　　　　　　　｜
　　　　　　　　　　　　　　　　　　　　　C

❖講　評

　Ⅰ・Ⅱがマークシート法，Ⅲ・Ⅳが記述式で，2021 年度と同じ形式であった。

　Ⅰ　小問 10 問の構成である。全分野からの出題で，正誤のセットを選ばせるものや計算問題の数値を選ばせるものなど，これまでの出題スタイルと同様であった。難易度は標準で，2021 年度よりはやや難化している。

　Ⅱ　こちらもマークシート法であるが，2021 年度の数値を答えるスタイルから，正しい数値を選ばせたり，正誤を判定させたりするスタイルに戻った。溶解熱を測定する実験に関する出題だったが，実験手順の文章が長く，内容を把握するのに時間がかかったと思われる。2022 年度の大問の中では最も難しかった。

　Ⅲ　溶融塩電解によるアルミニウムの製法およびアルミニウムに関する無機分野の知識，結晶格子の計算からの出題だった。計算・知識問題ともに頻出事項なので，きちんと学習してきた受験生にとっては解きやすかったはずだが，(4)・(7)は計算の手間はかかっただろう。

Ⅳ　エステルの構造決定の問題だった。グリセリンの脂肪酸エステルであることにさえ気づけば，容易だっただろう。

全体的に，難易度は標準レベルだが，実験問題など問題文が長くなる傾向が続いているので，しっかり読み取らなければならない。

生物

I 解答 A. (1)—(a) (2)—(b) (3)—(d) (4)—(c) (5)—(a) (6)—(b) (7)—(c) (8)—(c) (9)—(c)・(d)

B. (1)—(a) (2)—(d) (3)—(a) (4)—(b) (5)—(e) (6)—(d) (7)—(c) (8)—(c) (9)—(b)

C. (1)—(b) (2)—(a) (3)—(c) (4)—(d) (5)—(b)

◀解 説▶

≪浸透圧調節，ホルモン，遺伝子の発現，個体群，生物群集と生態系≫

A. (1) (a)正文。細胞を塩濃度が高い溶液（高張液）に浸すと，細胞内（低張液）から細胞外へと水が移動し，細胞は収縮する。

(2) (b)正文。植物細胞を蒸留水（低張液）に浸すと，細胞外から細胞内（高張液）へと水が移動し，細胞壁を押し広げようとする膨圧と細胞の浸透圧がつり合い，植物細胞は膨張が制限される緊張状態となる。

(3) (d)正文。ゾウリムシを塩濃度が低い溶液（低張液）に浸すと，細胞外から細胞内（高張液）へと水が移動するが，ゾウリムシは収縮胞の収縮頻度を上げることで水を多く排出し，細胞の体積を元のまま維持する。

(4) (a)誤文。トリプシンはタンパク質分解酵素であり，炭水化物を多く含む食べ物を摂ったときはアミラーゼやマルターゼなどの炭水化物分解酵素が多く分泌される。

(b)誤文。炭水化物を多く含む食べ物を摂ったときは，グリコーゲンの分解ではなく合成が促進される。

(d)誤文。炭水化物を多く含む食べ物を摂ったときは血糖値が上昇し，グルカゴンではなくインスリンの分泌が促進される。

(5) 運動によってグルコースの血中濃度が下降したときは，グルカゴンやアドレナリンなどのグリコーゲンを分解するホルモンの分泌が促進される。

(b)・(c)誤文。血中で不足したグルコースを補うために，脂質の分解によるグルコース生成が促進され，また筋からはグルコースが放出される。

(d)誤文。腎臓での水分再吸収促進は，グルコース濃度ではなく，Na^+イオン濃度などの影響を受ける。

中央大-理工〈一般・英語外部試験利用〉　　2022 年度　生物〈解答〉　*111*

(6)　(a)誤文。副交感神経は立毛筋に分布していない。

(c)誤文。チロキシンの分泌が減少し代謝が抑えられると，体温は下降する。

(d)誤文。皮膚の毛細血管が拡張して血流量が増加すると，放熱量が増加し，体温は下降する。

(7)　(a)誤文。骨格筋は効果器であり，神経興奮を心臓へと伝えるわけではない。

(b)誤文。体温が上昇することで副腎から分泌されるのはアセチルコリンではなく，アドレナリンである。

(d)誤文。筋でみられる発酵は解糖であり，解糖では二酸化炭素ではなく乳酸が合成される。

(8)　(c)誤文。100m を走破した直後は体内の酸素濃度が低下し肺における酸素の取り込み量を増加させるため，副交感神経ではなく交感神経の活動が活発になる。

(9)　フィードバック調節とは結果が原因にさかのぼって作用するしくみのことである。

(a)関わる。チロキシンの濃度上昇（結果）によって，甲状腺刺激ホルモンの分泌（原因）が抑制される。

(b)関わる。血糖値の上昇（結果）によって，インスリンによる肝臓へのグルコースの取り込み速度（原因）が上昇する。

(c)関わらない。刺激の情報が「腱紡錘→脊髄→伸筋」の順に伝わる伸長反射に関する記述であり，フィードバック調節とは無関係の記述である。

(d)関わらない。皮膚温度の低下に対して，体温を一定に保とうとする体の調節機能についての記述であり，筋収縮によって皮膚温度低下の直接的な原因（外気温の低下など）に影響を与えることはできないため，フィードバック調節とは無関係の記述である。

(e)関わる。瞳孔の収縮（結果）によって，視細胞への光刺激（原因）の量が減少する。

B.　(1)　転写の際に mRNA を合成する酵素は RNA ポリメラーゼである。よって(a)が適切。(b)複製の際にプライマーを合成する酵素は DNA プライマーゼであり，RNA プライマーゼという酵素は存在しない。(c) RNA ヘリカーゼは，水素結合を切断し二本鎖 RNA を開裂させる酵素である。(d) RNA キナーゼは，一本鎖 RNA の 3′ 末端をリン酸化する酵素である。(e)

RNA リガーゼは，一本鎖 RNA を連結させる酵素である。

(2) (d)正文。RNA ポリメラーゼによって読み取られる鎖はアンチセンス鎖のみである。

(3) (a)正文。翻訳開始コドンである AUG に結合する tRNA は，メチオニンを mRNA まで運ぶ。

(4) (b)正文。mRNA と結合したリボソームが UAA，UAG，UGA のいずれかの終止コドンに達すると，翻訳が終了する。

(5) (a)・(b)誤文。リボソームの大小 2 つのサブユニットが合わさることで，タンパク質合成が行われる。

(c)誤文。tRNA はリボソームで合成されるのではなく，核内 DNA の転写によって合成される。

(d)誤文。リボソームの構成成分は RNA だけではなく，タンパク質も含まれる。

(6) (a)・(c)誤文。アミノ酸が対応していないコドンは 3 つの終止コドン (UAA，UAG，UGA) である。

(b)誤文。コドン表に示されているアミノ酸は 20 種類である。

(d)正文。たとえばロイシンに対応するコドン (CUU，CUC，CUA，CUG) など，3 番目の塩基が決まらなくても，対応するアミノ酸が決まる場合がある。

(e)誤文。終止コドンはアミノ酸に対応しておらず，他のコドンでは 1 個のコドンに 1 種類のアミノ酸が対応している。

(7) タンパク質はリボソームで合成される。リボソームを保有している細胞小器官は(a)葉緑体，(b)ミトコンドリア，(d)細胞質基質，(e)小胞体 (粗面小胞体) である。

(9) (b)正文。tRNA は核内 DNA の転写によって合成される。

(c)誤文。tRNA は細胞の分化に応じてそれぞれ新たに合成される。

C. (1) (b)誤文。繁殖に適している生息地域では，ある個体が別の個体を誘引するケースなどがみられ，個体は等間隔に分布するのではなく，集中的に分布することが多い。

(2) (a)誤文。移動能力の高い種などでは，生息地域における全個体の位置を確かめることは非常に困難である。

(3) (c)誤文。環境収容力に達した後でも，環境条件の変化，捕食者側の個

中央大-理工〈一般・英語外部試験利用〉　　　　　　2022 年度　生物〈解答〉　113

体数変動，偶然による影響などによって，周期的変動を繰り返すことが多い。

(d)正文。同種個体どうしは「ニッチ」が共通しているので，他種個体どうしと比べて競争関係は強くなる傾向がある。

(4)　(d)誤文。カキとフジツボなど，生態的地位が重なっている生物種どうしが同じ地域に出現し，種間競争を起こす事例がみられている。

(5)　(b)誤文。サケ類など，人間による捕獲などの営みによって環境収容力が低下し，成長曲線の形が以前と比べ変わってしまった事例がみられている。

Ⅱ 解答

(1)　酵素Aの名称：DNA ポリメラーゼ
　　方法の名称：PCR 法（ポリメラーゼ連鎖反応）

(2)　好熱菌の酵素Aは多くの疎水性相互作用により立体構造が安定し，高い耐熱性を示す。(50 字以内)

(3)　結合の名称：S–S 結合（ジスルフィド結合）
選択肢1の記号：E

(4)　ア．一　イ．三

(5)—F・H

(6)　失活

◀解　説▶

≪PCR 法，タンパク質の構造，酵素反応≫

(2)　リード文に「大腸菌の酵素Aでは，水になじみやすい親水性のアミノ酸残基の数がより多く，水をはじきやすい疎水性のアミノ酸残基の数がより少ない傾向にある」「水分子は安定して親水性のアミノ酸の周囲に集まろうとする。逆に，これが，疎水性のアミノ酸側鎖から水分子を遠ざけるので，疎水性のアミノ酸側鎖どうしを近くに集めるようにはたらく」と記述されていることから，好熱菌の酵素Aでは疎水性相互作用が多くはたらき，そのぶん多くの安定した立体構造が形成されていることがわかる。PCR 法では加熱と冷却が繰り返されるため，多くの疎水性相互作用により耐熱性を示す好熱菌の酵素A（DNA ポリメラーゼ）がとくに利用されている。

(3)　側鎖として $-CH_2-SH$ をもつシステイン（選択肢1のE）2分子が

それぞれのSH基のH原子を失ってつながる結合をS-S結合（ジスルフィド結合）という。

(4) リード文より，好熱菌と大腸菌の酵素Aの共通点として，600アミノ酸の部分が同じ形に折りたたまれていること，システイン残基を介したジスルフィド結合がみられないことがあげられている。つまり，好熱菌と大腸菌の酵素Aは立体構造（三次構造）がよく似ていることがわかる。両者の相違点として，親水性／疎水性アミノ酸の含有割合が異なることがあげられていることから，アミノ酸配列，つまり一次構造に大きな違いがあることがわかる。

(5) 図1にあるように，NとCの間，またはOとCの間の化学結合では電荷の偏りが生じやすい。また，図2より，側鎖に電荷の偏りを生じやすい部分（N-C，またはO-Cの部分）をもつアミノ酸は親水性となり，その部分をもたないアミノ酸は疎水性となる。このことより，親水性のアミノ酸はG，I，J，K，L，Mとなり，疎水性のアミノ酸はF，Hとなる（下図：電荷の偏りを生じやすい部分を○で囲ってある）。ちなみに，Fはロイシン，Gはグルタミン，Hはバリン，Iはアスパラギン，Jはトレオニン，Kはグルタミン酸，Lはアスパラギン酸，Mはリシンである。

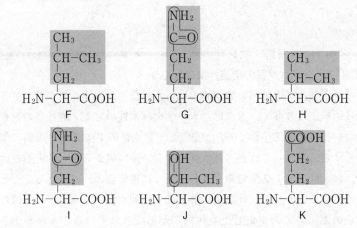

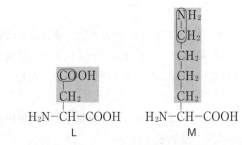

(6) 下線部⑥で示されている現象は「変性」である。変性により失活が起こるので，本問において，変性と解答しないように注意したい。

III 解答

(1) (ア)リブロースビスリン酸（RuBP）
(イ)ルビスコ（RubisCO，RuBPカルボキシラーゼ／オキシゲナーゼ）
(ウ)ホスホグリセリン酸（リン酸グリセリン酸，PGA）
(2) (エ)低下　(オ)濃縮　(カ)蓄積
(3) (キ)時間的　(ク)空間的
(4)—(b)・(d)・(f)
(5) C_3植物：(b)　C_4植物：(f)　CAM植物：(e)
(6)—(a)・(d)

◀解　説▶

≪C_4植物とCAM植物，地球温暖化≫

(3)　図1から以下の内容を読み取ることができる。
(キ)CAM植物はC_4回路（PEPCという酵素によってC_3化合物をリンゴ酸などのC_4化合物に変換する回路）を夜の間にはたらかせ，カルビン・ベンソン回路を昼の間にはたらかせる「時間的」分業により細胞内のCO_2を濃縮している。
(ク)C_4植物は葉肉細胞でC_4回路をはたらかせ，維管束鞘細胞でカルビン・ベンソン回路をはたらかせる「空間的」分業により細胞内のCO_2を濃縮している。
(4)　(a)誤文。植物は，縦軸の値である「CO_2吸収速度」が正であるときは成長が可能であるが，0や負であるときは成長が不可能である。CO_2濃度が4ppmのときは，植物Aも植物Bも縦軸の値が正でないため，両

者とも成長が不可能である。

(b)・(d)正文。下図の★より，CO_2濃度が75ppmのときは，植物Aでは縦軸の値が0であり光合成速度と呼吸速度がつり合っている状態なので成長が不可能であるが，植物Bでは縦軸の値は正であり成長が可能であることがわかる。

(c)誤文。植物は，光が照射されていれば，横軸の値である「実験装置内部のCO_2濃度」が0ppmでない限りは光合成を行う。

(e)誤文。CO_2濃度が600ppmのときは，植物Aも植物Bも縦軸の値が正であるため，両者とも成長が可能である。

(f)正文。下図の※より，CO_2濃度が400ppmから800ppmに倍増するときは，植物Bのグラフは一定であり，植物Aのみが光合成速度を増加させていることがわかる。

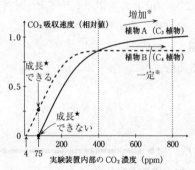

(5) 多くの植物種がC_3植物であるため，C_4植物とCAM植物の例から考えていくとよい。C_4植物の例としてはトウモロコシやサトウキビ，アワやヒエ，ススキなどがあげられる。また，CAM植物の例としてはサボテンやベンケイソウ，パイナップルやアロエなどがあげられる。したがって，(f)がC_4植物，(e)がCAM植物と決まり，C_4植物やCAM植物が含まれていない(b)がC_3植物と決まる。(c)のシイタケやブナシメジは植物ではなく菌類である。

(6) (a)誤文。積雪寒冷地では温暖化による雪解け水の減少が見られ，寒冷地農業の主要作物が減少している事例も挙げられている。

(d)誤文。人間の活動領域から遠く離れた高山や島であっても，地球温暖化による異常気象などが原因で，植生に甚大な影響が及ぶ可能性は否定できない。

中央大-理工〈一般・英語外部試験利用〉 2022 年度 生物〈解答〉 *117*

Ⅳ 解答

(1)—B・E・I
(2)—C・H

(3) 1．名称：雌しべ（雌ずい）　矢印の色：白
2．名称：雄しべ（雄ずい）　矢印の色：黒

(4) 花粉の媒介者として地面を歩く小型の生物を利用しているため。(40 字以内)

(5) 構造：子葉　種子：無胚乳種子

(6) 名称：腐食連鎖　記号：E

(7) 照葉樹林

(8) 日本はどの地域でも年間を通して降水量が多く，温暖な季節がみられるため。(40 字以内)

◀解　説▶

≪系統と分類，植物の生殖と発生，食物連鎖，日本のバイオーム≫

(1) Bはカタツムリの一種，Eはキノコの一種，Iはセミおよびセミに寄生する菌類の一種であり，いずれも有機物を外界から取り入れる従属栄養生物である。

(2) Cはイヌワラビ（シダ植物の一種），Hはアオキヌゴケ（コケ植物の一種）であり，いずれも胞子のうから放出される胞子で増える独立栄養生物である。その他のA（ヤマツツジ），D（タマノカンアオイ），F（コナラ），G（クロマツ）は種子で増える独立栄養生物である。

(3) Aのヤマツツジの花は，中心にある1本の長い雌しべ（番号1）とその周りを取り囲んでいる5本の雄しべ（番号2），および，5枚の花弁からなる。Gのクロマツは，雌しべに相当する雌花（黒矢印）を新枝の上部に2，3個つけ，雄しべに相当する雄花（白矢印）を新枝の下部にたくさんつける。

(4) 探究力が問われる問題である。設問文に「写真Aに番号で示した構造（雌しべや雄しべ）はこの壺型の中にある」と記述されていることから，この壺型の器官は花であることがわかる。その上で，地表すれすれの場所において，この壺型の花が生殖器官として有効に機能するための理由を考えていけばよい。

(5) Fの白矢印で示された構造が種子の大部分を表していることから，この構造は胚乳や子葉などの栄養器官であると考えられる。また，設問文に

「白矢印で示した2つの構造は，右側の部分で茎の基部と連結している」と記述されていることから，この構造は有胚乳種子がもつ胚乳ではなく，無胚乳種子がもつ子葉であることがわかる。

(8) 森林は年降水量が多い地域でみられる。日本は温暖湿潤気候であるため，特殊な環境を除けば，どの地域でもバイオームが森林である。本問では「日本はどの地域でも年降水量が多い」「日本はどの地域でも温暖な季節（夏）がみられる」の2点を盛り込みたい。

❖講　評

　大問4題の出題であり，小問および論述問題の数は2021年度に比べ増加した。年々，考察問題の割合が増加しているが，その難度は易化傾向にある。

　Ⅰ　浸透圧調節，ホルモン，遺伝子の発現，個体群，生物群集と生態系に関する小問集合問題であった。教科書レベルでの出題が多く，ここでしっかりと得点しておきたい。

　Ⅱ　PCR法，タンパク質の構造，酵素反応に関する出題であった。好熱菌のDNAポリメラーゼが耐熱性をもっている理由を，リード文からしっかり考察していく必要があった。解きやすい問題が多かった。

　Ⅲ　C_4植物とCAM植物，地球温暖化に関する出題であった。Ⅰ同様，基本的な内容が多く，ここでもしっかりと得点しておきたい。

　Ⅳ　系統と分類，植物の生殖と発生，食物連鎖，日本のバイオームに関する問題で，写真の図から生物を推定する問題も出題された。クロマツの雄花と雌花の位置やタマノカンアオイの花について問われるなど，解きにくいと感じた受験生は多くいたであろう。

　Ⅰは例年通り小問集合，Ⅱ～Ⅳは従来からの頻出分野である遺伝情報，代謝，生殖・発生，生態，進化・系統からの出題であった。大問によっては時間がかかるものもあるので，90分の試験時間を有効に使うことを意識していくとよいだろう。

中央大-理工〈共通テスト併用〉　　　　　　　　　　　2022 年度　問題　*119*

■共通テスト併用方式

問題編

共通テスト　併用方式　問題編

▶試験科目・配点（個別試験）

教　科	科　　　　　　　目	配　点
数　学	「数学Ⅰ・Ⅱ・Ⅲ・Ａ・Ｂ」から 4 題出題し，そのうち任意の 3 題を選択解答	150 点
理　科	数学科・物理学科・都市環境学科 　「物理基礎，物理」「化学基礎，化学」から各 3 題，計 6 題出題し，そのうち任意の 3 題を選択解答 上記以外の学科 　「物理基礎，物理」「化学基礎，化学」「生物基礎，生物」から各 3 題，計 9 題出題し，そのうち任意の 3 題を選択解答	150 点

▶備　考

• 「数学Ｂ」は「数列，ベクトル」から出題する。

• 数学科の「数学」の配点は 300 点となる。

• 合否判定は，上記の個別試験と大学入学共通テストの「英語」（150 点満点）の合計得点（450 点満点〈数学科は 600 点満点〉）で行う。

数学

（100分）

（注）

1．問題は，Ⅰ～Ⅳの4題あります。そのうち3題を選択して解答してください。

2．満点が150点となる配点表示になっていますが，数学科は満点が300点であり，各問の配点は2倍となります。

Ⅰ　△ABC において，AB = AC = 1，BC = 2t $(0 < t < 1)$ とする。また，BC の中点を M とし，△ABC の外心を O，内心を I とする。さらに，△ABC の面積を S，外接円の半径を R，内接円の半径を r とする。以下の問いに答えよ。(50点)

(1) S, R, r をそれぞれ t を用いて表せ。

(2) $0 < t < 1$ において r を最大にする t の値を求めよ。

(3) t を (2) で求めた値とするとき，$\dfrac{\text{OM}}{\text{IM}}$ の値を求めよ。

中央大-理工〈共通テスト併用〉　　　　　　　　　　　2022 年度　数学　*121*

II　1, 2, $\cdots$, n $(n \geqq 2)$ の番号を一つずつ書いた n 枚のカード 1 組ずつを A 君，B 君が持っている。A 君，B 君はそれぞれ自分の持っているカードの組からランダムに 2 枚抜き出す。A 君が抜き出した 2 枚のカードの番号の大きい方を a，B 君が抜き出した 2 枚のカードの番号の大きい方を b とする。以下の問いに答えよ。(50 点)

(1) $2 \leqq k \leqq n$ を満たす自然数 k に対し，$a \leqq k$ となる確率を p_k，$a = k$ となる確率を q_k とする。p_k，q_k を求めよ。

(2) $a = b$ となる確率を r とする。r を求めよ。

(3) $a < b$ となる確率を s とする。s を求めよ。

(4) $|a - b| \leqq 1$ となる確率を t とする。t を求めよ。

III　自然数 a, b, c, d により

$$n = b^3 - a^3 = c^2 + d^2$$

と表されるような素数 n を調べる。例えば

$$37 = 4^3 - 3^3 = 1^2 + 6^2, \qquad 397 = 12^3 - 11^3 = 6^2 + 19^2$$

などがある。以下の問いに答えよ。(50 点)

(1) 2 つの自然数 c, d の平方の和 $k = c^2 + d^2$ が奇数であれば，k を 4 で割った余りは 1 である。このことを，c が偶数の場合と奇数の場合に分けて示せ。

(2) 素数 ℓ が 2 つの自然数 a, b により $\ell = b^3 - a^3$ と表されるとき，3 次式 $b^3 - a^3$ の因数分解を用いて $b = a + 1$ であることを示せ。

(3) 素数 n が 4 つの自然数 a, b, c, d により $n = b^3 - a^3 = c^2 + d^2$ と表されるとき，b を 4 で割った余りは 0 か 1 であることを示せ。

(4) 200 以下の素数 n で (3) の条件を満たすものが $n = 37$ 以外にも存在する。それらをすべて求めよ。また，そのときの a, b, c, d $(c \leqq d)$ も求めよ。

IV n を 2 以上の整数とするとき，以下の問いに答えよ。(50 点)

(1) $x > 0$ で定義された微分可能な関数 $f(x)$ が $f'(x) > 0$, $f(1) = 0$ を満たしている。このとき次の不等式を示せ。

    (a) $\displaystyle\sum_{k=1}^{n} f(k) < \int_{1}^{n+1} f(x)\,dx$

    (b) $\displaystyle\int_{1}^{n} f(x)\,dx < \sum_{k=1}^{n} f(k)$

(2) (1) を利用して以下の不等式を示せ。

$$n \log n - n + 1 < \log n! < (n+1)\log(n+1) - n$$

(3) $K_n = \dfrac{(n!)^{\frac{1}{n}}}{n}$ とする。このとき，極限 $\displaystyle\lim_{n\to\infty} K_n$ を求めよ。なお，必要ならば，$\displaystyle\lim_{x\to\infty} \frac{\log x}{x} = 0$ を用いてよい。

物理

（理科3題で100分）

(注) 問題は，「物理」：Ⅰ～Ⅲ，「化学」：Ⅰ～Ⅲ，「生物」：Ⅰ～Ⅲの9題あります。
そのうち3題を選択して解答してください。「生物」は精密機械工学科，電気電
子情報通信工学科，応用化学科，ビジネスデータサイエンス学科，情報工学科，
生命科学科，人間総合理工学科受験者のみ選択解答できます。

Ⅰ　次の問題の答えを導出の過程も含めて，解答用紙の所定の場所に書きなさい。(50点)

　伸び縮みしない長さ ℓ の糸の先端に質量 m の小球をつけた振り子を2個用意し，
図1のように小球が最下点にあるときに2個の小球が接するように糸の他端を天井に
固定する。ここで，左側の小球を小球1，右側の小球を小球2とよぶことにする。
2個の小球が最下点にあるときの小球1の重心と小球2の重心を含む鉛直面を考え，
この鉛直面内での2個の小球の運動を考える。ただし，糸の長さに比べて小球の大き
さは無視できるものとする。また，糸の質量，空気抵抗の効果は考えない。
　図2左に示すように，小球1を糸がピンと張った状態で最下点から少しだけ持ち上
げて，糸と鉛直方向のなす角が θ のところで静かに手を離すと小球1は運動を始め，
最下点に来たところでそこに静止していた小球2に水平右向きに速さ v で衝突した
（図2右）。小球1と2の反発係数（はねかえり係数）を e $(0 < e < 1)$，重力加速度
の大きさを g として，以下の問いに答えなさい。ただし，θ は十分に小さく，衝突以
外の小球の運動は単振動の一部とみなしてよいものとする。

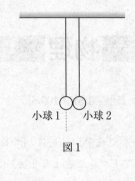

図1

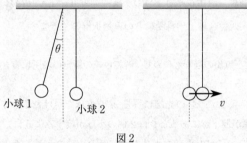

図2

問い

1. 衝突直後の小球1の速度 v_1 と小球2の速度 v_2 を v, e を用いて表しなさい。ただし，速度は右向きを正とする。また，この衝突で失われた力学的エネルギーの大きさ ΔE を m, v, e を用いて表しなさい。

2. 衝突により小球1と2は最下点で水平方向にそれぞれ v_1, v_2 の初速度が与えられて単振動を始める。衝突の時刻を $t=0$ として，小球1と2が最下点に戻ってくる時刻 t_1, t_2 を求めなさい。また図3には，衝突の時刻から時刻 t_1 までの小球1の糸と鉛直線がなす角の大きさ θ_1 の時間変化が示されている。これと比較して小球2の糸と鉛直線がなす角の大きさ θ_2 はどのように変化するか，解答欄の図にその様子を描き入れなさい。（解答欄の図は図3と同じ－編集部）

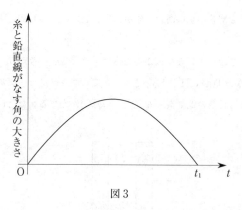

図3

3. 問2で考えた単振動の後，小球1と2が最下点に戻ってきたときに，水平左向きに小球1は速さ $|v_1|$ で，小球2は速さ $|v_2|$ で運動しているため，再び小球1と2は衝突する。この2回目の衝突直後の小球1の速度を v_1'，小球2の速度を v_2' としたとき，これらを v, e を用いて表しなさい。ただし，速度は右向きを正とする。また，この衝突で失われた力学的エネルギーの大きさ $\Delta E'$ を m, v, e を用いて表しなさい。

4. 2回目の衝突により小球1と2は最下点で左向きに初速度を与えられて単振動を始め，再び最下点に戻ってきたときに次の衝突が起こる。問1の衝突からここまでの運動を1往復の運動と考えて，N 回の往復運動の後の衝突直後の小球1と2の速度を $v_1(N)$, $v_2(N)$ とする。1回目の往復運動の後の衝突直後の小球1と2の速度 $v_1(1)$, $v_2(1)$ を v, e を用いて表しなさい。ただし，速度は右向きを正とする。

5. 以上のことから，N 回の往復運動の後の衝突直後の小球1と2の速度 $v_1(N)$, $v_2(N)$ を v, e, N を用いて表しなさい。ただし，速度は右向きを正とする。また非弾性衝突の場合 ($0 < e < 1$) に，無限回の往復運動をくりかえした後の小球の速度 $v_1(\infty)$, $v_2(\infty)$ を求め，その運動の特徴を説明しなさい。

6. 小球の衝突が弾性衝突の場合 ($e = 1$) の往復運動はどうなるか，非弾性衝突の場合 ($0 < e < 1$) との違いを説明しなさい。

Ⅱ 次の問題の答えを解答用紙の所定の場所に書きなさい。(50点)

　図1のように，2枚の平行な極板からなるコンデンサーを考える。極板間の距離が $d\,[\mathrm{m}]$ のときに電気容量が $C\,[\mathrm{F}]$ であるとする。このコンデンサーに電圧 $V\,[\mathrm{V}]$ をかけると，極板 A，B に正負の電気量 $+Q\,[\mathrm{C}]$，$-Q\,[\mathrm{C}]$ がたまる。ただし，$Q > 0$ とする。

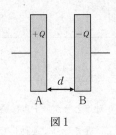

図1

問い

1. 正の電荷 $+Q$ をもつ極板 A から電気力線が出て，負の電荷 $-Q$ をもつ極板 B に電気力線が入る。極板は十分に広く，極板の縁の影響は無視できるものとする。仮に極板 A の正の電荷 $+Q$ だけがあるとすると，電気力線は図2のようになる。これを参考にして，図1に対する電気力線を，図2に示した向きと密度に注意して描きなさい。

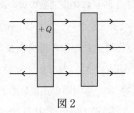

図2

〔解答欄〕

2. コンデンサー内部の電場 E[V/m] は，極板 A の正の電荷 $+Q$ がつくる電場 E_A[V/m] と極板 B の負の電荷 $-Q$ がつくる電場 E_B[V/m] を合わせたものになっている。E_A と E_B を，E を使って表しなさい。

図3のように，導線をはずして極板 A を固定し，極板 B を極板 A に平行なまま動かして，極板間の距離 x[m] を $0 < x \leq d$ の範囲で変えられるようにする。極板が近づくことによって極板間で電荷は移動せず，極板 A, B は常に正負の電気量 $+Q$, $-Q$ をもっているとする。

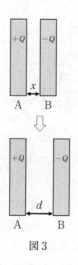

図3

問い

3. 極板 B にある電荷 $-Q$ は，電場 E_A により力を受けている。極板間の距離が x のとき，その力の向きと大きさを Q, E, d, x のうち必要なものを使って表しなさい。

4. 次に，極板間の距離 x が限りなく 0 に近い状態を考えよう。この状態から極板 B を引き離して，極板間の距離 x が d となるまで極板 B をゆっくりと移動させた。このときに外力がした仕事 W[J] を Q, E, d を使って表しなさい。

図4のように，極板 A, B を固定して極板間の距離を d にしたまま，最初は電荷がない状態から始め，導線をつなげて電荷を極板 B から極板 A に移動させる。こう

して極板 A の電気量 q [C] を $0 \leq q \leq Q$ の範囲で変えられるようにする。

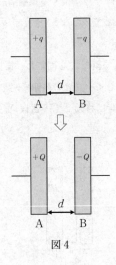

図4

問い

5. 極板 A, B に正負の電気量 $+q$, $-q$ がたまっているとき，この極板間の電位差 V_1 [V] を C, q を使って表しなさい。

6. 極板間の電位差が V_1 のとき，小さな電気量 Δq [C] を極板 B から極板 A に移動させるのに必要な仕事 ΔW [J] を C, q, Δq を使って表しなさい。

7. 問6の操作を q が 0 から Q になるまで続けることによって，コンデンサーが得た静電エネルギーを U [J] とおく。図5を参考にして，U を C, Q を使って表しなさい。

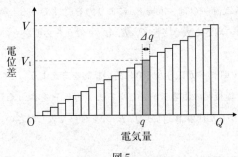

図5

今までに扱った過程を部分的に組み合わせてできる別の過程を考えよう。初期状態として，極板 A，B に正負の電気量 $+rQ$[C], $-rQ$[C] があり，極板間の距離 x が限りなく 0 に近い状態を考える。ここで，$0 < r < 1$ とする。

問い

8．この状態から始めて，図 6 のように，極板 A を固定し，極板 B を極板 A に平行なまま動かして，それぞれの電気量を保ったまま，極板間の距離 x を d まで増加させる。このときにコンデンサーが得る静電エネルギー U_1[J] を C, Q, r を使って表しなさい。

9．次に，図 7 のように，極板 A，B を固定して極板間の距離を d にしたまま，導線をつなげて電荷を極板 B から極板 A に移動させて，極板 A の電気量を rQ から Q まで増加させる。このときにコンデンサーが得る静電エネルギー U_2[J] を，図 5 のようなグラフを使って求めなさい。導出の過程を書き，U_2 は C, Q, r を使って表しなさい。

〔解答欄〕のグラフ

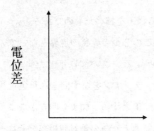

10．問 8 で求めた U_1 と問 9 で求めた U_2 および問 7 で求めた U の関係を説明しなさい。

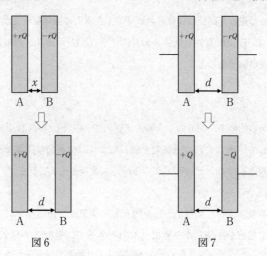

図6　　　　　　　　　図7

Ⅲ　次の問題の答えを解答用紙の所定の場所に書きなさい。(50点)

図1は単色の可視光が水中から空気中へ入射する様子を描いたものである。$y<0$ の部分は水，$y>0$ の部分は空気であり，$y=0$ がこの2つの媒質の境界となっている。以下，位置座標の各成分の単位はメートルとする。この図に示したように，$x-y$ 平面上で，$(0, -1)$ の点から y 軸と正の角度 i ラジアンをなす向きに単色可視光を発射した。光が水から空気へ入射した位置を $(x, 0)$ とする。図より明らかなように，入射角は i である。屈折角を r ラジアンとする。水と空気の絶対屈折率をそれぞれ n_1，n_2 とすると，$n_1 > n_2$ である。$A = \dfrac{n_1}{n_2}$ とする。

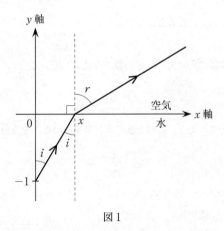

図 1

問い

1．下の文中の空欄(a)と(b)にあてはまる数式を書きなさい。答えのみ書けばよい。

$\sin i$ を x を用いて表すと $\boxed{(a)}$ である。よって、屈折の法則より，

$$\sin r = \boxed{(a)} \times \boxed{(b)} \tag{1}$$

という等式が成り立つ。ただし，(b)は A を用いて表すこととする。

(1)式を詳しく調べることにより，屈折角 r が x によってどのように変化するかを明らかにしたい。以下では，実数 a, b, θ に対して成り立つ，次の近似式を用いる。

$|a|$ が 1 に比べて十分に小さいとき　$(1+a)^b \fallingdotseq 1 + ab$ 　(2)

θ （ラジアン）が 0 にきわめて近いとき　$\sin\theta \fallingdotseq \theta$ 　(3)

$$\cos\theta \fallingdotseq 1 - \frac{\theta^2}{2} \tag{4}$$

問い

2．下の文中の空欄(c)と(d)にあてはまる数式を書きなさい。答えのみ書けばよい。

入射角 i を大きくしていくと x の値も大きくなる。入射角 i の値が小さいときには x の値も小さく，ともに十分に小さいときには，屈折角 r と x の間には比例関係 $r \fallingdotseq \boxed{(c)} \; x$ が成り立つ。しかし，入射角 i が大きくなり x がある値 x_0 以上になると，光は境界で全反射されてしまい空気には入射できなくなってしまう。$x = x_0$ のときでも，$r = \dfrac{\pi}{2}$ ラジアンとすれば(1)式は成り立つ。このことより，x_0 は A を

用いて　(d)　と表されることが導かれる。

x が x_0 よりもわずかに小さくて，正の微小な数 ε を用いて

$$x = x_0 - \varepsilon \tag{5}$$

と書ける場合を考えてみよう。このときの屈折角を正の数 δ を用いて

$$r = \frac{\pi}{2} - \delta \tag{6}$$

とすると，三角関数の公式より $\sin r = \sin\left(\frac{\pi}{2} - \delta\right) = \cos\delta$ と書くことができる。δ も微小な数であり，(4)式より

$$\text{(1)式の左辺} \fallingdotseq 1 - \frac{\delta^2}{2} \tag{7}$$

が成り立つ。他方，(1)式の右辺に(5)式を代入して式変形し(2)式を用いると

$$\text{(1)式の右辺} \fallingdotseq 1 - \frac{1}{x_0(1 + x_0^2)}\varepsilon \tag{8}$$

が得られる。

問い

3．(7)式と(8)式が等しいことから，δ^2 と ε が比例関係にあることになる。このことから，

$$x \fallingdotseq C(A)\left(r - \frac{\pi}{2}\right)^2 + x_0 \tag{9}$$

という関係式を導きなさい。ただし，係数 $C(A)$ は A の関数である。導出の過程を書き，$C(A)$ を A のみを用いて表しなさい。

4．以上より，$0 \leqq x \leqq x_0$ の範囲において，r の変化の様子を描きなさい。

〔解答欄〕

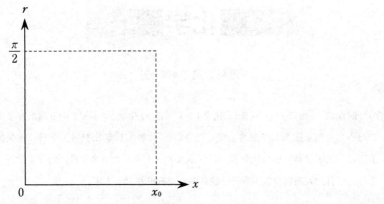

5. 問4で描いたグラフから，実験によって x_0 の値を精度良く求めることは比較的容易であると考えられるか，それともむしろ難しいと考えられるか。答えには理由も書きなさい。

化学

（理科 3 題で 100 分）

（注） 問題は，「物理」：Ⅰ～Ⅲ，「化学」：Ⅰ～Ⅲ，「生物」：Ⅰ～Ⅲの 9 題あります。
そのうち 3 題を選択して解答してください。「生物」は精密機械工学科，電気電
子情報通信工学科，応用化学科，ビジネスデータサイエンス学科，情報工学科，
生命科学科，人間総合理工学科受験者のみ選択解答できます。

Ⅰ 次の文章を読み，以下の問い(1)～(7)に答えなさい。必要な場合は，次の値を用いな
さい。（50 点）

原子量：$H = 1.0$，$C = 12$，$O = 16$，$Na = 23$，$Cl = 35.5$，$Ca = 40$

炭酸ナトリウムは，塩化ナトリウム，アンモニアおよび炭酸カルシウムを原料とし
て，図 1 に示すような工程で，工業的に製造されている。塩化ナトリウムは海水中に
多く含まれ，炭酸カルシウムは石灰石に多く含まれている。アンモニアは空気中の窒
素から工業的に製造できる。

石灰炉内で原料の石灰石（炭酸カルシウム）を加熱分解すると，**化合物 A（固体）**
と**化合物 B（気体）**が生成する。ガス吸収塔内で原料の塩化ナトリウムから作られた
塩化ナトリウム飽和水溶液にアンモニアを吸収させ，炭酸化塔内で**化合物 B（気体）**
を通じると，溶解度の小さい**化合物 C** が沈殿し，**化合物 D** が含まれる水溶液が生成す
る。**化合物 C** を回転炉内で加熱すると目的の生成物である炭酸ナトリウムと**化合物 B**
（気体）が得られる。**化合物 B（気体）**は炭酸化塔に戻され再利用される。**化合物 D**
を取り出して，**化合物 A** と水を反応させてできた化合物を蒸留塔内で混合し分離する
と，塩化カルシウムとアンモニアが得られる。アンモニアはガス吸収塔で再利用する
ことができる。この製造方法は副生成物を回収・再利用できる工業的に優れた製造工
程である。

中央大-理工〈共通テスト併用〉 　　　　　　　　　　　　　2022 年度　化学　*135*

問い

(1)　文章中の**化合物A～D**に当てはまる物質の化学式をそれぞれ答えなさい。

(2)　空気中の窒素と水素とを反応させてアンモニアを生成する熱化学方程式は次式で表される。反応で平衡状態に達しているとき，アンモニアの生成率を大きくするためには，温度は ⑦ ほど，圧力は ⑦ ほどよい。空欄(ア)，(イ)に当てはまる語句の組合せとして，最もふさわしいものを，次の解答群①～④の中から1つ選んで番号で答えなさい。

$$N_2 \,(気) \;+\; 3H_2 \,(気) \;=\; 2NH_3 \,(気) \;+\; 92 \;\text{kJ}$$

〔解答群〕

番号	(ア)	(イ)
①	高い	高い
②	高い	低い
③	低い	高い
④	低い	低い

(3)　図1において，**化合物B（気体）**やアンモニアをすべて回収して再利用するとする。炭酸ナトリウム 1.0 kg を生成するのに必要な原料の塩化ナトリウム，炭酸カルシウムおよび副生成される塩化カルシウムの3つの物質の中で，最も質量の大きいものはどれか。解答欄の物質名から1つ選んで，○で囲みなさい。

〔解答欄〕

塩化ナトリウム，炭酸カルシウム，塩化カルシウム

(4)　炭酸ナトリウムの濃い水溶液を放置すると，水が蒸発して無色透明な十水和物の結晶ができる。この結晶を乾いた空気中に放置すると，水和水の一部が失われて白色の粉末状になる。この現象を何というか，その名称を答えなさい。

(5)　副生成物である塩化カルシウムの無水物は，空気中に放置すると水分を吸収して溶ける。この現象を何というか，その名称を答えなさい。

(6) 炭酸塩に**化合物B（気体）**を吸着させ，再利用するケミカルルーピング技術が注目されている。炭酸ナトリウム水溶液に**化合物B（気体）**を通じた時の化学反応式を書きなさい。

(7) 問い(6)の反応により，炭酸ナトリウム1.0kgあたりに吸着される**化合物B（気体）**の物質量〔気体の吸着モル数 mol/吸着剤の質量 kg〕を有効数字2桁で求めなさい。ただし，炭酸ナトリウムと**化合物B（気体）**が100%反応すると仮定する。

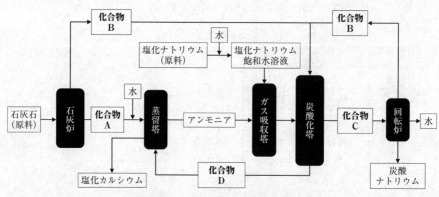

図1　炭酸ナトリウムの製造工程

中央大-理工〈共通テスト併用〉　　　　　　　　　　　　　　　　2022 年度　化学　*137*

Ⅱ　硫酸鉄(Ⅱ)七水和物を合成する実験操作(A)〜(F)およびそれに続く実験操作(G)に関する次の文章を読み，以下の問い(1)〜(8)に答えなさい。必要な場合は，次の値を用いなさい。(50 点)

原子量：H = 1.0，C = 12，O = 16，S = 32，K = 39，Mn = 55，Fe = 56

実験操作

(A)　さびていない鉄くぎ 20 g を 1 L の丸底フラスコに入れ，30 mL の濃硫酸を
　　200 mL の水で薄めた希硫酸を加えた。
　　　　　　　　　　　　　　　(a)

(B)　図1のように，ガラス管を挿した栓をフラスコに取りつけて穏やかに加熱すると鉄くぎが溶け始め，反応が進むにつれてフラスコ内の水溶液の色は徐々に淡緑色になった。

(C)　鉄くぎが十分に細くなった時点で加熱を終了し，反応液をろ過した。

(D)　ろ液にさびていない鉄くぎを少量加え，液量が 100 mL になるまで穏やかに加
　　　　(b)
　　熱し濃縮した。

(E)　続いて濃縮液を冷めないうちにろ過し，ろ液をふた付きの容器に入れ室温で一晩保存した。

(F)　翌朝，析出していた淡緑色の結晶をろ過して取り出した。得られた結晶を
　　　(ア)　で洗い，ろ紙ではさんで余分な水分を取り除いた。その後，この結晶試
　　料 0.60 g を量り取ってシャーレに入れて保存した。

(G)　数日後にシャーレ内の結晶試料は，一部が鉄(Ⅱ)イオンから鉄(Ⅲ)イオンに酸化する。(完全に酸化した結晶試料を水に溶かすと　(イ)　色になる。) シャーレ内のすべての結晶試料を水に溶かして，硫酸酸性条件で，濃度既知の過マンガン
　　　　　　　　　　　　　　　　　　　　(c)　　　　　　　(d)
　　酸カリウム水溶液を用いて酸化還元滴定を行った。

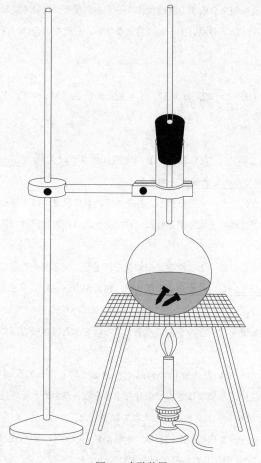

図1 実験装置

問い

(1) 下線部(a)において,希硫酸を調製する際の実験操作で,最もふさわしいものを,次の解答群①～④の中から1つ選んで番号で答えなさい。

[解答群]

① 撹拌している濃硫酸に少しずつ水を加える。
② 撹拌している水に少しずつ濃硫酸を加える。
③ 撹拌している濃硫酸に一気に水を加える。

中央大-理工〈共通テスト併用〉　　　　　　　　　　　2022 年度　化学　*139*

　　④　撹拌している水に一気に濃硫酸を加える。

⑵　下線部(b)において，さびていない鉄くぎを入れる理由として最もふさわしいものを，次の解答群①〜④の中から1つ選んで番号で答えなさい。

［解答群］
　　①　鉄(Ⅱ)の酸化を防ぐため
　　②　鉄(Ⅱ)の還元を防ぐため
　　③　鉄(Ⅲ)の酸化を防ぐため
　　④　鉄(Ⅲ)の還元を防ぐため

⑶　空欄(ア)に当てはまる語句として最もふさわしいものを，次の解答群①〜④の中から1つ選んで番号で答えなさい。

［解答群］
　　①　少量の冷水
　　②　大量の冷水
　　③　少量の熱水
　　④　大量の熱水

⑷　鉄と希硫酸から硫酸鉄(Ⅱ)七水和物を合成する反応を，1つの化学反応式にまとめて書きなさい。

⑸　空欄(イ)に当てはまる色として最もふさわしいものを，次の解答群①〜④の中から1つ選んで番号で答えなさい。

［解答群］
　　①　黄褐色
　　②　濃青色
　　③　血赤色
　　④　灰白色

140   2022年度 化学   中央大-理工〈共通テスト併用〉

(6) 下線部(c)の条件で過マンガン酸カリウム水溶液による酸化還元滴定を行う際，
   i）硫酸鉄（Ⅱ）の還元剤としての半反応式と，ⅱ）過マンガン酸カリウムの酸化
   剤としての半反応式をそれぞれ書きなさい。なお，半反応式とは電子 e⁻ を含む
   イオン反応式である。

(7) 下線部(c)において，加えるべき硫酸を入れずに過マンガン酸カリウム水溶液を
   用いて酸化還元滴定を行ったところ，黒褐色の沈殿を生じた。この時の過マンガ
   ン酸カリウムの酸化剤としての半反応式を書きなさい。

(8) 下線部(d)において，0.025 mol/L の過マンガン酸カリウム水溶液で滴定したと
   ころ，16.0 mL を要した。実験操作(G)におけるシャーレ内の結晶試料中に含まれ
   る鉄イオンのうち，酸化数が +2 の鉄イオンの割合〔％〕を計算し，有効数字 2
   桁で答えなさい。ただし，実験操作(F)で量り取った 0.60 g の結晶試料は，すべ
   て硫酸鉄（Ⅱ）七水和物であるとする。

Ⅲ 次の文章を読み，以下の問い(1)〜(9)に答えなさい。構造式は図 1 の例にしたがって
   書くこと。必要な場合は，次の値を用いなさい。(50 点)

   原子量：H = 1.0，C = 12，O = 16

   アセチレンは工業的にはメタンやナフサを熱分解して得るが，実験室では炭化カル
   シウム（カーバイド）を用いてつくられる。アンモニア性硝酸銀水溶液にアセチレン
   を通じると，化合物Aの白色沈殿を生じる。
   アセチレンを赤熱した鉄に接触させると 3 分子が重合してベンゼンが生成する。プ
   ロピン（炭素原子 3 つのアルキン）を用いて同様の反応を行ったところ，構造異性体
   の関係にある芳香族化合物Bと芳香族化合物Cが得られた。芳香族化合物Bのベンゼ
   ン環の水素原子を 1 つ塩素原子に置換すると，分子式 $C_9H_{11}Cl$ で表せる単一の芳香族
   化合物Dが得られた。
   適当な触媒を用いてアセチレンに塩化水素，シアン化水素，酢酸を付加させると，
   それぞれ化合物E，化合物F，化合物Gが得られる。これらはいずれもビニル基を持
   ち，付加重合させると高分子化合物を生じる。化合物Eと化合物Fを共重合させたも
   のからできる合成繊維は難燃性で，カーテンなどに用いられている。

中央大-理工〈共通テスト併用〉　　　　　　　　　　　　　2022 年度　化学　*141*

　一方，プロピンに酢酸を付加させると，異性体の関係にある 3 種類の化合物が生成した。そのうち，**化合物 H と化合物 I** はシス-トランス異性体の関係にあり，**化合物 H** はシス体，**化合物 I** はトランス体である。

　化合物 G を付加重合して得た高分子化合物に水酸化ナトリウム水溶液を加えて加水分解（けん化）することで，ポリビニルアルコールが得られる。ポリビニルアルコールの水溶液（コロイド溶液）を細孔から硫酸ナトリウム水溶液中に押し出すと，塩析が起こり繊維状に固まる。それを乾燥後，ホルムアルデヒド水溶液で処理すると，ポリビニルアルコール中の二つのヒドロキシ基が 1 分子のホルムアルデヒドと反応（この反応を　(ア)　化という）して，水に不溶な繊維であるビニロンが得られる。ビニロンは適度な吸湿性を持ち，強度や耐摩耗性に優れるので，漁網，ロープ，作業着などに広く用いられている。

　アセチレンを付加重合させるとポリアセチレンが得られる。ポリアセチレンにハロ
(b)
ゲン（塩素，ヨウ素など）を少量加えたものは，電気をよく通す導電性高分子としてコンデンサーや電池などに用いられている。

問い

(1)　下線部(a)の化学反応式を書きなさい。

(2)　**化合物 A** の名称を答えなさい。

(3)　空欄(ア)に当てはまる語句を答えなさい。

(4)　**芳香族化合物 C** および**芳香族化合物 D** の構造式を書きなさい。

(5)　アセチレン 5.2×10^2 kg を原料として，何 kg の**化合物 G** が得られるか。有効数字 2 桁で求めなさい。ただし，反応の収率は 100％とする。

(6)　**化合物 I** の構造式を書きなさい。

(7)　下線部(b)の化学反応式を書きなさい。ただし，ポリアセチレンの重合度を n とする。

(8) ポリビニルアルコール分子中のヒドロキシ基のうち40%をホルムアルデヒド
と反応させてビニロンを合成した。88 kgのポリビニルアルコールから何kgの
ビニロンが得られるか。有効数字2桁で答えなさい。ただし，反応の収率は
100%とする。

(9) 問い(8)の合成の際に質量パーセント濃度15%のホルムアルデヒド水溶液を用
いた場合，そのホルムアルデヒド水溶液は何kg必要か。有効数字2桁で答えな
さい。ただし，ホルムアルデヒドは100%反応したものとする。

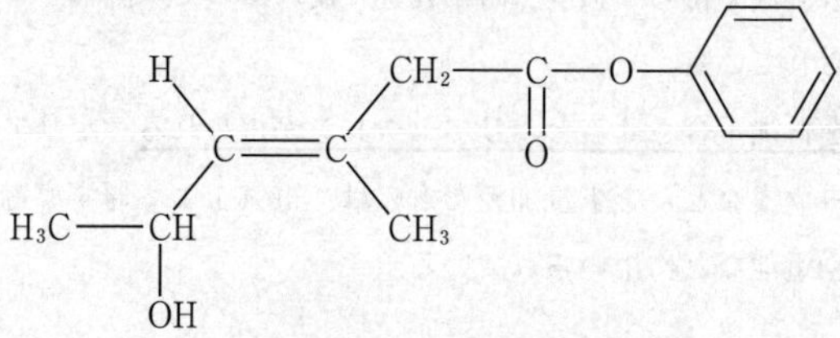

図1　構造式の例

中央大-理工〈共通テスト併用〉　　　　　　　　　　　　2022 年度　生物　*143*

生物

（理科 3 題で 100 分）

（注）　問題は,「物理」: I 〜Ⅲ,「化学」: I 〜Ⅲ,「生物」: I 〜Ⅲの 9 題あります。
そのうち 3 題を選択して解答してください。「生物」は精密機械工学科, 電気電
子情報通信工学科, 応用化学科, ビジネスデータサイエンス学科, 情報工学科,
生命科学科, 人間総合理工学科受験者のみ選択解答できます。

I　以下の**文章 A**, **B** を読み, 問い(1)〜⑽に答えなさい。(50 点)

A　ヒトを含む脊椎動物は 1 個の受精卵から発生し, その結果生じた個体はどの細胞
も同じ遺伝情報がある。これは正確な細胞分裂が行われることによる。細胞分裂で
は, 分裂前の細胞を　(ア)　といい, 分裂後の細胞を　(イ)　という。体細胞分裂
では, 1 個の　(ア)　に含まれているすべての遺伝情報が正確に複製され, 2 個の
(イ)　に分配される。このとき, まず　(ウ)　が起こり, 続いて細胞質分裂が起
こる。(ウ)　の開始から細胞質分裂の終了までの期間を分裂期, それ以外の期間
①
を間期といい, この繰り返しを細胞周期という。間期には分裂の準備期間, DNA
②　　　　　　　　　　　　　　　　　　　　　③
合成の準備期間, DNA が合成される期間がある。
④

問い

(1)　**文章 A** 中の空欄　(ア)　〜　(ウ)　にあてはまる語を答えなさい。

(2)　下線部①の分裂期は, 前期, 中期, 後期, 終期に分けられる。それぞれの時期
で起きていることを以下の記述から<u>すべて</u>選び, 記号で答えなさい。

(a)　凝縮していた染色体が, 糸状に広がった状態になる。

(b)　各染色体が分離し, 1 本ずつ細胞の両極に移動する。

(c)　核膜が消失する。

(d)　核内で染色体が凝縮し，太く短くなっていく。
　(e)　染色体が細胞の赤道面に並ぶ。

(3) 染色体の構造に関する以下の文中の空欄 (エ) ～ (カ) にあてはまる語を答えなさい。

　　真核生物の染色体は，DNA分子とタンパク質で構成されている。DNA分子は (エ) というタンパク質に巻きついて (オ) を形成し，それらが規則的に折りたたまれて繊維状の (カ) という構造をとっている。細胞分裂の際には， (カ) がさらに折りたたまれて太く短い棒状の構造となる。

(4) 図1は細胞周期における1細胞あたりのDNA量の変化のグラフである。図中の(キ)～(コ)は下線部①～④のどの時期に該当するか，それぞれ番号を答えなさい。

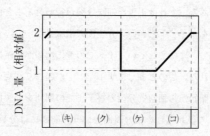

図1　1細胞あたりのDNA量の変化

B　アフリカツメガエルの発生では，胞胚期において利用される遺伝子産物*が，卵に蓄積されていた母体由来の初期発生に必要な遺伝子産物⑤から，接合子の染色体に由来する遺伝子産物⑥へと変化する。同時に，個々の細胞の運動性や卵割の速度なども変化する。
　発生過程での分裂周期の変化を調べるため，細胞が観察しやすいように割球をばらばらにした状態で一定時間ごとに写真を撮り，一つの受精卵から生じるすべての細胞の卵割が始まる時間を記録した。その結果を図2に示す。また，一定時間あたりのDNAの取り込み量を調べるために，³H-チミジンを含む溶液中で受精卵を発生させた。チミジンは核酸塩基のチミンを含む化合物であり，この実験では，分子中のH

が放射性同位元素である³Hで標識（置換）された³H-チミジンを用いている。取り込まれた³H-チミジンの放射線量の相対値を対数目盛りで表したものを図3に示す。

＊遺伝子産物：RNAとタンパク質を合わせて遺伝子産物とよぶ。

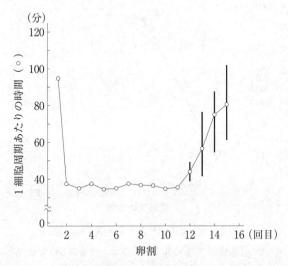

図2　受精後の卵割の時間変化

アフリカツメガエル胚の各卵割での1細胞周期あたりの時間を表す。ただし，1回目は受精から第1卵割開始までの時間である。○は各卵割における平均値である。○から上下に伸びている線は，各卵割における最大値から最小値までのばらつきを表す。卵割の測定は，15回目まで行った。

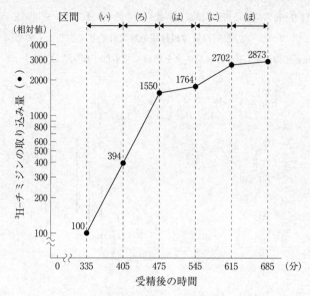

図3　受精後の³H-チミジン取り込み量

³H-チミジンを含む溶液中で受精卵を発生させ，受精後335分後から70分ごとに胚を採取し，DNAを分離してそこに含まれる³H-チミジンの放射線量を測定した。各●の左上の数値は³H-チミジンの取り込み量の相対値である。

問い

(5) 以下の記述のうち，アフリカツメガエルの卵割でみられる現象として正しいものをすべて選び，記号で答えなさい。

(a) 16細胞期には植物極側に小割球が現れる。
(b) 細胞が成長してから細胞分裂が起きる。
(c) 植物極側の割球が動物極側に比べて大きい。
(d) 第一卵割は卵の動物極付近から始まる。
(e) 端黄卵なので盤割を行う。

(6) 下線部⑤が示すものは何か，以下の選択肢の中からもっとも適切な語を選び，解答欄に記入しなさい。

中央大-理工〈共通テスト併用〉 2022 年度 生物 *147*

［選択肢］

　環境因子　　　誘導物質　　　ホルモン　　　母性因子　　　抗体

(7)　下線部⑥に関連して，接合子に関する以下の記述で間違っているものをすべて
　　選び，記号で答えなさい。

　(a)　染色体を 2 セットもつ。
　(b)　植物では胞子体に相当する。
　(c)　無性生殖では生じない。
　(d)　減数分裂により形成される。
　(e)　単相である。

(8)　図 2 を参照して，以下の(i)〜(iii)の問いに答えなさい。

　(i)　受精後，最初の卵割が始まるまでの時間を答えなさい。

　(ii)　1 回目の卵割が始まってから 2 回目の卵割が始まるまでの時間を答えなさい。

　(iii)　細胞が同時に分裂する同調分裂が，2 回目の卵割から起きている。同調分裂
　　　は何回目の卵割まで続くか，答えなさい。また，その根拠を答えなさい。

(9)　図 3 を参照して，以下の(i)，(ii)の問いに答えなさい。

　(i)　区間(い)〜(ほ)の始点と終点で ^{3}H-チミジンの取り込み量はそれぞれ何倍増加し
　　　たか，値を答えなさい。ただし，計算の結果は小数点第 2 位を四捨五入して，
　　　小数点第 1 位までの値として求めなさい。

　(ii)　指数関数的に DNA が増加している期間は，卵割期の同調分裂を反映してい
　　　ると考えられる。その期間はいつまでか，答えなさい。

(10)　胞胚期の細胞でみられる変化は，つぎの原腸胚期に起きるさまざまな現象への

148 2022 年度　生物　　　　　　　　　　　　　　　中央大-理工〈共通テスト併用〉

準備である。以下の記述から，カエルの発生で原腸胚期に起きることを<u>すべて選</u>び，記号で答えなさい。

(a) レンズの誘導が起きる。

(b) 植物極側で胚表面の細胞が陥入する。

(c) 胚の表面にあった細胞が内部に移動する。

(d) 内部に卵割腔が生じる。

(e) 後方に尾が形成される。

(f) 背側に神経管が形成される。

(g) 植物極側に卵黄栓が形成される。

Ⅱ　以下の**文章A，B**を読み，問い(1)〜(7)に答えなさい。(50 点)

A　ブルーベリーやラズベリーなどの紫色の果実に多く含まれる青色色素アントシアニンは，近年の動物実験においては，抗がん性や抗炎症作用などの効果が報告されている。ただし嗜好性や価格の問題もあり，普段の食事でこれを大量に摂取するのは難しい。

　以下の方法により，ナスと同程度に紫色でブルーベリーと同程度の量のアントシアニンを含むトマトの品種（以下，紫トマト）が開発された。アントシアニンの生合成経路自体はトマトにも存在するが，この経路ではたらく遺伝子はトマトの果実部分では全く発現しない。一方，花にアントシアニンを多く含むキンギョソウでは，2つの調節タンパク質が互いに相互作用し，アントシアニンの生合成を誘導することがわかっている。そこで<u>アグロバクテリウム</u>を用いて，<u>これらの調節タンパク質</u>
①　　　　　　　　　　　　　　　②
<u>の遺伝子を導入</u>することにより，「紫トマト」が作成された（図1）。

　紫トマトの粉末を10％含むマウスの餌は，従来の餌よりもカロリーが抑えられるが，マウスの食餌量はむしろ増加した。さらに，がんを発症するモデルマウスにこの餌を与えたところ，寿命が延びた。

　紫トマトはヒトの健康においても有益であろう。たとえば，リコピンを多く含む一般的な赤いトマトとともに食材として加えることで，高い栄養価とさまざまな疾病への防御効果も期待でき，さらに彩りや嗜好性も高まる。ただしこの紫トマトは

中央大-理工〈共通テスト併用〉　　　　　　　　　　　　2022 年度　生物　*149*

遺伝子組換え食品にあたるので，現在のところ日本では市販されていない。

| 薬剤耐性遺伝子* | 領域A | 遺伝子 B | 領域A | 遺伝子 C |

図1　導入した人工遺伝子の構造

薬剤耐性遺伝子（図中＊）：導入された個体が薬剤への耐性を示すことを利用して，その薬剤存在下での培養により，目的の遺伝子の導入に成功したものを選別するために用いる。遺伝子 B と遺伝子 C は調節タンパク質の遺伝子。

問い

(1) 下線部①に関連して，以下の文中の空欄 ［(ア)］ ～ ［(オ)］ にあてはまる適切な語を答えなさい。

　　アグロバクテリウムは植物細胞に感染し，自身のもつ ［(ア)］ 内の特定のDNA 領域を送り込む性質をもつため，植物の遺伝子導入に用いられる。アグロバクテリウムは感染した植物が合成する窒素化合物を受け取るが，植物は異様な分裂と増殖を繰り返し，腫瘍が生じる。このような相互関係は ［(イ)］ とみなされる。一方，マメ科植物から有機物を受け取る ［(ウ)］ は，［(エ)］ によってN_2 を NH_4^+ に還元する。植物はこの NH_4^+ を栄養素として受け取る。このような相互関係は ［(オ)］ とよばれる。

(2) 下線部②に関連して，この実験では図1に示す遺伝子 B と遺伝子 C を含む領域を導入した。ここで，領域Aはトマトの DNA に由来する配列で，トマト果実内で遺伝子 B と遺伝子 C の転写を起こさせるために，これらの上流に挿入されたものである。このように，遺伝子の上流に存在し，転写の開始に必要な領域を何というか答えなさい。

(3) トマトゲノムにおいて，領域Aの下流に存在する遺伝子は，果実でのみはたらき，エチレンの生合成を制御することがわかっている。エチレンの作用に関する以下の文中の空欄 ［(カ)］ ～ ［(サ)］ にあてはまる適切な語を答えなさい。

　　トマトなどの果実では，エチレンの作用により ［(カ)］ が進む。色や香り，味

が変化するとともに，果皮や子房の細胞壁に含まれる　(キ)　を分解する酵素がはたらくことで果実が軟化する。果実以外の部分でも，呼吸活性の増加やクロロフィルの分解，(ク)への糖の蓄積は，エチレンによってもたらされる。

エチレンはまた，(ケ)　の形成も促進する。(ケ)　は，果実や(コ)などの器官を茎から離脱させるための組織で，比較的小さな細胞が配列している。(ケ)　でも，果実を軟化させるものと同じ酵素がはたらき，機械的強度を低下させる。

化学構造が既知の植物ホルモンの中で，エチレンは常温で(サ)体である。そのため植物体外に放出され，周りの植物体にも影響を及ぼす。同じ箱に入ったリンゴの1つが熟すと他のリンゴも一斉に熟しはじめるのはそのためである。

(4) 図2は，ある遺伝子の欠損により高頻度でがんを発症するモデルマウスを，通常餌，または，赤トマトもしくは紫トマトの粉末を10%配合した餌で飼育した際の生存曲線である。生存率0.5を与える日数を平均寿命としたとき，通常餌，赤トマト配合餌，紫トマト配合餌で飼育したマウスの平均寿命はそれぞれおよそ何日か，整数値で答えなさい。また，通常餌で飼育したマウスと比較して，紫トマト配合餌で飼育したマウスの平均寿命は何%にあたるか，以下の選択肢の中からもっとも近いものを選び，記号で答えなさい。

[選択肢]

(a) 60%　　(b) 80%　　(c) 130%　　(d) 150%　　(e) 180%

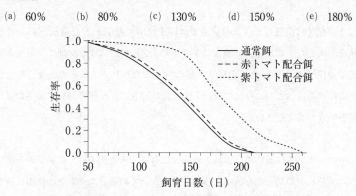

図2　通常餌，または，赤トマトもしくは紫トマトの粉末を10%配合した餌で飼育したがん化モデルマウスの生存曲線

B 食品中の抗酸化活性を直接計測するのは難しいが，以下のように，基準物質との比較によって示すことができる。ABTS（2,2′-アジノビス（3-エチルベンゾチアゾリン-6-スルホン酸））という化合物（図3）は酸化され，734 nm（ナノメートル）の波長の光をよく吸収する。ABTSの酸化反応において，反応溶液中にビタミンE類似物質であるトロロックスなどの抗酸化作用をもつ物質が含まれると，反応が阻害されて発色の程度が抑えられる結果，波長734 nmの光の吸収値（A_{734}）が減少する。したがって，濃度既知のトロロックスを反応溶液に加えたときの，A_{734}の減少分を基準とすることで，任意の試料の抗酸化活性を，TEAC（トロロックス等価活性値）として見積もることができる。

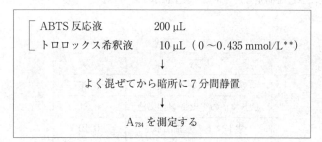

図3　ABTSの構造

以下の手順でTEACを測定した。ABTS反応液200 μL*（マイクロリットル）を入れたマイクロチューブに，さまざまな濃度のトロロックス希釈液10 μLを加え，よく混ぜてから暗所に7分間置いた。その後，分光光度計を用いて，A_{734}を測定した（図4）。測定結果を図5に示す。

```
┌ ABTS反応液           200 μL
└ トロロックス希釈液    10 μL（0～0.435 mmol/L**）
              ↓
        よく混ぜてから暗所に7分間静置
              ↓
        $A_{734}$を測定する
```

図4　TEACの測定法

＊ 1 μLは1/1000 mLである。

＊＊ 1 mmol/L（ミリモル/L）は1/1000 mol/Lである。

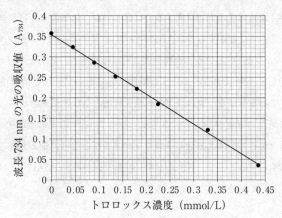

図5　トロロックス濃度と A_{734} との関係

　赤トマトまたは紫トマトの果実10 g を細かくすりつぶし，そこに蒸留水を加え，200 mL の水抽出液を得た。さらに，ここで残ったものにアセトンを加え，200 mL のアセトン抽出液を得た。水溶性のアントシアニンは水抽出液中に，脂溶性抗酸化物質であるリコピンはアセトン抽出液中に，それぞれ含まれる。

　図4の TEAC の測定において，トロロックス希釈液の代わりに赤トマトと紫トマトそれぞれのトマトの水抽出液と，アセトン抽出液を用いて，同様の測定を行った。すなわち，200 μL の ABTS 反応液に 10 μL の抽出液を加え，暗所に7分間置いた後に A_{734} を測定した。結果を表1に示す。

表1

試料	A_{734}
赤トマトの水抽出液	0.26
赤トマトのアセトン抽出液	0.31
紫トマトの水抽出液	0.10
紫トマトのアセトン抽出液	0.30

問い

(5)　赤トマトのアセトン抽出液，紫トマトの水抽出液とアセトン抽出液，それぞれに含まれる抗酸化活性はいくらか。表1の値と図5から，何 mmol/L のトロロッ

中央大-理工〈共通テスト併用〉 2022 年度 生物 153

クス希釈液に相当するかを求めなさい。ただし，計算の結果は小数点以下第3位を四捨五入し，小数点以下第2位まで答えなさい。

(6) 各トマト抽出液の抗酸化活性は，以下の考え方により，TEAC［果実1kg あたりのトロロックス量 (mmol)，mmol トロロックス/kg］として見積もることができる。以下の文中の空欄 (シ) 〜 (ツ) にあてはまる適切な数値を答えなさい。ただし，有効数字は2桁とする。

表1と図5から，赤トマトの水抽出液には 0.13 mmol/L のトロロックス希釈液に相当する抗酸化活性を示す物質が含まれることがわかる。したがって赤トマトの水抽出液 200 mL 中には，

$$0.13 \, \text{mmol/L} \times \boxed{（シ）} \, \text{L} = \boxed{（ス）} \, \text{mmol}$$

の抗酸化活性を示す物質が含まれる計算になる。ここで各抽出液は，トマト果実10 g 分から得られたものなので，果実1 kg にはその $\boxed{（セ）}$ 倍量の抗酸化活性を示す物質が含まれることになる。よって，赤トマト水抽出液の TEAC は，

$$\boxed{（ス）} \, \text{mmol} \times \boxed{（セ）} = \boxed{（ソ）} \, (\text{mmol トロロックス/kg})$$

と求められる。同様に，赤トマトのアセトン抽出液には TEAC 値で $\boxed{（タ）}$ mmol トロロックス/kg，紫トマトの水抽出液には TEAC 値で $\boxed{（チ）}$ mmol トロロックス/kg，紫トマトのアセトン抽出液には TEAC 値で $\boxed{（ツ）}$ mmol トロロックス/kg の抗酸化活性を示す物質が，それぞれ含まれる。

(7) 以下の記述のうち，これまでの内容から結論できることをすべて選び，記号で答えなさい。

(a) 紫トマトに含まれる脂溶性抗酸化物質の量は，赤トマトよりも少ない。

(b) 紫トマトでは，おもにアントシアニンが抗酸化活性を付与している。

(c) 紫トマトでは，水溶性成分による抗酸化活性が赤トマトのおよそ2.7倍ある。

(d) アントシアニンの生成量に対するリコピンの生成量の比は，紫トマトでも赤トマトでも一定である。

154 2022年度 生物　　　　　　　　　　　　　　　　中央大-理工〈共通テスト併用〉

Ⅲ　以下の**文章A，B**を読み，問い(1)～(11)に答えなさい。(50点)

A　地球上に生命が誕生する以前の，約40億年前の原始地球の大気は二酸化炭素
（CO_2）をもっとも多く含み，ほかに，一酸化炭素や窒素，水蒸気などを含んでいた
ようだ。そうした組成の気体に宇宙線，紫外線，あるいは放電や熱などが作用する
①
ことで，アミノ酸などの有機物が生成されることが実験的に示されている。一方，
海底には硫化水素（H_2S），メタン，水素などを含む熱水が噴出する熱水噴出孔が
ある。この周辺で比較的分子量の小さな有機物が生成し，さらにタンパク質や核酸
などが生成した可能性もある。

　地球上に存在した初期の生物には，環境中の有機物を取り入れて利用する
　 (ア) 　生物と，そのほかに　 (イ) 　生物もいたと考えられるが，どちらが最初に
出現したかはわかっていない。生命が誕生した頃の地球には分子状の酸素（O_2）が
非常に少なかったため，初期の　 (ア) 　生物は　 (ウ) 　によって生命活動のための
化学エネルギーを得たと考えられている。一方，　 (イ) 　生物としては，メタンや
水素などを酸化して得た化学エネルギーで有機物を合成する化学合成細菌が出現し，
次いで光合成細菌が出現したと考えられている。この光合成細菌は，光のエネル
②
ギーを使ってH_2Sなどから電子を取り出して得た化学エネルギーで有機物を合成
したと考えられており，その生息場所はH_2Sなどが存在するところに限られた。

　その後，　 (エ) 　が出現し，光エネルギーを使って水から電子を取り出して得た
③
化学エネルギーで有機物を合成してO_2を発生する光合成を最初に行った。この生
④
物が存在したことを示唆する証拠がオーストラリアの約27億年前の地層から見つ
かっている。地球上のどこにでもある水を利用できるこの光合成生物は広く分布す
るようになり，さかんにO_2を放出しはじめた。放出されたO_2はまず海水中に溶
け，溶解していた　 (オ) 　を酸化して不溶性の塩を大量に作り出した。それが堆積
した結果，　 (カ) 　が大規模に形成された。　 (オ) 　が酸化し尽くされたあと，海
水中のO_2濃度は上昇し，約20億年前には光合成で作られたO_2は大気中に放出さ
れるようになった。こうした海洋と大気の変化によって，O_2を利用する代謝であ
る　 (キ) 　を行う生物が出現したと考えられている。

　約21億年前には真核生物が出現した。真核生物は，好気性の細菌が宿主生物
⑤　　　　　　　　　　　　　　　　　　⑥
（嫌気性菌と考えられている）に細胞内共生することによって誕生したという説が
有力である。この説によると，細胞内に共生した好気性の細菌は　 (ク) 　という細

胞内小器官になった。引き続いて光合成を行う真核生物が誕生したが，その生物の細胞中の　ケ　という細胞内小器官は，ある宿主細胞に　エ　が細胞内共生してできたものと考えられている。真核生物の合成によって大気中の O_2 濃度は上昇し続け，約5億年前には大気中の気体の10%に達していた。その頃になると上空の O_2 の一部は紫外線によって　コ　に変えられ，やがてそれが蓄積して層を成した。成層圏に形成されたこの層は，生物に有害な紫外線をさえぎるため，生物が上陸するきっかけのひとつとなった。<u>動物に先だって植物が上陸し</u>，なかでも　サ　は
⑦
地球史上はじめて森林を形成し，約3億年前には，かつてない規模で光合成を行った。そのとき固定された炭素は現在，　シ　として使用されている。

問い

(1) **文章A**中の空欄　ア　～　シ　にあてはまるもっとも適切な語を答えなさい。

(2) 下線部①に書かれている，無機物から有機物が生成され，原始的な生物の誕生を可能にした過程は何とよばれるか，答えなさい。

(3) 下線部②について，以下の(i)，(ii)に答えなさい。

(i) この様式での光合成は（式1）の反応式で表すことができる。（式1）では有機物を $C_6H_{12}O_6$（グルコース）として表している。　ス　，　セ　，　ソ　，　チ　にはもっとも適切な整数を，また，　タ　と　ツ　にはこの反応で生成される物質を化学式で答え，（式1）を完成させなさい。

　ス　$CO_2 +$ 　セ　$H_2S \rightarrow C_6H_{12}O_6 +$ 　ソ　　タ　$+$ 　チ　　ツ　　（式1）

(ii) この様式での光合成を行う細菌の種類を2つ答えなさい。

(4) 下線部③に書かれている様式での光合成は（式2）の反応式で表すことができる。（式2）では有機物を $C_6H_{12}O_6$（グルコース）として表している。　テ　，　ト　，　ナ　，　ヌ　にはもっとも適切な整数を，また，　ニ　と　ネ　にはこの反応で生成される物質を化学式で答え，（式2）を完成させなさい。

　テ　$CO_2 +$ 　ト　$H_2O \rightarrow C_6H_{12}O_6 +$ 　ナ　　ニ　$+$ 　ヌ　　ネ　　（式2）

(5) 下線部④の「証拠」となる構造物は何とよばれるか,答えなさい。

(6) 下線部⑤および下線部⑦が起こった地質年代（地質時代）の区分名を答えなさい。

(7) 下線部⑥の「説」を提唱した科学者の名前を答えなさい。

(8) H_2S が発生する環境では，H_2S を酸化することで化学エネルギーを獲得し，それを用いて炭酸固定（炭素固定）する化学合成細菌が生息している。(式3)は,この細菌が H_2S を酸化し，硫黄（S）を生成して化学エネルギーを獲得する反応を示す。 (ノ) ， (ハ) ， (フ) にはもっとも適切な整数を，また， (ヒ) にはこの反応で生成される物質を化学式で答え，(式3)を完成させなさい。

$$\text{(ノ)}\ H_2S + O_2 \rightarrow \text{(ハ)}\ \text{(ヒ)} + \text{(フ)}\ S + 化学エネルギー \qquad (式3)$$

B 核酸の塩基配列を比較する方法が開発されてからは，それまで考えられていた生物の分類や系統樹は大きく書き換えられた。 (ヘ) は，原核生物の (ホ) の塩基配列を比較し，メタン菌などがほかの細菌類と大きく異なることを見い出し，「界」よりも上位の新たな分類群である「ドメイン」を創設することを提唱した。この説によると，すべての生物は共通の祖先をもち，細菌ドメイン，アーキア（古細菌）ドメイン，真核生物ドメインの3つに分かれている（図1）。メタン菌の仲間はアーキアである。

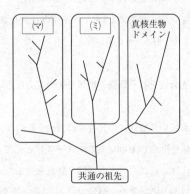

図1　3つのドメインの関係を示す模式的な分子系統樹

中央大–理工〈共通テスト併用〉 2022年度 生物 *157*

問い

⑼ **文章B**中の空欄 ［ヘ］ に科学者の名前を，［ホ］ にもっとも適切な語を答えなさい。

⑽ 下線部⑧について，以下の(i)，(ii)に答えなさい。

(i) 図1は共通の祖先から3つのドメインがどのように枝分かれしたのかを模式的に示している。図1中の空欄 ［マ］ および ［ミ］ にあてはまるドメイン名を答えなさい。

(ii) 以下の生物群の(a)〜(j)の生物は，アーキアドメイン（A），細菌ドメイン（B），真核生物ドメイン（E）のどれにあてはまるか。記号A，B，またはEで答えなさい。

［生物群］

(a) アカパンカビ	(b) 枯草菌	(c) 高度好塩菌	(d) 酵母菌
(e) シャジクモ	(f) 乳酸菌	(g) イシクラゲ	(h) ユレモ
(i) ミドリムシ	(j) オビケイソウ		

⑾ 原核生物である大腸菌のゲノムサイズは4.6×10^6塩基対である。以下の(i)，(ii)に答えなさい。

(i) DNAの10塩基対の長さを$3.4\,nm$として，大腸菌のゲノムDNAの長さは何mmか，求めなさい。計算の結果は，小数点以下第2位を四捨五入し，小数点以下第1位までの値として答えなさい。ただし，$1\,nm = 10^{-6}\,mm$である。

(ii) 大腸菌のゲノムDNAの長さは，大腸菌細胞の長さの何倍に相当すると推定されるか。大腸菌細胞の長さを$2\,\mu m$として求めなさい。計算の結果は，整数として答えなさい。ただし，$1\,\mu m = 10^{-3}\,mm$である。

数学

Ⅰ 解答 $AB=AC=1$, $BC=2t$ ($0<t<1$), $O：\triangle ABC$ の外心, $I：\triangle ABC$ の内心, $S：\triangle ABC$ の面積, $R：$外接円の半径, $r：$内接円の半径

(1) $AB=AC$, BC の中点がMより　　$AM\perp BC$
$$AM^2=AB^2-BM^2=1-t^2$$
よって　　$AM=\sqrt{1-t^2}$ ($0<t<1$) ……①

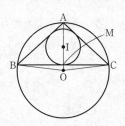

(i) $S=\dfrac{1}{2}BC\cdot AM=\dfrac{1}{2}\cdot(2t)\cdot\sqrt{1-t^2}$
$\qquad = t\sqrt{1-t^2}$ ($0<t<1$) ……② ……(答)
$OM=\sqrt{OB^2-BM^2}=\sqrt{R^2-t^2}$ ($0<t<1$)

(ii) $\angle BAC<90°$ のとき, $AO+OM=AM$ より
$$R+\sqrt{R^2-t^2}=\sqrt{1-t^2}$$
$$\sqrt{R^2-t^2}=\sqrt{1-t^2}-R$$
$$R^2-t^2=(1-t^2)+R^2-2R\sqrt{1-t^2}$$
$$R=\dfrac{1}{2\sqrt{1-t^2}}\quad (0<t<1)\quad……③$$

(iii) $\angle BAC>90°$ のとき, $AO-OM=AM$ より
$$R-\sqrt{R^2-t^2}=\sqrt{1-t^2}$$
$$\sqrt{R^2-t^2}=R-\sqrt{1-t^2}$$
$$R^2-t^2=R^2+(1-t^2)-2R\sqrt{1-t^2}$$
$$R=\dfrac{1}{2\sqrt{1-t^2}}\quad (0<t<1)$$

(iv) $\angle BAC=90°$ のとき　　$R=AO=AM=BM=t$
一方, $AB=1$, $AM=BM=t$ より

$$R = t = \frac{1}{\sqrt{2}}$$

ゆえに，直角二等辺三角形のときも，③が成り立つ。

(ii), (iii), (iv)より　　$R = \dfrac{1}{2\sqrt{1-t^2}}$　$(0 < t < 1)$　……(答)

(v)　$\triangle \text{IAB} + \triangle \text{IAC} + \triangle \text{IBC} = S$ より

$$\frac{1}{2} \times 1 \times r + \frac{1}{2} \times 1 \times r + \frac{1}{2} \times (2t) \times r = t\sqrt{1-t^2}$$

よって　　$r = \dfrac{t\sqrt{1-t^2}}{1+t}$　$(0 < t < 1)$　……(答)

(2)　$r = f(t)$　$(0 < t < 1)$ とおく。

$$f(t) = t(1+t)^{-1}(1-t^2)^{\frac{1}{2}}$$

$$f'(t) = 1 \cdot (1+t)^{-1} \cdot (1-t^2)^{\frac{1}{2}} + t \cdot (-1)(1+t)^{-2} \cdot (1-t^2)^{\frac{1}{2}}$$
$$+ t \cdot (1+t)^{-1} \cdot \frac{1}{2}(1-t^2)^{-\frac{1}{2}}(-2t)$$

$$= -\frac{t^2 + t - 1}{(1+t)\sqrt{1-t^2}} \quad (0 < t < 1)$$

$f'(t) = 0$　$(0 < t < 1)$ より

$$t^2 + t - 1 = 0 \quad \cdots\cdots ④$$

$$t = t_0 = \frac{-1 + \sqrt{5}}{2} \quad \cdots\cdots ⑤$$

増減表は次の通り。

t	(0)	$\cdots$	t_0	$\cdots$	(1)
$f'(t)$		$+$	0	$-$	
$f(t)$	(0)	↗		↘	(0)

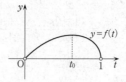

増減表より，$r = f(t)$ は $t = t_0 = \dfrac{-1+\sqrt{5}}{2}$ で極大かつ最大になる。

……(答)

(3)　$r = f(t)$ を最大にする t の値は⑤で与えられる。

このとき，①，④より

$$\text{BM} = t_0, \quad \text{AM} = \sqrt{1 - t_0^2} = \sqrt{t_0}$$

$$0 < \tan \angle \text{BAM} = \frac{\text{BM}}{\text{AM}} = \frac{t_0}{\sqrt{t_0}} = \sqrt{t_0} < 1$$

よって

$$0 < \angle \text{BAM} < 45°$$

$$0 < \angle \text{BAC} = 2\angle \text{BAM} < 90°$$

ゆえに，△ABC は鋭角二等辺三角形である。①，
③より

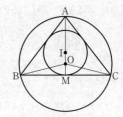

$$\text{OM} = \text{AM} - \text{AO} = \sqrt{1-t^2} - \frac{1}{2\sqrt{1-t^2}}$$

$$= \frac{1-2t^2}{2\sqrt{1-t^2}} = g(t) \quad \cdots\cdots ⑥$$

とおく。
IM$=r=f(t)$ および⑥より

$$h(t) = \frac{\text{OM}}{\text{IM}} = \frac{g(t)}{f(t)}$$

$$= \frac{1-2t^2}{2\sqrt{1-t^2}} \cdot \frac{1+t}{t\sqrt{1-t^2}}$$

$$= \frac{(1+t)(1-2t^2)}{2t(1-t^2)}$$

$$= \frac{1-2t^2}{2(t-t^2)} \quad \cdots\cdots ⑦$$

④，⑤より，t_0 は $t_0^2 + t_0 - 1 = 0$ をみたす。
⑦および $t_0^2 = 1 - t_0$ より

$$h(t_0) = \frac{1-2t_0^2}{2(t_0 - t_0^2)} = \frac{1-2(1-t_0)}{2\{t_0 - (1-t_0)\}}$$

$$= \frac{2t_0 - 1}{2(2t_0 - 1)} = \frac{1}{2} \quad \cdots\cdots (答)$$

別解 (1)〈その 1〉 △ABC の 3 辺を a, b, c とし，$2s = a+b+c$ とおく。
$a=2t$, $b=c=1$ より　$2s=2t+1+1$　∴　$s=t+1$

(i) $s-a = 1-t$, $s-b = t$, $s-c = t$
ヘロンの公式より

$$S = \sqrt{s(s-a)(s-b)(s-c)} = \sqrt{(1+t)(1-t)t^2}$$

$$= t\sqrt{1-t^2} \quad (0<t<1)$$

中央大-理工〈共通テスト併用〉　　　　　　　　2022 年度　数学〈解答〉　*161*

(ii)　$sr = S$ より　　　$(1+t)r = t\sqrt{1-t^2}$

よって　　　$r = \dfrac{t\sqrt{1-t^2}}{1+t}$　　$(0 < t < 1)$

(iii)　$abc = 2t$,　$S = t\sqrt{1-t^2}$,　$S = \dfrac{abc}{4R}$ より

$$R = \frac{abc}{4S} = \frac{2t}{4t\sqrt{1-t^2}} = \frac{1}{2\sqrt{1-t^2}}　　(0 < t < 1)$$

〈その2〉　（R についてのみ）

正弦定理を用いて，$2R = \dfrac{2t}{\sin A}$ より

$$\sin A = \frac{2t}{2R} = \frac{t}{R}$$

$$S = \frac{1}{2} \cdot 1 \cdot 1 \cdot \sin A$$

$$= \frac{t}{2R}$$

②より　　　$t\sqrt{1-t^2} = \dfrac{t}{2R}$

よって　　　$R = \dfrac{1}{2\sqrt{1-t^2}}$　　$(0 < t < 1)$

(2)　(1)より $r^2 = \dfrac{t^2(1-t)}{1+t}$　$(0 < t < 1)$ であるので，$f(t) = \dfrac{t^2(1-t)}{1+t}$

$(0 < t < 1)$ とおいて

$$f(t) = \frac{t^2(1-t)}{1+t} = (-t^2 + 2t - 2) + \frac{2}{1+t}$$

$$f'(t) = -2t + 2 - \frac{1}{(1+t)^2} = \frac{-2t^3 - 2t^2 + 2t}{(1+t)^2} = \frac{-2t(t^2+t-1)}{(1+t)^2}$$

$f'(t) = 0$　$(0 < t < 1)$　より

$$t^2 + t - 1 = 0$$

$$t = t_0 = \frac{-1+\sqrt{5}}{2}$$

よって，増減表は右の通り。

増減表より，$r^2 = f(t)$ は $t = t_0$ で最大値を

とり，$r > 0$ より r と r^2 の最大となる t は

t	(0)	$\cdots$	t_0	$\cdots$	(1)
$f'(t)$		$+$	0		
$f(t)$	(0)	↗		↘	(0)

一致するので，r は $t=t_0=\dfrac{-1+\sqrt{5}}{2}$ で最大となる。

(3) $\quad \mathrm{OM}=\sqrt{\mathrm{OB}^2-\mathrm{BM}^2}=\sqrt{R^2-t^2}$

$\qquad\qquad =\sqrt{\dfrac{1}{4(1-t^2)}-t^2}=\sqrt{\dfrac{4t^4-4t^2+1}{4(1-t^2)}}$

$\qquad\qquad =\dfrac{\sqrt{(2t^2-1)^2}}{2\sqrt{1-t^2}}=\dfrac{|2t^2-1|}{2\sqrt{1-t^2}}$

$t=\dfrac{-1+\sqrt{5}}{2}$ のとき $2t^2-1=2-\sqrt{5}<0$ であることに注意して

$\qquad \mathrm{OM}=\dfrac{1-2t^2}{2\sqrt{1-t^2}}$

以下，〔解答〕と同じ。

━━━━◀ **解　説** ▶━━━━

≪二等辺三角形の面積，外接円の半径，内接円の半径≫

(1) 一般に，△ABC において，頂点 A，B，C の対辺の長さを，それぞれ a，b，c とし，$2s=a+b+c$ とおく。公式 $S=sr$ の証明を具体的な場合に示した。

(2) 導関数を求め，増減表を作る。

(3) r が最大になる三角形は鋭角二等辺三角形である。

参考 $\left[S=\dfrac{abc}{4R}\text{ の証明}\right]$

正弦定理より

$\qquad \begin{cases} a=2R\sin A \\ b=2R\sin B \\ c=2R\sin C \end{cases}$

よって　　$abc=(2R)^3\sin A\sin B\sin C$

$\qquad\qquad \dfrac{abc}{(2R)^3}=\sin A\sin B\sin C \quad\cdots\cdots①$

面積の公式より　　$2S=bc\sin A=ca\sin B=ab\sin C$

$\qquad (2S)^3=(abc)^2\sin A\sin B\sin C$

よって　　$\dfrac{(2S)^3}{(abc)^2}=\sin A\sin B\sin C \quad\cdots\cdots②$

①，②より

中央大-理工〈共通テスト併用〉 2022 年度 数学〈解答〉 *163*

$$\frac{abc}{(2R)^3} = \frac{(2S)^3}{(abc)^2}$$

以上より $S = \dfrac{abc}{4R}$

II 解答

n は整数で $n \geqq 2$ を満たす。1 から n までの番号が 1 つずつ書かれた n 枚のカードから，同時に 2 枚抜き出す取り出し方は，全部で

$$_n\mathrm{C}_2 = \frac{n(n-1)}{2} \text{ 通り}$$

(1) $2 \leqq k \leqq n$ をみたす自然数 k に対して，A 君が抜き出した 2 枚のカードの番号を，a, a' とする。

題意より $a > a' \geqq 1$

(i) カードの番号が 2 枚とも k 以下になる組合せを考えて

$$_k\mathrm{C}_2 = \frac{k(k-1)}{2} \text{ 通り}$$

よって $p_k = \dfrac{_k\mathrm{C}_2}{_n\mathrm{C}_2} = \dfrac{k(k-1)}{n(n-1)}$ ……① ……(答)

参考 次のように数え上げる方法もある。

$a \leqq k$ をみたす組 (a, a') は

$(a, a') = (2, 1)$ ……1 通り

$(a, a') = (3, 2), (3, 1)$ ……2 通り

$(a, a') = (4, 3), (4, 2), (4, 1)$ ……3 通り

$$\vdots$$

$(a, a') = (k, k-1), (k, k-2), \cdots, (k, 1)$ ……$(k-1)$ 通り

合計は

$$1 + 2 + \cdots + (k-1) = \frac{k(k-1)}{2} \text{ 通り}$$

定義より

$$p_k = \frac{1}{_n\mathrm{C}_2} \sum_{l=1}^{k-1} l = \frac{k(k-1)}{n(n-1)}$$

(ii) $a = k$ となるのは

$(a, a') = (k, k-1), (k, k-2), \cdots, (k, 1)$ ……$(k-1)$ 通り

定義より

$$q_k = \frac{k-1}{{}_n\mathrm{C}_2} = \frac{2(k-1)}{n(n-1)} \quad \cdots\cdots② \quad \cdots\cdots(答)$$

以降,事象 $(a<b)$,$(a=b)$,$(a\leqq k)$ 等の確率を,それぞれ,$P(a<b)$,$P(a=b)$,$P(a\leqq k)$ 等と書く。定義より,$2\leqq k\leqq n$ に対して

$$p_k = P(a\leqq k),\quad q_k = P(a=k)$$

(2) $2\leqq k\leqq n$ をみたす自然数 k に対して,B君が抜き出した2枚のカードの番号を b,b' とする。

題意より $\quad b > b' \geqq 1$

$a=b$ となるのは,$2\leqq k\leqq n$ をみたす自然数 k に対して,$a=k$, $b=k$ をみたすときである。

(1)の結果より

$$r = \sum_{k=2}^{n} P(a=k)\, P(b=k) = \sum_{k=2}^{n}(q_k)^2 = \sum_{k=2}^{n}\frac{4(k-1)^2}{n^2(n-1)^2}$$

$$= \frac{4}{n^2(n-1)^2}\sum_{k=2}^{n}(k-1)^2 = \frac{4}{n^2(n-1)^2}\sum_{l=1}^{n-1}l^2$$

$$= \frac{4}{n^2(n-1)^2}\cdot\frac{(n-1)n(2n-1)}{6} = \frac{2(2n-1)}{3n(n-1)} \quad \cdots\cdots(答)$$

(3) $a<b$ となるのは,$2\leqq k\leqq n$ をみたす自然数 k に対して,$\{(a\leqq k)\ (かつ)\ (b=k)\}$ をみたす事象から,$\{(a=k)\ (かつ)\ (b=k)\}$ をみたす事象を除いた事象の確率を求めればよい。ゆえに

$$s = \sum_{k=2}^{n} P(a\leqq k)\, P(b=k) - \sum_{k=2}^{n} P(a=k)\, P(b=k)$$

$$= \sum_{k=2}^{n}\{(p_k q_k) - (q_k)^2\} = \sum_{k=2}^{n}(p_k - q_k)\, q_k$$

$$= \sum_{k=2}^{n}\frac{(k-1)(k-2)}{n(n-1)}\cdot\frac{2(k-1)}{n(n-1)}$$

$$= \frac{2}{n^2(n-1)^2}\sum_{l=1}^{n-1}(l^3 - l^2)$$

$$= \frac{2}{n^2(n-1)^2}\left\{\frac{n^2(n-1)^2}{4} - \frac{(n-1)n(2n-1)}{6}\right\}$$

$$= \frac{1}{n(n-1)}\left\{\frac{n(n-1)}{2} - \frac{2n-1}{3}\right\}$$

中央大-理工〈共通テスト併用〉　　　　　　　　　2022 年度　数学〈解答〉　*165*

$$= \frac{3n^2 - 7n + 2}{6n(n-1)} = \frac{(3n-1)(n-2)}{6n(n-1)} \quad \cdots\cdots (答)$$

別解　〈その 1〉　事象 $(a<b)$ は，$3 \le k \le n$ に対して，
$\{(a \le k-1) \text{ かつ } (b=k)\}$ の和事象に等しい。

$$s = \sum_{k=3}^{n} P(a \le k-1) P(b=k) = \sum_{k=3}^{n} p_{k-1} q_k$$

$$= \sum_{k=2}^{n} \frac{(k-1)(k-2)}{n(n-1)} \cdot \frac{2(k-1)}{n(n-1)} \quad (k=2 \text{ の項は } 0 \text{ なので})$$

以下，〔解答〕と同じ。

〈その 2〉　$a<b$ となる確率を s とすると，$a>b$ となる確率も s である。
よって

$$s = \frac{1}{2}(1-r)$$

$$= \frac{1}{2}\left\{ 1 - \frac{2(2n-1)}{3n(n-1)} \right\}$$

$$= \frac{3n^2 - 7n + 2}{6n(n-1)} = \frac{(3n-1)(n-2)}{6n(n-1)}$$

(4)　$|a-b| \le 1$ より　　$a-1 \le b \le a+1$

　　　(i) $b=a$　または　(ii) $b=a-1$　または　(iii) $b=a+1$

(i)，(ii)，(iii)は互いに背反だから，それらの事象の確率の和を求めればよい。
ゆえに，$|a-b| \le 1$ をみたす確率 t は

$$t = \sum_{k=2}^{n} P(a=k) P(b=k) + \sum_{k=3}^{n} P(a=k) P(b=k-1)$$

$$+ \sum_{k=2}^{n-1} P(a=k) P(b=k+1)$$

$$= \sum_{k=2}^{n} (q_k)^2 + \sum_{k=3}^{n} (q_k q_{k-1}) + \sum_{k=2}^{n-1} (q_k q_{k+1}) \quad \cdots\cdots ③$$

③の第 2 項と第 3 項は等しいから

$$t = \sum_{k=2}^{n} (q_k)^2 + 2 \sum_{k=2}^{n-1} (q_k q_{k+1}) \quad \cdots\cdots ④$$

①，②，④より

$$t = \frac{4}{n^2(n-1)^2} \sum_{k=2}^{n} (k-1)^2 + \frac{4}{n^2(n-1)^2} \sum_{k=2}^{n-1} 2(k-1)k$$

$$= \frac{4}{n^2(n-1)^2} \sum_{l=1}^{n-1} l^2 + \frac{4}{n^2(n-1)^2} \sum_{k=1}^{n-1} 2(k-1)k$$

$$= \frac{4}{n^2(n-1)^2} \sum_{k=1}^{n-1} \{k^2 + 2k(k-1)\}$$

$$= \frac{4}{n^2(n-1)^2} \sum_{k=1}^{n-1} (3k^2 - 2k)$$

$$= \frac{4}{n^2(n-1)^2} \left\{ \frac{3(n-1)n(2n-1)}{6} - \frac{2(n-1)n}{2} \right\}$$

$$= \frac{4}{n(n-1)} \cdot \frac{(2n-1)-2}{2} = \frac{2(2n-3)}{n(n-1)} \quad \cdots\cdots(答)$$

◀ 解 説 ▶

≪n 枚のカードから条件を満たす 2 枚を取り出すときの確率≫

次の和の公式を用いた。本問では，$n \to (n-1)$ として用いた。

$$\sum_{k=1}^{n} k = \frac{n(n+1)}{2}, \quad \sum_{k=1}^{n} k^2 = \frac{n(n+1)(2n+1)}{6}, \quad \sum_{k=1}^{n} k^3 = \left\{ \frac{n(n+1)}{2} \right\}^2$$

(1) p_k：1 から k までの番号が 1 つずつ書かれた k 枚のカードから同時に 2 枚抜き出すことを考える。2 枚のカードの番号 a, a' が，$1 \le a' < a \le k$ を満たす (a, a') の個数を数えてもよい。q_k：$1 \le a' < a = k$ を満たす (a, a') の個数を数える。

(2) $P(a=b) = \sum_{k=2}^{n} P(a=b=k)$ より，r を $q_k (2 \le k \le n)$ を用いて表す。

$r = r(n)$ と書くと　　$r(2) = 1$, $0 < r(n) < 1$ $(n = 3, 4, 5, \cdots)$

(3) $P(a<b) = P(a \le b) - P(a=b)$ より，s を p_k, $q_k (2 \le k \le n)$ を用いて表す。

$s = s(n)$ と書くと　　$s(2) = 0$, $0 < s(n) < 1$ $(n = 3, 4, 5, \cdots)$

(4) $P(|a-b| \le 1) = P(b=a) + P(b=a+1) + P(b=a-1)$ より，t を q_k $(2 \le k \le n)$, $q_k q_{k-1} (3 \le k \le n)$, $q_k q_{k+1} (2 \le k \le n-1)$ を用いて表す。

③の第 1 項は r であるから，④の第 2 項を計算すればよい。その際

$$\sum_{k=2}^{n-1} (k-1)k = \sum_{k=2}^{n-1} k(k-1)$$

$$= \frac{1}{3} \sum_{k=2}^{n-1} \{(k+1)k(k-1) - k(k-1)(k-2)\}$$

$$= \frac{1}{3} \{n(n-1)(n-2) - 0\}$$

$$= \frac{1}{3} n(n-1)(n-2)$$

中央大-理工〈共通テスト併用〉　　　　　　　　　2022 年度　数学〈解答〉*167*

などと計算の工夫により，t を求めてもよい。

$t = t(n)$ と書くと　　　$t(2) = t(3) = 1$，$0 < t(n) < 1$　$(n = 4, 5, 6, \cdots)$

III　解答

素数 n は次式を満たす。ただし，a, b, c, d は自然数とする。

$$n = b^3 - a^3 = c^2 + d^2 \quad \cdots\cdots(*)$$

以後，本問では変数・定数を表す文字はすべて整数または自然数を表す。

(1)　$k = c^2 + d^2$ が奇数ならば，$k \equiv 1 \,(\mathrm{mod}\,4)$ であることを示す。

(i)　(c：偶数)　$c = 2p$ のとき，$k = 4p^2 + d^2$ が奇数だから，d^2 は奇数である。

ゆえに，d も奇数であるので，$d = 2q + 1$ $(q \geqq 0)$ と書ける。

$$k = (2p)^2 + (2q+1)^2$$
$$= 4(p^2 + q^2 + q) + 1$$
$$\equiv 1 \,(\mathrm{mod}\,4) \qquad\qquad\qquad\qquad (証明終)$$

(ii)　(c：奇数)　$c = 2p + 1$ $(p \geqq 0)$ のとき，c^2 も奇数である。

$k = c^2 + d^2$ および c^2 が奇数だから，d^2 は偶数である。

ゆえに，d も偶数であるので，$d = 2q$ と書ける。

$$k = (2p+1)^2 + (2q)^2$$
$$= 4(p^2 + p + q^2) + 1$$
$$\equiv 1 \,(\mathrm{mod}\,4) \qquad\qquad\qquad\qquad (証明終)$$

(2)　$l = b^3 - a^3$ が素数のとき，$b - a = 1$　$\cdots\cdots$① を示せばよい。

$$l = (b - a)(b^2 + ba + a^2)$$

$a \geqq 1$，$b \geqq 1$ より　　$b^2 + ba + a^2 \geqq 3$

$l > 0$ より，$b - a \geqq 2$ ならば，l は 2 以上の 2 つの自然数の積として表すことができるので，これは l が素数であることに矛盾する。

ゆえに，$b - a = 1$ なので　　$b = a + 1$　　　　　　　　(証明終)

(3)　素数 n が $(*)$ を満たすとき，$b \equiv 0 \,(\mathrm{mod}\,4)$ または $b \equiv 1 \,(\mathrm{mod}\,4)$ であることを示す。

(i)　(2)の結果より　　$b = a + 1$

$$n = f(a) = (a+1)^3 - a^3 = 3a^2 + 3a + 1 \geqq 7 \quad (a \geqq 1)$$

ゆえに，$n \neq 2$ かつ n は奇数である。

(ii)　$b \equiv 2 \,(\mathrm{mod}\,4)$ と仮定する。

$b = 4p + 2$ $(p \geqq 0)$ のとき　　$a = 4p + 1$

$$n = 3a^2 + 3a + 1$$
$$= 3(4p+1)^2 + 3(4p+1) + 1$$
$$= 4(12p^2 + 9p + 1) + 3$$
$$\equiv 3 \pmod{4}$$

これは(1)の結果に矛盾する。

(iii)　$b \equiv 3 \pmod{4}$ と仮定する。

$b = 4q + 3 \quad (q \geqq 0)$ のとき　　$a = 4q + 2$

$$n = 3a^2 + 3a + 1$$
$$= 3(4q+2)^2 + 3(4q+2) + 1$$
$$= 4(12q^2 + 15q + 4) + 3$$
$$\equiv 3 \pmod{4}$$

これは(1)の結果に矛盾する。

(i)〜(iii)より，題意は示された。　　　　　　　　　　　　　　　(証明終)

(4)　(i)　$b \equiv 0 \pmod{4}$ のとき　　$b = 4p, \ a = 4p - 1$

$$n = 3a^2 + 3a + 1 \quad \cdots\cdots②$$
$$= 3(4p-1)^2 + 3(4p-1) + 1$$
$$= 12(4p^2 - p) + 1$$
$$\equiv 1 \pmod{12}$$

(ii)　$b \equiv 1 \pmod{4}$ のとき　　$b = 4q + 1, \ a = 4q$

$$n = 3a^2 + 3a + 1$$
$$= 3(4q)^2 + 3(4q) + 1$$
$$= 12(4q^2 + q) + 1$$
$$\equiv 1 \pmod{12}$$

(iii)　(i), (ii)より，素数 n が(*)を満たすとき　　$n \equiv 1 \pmod{12}$

このとき，$n = 12r + 1 \quad \cdots\cdots③$ と書ける。

$2 \leqq n \leqq 200$ のとき　　$1 \leqq r \leqq 16$

(iv)　②, ③より

$$n = 3a^2 + 3a + 1 = 12r + 1$$
$$a^2 + a - 4r = 0$$

$a > 0$ より

$$a = \frac{-1 + \sqrt{D}}{2} \quad (D = 1 + 16r) \quad \cdots\cdots④$$

中央大-理工〈共通テスト併用〉　　　　　　　　　　　2022 年度　数学〈解答〉　*169*

(v)　④より，a が有理数であるためには，判別式 D が平方数であることが必要である。

$$n = 12r + 1 \quad (1 \le r \le 16)$$
$$D = 16r + 1 \le 16^2 + 1$$

よって　　$\sqrt{D} \le 16$　……⑤

④，⑤および a は自然数より　　$1 \le a \le 7$

①より　　$b = a + 1$　……①′

①′，②より　　$n = 1 + 3a(a+1) = 1 + 3ab$　……(＊＊)

(3)より，$b \equiv 0 \pmod 4$ または $b \equiv 1 \pmod 4$ のときのみ，n を求めればよい。

a	1	2	3	4	5	6	7
b	2	3	4	5	6	7	8
n	—	—	37	61	—	—	169

(vi)　$\{(＊),\ b = a + 1\}$ を満たす $(a,\ b,\ n)$ $(1 \le a \le 7)$ は

$$(a,\ b,\ n) = (3,\ 4,\ 37),\ (4,\ 5,\ 61),\ (7,\ 8,\ 169)$$

このうち，$n = 169 = 13^2$ は素数ではない。

$n = 37$ 以外の $(＊)$ を満たす素数 n $(2 \le n \le 200)$ は，$n = 61$ である。

このとき　　$(a,\ b) = (4,\ 5)$

(vii)　$n = 61$ のとき，$(＊)$ より　　$c^2 + d^2 = 61$　$(0 < c \le d)$

$$2c^2 \le 61 \Longrightarrow c^2 \le 30 \Longrightarrow 1 \le c \le 5$$

・$c = 1$ のとき　　$d^2 = 60$　（整数解なし）

・$c = 2$ のとき　　$d^2 = 57$　（整数解なし）

・$c = 3$ のとき　　$d^2 = 52$　（整数解なし）

・$c = 4$ のとき　　$d^2 = 45$　（整数解なし）

・$c = 5$ のとき　　$d^2 = 36$ より　　$d = 6$

以上より，$(＊)$ を満たす素数 n $(2 \le n \le 200)$ は，$n = 37$ 以外では，$n = 61$ のみである。　……(答)

このとき　　$(a,\ b,\ c,\ d) = (4,\ 5,\ 5,\ 6)$　……(答)

◀解　説▶

≪条件を満たす整数の和への素数の分解≫

(1)　整数 p^2 が偶数のとき，p も偶数であり，整数 p^2 が奇数のとき，p も

奇数である。

(2) $l = b^3 - a^3 = (b-a)(b^2 + ba + a^2)$ を用いる。

(3) $b \equiv 2 \pmod 4$, $b \equiv 3 \pmod 4$ が成り立たないことを示す（背理法）。

(4) 整数の2乗である数を平方数という（完全平方数ともいう）。

(例) $4 = 2^2$, $9 = 3^2$, $16 = 4^2$, $169 = 13^2$ など。

$b = a + 1$ $(1 \le a \le 7)$ のときの n の計算は，（＊＊）の表示式を用いるとよい。

（＊）を満たす素数 n は $2 \le n \le 1000$ の範囲で，$n = 37$，61，397 の3個である。

$n = 169 = 13^2$ は素数ではないが，$\{(*), b = a + 1\}$ の解は，

$(a, b, c, d) = (7, 8, 5, 12)$ である。

$c^2 + d^2 = 13^2$ をみたす $(c, d, n) = (5, 12, 13)$ はピタゴラス数と呼ばれている自然数の組である。$(c, d, n) = (3, 4, 5)$ はよく知られたピタゴラス数である。$c^2 + d^2 = n^2$ を満たす自然数の組 (c, d, n) は無数にある。

IV 解答 n を2以上の整数とする。

(1) $f'(x) > 0$ $(x > 0)$ より，$f(x)$ は $x > 0$ で増加関数である。

したがって，自然数 k に対して

$k \le x \le k + 1$ のとき $f(k) \le f(x) \le f(k+1)$

よって $f(k) < \displaystyle\int_k^{k+1} f(x)\, dx < f(k+1)$ $(k = 1, 2, 3, \cdots)$ ……①

(a) ①の第1項，第2項より

$$\sum_{k=1}^{n} f(k) < \sum_{k=1}^{n} \int_k^{k+1} f(x)\, dx = \int_1^{n+1} f(x)\, dx \quad \cdots\cdots②$$ （証明終）

(b) $n \ge 2$ および①の第2項，第3項より

$$\sum_{k=1}^{n-1} \int_k^{k+1} f(x)\, dx < \sum_{k=1}^{n-1} f(k+1) = \sum_{k=2}^{n} f(k)$$

$f(1) = 0$ より

$$\int_1^n f(x)\, dx < \sum_{k=1}^{n} f(k) \quad \cdots\cdots③$$ （証明終）

(2) (1)で $f(x) = \log x$ とおくと，$f'(x) = \dfrac{1}{x} > 0$ かつ $f(1) = 0$ だから，(1)の

中央大-理工〈共通テスト併用〉　　　　　　　　　　　　　2022 年度　数学〈解答〉　*171*

(a), (b)が成り立つ。部分積分法より

$$F(x) = \int f(x)\,dx = x \cdot \log x - \int x \cdot \frac{1}{x}\,dx = x\log x - x$$

$$\sum_{k=1}^{n} f(k) = \sum_{k=1}^{n} \log k = \log n!$$

②より

$$\log n! < \Big[x\log x - x\Big]_{1}^{n+1} = (n+1)\log(n+1) - n \quad\cdots\cdots④$$

③より

$$\Big[x\log x - x\Big]_{1}^{n} = n\log n - n + 1 < \log n! \quad\cdots\cdots⑤$$

④, ⑤より

$$n\log n - n + 1 < \log n! < (n+1)\log(n+1) - n \qquad\qquad（証明終）$$

(3)　$K_n = \dfrac{(n!)^{\frac{1}{n}}}{n}$ より

$$\log K_n = \frac{1}{n}\log n! - \log n \quad\cdots\cdots⑥$$

④, ⑤, ⑥より

$$\log n - 1 + \frac{1}{n} < \frac{1}{n}\log n! < \left(1 + \frac{1}{n}\right)\log(n+1) - 1$$

$$-1 + \frac{1}{n} < \frac{1}{n}\log n! - \log n < \log(n+1) - \log n + \frac{1}{n}\log(n+1) - 1$$

$$-1 + \frac{1}{n} < \frac{1}{n}\log n! - \log n < \log\left(1 + \frac{1}{n}\right) + \frac{n+1}{n}\cdot\frac{\log(n+1)}{n+1} - 1$$

$$-1 + \frac{1}{n} < \log K_n < \log\left(1 + \frac{1}{n}\right) + \left(1 + \frac{1}{n}\right)\frac{\log(n+1)}{n+1} - 1 \quad\cdots\cdots⑦$$

⑦で, $n \to \infty$ とすると　　　$\displaystyle\lim_{n\to\infty}\frac{\log(n+1)}{n+1} = 0 \quad\cdots\cdots⑧$

⑧およびはさみうちの原理より

$$\lim_{n\to\infty} \log K_n = -1$$

$$\lim_{n\to\infty} K_n = \lim_{n\to\infty} e^{\log K_n} = e^{-1} \quad\cdots\cdots（答）$$

◀━━━━ ◀解　説▶ ━━━━

≪区分求積法，級数，極限値≫

(1)　$f(x)$ が $x > 0$ で増加関数であることを用いる。(b)で $n \geqq 2$ を用いる。

172 2022 年度　数学〈解答〉　　　　　　　　　　　　　中央大-理工〈共通テスト併用〉

区分求積法の考え方である。

(2) $f(x) = \log x$ として，(1)の不等式を適用する。

(3) K_n の対数をとり，(2)の不等式を用いる。

❖講　評

　共通テスト併用方式は全問記述式であり，4題中3題を選択する形式である。一般方式・英語外部試験利用方式と試験時間が同じで，大問数が1題少ない。レベルは一般方式・英語外部試験利用方式とほぼ同じで，どの問題も出題者が受験生に何を求めているかが明確な良問である。最重要分野は微・積分法であるが，2022年度は，図形と計量，確率，整数の性質，数列，極限からも出題された。

　Ⅰ　二等辺三角形の等辺を固定し，底辺の長さを変化させるときの内接円の半径を最大にする問題である。ここで，微分法の問題にしている。三角形の面積，外接円の半径も求めさせる。外接円の半径は，三角形の頂角が鋭角か，直角か，鈍角かに分けて計算する必要がある。標準問題である。

　Ⅱ　確率の問題である。番号の書かれたカードを2枚引くときの，番号の大きい方を a または b と指定されている。ある条件をみたすとき，2枚のカードの組が何通りあるかを数えるのがポイントである。その際，2乗和，3乗和の公式を用いる。標準問題といえるがやや難しめである。

　Ⅲ　4題のうち一番記述量が多かったと思われる。$n = a^3 + (-b)^3 = c^2 + d^2$ と書ける。整数を2乗和に分ける問題は多くあるが，3乗和に分ける問題は多くはないであろう。しかし，n が素数であるという仮定から $b = a + 1$ となり，n は a の二次式になる。最終的には，条件(†) $\{1 \le a \le 7,\ b = a + 1,\ n = 1 + 3ab\}$ から n が素数になる場合を探す。素数ではない $n = 13^2$ が含まれるのは，条件(†)が n が素数であるための必要条件であることによる。これも標準問題といえるがやや難しい。

　Ⅳ　区分求積法を用いて有限級数の和を評価する問題である。不等式の証明は易しい。定積分には部分積分法を用いる。その不等式を対数関数に適用する。最後に数列の極限値を求めるために(2)の不等式を用いる。4題のうち一番易しい問題である。

■物理■

I 解答

1. 運動量保存則より

$$mv = mv_1 + mv_2$$

反発係数の式より $e = -\dfrac{v_1 - v_2}{v}$

よって $v_1 = \dfrac{1-e}{2}v$, $v_2 = \dfrac{1+e}{2}v$, $\Delta E = \dfrac{(1-e^2)\,mv^2}{4}$ ……(答)

2. t_1, t_2 ともに，小球1，2の単振り子の周期 $2\pi\sqrt{\dfrac{l}{g}}$ の半周期にあたるので

$$t_1 = \pi\sqrt{\dfrac{l}{g}},\ \ t_2 = \pi\sqrt{\dfrac{l}{g}}\ \ ……(答)$$

グラフ：右図。

縦軸：糸と鉛直線がなす角の大きさ，横軸：t，t_1

3. 運動量保存則より

$$-mv_1 - mv_2 = mv_1' + mv_2'$$

反発係数の式より $e = -\dfrac{v_1' - v_2'}{-v_1 + v_2}$

よって

$$v_1' = -\dfrac{1+e^2}{2}v,\ \ v_2' = -\dfrac{1-e^2}{2}v,\ \ \Delta E' = \dfrac{(1-e^2)\,e^2 mv^2}{4}\ \ ……(答)$$

4. 運動量保存則より

$$m\,|v_1'| + m\,|v_2'| = mv_1(1) + mv_2(1)$$

反発係数の式より $e = -\dfrac{v_1(1) - v_2(1)}{|v_1'| - |v_2'|}$

よって $v_1(1) = \dfrac{1-e^3}{2}v$, $v_2(1) = \dfrac{1+e^3}{2}v$ ……(答)

5. $v_1(N) = \dfrac{1-e^{2N+1}}{2}v$, $v_2(N) = \dfrac{1+e^{2N+1}}{2}v$, $v_1(\infty) = \dfrac{1}{2}v$, $v_2(\infty) = \dfrac{1}{2}v$

運動の特徴：無限回の往復運動を繰り返すと，$v_1(\infty) = v_2(\infty)$ になるので，小球1と2は一体となって運動する。

174 2022 年度　物理〈解答〉　　　　　　　　　　中央大-理工〈共通テスト併用〉

6．この条件のとき速度交換が起こるので，小球1が速度 v で小球2に衝突すると，小球1は静止し，小球2の速度が v になる。これを繰り返すので，小球1と2が交互に単振動する。

━━━━━━━━◀解　説▶━━━━━━━━

≪単振り子の衝突≫

1．この衝突で失われた力学的エネルギーの大きさ ΔE は

$$\Delta E = \frac{1}{2}mv^2 - \left(\frac{1}{2}mv_1{}^2 + \frac{1}{2}mv_2{}^2\right)$$

$$= \frac{1}{2}mv^2 - \frac{1}{2}m\left(\frac{1-e}{2}v\right)^2 - \frac{1}{2}m\left(\frac{1+e}{2}v\right)^2$$

$$= \frac{1-e^2}{4}mv^2$$

2．1より $v_1 < v_2$ とわかるので，θ_2 の最大値は θ_1 の最大値よりも大きくなる。また，最大値をとる時刻は，小球1，2の $t=0$ での位置と周期が同じであることから等しくなる。

3．この衝突で失われた力学的エネルギーの大きさ $\Delta E'$ は

$$\Delta E' = \frac{1}{2}mv_1{}^2 + \frac{1}{2}mv_2{}^2 - \left(\frac{1}{2}mv_1{}'^2 + \frac{1}{2}mv_2{}'^2\right)$$

$$= \frac{1}{2}m\left(\frac{1-e}{2}v\right)^2 + \frac{1}{2}m\left(\frac{1+e}{2}v\right)^2 - \frac{1}{2}m\left(-\frac{1+e^2}{2}v\right)^2$$

$$\qquad\qquad\qquad\qquad\qquad - \frac{1}{2}m\left(-\frac{1-e^2}{2}v\right)^2$$

$$= \frac{mv^2\{2+2e^2-(1+2e^2+e^4+1-2e^2+e^4)\}}{8}$$

$$= \frac{mv^2e^2(1-e^2)}{4}$$

4・5．この衝突直前，小球1，2の速度は右向きになっていることに注意して，運動量保存則と反発係数の式を用いる。

$N=2$ のとき　　$v_1(2) = \dfrac{1-e^5}{2}v$，　$v_2(2) = \dfrac{1+e^5}{2}v$

$N=3$ のとき　　$v_1(3) = \dfrac{1-e^7}{2}v$，　$v_2(3) = \dfrac{1+e^7}{2}v$

よって　　$v_1(N) = \dfrac{1-e^{2N+1}}{2}v$，　$v_2(N) = \dfrac{1+e^{2N+1}}{2}v$

また，$0<e<1$ より $N=\infty$ のとき $e^{2N+1}=0$ となるので

$$v_1(\infty)=\frac{1}{2}v, \quad v_2(\infty)=\frac{1}{2}v$$

と求まる。これより，最下点での速度が等しいことから，小球1と2は一体となって運動することがわかる。

6．質量の等しい物体が同一直線上を運動して弾性衝突する場合を考える。たとえば，水平面上で，速度 v，質量 m の物体Aが静止している質量 m の物体Bに衝突したとき，衝突直後の速度をそれぞれ v_A，v_B とすると，運動量保存則より

$$mv = mv_A + mv_B$$

また，反発係数の式より

$$1 = -\frac{v_A - v_B}{v}$$

よって，$v_A=0$，$v_B=v$ となり，速度交換が起こることがわかる。

II 解答

1．右図。

2．$E_A = \dfrac{1}{2}E$，$E_B = \dfrac{1}{2}E$

3．向き：B→Aの向き　大きさ：$\dfrac{1}{2}QE$

4．$W = \dfrac{1}{2}QEd$〔J〕

5．$V_1 = \dfrac{q}{C}$〔V〕

6．$\varDelta W = \dfrac{q\varDelta q}{C}$〔J〕

7．$U = \dfrac{Q^2}{2C}$〔J〕

8．$U_1 = \dfrac{r^2 Q^2}{2C}$〔J〕

9．右のグラフの斜線部分の面積がコンデンサーの得る静電エネルギーなので

$$U_2 = \frac{1}{2} \times (Q - rQ)\left(\frac{Q}{C} + \frac{rQ}{C}\right)$$

$$= \frac{Q^2(1-r^2)}{2C} \text{〔J〕} \quad \cdots\cdots\text{(答)}$$

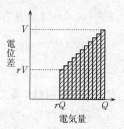

10．$U = U_1 + U_2$

━━━━━━━◀解　説▶━━━━━━━

《コンデンサーの極板間距離の変化》

1．極板間の外では，電気力線が打ち消される。

2．極板間の電気力線の本数と，極板A，Bがそれぞれ極板間内に作る電気力線の本数を比べればよい。単位面積当たりの電気力線の本数が電場の強さになる。

3．導線をはずしているので，極板A，Bがもつ電気量は変化しない。つまり極板間の電場の強さEも変化しない。よって，求める力の大きさFは

$$F = |-Q \times E_A| = \frac{1}{2}QE$$

また，電場E_Aは右向きであるので，負電荷をもつ極板Bは図の左向きに力を受ける。

4．加える外力は，極板Bが電場E_Aから受ける力とつりあっている。よって

$$W = F \times d = \frac{1}{2}QEd \text{〔J〕}$$

6．求める仕事は，図5のグラフの網かけ部分の面積であるので

$$\Delta W = \Delta q V_1 = \frac{q \Delta q}{C} \text{〔J〕}$$

7．qが0からQになるまでにコンデンサーが得た静電エネルギーは，図5のグラフの細長い長方形の面積の総和で表される。

$$U = \frac{1}{2}QV = \frac{Q^2}{2C} \text{〔J〕}$$

8．はじめの状態での静電エネルギーは0である。よって

中央大-理工〈共通テスト併用〉 2022 年度 物理〈解答〉 *177*

$$U_1 = \frac{(rQ)^2}{2C} - 0 = \frac{(rQ)^2}{2C}$$

9．この過程をグラフにしたものが〔解答〕の図である。6 と同様にこのグラフの斜線部分の面積がこの間にコンデンサーが得た静電エネルギーになる。

Ⅲ　解答　1．(a) $\dfrac{x}{\sqrt{1+x^2}}$　(b) A

2．(c) A　(d) $\dfrac{1}{\sqrt{A^2-1}}$

3．与えられた条件式より

$$1 - \frac{\delta^2}{2} \fallingdotseq 1 - \frac{1}{x_0(1+x_0{}^2)}\varepsilon$$

よって $\varepsilon \fallingdotseq \dfrac{x_0(1+x_0{}^2)}{2}\delta^2$ となる。

また，$\delta^2 = \left(\dfrac{\pi}{2} - r\right)^2$ である。

これらを $x = x_0 - \varepsilon$ に代入すると

$$x = x_0 - \varepsilon \fallingdotseq x_0 - \frac{x_0(1+x_0{}^2)}{2}\delta^2 = x_0 - \frac{x_0(1+x_0{}^2)}{2}\left(\frac{\pi}{2} - r\right)^2$$

ここで，2 の(d)より $x_0 = \dfrac{1}{\sqrt{A^2-1}}$ を代入すると

$$x = x_0 - \frac{\dfrac{1}{\sqrt{A^2-1}}\left\{1 + \left(\dfrac{1}{\sqrt{A^2-1}}\right)^2\right\}}{2}\left(\frac{\pi}{2} - r\right)^2$$

$$= x_0 - \frac{A^2}{2\sqrt{A^2-1}\,(A^2-1)}\left(r - \frac{\pi}{2}\right)^2$$

以上より　　$C(A) = -\dfrac{A^2}{2\sqrt{A^2-1}\,(A^2-1)}$　……(答)

4．右図。

5．答：x_0を精度よく求めることは比較的容易である。

理由：x_0に近づくほど，xの値の変化によるrの変化が大きくなるため。

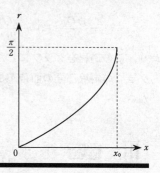

◀解　説▶

≪全反射の数学的考察≫

1．屈折の法則より

$$\frac{\sin i}{\sin r} = \frac{n_2}{n_1} \quad \sin r = \frac{n_1}{n_2}\sin i$$

図形的に考えると，$\sin i = \dfrac{x}{\sqrt{1+x^2}}$である。以上より

$$\sin r = \frac{n_1}{n_2}\sin i = A \times \frac{x}{\sqrt{1+x^2}} \quad \cdots\cdots ①$$

2．(c)　与えられた近似式を用いると　　$\sin r \fallingdotseq r$

また，x^2は1に比べて十分小さく無視できるので

$$\frac{1}{\sqrt{1+x^2}} = (1+x^2)^{-\frac{1}{2}} \fallingdotseq 1 - \frac{1}{2}x^2 \fallingdotseq 1$$

よって

$$\sin r = A \times \frac{x}{\sqrt{1+x^2}} \quad r \fallingdotseq Ax$$

(d)　$r = \dfrac{\pi}{2}$のとき，①式は

$$\sin\frac{\pi}{2} = A \times \frac{x_0}{\sqrt{1+x_0^2}}$$

$$1 + x_0^2 = A^2 x_0^2$$

$$\therefore \quad x_0 = \frac{1}{\sqrt{A^2-1}}$$

3．与えられた近似式を用いて計算すると

$$1 - \frac{\delta^2}{2} \fallingdotseq 1 - \frac{1}{x_0(1+x_0^2)}\varepsilon \quad \varepsilon \fallingdotseq \frac{x_0(1+x_0^2)}{2}\delta^2$$

$$x = x_0 - \varepsilon \fallingdotseq x_0 - \frac{x_0(1+x_0{}^2)}{2}\delta^2 = x_0 - \frac{x_0(1+x_0{}^2)}{2}\left(\frac{\pi}{2}-r\right)^2$$

2の(d)より $x_0 = \dfrac{1}{\sqrt{A^2-1}}$ を代入すると

$$x \fallingdotseq x_0 - \frac{\dfrac{1}{\sqrt{A^2-1}}\left(1+\dfrac{1}{A^2-1}\right)}{2}\left(\frac{\pi}{2}-r\right)^2 = x_0 - \frac{A^2}{2\sqrt{A^2-1}\,(A^2-1)}\left(r-\frac{\pi}{2}\right)^2$$

これを $x \fallingdotseq x_0 + C(A)\left(r - \dfrac{\pi}{2}\right)^2$ ……② と比較すると

$$C(A) = -\frac{A^2}{2\sqrt{A^2-1}\,(A^2-1)}$$

4．②式をグラフ化すると，右図のようになる。これを，解答欄のように，縦軸 r，横軸 x に変換すると，〔解答〕の図のようになる。

5．4のグラフを見ると，x_0 に近づくほど少しの x の変化によって r が大きく変化する。つまり，全反射する x_0 の付近では，屈折角 r の変化が顕著になるので，比較的精度よく x_0 を測定することができる。

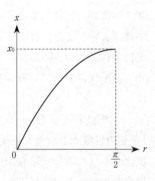

◆講　評

　大問は3題で，力学，電磁気，波動からの出題である。導出や説明などの記述，描図問題もあった。

　Ⅰ　2つの単振り子の衝突問題。設問自体は易しいものだが，計算力が問われる。問題文をよく読み，状況の移り変わりを正確にとらえ，適切な式をきちんと立式・計算できるかが重要である。

　Ⅱ　コンデンサーの基本的な問題。Ⅰ同様，状況の変化を正確にとらえよう。変化する物理量と変化しない物理量に気をつけて解答したい。

　Ⅲ　光の屈折，全反射を扱った問題。近似式の計算に慣れていないと難しい問題があるが，うまく誘導に乗りたいところ。典型的な問題に加え，数学的なアプローチが必要な問題に普段から取り組んでおくとよい対策になる。

化学

I 解答

(1)**A**. CaO　**B**. CO_2　**C**. $NaHCO_3$　**D**. NH_4Cl
(2)—③　(3)塩化ナトリウム　(4)風解　(5)潮解
(6)$Na_2CO_3 + CO_2 + H_2O \longrightarrow 2NaHCO_3$
(7)9.4〔気体の吸着モル数 mol/吸着剤の質量 kg〕

◀解　説▶

≪アンモニアソーダ法≫

(2)　平衡が右に移動する条件を考える。正反応が発熱反応なので，低温にすればよい。また，反応式の係数の和が（反応物）＞（生成物）なので，高圧にすればよい。

(3)　二酸化炭素やアンモニアをすべて再利用したときの全体の化学反応式は

$$2NaCl + CaCO_3 \longrightarrow Na_2CO_3 + CaCl_2$$

1 mol の炭酸ナトリウムを生成するときでも比は同じなので
塩化ナトリウム（式量 58.5）2 mol　　58.5×2＝117〔g〕
炭酸カルシウム（式量 100）1 mol　　100 g
塩化カルシウム（式量 111）1 mol　　111 g
よって，最も質量が大きいのは塩化ナトリウム。

(7)　(6)の化学反応式から，1.0 kg の炭酸ナトリウム（式量 106）と反応する二酸化炭素の物質量は

$$\frac{1.0 \times 10^3}{106} = 9.43 \fallingdotseq 9.4 \,〔mol〕$$

II 解答

(1)—②　(2)—①　(3)—①
(4)$Fe + H_2SO_4 + 7H_2O \longrightarrow FeSO_4 \cdot 7H_2O + H_2$
(5)—①
(6) i) $Fe^{2+} \longrightarrow Fe^{3+} + e^-$
　ii) $MnO_4^- + 8H^+ + 5e^- \longrightarrow Mn^{2+} + 4H_2O$
(7)$MnO_4^- + 2H_2O + 3e^- \longrightarrow MnO_2 + 4OH^-$

中央大-理工〈共通テスト併用〉　　　　　　　　2022 年度　化学〈解答〉　181

(8) 93 %

━━━━━━ ◀解　説▶ ━━━━━━

≪硫酸鉄(Ⅱ)七水和物の合成実験，酸化還元滴定≫

(1)　希釈するときに多量の熱が発生するため，撹拌しながら水に濃硫酸を少しずつ加える。

(2)　鉄(Ⅱ)イオンより単体の鉄の方が酸化されやすいことを利用している。

(3)　洗うとき，得られた結晶が溶けないようにする。

(8)　操作(F)で量り取った $FeSO_4\cdot 7H_2O$　（式量 278）は $\dfrac{0.60}{278}$ mol で，これが酸化される前に存在した Fe^{2+} である。

(6)の半反応式より MnO_4^- と Fe^{2+} は 1：5 で反応するから，操作(G)で酸化されずに残っていた Fe^{2+} の物質量は

$$0.025 \times \dfrac{16.0}{1000} \times 5 = 2.0 \times 10^{-3}\,(mol)$$

よって，求める割合は

$$\dfrac{2.0 \times 10^{-3}}{\dfrac{0.60}{278}} \times 100 = 92.6 \fallingdotseq 93\,(\%)$$

Ⅲ　**解答**
(1) $CaC_2 + 2H_2O \longrightarrow Ca(OH)_2 + C_2H_2$
(2) 銀アセチリド　(3) アセタール

(4) **C**. 　　　**D**.

(5) 1.7×10^3 kg

(6)

(7) $n\,H-C\equiv C-H \longrightarrow \{CH=CH\}_n$

(8) 93 kg　(9) 80 kg

━━━━━━ ◀解　説▶ ━━━━━━

≪アセチレンの製法と反応，ビニロン≫

(4)　プロピンが 3 分子重合して生成するのは

①

$$\begin{array}{c} CH_3 \\ | \\ H-C\equiv C \quad C-H \\ \quad \quad \quad | \\ \quad \quad \quad C \\ H_3C-C\equiv C \quad \parallel \\ \quad \quad \quad C-CH_3 \\ \quad \quad \quad | \\ \quad \quad \quad H \end{array} \xrightarrow{3分子重合} \begin{array}{c} CH_3 \\ \\ H_3C \quad CH_3 \end{array}$$

②

$$\begin{array}{c} CH_3 \\ | \\ H-C\equiv C \quad C-CH_3 \\ \quad \quad \quad | \\ \quad \quad \quad C \\ H_3C-C\equiv C \quad \parallel \\ \quad \quad \quad C-H \\ \quad \quad \quad | \\ \quad \quad \quad H \end{array} \xrightarrow{3分子重合} \begin{array}{c} CH_3 \\ CH_3 \\ \\ H_3C \end{array}$$

の2つの化合物。ベンゼン環の水素原子を1つ塩素原子に置換すると，①からは1種類，②からは3種類の化合物が得られることから，化合物**B**が①，化合物**C**が②である。

(5) アセチレン（分子量26）に酢酸を付加させると酢酸ビニル（化合物**G**，分子量86）が生成する。

$$H-C\equiv C-H \xrightarrow{酢酸} \begin{array}{c} H \quad \quad H \\ C=C \\ H \quad \quad O-C-CH_3 \\ \quad \quad \quad \parallel \\ \quad \quad \quad O \end{array}$$

1molのアセチレンから1molの酢酸ビニルが生成するので，求める質量は

$$\frac{5.2\times10^2\times10^3}{26}\times86\times10^{-3}=1.72\times10^3\fallingdotseq1.7\times10^3〔kg〕$$

(6) プロピンに酢酸を付加させると

$$H_3C-C\equiv C-H \begin{array}{c} \xrightarrow{酢酸} ③\; H_3C-C=C-H \\ \quad \quad \quad \quad | \quad | \\ \quad \quad \quad \quad H \;\; O-C-CH_3 \\ \quad \quad \quad \quad \quad \quad \;\; \parallel \\ \quad \quad \quad \quad \quad \quad \;\; O \\ \\ \xrightarrow{酢酸} ④\;\; H_3C-C=C-H \\ \quad \quad \quad \quad | \quad \; | \\ \quad \quad H_3C-C-O \;\; H \\ \quad \quad \quad \parallel \\ \quad \quad \quad O \end{array}$$

の2種類の化合物が生成するが，このうち③にはシス-トランス異性体が存在する。したがって，化合物**H**は③のシス体，化合物 **I** は③のトランス体である。

(8) ポリビニルアルコールの構成単位は，$-CH_2-CH(OH)-$で式量は44

中央大-理工〈共通テスト併用〉 2022 年度　化学〈解答〉　*183*

なので，アセタール化前に存在したヒドロキシ基は

$$\frac{88 \times 10^3}{44} = 2.0 \times 10^3 \,[\text{mol}]$$

そのうち 40％が反応したので，反応したヒドロキシ基は

$$2.0 \times 10^3 \times \frac{40}{100} = 8.0 \times 10^2 \,[\text{mol}]$$

アセタール化の反応は

$$-CH_2-CH-CH_2-CH- \xrightarrow{\text{HCHO}} -CH_2-CH-CH_2-CH-$$
$$\qquad\quad |\qquad\quad\;\; | \qquad\qquad\qquad\qquad\quad |\qquad\qquad\; |$$
$$\qquad\quad OH\qquad\quad OH \qquad\qquad\qquad\qquad O-CH_2-O$$

ポリビニルアルコールの
構成単位 2 つ

ヒドロキシ基 2 つが反応して，炭素原子 1 つ分増加することから，アセタール化による質量増加は

$$8.0 \times 10^2 \times \frac{1}{2} \times 12 \times 10^{-3} = 4.8 \,[\text{kg}]$$

したがって，得られるビニロンの質量は

$$88 + 4.8 = 92.8 ≒ 93 \,[\text{kg}]$$

(9)　(8)のように，ヒドロキシ基 2 つとホルムアルデヒド（分子量 30）1 分子が反応するので，アセタール化に必要なホルムアルデヒドの質量は

$$8.0 \times 10^2 \times \frac{1}{2} \times 30 \times 10^{-3} = 12 \,[\text{kg}]$$

水溶液の質量は

$$12 \times \frac{100}{15} = 80 \,[\text{kg}]$$

❖講　評

Ⅰは無機・理論分野，Ⅱは理論・無機分野，Ⅲが有機分野からの出題だった。論述問題や計算の途中経過を記述させる問題はこの3年間はみられない。

Ⅰ　アンモニアソーダ法など，無機物質に関する基本的な知識と計算問題であった。教科書レベルをきちんと整理できていれば，特に難しい問題はなかっただろう。

Ⅱ　硫酸鉄(Ⅱ)七水和物の合成実験に関する問題であった。近年出題頻度が増えているタイプの問題で，実験の文章から各操作の意味を読み取る必要があり，化学への理解度が問われる内容になっている。

Ⅲ　アセチレンの付加反応とビニロンの合成に関する出題だった。知識面ではほぼ教科書レベルだが，ポリアセチレンの構造を問われているのが目新しい。また，高分子化合物の計算問題は苦手な受験生も多いだろう。

全体的な難易度は例年並み。大問ごとのレベルの差はないので，複数科目から選択したい受験生は自分の得意な分野で勝負できただろう。

中央大-理工〈共通テスト併用〉　　　2022 年度　生物〈解答〉　*185*

生物

Ⅰ 解答 A．(1)　(ア)母細胞　(イ)娘細胞　(ウ)核分裂

(2)　前期：(c)・(d)　中期：(e)　後期：(b)　終期：(a)

(3)　(エ)ヒストン　(オ)ヌクレオソーム　(カ)クロマチン（クロマチン繊維）

(4)　(キ)―②　(ク)―①　(ケ)―③　(コ)―④

B．(5)―(c)・(d)

(6)　母性因子

(7)―(b)・(d)・(e)

(8)　(i) 95 分　(ii) 38 分

(iii) 11 回目まで

根拠：11 回目の卵割までは，割球ごとの分裂時間にばらつきが見られないから。

(9)　(i) (い) 3.9　(ろ) 3.9　(は) 1.1　(に) 1.5　(ほ) 1.1

(ii) 475 分まで

(10)―(b)・(c)・(g)

◀解　説▶

≪体細胞分裂と卵割，染色体，カエルの発生≫

A．(4)　DNA 合成の準備期間（G_1 期，下線部③）における細胞あたりの DNA 量の相対値が 1 である場合，DNA が合成される期間（S 期，下線部④）の DNA 量は 1 から 2 の間，分裂の準備期間（G_2 期，下線部②）と分裂期（M 期，下線部①）の DNA 量は 2 となる。

B．(5)　(a)誤文。16 細胞期胚の植物極側に小割球が現れるのは，アフリカツメガエルではなくウニの卵割でみられる現象である。

(b)誤文。細胞の成長は卵割ではみられない。

(c)・(d)正文。アフリカツメガエルの卵は端黄卵であり，卵割を妨げる多くの卵黄が植物極側に偏っているため，第一卵割と第二卵割における経割は動物極側付近から始まる。また，第三卵割における緯割が動物極側に偏って起こるため，8 細胞期胚では植物極側の割球が動物極側に比べて大きい。

(e)誤文。アフリカツメガエルの卵は端黄卵だが，盤割ではなく不等割を行う。

(6) 受精前のアフリカツメガエルの卵には，mRNA やタンパク質などの初期発生に必要な母性因子が合成され蓄積されている。

(7) (a)正文，(e)誤文。接合子は精子や卵などの配偶子の接合によって生じる複相の細胞であり，精子の染色体1セットと卵の染色体1セットを合わせた2セットの染色体をもつ。
(b)誤文。接合子は，植物では胞子体ではなく受精卵に相当する。
(c)正文。接合子は無性生殖ではなく有性生殖で生じる。
(d)誤文。接合子は減数分裂により形成される細胞ではなく，減数分裂で作られた精子や卵などの配偶子の接合により形成される細胞である。

(8) (i)図2において，横軸の1に対する縦軸の値(95)を読み取ることで，最初の卵割が始まるまでの時間を求めることができる（下図）。
(ii)図2において，横軸の2に対する縦軸の値38は，1回目の卵割が始まってから2回目の卵割が始まるまでの時間である（下図）。
(iii)図2において，横軸の2〜11の段階（下図の※）では割球ごとの分裂時間にばらつきが見られないが，横軸の12〜15の段階（下図の★）では割球ごとの分裂時間にばらつきが見られている。したがって，同調分裂は11回目の卵割まで続くと言える。

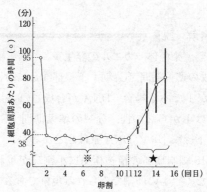

(9) (i)各区間において，「終点での ^{3}H-チミジンの取り込み量÷始点での ^{3}H-チミジンの取り込み量」を求めていけばよい。
(い)　$394 \div 100 = 3.94 \fallingdotseq 3.9$
(ろ)　$1550 \div 394 = 3.93 \fallingdotseq 3.9$
(は)　$1764 \div 1550 = 1.13 \fallingdotseq 1.1$
(に)　$2702 \div 1764 = 1.53 \fallingdotseq 1.5$

中央大-理工〈共通テスト併用〉　　　　　　　　　　2022 年度　生物〈解答〉　*187*

(ほ)　$2873 \div 2702 = 1.06 \fallingdotseq 1.1$

(ii)図 3 の縦軸は対数目盛りであり，グラフの傾きがそのまま「増加率」を表している。したがって，指数関数的に DNA 量（^{3}H-チミジンの取り込み量）が増加している期間は，335 分の始点から考えて，グラフの傾きが一定である 475 分までであるとわかる。

(10)　(a)誤文。レンズの誘導は原腸胚期に起こるのではなく，眼胞が形成される尾芽胚期以降で起こる。

(d)誤文。卵割腔は 16 細胞期には生じている。原腸胚期に生じるわけではない。

(e)誤文。尾が形成される時期は原腸胚期ではなく，尾芽が形成される尾芽胚期以降である。

(f)誤文。神経管が形成される時期は原腸胚期ではなく神経胚期である。

II　解答

A．(1)　(ア)プラスミド　(イ)寄生
(ウ)根粒菌（リゾビウム）　(エ)窒素固定　(オ)相利共生

(2)　プロモーター

(3)　(カ)成熟　(キ)セルロース　(ク)液胞　(ケ)離層　(コ)葉　(サ)気

(4)　通常餌：140 日　赤トマト配合餌：145 日　紫トマト配合餌：180 日
寿命の伸び：(c)

B．(5)　赤トマトのアセトン抽出液：0.06 mmol/L 相当
紫トマトの水抽出液：0.35 mmol/L 相当
紫トマトのアセトン抽出液：0.08 mmol/L 相当

(6)　(シ)2.0×10^{-1}　(ス)2.6×10^{-2}　(セ)1.0×10^2　(ソ)2.6

(タ)1.2　(チ)7.0　(ツ)1.5

(7)──(b)・(c)

◀解　説▶

≪遺伝子の導入，エチレンの作用，抗酸化活性の計測≫

A．(1)　(イ)設問文中に「アグロバクテリウムは感染した植物が合成する窒素化合物を受け取るが，植物は異様な分裂と増殖を繰り返し，腫瘍が生じる」と記述されていることから，この両者の相互関係は，一方が利益を得て他方が損害を受ける「寄生」であると考えられる。

(4)　図 2 において，縦軸の 0.5 に対するそれぞれの餌における横軸の値

（通常餌は140，赤トマト配合餌は145，紫トマト配合餌は180）を読み取ることで，それぞれの飼育マウスの平均寿命を求めることができる（下図）。

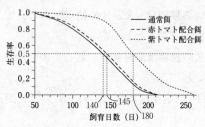

よって，紫トマト配合餌で飼育したマウスの平均寿命は，通常餌で飼育したマウスの $180 \div 140 \times 100 = 128.5 \fallingdotseq 130\%$ にあたることがわかる。

B．(5) 図5において，それぞれの試料における縦軸の値（赤トマトのアセトン抽出液は0.31，紫トマトの水抽出液は0.10，紫トマトのアセトン抽出液は0.30）に対する横軸の値（赤トマトのアセトン抽出液は0.06，紫トマトの水抽出液は0.35，紫トマトのアセトン抽出液は $0.075 \fallingdotseq 0.08$）を読み取ることで，それぞれの試料の抗酸化活性を求めることができる（下図）。

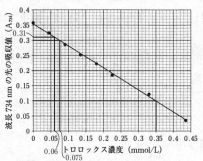

(6) 題意にもとづいて，適切な数値を算出していけばよい。

(シ)・(ス)単位を mL から L に変換することに注意する。赤トマトの水抽出液 200 mL（2.0×10^{-1} L）中に含まれる抗酸化活性を示す物質の物質量は

$$0.13 \text{〔mmol／L〕} \times 2.0 \times 10^{-1} \text{〔L〕} = 2.6 \times 10^{-2} \text{〔mmol〕}$$

となる。

(セ)トマト果実 1 kg（1000 g）には果実 10 g の 100 倍量（$= 1000 \text{g} \div 10 \text{g}$）の抗酸化活性を示す物質が含まれていることになる。

(ソ)上記(ス)・(セ)より，赤トマトの水抽出液の TEAC 値は

$$2.6 \times 10^{-2} [\text{mmol}] \times 100 = 2.6 [\text{mmol トロロックス/kg}]$$

となる。

(タ)〜(ツ) (シ)〜(ソ)と同様の計算方法で，それぞれの試料の TEAC 値を求めていく。

（赤トマトのアセトン抽出液の TEAC 値）

$$0.06 \times 2.0 \times 10^{-1} \times 100 = 1.2 [\text{mmol トロロックス/kg}]$$

（紫トマトの水抽出液の TEAC 値）

$$0.35 \times 2.0 \times 10^{-1} \times 100 = 7.0 [\text{mmol トロロックス/kg}]$$

（紫トマトのアセトン抽出液の TEAC 値）

$$0.075 \times 2.0 \times 10^{-1} \times 100 = 1.5 [\text{mmol トロロックス/kg}]$$

ここで紫トマトのアセトン抽出液の TEAC 値(ツ)を求める際に，四捨五入された(5)の答えの数値である 0.08 を用いて

$$0.08 \times 2.0 \times 10^{-1} \times 100 = 1.6 [\text{mmol トロロックス/kg}]$$

とせずに，四捨五入前の 0.075 を用いることに注意したい。

(7) (a)誤文。リード文に「脂溶性抗酸化物質であるリコピンはアセトン抽出液中に含まれる」と記述されていること，および，紫トマトのアセトン抽出液の TEAC 値 (1.5) が赤トマトのアセトン抽出液の TEAC 値 (1.2) より高いことから，紫トマトに含まれる脂溶性抗酸化物質の量は赤トマトよりも多いことがわかる。

(b)正文。リード文に「水溶性のアントシアニンは水抽出液中に…含まれる」と記述されていること，および，紫トマトにおいて水抽出液の TEAC 値 (7.0) がアセトン抽出液の TEAC 値 (1.5) より高いことから，紫トマトではおもにアントシアニンが抗酸化活性を付与していると言える。

(c)正文。紫トマトの水抽出液の TEAC 値が 7.0mmol トロロックス/kg であり，赤トマトの水抽出液の TEAC 値が 2.6mmol トロロックス/kg であることから，紫トマトの水溶性成分による抗酸化活性は赤トマトの 7.0÷2.6＝2.69≒2.7 倍あると言える。

(d)誤文。紫トマトの水抽出液の TEAC 値 (7.0) に対する紫トマトのアセトン抽出液の TEAC 値 (1.5) の割合は 1.5÷7.0＝0.21≒0.2 であり，赤トマトの水抽出液の TEAC 値 (2.6) に対する赤トマトのアセトン抽出液の TEAC 値 (1.2) の割合は 1.2÷2.6＝0.46≒0.5 であることから，アン

トシアニンの生成量に対するリコピンの生成量の比は，紫トマトよりも赤トマトの方が高いことがわかる。

Ⅲ **解答** A．(1) (ア)従属栄養　(イ)独立栄養　(ウ)発酵
(エ)シアノバクテリア　(オ)鉄（鉄イオン，Fe^{2+}）
(カ)縞状鉄鉱層　(キ)呼吸　(ク)ミトコンドリア　(ケ)葉緑体　(コ)オゾン（O_3）
(サ)シダ植物（木生シダ植物）　(シ)石炭（化石燃料）
(2)　化学進化
(3)　(i) (ス)6　(セ)12　(ソ)6　(タ)H_2O　(チ)12　(ツ)S
別解 (ス)6　(セ)12　(ソ)12　(タ)S　(チ)6　(ツ)H_2O
(ii)紅色硫黄細菌，緑色硫黄細菌
(4)　(テ)6　(ト)12　(ナ)6　(ニ)H_2O　(ヌ)6　(ネ)O_2
別解 (テ)6　(ト)12　(ナ)6　(ニ)O_2　(ヌ)6　(ネ)H_2O
(5)　ストロマトライト
(6)　⑤先カンブリア時代　⑦オルドビス紀
(7)　マーグリス
(8)　(ノ)2　(ハ)2　(ヒ)H_2O　(フ)2
B．(9)　(ヘ)ウーズ　(ホ)rRNA（リボソーム RNA）
(10)　(i) (マ)細菌ドメイン　(ミ)アーキアドメイン（古細菌ドメイン）
(ii) (a)―(E)　(b)―(B)　(c)―(A)　(d)―(E)　(e)―(E)　(f)―(B)　(g)―(B)　(h)―(B)
(i)―(E)　(j)―(E)
(11)　(i)1.6mm　(ii)780 倍

◀解　説▶

≪生物界と大気組成の変遷，細菌の同化，ドメイン，大腸菌のゲノム≫
B．(10)　(i)1990 年にアメリカの生物学者であるウーズが提唱した三ドメイン説によると，細菌とアーキア（古細菌）を比較した場合，真核生物により近縁であるのはアーキアである。これは，1967 年にアメリカの生物学者であるマーグリスが提唱した「大型の細胞内に細菌が共生したことにより真核細胞が進化した」という細胞内共生説の観点から理解していくことができる。
(11)　(i)DNA の 10 塩基対の長さが 3.4nm であることから，4.6×10^6 塩基対である大腸菌のゲノム DNA の長さ（x〔nm〕とする）は次の式で求

めることができる。

$$10 \text{ 対} : 3.4 \text{nm} = 4.6 \times 10^6 \text{ 対} : x \text{[nm]}$$

$$x = 15.6 \times 10^5 \text{[nm]}$$

単位を mm にすることに注意して

$$x = 15.6 \times 10^5 \times 10^{-6} = 1.56 \fallingdotseq 1.6 \text{[mm]}$$

(ii) (i)の〔解説〕より，大腸菌のゲノム DNA の長さは 1.56mm である。大腸菌細胞の長さが $2\mu\text{m} = 2.0 \times 10^{-3}\text{mm}$ であることから，大腸菌のゲノム DNA の長さは大腸菌細胞の長さの $1.56\text{mm} \div (2.0 \times 10^{-3})\text{mm} = 780$ 倍となる。

❖講 評

　例年，理科 3 科目から各 3 題，計 9 題が出題され，その中から 3 題を選択して解答する形式である。2021 年度は論述問題が多くみられたが，2022 年度は減少した。また毎年出題されていた描図問題が 2022 年度はみられなかった。例年に比べ，難易度はやや易化していた。

　Ⅰ　体細胞分裂と卵割，染色体，カエルの発生に関する出題であった。Aでは基本的な知識問題，Bでは簡単なグラフ読み取り問題と計算問題が出題された。ここでしっかりと得点しておきたい。

　Ⅱ　遺伝子の導入，エチレンの作用，抗酸化活性の計測に関する出題であった。分野横断型の出題であったが，1 つ 1 つの問題は標準レベル。溶液の抗酸化活性を，単位に注意しながら求めていく計算問題もあった。情報をきちんと整理すればそれほど難しくはない問題である。

　Ⅲ　生物界と大気組成の変遷，細菌の同化，ドメイン，大腸菌のゲノムに関する出題であった。Ⅱ同様，分野横断型の出題であったが，基本的な知識問題と，標準レベルの計算問題で構成されていた。

　従来からの頻出分野である生殖・発生，遺伝情報，代謝，進化・系統を中心とした出題であった。Ⅱは近年では見られなかった植物ホルモンに関する問題が出題された。例年，問題文の量が多いため，文章読解能力を鍛えておくと有利にはたらくと思われる。2022 年度では大問 3 題すべてに計算問題がみられるなど，解答に時間がかかっただろう。100分の試験時間を有効に使うことを意識しておきたい。

2021 年度

問題と解答

中央大-理工〈一般〉　　　　　　　　　　　　　　　　　2021 年度　問題　*3*

■一般入試

問題編

▶試験科目・配点

教　科	科　　　　　目	配　点
外国語	コミュニケーション英語Ⅰ・Ⅱ・Ⅲ，英語表現Ⅰ・Ⅱ	100 点
数　学	数学Ⅰ・Ⅱ・Ⅲ・A・B	100 点
理　科	物理学科・電気電子情報通信工学科 　「物理基礎，物理」「化学基礎，化学」から 1 科目選択 上記以外の学科 　「物理基礎，物理」「化学基礎，化学」「生物基礎，生物」から 1 　科目選択	100 点

▶備　考

・「数学 B」は「数列，ベクトル」から出題する。

・数学科の「数学」の配点は 200 点となる。

英語

（80分）

Ⅰ 次の英文を読み，設問に答えなさい（＊印の語は〔注〕を参照しなさい）。(34点)

In 1787, someone in New Jersey, USA, found an enormous leg bone sticking out of a stream bank at a place called Woodbury Creek. The bone clearly didn't belong to any type of creature still alive, at least not in New Jersey. It is now thought to have come from a large, plant-eating dinosaur. At the time, however, dinosaurs were unknown. The bone was sent to Dr. Caspar Wistar, the country's leading expert in *anatomy, who completely failed to recognize its significance and just made a few comments about the impressive size. He, therefore, [1] the chance, half a century ahead of anyone else, to be the discoverer of dinosaurs. Indeed, the bone excited so little interest that it was put in a storeroom and eventually disappeared altogether. So the first dinosaur bone ever found was also the first to be lost.

That the bone didn't attract greater interest is more than a little puzzling, for its appearance came at a time when America was becoming very excited about the remains of large, ancient animals. In Philadelphia, for example, scientists had begun to assemble the bones of a giant, elephant-like creature, later identified, not quite correctly, as a mammoth. The bones had been discovered at a place called Big Bone Lick in Kentucky, but soon others were turning up all over the States. In their keenness to demonstrate the unknown animal's size and fierce nature, the Philadelphia scientists appear to have got slightly carried away. They over-estimated its size by six times and gave it frightening claws, which, in fact, came from the fossils of a very different animal, a kind of large *sloth.

In 1795, a selection of these bones were sent to Paris, where they were examined by a new star in prehistoric studies, or 'paleontology'. The young

Georges Cuvier was already [2] people with his genius for taking piles of random bones and putting them together into the form of an animal. Realizing that no one in America had written a formal description of this new creature, Cuvier did so and became the official discoverer of the 'mastodon', a *mammal dating from the Ice Age.

Over the next few years, lots more ancient bones were dug up all over America. Several times over, various Americans had an opportunity to claim the discovery of dinosaurs themselves, but each one was wasted. For example, in 1806 an expedition from the east to the west of America led by Meriwether Lewis and William Clark passed through the Hell Creek Formation in Montana, an area where fossil hunters would later literally trip over dinosaur bones. The two even examined what was clearly a dinosaur bone, but failed to think anything of it.

Other bones were found in a river valley in New England after a farm boy named Plinus Moody spotted ancient footprints on the edge of a rock. Some of these bones survive, notably those of a small lizard-like dinosaur, the Anchisaurus. Found in 1818, they were America's first dinosaur bones to be examined and saved, but again their significance was not realized at the time.

Despite all the opportunities there had been in America, it was in England that people finally recognized dinosaur bones for what they were. Even here, however, there were misunderstandings at first. In 1676, a man named Robert Plot, the manager of a small museum, discovered a huge leg bone. From drawings he made of the bone, it is now thought to have come from a fierce, meat-eating dinosaur called Megalosaurus. Robert Plot, [3], assumed it was the leg bone of a giant man.

Much later in 1822, Mary Ann Mantell was out walking near her home in Sussex, England, when she discovered a strange stone. Her husband, a country doctor named Gideon Mantell, realized at once that it was the fossil of a tooth. After a little study, he identified it as a plant-eating *reptile, extremely large and over a hundred million years old. Mantell's creature became known as the Iguanodon, a gentle, plant-eating dinosaur and the first one to be correctly identified by its discoverer. Twenty years later, another English scientist Richard

6 2021 年度 英語　　　　　　　　　　　　　　　中央大-理工〈一般〉

Owen gave the species from which the Iguanodon had come a name, 'dinosaur' from an ancient Greek word meaning 'terrible lizard'. It was a curiously inappropriate term to choose. Owen was aware that the creatures he had discovered were reptiles not lizards, but decided to pick a different Greek word.

So now scientists knew what these ancient creatures were, but often their discovery and collection was badly organized. It was back in America that two fossil hunters, Edward Cope and Othniel Charles Marsh finally changed the world of paleontology. They started out as friends, even naming fossil species after each other, but ended up as deadly enemies. Using their own money to fund their expeditions, they each recruited a small army of men who would go as far as to steal the bones found by their rival and claim their discovery for themselves. They also [4] each other in the newspapers and the scientific journals in which they published their work. Eventually their rivalry became almost as famous as their findings.

During the 1870s and 1880s, the two men increased the number of known dinosaur species in North America from nine to almost 150. Nearly every dinosaur that the average person can name was found by one or other of them, the competition between the two men driving them to greater and greater efforts and discoveries. Only when they had used up all their money did they stop working. Strangely, however, the most famous dinosaur of all, the T-Rex, was not identified by either of the two men. Edward Cope did find some bones from a T-Rex, but he failed to realize how important they were. It was another fossil hunter, Barnum Brown, who discovered in 1902 what is regarded now as the first T-Rex skeleton. It was sold to the Carnegie Museum of Natural History in Pittsburgh, where it is still on display today.

*〔注〕anatomy　解剖学　　sloth　ナマケモノ　　mammal　哺乳類
　　　reptile　爬虫類

設　問

1．下線部(ア)〜(エ)が指すものをA〜Dよりそれぞれ1つ選び，その記号をマークし

出典追記：A Short History of Nearly Everything by Bill Bryson, Delacorte Press

中央大-理工〈一般〉 2021 年度 英語 7

なさい。

(ア) its

A. anatomy

B. a large, plant-eating dinosaur

C. the discovery of dinosaurs

D. the bone

(イ) others

A. bones　　　　　　　　B. American scientists

C. places　　　　　　　　D. large, ancient animals

(ウ) one

A. various Americans

B. opportunity

C. digging up dinosaur bones

D. dinosaur

(エ) they

A. opportunities in America

B. dinosaur bones

C. people in England

D. misunderstandings

2. 本文の [　1　] ～ [　4　] に入る最も適当なものをA～Dよりそれぞれ1

つ選び, その記号をマークしなさい。

1. A. reduced　　　B. took　　　C. missed　　　D. created

2. A. amazing　　　B. confusing　　C. frustrating　　D. meeting

3. A. also　　　　　B. similarly　　C. consequently　D. however

4. A. wrote　　　　B. complained　C. attacked　　　D. praised

3. 次の1～4の問いの答えとして最も適当なものをA～Dよりそれぞれ1つ選び,

8 2021 年度　英語　　　　　　　　　　　　　　　　　　中央大-理工〈一般〉

その記号をマークしなさい。

1．What mistake did the scientists in Philadelphia make about the Big Bone Lick bones?

　A．They thought they were from a large, plant-eating dinosaur.

　B．They did not realize how old the bones were.

　C．They thought the bones were from a much larger creature.

　D．They put the bones in a storeroom and eventually lost them.

2．What kind of animal did the bones first discovered at Big Bone Lick actually come from?

　A．A kind of large sloth

　B．An Ice Age mammal called a 'mastodon'

　C．A mammoth

　D．They never discovered what animal they came from.

3．Why is the word 'dinosaur' not a very good name for the species from which the Iguanodon had come?

　A．The Iguanodon was not a lizard.

　B．The Iguanodon was a plant-eating creature.

　C．Richard Owen was not the discoverer of the species.

　D．'Dinosaur' is a Greek word while the Iguanodon was discovered in England.

4．Which of the following statements about Edward Cope and Othniel Charles Marsh is NOT true?

　A．They were able to find more dinosaur species than anyone else before them.

　B．Neither of the men made much money from their fossil hunting.

　C．The relationship between the two men changed over time.

　D．Their fierce rivalry led them to waste many chances to find new fossils.

中央大-理工〈一般〉   2021 年度　英語　*9*

4．次のA～Gの英文で，本文の内容に一致しているものを2つだけ選び，その記
号をマークしなさい。

A．Dr. Caspar Wistar examined the first dinosaur bone discovered in the
world.

B．After Georges Cuvier discovered the mastodon, he began to be regarded
as a new star in paleontology.

C．Meriwether Lewis and William Clark did not recognize a dinosaur bone
they found.

D．The remains of the Anchisaurus were yet another example of dinosaur
bones that were lost in America.

E．Although Robert Plot thought the bone he had discovered came from a
giant, other people at the time realized it was from a Megalosaurus.

F．Gideon Mantell was able to correctly identify the Iguanodon as a plant-
eating reptile from the single fossil of a tooth.

G．Barnum Brown took the T-Rex bones discovered by Edward Cope and
displayed them in a museum.

10 2021 年度　英語　　　　　　　　　　　　　　中央大-理工〈一般〉

Ⅱ　次の 1 〜 10 の英文の空所に入る最も適当なものを A 〜 D よりそれぞれ 1 つ選び，
その記号をマークしなさい。(10 点)

1．This course (　　　) for students who major in chemistry.

　　A．is requiring　　　B．is required　　　C．requires　　　D．required

2．I came across a word which is difficult (　　　) in an English textbook.

　　A．to find　　　　B．being found　　　C．to be found　　　D．find it

3．Never (　　　) like that, the secretary got offended.

　　A．been treated　　　　　　　　B．be treated

　　C．had been treated　　　　　　D．having been treated

4．Researchers should describe the results of experiments (　　　) they are.

　　A．of　　　　　　B．that　　　　　　C．which　　　　　　D．as

5．The idea is not (　　　) itself a bad one.

　　A．in　　　　　　B．that　　　　　　C．as　　　　　　　D．so

6．This research (　　　) great value in explaining the nature of this
phenomenon.

　　A．is　　　　　　B．is of　　　　　　C．seems　　　　　　D．seems to be

7．This seminar offers an opportunity for gaining valuable experience (　　　)
those wishing to practice their presentation skills.

　　A．to　　　　　　B．in　　　　　　C．of　　　　　　D．at

8．(　　　) those who were absent from school because of illness, all students
had to take the exam.

　　A．Even if　　　　　　　　　　B．Regardless of

　　C．Except for　　　　　　　　　D．Ever since

中央大-理工〈一般〉   2021 年度 英語 **11**

9 . (   ) is difficult for me in studying at graduate school is concentrating on one problem for a long time.

 A．It   B．That   C．What   D．Which

10. If you have any questions, please feel free to reach out to me (   ) at the address below.

 A．directing   B．directed   C．directs   D．directly

Ⅲ　次の 1 ～ 10 の英文の空所に入る最も適当なものを A ～ D よりそれぞれ 1 つ選び，その記号をマークしなさい。(10 点)

1 ．My subscription to Chuo Newspaper (   ) this month.

 A．pays   B．ends   C．cuts   D．increases

2 ．Since it is very important for us to do well in the final exam, our teacher (   ) we work hard for it.

 A．found   B．suggested   C．revealed   D．recognized

3 ．During the last Christmas season, we had to wait for (   ) a week for our order to be delivered.

 A．roughly   B．unevenly   C．early   D．lately

4 ．Liz is now the head of the company's finance section and is (   ) for all business there.

 A．responsible B．capable   C．applicable D．possible

5 ．To solve the import-export imbalance, some countries are considering (   ) restrictions on foreign trade.

 A．missing   B．gaining   C．placing   D．charging

12 2021 年度 英語   中央大-理工〈一般〉

6. If more and more people became interested in environmental issues, this would
   have a great (   ) on the reduction of CO_2.
   A. result   B. impact   C. reaction   D. belief

7. (   ) the new gaming machine became available for sale, I saw people
   already standing in line to purchase one.
   A. Although   B. As soon as   C. Until   D. Unless

8. Thanks to the enormous support we received from our overseas staff, we were
   able to (   ) the effect of the decline in domestic sales.
   A. shorten   B. employ   C. minimize   D. postpone

9. My everyday (   ) is to do some exercise during lunchtime.
   A. agreement   B. promise   C. law   D. routine

10. As so many people were injured and taken to hospital after the earthquake,
    the need for extra medical supplies attracted (   ) attention.
    A. late   B. urgent   C. important   D. emergent

中央大-理工〈一般〉　　　　　　　　　　　　　　　　　　2021 年度　英語　*13*

Ⅳ　次のA～Lに示された1と2の英文の組み合わせのうち，1の文で説明されている
　　内容から判断して2の文の内容が妥当と考えられるものを4つだけ選び，その記号を
　　マークしなさい。例を参照のこと。(12 点)

　　　(例)　1：I'm 18 years old and Takeshi is 10 years old.

　　　　　　2：I'm much older than Takeshi. (妥当)/I'm a little younger than
　　　　　　　　Takeshi. (誤っている)

　　A．1：I can't stand this hot weather we've been experiencing.

　　　　　2：The hot weather we've been having is not uncomfortable for me.

　　B．1：The man said he didn't mind me opening the window.

　　　　　2：I was told by the man that it was okay to open the window.

　　C．1：I wish it had been possible to go abroad during the summer.

　　　　　2：I feel so lucky that I was able to travel overseas during the summer.

　　D．1：It was announced that the meeting would be put off until Friday.

　　　　　2：The meeting we were supposed to have on Friday was postponed.

　　E．1：This used to be one of the busiest stations in the city before the new line
　　　　　　was built.

　　　　　2：After the new line was constructed, not as many people used the station
　　　　　　as before.

　　F．1：Kyoto is famous not only for its temples but also its beautiful gardens.

　　　　　2：Although Kyoto is well-known for its temples, its beautiful gardens are
　　　　　　more famous.

　　G．1：Of all the houses affected by the fire, ours received the least damage.

　　　　　2：None of the other houses were more badly damaged by the fire than ours.

H. 1 : I can't believe my teacher won't give us more time to finish the assignment.

2 : When my teacher told us she wouldn't extend the deadline for the assignment, I was shocked.

I. 1 : It would have been wonderful had our team won the championship this year.

2 : I'm delighted our team won the championship this year.

J. 1 : The earlier you start the report, the faster you'll finish.

2 : If you can write the report quickly, you won't have to start so soon.

K. 1 : Nobody could have imagined that the president would fail to win the election.

2 : The president lost the election, to everybody's surprise.

L. 1 : Unless we act soon, it may be too late to save our planet from an environmental disaster.

2 : If only we had taken action sooner, we might have stopped our planet from suffering an environmental disaster.

中央大-理工〈一般〉   2021 年度　英語　*15*

Ⅴ　次の設問 1，2 に答えなさい。（20 点）

設　問

1．次の英文を読み，本文の空所 ［　1　］〜［　5　］に入る最も適当なものを
　　A〜D よりそれぞれ 1 つ選び，その記号をマークしなさい。

NASA'S NEW MOON PROJECT

NASA has selected space firms SpaceX, Blue Origin, and Dynetics to build
spacecraft that can carry astronauts to the moon by 2024, the space
agency announced yesterday.　The three companies, which include firms
of tech billionaires Elon Musk and Jeff Bezos, will share $967 million from
NASA, though the specific amount each company will receive is not yet
［　1　］.　Boeing also proposed a plan for a spacecraft but was not
selected.　"This is the last piece that we need in order to get to the moon,"
NASA official Jim Bridenstine told reporters.　［　2　］ the Apollo project
that put astronauts on the moon for short trips nearly 50 years ago,
NASA is planning for a long-term moon base that will eventually ［　3　］
humans to reach Mars.　Picking three space companies allows NASA to
have options ［　4　］ one company falls behind in development.　Elon
Musk, the CEO of SpaceX, commented, "I think we've got the potential for
an incredibly exciting future in space with a base on the moon, and
ultimately sending people to live on Mars."　［　5　］.　Boeing, on the
other hand, could not be reached for comment at this time.

1．A．concerned　　B．known　　　C．doubtful　　　D．transferred

2．A．Unlike　　　B．Moreover　　C．Although　　　D．Similarly

3．A．make　　　　B．let　　　　　C．commit　　　　D．enable

4．A．in case　　　B．should　　　C．without　　　 D．unless

5．A．Musk also said he was looking forward to working with Boeing on
　　　producing the spacecraft

　B．Moreover, it is not clear yet whether reaching Mars will be achievable

---

出典追記：Reuters

16 2021 年度 英語　　　　　　　　　　　　　　　　　　　　　中央大-理工〈一般〉

    C．Blue Origin CEO Jeff Bezos also expressed his excitement about the
       project

    D．The moon project is a welcome boost for airline companies struggling
       after the coronavirus epidemic

2．次の英文を読み，本文の空所 ［　1　］ 〜 ［　5　］ に入る最も適当なものを
　　A〜Dよりそれぞれ1つ選び，その記号をマークしなさい。

MEMORANDUM

To:　　　　　All staff
From:　　　　Mary Lander, Head of Product Development
Subject:　　　New product launch

I am happy to inform everyone that the long-awaited launch of our new
line-up of environmentally-friendly beauty products, Beauty Earth, will
［　1　］ on December 14.

It has been a somewhat long road to get here, with several months of
delays caused by issues with our supply chain in Asia. However, we have
finally made it and, I have to tell you, I am very hopeful about the new
line-up's potential. The packaging, which has been developed by our new
team of design specialists in New York, looks absolutely fantastic, and the
overall quality of the products themselves is top-class. I am ［　2　］
excited by the shampoo line-up, which takes advantage of the latest
technology in hair strengthening while sacrificing ［　3　］ of the
environmental principles that are key to the image of our brand.

Over the next few weeks, we will be launching an intensive advertising
campaign, ［　4　］ all of the major promotion channels. These will
include television, poster, magazine and, of course, online. I am thrilled to
announce that the French actress Natalie Bisset has agreed to be the face
of the poster campaign. I'm sure you'll all agree she will be a terrific
ambassador for our brand.

We will be releasing more details about pricing and marketing shortly, which we will share with all the relevant departments. In the meantime, thank you all for your hard work in making these new products possible. [5].

1. A. carry out   B. take place   C. succeed   D. announce
2. A. happily   B. solely   C. particularly   D. drastically
3. A. none   B. many   C. a few   D. any
4. A. covering   B. cover   C. will cover D. covered
5. A. Hopefully there will be no more delays to the launch
   B. We hope you agree that $7.99 is the right price for most of the products
   C. It has been a brilliant advertising campaign so far
   D. I am very confident it will prove to be worth it

VI 次の英文を読み，本文の空所 [1] ～ [7] に入る最も適当なものをA～Gよりそれぞれ1つ選び，その記号をマークしなさい。ただし，同じものを繰り返して選ぶことはできない（*印の語は〔注〕を参照しなさい）。(14点)

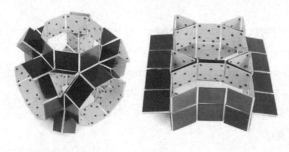

This object folds into numerous shapes. Credit: Agustin Iniguez-Rabago and Johannes T. B. Overvelde AMOLF

The sculpture-like objects in Bas Overvelde's laboratory at the Netherlands' Atomic and Molecular Physics (AMOLF) Institute [1] they appear. Made of multiple prism-shaped building blocks, each face connected by flexible hinges, they can easily fold into many different shapes, such as cylinders, balls, 3-D stars, and more.

Think of a classic *slap bracelet, Overvelde says: a structure that [2], one straight and one curled up. But his lab's objects can fold along their many hinges to pop into dozens of predictable positions when pressure is applied. As well as building a collection of these physical objects, Overvelde and his fellow researchers [3] to explore even more complex assemblies of the building blocks, finding every possible shape many combinations can form. Some large virtual constructions reached more than 100 stable positions.

By designing and simulating objects that [4] when pushed on, the researchers hope to make it easier to manufacture very tiny robots and materials with changeable structures. If such items can easily morph into specific, stable forms, fewer tools [5] to bend or assemble them. Plus, certain shapes and internal structures can add strength to objects: for instance, "bone has a microstructure that makes it lighter, but it stays stiff," Overvelde says. "We try to do the same kinds of things with our materials."

This study explores the "centimeter scale" (about the size range of traditional paper *origami* made with human hands), but Overvelde notes such objects would work the same way if much larger or much smaller. For now the group [6] the basics: "We're not people who do … manufacturing," he says. "We try to come up with new concepts."

These concepts have impressed other researchers in materials science. Itai Cohen, who leads similar research at Cornell University and [7] in this study, says the new work is "a real *tour de force" in its research and implications.

* 〔注〕slap bracelet　手首に自動で巻き付くブレスレット

　　　　tour de force　傑作

A．are needed

B．are not as simple as

C．fold into predictable shapes

D．has two stable positions

E．is focusing on

中央大-理工〈一般〉　　　　　　　　　　　　　　2021 年度　英語　*19*

F．used computer simulations

G．was not involved

20 2021 年度 数学　　　　　　　　　　　　　　　　　　　　　　中央大-理工〈一般〉

数学

（100 分）

（注）満点が 100 点となる配点表示になっていますが，数学科は満点が 200 点であり，
各問の配点は 2 倍となります。

Ⅰ　次の問題文の空欄にもっとも適する答えを解答群から選び，その記号をマーク解答
用紙にマークせよ。ただし，同じ記号を 2 度以上用いてもよい。(20 点)

　　放物線 $C : y = x^2$ 上の点 $\mathrm{P}(a, a^2)$ $(a > 0)$ における法線 ℓ の方程式を $y = f(x)$
とおくと，$f(x) = \boxed{\ \text{ア}\ }$ となる。また C と ℓ の交点のうち P と異なる方の点 Q
を求めると，$\mathrm{Q}\left(\boxed{\ \text{イ}\ },\ \left(\boxed{\ \text{イ}\ }\right)^2\right)$ となる。

　　以下，C と ℓ で囲まれた部分を D とし，D を ℓ のまわりに 1 回転して得られる回転
体の体積 $V(a)$ を求める。D に含まれる ℓ 上の点を $\mathrm{R}(t, f(t))$ $\left(\boxed{\ \text{イ}\ } \leqq t \leqq a\right)$ とお
く。R を通り ℓ に垂直な直線は $y = 2a(x - t) + f(t)$ で与えられる。この直線と $y = x^2$
の 2 つの交点のうち D に含まれる方の点 S の x 座標は $x = a - \boxed{\ \text{ウ}\ } \sqrt{a - t}$ と
なる。このとき線分 RS の長さ $r = g(t)$ は $g(t) = \boxed{\ \text{エ}\ }\left(t - a + \boxed{\ \text{ウ}\ } \sqrt{a - t}\right)$ と
なる。線分 QR の長さ $s = h(t)$ は $h(t) = \boxed{\ \text{オ}\ }\left(t - \boxed{\ \text{イ}\ }\right)$ で与えられるので，

$$V(a) = \pi \int_0^{h(a)} r^2\, ds = \pi \int_{\boxed{\text{イ}}}^{a} \{g(t)\}^2\, h'(t)\, dt$$

$$= \pi \left\{\left(\boxed{\ \text{エ}\ }\right)^2 \times \boxed{\ \text{オ}\ }\right\} \int_{\boxed{\text{イ}}}^{a} (a - t)\left(-\sqrt{a - t} + \boxed{\ \text{ウ}\ }\right)^2 dt$$

となる。ここで $u = \sqrt{a - t}$ とおいて置換積分を行えば

$$V(a) = 2\pi \left\{\left(\boxed{\ \text{エ}\ }\right)^2 \times \boxed{\ \text{オ}\ }\right\} \int_0^{\boxed{\text{ウ}}} \left\{u^5 - 2\boxed{\ \text{ウ}\ } u^4 + \left(\boxed{\ \text{ウ}\ }\right)^2 u^3\right\} du = \boxed{\ \text{カ}\ }$$

が求まる。

　　さらに，$a > 0$ の範囲で a を動かすとき，

中央大-理工〈一般〉　　　　　　　　　　　　　　　　2021 年度　数学　*21*

$$\lim_{a \to +0} V(a) = \lim_{a \to \infty} V(a) = \infty$$

であり，$V(a)$ を最小にする a の値は $a = \boxed{\text{キ}}$ である。

問題 I の ア の解答群

ⓐ $-\dfrac{2}{a}(x-a) + a^2$ 　　　　ⓑ $-\dfrac{1}{a}(x-a) + a^2$

ⓒ $-\dfrac{1}{2a}(x-a) + a^2$ 　　　　ⓓ $-2a(x-a) + a^2$

問題 I の イ，ウ，エ，オ の解答群

ⓐ $-\dfrac{a^2-1}{a}$ 　　ⓑ $-\dfrac{2a^2-1}{2a}$ 　　ⓒ $-\dfrac{a^2+1}{a}$ 　　ⓓ $-\dfrac{2a^2+1}{2a}$

ⓔ $\dfrac{\sqrt{a^2+4}}{2}$ 　　ⓕ $\sqrt{a^2+1}$ 　　ⓖ $\sqrt{4a^2+1}$ 　　ⓗ $2a$

ⓘ $\dfrac{\sqrt{4a^2+1}}{2a}$ 　　ⓙ $\dfrac{\sqrt{a^2+4}}{a}$ 　　ⓚ $\dfrac{\sqrt{a^2+1}}{a}$ 　　ⓛ $\dfrac{\sqrt{a^2+1}}{2a}$

ⓜ $\sqrt{\dfrac{2a^2+1}{2a}}$ 　　ⓝ $\sqrt{\dfrac{4a^2+1}{2a}}$ 　　ⓞ $\sqrt{\dfrac{2a^2+1}{a}}$ 　　ⓟ $\sqrt{\dfrac{4a^2+1}{a}}$

問題 I の カ の解答群

ⓐ $\dfrac{(2a^2+1)^3(a^2+1)^{\frac{3}{2}}}{60a^4}\pi$ 　　ⓑ $\dfrac{(2a^2+1)^{\frac{9}{2}}}{120a^4}\pi$ 　　ⓒ $\dfrac{(2a^2+1)^{\frac{9}{2}}}{60a^4}\pi$

ⓓ $\dfrac{(2a^2+1)^3(4a^2+1)^{\frac{3}{2}}}{60a^4}\pi$ 　　ⓔ $\dfrac{(4a^2+1)^{\frac{9}{2}}}{480a^4}\pi$ 　　ⓕ $\dfrac{(4a^2+1)^{\frac{9}{2}}}{60a^4}\pi$

ⓖ $\dfrac{(a^2+1)^2(4a^2+1)^2}{120a^{\frac{7}{2}}}\pi$ 　　ⓗ $\dfrac{(4a^2+1)^4}{480\sqrt{2}a^{\frac{7}{2}}}\pi$ 　　ⓘ $\dfrac{(4a^2+1)^4}{120\sqrt{2}a^{\frac{7}{2}}}\pi$

問題 I の キ の解答群

ⓐ $\dfrac{1}{\sqrt{5}}$ 　　ⓑ $\dfrac{1}{\sqrt{2}}$ 　　ⓒ 1 　　ⓓ $\sqrt{2}$ 　　ⓔ $\dfrac{2}{\sqrt{5}}$ 　　ⓕ 4

22 2021年度 数学 　　　　　　　　　　　　　　　　　中央大-理工〈一般〉

Ⅱ　次の問題文の空欄にもっとも適する答えを解答群から選び，その記号をマーク解答
用紙にマークせよ。ただし，同じ記号を2度以上用いてもよい。(20 点)

　　コインを繰り返し投げ，連続した3回が順に，表→裏→表，あるいは，裏→表→裏，
というパターンが出たときにコイン投げを終了する。$n \geqq 3$ に対し，コインをちょう
ど n 回投げて終了する確率を p_n とする。以下の手順により p_n を求める。

　　コインを n 回投げて「まだ終了していないが $n+1$ 回目に表が出たら終了する」
または「まだ終了していないが $n+1$ 回目に裏が出たら終了する」という状態にあ
る確率を r_n とする。また，コインを n 回投げて「まだ終了しておらず，$n+1$ 回目
に表が出ても裏が出ても終了しない」という状態にある確率を s_n とする。このとき，
$r_3 = \dfrac{1}{4}$, $s_3 = \boxed{\text{ク}}$, $r_4 = \dfrac{1}{4}$, $s_4 = \boxed{\text{ケ}}$ である。ここで r_{n+1} と s_{n+1} を r_n, s_n
を用いて表すと，それぞれ

$$r_{n+1} = \boxed{\text{コ}}, \quad s_{n+1} = \boxed{\text{サ}}$$

となる。これらにより s_n の3項間の漸化式が得られる。

　　この3項間の漸化式は，$\alpha < \beta$ として

$$s_{n+2} - \alpha s_{n+1} = \beta(s_{n+1} - \alpha s_n), \quad s_{n+2} - \beta s_{n+1} = \alpha(s_{n+1} - \beta s_n)$$

の形で表すことができる。この α, β はそれぞれ $\alpha = \boxed{\text{シ}}$, $\beta = \boxed{\text{ス}}$ である。
上の第1式を計算すると

$$s_{n+2} - \alpha s_{n+1} = \boxed{\text{セ}} \beta^{n-2} = \beta^{\boxed{\text{ソ}}}$$

となる。第2式についても同様に計算し，これらを連立して解くと，s_n の一般項が

$$s_n = \boxed{\text{タ}} (\beta^n - \alpha^n) \qquad (n \geqq 3)$$

となることがわかる。よって，p_n の一般項は

$$p_n = \boxed{\text{チ}} (\beta^{n-2} - \alpha^{n-2}) \qquad (n \geqq 3)$$

となる。

中央大-理工〈一般〉　　　　　　　　　　　　　　　　　2021 年度　数学　23

問題 II のク，ケ の解答群

  ⓐ $\dfrac{1}{8}$　　ⓑ $\dfrac{1}{4}$　　ⓒ $\dfrac{3}{8}$　　ⓓ $\dfrac{1}{2}$　　ⓔ $\dfrac{5}{8}$　　ⓕ $\dfrac{3}{4}$　　ⓖ $\dfrac{7}{8}$

問題 II のコ，サ の解答群

  ⓐ $\dfrac{1}{2}r_n$　　ⓑ $\dfrac{1}{2}s_n$　　ⓒ $\dfrac{1}{2}r_n+\dfrac{1}{2}s_n$　　ⓓ $\dfrac{1}{4}r_n+\dfrac{3}{4}s_n$　　ⓔ $\dfrac{3}{4}r_n+\dfrac{1}{4}s_n$

問題 II のシ，ス，セ の解答群

  ⓐ $\dfrac{1-\sqrt{5}}{2}$　　ⓑ $\dfrac{1+\sqrt{5}}{2}$　　ⓒ $\dfrac{1-\sqrt{5}}{4}$　　ⓓ $\dfrac{1+\sqrt{5}}{4}$

  ⓔ $\dfrac{2-\sqrt{5}}{4}$　　ⓕ $\dfrac{2+\sqrt{5}}{4}$　　ⓖ $\dfrac{1-2\sqrt{5}}{4}$　　ⓗ $\dfrac{1+2\sqrt{5}}{4}$

  ⓘ $\dfrac{2-\sqrt{5}}{8}$　　ⓙ $\dfrac{2+\sqrt{5}}{8}$　　ⓚ $\dfrac{1-2\sqrt{5}}{8}$　　ⓛ $\dfrac{1+2\sqrt{5}}{8}$

  ⓜ $\dfrac{4-\sqrt{5}}{8}$　　ⓝ $\dfrac{4+\sqrt{5}}{8}$　　ⓞ $\dfrac{1-4\sqrt{5}}{8}$　　ⓟ $\dfrac{1+4\sqrt{5}}{8}$

問題 II のソ の解答群

  ⓐ $n-1$　　　　ⓑ n　　　　ⓒ $n+1$　　　　ⓓ $n+2$

問題 II のタ，チ の解答群

  ⓐ $\sqrt{5}$　　　　ⓑ $2\sqrt{5}$　　　　ⓒ $\dfrac{\sqrt{5}}{2}$　　　　ⓓ $\dfrac{\sqrt{5}}{4}$

  ⓔ $1+\sqrt{5}$　　　ⓕ $1+2\sqrt{5}$　　　ⓖ $\dfrac{1}{\sqrt{5}}$　　　ⓗ $\dfrac{1+\sqrt{5}}{2}$

  ⓘ （選択肢削除）　　ⓙ $\dfrac{2}{\sqrt{5}}$　　　ⓚ $\dfrac{1}{2\sqrt{5}}$　　　ⓛ $\dfrac{1}{4\sqrt{5}}$

III

自然数 a を 3 で割った余りを r $(r = 0, 1, 2)$ とする。以下の問いに答えよ。(30 点)

(1) 以下を求めよ。

(ア) $r = 0$ のとき，$a^3 + 4$ を 3 で割った余り。

(イ) $r = 1$ のとき，$a^3 + 4$ を 3 で割った余り。

(ウ) $r = 2$ のとき，$a^3 + 4$ を 3 で割った余り。

(2) 3 つの自然数 a, $a^3 + 4$, $a^5 + 8$ のうちいずれか 1 つは 3 の倍数であることを示せ。

(3) 3 つの自然数 a, $a^3 + 4$, $a^5 + 8$ が同時に素数となる a をすべて求めよ。

IV

自然数 n に対し $f_n(x) = x^{-1 + \frac{1}{n}}$ $(x > 0)$ とおく。また，正の実数 a_n は $\int_1^{a_n} f_n(x)\,dx = 1$ を満たすものとする。以下の問いに答えよ。(30 点)

(1) 関数 $f_n(x)$ の不定積分を求めよ。

(2) a_n の値と極限 $\lim_{n \to \infty} a_n$ を求めよ。また，正の実数 b_n が $\int_1^{b_n} f_{n+1}(x)\,dx = -1$ を満たすとき，b_n の値と極限 $\lim_{n \to \infty} b_n$ を求めよ。

(3) 2 以上の自然数 k に対して $\int_{k-1}^{k} f_n(x)\,dx > \dfrac{1}{k}$ を示し，これを利用して $a_n < 4$ を証明せよ。

(4) $\int_1^{a_n} f_{n+1}(x)\,dx < 1$ を示し，これを利用して $a_n < a_{n+1}$ を証明せよ。

物理

（90分）

Ⅰ 次の文章の空欄にあてはまる最も適した数式または語句を解答群の中から選び，マーク解答用紙の所定の場所にマークしなさい。ただし，(3)，(8)，(9)，(14)については，全て正しいものをマークしたときに限り得点とする。(34点)

図1のように，質量 m，長さ l の導体棒 ab の両端に質量の無視できる導線をつなぎ，固定された水平な絶縁棒上の点 c，点 d に巻きつけ，導体棒 ab が水平になるようにつるす。点 c と点 d の間隔を l とし，導線 ac，bd の長さをともに r とする。また，a の最下点を原点 O として図1のように水平方向に x，y 軸を，鉛直方向に z 軸をとる。この装置を y 軸の負の方向から見た様子を図2に示す。さらに，図1の上部にあるように，抵抗値 R の抵抗，起電力 E の電池，スイッチ S からなる回路を導線につなげる。また，図1，2のように導線が鉛直方向となす角を θ とし，矢印の向きを正とする。以下では重力加速度の大きさを g とし，導体棒と導線の抵抗，および回路 abdc における自己誘導は無視する。また，導線はたるまないとし，絶縁棒と導体棒の太さは無視できるものとする。

スイッチ S を q 側に接続し，図1，2のように，z 方向の正の向きに磁束密度の大きさが B の一様な磁場（磁界）をかけると，導線が鉛直方向と角度 θ_0 をなす状態で導体棒 ab を静止させることができた。このとき，導体棒には大きさ $\boxed{(1)}$ の一定の電流が流れるため，大きさ $\boxed{(2)}$ の力が x 軸と平行に，x 軸の $\boxed{(3)}$ の向きにはたらく。導体棒にはたらく力のつりあいにより，θ_0 は $\tan\theta_0 = \boxed{(4)}$ をみたす。

次に，磁場（磁界）の向きと強さを保ち，スイッチ S を p 側に接続し，導線がたるまないように導体棒を最下点からわずかに持ち上げて手をはなしたところ，導体棒は微小振動を始めた。導線が鉛直方向となす角が θ のとき，$|\theta|$ を微小として $\sin\theta \fallingdotseq \theta$，$\cos\theta \fallingdotseq 1$ の関係を用いると，abdc を貫く磁束の大きさは $\Phi = \boxed{(5)}$ と表される。時間 $\varDelta t$ の間に，導線が鉛直方向となす角が θ から $\theta + \varDelta\theta$ に変化すると

き，回路 abdc には大きさ $V = \boxed{(6)}$ の誘導起電力が生じ，大きさ $I = \boxed{(7)}$ の電流が流れる。$\varDelta\theta > 0$ のとき，abdc を貫く磁束は $\boxed{(8)}$ するため，その変化を打ち消す磁束をつくるように，導体棒には $\boxed{(9)}$ の方向に電流が流れ，$\varDelta\theta < 0$ のときにはその逆の方向に電流が流れる。ただし，a→b→d→c の向きを電流の正の向きとし，この向きに右ねじを回したときに右ねじの進む方向を磁束の正の向きとする。

$|\theta|$ が微小なとき，導体棒の x 方向の速度を v，加速度を α とすると，導体棒に対する x 方向の運動方程式は

$$m\alpha = \boxed{(10)}\, x + \boxed{(11)}\, v \qquad (ア)$$

と書ける。運動方程式(ア)の右辺第二項は，導体棒に速度 v に比例する力 $F = \boxed{(11)}\, v$ がはたらくことを表している。この力が導体棒に対して単位時間にする仕事 W は，$W = \boxed{(12)}$ のように表され，単位時間あたりに導体棒の運動エネルギーは W だけ変化する。他方，単位時間あたりに抵抗で発生するジュール熱 P は，$P = \boxed{(13)}$ のように表される。式 $F = \boxed{(11)}\, v$ と $W = \boxed{(12)}$ を用いると $|W| = P$ であることが示される。したがって，導体棒の運動エネルギーの変化分は抵抗においてジュール熱に変換され，導体棒の振動の振幅は時間とともに $\boxed{(14)}$ することがわかる。

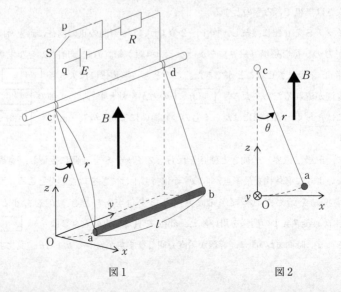

図 1　　　　　図 2

中央大-理工〈一般〉   2021 年度　物理　27

［解　答　群］

(1)に対するもの

(a) $\dfrac{B}{R}$ 　　　(b) $\dfrac{E}{R}$ 　　　(c) $\dfrac{Bl}{R}$ 　　　(d) $\dfrac{El}{R}$

(e) $\dfrac{R}{B}$ 　　　(f) $\dfrac{R}{E}$ 　　　(g) $\dfrac{R}{Bl}$ 　　　(h) $\dfrac{R}{El}$

(2)に対するもの

(a) $\dfrac{RlE}{B}$ 　　　(b) $\dfrac{EBR}{l}$ 　　　(c) $\dfrac{BRl}{E}$ 　　　(d) $\dfrac{lEB}{R}$

(e) $\dfrac{B}{RlE}$ 　　　(f) $\dfrac{l}{EBR}$ 　　　(g) $\dfrac{E}{BRl}$ 　　　(h) $\dfrac{R}{lEB}$

(3)に対するもの

(a) 正　　　(b) 負

(4)に対するもの

(a) $\dfrac{mgR}{lEB}$ 　　　(b) $\dfrac{mgl}{EBR}$ 　　　(c) $\dfrac{mg}{RlEB}$ 　　　(d) $\dfrac{mgRE}{Bl}$

(e) $\dfrac{lEB}{mgR}$ 　　　(f) $\dfrac{EBR}{mgl}$ 　　　(g) $\dfrac{RlEB}{mg}$ 　　　(h) $\dfrac{Bl}{mgRE}$

(5)に対するもの

(a) $\dfrac{Br}{l}|\theta|$ 　　　(b) $\dfrac{Bl}{r}|\theta|$ 　　　(c) $\dfrac{lr}{B}|\theta|$ 　　　(d) $lrB|\theta|$

(e) $\dfrac{l}{Br}|\theta|$ 　　　(f) $\dfrac{r}{Bl}|\theta|$ 　　　(g) $\dfrac{B}{lr}|\theta|$ 　　　(h) $\dfrac{|\theta|}{lrB}$

(6)に対するもの

(a) $\dfrac{Br}{l}\left|\dfrac{\Delta\theta}{\Delta t}\right|$ 　　(b) $lrB\left|\dfrac{\Delta\theta}{\Delta t}\right|$ 　　(c) $\dfrac{BR}{lr}\left|\dfrac{\Delta\theta}{\Delta t}\right|$ 　　(d) $\dfrac{lrR}{B}\left|\dfrac{\Delta\theta}{\Delta t}\right|$

(e) $\dfrac{l}{Br}\left|\dfrac{\Delta\theta}{\Delta t}\right|$ 　　(f) $\dfrac{1}{lrB}\left|\dfrac{\Delta\theta}{\Delta t}\right|$ 　　(g) $\dfrac{lr}{BR}\left|\dfrac{\Delta\theta}{\Delta t}\right|$ 　　(h) $\dfrac{B}{lrR}\left|\dfrac{\Delta\theta}{\Delta t}\right|$

(7)に対するもの

(a) $\dfrac{B}{lrR}\left|\dfrac{\Delta\theta}{\Delta t}\right|$ 　　(b) $\dfrac{R}{lrB}\left|\dfrac{\Delta\theta}{\Delta t}\right|$ 　　(c) $\dfrac{lB}{rR}\left|\dfrac{\Delta\theta}{\Delta t}\right|$ 　　(d) $\dfrac{lr}{BR}\left|\dfrac{\Delta\theta}{\Delta t}\right|$

(e) $\dfrac{lrR}{B}\left|\dfrac{\Delta\theta}{\Delta t}\right|$ 　　(f) $\dfrac{lrB}{R}\left|\dfrac{\Delta\theta}{\Delta t}\right|$ 　　(g) $\dfrac{rR}{lB}\left|\dfrac{\Delta\theta}{\Delta t}\right|$ 　　(h) $\dfrac{BR}{lr}\left|\dfrac{\Delta\theta}{\Delta t}\right|$

28 2021 年度 物理　　　　　　　　　　　　　　　　　中央大-理工〈一般〉

(8)に対するもの

(a) 増加　　　　　　(b) 減少

(9)に対するもの

(a) 正　　　　　　(b) 負

(10)に対するもの

(a) $\dfrac{mg}{r}$　　　(b) $\dfrac{mg}{l}$　　　(c) $\dfrac{lB}{rR}$　　　(d) $\dfrac{lR}{rB}$

(e) $-\dfrac{mg}{r}$　　　(f) $-\dfrac{mg}{l}$　　　(g) $-\dfrac{lB}{rR}$　　　(h) $-\dfrac{lR}{rB}$

(11)に対するもの

(a) $\dfrac{B}{lrR}$　　　(b) $\dfrac{l^2B^2}{R}$　　　(c) $\dfrac{B^2}{lrR}$　　　(d) $\dfrac{l^2B}{R}$

(e) $-\dfrac{B}{lrR}$　　　(f) $-\dfrac{l^2B^2}{R}$　　　(g) $-\dfrac{B^2}{lrR}$　　　(h) $-\dfrac{l^2B}{R}$

(12)に対するもの

(a) Fx　　　(b) Fv　　　(c) $\dfrac{Fl}{v}$　　　(d) $\dfrac{Flx}{v}$

(e) $-Fx$　　　(f) $-Fv$　　　(g) $-\dfrac{Fl}{v}$　　　(h) $-\dfrac{Flx}{v}$

(13)に対するもの

(a) $\dfrac{l^2B^2}{Rv^2}$　　　(b) $\dfrac{Bv^2}{l^2R^2}$　　　(c) $\dfrac{l^2B^2v^2}{R}$　　　(d) $\dfrac{l^2R^2v^2}{B}$

(e) $\dfrac{Rv^2}{l^2B^2}$　　　(f) $\dfrac{l^2R^2}{Bv^2}$　　　(g) $\dfrac{R}{l^2B^2v^2}$　　　(h) $\dfrac{B}{l^2R^2v^2}$

(14)に対するもの

(a) 増加　　　　　　(b) 減少

Ⅱ 次の文章の空欄にあてはまる数式を，記述解答用紙の所定の場所に記入しなさい。
(33 点)

　図1のように，長さ $4a$ の糸の一端を点 Q で固定し，他端に大きさを無視できる質量 m の小球をつるす。小球の最下点 O を原点とし，水平右方向に x 軸，鉛直上向きに y 軸をとる。重力加速度の大きさを g とし，空気抵抗はないものとする。最初，糸がたるまないように小球を高さ $3a$ の点 P まで持ち上げた。点 P から静かに小球をはなした後の，小球の xy 平面内での運動について考えてみよう。以下の問いでは，原点 O での小球の位置エネルギーを 0 とし，小球が原点 O を通過後に，小球が達する最大の高さを最高点とよぶことにする。また，糸は伸び縮みせず質量を無視できるものとし，糸が途中で釘に触れた場合や切れた場合に，その前後で小球の持つ力学的エネルギーは変化しないものとする。

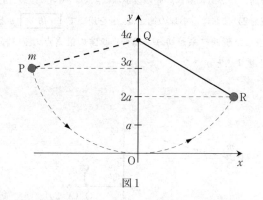

図 1

　小球が点 O を通るときの速さ v は，g，a を用いて $v =$ (1) と表される。その後，図1に示す点 R を通るとき，小球の速さは v を用いて (2) v と表される。
　小球が点 R に達した瞬間に糸が切れた場合，小球が到達する最高点について考えてみよう。点 R での小球の速度の y 成分は，v を用いて (3) v と表されることから，小球の軌跡の最高点の y 座標は a を用いて (4) a と表すことができる。また小球が最高点を通過するときの運動エネルギーは g，a，m を用いて (5) と表すことができる。

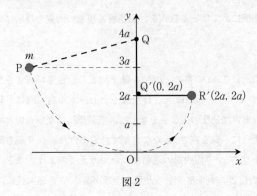

図2

次に，図2のようにy軸上の点$Q'(0, 2a)$に太さを無視できる釘を打っておき，小球を点Pまで持ち上げて静かにはなした場合の小球の運動を考えてみよう。小球が点Oを通る瞬間に糸が釘に触れ，その後小球は点Q'を中心とした円運動を始める。図2の点$R'(2a, 2a)$における小球の速さは，vを用いて $\boxed{(6)}$ vと表される。小球が点R'に達した瞬間に糸が切れた場合，軌跡の最高点のy座標はaを用いて $\boxed{(7)}$ aと表すことができる。

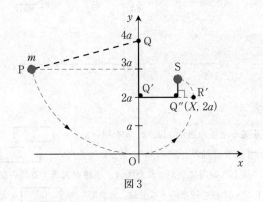

図3

最後に図3のように，さらに点$Q''(X, 2a)$にも太さを無視できる釘を打った場合を考えよう（Xの範囲を$0 < X < 2a$とする）。小球を点Pまで持ち上げて静かにはなしたところ，小球が点Oを通過した後には小球はまず点Q'を中心とした円運動を始め，さらに小球が点R'を通過した後には点Q''を中心とした円運動を始める。ただし，釘を打つ場所によっては，小球が円運動を続けることができない場合がある。こ

中央大-理工〈一般〉   2021 年度　物理　*31*

こで，小球が円運動を続けることができた場合の小球の最高点の位置を点Sとし，小球が円運動を続けるための条件を考えてみよう。

　小球とともに円運動する観測者の立場として考えると，点Sにおいて小球にはたらく重力，張力，遠心力がつりあっていなければならない。点Sでの小球の速さを V とすると，点Sでの糸の張力の大きさ T は，V, g, a, X, m を用いて $T =$ ⬜(8) と表すことができる。点Sでの小球の力学的エネルギーは V, g, a, X, m を用いて ⬜(9) と表すことができる。T が 0 となる場合，重力と遠心力がちょうどつりあい，小球が円運動できる限界となる。このときの点 Q'' の x 座標を $X = b$ とすると，糸がたるむことなく小球が円運動を続けるためには，X は不等式 $b \leqq X < 2a$ をみたすことが必要である。最後に a を使って b を表してみよう。T が 0 となるときの点Sでの小球の速さを U とすると，U は g, a, b を用いて $U =$ ⬜(10) と表すことができる。一方で，小球の力学的エネルギーが保存することを用いて U を求めることも可能である。(10)の関係を用いて U を消去すると，b は a を用いて $b =$ ⬜(11) a と求めることができる。

III 次の文章の空欄にあてはまる数式を，S，h，T_0，P_0，g，M のうち必要なものを用いて記述解答用紙の所定の場所に記入しなさい。ただし，解答に気体定数を表す文字 R，または，その値 $R = 8.31 \text{ J}/(\text{mol} \cdot \text{K})$ を用いてはならないものとする。(33点)

断面積 $S[\text{m}^2]$ の円筒形の容器が水平な台の上に置かれている（図1）。容器の上部にはピストンが取り付けられており，容器内部には 1 mol の単原子分子理想気体が封入されている。ピストンは，円筒形容器の底面から高さ $h[\text{m}]$ と $\frac{3}{2}h[\text{m}]$ の位置に設置された突起の間を，傾かずに滑らかに移動できるようになっている。理想気体と台の間には底面を通して熱の移動があり，台の温度を調節することによって容器内部の理想気体を加熱もしくは冷却できるようになっている。底面以外の部分では理想気体と外部の間に熱の移動はない。ピストンの質量および体積，突起の体積は無視できるものとする。外部の圧力は $P_0[\text{N}/\text{m}^2]$ とする。

初めに，ピストンは底面から高さ $h[\text{m}]$ の位置にあり，理想気体と台の温度はともに $T_0[\text{K}]$，理想気体の圧力は $P_0[\text{N}/\text{m}^2]$ とする。この状態を状態 A として，以下に示す一連の操作を行ったときの理想気体の状態変化について考えてみよう。ただし，重力加速度の大きさを $g[\text{m}/\text{s}^2]$ とする。

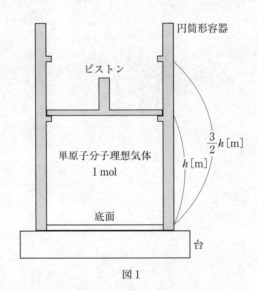

図1

状態 A において，ピストンの上に質量 M[kg] の物体をのせた（図2）。次に，台の温度を上げることにより理想気体を加熱したところ，理想気体の温度が　(1)　[K] に達したときに物体をのせたピストンが上昇し始めた。ピストンが上昇し始める瞬間の理想気体の状態を状態 B とするとき，状態 A から状態 B への変化において理想気体の内部エネルギーは　(2)　[J] 増加するが，体積が変化しないため理想気体は外部に対して仕事をしない。したがって，熱力学第一法則より，状態 A から状態 B への変化において理想気体が台から受け取った熱量は内部エネルギーの増加量に等しいことがわかる。

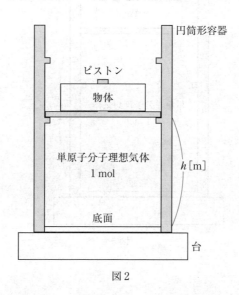

図2

状態 B からさらに理想気体を加熱した。物体をのせたピストンが底面から高さ $\frac{3}{2}h$ [m]の位置に到達したところで台の温度を一定にし，加熱を止めた（図3）。このときの理想気体の状態を状態 C とする。状態 B から状態 C への変化において，理想気体の内部エネルギーは　(3)　[J]増加し，ピストンは外部に対して　(4)　[J]の仕事をする。したがって，この間に理想気体が台から受け取った熱量は　(5)　[J]であることがわかる。

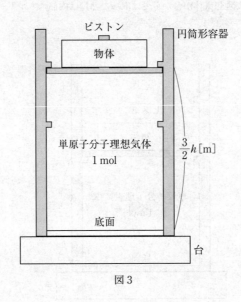

図3

理想気体が状態 C になったところでピストンの上の物体を取り除き，台の温度を下げた（図 4）。理想気体は冷却され，温度が ┃ (6) ┃ [K]に達したときにピストンが下降し始めた。ピストンが下降し始める瞬間の理想気体の状態を状態 D とするとき，状態 C から状態 D への変化において理想気体が台へ与えた熱量は ┃ (7) ┃ [J]であることがわかる。

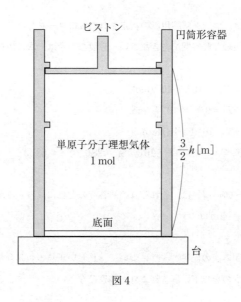

図 4

状態 D からさらに理想気体を冷却した。ピストンが始めの位置，すなわち，底面から高さ h[m]の位置に到達したところで台の温度を一定にし，冷却を止め，状態 A にもどした（図 1）。理想気体の状態が状態 D から始めの状態 A にもどるまでの間に，内部エネルギーは ┃ (8) ┃ [J]減少し，ピストンは外部から ┃ (9) ┃ [J]の仕事をされる。したがって，状態 D から状態 A への変化において理想気体が台へ与えた熱量は ┃ (10) ┃ [J]であることがわかる。

以上に示した一連の操作において，理想気体が台から受け取った熱量の総量は ┃ (11) ┃ [J]である。

■化学■

（90分）

問題Ⅰ，Ⅱの解答は，マーク解答用紙の指定された欄にマークしなさい。問題Ⅲ，Ⅳの解答は，記述解答用紙の解答欄に書きなさい。必要な場合は，次の値を用いなさい。

アボガドロ定数：$N_A = 6.02 \times 10^{23}/\text{mol}$

ファラデー定数：$F = 9.65 \times 10^4 \text{ C/mol}$

気体定数：$R = 8.3 \times 10^3 \text{ Pa·L/(K·mol)}$

原子量：H = 1.0，C = 12.0，O = 16.0，Si = 28.0，Cu = 63.55

Ⅰ　以下の問い(1)～(10)の解答は，それぞれの解答群のどれに該当するか。番号を選んでマークしなさい。(40点)

(1)　同位体に関する次の記述(ア)～(ウ)について，正しい正誤の組み合わせはどれか。最もふさわしいものを以下の解答群より一つ選びなさい。

(ア)　水素の同位体 ^{3}H は，放射性であり，中性子を 3 個持つ。

(イ)　ある放射性同位体の半減期が 30 年であるという。この放射性同位体が壊変して最初の量から 1/4 の量に減るのに必要な時間は 60 年である。

(ウ)　塩素には質量数が 35 と 37 の同位体が存在する。塩素の原子量が 35.5 であるとすると，質量数が 35 の塩素の存在比は 75% 程度と見積もられる。

中央大-理工〈一般〉　　　　　　　　　　　　　　　2021 年度　化学　*37*

［解答群］

	(ア)	(イ)	(ウ)
①	正	正	正
②	正	正	誤
③	正	誤	正
④	正	誤	誤
⑤	誤	正	正
⑥	誤	正	誤
⑦	誤	誤	正
⑧	誤	誤	誤

(2)　光の関わる化学変化に関する次の記述(ア)〜(ウ)について，正しい正誤の組み合わせはどれか。最もふさわしいものを以下の解答群より一つ選びなさい。

(ア)　塩素 Cl_2 と水素 H_2 の混合気体に紫外線等の光をあてると，反応して塩化水素になる。

(イ)　植物には，光のエネルギーを吸収して，二酸化炭素 CO_2 と水 H_2O から糖類を合成する光合成とよばれるプロセスがあり，植物のエネルギー源となっている。

(ウ)　ルミノールは，血液中の成分が触媒となって，過酸化水素 H_2O_2 と反応して発光するため，科学捜査で血痕の鑑識に用いられる。このように化学エネルギーを光エネルギーとして放出する際の発光を化学発光という。

38 2021 年度 化学　　　　　　　　　　　　　　　　　　　中央大-理工〈一般〉

［解答群］

	(ア)	(イ)	(ウ)
①	正	正	正
②	正	正	誤
③	正	誤	正
④	正	誤	誤
⑤	誤	正	正
⑥	誤	正	誤
⑦	誤	誤	正
⑧	誤	誤	誤

(3) 電子親和力に関する次の記述中の(ア)〜(ウ)について，正しい語句の組み合わせはどれか。最もふさわしいものを以下の解答群より一つ選びなさい。

　　　原子が最外電子殻に電子1個を受け取って，1価の陰イオンになるときに　(ア)　されるエネルギーを電子親和力という。一般に，電子親和力が大きい原子ほど　(イ)　イオンになりやすい。特にハロゲンの原子の電子親和力は　(ウ)　。

［解答群］

	(ア)	(イ)	(ウ)
①	吸収	陽	大きい
②	吸収	陽	小さい
③	吸収	陰	大きい
④	吸収	陰	小さい
⑤	放出	陽	大きい
⑥	放出	陽	小さい
⑦	放出	陰	大きい
⑧	放出	陰	小さい

中央大-理工〈一般〉　　　　　　　　　　　　　　　　2021 年度　化学　*39*

(4)　物質量の大小関係に関する次の記述(ア)〜(ウ)について，正しい正誤の組み合わせは
　　どれか。最もふさわしいものを以下の解答群より一つ選びなさい。

　　(ア)　塩化物イオン 8.0×10^{23} 個を含む塩化マグネシウムの物質量は 1.0 mol より大
　　　　きい。

　　(イ)　硝酸カリウムが完全に溶解している 20 ℃における水溶液より，この水溶液を
　　　　60 ℃に加熱した水溶液の方が，溶解している硝酸カリウムの物質量は大きい。

　　(ウ)　エタノールを完全燃焼させた場合，用いたエタノールの物質量より，生成した
　　　　二酸化炭素の物質量の方が大きい。

［解答群］

	(ア)	(イ)	(ウ)
①	正	正	正
②	正	正	誤
③	正	誤	正
④	正	誤	誤
⑤	誤	正	正
⑥	誤	正	誤
⑦	誤	誤	正
⑧	誤	誤	誤

(5)　次の記述(ア)〜(ウ)について，正しい正誤の組み合わせはどれか。最もふさわしいも
　　のを以下の解答群より一つ選びなさい。

　　(ア)　凍結防止剤として塩を用いる場合，塩の無水物よりも同じ塩の水和物を用いた
　　　　方が，質量あたり高い凍結防止効果が期待できる。

　　(イ)　水の沸点は，同じ場所であっても，より高気圧である好天時の方が，悪天時よ
　　　　り高い。

　　(ウ)　純水とデンプン水溶液をセロハンで仕切って放置したところ，液面の高さに差
　　　　が生じた。この水溶液の液面に圧力を加えて液面の高さの差を小さくした場合，
　　　　水溶液の濃度は減少する。

40　2021 年度　化学

中央大-理工〈一般〉

[解答群]

	(ア)	(イ)	(ウ)
①	正	正	正
②	正	正	誤
③	正	誤	正
④	正	誤	誤
⑤	誤	正	正
⑥	誤	正	誤
⑦	誤	誤	正
⑧	誤	誤	誤

⑹　電気分解に関する次の記述中の(ア)～(ウ)について，正しい数値，分子式の組み合わせはどれか。最もふさわしいものを以下の解答群より一つ選びなさい。

　　　白金電極を用いて，硫酸銅(Ⅱ)水溶液を 2.00 A の電流で　(ア)　分間電気分解したところ，効率 100 ％で陰極に銅が 1.27 g 析出した。この間，陽極から　(イ)　の気体が発生し，その物質量は　(ウ)　mol であった。

[解答群]

	(ア)	(イ)	(ウ)
①	16	H_2	0.010
②	16	H_2	0.020
③	32	H_2	0.010
④	32	H_2	0.020
⑤	16	O_2	0.010
⑥	16	O_2	0.020
⑦	32	O_2	0.010
⑧	32	O_2	0.020

中央大-理工〈一般〉　　　　　　　　　　　　　　　　　　　　　2021 年度　化学　41

(7)　8種の酸化物 Al_2O_3, CaO, CO_2, Na_2O, NO_2, SO_2, SiO_2, ZnO の性質に関す
る次の記述(ア)〜(ウ)について，正しい正誤の組み合わせはどれか。最もふさわしいも
のを以下の解答群より一つ選びなさい。

(ア)　常温・常圧で気体として存在する酸化物は3種である。

(イ)　水に溶けて最も強い酸性を示すのは SO_2 である。

(ウ)　酸および塩基の水溶液に溶けて反応する両性酸化物は1種のみである。

[解答群]

	(ア)	(イ)	(ウ)
①	正	正	正
②	正	正	誤
③	正	誤	正
④	正	誤	誤
⑤	誤	正	正
⑥	誤	正	誤
⑦	誤	誤	正
⑧	誤	誤	誤

(8)　水素化合物の性質に関する次の記述中の(ア)〜(ウ)について，正しい語句の組み合わ
せはどれか。最もふさわしいものを以下の解答群より一つ選びなさい。

　ホタル石と塩化ナトリウムにそれぞれ濃硫酸を加えて加熱すると気体 **A**, **B** を生
成した。両気体は共に水に溶け　(ア)　性を示した。1.013×10^5 Pa において **A**
の沸点は **B** に比べ　(イ)　，水の沸点よりも　(ウ)　。

42 2021年度 化学　　　　　　　　　　　　　　　　　　中央大-理工〈一般〉

［解答群］

	(ア)	(イ)	(ウ)
①	酸	高く	高い
②	酸	高く	低い
③	酸	低く	高い
④	酸	低く	低い
⑤	塩基	高く	高い
⑥	塩基	高く	低い
⑦	塩基	低く	高い
⑧	塩基	低く	低い

(9)　以下の図1は，p-ニトロトルエンから医薬品であるp-アミノ安息香酸エチルを合成する経路を示している。図1中の(a)～(c)は反応操作を，**A**は中間生成物を示している。反応操作(b)として最もふさわしいものを以下の解答群より一つ選びなさい。

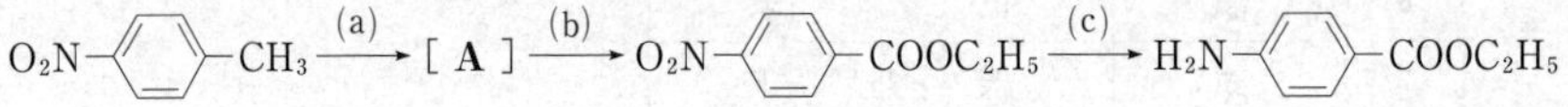

$$O_2N-\!\!\bigcirc\!\!-CH_3 \xrightarrow{(a)} [\ \mathbf{A}\ ] \xrightarrow{(b)} O_2N-\!\!\bigcirc\!\!-COOC_2H_5 \xrightarrow{(c)} H_2N-\!\!\bigcirc\!\!-COOC_2H_5$$

図1

［解答群］

①　濃硝酸と濃硫酸の混合物を加えて加熱する。

②　塩酸を加えて，ここに冷却しながら亜硝酸ナトリウムの水溶液を加える。

③　過マンガン酸カリウム水溶液を加えて加熱する。

④　ニッケル触媒を用いて水素と反応させる。

⑤　少量の濃硫酸を加えたエタノール中で加熱する。

⑥　無水酢酸と反応させる。

⑦　水酸化ナトリウム水溶液を加えて加熱する。

⑧　アンモニア性硝酸銀水溶液と反応させる。

(10)　アクリロニトリル C_3H_3N と 1,3-ブタジエン C_4H_6 の共重合体からなるアクリロニトリル-ブタジエンゴムがある。ここで，この共重合ゴム中の N と C の原子数の

比が 1 : 23 である場合，この共重合ゴムにおけるアクリロニトリルと 1,3-ブタジエンの構成単位の数の比として，最もふさわしいものを以下の解答群より一つ選びなさい。

[解答群]
① 1 : 1 ② 1 : 2 ③ 1 : 3 ④ 1 : 4
⑤ 1 : 5 ⑥ 1 : 6 ⑦ 1 : 7 ⑧ 1 : 8

Ⅱ　次の文章を読み，以下の問い(1)～(6)に答えなさい。ただし，(a)～(p)は，それぞれ 1 桁の整数であり，必要に応じて計算結果を四捨五入して答えること。また，気体はすべて理想気体とみなしてよい。(20 点)

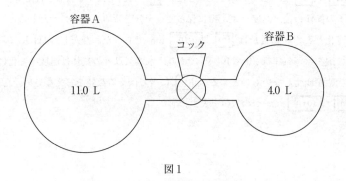

図 1

図 1 のように 2 つの耐圧容器がコックによって連結されており，容器は温度を制御できるようになっている。容器 A の体積は 11.0 L であり，容器 B の体積は 4.0 L である。容器 A には酸素が入っており，容器 B にはメタンとプロパンの混合気体が入っている。容器以外の連結部分等の体積は考えなくてよい。

(1) 容器 B に入っている混合気体を完全燃焼させるためには，メタンとプロパンの合計の物質量に比べて，3 倍の物質量の酸素が必要であるという。このことから，この混合気体におけるメタンとプロパンの物質量の比は，(a) : (b) であることがわかる。最も簡単な整数比で表した場合，☐ に当てはまる数値を答えなさい。

44 2021 年度　化学　　　　　　　　　　　　　　　　　　　　　中央大-理工〈一般〉

(2) 温度が 300 K に保たれている状態で，A の圧力は 4.0×10^5 Pa，B の圧力は 3.0×10^5 Pa であった。コックを開いて十分に時間が経過した後の容器内の圧力は，[(c)].[(d)] $\times 10^5$ Pa であった。□ に当てはまる数値を答えなさい。ただし，[(c)].[(d)] で一つの数値を表す。

(3) (2)において，容器内のメタンとプロパンと酸素の物質量の比は，[(e)] : [(f)] : [(g)(h)] であった。最も簡単な整数比で表した場合，□ に当てはまる数値を答えなさい。ただし，[(g)(h)] で一つの数値を表す。

(4) (2)の操作の後，混合気体を完全燃焼させた。完全燃焼後，混合気体はすべて二酸化炭素と水になった。このとき，容器内にある二酸化炭素と水と酸素の物質量の比は，[(i)] : [(j)] : [(k)] となった。最も簡単な整数比で表した場合，□ に当てはまる数値を答えなさい。

(5) (4)において，最初に容器 B に含まれていた混合気体の物質量の [(l)] / [(m)] 倍（[(l)] / [(m)] は分数）の水が生成した。□ に当てはまる数値を答えなさい。

(6) (4)の操作の後，温度を 333 K に保って，十分な時間を経過させたところ，液体に変化した水の物質量は [(n)].[(o)(p)] mol であった。ただし，333 K における水の飽和水蒸気圧は 2.0×10^4 Pa であり，水蒸気以外の気体は温度の変化によって状態が変化しないものとする。□ に当てはまる数値を答えなさい。ただし，[(n)].[(o)(p)] で一つの数値を表す。

Ⅲ 次の文章を読み，以下の問い(1)〜(6)に答えなさい。(20 点)

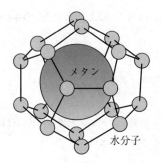

図1　メタンハイドレートの構造の一部

　日本近海の海底面下で発見されるメタンハイドレート（8CH₄·46H₂O）は，水分子が水素結合により集まった固体構造（図1）の中に気体のメタンが取り込まれた物質である。一方，　(ア)　に次いで地殻中に多く存在するケイ素はけい砂の主成分（SiO₂）として天然に存在するが，2009年に千葉県のある採掘場で発見された天然石は，SiO₂とメタン等の気体を含むことが明らかにされた。ここで，天然石に対して以下の性質を持つモデル物質を仮定した。

　性質①：モデル物質は図1に示したメタンハイドレート中のH₂O（固）がSiO₂（固）に入れ替わった構造を持つ。

　性質②：モデル物質は8CH₄·46SiO₂でありメタン以外の気体を含まない。

　このような性質を持つモデル物質とメタンハイドレートを以下の条件を仮定して比較した。

条件1：両物質に含まれるメタンはそれを取り囲むH₂O（固）またはSiO₂（固）とは結合せず，互いになんの力も及ぼし合っていないとする。

条件2：十分な酸素を含む容器中で温度を一定に保ちながら1.0 molのメタンハイドレート中のメタンのみを仮想的に完全燃焼させるとCO₂（気）とH₂O（気）が生じる。このとき，メタンハイドレート中のH₂O（固）は変化しないとする。

条件3：十分な酸素を含む容器中で温度を一定に保ちながら1.0 molのモデル物質中のメタンを仮想的に完全燃焼させるとCO₂（気）とH₂O（気）が生じる。このとき，SiO₂（固）のみが容器内に残る。

条件4：十分な酸素を含む容器中で温度を一定に保ちながら 1.0 mol のメタンハイドレートを完全燃焼させると CO_2（気）と H_2O（気）が生じる。このとき，メタンハイドレート中の H_2O（固）は H_2O（気）へと変化し容器の中は気体のみとなる。

問い

(1) (ア)に当てはまる適切な元素を名称で答えなさい。

(2) メタンハイドレートと同量のメタンを得るためには何倍の質量のモデル物質が必要か。有効数字 2 桁で求めなさい。

(3) 条件 1 と 2 から，メタンハイドレート 1.0 g の燃焼により得られる熱量（kJ/g）を有効数字 2 桁で求めなさい。ただし，CH_4（気）＋ $2O_2$（気）＝ CO_2（気）＋ $2H_2O$（液）＋ 890 kJ/mol と仮定しなさい。また，H_2O（固）＝ H_2O（液）－ 6.0 kJ，H_2O（液）＝ H_2O（気）－ 41 kJ と仮定しなさい。

(4) 条件 1～3 を仮定した場合，メタンハイドレートはモデル物質に比べて 1 g あたり何倍の熱量をメタンの燃焼により与えるか。最も近いものを以下の解答群より選び，①～⑧の番号で答えなさい。ただし，(3)で与えた熱化学方程式を仮定して求めなさい。

［解答群］

 ① 0.25 ② 0.33 ③ 0.50 ④ 0.66

 ⑤ 1.0   ⑥ 2.0   ⑦ 3.0   ⑧ 4.0

(5) 条件 1，3，4 を仮定した場合，メタンハイドレートはモデル物質に比べて 1 g あたり何倍の熱量をメタンの燃焼により与えるか。最も近いものを以下の解答群より選び，①～⑧の番号で答えなさい。ただし，(3)で与えた熱化学方程式を仮定して求めなさい。

［解答群］

 ① 0.25 ② 0.33 ③ 0.50 ④ 0.66

 ⑤ 1.0   ⑥ 2.0   ⑦ 3.0   ⑧ 4.0

中央大-理工〈一般〉 2021 年度 化学 **47**

  (6) SiO_2 を炭酸ナトリウムと反応させて得られるケイ酸ナトリウムに水を加え高圧下で加熱すると粘性のある液体が得られる。この物質の名称を答えなさい。

Ⅳ 次の文章を読み，**A～E** に当てはまる化合物の構造式をそれぞれ答えなさい。なお，構造式は，例にならって書きなさい。(20 点)

    分子式 C_9H_{12} で表される二置換ベンゼン **A** と **B** がある。**A** と **B** を，鉄粉存在下で塩素と反応させた際に生成する可能性のあるモノクロロ化物（ベンゼン環の一つの水素原子を塩素原子で置換した化合物）の構造異性体の数は，それぞれ 4 個および 2 個である。**A** と **B** を過マンガン酸カリウムと反応させると，どちらも分子式 $C_8H_6O_4$ で表される **C** と **D** が，それぞれ生成する。**C** を加熱すると分子内脱水反応が起こり **E** が生成するが，**D** を加熱してもそのような反応は起こらない。

例

生物

(90 分)

問題 I の解答は，マーク解答用紙の指定された欄にマークしなさい。問題 II，III，IV の解答は，記述解答用紙の解答欄に答えなさい。

I　以下の **A**，**B** の設問に答えなさい。（30 点）

A　以下の問い(1)〜(10)の記述について，(ア)〜(エ)の正誤の組み合わせとして正しい選択肢を［解答群］の中から 1 つ選び，記号をマークしなさい。

(1)

(ア)　病原体が体内に侵入するのを防ぐしくみのひとつとして，物理的・化学的な生体防御がある。

(イ)　皮膚は物理的な方法のみによって病原体の侵入を防ぐ。

(ウ)　免疫には自然免疫と獲得免疫（適応免疫）がある。自然免疫の例として，だ液に含まれるリゾチームが，細菌の細胞壁を分解することが挙げられる。

(エ)　リンパ球には樹状細胞，マクロファージ，好中球，B 細胞がある。

(2)

(ア)　自然免疫や獲得免疫において免疫に関与する細胞は，サイトカインという情報伝達物質を放出する。

(イ)　B 細胞が病原体や異物を特異的に認識することは，細胞性免疫のひとつである。

(ウ)　樹状細胞は，病原体の断片を抗原として自らの細胞表面に提示し，獲得免疫がはたらくのを導く。

(エ)　ヘルパー T 細胞は，病原体を直接攻撃はしないが，増殖して食細胞や B 細胞を活性化させる。

中央大-理工〈一般〉　　　　　　　　　　　　　　　2021 年度　生物　49

(3)

(ア) 非自己の細胞を特異的に認識するリンパ球は，はたらきが抑えられている。
これを，免疫寛容という。

(イ) 自己に対して免疫が異常に活性化する反応はアレルギーとよばれ，花粉症や
ぜんそく，じんましんの原因になることが多い。

(ウ) 免疫機能に障害や機能異常が起こり，自己の細胞が攻撃されることで起きる
病気を，自己免疫疾患という。

(エ) ハチ毒などが原因で免疫性のショック症状が表れることがあり，これをアナ
フィラキシーという。

(4)

(ア) 一次応答ではB細胞が十分な量の抗体を産生するまで増殖するには，1 週間
以上かかるため，体液性免疫の効果は自然免疫のそれに比べて遅く表れる。

(イ) HIV によって起きる病気が，AIDS であり，免疫不全により日和見感染を誘
発する。

(ウ) インフルエンザウイルスなどの感染を防ぐために行われる予防接種は，ウイ
ルスの抗原部分が変異しやすいと効果を発揮しにくい。

(エ) 結核菌に対する獲得免疫の有無を判断するツベルクリン反応検査の結果が陰
性の場合は，BCG というワクチンの接種が効果的である。

(5)

(ア) 抗体は，免疫グロブリンというポリペプチドで構成されている。免疫グロブ
リンは定常部に加えて，抗原を特異的に認識する可変部をもつ。

(イ) H鎖およびL鎖を指定する複数の遺伝子群が再編成されることで，多様な抗
体が生み出される。

(ウ) T細胞にはT細胞受容体があり，B細胞のB細胞受容体と同様に，免疫グロ
ブリンで構成される。

(エ) 臓器移植をした際に拒絶反応が起こる原因のひとつは，キラーT細胞が移植
断片を異物と認識して攻撃するためである。

50 2021 年度　生物　　　　　　　　　　　　　　中央大-理工〈一般〉

(6)

　(ア)　植物では，形成層での細胞分裂により，茎や葉などが形成される。

　(イ)　植物は，炭酸同化によりグルコースなどの炭水化物をつくるが，脂肪やタン
　　　　パク質は吸収によって獲得する。

　(ウ)　シダ植物や種子植物では，同化物質は根から師管を通り，種子などの貯蔵器
　　　　官に送られる。

　(エ)　ヤマノイモなどの側芽が多肉化したものは，むかごとよばれ，これは植物の
　　　　有性生殖器官のひとつである。

(7)

　(ア)　クチクラからの蒸散量は，気孔からよりもはるかに多い。

　(イ)　水分が欠乏すると，インドール酢酸のはたらきによって気孔が閉じる。

　(ウ)　孔辺細胞は，表皮系の細胞であるが葉緑体をもち，気孔の開口度を調節する。

　(エ)　根では，各組織を構成する細胞内部の塩濃度の違いによって生じる浸透圧差
　　　　が根圧となり，根毛で吸収した水が道管や仮道管へと移動する。

(8)

　(ア)　ヒル反応では，水が分解され，O_2 と $NADP^+$ が生成する。この反応は，直
　　　　接には光を必要とせず，速度は温度に左右される。

　(イ)　ストロマに存在する ATP 合成酵素の内部を H^+ が通り抜けることにより，
　　　　ATP が生産される。この反応を光リン酸化という。

　(ウ)　ストロマでは，吸収された CO_2 から有機化合物が合成される。

　(エ)　光化学系Ⅱでは，反応中心クロロフィルであるクロロフィル a が，光のエネ
　　　　ルギーを用いて水を分解する。

(9)

　(ア)　酸化的リン酸化の過程では，電子伝達系で行われる酸化還元反応により供給
　　　　されるエネルギーを用いて ATP が生産される。

　(イ)　呼吸の電子伝達系では，NADH などの還元型補酵素が他のタンパク質に電
　　　　子を受け渡し，その過程で H^+ の濃度勾配が形成されることでエネルギーを生
　　　　み出す。

㈡ クエン酸回路は，呼吸の3つの反応過程のひとつであり，解糖系でつくられ
たクエン酸がこの回路で二酸化炭素にまで分解される。

㈢ 解糖とは，異化のひとつである。1分子のグルコースからは2分子のATP
と2分子のピルビン酸が得られる。

(10)

㈠ 乳酸菌は，主に乳酸発酵によりエネルギーを獲得し，その過程でCO_2を生
成する。

㈡ 乳酸発酵では，グルコースがピルビン酸を経て乳酸にまで分解される。この
過程でグルコース1分子あたり2分子のATPができる。

㈢ アルコール発酵では，NADHが水素原子をエタノールに受け渡し，CO_2と
アセトアルデヒド，NAD^+を生成する。

㈣ 発酵では，酸素を用いた呼吸に比べ，同じ量の呼吸基質から合成される
ATP量が多い。

52 2021 年度 生物　　　　　　　　　　　　　中央大-理工〈一般〉

[解答群]

選択肢	(ア)	(イ)	(ウ)	(エ)
(a)	○	○	○	○
(b)	○	○	○	×
(c)	○	○	×	○
(d)	○	○	×	×
(e)	○	×	○	○
(f)	○	×	○	×
(g)	○	×	×	○
(h)	○	×	×	×
(i)	×	○	○	○
(j)	×	○	○	×
(k)	×	○	×	○
(l)	×	○	×	×
(m)	×	×	○	○
(n)	×	×	○	×
(o)	×	×	×	○
(p)	×	×	×	×

(注) 例えば，(ア)〜(エ)がすべて正しい場合は(a)を，(エ)のみ誤っている場合
　　は(b)をマークする。

B　ヒトの体内成分と，動物の行動に関する以下の問い(1)〜(5)に答えなさい。

(1)　体液とその成分に関する以下の記述の中で，間違っているものを 1 つ選び，記
　　号をマークしなさい。

　(a)　脊椎動物の場合，体液は血液・組織液・リンパ液に分けられる。

　(b)　ヒトの赤血球は，大きさが約 7 〜 8 μm で，核をもち，全身の組織へ酸素を
　　　運搬する役割を担う。

　(c)　好中球や赤血球，マクロファージは主に造血幹細胞から分化する。

　(d)　血しょうにはグルコース，脂質，アミノ酸などの栄養分や，ホルモンなど体
　　　の恒常性維持に重要な物質が溶けており，これらが全身の細胞に運ばれる。

中央大-理工〈一般〉　　　　　　　　　　　　　　　　　2021 年度　生物　53

(e) リンパ液には，リンパ球や免疫に関わる細胞が含まれる。

(2) 血液と止血に関する以下の記述の中で，間違っているものを 1 つ選び，記号を
マークしなさい。

(a) 血液を採取して試験管内に放置すると，血液凝固を起こし，血ぺいと血清に
分離する。

(b) 血管が外傷を受けると，出血部位の血管が収縮して出血量を減らし，収縮部
位に血小板が集まってきて，傷口をふさぐ。

(c) 外傷部位では，血小板と組織から血液凝固因子が放出され，血液中のプロト
ロンビンがトロンビンへと変化するが，このときカリウムイオンも必要である。

(d) 血液中に存在するフィブリノーゲンは，トロンビンの作用によりフィブリン
となり，これが血球をからめて塊状の血ぺいをつくる。

(e) 傷ついた血管が修復されると，血ぺいはフィブリンを分解する酵素のはたら
きによって，線（繊）溶する。

(3) 赤血球に関する以下の記述の中で，間違っているものを 1 つ選び，記号をマー
クしなさい。

(a) 赤血球は，ヘモグロビンというタンパク質を含んでおり，これが肺で酸素と
結合して全身の組織へ酸素を運搬する。

(b) 肺では，ヘモグロビンは酸素と結合して酸素ヘモグロビンとなる。

(c) 酸素濃度が高く，二酸化炭素が低い血液を動脈血といい，暗赤色をしている。

(d) 血中の酸素ヘモグロビン量は，酸素濃度に加え，二酸化炭素濃度，pH など
の影響も受ける。

(e) 活動がさかんな組織では，酸素濃度が低く，ヘモグロビンが酸素を解離しや
すくなる。

(4) ミツバチに関する以下の記述の中で，間違っているものを 1 つ選び，記号を
マークしなさい。

54 2021 年度　生物　　　　　　　　　　　　　　　　　　　　　　中央大-理工〈一般〉

(a)　ミツバチのコミュニケーションは非常に複雑で，その一例としてダンスがある。これは生得的行動とよばれ，学習により得られる行動である。

(b)　花の蜜や花粉を持ち帰ったミツバチは，巣箱の中でダンスをすることにより，仲間に餌のありかを示す信号を送る。

(c)　ミツバチが，右回りと左回りの円形ダンスを繰り返すときは，餌場が近い。

(d)　ミツバチが，8 の字ダンスをするときは，巣箱から餌場まで遠いことを示す。

(e)　ミツバチが餌場を知らせる際，方向は太陽を基準にしたダンスの方向で示し，距離はダンスの速さで伝える。

(5)　動物の行動に関する以下の記述の中で，間違っているものを 1 つ選び，記号をマークしなさい。

(a)　繁殖期の雄のトゲウオは，腹部が赤くなり，同種の雄が縄張りに入ると，これがかぎ刺激となり，攻撃をする。

(b)　負の走性には，ミドリムシがより明るい方向へ移動する現象なども含まれる。

(c)　キンカチョウなどの小鳥は，生後の決まった期間内にさえずりを学習し，これをすぎると学習効果が著しく低下する。

(d)　アヒルなどのひなは，ふ化後の非常に早い時期に最初に目にした動く物体を追従する対象として記憶する。

(e)　コウモリは，超音波を発して，近くにいる昆虫の位置や障害物の存在を反射波から認識する。

II 以下の問い(1)～(3)に答えなさい。(25点)

(1) つぎの文章中の (ア) ～ (オ) にあてはまる科学者の名前を答えなさい。

　顕微鏡の登場によって生物の微小な構造を観察できるようになった。17世紀中ごろ, (ア) は2枚のレンズを組み合わせてつくった顕微鏡でコルクの薄片を観察し, それが多くの小部屋からできていることを見いだし, この小部屋を「セル（細胞）」と名づけた。実際には, 彼が観察したものは死んだ植物細胞の細胞壁であった。同じく17世紀中ごろ, オランダの (イ) は自作の顕微鏡を使って, 池の水にいるさまざまな微生物や, ヒトの赤血球や精子を発見した。これが生きた細胞の最初の観察である。19世紀に入って顕微鏡が改良されると, ドイツの (ウ) は植物細胞を, (エ) は動物細胞を観察し, すべての生物は細胞を基本単位としてできているという説を提唱した。光の代わりに電子線を用いた透過型電子顕微鏡がドイツの (オ) らによって開発されたのは1930年代である。これによって, 細胞の内部をより詳細に観察できるようになった。

(2) 細胞など, 肉眼や顕微鏡で観察される対象は, さまざまな大きさをもつ。それらを大きな方からAからEまで, 5つの区分に分けた（図1）。つぎの(i)～(iii)に答えなさい。

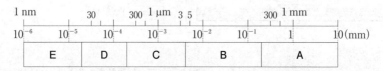

図1　微小な観察対象の大きさをはかるものさし

(i) つぎの(a)～(g)について, それぞれの大きさはどの区分に相当するか。もっとも適切なものを1つ選び, A～Eの記号で答えなさい。

(a) カエルの卵　　(b) 酵母菌　　(c) 細胞膜の厚さ　　(d) ヒトの赤血球
(e) ヒトの精子の全長　　(f) インフルエンザウイルス　　(g) 大腸菌

(ii) 肉眼で観察することは難しいが, 光学顕微鏡で観察できるのはどの区分に相

当するか。あてはまる区分をすべて選び，A〜Eの記号で答えなさい。

(iii) 光学顕微鏡で観察することは難しいが，電子顕微鏡で観察できるのはどの区分に相当するか。あてはまる区分をすべて選び，A〜Eの記号で答えなさい。

(3) 大腸菌の培養に使用される，LB培地という栄養豊富な液体培地で，大腸菌を37℃で数日間培養した。この培養液（培養液Q）中の細胞数を2つの方法でかぞえた。それぞれの実験，【実験1】および【実験2】を説明した以下の文章中の (ア) 〜 (ケ) にあてはまる数値を答えなさい。ただし，(ア) および，指数である (イ)，(ウ)，(エ)，(カ)，(ク) は1桁の整数で答えなさい。(オ)，(キ) は10未満，(ケ) は100以下の数で答えなさい。また，(オ)，(キ)，(ケ) は，小数点以下第2位を四捨五入し，小数点以下第1位までの数で答えなさい。

【実験1】培養液中の細菌の細胞数を顕微鏡を使ってかぞえる方法がある。この方法では，スライドガラスに似た形状の細胞計数盤を用いる（図2）。細菌用の細胞計数盤のカバーガラスを載せる部分は，一定量の培養液を溜めておくため，深さが0.02 mmになるように削られている。その底面には1辺が0.05 mmの格子が描かれており，顕微鏡で細菌の細胞と格子とを同時に観察することができる。

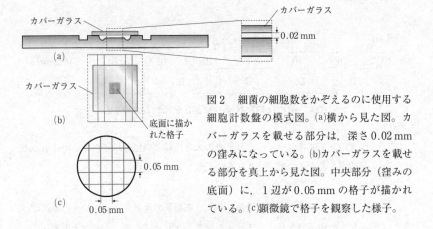

図2　細菌の細胞数をかぞえるのに使用する細胞計数盤の模式図。(a)横から見た図。カバーガラスを載せる部分は，深さ0.02 mmの窪みになっている。(b)カバーガラスを載せる部分を真上から見た図。中央部分（窪みの底面）に，1辺が0.05 mmの格子が描かれている。(c)顕微鏡で格子を観察した様子。

格子1つとして観察される区画の容積は，
0.05 mm × 0.05 mm × 0.02 mm = (ア) × 10^(イ) mm³ である。

中央大-理工〈一般〉　　　　　　　　　　　　　　　　　2021 年度　生物　*57*

$1\,\mathrm{mL} = 1\,\mathrm{cm}^3 = 10\,\mathrm{mm} \times 10\,\mathrm{mm} \times 10\,\mathrm{mm} = 10^{\boxed{(ウ)}}\,\mathrm{mm}^3$ なので，格子 1 区画
の容積は，$\boxed{(ア)} \times 10^{\boxed{(エ)}}\,\mathrm{mL}$ である。この細菌用の細胞計数盤を使って，培
養液 Q 中の細胞数をかぞえた。格子 10 区画の細胞数をかぞえ，格子 1 区画あた
りの平均値を求めたところ，42 個であった。培養液 Q 1 mL あたりの細胞数は
$\boxed{(オ)} \times 10^{\boxed{(カ)}}$ 個であることがわかった。

【実験 2】大腸菌を LB 寒天平板培地（LB 培地を寒天で固めたもの）の表面で培
養し，細胞の集落（コロニー）をつくらせ，コロニーの数をかぞえることで大腸
菌の培養液中の細胞数を求める方法がある。ある細胞が分裂・増殖できるなら，
1 個のコロニーは 1 個の細胞が増殖してできたものと考えられる。【実験 1】で，
顕微鏡で観察された培養液 Q 中の細胞には，分裂・増殖してコロニーをつくるこ
とができる細胞と，コロニーをつくることのできない細胞の両方が含まれていた
可能性が考えられる。前者は生きている細胞，後者はそうでない細胞とみなすこ
とができ，それぞれ，「生菌」および「死菌」とよばれる。

　培養液 Q を滅菌した生理食塩水で 10^6 分の 1 に希釈した。この希釈液中の細菌
細胞が均一*になるようによくふりまぜ，直径 9 cm のシャーレ（ペトリ皿）に
作成した LB 寒天平板培地 5 枚の表面に，その希釈液を 0.1 mL ずつまんべんな
く塗り広げた。37℃で一晩培養したところ，LB 寒天平板培地 1 枚あたり平均
52 個のコロニーが出現した。この結果から，培養液 Q 1 mL あたりの生菌の数は
$\boxed{(キ)} \times 10^{\boxed{(ク)}}$ 個であり，培養液 Q 中のすべての細菌細胞数に対する生菌数の
割合は $\boxed{(ケ)}$ ％であったと推定された。

　*細胞が，かたまりをつくらずに，ひとつひとつが均一に分散したものとする。

Ⅲ 以下の文章 **A**, **B** を読み，問い(1)～(7)に答えなさい。(25点)

A 生物の遺伝情報は DNA の塩基配列として保存されている。DNA はアデニン，グアニン，シトシン， ア の4種類の塩基と， イ とよばれる糖，および，リン酸が共有結合した ウ を単位とし，これが鎖のようにつながった高分子である。真核生物では DNA は核内で染色体を形成しており，通常は1個の体細胞に，両親から受け継いだ大きさと形がほぼ同じ染色体が1本ずつ，1対ある。この対になる染色体を エ とよび，そのどちらか一方を集めた1組に含まれるすべての遺伝情報をゲノムという。これは，卵や精子といった オ に含まれる遺伝情報に相当し，したがって，ゲノムは個体の全ての DNA 配列と定義することができる。ゲノムに含まれる遺伝情報は，その DNA 配列をもとに mRNA が合成され，<u>mRNA からタンパク質がつくられる</u>ことで機能する。この一連の過程が遺伝子の発現であ①り，またこの一方向への遺伝情報の流れを カ という。遺伝子発現は，その細胞で発現している<u>調節タンパク質</u>によって決定される。ヒトの場合，ゲノム上には②約 20,000 の遺伝子が存在しており，このうち 1,500 以上が直接 DNA に結合する調節タンパク質の遺伝子であると推測されている。このような多数の調節タンパク質のはたらきで，受精卵はさまざまな種類の細胞へと分化することができる。また，分化した各細胞は，同じゲノムをもっていても，それぞれの核で細胞の種類に応じた調節タンパク質が常に発現することで，例えば，皮膚なら皮膚の細胞，小腸なら小腸の細胞として機能し，通常，その機能が変わることはない。

問い

(1) 文章中の ア ～ カ にあてはまるもっとも適切な語を答えなさい。

(2) 下線部①を何とよぶか，漢字2文字で答えなさい。また，この現象が行われる細胞小器官を答えなさい。

(3) 下線部②の調節タンパク質のはたらきを述べている以下の［文］について， あ ～ う にあてはまるもっとも適切な語句を選択肢から選び答えなさい。

中央大-理工〈一般〉   2021 年度　生物　59

[文]

　　調節タンパク質が結合する　(あ)　は，RNA ポリメラーゼが結合する　(い)
の近くに存在し，基本転写因子にはたらきかけることで遺伝子発現を制御する。
調節タンパク質には遺伝子発現に対して促進的にはたらくものだけでなく，抑制
的にはたらく　(う)　もある。

[選択肢]

　アクチベーター　　　　　イントロン　　　　　プロモーター

　リプレッサー　　　　転写調節領域

B　受精卵のように，細胞がその種の個体のあらゆる細胞に分化して完全な個体を形
　成する能力を全能性という。かつて，分化した動物細胞では必要でない遺伝子が発
　生の過程で消失し，細胞の全能性は完全に失われると考えられていた。しかし現在
　では，分化した細胞でも，条件によって全能性をもつ状態に戻ることが証明されて
　いる。このことを初期化（リプログラミング）という。

　　イギリスのジョン・ガードンは，アフリカツメガエルを使って，あらかじめ紫外
　線を照射した未受精卵に，いろいろな発生時期にある胚（供与体）の内胚葉細胞ま
　　　　　　③
　たは内胚葉に由来する細胞から取り出した核を移植してみた（図1）。この操作に
　より発生を開始したものを，核移植胚とよぶ。発生が正常に進んだ，各時期の核移
　植胚の数を表1に示す。さらにガードンは実験を続け，分化した小腸の核を移植し
　ても，移植胚は幼生まで発生することも示した。

　　初期化には調節タンパク質の発現を変化させる必要がある。実際に山中伸弥は，
　4種類の調節タンパク質を強制的に発現させることにより，分化が進んだ細胞でも
　初期化されることを実験的に証明した。この功績により，ガードンと山中は 2012
　年にノーベル賞を受賞している。

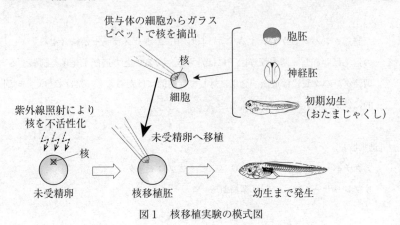

図1 核移植実験の模式図

表1 核移植実験の結果

核の供与体	核移植をした未受精卵の数	各時期まで正常に発生した核移植胚の数		
		胞胚期	神経胚期	幼生期*
胞 胚	327	113	106	91
神経胚	140	50	40	26
幼 生*	436	89	48	13

*表中の幼生は初期段階のおたまじゃくしを指す。

問い

(4) 文章Bで述べている核移植実験では,下線部③のように紫外線を照射することで核を不活性化し,さらに,核小体を2個もつ野生型個体から採取した未受精卵に,核小体を1個しかもたない突然変異型系統の個体の核を移植している。このように不活性化の処理を行い,かつ,核小体の数が異なる系統を用いた理由は何か,答えなさい。

(5) 胞胚期まで発生した核移植胚は,技術的な失敗がなく,核移植実験が成功した胚と考えられる。したがって,胞胚期での生存数を基準とすれば,実質的な実験の成功数の割合を知ることができる。そこで,表1より胞胚期での生存数を100%とした時の,移植された未受精卵が到達した発生時期での生存率を求め,解答用

中央大-理工〈一般〉 2021 年度 生物 *61*

紙の表に記しなさい。数値は小数点以下第1位で四捨五入し，整数で記入すること。

〔解答欄〕

核の供与体	各時期まで正常に発生した核移植胚の割合		
	胞胚期	神経胚期	幼生期
胞 胚	100%	(　　　) %	(　　　) %
神経胚	100%	(　　　) %	(　　　) %
幼 生	100%	(　　　) %	(　　　) %

(6) 原腸胚を供与体として核移植実験を行った場合，実験結果が表1の結果と相関するとして，幼生まで到達する胚の割合はどの程度になると考えられるか。以下の［数値］から，もっともふさわしいものを1つ選び，答えなさい。

［数値］

100%　　　　92%　　　　77%　　　　41%　　　　8 %

(7) この核移植実験で得られた以下の(i)〜(iii)の［考察］について，それぞれを導いた実験結果は何か。以下の［実験結果］(A)〜(C)からもっともふさわしいものを1つずつ選び，答えなさい。

［考察］

(i) 細胞の分化は徐々に進行していき，発生が進むにつれて調節タンパク質による転写制御が複雑になって初期状態から大きく変化していく。

(ii) 核のもつ遺伝情報は，発生の過程で失われることはなく保持されている。

(iii) 未受精卵の細胞質中には，核を初期化して受精卵の核と同様にする因子がある。

［実験結果］

(A) 内胚葉細胞の核を移植したにもかかわらず，すべての細胞が内胚葉になることはなく発生が進行した。

(B) 供与体の胚の発生時期が進んだものほど，核移植胚が幼生に到達する割合が下がった。

(C) 幼生期の細胞の核を用いても，幼生まで正常に発生する核移植胚があった。

Ⅳ 以下の**A**，**B**の設問に答えなさい。(20点)

A 図1を見て，問い(1)～(4)に答えなさい。

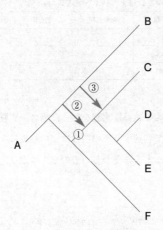

図1 生物全体の系統図
A～Fはそれぞれ生物群を示す。①～③はそれぞれの箇所で起きた生物学的なできごとである。

問い

(1) 図1の生物群**A**は，全生物共通の祖先である。この生物群について，広くあてはまると考えられる記述を次の［記述群］から選び，解答欄に記号で答えなさい。

［記述群］
 (a) 乾燥した栄養の少ない土壌中で生活した
 (b) タンパク質でできた殻を外側にもっていた
 (c) リン脂質が一層に並んだ膜を外側にもっていた
 (d) 分裂によって増殖した
 (e) 胞子を形成して分布を拡大した

(2) 図1の生物群**B**～**E**に属する生物を［語群1］から2つずつ選び，解答欄に記号で答えなさい。なお，生物群**D**に属する生物は細胞壁をもつ。また，生物群**F**

の代表的生物はメタン（生成）菌である。

[語群1]

 (a) 酵 母   (b) 大腸菌   (c) イチョウ

 (d) アゲハチョウ (e) ネンジュモ (f) シイタケ

 (g) アメーバ   (h) コロナウイルス (i) アオサ

(3) 生物の3つのドメインに属する生物群を図1からすべて選び，それぞれ解答欄
  に記号で答えなさい。

〔解答欄〕

アーキア	
バクテリア	
真核生物	

(4) 図1①〜③で起きたことを［語群2］からそれぞれ選び，解答欄に記号で答え
  なさい。

[語群2]

 (a) 細胞膜の形成   (b) 多細胞化   (c) 核膜の形成

 (d) 酸素呼吸型生物の共生 (e) 脱皮能力の獲得 (f) 維管束の形成

 (g) 核の消失   (h) DNAを遺伝子として利用

 (i) 光合成生物の共生 (j) 発酵能力の獲得

 (k) 種子の形成   (l) RNAを遺伝子として利用

B　図2を見て，問い(5)，(6)に答えなさい。

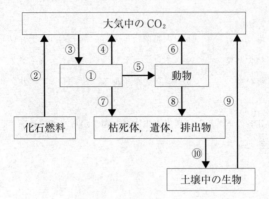

図2　陸上生態系での炭素の流れを示す模式図

問い

(5) 図2の番号①にもっともよくあてはまる生物を，問い(2)の［語群1］から1つ選び，解答欄に記号で答えなさい。

(6) 下の［記述群］のそれぞれについて，その内容がもっともよくあてはまる箇所を図2の②〜⑩から1つずつ，全部で4箇所選び，解答欄に記号で答えなさい。なお，該当する箇所がない場合は，⓪を記入すること。

［記述群］
  (a) 畑のキャベツにモンシロチョウの幼虫による被害があった
  (b) 落ち葉を集めた堆肥が徐々に熟成してきた
  (c) 寒いので薪を集めてストーブで燃やした
  (d) シダをほとんど光のない状態で栽培していたら次第に弱ってきた
  (e) アブラゼミのサナギが成虫になって抜け殻を残した
  (f) ダイズが根粒菌から化合物を得た

中央大-理工〈一般〉　　　　　　　　　　　2021 年度　英語〈解答〉　65

解答編

英語

Ⅰ　解答
1. ㈎—D　㈑—A　㈒—B　㈓—B
2. 1—C　2—A　3—D　4—C
3. 1—C　2—B　3—A　4—D　4. C・F

◆全　訳◆

≪恐竜発見の歴史≫

　1787 年，アメリカのニュージャージー州のある人が，ウッドベリー・クリークと呼ばれる場所で川の土手から突き出た巨大な脚の骨を見つけた。その骨は当時，少なくともニュージャージー州にまだ生きているような種類の動物の骨ではないのは明白だった。それは草食の巨大恐竜の骨だったと今では考えられている。しかしながら，当時，恐竜は知られていなかった。その骨は，アメリカの解剖学の主導的な専門家であるキャスパー＝ウィスター博士のところに送られた。しかし，博士はその骨の意義をまったく認識できず，ただその印象的な大きさについて少し述べただけであった。それで，博士は半世紀前に他の誰よりも早く恐竜の発見者となる機会を逸してしまった。実際，その骨はほとんど人の関心を引くことはなかった。それで，骨は保管室に置かれ，やがて，完全に消失することになってしまった。したがって，今までに発見された最初の恐竜の骨は，また，紛失した最初の骨ともなった。

　その骨があまり大きな関心を引き起こさなかったということは，単に少々当惑するという程度のものではない。というのも，骨が出てきたのは，アメリカが大きな古代の動物の遺物に非常に盛り上がっていた時代のことだったからである。たとえば，フィラデルフィアでは，巨大な象のような動物，後に，あまり正しくはなかったけれども，マンモスだと見なされた動物の骨を組み立て始めていた。その骨はケンタッキー州のビッグ・ボーン・リックと呼ばれる場所で発見されたが，まもなく他の骨がアメリカ中

で現れ始めていた。今まで知られていなかった動物の大きさと獰猛な性格を実証しようと熱心になっていたフィラデルフィアの科学者たちは，少々夢中になりすぎていたようだ。彼らはその大きさを 6 倍も大きく見積もり，恐ろしい爪を持っていると考えたが，実際は，その爪はまったく異なる動物，ある種の大きなナマケモノの化石の骨であった。

1795 年，この集められた骨はパリに送られた。そこで，先史時代，すなわち「古生物学」の新星によって調査された。若きジョルジュ＝キュビエは無作為に積まれた骨をとってきて，それを動物の形に組み上げる天才的才能で，すでに人々を驚愕させていた学者である。アメリカで誰一人この新しい生き物を記述した者がいないことを知って，キュビエはそれを記述し，「マストドン」という氷河期の哺乳類を発見した人として公式に認められることになった。

その後数年の間に，はるかに多くの古代の骨がアメリカ中で発掘された。その後数回にわたって，様々なアメリカ人が，自分たちが恐竜の発見者だと主張できる機会があったが，その機会はことごとく無駄にされた。たとえば，1806 年，アメリカを東部から西部へ遠征するメリウェザー＝ルイスとウィリアム＝クラークに率いられた遠征隊はモンタナ州のヘル・クリーク・フォーメーションを通過したが，ここは化石収集家たちが後に文字通り恐竜の骨につまずくような地であった。ルイスとクラークの 2 人は明らかに恐竜の骨であったものを調べることまでしたのに，それに注意を払うことがなかった。

プリヌス＝ムーディという農場の少年が岩の端についていた古代の足跡を見つけた後に，ニューイングランドの川の谷で恐竜の他の骨が見つかっていた。これらの骨の一部は残った。特に，アンキサウルスという小さなトカゲのような恐竜の骨が残っていた。1818 年に見つかったそれらの骨は，調べられて，保存されたアメリカでの最初の恐竜の骨となった。しかし，また再び，その重要性は当時理解されることはなかった。

アメリカにあったこのようなすべての機会にもかかわらず，人々がついに恐竜の骨を恐竜の骨として認識したのはイギリスだった。しかし，ここでさえ，最初のうちは誤解があった。1676 年，ロバート＝プロットという小さな博物館の館長だった人が巨大な脚の骨を発見した。彼が描いたその骨の絵から，今では，それは獰猛な肉食のメガロサウルスと呼ばれる恐竜

の骨だったと考えられている。しかし，プロットはその骨は巨人の脚の骨だと思ってしまった。

　それからずっと後の1822年に，メアリー=アン=マンテルが外に出てイギリスのサセックスにある彼女の家の近くを散歩していたとき，彼女は奇妙な石を発見した。ギデオン=マンテルという田舎の医者であった彼女の夫はすぐにそれが歯の化石だとわかった。少し調べて，彼はその化石が草食爬虫類，それも1億年以上前の超大型の爬虫類の化石だと特定した。マンテルのこの動物はイグアノドンとして知られるようになった恐竜だが，この恐竜はおとなしい草食性の恐竜で，その発見者によって正しく特定された最初の恐竜となった。その20年後に，リチャード=オーウェンというもう一人のイギリス人科学者が，そのイグアノドンが属する種に古代ギリシャ語の「恐ろしいトカゲ」を意味する「ダイナソー（恐竜）」という名前をつけた。その名前は奇妙なことだが，名前として選ぶには不適切な名前であった。オーウェンは彼が発見した動物はトカゲではなく爬虫類だと気付いていたが，異なるギリシャ語の言葉を選ぶことにしたのである。

　したがって，今や科学者たちはこれらの古代の動物が何であったかがわかったが，彼らの発見と収集したものの整理はひどい場合が多かった。エドワード=コープとオスニール=チャールズ=マーシュという2人の化石収集家がついに古生物学の世界を変えたのは当時のアメリカであった。彼ら2人は最初友だちとして出発し，お互いの名前に因んで化石の種に名前をつけることさえしていたが，結局，恐ろしい敵同士になってしまった。彼らは自分たちの遠征の資金に自分たち自身の金を使い，それぞれ小さな軍団を雇ったが，その軍団は相手が発見した骨を盗み，それを自分たちが発見したと主張するようなことさえした。2人は自分たちの仕事を発表していた新聞や科学雑誌でお互いを攻撃し合うこともしていた。やがて2人の敵対意識は彼らが発見するものとほとんど同じくらい有名なものとなった。

　1870年代から1880年代の間に，この2人は北米で知られていた恐竜の種の数を9からほぼ150にまで増やした。平均的な人が名前を言えるほとんどすべての恐竜が彼らのどちらかによって発見されたものだが，それらは彼ら2人の競争心が強く，そのため彼らが一層多大な努力をした結果，ますます多くの発見がなされたためであった。彼らは資金を使い果たして初めて，仕事をやめた。しかし奇妙なことに，すべての恐竜のなかで最も

有名な恐竜であるティラノサウルスの特定は彼ら2人のどちらも行っていない。ティラノサウルスの骨を見つけたのは実にエドワード=コープであったが，彼はその骨がどれだけ重要なものであるのか認識できなかった。1902年に，最初のティラノサウルスの骨格として今考えられているものを発見したのはバーナム=ブラウンというもう一人の化石収集家であった。その骨格はピッツバーグのカーネギー自然史博物館に売られ，今日この博物館にまだ展示されている。

◀解 説▶

1．(ア) failed to recognize its significance「その重要性を認識できなかった」における its は，下線部を含む文の文頭にある The bone「その骨」，つまり，恐竜の骨のことである。

(イ) others「他のもの」の具体的内容は，下線部を含む文の文頭にある The bones「その骨」を受けて，その後，アメリカ中で現れてきた「他の恐竜の骨」のことである。

(ウ) each one was wasted「それぞれの one が無駄にされた」の one は不定代名詞の用法。アメリカ人は恐竜発見者になれる機会 (opportunity) があったにもかかわらず，その機会が無駄にされたということ。

(エ) what they were は直訳的には「それらがあるがままのもの」という意味。つまり，recognized dinosaur bones for what they were の they は dinosaur bones を受け，「恐竜の骨を恐竜の骨として認識した」ということ。

2．1．空所を含む文の主語 He は前文の Dr. Caspar Wistar を指す。このウィスター博士はその目を見張るような大きさについて少しコメントを述べただけだと述べられている。したがって，博士は「恐竜発見者になる機会を失った」と理解されるので，C.「～を失った」が適切。

2．ジョルジュ=キュビエについては，空所を含む文の前文で a new star in prehistoric studies, or 'paleontology'「古生物学の新星」だと言われている。したがって，キュビエはすでに人々を A. amazing「驚かせていた」科学者だと考えるのが適切。

3．空所を含む文の前文で，現在はメガロサウルスという恐竜だと考えられていると述べられ，空所を含む文では，プロットは巨人の骨だと思ったと述べられているので，逆説的な意味の D.「しかしながら」が適切。

４．空所を含む文の主語である They は，エドワード゠コープとオスニール゠チャールズ゠マーシュを指す。この２人は第８段第３文（They started out …）で「友だちとして出発し，……結局，恐ろしい敵同士になってしまった」と述べられている。したがって，２人は「新聞，雑誌で攻撃し合った（attacked）」と理解するのが適切。

３．１．ビッグ・ボーン・リックの骨について科学者たちが犯した間違いについては，第２段最終文（They overestimated its …）に「彼らはその大きさを６倍も大きく見積もり」と述べられている。この内容と一致するのは，C．「彼らはその骨がもっと大きな動物のものだと思った」である。

２．ビッグ・ボーン・リックで最初に発見された動物の骨に関しては，第３段第１文（In 1795, a …）で，この骨がジョルジュ゠キュビエというパリの古生物学者に送られ，彼が調べた結果，同段最終文（Realizing that no …）で氷河時代のマストドンであると特定されたと説明されている。したがって，B．「『マストドン』と呼ばれた氷河時代の哺乳類」が正解。

３．‘dinosaur’ がイグアノドンの属する種の名前として適切でない理由については，第７段最終文（Owen was aware …）で「彼が発見した動物はトカゲではなく爬虫類だ」と述べられている。つまり，dinosaur「恐竜」のギリシャ語の意味は，「恐ろしいトカゲ」であり，草食性恐竜のイグアノドンに不適であるということ。これに近い選択肢は，A．「イグアノドンはトカゲではない」である。

４．正しくない選択肢は，D．「彼らの激しい対抗意識のために新しい化石を見つける多くの機会をつぶした」である。これは最終段第２文（Nearly every dinosaur …）後半に「彼ら２人の競争心が強く…ますます多くの発見がなされた」と述べられているのと真逆である。

４．C．「メリウェザー゠ルイスとウィリアム゠クラークは彼らが発見した恐竜の骨を認識しなかった」は，第４段最終文（The two even …）にある「２人は明らかに恐竜の骨であったものを調べることまでしたのに，それに注意を払うことがなかった」に近い。

F．「ギデオン゠マンテルは歯のたった１つの化石からイグアノドンが草食性爬虫類だと正しく特定することができた」が，第７段第３文（After a little …）の「少し調べて，彼はその化石が草食性爬虫類，それも１億年以上前の超大型の爬虫類の化石だと特定した」に一致。

II 解答

1−B 2−A 3−D 4−D 5−A 6−B
7−A 8−C 9−C 10−D

◆━━━━━◀解 説▶━━━━━◆

1．「化学を専攻する学生はこの授業をとる必要がある」 主語が This course「この授業」となっているので，受動態のBが適切。Cの場合は目的語が必要。

2．「英語のテキストのなかで見つけるのが難しい単語に出くわした」 find「～を見つける」の意味上の主語は，文頭の「私」である。したがって，能動態になるAを選ぶ。Dは関係代名詞があるので it は不要。

3．「そのように扱われたことは一度もなかったので，その秘書は心が傷ついた」 選択肢のなかに Never から始まる部分に入れる適切な主語がないので，分詞構文だとわかる。分詞構文になっているのはDのみ。

4．「研究者は実験結果をあるがままに記述すべきである」 as it is で「あるがままに」の意味。この文章では they と複数形で受けているが意味は同じ。

5．「その考えは，それ自身は悪いものではない」 in itself で「それ自身では」という再帰代名詞のイディオム表現。

6．「この研究はこの現象の性質を説明するうえで非常に価値がある」 of ＋抽象名詞で形容詞を表す前置詞 of の用法。of value＝valuable「貴重な，高価な」の意。

7．「このセミナーではプレゼンの技術を実践したいと思っている人々にとって貴重な経験が得られる機会を提供してくれる」 those が「人々」の意味。offer A to B で「A を B に提供する」の意味。

8．「病気で学校を欠席した人たちを除いて，すべての生徒はその試験を受けなければならない」 except for ～ で「～を除いて」の意味。

9．「大学院で勉強している私にとって難しいことは長時間 1 つの問題に集中することである」 この文は後に is concentrating という述部がある。したがって，is の前まで全体が主語になる必要がある。前半部分が主語の役割をも果たせるのは関係代名詞の what だけである。

10．「もし質問があれば，気軽に下のアドレスで私に直接連絡をしてください」 この文は空所の部分がなくても十分に文として成り立っている。したがって，ここは副詞を入れ「直接私に」と理解するのが適切。

中央大-理工〈一般〉　　　　　　　　　　　　　　2021 年度　英語〈解答〉　*71*

Ⅲ　解答　　1―B　2―B　3―A　4―A　5―C　6―B
　　　　　　　7―B　8―C　9―D　10―B

◀解　説▶

1．「中央新聞の定期購読は今月で終了します」 this month「今月」は副詞である。したがって，空所には自動詞が入り，かつ意味を成すものとしては，B．ends の「終わる」が適切。「定期購読」が主語なので，A．「～を支払う」は不適切。

2．「私たちにとって期末試験でよい点をとることは非常に重要なので，先生は期末試験に向けて一生懸命に勉強するように言った」 選択肢の動詞はすべて過去形である。しかし，work hard の部分は過去形になっていない。したがって，suggest that S＋原形の必須構文の知識が問われている。

3．「昨年のクリスマスシーズンは注文したものが配達されるのに大体1週間くらい待たなければならなかった」「1週間待つ」を修飾する副詞としてはA．「大体」が最も適切。要注意は，D．lately であるが，これは「遅く」の意味ではなく「最近」の意味になるので注意。

4．「リズは会社の財務部の部長であり，そこでのすべてのビジネスに責任を持っている」 空所の後の for につながって意味を成すのはAである。be responsible for ～ で「～に責任がある」の意。B．capable「できる」は be capable of の形で覚えておく必要がある。

5．「輸出入の不均衡を解決するために，外国貿易を制限することを考えている国もある」 この問題は consider を問う問題ではなく，コロケーションの問題。restrictions「制限」にふさわしい動詞は，Cである。place restrictions on ～「～を制限する」となる。

6．「環境問題にますます多くの人々が関心を持つようになれば，これは二酸化炭素削減に大いに影響を及ぼすであろう」 空所の後の前置詞 on につながるのはB．impact である。have an impact on ～「～に影響を与える」の意。

7．「新しいゲーム機が売られて手に入ることになるや否や，人々がそれを購入しようとすでに列を成しているのを私は見た」 これは接続詞の問題。already standing in line「すでに並んで立っている」という文脈にふさわしいのは，B．「～するとすぐに」である。

8.「海外スタッフによる多大な支援を受けたおかげで，国内販売の落ち込みによる影響を最小限に食い止めることができた」 この会社は「海外スタッフによる多大な支援のおかげで」と言っているので，the decline「落ち込み」の影響は少なかったと考えるのが妥当。したがって，C.「最小限にする」が適切。

9.「私の毎日決まって行う日課はお昼時に少し運動をすることです」do some exercise「運動をする」というのは，日々行えばそれは「日課」である。したがって，D.「決まって行うこと」が適切。

10.「地震の後，非常に多くの人が負傷して病院に運ばれたので，追加の医療物資の必要性が急に注目を集めた」 attract attention は「注目を集める」の意味であるが，「地震の後」ということになれば，B. urgent「緊急の」事態であると考えるのが適切。

Ⅳ 解答 B・E・H・K

◀解 説▶

A．1．「ここのところ経験しているようなこんな暑い天気に私は耐えられない」
2．「ここのところの暑い天気は私には不快でない」
1では「耐えられない」で，2では「不快でない」というのでは意味が異なる。

B．1．「その男性は私が窓を開けてもかまわないと言った」
2．「私はその男性によって，窓を開けることはOKだと言われた」
能動態，受動態の違いはあるが，意味内容は同じである。

C．1．「夏の間に海外旅行が可能であったならばなあ」
2．「夏の間に海外旅行をすることができたのは非常に幸運だと思う」
1は仮定法の文。実際は海外旅行に行けていないので，2の実際に「行けた」とは意味が異なる。

D．1．「会議は金曜日まで延期されると発表された」
2．「金曜日に行われる予定だった会議が延期された」
「金曜日まで延期される」と「金曜日に行われる予定の会議が延期される」では意味が異なる。

E．1．「この駅は新しい路線ができる前は市で一番乗り降りの多い駅の一つだった」

2．「新しい路線が建設され，この駅を使う人は以前ほど多くなくなった」
新たな路線ができるまで，この駅が一番乗降客が多かったという意味では1と2は同じである。

F．1．「京都はお寺ばかりでなく美しい庭園でも有名だ」

2．「京都はお寺でよく知られているが，美しい庭園の方がもっと有名である」
not only *A* but also *B* は「*A* ばかりでなく *B* も」という意味で *A* と *B* の間に優劣の差はないので1と2は同主旨とは言えない。

G．1．「火災の被害にあったすべての家屋のうちで私たちの家が最も被害が少なかった」

2．「他の家のなかで私たちの家ほど火災でひどく被害を受けた家はない」
1と2では意味が異なる。

H．1．「先生が，宿題を終えるのにこれ以上の時間をくれないなんて信じられない」

2．「先生が宿題の締め切りを延ばさないと私たちに言ったとき，私はショックだった」
先生が1．「これ以上の時間をくれない」も2．「締め切りを延ばさない」も意味内容は同じことである。

I．1．「もし私たちのチームが今年の試合で優勝していたら素晴らしかったであろうに」

2．「今年は私たちのチームが優勝して嬉しい」
1は仮定法過去であり実際は優勝していないので，2とは意味が異なる。

J．1．「レポートに早く取りかかれば取りかかるほど，終えるのが早くなる」

2．「もしレポートをすぐに書けるのならば，そんなに早く始める必要はない」
1は「早く始めるのがよい」で，2は「早く始める必要がない」で意味が異なる。なお，earlier「早く」と quickly「速く」は意味が異なる。時間的に早くやるのが early で，物事を速くやるのが quickly である。

K．1．「大統領が選挙に勝てないなんて誰も想像できなかったであろう」

2．「誰もが驚いたが，大統領は選挙に負けた」

1は仮定法の文。誰もが大統領は選挙に勝つと思っていたが実際は負けたということ。したがって，2と同じ意味になる。

L．**1**．「もしすぐに行動を起こさないのなら，地球を環境破壊から守るのが手遅れになるかもしれない」

2．「もしすぐに行動を起こしていたら，私たちは地球の環境破壊を食い止められたかもしれない」

2は仮定法過去の話で，この文では実際は環境破壊から地球を守れなかったということになり，1はこれからの話であるので意味は異なる。

V 解答
1．1—B　2—A　3—D　4—A　5—C
2．1—B　2—C　3—A　4—A　5—D

◆全 訳◆

1．≪NASA の新月面計画≫

　NASA は月に宇宙飛行士を運ぶことができる宇宙船を 2024 年までに建造するために，スペースX，ブルーオリジン，ダイネティクスの航空宇宙企業3社を選んだと宇宙局が昨日発表した。技術分野において億万長者となったイーロン=マスクとジェフ=ベゾスの会社を含んだこれら3社は，それぞれの会社がいくら受け取るかはまだわからないが，NASA から総額9億6千7百万ドルを受け取ることになっている。ボーイング社も宇宙船計画を提案したが，ボーイング社は選ばれなかった。「これが月に行くために我々が必要としている最後のものだ」と NASA のジム=ブライデンスタイン長官は記者たちに語った。50 年近く前，短期間月面に宇宙飛行士を送ったアポロ計画と違って，NASA は今，人間を火星にまで送ることをやがて可能にする長期の月面基地を計画している。3社を選ぶことによって NASA は1つの会社に開発の遅れが出た場合でも，他の2社の選択肢がある。スペースＸの CEO であるイーロン=マスクは「我が社は月面に基地を作り，究極的には人間を火星に送って，そこで生活させるという信じられないくらいワクワクするような宇宙の未来を実現させる潜在的能力を持っていると思う」とコメントしている。また，ブルーオリジンの CEO であるジェフ=ベゾスもこの計画に対してワクワクすると言っている。一方，ボーイング社については，現段階ではコメントが得られていない。

中央大-理工〈一般〉　　　　　　　　　2021 年度　英語〈解答〉　75

2．≪新商品発売の案内通知≫

メ　モ

To：すべてのスタッフに
From：商品開発部部長メアリー=ランダー
Subject：新商品発売

このたび，皆さんに以前から長い間お待たせしていた我が社の環境に優し
い化粧品の新商品ラインナップ「ビューティ・アース」が 12 月 14 日に発
売されることになったということをお知らせできるのを嬉しく思います。

ここまでくるのは少々長い道のりでした。途中でアジアにおける供給連鎖
の問題などにより数カ月の遅れがでました。しかしながら，とうとうやり
ました。お伝えしなければならないのは，新商品のラインナップの潜在力
に対して私が非常に期待しているということです。我が社の新たなニュー
ヨークのデザイン専門家チームが開発した包装紙はまったく素晴らしいも
のです。また，商品それ自身の全般的品質はトップクラスです。特にシャ
ンプーのラインナップにはワクワクさせられます。これらの商品は我が社
のブランドイメージにとって非常に重要な環境を守るという原則を少しも
損なうことなく，髪を強化する最新技術を使っています。

これから数週間にわたって，主要な販売促進手段をすべて使って，宣伝を
集中的に行っていく予定です。これらの方法には，テレビ，ポスター，雑
誌，もちろん，オンラインもあります。フランス人女優ナタリー=ビセッ
トさんが広告ポスターの顔になることに同意してくれて，私は本当にワク
ワクしています。彼女に我が社の商品の素晴らしい大使となっていただけ
ることに皆さんも同意してくれると私は確信しています。

まもなく価格とマーケティングに関するもっと詳しいことをお知らせしま
す。この情報は関連部門すべての人に共有してもらう予定です。それまで
は，この新たな商品を可能にするために一生懸命働いてくれた皆さん全員
に感謝の気持ちを捧げたいと思います。新商品開発はその努力の価値があ

るとはっきりするだろうと私は大いに確信しています。

━━━━━◀解 説▶━━━━━

1. 1. 空所を含む文でイーロン=マスクやジェフ=ベゾスの会社など3社が受け取る総額は9億6千7百万ドルとわかっていると述べられ，though「～だけれども」という逆接の接続詞がきているので，though以下は前半の「わかっている」と逆の「わからない」に相当する語がくるはずである。よって，Bが適切。

2. 空所を含む文によると，アポロ計画でも人間を月に送っているが，それは「短期」であった。ところが，同文でNASAは現在a long-term moon base「長期の月面基地」を計画していると述べられているので，A. Unlike「～と違って」が適切。

3. 空所の後のhumansに続くto reachがto不定詞になっているので，使役のmakeとletは使えない。また，意味上，Dを入れて「人間が火星に達することを可能にする」と理解するのが適切。なお，enable *A* to *do*「*A*が～することを可能にする」は必須表現。

4. NASAが月面計画のために3社を選んだ理由としては，「1社に開発の遅れがあっても他に選択肢ができるようにする」と理解するのが適切。したがって，A. in case (S V)「(SがV) するといけないので」が適切。

5. 空所の前後の文を見ると，前文では，イーロン=マスクが火星に人を送るということに心を躍らせているという趣旨のことが述べられており，後の文ではNASAの月面計画から外されたボーイング社のコメントはとれていないと述べられている。このイーロン=マスクとボーイング社の対照的な心情にかかわる話は，C.「ブルーオリジンのCEOジェフ=ベゾスもまたこの計画に心躍る気持ちを表明した」が適切。なぜなら，この2人はボーイング社と異なり，計画に参加できるからである。

2. 1. 空所を含む文のthat節以下の主語はthe long-awaited launch「長く待たれていた発売」である。この文は目的語がない。したがって，自動詞で「発売が行われる」の意味になりうるのは，B. take place「起こる」である。take placeはoccurと同様「起こる」という自動詞だが，日本語では「行われる」と意訳される場合が多いイディオム表現。

2. 空所を含む文では新商品のなかでも具体的にthe shampoo line-up「シャンプーのラインナップ」が挙げられている。したがって，メールの

送り主は，C．particularly「特に」新製品のシャンプーの発売に言及したいと理解するのが適切。

3．この会社は environmental principles「環境に関する原則」を社のブランドイメージに取り込んでいる。したがって，これを sacrificing「犠牲にする」ことはできないと考えられる。したがって，A．none を入れ，「まったく犠牲にすることなしに」と理解するのが適切。

4．空所を含む文は前半が完結した文になっている。また接続詞 and のようなものもない。したがって，A．covering を入れ，分詞構文として理解するのが適切。

5．空所の直前の「それまでは，この新たな商品を可能にするために一生懸命働いてくれた皆さん全員に感謝の気持ちを捧げたいと思います」という前向きなまとめの後に続くのは，Dの「新商品開発はその努力の価値があるとはっきりするだろうと私は大いに確信しています」が自然。

Ⅵ 解答 1—B 2—D 3—F 4—C 5—A 6—E 7—G

◆◆◆◆◆◆◆◆◆◆◆◆◆◆◆◆◆◆ ◆全 訳◆ ◆◆◆◆◆◆◆◆◆◆◆◆◆◆◆◆◆◆◆◆◆

≪変形自在のもの作り素材≫

　オランダ原子分子物理学（AMOLF）研究所のバス=オーバーヴェルデ研究室にある彫刻のような物体は見た目ほど単純なものではない。多面的プリズムの形をした建築用ブロックからできているこれらのそれぞれの面は，柔軟な蝶番で連結しており，簡単に折れ曲がって異なった多くの形に変化する。たとえば，シリンダー，ボール，三次元の星やさらに色々なものに変わる。

　古典的な手首に自動で巻きつくブレスレットを考えてみて，とオーバーヴェルデは言う。これは一つが真っ直ぐで，もう一つが湾曲した２つの安定した位置をとる構造物である。しかし，彼の研究室の物体は圧力が加えられると，多くの蝶番に沿ってポンと折れ曲がり何十という予測可能な形をとる。このような色々な物理的物体を作るだけでなく，オーバーヴェルデと彼の同僚の研究者たちは，コンピュータによるシミュレーションを使って，建築用ブロックからもっとはるかに複雑なものを組み立て，多くの組み合わせがとりうるあらゆる可能な形を見つけようと研究を行っている。

巨大な仮想建造物のなかには，100以上の安定した形をとりえたものもあった。

　押されたときに折りたたまれて予測可能な形をとる物体を設計し，シミュレーションを行うことによって，非常に小さなロボットや変化の可能な構造を持った物質を作るのが容易になると研究者たちは期待している。もし，それが簡単に形を変えて特定の安定した形のものになるならば，それを曲げたり，組み立てたりするのに必要な道具は減る。それに，ある形のものや内部構造によって，物体に強度を加えることができる。たとえば，「骨には骨をより軽くする微小構造物があるが，それが固さを保っている。我々は同じ種類のことを自分たちのものでやろうとしているのである」とオーバーヴェルデは言う。

　この研究がやろうとしていることは「センチメーター・スケール」（その大きさは人間の手で作られる伝統的な折り紙サイズにだいたい収まるもの）だが，そのような物体は，もしそれがずっと大きなものでも，ずっと小さなものでも同じように働くであろうということに彼は注目している。今のところ，彼の研究グループは基本的なものに集中して，「我々はものの製造を行う人間ではなく，新たな概念を作り出そうとしているのである」と彼は言う。

　これらの新概念に素材科学分野の他の研究者たちも強い印象を受けてきた。イタイ=コーヘンはコーネル大学で類似の研究を主導している研究者である。彼はこの研究には関わっていなかったが，その研究とそれが持つ意味において，この新しい仕事は「素晴らしい傑作」だと言っている。

■■■■◆解　説▶■■■■

1．空所を含む文の主語は The sculpture-like objects「彫刻のような物体」であり，空所の後の they appear に接続して意味をなすのはBである。つまり，「この物体は見かけほど単純でない」という意味。

2．空所直前の that が関係代名詞で，先行詞は a structure である。また，空所の後の one straight and one curled up は付帯状況の修飾語句であり「一つが真っ直ぐで，もう一つが丸くなっている」の意味。つまり，真っ直ぐのものと丸いものと2つあるということがわかれば，D.「2つの安定した形がある」が適切だとわかる。

3．研究者たちはより複雑な組み合わせのものを探求するために何をした

中央大-理工〈一般〉　　　　　　　　　　　　　　　2021 年度　英語〈解答〉　79

かと考えて選択肢を見れば，F.「コンピュータのシミュレーションを使った」が適切だとわかる。

4．空所の前の that が関係代名詞で，空所直後の when pushed が when ＋分詞構文とわかれば，正解が絞り込める。「押しつけられたときに」どのようになる物体かと考えれば，C.「折れ曲がって予測可能な形のものになる」物体だと理解できる。

5．物体が押しただけで簡単に折れ曲がったりすれば，物体を曲げたり，組み立てたりするための道具は要らなくなる。したがって，A.「必要とされる」が適切だとわかる。fewer tools are needed「必要とされる道具が減る」と理解される。

6．空所を含む文の前文で簡単に折り曲げられる物体は大きくても小さくても同じように働くと述べられている。したがって，E を入れて，現在，研究者たちは「基礎的なものを集中的に研究している」と理解するのが適切。基礎的なものがわかれば，大きな複雑なものも基本的働きは同じである。

7．空所を含む文でイタイ＝コーヘンは他の大学で似た研究を行っていると述べられている。したがって，イタイは this study「この研究」には関わっていないと理解し，G を入れる。be involved in ～ は「～に関わる」という意味。

❖講　評

2021 年度は，2020 年度とほぼ同じ形式。読解問題が 3 題で，うち 1 題は 2 つに分かれている。文法・語彙問題が 3 題で，大問は計 6 題である。記述式はなく，すべてマークシート法による選択式の出題である。

読解問題の内容は，自然科学に関するものが多いが，2021 年度は TOEIC や英検で出題されるような会社の実務的なメールも問題になっている。読解問題は，概ね標準的で設問もそれほど紛らわしいものはない。文法・語彙問題は，仮定法やイディオム表現など，基本をしっかり押さえておけば十分解答できるレベルの問題である。

全般的に，基本的な英文の内容把握に関する問題が中心。読解問題は英文全体の内容が把握できていれば解きやすい問題であり，内容真偽や全体の内容把握の問題も設問の関連箇所を見つけ出せれば，それほど紛らわしいものではない。

数学

I 解答
ア—ⓒ　イ—ⓓ　ウ—ⓝ　エ—ⓖ　オ—ⓘ　カ—ⓔ
キ—ⓐ

◀解 説▶

≪座標軸に平行ではない直線を軸とする回転体の体積≫

放物線 $C: y = x^2$ 上の点 $P(a, a^2)$ $(a>0)$ における接線の傾き m は
$$m = 2a$$
法線の傾き m' は
$$m' = -\frac{1}{m} = -\frac{1}{2a}$$
点 P における法線 l の方程式が $y = f(x)$ だから
$$f(x) = -\frac{1}{2a}(x-a) + a^2 \quad \cdots\cdots ① \quad \rightarrow \text{ア}$$
C と l との交点の x 座標は，①より
$$f(x) = x^2 = -\frac{1}{2a}(x-a) + a^2$$
$$2ax^2 + x - a(2a^2+1) = 0$$
$$(x-a)\{2ax + (2a^2+1)\} = 0$$
C と l との交点のうち，P と異なる点が Q だから
$$x_Q = -\frac{2a^2+1}{2a} \quad \rightarrow \text{イ}$$
$$\therefore \quad Q(x_Q, (x_Q)^2)$$
領域 D を次で定める。
$$D = \{(x, y) | x^2 \leq y \leq f(x)\}$$
D に含まれる l 上の点を $R(t, f(t))$ $(x_Q \leq t \leq a)$
とおく。R を通り，l に垂直な直線は
$$y = 2a(x-t) + f(t) \quad \cdots\cdots ②$$
② と $y = x^2$ との交点のうち，D に含まれる点を
$S(x_S, (x_S)^2)$ とすると

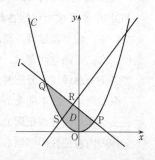

中央大-理工〈一般〉　　　　　　　　　　　　　2021 年度　数学〈解答〉　*81*

$$x^2 = 2a(x-t) + f(t) \quad (x < t)$$

$$(x-a)^2 = \frac{(4a^2+1)(a-t)}{2a}$$

$$\therefore \quad x = x_S = a - \sqrt{\frac{4a^2+1}{2a}}\sqrt{a-t} \quad \rightarrow \text{ウ}$$

記号を統一するために，$Q(x_Q, y_Q)$，$R(x_R, y_R)$，$S(x_S, y_S)$ と書く。直線 RS の傾きは $2a$ だから

$$y_R - y_S = 2a(x_R - x_S)$$

線分 RS の長さを $r = g(t)$ とすると

$$r^2 = (x_R - x_S)^2 + (y_R - y_S)^2$$
$$= (4a^2+1)(x_R - x_S)^2 \quad \cdots\cdots ③$$

$$k = \sqrt{\frac{4a^2+1}{2a}} \quad \cdots\cdots ④ \text{ とおくと}$$

$$x_S = a - k\sqrt{a-t}$$

$$x_R - x_S = t - x_S = -(a-t) + k\sqrt{a-t}$$
$$= (k - \sqrt{a-t})\sqrt{a-t} \quad \cdots\cdots ⑤$$

③〜⑤より

$$r = g(t) = \sqrt{4a^2+1}\,(k - \sqrt{a-t})\sqrt{a-t}$$
$$= \sqrt{4a^2+1}\,(t - a + k\sqrt{a-t}) \quad \rightarrow \text{エ}$$
$$= \sqrt{4a^2+1}\,(-\sqrt{a-t} + k)\sqrt{a-t} \quad \cdots\cdots ⑥$$

直線 QR の傾きは $-\dfrac{1}{2a}$ だから

$$y_R - y_Q = -\frac{1}{2a}(x_R - x_Q)$$

線分 QR の長さを $s = h(t)$ とすると

$$s^2 = (x_R - x_Q)^2 + (y_R - y_Q)^2$$

$$= \left(1 + \frac{1}{4a^2}\right)(x_R - x_Q)^2$$

$$\therefore \quad s = h(t) = \frac{\sqrt{4a^2+1}}{2a}(t - x_Q) \quad \cdots\cdots ⑦ \quad \rightarrow \text{オ}$$

求める回転体の体積 $V(a)$ は⑥，⑦より

$$V(a) = \pi \int_0^{h(a)} r^2 ds = \pi \int_{x_Q}^{a} \{g(t)\}^2 h'(t)\, dt$$

$$= \pi \, (\sqrt{4a^2+1}\,)^2 \frac{\sqrt{4a^2+1}}{2a} \times \int_{x_Q}^{a} (a-t)\,(-\sqrt{a-t}+k)^2 dt$$

$u = \sqrt{a-t} = (a-t)^{\frac{1}{2}}$ とおくと

$$t = a - u^2$$

$$\frac{dt}{du} = -2u \qquad \therefore \quad dt = -2u\,du$$

$t = x_Q$ のとき

$$u^2 = a - x_Q = a + \frac{2a^2+1}{2a} = \frac{4a^2+1}{2a} = k^2$$

$\therefore \quad u = k \quad (\because \quad u>0,\ k>0)$

$$V(a) = \frac{\pi\,(4a^2+1)^{\frac{3}{2}}}{2a} \int_{k}^{0} u^2(k-u)^2(-2u\,du)$$

$$= \frac{\pi\,(4a^2+1)^{\frac{3}{2}}}{a} \int_{0}^{k} u^3(k-u)^2 du \quad \cdots\cdots \text{⑧}$$

$$I(a) = \int_{0}^{k} u^3(k-u)^2 du$$

$$= \int_{0}^{k} (u^5 - 2ku^4 + k^2 u^3)\,du$$

$$= \left[\frac{u^6}{6} - \frac{2ku^5}{5} + \frac{k^2 u^4}{4} \right]_{0}^{k} = \frac{1}{60} k^6$$

$$= \frac{1}{60} \left(\frac{4a^2+1}{2a} \right)^3 \quad \cdots\cdots \text{⑨}$$

⑧，⑨より

$$V(a) = \frac{1}{60} \cdot \frac{\pi\,(4a^2+1)^{\frac{3}{2}}}{a} \cdot \left(\frac{4a^2+1}{2a} \right)^3$$

$$= \frac{(4a^2+1)^{\frac{9}{2}}}{480a^4} \pi \quad \rightarrow カ$$

$$= \frac{\pi}{480} (4a^2+1)^{\frac{9}{2}} a^{-4}$$

$$V'(a) = \frac{\pi}{480} \left\{ \frac{9}{2} (4a^2+1)^{\frac{7}{2}} (8a) a^{-4} + (4a^2+1)^{\frac{9}{2}} (-4) a^{-5} \right\}$$

$$= \frac{\pi}{120} \{ 9\,(4a^2+1)^{\frac{7}{2}} a^{-3} - (4a^2+1)^{\frac{9}{2}} a^{-5} \}$$

$$= \frac{\pi}{120} \cdot \frac{(5a^2-1)(4a^2+1)^{\frac{7}{2}}}{a^5}$$

$$= \frac{\pi}{120} \cdot \frac{(\sqrt{5}a-1)(\sqrt{5}a+1)(4a^2+1)^{\frac{7}{2}}}{a^5}$$

$V'(a) = 0$ $(a>0)$ より

$$a = a_0 = \frac{1}{\sqrt{5}}$$

増減表およびグラフは次の通り。

a	(0)		a_0	
$V'(a)$		$-$	0	$+$
$V(a)$		↘		↗

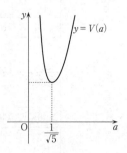

増減表より，$V(a)$ は，$a = \dfrac{1}{\sqrt{5}}$ で最小値をとる。

→キ

（注）$V(a)$ の最小値は

$$V(a_0) = \frac{6561}{4000\sqrt{5}}\pi \quad (\approx 2.304)$$

II 解答

ク—ⓓ　ケ—ⓒ　コ—ⓑ　サ—ⓒ　シ—ⓒ　ス—ⓓ
セ—ⓙ　ソ—ⓒ　タ—ⓙ　チ—ⓚ

◀解　説▶

≪反復試行の確率，連立線形漸化式≫

3つの事象 (A_n)，(B_n)，(C_n) を次で定める。

(A_n)：コインをちょうど n 回投げて，コイン投げが終了する。

(B_n)：コインを n 回投げて，まだ終了していないが，$(n+1)$ 回目に表または裏が出たら終了する。

(C_n)：コインを n 回投げて，まだ終了しておらず，$(n+1)$ 回目に表が出ても裏が出ても終了しない。

定義より

$$p_n = P(A_n), \quad r_n = P(B_n), \quad s_n = P(C_n)$$

コインの表を 0，裏を 1 で表し，パターン：表→裏→表を（010）と表す。他も同様。また，パターン：表→表→裏→裏を（0011）と表す。以下同様

に表記する。

$n=3$ のとき，反復試行は $2^3=8$ 通りある。3 回目の試行と 4 回目の試行の間の樹形図は次の通り。

（番号）	（$n=3$)	事象（型）		（$n=4$)	事象（型）
①	(000)	(C_3)	$\longrightarrow$	(0000)	(C_4)
			$\longrightarrow$	(0001)	(B_4)
②	(001)	(B_3)	$\longrightarrow$	(0010)	(A_4)
			$\longrightarrow$	(0011)	(C_4)
③	(010)	(A_3)	(END)		
④	(011)	(C_3)	$\longrightarrow$	(0110)	(B_4)
			$\longrightarrow$	(0111)	(C_4)
⑤	(100)	(C_3)	$\longrightarrow$	(1000)	(C_4)
			$\longrightarrow$	(1001)	(B_4)
⑥	(101)	(A_3)	(END)		
⑦	(110)	(B_3)	$\longrightarrow$	(1100)	(C_4)
			$\longrightarrow$	(1101)	(A_4)
⑧	(111)	(C_3)	$\longrightarrow$	(1110)	(B_4)
			$\longrightarrow$	(1111)	(C_4)

(A_3) は (010)，(101) の 2 通り，(B_3) は (001)，(110) の 2 通り，(C_3) は (000)，(011)，(100)，(111) の 4 通りなので

$$p_3 = 2 \times \left(\frac{1}{2}\right)^3 = \frac{1}{4}$$

$$r_3 = 2 \times \left(\frac{1}{2}\right)^3 = \frac{1}{4}$$

$$s_3 = 4 \times \left(\frac{1}{2}\right)^3 = \frac{1}{2} \quad \cdots\cdots ① \quad \to ク$$

(A_4) は (0010)，(1101) の 2 通り，(B_4) は (0001)，(0110)，(1001)，(1110) の 4 通り，(C_4) は (0000)，(0011)，(0111)，(1000)，(1100)，(1111) の 6 通りなので

$$p_4 = 2 \times \left(\frac{1}{2}\right)^4 = \frac{1}{8}$$

$$r_4 = 4 \times \left(\frac{1}{2}\right)^4 = \frac{1}{4}$$

$$s_4 = 6 \times \left(\frac{1}{2}\right)^4 = \frac{3}{8} \quad \cdots\cdots ①' \quad \to ケ$$

中央大-理工〈一般〉　　　　　　　　　　　　　2021 年度　数学〈解答〉　*85*

$n \geqq 3$ とする。n 回目の試行と $(n+1)$ 回目の試行の間の樹形図は次の通り。

(番号)	(n)	事象(型)		$(n+1)$	事象(型)
[1]	$(*\cdots*00)$	(C_n)	$\longrightarrow$	$(*\cdots*000)$	(C_{n+1})
			$\longrightarrow$	$(*\cdots*001)$	(B_{n+1})
[2]	$(*\cdots*01)$	(B_n)	$\longrightarrow$	$(*\cdots*010)$	(A_{n+1})
			$\longrightarrow$	$(*\cdots*011)$	(C_{n+1})
[3]	$(*\cdots*10)$	(B_n)	$\longrightarrow$	$(*\cdots*100)$	(C_{n+1})
			$\longrightarrow$	$(*\cdots*101)$	(A_{n+1})
[4]	$(*\cdots*11)$	(C_n)	$\longrightarrow$	$(*\cdots*110)$	(B_{n+1})
			$\longrightarrow$	$(*\cdots*111)$	(C_{n+1})

型 $(B_n) \to$ 型 (B_{n+1}) は樹形図には現れないことに注意する。

(i)[2]，[3]より，確率 $\left(\dfrac{1}{2}\right)^n$ の (B_n) の 1 つの試行から，確率 $\left(\dfrac{1}{2}\right)^{n+1}$ の (A_{n+1}) の 1 つの試行と，確率 $\left(\dfrac{1}{2}\right)^{n+1}$ の (C_{n+1}) の 1 つの試行が生じる。

(ii)[1]，[4]より，確率 $\left(\dfrac{1}{2}\right)^n$ の (C_n) の 1 つの試行から，確率 $\left(\dfrac{1}{2}\right)^{n+1}$ の (B_{n+1}) の 1 つの試行と，確率 $\left(\dfrac{1}{2}\right)^{n+1}$ の (C_{n+1}) の 1 つの試行が生じる。

ゆえに，(i)，(ii)より，次式が成り立つ。

$$
\begin{cases}
p_{n+1} = \dfrac{1}{2} r_n & \cdots\cdots ② \\[2mm]
r_{n+1} = \dfrac{1}{2} s_n \quad (n \geqq 3) & \cdots\cdots ②' \quad \to コ \\[2mm]
s_{n+1} = \dfrac{1}{2} r_n + \dfrac{1}{2} s_n & \cdots\cdots ②'' \quad \to サ
\end{cases}
$$

②′，②″ より，r_n，r_{n+1} を消去すると

$$s_{n+2} = \frac{1}{2} s_{n+1} + \frac{1}{4} s_n \quad (n \geqq 3) \quad \cdots\cdots ③$$

③の特性方程式およびその解は

$$t^2 = \frac{1}{2} t + \frac{1}{4} \quad \cdots\cdots ④$$

$$\therefore \quad t = \frac{1 \pm \sqrt{5}}{4}$$

$\alpha < \beta$ より，③は次の形に書ける。

$$s_{n+2} - \alpha s_{n+1} = \beta(s_{n+1} - \alpha s_n) \quad \cdots\cdots③'$$
$$s_{n+2} - \beta s_{n+1} = \alpha(s_{n+1} - \beta s_n) \quad \cdots\cdots③''$$

$$\therefore \quad \alpha = \frac{1-\sqrt{5}}{4} \quad \cdots\cdots④', \quad \beta = \frac{1+\sqrt{5}}{4} \quad \cdots\cdots④'' \quad \rightarrow シ，ス$$

③' より，$\{s_{n+1} - \alpha s_n\}$ $(n \geq 3)$ は公比 β の等比数列だから

$$s_{n+2} - \alpha s_{n+1} = \beta(s_{n+1} - \alpha s_n)$$
$$= (s_4 - \alpha s_3)\beta^{n-2} \quad (n \geq 2) \quad \cdots\cdots⑤$$

①，①'，④' より

$$s_4 - \alpha s_3 = \frac{3}{8} - \frac{1}{2} \cdot \frac{1-\sqrt{5}}{4} = \frac{2+\sqrt{5}}{8} \quad \cdots\cdots⑥ \quad \rightarrow セ$$

④および解と係数の関係より

$$\alpha + \beta = \frac{1}{2} \quad \therefore \quad 1 - 2\alpha = 2\beta$$

$$s_4 - \alpha s_3 = \frac{3}{8} - \frac{\alpha}{2} = \frac{1 + 2(1-2\alpha)}{8} = \frac{1+4\beta}{8} \quad \cdots\cdots⑥'$$

$$4\beta^2 = 2\beta + 1$$

$$8\beta^3 = 4\beta^2 + 2\beta = 4\beta + 1 \quad \cdots\cdots⑦$$

⑤，⑥'，⑦ より

$$s_{n+2} - \alpha s_{n+1} = \beta^{n+1} \quad (n \geq 2) \quad \cdots\cdots⑧ \quad \rightarrow ソ$$

同様にして，③'' より，⑤，⑥'，⑦で，α，β を入れ替えて

$$s_{n+2} - \beta s_{n+1} = \alpha^{n+1} \quad (n \geq 2) \quad \cdots\cdots⑧'$$

⑧−⑧' および④'，④'' より

$$s_{n+1} = \frac{\beta^{n+1} - \alpha^{n+1}}{\beta - \alpha} \quad (n \geq 2)$$

$$\therefore \quad s_n = \frac{\beta^n - \alpha^n}{\beta - \alpha} = \frac{2}{\sqrt{5}}(\beta^n - \alpha^n) \quad (n \geq 3) \quad \cdots\cdots⑨ \quad \rightarrow タ$$

②，②'，⑨ より

$$r_n = \frac{1}{\sqrt{5}}(\beta^{n-1} - \alpha^{n-1}) \quad (n \geq 3)$$

$$p_n = \frac{1}{2\sqrt{5}}(\beta^{n-2} - \alpha^{n-2}) \quad (n \geq 3) \quad \rightarrow チ$$

（注1） s_n, r_n, p_n は以下のように書ける。

$$s_n = \frac{\alpha^n - \beta^n}{\alpha - \beta} \quad (n \geq 3) \qquad \cdots\cdots (*)_s$$

$$r_n = \frac{1}{2} \cdot \frac{\alpha^{n-1} - \beta^{n-1}}{\alpha - \beta} \quad (n \geq 3) \qquad \cdots\cdots (*)_r$$

$$p_n = \frac{1}{4} \cdot \frac{\alpha^{n-2} - \beta^{n-2}}{\alpha - \beta} \quad (n \geq 3) \qquad \cdots\cdots (*)_p$$

α, β は 2 次方程式④の 2 つの解で，2 つの大小はどちらでもよい。s_n, r_n, p_n のいずれの分子も分母で割り切れるから，α, β の多項式である。s_n, r_n, p_n は α, β の対称式で，基本対称式 $\alpha + \beta$, $\alpha\beta$ の整数係数多項式で書ける。解と係数の関係より，$\alpha + \beta$, $\alpha\beta$ は有理数だから，s_n, r_n, p_n はすべて有理数である（確率の定義からは明らかであるが）。下記の (†)$_5$ および数学的帰納法からも示せる。

（注 2）　$\{p_n\}$ には複数の漸化式がある。

$$p_n = \frac{1}{2} r_{n-1} \quad (n \geq 4) \qquad \cdots\cdots (\dagger)_1 \quad [②]$$

$$p_n = \frac{1}{4} s_{n-2} \quad (n \geq 5) \qquad \cdots\cdots (\dagger)_2 \quad [②, \ ②']$$

$$p_n = s_n - \frac{1}{2} s_{n-1} \quad (n \geq 4) \qquad \cdots\cdots (\dagger)_3$$

$$p_n = s_n - r_n \quad (n \geq 3) \qquad \cdots\cdots (\dagger)_4$$

$$p_n = \frac{1}{2} p_{n-1} + \frac{1}{4} p_{n-2} \quad (n \geq 5) \qquad \cdots\cdots (\dagger)_5$$

(†)$_1$，(†)$_2$ は $(*)_p$，$(*)_r$，$(*)_s$ を別の形で表現したものである。(†)$_3$，(†)$_4$ も容易に確かめられる。(†)$_5$ は $\{s_n\}$ の漸化式③と同じである。もちろん，初期値 (p_3, p_4) は異なる。$(*)_r$ より，$\{r_n\}$ も $\{p_n\}$ と同じ漸化式 (†)$_5$ をみたす。

（注 3）　$p_3 + r_3 + s_3 = 1$ が成り立つ。しかし，等式 (†)$_4$ より

$$p_n + r_n + s_n = 2s_n < 1 \quad (n \geq 4) \quad \cdots\cdots (\dagger)_6$$

この不等式は $s_n > s_{n+1}$ $(n \geq 3)$ より従う。不等式 (†)$_6$ は $(n-1)$ 回目までに，コイン投げが終了する反復試行が存在することに対応している。

（注 4）　⑥と $\beta^3 = \dfrac{2 + \sqrt{5}}{8}$ より⑧を導いてもよい。

$\boxed{\text{III}}$ $\boxed{\text{解答}}$ 自然数 a を 3 で割った余りを r $(r=0,\ 1,\ 2)$ とし
$$p(a)=a^3+4,\quad q(a)=a^5+8$$
とおく。

(1) $a=3m+r$ $(m$ は非負整数$)$ と書ける。
$$\begin{aligned}
p(a)&=(3m+r)^3+4\\
&=3(9m^3+9m^2r+3mr^2+1)+(r^3+1) \quad\cdots\cdots①
\end{aligned}$$

①より

(ア)$r=0$ のとき，$p(a)$ を 3 で割った余りは 1 $\left.\rule{0pt}{2.4em}\right\}$ ……(答)
(イ)$r=1$ のとき，$p(a)$ を 3 で割った余りは 2
(ウ)$r=2$ のとき，$p(a)$ を 3 で割った余りは 0

(2) $a=3m+r$ $(m$ は非負整数$)$ と書ける。
$$\begin{aligned}
q(a)&=(3m+r)^5+8\\
&=3(81m^5+135m^4r+90m^3r^2+30m^2r^3+5mr^4+2)\\
&\qquad\qquad\qquad\qquad\qquad +(r^5+2) \quad\cdots\cdots②
\end{aligned}$$

②より

(ア)$'r=0$ のとき，$q(a)$ を 3 で割った余りは 2
(イ)$'r=1$ のとき，$q(a)$ を 3 で割った余りは 0
(ウ)$'r=2$ のとき，$q(a)$ を 3 で割った余りは 1

(ア)~(ウ)と(ア)$'$~(ウ)$'$ より，a を 3 で割った余りが 0 のときは a が，a を 3 で割った余りが 1 のときは $q(a)$ が，a を 3 で割った余りが 2 のときは $p(a)$ がそれぞれ 3 の倍数となる。以上より，$a,\ p(a),\ q(a)$ のうちの 1 つのみが 3 の倍数である。 (証明終)

(3) 3 つの自然数 $a,\ p(a),\ q(a)$ が同時に素数となるとき，a は素数のみを考えればよい。

$\quad$ $(2,\ p(2),\ q(2))=(2,\ 12,\ 40)$ $\quad$ (素数, 合成数, 合成数)
$\quad$ $(3,\ p(3),\ q(3))=(3,\ 31,\ 251)$ $\quad$ (素数, 素数, 素数)

a が $a\geqq5$ をみたす素数のとき，a は 3 の倍数ではないから，(2)の結果より，$p(a),\ q(a)$ のどちらか一方は，5 以上の 3 の倍数である。したがって，$p(a),\ q(a)$ のどちらか一方は素数ではない。

以上より，$a,\ p(a),\ q(a)$ が同時に素数となるのは
$$a=3 \quad\cdots\cdots(\text{答})$$

中央大-理工〈一般〉　　　　　　　　　　　　　　　2021 年度　数学〈解答〉　*89*

■■■■　◀解　説▶　■■■■

≪3 つの自然数が同時に素数となる条件≫

⑴　$a = 3m + r$ を書いて，$p(a)$ を展開する。①が出れば，あとは簡単である。

⑵　$a = 3m + r$ を書いて，$q(a)$ を展開する。㈎，㈏，㈐と同様にできる。

⑶　a が素数の場合を考えればよい。

$$15^2 = 225 < 251 < 256 = 16^2$$

より，251 が素数であることを示すには，251 が 15 より小さい素数 2，3，5，7，11，13 で割り切れないことを示せばよい。

Ⅳ 解答

$$f_n(x) = x^{-1 + \frac{1}{n}} \quad (x > 0, \ n = 1, 2, 3, \cdots) \quad \cdots\cdots ①$$

$$\int_1^{a_n} f_n(x)\, dx = 1 \quad (a_n > 0) \quad \cdots\cdots ②$$

⑴　$f_n(x)$ の不定積分を $F_n(x)$ と書く。積分定数は省略する。

$\delta = -1 + \dfrac{1}{n}$ とおくと

$$-1 < \delta \leqq 0$$

$\dfrac{1}{\delta + 1} = n$ より

$$F_n(x) = \int x^\delta dx = \frac{1}{\delta + 1} x^{\delta + 1} = n x^{\frac{1}{n}} \quad \cdots\cdots ③ \quad \cdots\cdots (答)$$

⑵　②，③より

$$\left[n x^{\frac{1}{n}} \right]_1^{a_n} = 1$$

$$n \left\{ (a_n)^{\frac{1}{n}} - 1 \right\} = 1$$

$$(a_n)^{\frac{1}{n}} = 1 + \frac{1}{n}$$

$$\therefore \quad a_n = \left(1 + \frac{1}{n} \right)^n \quad \cdots\cdots ④ \quad \cdots\cdots (答)$$

$\dfrac{1}{n} = h$ とおくと，$n \to \infty$ のとき，$h \to 0$ なので

$$\lim_{n\to\infty} a_n = \lim_{h\to 0} (1+h)^{\frac{1}{h}} = e \quad \cdots\cdots (答)$$

③より

$$\int_1^{b_n} f_{n+1}(x)\,dx = -1$$

$$\left[(n+1)\,x^{\frac{1}{n+1}} \right]_1^{b_n} = -1$$

$$(n+1)\{ (b_n)^{\frac{1}{n+1}} - 1 \} = -1$$

$$(b_n)^{\frac{1}{n+1}} = 1 - \frac{1}{n+1} = \frac{n}{n+1}$$

$$\therefore \quad b_n = \left(\frac{n}{n+1} \right)^{n+1} \quad \cdots\cdots (答)$$

$$b_n = \left(\frac{n}{n+1} \right)^{n+1} = \left(\frac{n}{n+1} \right)\left(\frac{n+1}{n} \right)^{-n}$$

$$= \left(\frac{n}{n+1} \right)(a_n)^{-1}$$

$$\lim_{n\to\infty} b_n = \lim_{n\to\infty} \left(\frac{1}{1+n^{-1}} \right)(a_n)^{-1} = e^{-1} \quad \cdots\cdots (答)$$

(3) $k \geqq 2$ とする。次式を示す。

$$\int_{k-1}^{k} f_n(k)\,dx > \frac{1}{k} \quad \cdots\cdots (*)$$

(i) $f_1(x) = 1$ より

$$\int_{k-1}^{k} f_1(x)\,dx = 1 > \frac{1}{k} \quad (\because \quad k \geqq 2)$$

(ii) $n \geqq 2$ のとき

$$-1 < \delta < 0$$

$$f_n'(x) = \delta x^{\delta-1} < 0 \quad (x > 0)$$

ゆえに，$f_n(x)$ は $x > 0$ の範囲で単調減少関数であり

$$\int_{k-1}^{k} f_n(x)\,dx > \int_{k-1}^{k} f_n(k)\,dx = f_n(k)$$

$$= k^{-1} k^{\frac{1}{n}} > \frac{1}{k} \quad (\because \quad k \geqq 2,\ n \geqq 2,\ k^{\frac{1}{n}} > 1)$$

(i)，(ii)より，(*) が示された。 (証明終)

また

$$\int_1^4 f_n(x)\,dx = \sum_{k=2}^{4}\int_{k-1}^{k} f_n(k)\,dx > \sum_{k=2}^{4}\frac{1}{k} = \frac{13}{12} \quad \cdots\cdots ⑤$$

②, ⑤ より

$$\int_1^{a_n} f_n(x)\,dx = 1 < \frac{13}{12} < \int_1^4 f_n(x)\,dx \quad \cdots\cdots ⑥$$

$f_n(x) > 0 \ (x>0)$ および⑥より，$a_n < 4$ である。 (証明終)

(4) ①より

$$f_n(x) > 0 \quad (x>0)$$

ゆえに，②より

$$a_n > 1$$

次式を示す。

$$\int_1^{a_n} f_{n+1}(x)\,dx < 1 \quad \cdots(**)$$

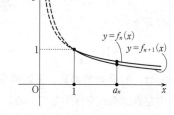

$x>1$ および自然数 n に対して

$$f_n(x) - f_{n+1}(x) = x^{-1}(x^{\frac{1}{n}} - x^{\frac{1}{n+1}})$$
$$= x^{\frac{1}{n+1}-1}(x^{\frac{1}{n}-\frac{1}{n+1}} - 1)$$
$$= x^{\frac{1}{n+1}-1}(x^{\frac{1}{n(n+1)}} - 1) > 0 \quad (\because\ x>1,\ n(n+1)>0)$$

$$\int_1^{a_n} f_{n+1}(x)\,dx < \int_1^{a_n} f_n(x)\,dx = 1 \quad (\because\ a_n > 1) \quad \text{(証明終)}$$

次に（**）の左辺を計算する。③より

$$\int_1^{a_n} f_{n+1}(x)\,dx = \left[(n+1)x^{\frac{1}{n+1}}\right]_1^{a_n} = (n+1)\{(a_n)^{\frac{1}{n+1}} - 1\}$$

（**）に代入して

$$(n+1)\{(a_n)^{\frac{1}{n+1}} - 1\} < 1$$
$$(a_n)^{\frac{1}{n+1}} < 1 + \frac{1}{n+1} = \frac{n+2}{n+1}$$

$$\therefore\ a_n < \left(\frac{n+2}{n+1}\right)^{n+1} = \left(1 + \frac{1}{n+1}\right)^{n+1}$$

④より

$$a_{n+1} = \left(1 + \frac{1}{n+1}\right)^{n+1}$$

$$\therefore\ a_n < a_{n+1} \quad \text{(証明終)}$$

◀解 説▶

≪定積分の端点で定義された数列，自然対数の底の近似数列≫

(1) $\alpha \neq -1$ のとき

$$\int x^\alpha dx = \frac{1}{\alpha+1}x^{\alpha+1}+C \quad (C \text{ は積分定数})$$

(2) $f_n(x) > 0 \ (x > 0)$ および②より

$$a_n > 1 \quad (n=1, \ 2, \ 3, \ \cdots)$$

および④より

$$a_n = \left(1+\frac{1}{n}\right)^n > (1+0)^n = 1$$

a_n は，自然対数の底 e を近似する有理数である。なお，高校数学では，e の定義は次式を採用している。

$$e = \lim_{h \to 0}(1+h)^{\frac{1}{h}}$$

しかし，$n \to \infty$ のときの，a_n の極限値を e の定義とした方が，利点が多い。とくに，a_n は有理数だから，計算はこちらの方が易しい。もちろん，2つの定義は同値である。

(3) $n=1$ のときは，$f_1(x)=1$ を用いる。$n \geqq 2$ のときは，$f_n(x)$ が $x > 0$ で減少関数であることを用いる。

(4) $a_n > 1$ はどこかで明示する必要がある。$x > 1$ の範囲で，$f_n(x) > f_{n+1}(x) > 0$ を用いる。(3)，(4)の結果より

$$2 = a_1 \leqq a_n < 4 \quad (n=1, \ 2, \ 3, \ \cdots)$$

❖講 評

　どの問題も出題者が受験生に何を求めているかが明確な良問である。一番重要な分野は微・積分法であるが，あらゆる分野からまんべんなく出題されている。

　Ⅰ　放物線 $y=x^2$ と $P(a, \ a^2) \ (a > 0)$ における法線 l によって囲まれた部分 D を l のまわりに1回転して得られる立体の体積を求める問題である。問題自体は簡単明快であるが，計算は少し複雑になる。丁寧に誘導してあるので，流れに従えばよい。その際，重要なのは，問題文には用いられていない記号 $(k, \ x_Q, \ x_R, \ x_S)$ を用いて記述を簡単にする

ことである。答えは少し複雑な形である。最小値は要求されていない。やや難しい問題である。

Ⅱ 問題自体は明快な確率の問題である。コインの表を 0，裏を 1 と表した（逆でもよい）。漢字のままでよいと思うかもしれないが，本問のように 200 個以上書くとき，表・裏と書くのと，0・1 と書くのとどちらが時間の節約になるかは明らかである。また，数値で表すのはデジタル化とも言える，プログラミングにも必要な視点である。確率 p_n を求める問題であるが，最後にのみ p_n が現れる不思議な問題である。意図的に p_n の初期値 $\{p_3,\ p_4\}$ および確率漸化式等には触れられていない。$s_4 - \alpha s_3$ を β で表すことにより，$\alpha,\ \beta$ の具体的数値を知らなくても 2 次方程式および解と係数の関係を用いて解答できる。焦点は $\{s_n\}$ の 3 項線形漸化式の扱いであり，標準問題である。

Ⅲ 整数の剰余の問題であり，大問 4 題のうち一番簡単な問題である。自然数 a を 3 で割った余りが r のとき，$a = 3m + r$（m は非負整数）と書けて，これがすべてである。251 が素数であることを用いる。易しい問題である。

Ⅳ 自然対数の底 e を近似する数列の問題である。$f_1(x) = 1$（定数），$f_n(x)$（$n \geqq 2$）は $x > 0$ で減少関数である。a_n は定積分の端点で定義されているが，積分は簡単に計算できるから具体形が求まる。積分等式，積分不等式を用いて，a_n を評価する。微・積分法の標準問題である。

物理

I 解答 (1)—(b) (2)—(d) (3)—(a) (4)—(e) (5)—(d) (6)—(b)
(7)—(f) (8)—(a) (9)—(b) (10)—(e) (11)—(f) (12)—(b)
(13)—(c) (14)—(b)

◀解 説▶

≪磁場中の導体棒の運動≫

(1) 求める電流を I とする。オームの法則より

$$I = \frac{E}{R}$$

(2) 電磁力の式より

$$F = IBl = \frac{EBl}{R}$$

(3) フレミングの左手の法則を用いるとよい。

(4) 導線の張力の大きさを T として，水平，鉛直方向について力のつりあいの式をそれぞれ立てると

$$\text{水平方向：} T\sin\theta_0 = \frac{EBl}{R}$$

$$\text{鉛直方向：} T\cos\theta_0 = mg$$

よって $\tan\theta_0 = \dfrac{EBl}{mgR}$

(5) abdc の磁場に垂直な方向の面積を S とすると

$$\Phi = BS = Blr|\sin\theta| \fallingdotseq Blr|\theta|$$

(6) Δt 間の磁束の変化を $\Delta\Phi$ とすると，誘導起電力の大きさ V は

$$V = \left| -\frac{\Delta\Phi}{\Delta t} \right| = Blr \left| \frac{\theta + \Delta\theta - \theta}{\Delta t} \right| = Blr \left| \frac{\Delta\theta}{\Delta t} \right|$$

(7) 求める電流を I' とすると，オームの法則より

$$I' = \frac{V}{R} = \frac{Blr}{R} \left| \frac{\Delta\theta}{\Delta t} \right|$$

(10)・(11) 導体棒 ab に生じる誘導起電力の大きさ V' は $V' = vBl$ である。オームの法則より流れる電流 I'' は

$$I'' = \frac{vBl}{R}$$

導体棒 ab に流れる電流 I' が磁場から受ける力は，フレミングの左手の法則により x 軸の負の向きである。以上より，導体棒 ab に対する x 方向の運動方程式は

$$ma = -mg\sin\theta - I''Bl$$

$$\fallingdotseq -mg\theta - \frac{vB^2l^2}{R}$$

ここで，$\theta = \dfrac{x}{r}$ を用いると

$$ma = -\frac{mg}{r}x - \frac{B^2l^2}{R}v$$

(12) 単位時間当たりの仕事は，仕事率を表すので，$W = Fv$ を用いればよい。この問題では，W は負になるが，F が負を含んでいるので(b)が答えになる。

(13) 求める電力 P は

$$P = I''^2R = \frac{v^2B^2l^2}{R}$$

(14) 運動エネルギーの変化がジュール熱に変換されることから，力学的エネルギーが保存されず，減少することがわかる。よって，振動の端での位置エネルギーは減少することから，振幅も減少する。

II **解答** $(1)\sqrt{6ga}$ $(2)\dfrac{1}{\sqrt{3}}$ $(3)\dfrac{1}{2}$ $(4)\dfrac{11}{4}$ $(5)\dfrac{1}{4}mga$ $(6)\dfrac{1}{\sqrt{3}}$ $(7)\,3$

$(8)\dfrac{mV^2}{2a-X}-mg$ $(9)\,mg(4a-X)+\dfrac{1}{2}mV^2$ $(10)\sqrt{g(2a-b)}$ $(11)\dfrac{4}{3}$

◀ **解　説** ▶

≪糸につながれた物体の円運動≫

(1) 力学的エネルギー保存則より

$$3mga = \frac{1}{2}mv^2 \quad \therefore \quad v = \sqrt{6ga}$$

(2) 求める小球の速さを v_R とすると，力学的エネルギー保存則より

$$3mga = 2mga + \frac{1}{2}mv_R{}^2 \qquad \therefore \quad v_R = \sqrt{2ga} = \frac{1}{\sqrt{3}}v$$

(3) 求める速度の y 成分 v_{Ry} は

$$v_{Ry} = v_R \cos 30° = \frac{1}{2}v$$

(4) 点Rで糸が切れた後，小球は斜方投射する。y 軸方向最高点の点Rからの高さを h とすると

$$0 - \left(\frac{1}{2}v\right)^2 = -2gh \qquad \therefore \quad h = \frac{6ga}{8g} = \frac{3}{4}a$$

よって，その y 座標 y_0 は

$$y_0 = 2a + \frac{3}{4}a = \frac{11}{4}a$$

(5) 最高点では，x 軸方向にのみ速度がある。求める運動エネルギーを K とすると，力学的エネルギー保存則より

$$3mga = \frac{11}{4}mga + K \qquad \therefore \quad K = \frac{1}{4}mga$$

また，点Rでの小球の速度の x 成分 v_{Rx} を求めてから $\frac{1}{2}mv_{Rx}{}^2$ を計算する解法でもよい。

(6) 求める速さを $v_{R'}$ とする。力学的エネルギー保存則より

$$3mga = 2mga + \frac{1}{2}mv_{R'}{}^2 \qquad \therefore \quad v_{R'} = \sqrt{2ga} = \frac{v}{\sqrt{3}}$$

(7) 点Rで糸が切れた後，小球の運動は鉛直投げ上げになる。y 軸方向最高点の点Rからの高さを h' とすると

$$0 - \left(\frac{v}{\sqrt{3}}\right)^2 = -2gh' \qquad \therefore \quad h' = \frac{v^2}{6g} = a$$

よって，その y 座標は $3a$ となる。

(8) 点 Q'' 方向について力のつりあいの式を立てると

$$T + mg = m\frac{V^2}{2a - X}$$

$$\therefore \quad T = \frac{mV^2}{2a - X} - mg$$

(9) 点Sの y 座標は

中央大-理工〈一般〉 　　　2021 年度　物理〈解答〉　97

$$y = 2a + (2a - X) = 4a - X$$

である。よって

$$E = mg(4a - X) + \frac{1}{2}mV^2$$

(10)　$X = b$ のとき，$T = 0$ になればよいので，(8)の結果を用いると

$$T = \frac{mU^2}{2a - b} - mg = 0 \quad \therefore \quad U = \sqrt{g(2a - b)}$$

(11)　力学的エネルギー保存則より

$$3mga = \frac{1}{2}mU^2 + mg(4a - b)$$

$$\therefore \quad U = \sqrt{2g(b - a)}$$

(10)の結果を合わせると

$$U = \sqrt{2g(b - a)} = \sqrt{g(2a - b)}$$

$$\therefore \quad b = \frac{4}{3}a$$

Ⅲ　解答　
(1) $\dfrac{P_0S + Mg}{P_0S}T_0$　(2) $\dfrac{3}{2}Mgh$　(3) $\dfrac{3}{4}(P_0S + Mg)h$

(4) $\dfrac{1}{2}(P_0S + Mg)h$　(5) $\dfrac{5}{4}(P_0S + Mg)h$　(6) $\dfrac{3}{2}T_0$　(7) $\dfrac{9}{4}Mgh$　(8) $\dfrac{3}{4}P_0Sh$

(9) $\dfrac{1}{2}P_0Sh$　(10) $\dfrac{5}{4}P_0Sh$　(11) $\dfrac{1}{2}Mgh$

◀解　説▶

≪単原子分子理想気体の状態変化≫

(1)　このときの気体の圧力を P_1〔Pa〕とすると，力のつりあいの式より

$$P_1S = P_0S + Mg \quad \therefore \quad P_1 = \frac{P_0S + Mg}{S}〔Pa〕$$

求める温度を T_1〔K〕とすると，ボイル・シャルルの法則より

$$\frac{P_0Sh}{T_0} = \frac{P_1Sh}{T_1}$$

$$\therefore \quad T_1 = \frac{P_1}{P_0}T_0 = \frac{P_0S + Mg}{P_0S}T_0〔K〕$$

(2)　状態Aから状態Bへの温度変化を ΔT_{AB}〔K〕とすると，内部エネル

ギーの増加分 ΔU_{AB}〔J〕は

$$\Delta U_{AB} = \frac{3}{2} R \Delta T_{AB} = \frac{3}{2} R (T_1 - T_0)$$

$$= \frac{3}{2} (P_1 Sh - P_0 Sh)$$

$$= \frac{3}{2} Mgh \text{〔J〕}$$

(3) 状態Cでの温度を T_2〔K〕とすると，ボイル・シャルルの法則より

$$\frac{P_1 Sh}{T_1} = \frac{P_1 S \times \frac{3}{2} h}{T_2} \qquad \therefore \quad T_2 = \frac{3}{2} T_1 \text{〔K〕}$$

状態Bから状態Cへの温度変化を ΔT_{BC}〔K〕とすると，内部エネルギーの増加分 ΔU_{BC}〔J〕は

$$\Delta U_{BC} = \frac{3}{2} R \Delta T_{BC} = \frac{3}{2} R (T_2 - T_1)$$

$$= \frac{3}{4} P_1 Sh$$

$$= \frac{3}{4} (P_0 S + Mg) h \text{〔J〕}$$

(4) このとき気体がした仕事 W_{BC}〔J〕は

$$W_{BC} = P_1 S \times \frac{1}{2} h = \frac{1}{2} (P_0 S + Mg) h$$

(5) 求める熱量を Q_{BC}〔J〕とすると，熱力学第一法則より

$$\Delta U_{BC} = Q_{BC} - W_{BC} \text{〔J〕}$$

よって

$$Q_{BC} = \Delta U_{BC} + W_{BC} = \frac{5}{4} (P_0 S + Mg) h \text{〔J〕}$$

(6) 気体の圧力は P_0〔Pa〕になる。求める温度を T_3〔K〕とすると，ボイル・シャルルの法則より

$$\frac{P_0 Sh}{T_0} = \frac{P_0 S \times \frac{3}{2} h}{T_3} \qquad \therefore \quad T_3 = \frac{3}{2} T_0 \text{〔K〕}$$

(7) 状態Cから状態Dへの状態変化は定積変化であるから，その間に気体がする仕事は0である。また，内部エネルギーの変化 ΔU_{CD}〔J〕は

$$\Delta U_{CD} = \frac{3}{2} R (T_3 - T_2)$$

$$= \frac{3}{2} \left(P_0 S \times \frac{3}{2} h - P_1 S \times \frac{3}{2} h \right)$$

$$= \frac{9Sh}{4} (P_0 - P_1)$$

$$= -\frac{9}{4} Mgh \ (\text{J})$$

ここで，求める熱量を Q_{CD}〔J〕として，熱力学第一法則を用いると

$$Q_{CD} = -\Delta U_{CD} = \frac{9}{4} Mgh \ (\text{J})$$

(8) 内部エネルギーの変化 ΔU_{DA}〔J〕は

$$\Delta U_{DA} = \frac{3}{2} R \left(T_0 - \frac{3}{2} T_0 \right)$$

$$= \frac{3}{2} \left(P_0 Sh - \frac{3}{2} P_0 Sh \right)$$

$$= -\frac{3}{4} P_0 Sh \ (\text{J})$$

よって，内部エネルギーの減少分は $\frac{3}{4} P_0 Sh$ である。

(9) 状態Dから状態Aへの状態変化は定圧変化である。よって，気体がされる仕事 W_2〔J〕は

$$W_2 = \frac{1}{2} P_0 Sh \ (\text{J})$$

(10) 求める熱量を Q_{DA}〔J〕とすると，熱力学第一法則より

$$\Delta U_{DA} = -Q_{DA} + W_2 \ (\text{J})$$

$$Q_{DA} = -\Delta U_{DA} + W_2 = \frac{5}{4} P_0 Sh \ (\text{J})$$

(11) (2)，(5)，(7)，(10)の結果より，求める熱量の総和 Q_{in}〔J〕は

$$Q_{in} = \Delta U_{AB} + Q_{BC} - Q_{CD} - Q_{DA}$$

$$= \frac{3}{2} Mgh + \frac{5}{4} (P_0 S + Mg) h - \frac{9}{4} Mgh - \frac{5}{4} P_0 Sh$$

$$= \frac{1}{2} Mgh \ (\text{J})$$

(注) 「理想気体が台から受け取った熱量」として、吸熱過程のみを考えると

$$Q_{in} = \Delta U_{AB} + Q_{BC}$$

$$= \frac{3}{2} Mgh + \frac{5}{4} (P_0 S + Mg) h$$

$$= \frac{5}{4} P_0 Sh + \frac{11}{4} Mgh \, [J]$$

❖講　評

　出題は大問 3 題で、力学、電磁気、熱力学から 1 題ずつだった。いずれも例年通り誘導形式の空所補充問題であり、Ⅰは空所に適当な式または語句を選択肢から選ぶ形式で、Ⅱ・Ⅲは解答のみを答える形式である。

　Ⅰ　電磁気からの出題。前半は電磁誘導の基本的な問題であり、後半は導体棒の単振動を考察する問題であった。誘導に沿っていけば、高得点を狙えるであろう。

　Ⅱ　糸とつながった物体の円運動を考える問題である。典型的な問題であり、誘導が丁寧であるので、流れをしっかりつかむことにより完答を狙いたい。

　Ⅲ　単原子分子理想気体の状態変化を考える問題。それぞれの変化が何変化にあたるのかを正確に捉えることが大切。これも典型的な問題であるので、しっかり学習に取り組んできた受験生にとっては易しかったのではないかと思われる。

中央大-理工〈一般〉　　　　　　　　　　　　2021 年度　化学〈解答〉　*101*

化学

I　解答

(1)—⑤　(2)—①　(3)—⑦　(4)—⑦　(5)—⑥　(6)—⑦
(7)—④　(8)—②　(9)—⑤　(10)—⑤

◀解　説▶

≪小問 10 問≫

(1)　(ア)誤文。質量数 3 の水素原子は，陽子 1 個，中性子 2 個を持つ。

(イ)正文。30 年で最初の量の $\dfrac{1}{2}$，さらに 30 年で最初の量の $\dfrac{1}{4}$ になる。

(ウ)正文。質量数 35 の塩素の存在比を x〔％〕とすると，相対質量 ≒ 質量数として

$$35 \times \frac{x}{100} + 37 \times \frac{100-x}{100} = 35.5 \quad \therefore \quad x = 75 \text{〔％〕}$$

(4)　(ア)誤文。$MgCl_2$ の物質量は，$\dfrac{8.0 \times 10^{23}}{6.02 \times 10^{23}} \times \dfrac{1}{2}$ mol で，1.0 mol より小さい。

(イ)誤文。溶解している物質量は同じ。

(ウ)正文。化学反応式は

$$C_2H_5OH + 3O_2 \longrightarrow 2CO_2 + 3H_2O$$

なので，用いたエタノールの 2 倍の二酸化炭素が生成する。

(5)　(ア)誤文。無水物を用いた方が濃度が高くなるので，より大きな効果が期待できる。

(イ)正文。飽和蒸気圧が外圧と等しくなる温度が沸点であるので，高気圧のときの方が低気圧のときよりも沸点は高くなる。

(ウ)誤文。長時間放置すると溶媒分子が溶液側に浸透し，溶液側の水面が上がる。この液面に圧力を加えているので水溶液の濃度は増加する。

(6)　(ア)　陰極での反応を半反応式で表すと

$$Cu^{2+} + 2e^- \longrightarrow Cu$$

回路を移動した電子の物質量は

$$\frac{1.27}{63.55} \times 2 = 0.0399 \fallingdotseq 4.0 \times 10^{-2} \text{[mol]}$$

よって，電流を通した時間を x 分とすると

$$\frac{2.00 \times (x \times 60)}{9.65 \times 10^4} = 4.0 \times 10^{-2} \qquad \therefore \quad x = 32.1 \fallingdotseq 32 \text{ 分}$$

(イ)・(ウ)　陽極での反応は

$$2H_2O \longrightarrow O_2 + 4H^+ + 4e^-$$

発生した O_2 の物質量は

$$4.0 \times 10^{-2} \times \frac{1}{4} = 0.010 \text{[mol]}$$

(7)　(ア)正文。常温・常圧で気体であるのは，CO_2，NO_2，SO_2 の 3 種類。

(イ)誤文。SO_2 を水に溶かすと弱い酸性を示す。水に溶けて強い酸性を示すのは NO_2（水に溶けて硝酸を生じる）。

(ウ)誤文。両性酸化物は，Al_2O_3，ZnO の 2 種類。

(8)　気体 **A** は HF，気体 **B** は HCl である。

(イ)　水素結合の有無により，沸点は HF＞HCl である。

(ウ)　1 分子あたりの水素結合の本数から，沸点は HF＜H_2O である。

(9)　(a)はメチル基の酸化③，(b)はエステル化⑤，(c)はニトロ基の還元④である。

$$\textbf{A} : O_2N\!-\!\!\!\bigcirc\!\!\!-COOH$$

(10)　アクリロニトリル：1,3-ブタジエン＝1：x とすると，窒素数は 1，炭素数は $3 + 4x$ なので

$$1 : (3 + 4x) = 1 : 23 \qquad \therefore \quad x = 5$$

Ⅱ　解答

(1)(a) 2　(b) 1　(2)(c) 3　(d) 7　(3)(e) 2　(f) 1　(g)(h) 11
(4)(i) 5　(j) 8　(k) 2　(5)(l) 8　(m) 3　(6)(n) 1　(o)(p) 18

◀解　説▶

≪混合気体，蒸気圧≫

(1)　容器 **B** に入っているメタンを x[mol]，プロパンを y[mol] とする。それぞれの燃焼は

$$CH_4 + 2O_2 \longrightarrow CO_2 + 2H_2O \quad \cdots\cdots①$$

$$C_3H_8 + 5O_2 \longrightarrow 3CO_2 + 4H_2O \quad \cdots\cdots②$$

と表されるので、燃焼に必要な酸素は合計 $(2x+5y)$〔mol〕である。これが最初のメタンとプロパンの合計の物質量の 3 倍であることから

$$2x+5y=3(x+y) \qquad \therefore \quad x=2y$$

よって $\quad x:y=2:1$

(2) コックを開いた後の酸素の分圧を p_1〔Pa〕、メタンとプロパンの分圧の和を p_2〔Pa〕とする。酸素に関して、コックを開く前後でボイルの法則を適用して

$$4.0\times10^5\times11.0=p_1\times(11.0+4.0) \qquad \therefore \quad p_1=2.93\times10^5 \text{〔Pa〕}$$

同様に、メタンとプロパンの合計に関して

$$3.0\times10^5\times4.0=p_2\times(11.0+4.0) \qquad \therefore \quad p_2=8.00\times10^4 \text{〔Pa〕}$$

よって、コックを開いた後の全圧は

$$p_1+p_2=3.73\times10^5\fallingdotseq3.7\times10^5 \text{〔Pa〕}$$

(3) 混合気体において、分圧の比は物質量の比に等しいので

メタンとプロパンの合計の物質量：酸素の物質量$=p_2:p_1=3:11$

また、(1)より

メタンの物質量：プロパンの物質量$=2:1$

なので

メタン：プロパン：酸素$=2:1:11$

(4) (3)を用いて、燃焼前のメタン、プロパン、酸素の物質量をそれぞれ、$2n$〔mol〕、n〔mol〕、$11n$〔mol〕とおく。燃焼の化学反応式①、②から、生成した二酸化炭素は

$$2n+3n=5n \text{〔mol〕}$$

水は

$$2\times2n+4\times n=8n \text{〔mol〕}$$

消費された酸素は

$$2\times2n+5\times n=9n \text{〔mol〕}$$

なので、残った酸素は

$$11n-9n=2n \text{〔mol〕}$$

よって、燃焼後に容器内にある物質の物質量の比は

二酸化炭素：水：酸素$=5:8:2$

(5) (4)より、最初に容器Bに含まれていた混合気体の物質量は

$$2n+n=3n \text{〔mol〕}$$

生成する水の物質量は $8n$〔mol〕なので，求める比は，$\dfrac{8}{3}$ である。

(6) コックを開く前の容器 **A** について，気体の状態方程式より

$$4.0\times10^{5}\times11.0=11n\times R\times300 \qquad \therefore \quad n=\frac{4.0\times10^{3}}{3.0R}〔\text{mol}〕$$

よって，燃焼によって生成した水は

$$8n=8\times\frac{4.0\times10^{3}}{3.0\times8.3\times10^{3}}=1.285〔\text{mol}〕$$

このうち一部液体が生じていると仮定して，気体として存在している水蒸気の物質量を n'〔mol〕とすると，気体の状態方程式より

$$2.0\times10^{4}\times15.0=n'\times R\times333$$

$$\therefore \quad n'=\frac{30.0\times10^{4}}{333\times8.3\times10^{3}}=0.108〔\text{mol}〕$$

これは $1.285\,\text{mol}$ より小さいので，前述の仮定は正しい。よって，液体に変化した水の物質量は

$$1.285-0.108=1.177\fallingdotseq1.18〔\text{mol}〕$$

Ⅲ **解答** (1)酸素　(2)3.0 倍　(3)6.8 kJ/g　(4)—⑦　(5)—⑥
(6)水ガラス

◀**解　説**▶

≪メタンハイドレートと燃焼熱≫

(2) 式量は

$$8CH_4\cdot46H_2O=956.0$$
$$8CH_4\cdot46SiO_2=2888.0$$

8 mol のメタンを得るのに必要な質量が式量に等しいので

$$\frac{2888.0}{956.0}=3.02\fallingdotseq3.0\ 倍$$

(3)　CH_4（気）$+2O_2$（気）$=CO_2$（気）$+2H_2O$（液）$+890\,\text{kJ}$　……①
　　　H_2O（液）$=H_2O$（気）$-41\,\text{kJ}$　……②

①＋②×2 より

　　　CH_4（気）$+2O_2$（気）$=CO_2$（気）$+2H_2O$（気）$+808\,\text{kJ}$　……③

よって，求める熱量は

中央大-理工〈一般〉   2021 年度　化学〈解答〉　*105*

$$\frac{1.0}{956.0} \times 8 \times 808 = 6.76 \fallingdotseq 6.8 \,[\text{kJ/g}]$$

(4)　メタンハイドレートとモデル物質で，起こる反応は同じであると仮定しているので，1 g あたりに得られる熱量の比は，1 g あたりのメタンの物質量の比と等しい。よって

$$\frac{\dfrac{1}{956.0}}{\dfrac{1}{2888.0}} = 3.02 \fallingdotseq 3.0 \,倍$$

(5)　(3)と同様にして，モデル物質 1 g を燃焼させたときに得られる熱量は

$$\frac{1.0}{2888.0} \times 8 \times 808 = 2.238 \fallingdotseq 2.24 \,[\text{kJ/g}]$$

$$H_2O \,(固) = H_2O \,(液) - 6.0 \,\text{kJ} \quad \cdots\cdots ④$$

④と②から

$$H_2O \,(固) = H_2O \,(気) - 47 \,\text{kJ} \quad \cdots\cdots ⑤$$

条件 4 を仮定した場合，メタンハイドレート 1.0 mol を燃焼させると，③式 8 mol 分と，⑤式 46 mol 分の反応が起きるので，その際に生じる熱量は

$$808 \times 8 - 47 \times 46 = 4302 \,[\text{kJ}]$$

よって，条件 4 を仮定した場合に，メタンハイドレート 1 g を燃焼させたときに生じる熱量は

$$\frac{4302}{956.0} = 4.5 \,[\text{kJ/g}]$$

よって，求める比は

$$\frac{4.5}{2.24} = 2.00 \fallingdotseq 2.0 \,倍$$

IV　解答

A.　　　　**B.**

C. 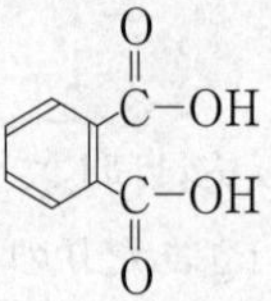　**D**. 

E. 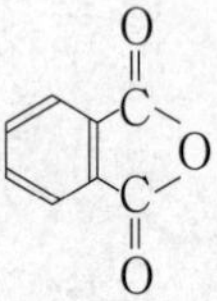

◀解　説▶

《芳香族炭化水素の構造決定》

分子式 C_9H_{12} で表される二置換ベンゼンには，次の①～③の 3 種類ある（それぞれ，*o*-，*m*-，*p*-の位置異性体）。

① 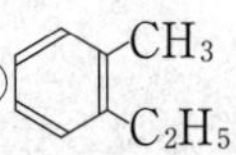　② 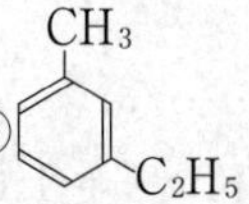　③ 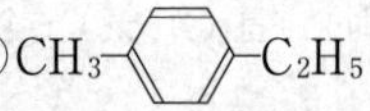

このそれぞれから生じるモノクロロ化物の構造異性体の数は，①，②が 4 種類，③が 2 種類である。よって，**A** は①または②，**B** は③である。

①～③を過マンガン酸カリウムと反応させたときに生じる化合物は

① 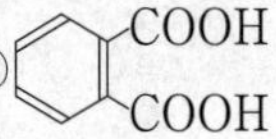　② 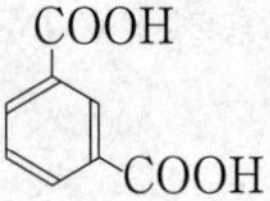　③ 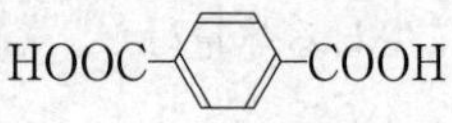

であり，このうち①から生じるフタル酸のみ加熱すると分子内脱水反応が起こる。以上から，**A** は①である。

❖講　評

Ⅰ・Ⅱがマークシート法，Ⅲ・Ⅳが記述式で，2020 年度と同じ形式であった。

Ⅰ　小問 10 問の構成で，2020 年度と同じであった。全分野からの出題で，正誤の組み合わせを選ぶものや計算問題の数値を選ぶものなど，これまでの出題形式と同様で，難易度に関してもこれまでと同じく基本～標準レベルだった。

Ⅱ　2020 年度に引き続きマークシート法だったが，正しい数式や数

値を選ぶ形式から，数値を答える形式に変わった。出題内容は，気体の法則，分圧，蒸気圧を用いた計算問題で，難易度は標準。数値を答える形式に変わった分，計算に必要な時間が増えた。

Ⅲ　メタンハイドレートおよびその類似物質の燃焼に関する計算問題。おそらく受験生にとって初見の問題であったと思われるので，条件文を正しく読み取れるかどうかで得点が大きく変わっただろう。

Ⅳ　芳香族炭化水素およびそれを酸化したときに生じる物質の構造決定の問題。頻出問題なので，基本知識を整理できていれば簡単に解答できただろう。

全体的に，難易度はこれまでと同様で基本〜標準。知識を必要とする問題は減ったが，文章を読み取る必要のある問題がやや増えた。

生物

Ⅰ **解答** A. (1)—(h)（(f)も可） (2)—(e) (3)—(m) (4)—(a)
(5)—(c) (6)—(p) (7)—(n) (8)—(m) (9)—(d) (10)—(1)
B. (1)—(b) (2)—(c) (3)—(c) (4)—(a) (5)—(b)

◀解 説▶

≪生体防御・免疫，植物の物質輸送，代謝，体内成分，動物の行動≫

A. (1) ㈣誤文。皮膚の体表に分泌される汗は弱酸性であり，これにより
病原体の繁殖が妨げられる。したがって，皮膚は物理的な方法だけでなく，
化学的な方法でも病原体の侵入を防ぐことができる。

㈤誤文。リンパ球は白血球の一種で，NK 細胞，T 細胞，B 細胞がある。
樹状細胞，マクロファージ，好中球は白血球であるが食細胞に分類される。
㈢のリゾチームによる抗菌は，物理的・化学的な生体防御の例であるが，
これを自然免疫として分類する場合もある。

(2) ㈣誤文。B 細胞が特定の病原体を認識することは体液性免疫のひとつ
である。

㈤正文。ヘルパー T 細胞は，B 細胞だけでなくマクロファージや好中球な
どの食細胞の活性化も促進する。

(3) ㈠誤文。免疫寛容は，自己の細胞を特異的に認識するリンパ球のはた
らきが抑えられている現象である。

㈣誤文。アレルギーは，異物である非自己に対して免疫が異常に活性化す
る反応である。

(4) ㈣正文。HIV はヒト免疫不全ウイルスであり，AIDS は後天性免疫不
全症候群である。

㈤正文。ツベルクリン反応検査の結果が陰性ということは，結核菌に対す
る獲得免疫が確立されていないということなので，結核菌由来のタンパク
質抗原を含む BCG を接種することで，結核菌に対する獲得免疫を確立さ
せる。

(5) ㈢誤文。免疫グロブリンは抗体および B 細胞受容体を構成しているポ
リペプチドであるが，T 細胞受容体を構成しているわけではない。

(6) (ア)誤文。茎の伸長や葉は，茎頂分裂組織による伸長成長により形成される。形成層での細胞分裂では，茎の肥大成長がみられるが，葉はかかわらない。

(イ)誤文。植物は，炭水化物と同様，脂肪やタンパク質も同化により合成している。

(ウ)誤文。シダ植物や種子植物といった維管束植物は，同化物質を葉から師管を通して種子などの貯蔵器官へ送る。

(エ)誤文。ヤマノイモが形成するむかごは無性生殖器官のひとつである。

(7) (ア)誤文。クチクラは細胞表面をおおう物質で，水分の蒸発を防ぐ役割をもつ。したがって，クチクラからの蒸散量は，気孔からの蒸散量よりも少ない。

(イ)誤文。水分が欠乏すると，アブシシン酸のはたらきによって気孔が閉じる。

(エ)誤文。根圧は，根の細胞の塩濃度と根の周りの塩濃度の違いによって生じる浸透圧差のことである。

(8) (ア)誤文。ヒル反応では，水が分解され，O_2 と NADPH が生成される。

(イ)誤文。葉緑体内の ATP 合成酵素はチラコイド膜に存在している。

(9) (ウ)誤文。解糖系でつくられる物質はピルビン酸である。クエン酸ではない。

(エ)誤文。解糖では最終的に 1 分子のグルコースから 2 分子の乳酸が得られる。

(10) (ア)誤文。アルコール発酵の過程では CO_2 が生成されるが，乳酸発酵の過程では CO_2 は生成されない。

(ウ)誤文。アルコール発酵の過程では，NADH が水素原子をアセトアルデヒドに受け渡し，エタノールと NAD^+ が生成される。

(エ)誤文。酸素を用いた呼吸では 1 分子のグルコースから最大 38 分子のATP が生成されるが，発酵では 1 分子のグルコースから 2 分子の ATPが生成される。したがって，発酵で合成される ATP 量は，酸素を用いた呼吸に比べ少ない。

B. (1) (b)誤文。ヒトの赤血球は核をもたず，酸素の運搬に特化した円盤状の形状をもつ。

(c)正文。赤血球や白血球などの血球細胞はすべて造血幹細胞から分化する。

110 2021 年度 生物〈解答〉 中央大-理工〈一般〉

(2) (c)誤文。血液中のプロトロンビンがトロンビンへと変化する際，カルシウムイオンが必要である。

(e)正文。傷ついた血管が修復されると，プラスミンとよばれる酵素が血ぺいのフィブリンを分解することで線溶（繊溶）が起きる。

(3) (c)誤文。酸素濃度が高く，二酸化炭素濃度が低い動脈血は鮮紅色をしている。

(d)正文。酸素ヘモグロビンは，二酸化炭素濃度が高く，pH が低い環境では酸素を解離しやすい性質をもつ。

(4) (a)誤文。ミツバチのダンスによる情報伝達は生得的行動によるものであり，生後の経験によって得られる学習によるものではない。

(5) (b)誤文。ミドリムシがより明るい方向へ移動する現象は正の走性（光走性）である。

(c)・(d)正文。動物の特定の行動が起こるかどうかが決まる成長の時期は臨界期とよばれる。さえずりの学習や刷込みにおいて，キンカチョウやアヒルでは臨界期があると考えられている。

II 解答

(1)(ア)フック　(イ)レーウェンフック　(ウ)シュライデン
(エ)シュワン　(オ)ルスカ

(2)(i)(a)—A　(b)—B　(c)—E　(d)—B　(e)—B　(f)—D　(g)—C
(ii)—B・C　(iii)—D・E

(3)(ア)5　(イ)−5　(ウ)3　(エ)−8　(オ)8.4　(カ)8　(キ)5.2　(ク)8　(ケ)61.9

◀解　説▶

≪細胞研究の歴史，顕微鏡，細胞計数盤≫

(1) (オ)ドイツのエルンスト＝ルスカやマックス＝クノールは，光学顕微鏡より分解能（2 つの点として識別できる 2 点間の最小距離）が高い透過型電子顕微鏡を開発した。光学顕微鏡では可視光線を当てて拡大するのに対し，透過型電子顕微鏡は電子線を当てて拡大する。

(2) (i) (a)カエルの卵：2.5 mm　(b)酵母菌：10 μm
(c)細胞膜の厚さ：5〜10 nm　(d)ヒトの赤血球：7〜8 μm
(e)ヒトの精子の全長：60 μm
(f)インフルエンザウイルス：80〜120 nm
(g)大腸菌：2〜4 μm

(ii)・(iii)　肉眼，光学顕微鏡，電子顕微鏡の分解能と観察可能な区分は，肉眼：0.2mm，光学顕微鏡：$0.2\mu m$（200nm），電子顕微鏡：0.2nm である。したがって，肉眼では観察できず光学顕微鏡で観察できる区分はBとC，光学顕微鏡では観察できず電子顕微鏡で観察できる区分はDとEとなる。

(3)　(ア)・(イ)　$0.05〔mm〕×0.05〔mm〕×0.02〔mm〕=5×10^{-5}〔mm^3〕$

(ウ)　$10〔mm〕×10〔mm〕×10〔mm〕=10^3〔mm^3〕$

(エ)　(ウ)より，$10^3〔mm^3〕=1〔mL〕$ なので

$$5×10^{-5}〔mm^3〕=5×10^{-8}〔mL〕$$

(オ)・(カ)　格子1区画（$5×10^{-8}mL$）あたりに大腸菌が42個観察されたことから，培養液Q 1mL あたりの大腸菌数を x 個とすると，次のように立式できる。

$$5×10^{-8}mL：42 個=1mL：x 個$$

したがって，$x=8.4×10^8$ 個となる。

(キ)・(ク)　培養液Qを 10^6 分の1に希釈し，その希釈液を0.1mL ずつ塗り広げ培養した結果，LB 寒天平板培地1枚あたり平均52個のコロニーが出現したことから，培養液Q（希釈前）1mL あたりの大腸菌の生菌数は

$$52 個×10^6×\frac{1}{0.1}=5.2×10^8 個$$

(ケ)　(オ)・(カ)より培養液Q 1mL あたりの細菌細胞数は $8.4×10^8$ 個，(キ)・(ク)より培養液Q 1mL あたりの大腸菌の生菌数は $5.2×10^8$ 個である。したがって，培養液Q中のすべての細菌細胞数に対する生菌数の割合は次のように計算できる。

$$\frac{5.2×10^8 個}{8.4×10^8 個}×100=61.90≒61.9〔\%〕$$

Ⅲ　**解答**　A.　(1)(ア)チミン　(イ)デオキシリボース

(ウ)ヌクレオチド　(エ)相同染色体　(オ)配偶子

(カ)セントラルドグマ

(2)現象：翻訳　細胞小器官：リボソーム

(3)(あ)転写調節領域　(い)プロモーター　(う)リプレッサー

B.　(4)核移植実験により発生した幼生が未受精卵の核によるものではなく，

112 2021 年度 生物〈解答〉　　　　　　　　　　　　中央大-理工〈一般〉

供与体の細胞から摘出された核によるものであることを示すため。

(5)

核の供与体	各時期まで正常に発生した核移植胚の割合		
	胞胚期	神経胚期	幼生期
胞胚	100 %	94 %	81 %
神経胚	100 %	80 %	52 %
幼生	100 %	54 %	15 %

(6) 77 %

(7)(ⅰ)—(B)　(ⅱ)—(C)　(ⅲ)—(A)

━━━━━━◀ 解　説 ▶━━━━━━

≪遺伝子発現，核移植実験≫

A．(3)　(う)転写調節領域に結合し，特定の遺伝子の転写を抑制させる調節タンパク質はリプレッサーとよばれる。選択肢にあるアクチベーターは転写を促進させる調節タンパク質である。

B．(4)　核移植実験では，未受精卵の核を不活性化することで，未受精卵の核の発現ではなく，供与体の細胞の核の発現のみによって核移植胚が幼生まで発生したことを示す必要がある。また，幼生まで発生した核移植胚を構成している細胞が核小体を1つもつ状態であれば，確実に供与体の細胞の核の発現によって核移植胚が幼生まで発生したことがわかる。

(5)　本問では，設問文中に「表1より胞胚期での生存数を100％とした時」と記載されていることから，胞胚期まで正常発生した核移植胚の割合を100％とし，核の供与体の各時期において，この100％に対する神経胚期と幼生期でのそれぞれの生存率〔％〕を計算していく必要がある。

〈胞胚が核の供与体である場合〉

113個が100％に相当していることから，神経胚期まで正常発生した割合〔％〕を x_1，幼生期まで正常発生した割合〔％〕を x_2 とすると，次のように立式できる。

　　　　113個：100 ％＝106個：x_1〔％〕

　　　　113個：100 ％＝91個：x_2〔％〕

したがって

　　　　$x_1 = 93.8 \fallingdotseq 94$〔％〕，$x_2 = 80.5 \fallingdotseq 81$〔％〕

中央大-理工〈一般〉   2021 年度　生物〈解答〉　*113*

＜神経胚が核の供与体である場合＞

50 個が 100 ％に相当していることから，神経胚期まで正常発生した割合
〔％〕を y_1，幼生期まで正常発生した割合〔％〕を y_2 とすると，次のよう
に立式できる。

$$50 \text{ 個}：100 \% = 40 \text{ 個}：y_1 〔\%〕$$
$$50 \text{ 個}：100 \% = 26 \text{ 個}：y_2 〔\%〕$$

したがって

$$y_1 = 80 〔\%〕, \quad y_2 = 52 〔\%〕$$

＜幼生が核の供与体である場合＞

89 個が 100 ％に相当していることから，神経胚期まで正常発生した割合
〔％〕を z_1，幼生期まで正常発生した割合〔％〕を z_2 とすると，次のよう
に立式できる。

$$89 \text{ 個}：100 \% = 48 \text{ 個}：z_1 〔\%〕$$
$$89 \text{ 個}：100 \% = 13 \text{ 個}：z_2 〔\%〕$$

したがって

$$z_1 = 53.9 ≒ 54 〔\%〕, \quad z_2 = 14.6 ≒ 15 〔\%〕$$

(6) 胞胚が核の供与体である場合，幼生まで到達した胚の割合は 81 ％である。また，神経胚が核の供与体である場合，幼生まで到達した胚の割合は 52 ％である。つまり，核を取り出した発生時期が進めば進むほど，核移植胚の正常発生の割合が低下している。原腸胚期は胞胚期と神経胚期の間の発生時期であることから，原腸胚が核の供与体であった場合，幼生まで到達する胚の割合は 81 ％と 52 ％の間の数になることが考えられる。本問の選択肢のうち，これを満たしている数値は 77 ％のみである。

(7) 次のように考えていくと解きやすい。

考察(i)：文中に「発生が進むにつれて調節タンパク質による転写制御が複雑になって初期状態から大きく変化していく」と記載されている。つまり，発生時期が進んだものほど発現される遺伝子の種類が初期状態と比べ大きく異なり，核移植の際に幼生に到達する割合が下がったことが考察される。

考察(ii)：文中に「核のもつ遺伝情報は，発生の過程で失われることはなく」と記載されている。つまり，幼生期の細胞の核による核移植実験においても幼生まで正常発生したということから，核の中の

114 2021 年度　生物〈解答〉　　　　　　　　　　　　　　　　　中央大-理工〈一般〉

遺伝情報が幼生期まで失われることがなかったことが考察される。

考察(ⅲ)：文中に「未受精卵の細胞質中には，核を初期化して」と記載され
ている。核を取り出した細胞が内胚葉細胞であったにもかかわら
ず核移植胚の発生が正常に進行したということから，未受精卵の
細胞質中に核を初期化する因子があることが考察される。

Ⅳ 解答

A．(1)—(d)
(2)B—(b)・(e)　C—(c)・(i)　D—(a)・(f)　E—(d)・(g)
(3)アーキア：F　バクテリア：B　真核生物：C・D・E
(4)①—(c)　②—(d)　③—(i)
B．(5)—(c)
(6)(a)—⑤　(b)—⑩　(c)—⓪　(d)—④　(e)—⑧　(f)—⓪

◀解　説▶

≪生物の分類・ドメイン，炭素の循環≫

A．(1)　生物群Aは約40億年前に誕生したとされている原始生命体に相
当する。

(a)誤り。原始生命体は海底の熱水噴出孔で誕生したと考えられている。乾
燥した土壌中（陸上）で生活していたとは考えにくい。

(b)誤り。タンパク質でできた殻を外側にもつのはウイルスで，ウイルスは
生物とはいえない。

(c)誤り。すべての生物はリン脂質を主成分とした細胞膜を外側にもつ細胞
からなるが，細胞膜を構成しているリン脂質は一層ではなく二層である。

(d)正しい。原始生命体は単細胞生物であり，分裂によって増殖したと考え
られている。

(e)誤り。胞子は菌類や藻類，植物などが形成する。現生の生物がすべて胞
子を形成しているわけではないので，原始生命体が胞子を形成したとは考
えにくい。

(2)〜(4)　まず，(2)の設問文中に「生物群Fの代表的生物はメタン（生成）
菌である」と記載されていることから，生物群Fはアーキアドメインに属
することがわかる。そのことより生物群Bがバクテリアドメインであると
わかる。①では核膜の形成が起こり，②では酸素呼吸型生物の共生（ミト
コンドリアの形成），③では光合成生物の共生（葉緑体の形成）が起きた

ことがわかる。生物群Bがバクテリアドメインであるので，生物群C〜E
は真核生物ドメインに属する。また，生物群Cには細胞に葉緑体をもつ
「植物界および原生生物界の一部」が相当し，生物群DとEには「動物界
および原生生物界の一部」か「菌界」のどちらかが相当することになるが，
(2)の設問文中に「生物群Dに属する生物は細胞壁をもつ」と記載されてい
ることから，生物群Dには「菌界」が，生物群Eには「動物界および原生
生物界の一部」が相当することがわかる。

B．(5)　①は植物界である。図2は陸上生態系での模式図であるので，(c)
イチョウを選ぶ。

(6)　(a)陸上植物（キャベツ）が動物（モンシロチョウ）に被食されている
⑤を選ぶ。

(b)土壌中の生物による分解で堆肥が熟成されるため，⑩を選ぶ。

(c)図2には，陸上植物（薪）を人間が燃焼させる過程がみられないため，
⓪を選ぶ。

(d)シダをほとんど光のない状態で栽培すると，呼吸のみがみられる。陸上
植物（シダ）から大気中に CO_2 が移動している④を選ぶ。

(e)動物（アブラゼミ）が抜け殻（炭素を含む有機物）を排出している⑧を
選ぶ。

(f)図2には，陸上植物（ダイズ）が根粒菌から窒素化合物を得ている過程
がみられないため，⓪を選ぶ。

❖講　評

　大問4題の出題で，小問の数は2020年度と同程度であった。論述問
題の数は年々減少している傾向にある。毎年出題される描図問題が
2021年度ではみられなかったが，その分，計算問題や考察問題の割合
が増え，受験生に対する負担はあまり変わらなかった。

　Ⅰ　生体防御・免疫，植物の物質輸送，代謝，体内成分，動物の行動
に関する小問集合問題であった。教科書レベルでの出題が多く，ここで
しっかりと得点しておきたい。

　Ⅱ　細胞研究の歴史，顕微鏡，細胞計数盤に関する出題であった。単
位や希釈率に気をつけながら，大腸菌の生菌数を測定する計算問題もあ
った。計算力が多少問われた。

Ⅲ 遺伝子発現，核移植実験に関する出題であった。核移植実験の問題では様々な割合計算や考察が求められた。情報をきちんと整理すればそれほど難しくはないが，ここで時間をとられた受験生は多かったであろう。

Ⅳ 生物の分類・ドメイン，炭素の循環に関する問題であった。非常に基本的な内容であり，ここでしっかりと得点する必要がある。

Ⅰは例年通り小問集合，Ⅱは近年では出題がみられなかった細胞，Ⅲ・Ⅳは従来からの頻出分野である遺伝情報，生殖・発生，進化・系統，生態からの出題であった。大問によっては時間がかかるものもあるので，90分という時間を有効に使うことを意識していくとよい。

中央大-理工〈共通テスト併用〉　　　　　　　　　　　　2021 年度　問題　*117*

■共通テスト併用方式

問題編

▶試験科目・配点（個別試験）

教　科	科　　　　　　目	配　点
数　学	「数学Ⅰ・Ⅱ・Ⅲ・Ａ・Ｂ」から 4 題出題し，そのうち任意の 3 題を選択解答	150 点
理　科	数学科・物理学科・都市環境学科 　「物理基礎，物理」「化学基礎，化学」から各 3 題，計 6 題出題し， 　そのうち任意の 3 題を選択解答 上記以外の学科 　「物理基礎，物理」「化学基礎，化学」「生物基礎，生物」から各 　3 題，計 9 題出題し，そのうち任意の 3 題を選択解答	150 点

▶備　考

• 「数学Ｂ」は「数列，ベクトル」から出題する。

• 数学科の「数学」の配点は 300 点となる。

• 合否判定は，上記の個別試験と大学入学共通テストの英語（150 点満点）の合計得点（450 点満点〈数学科は 600 点満点〉）で行う。

数学

(100 分)

(注)

1. 問題は，Ⅰ～Ⅳの4題あります。そのうち3題を選択して解答してください。

2. 満点が150点となる配点表示になっていますが，数学科は満点が300点であり，各問の配点は2倍となります。

Ⅰ　2つの自然数 n, k に対し，

$$a(n, k) = \sum_{j=0}^{n} (-2)^{n-j}{}_{n+k+1}\mathrm{C}_j$$

とおく。以下の問いに答えよ。(50点)

(1) $a(1, k)$ を求めよ。

(2) $a(n, 1) = \dfrac{1}{4}\left\{2n + 3 + (-1)^n\right\}$ を示せ。

(3) $n \geqq 2$, $k \geqq 2$ のとき，

$$a(n, k) = a(n, k-1) + a(n-1, k)$$

を示せ。

(4) $\ell = n + k$ とおく。ℓ に関する数学的帰納法により，$a(n, k) > 0$ を示せ。

中央大-理工〈共通テスト併用〉　　　　　　　　　　　　　2021 年度　数学　*119*

II 2 つの実数 a, b に対し $f(x) = (x^2 + ax + b)e^x$ とおく。以下の問いに答えよ。(50 点)

(1) $f(x)$ の第 1 次導関数 $f'(x)$ と 第 2 次導関数 $f''(x)$ を求めよ。

(2) 自然数 n に対し，$f(x)$ の第 n 次導関数 $f^{(n)}(x)$ を推測し，その推測が正しいことを数学的帰納法を用いて示せ。

(3) 自然数 n に対し，実数 a_n, b_n は $\{(x^2 + a_n x + b_n)e^x\}^{(n)} = x^2 e^x$ を満たすものとする。a_n, b_n を求めよ。

(4) $g_0(x) = x^2 e^x$ とする。自然数 n に対し，関数 $g_n(x)$ を順に

$$g_n(x) = \int_0^x g_{n-1}(t)dt$$

により定める。$g_1(x), g_2(x), g_3(x)$，および $g_6(x)$ を求めよ。結果のみ解答すればよい。

III xy 平面上で $(1, 0)$ を中心とする半径 1 の円を C_1，$(-1, 0)$ を中心とする半径 2 の円を C_2 とする。また，(a, b) を中心とする半径 r の円 C が円 C_1 と円 C_2 に同時に外接しているとする。ただし $b > 0$，$r > 0$ とする。以下の問いに答えよ。(50 点)

(1) b と r をそれぞれ a の式で表せ。また，a のとりうる値の範囲を求めよ。

(2) 円 C と x 軸が異なる 2 点で交わるような a の値の範囲を求めよ。また，その 2 つの交点を P$(p, 0)$，Q$(q, 0)$ (ただし $p < q$) とするとき，p を a の式で表し，$\dfrac{dp}{da} < 0$ を示せ。

(3) (2) において，p のとりうる値の範囲を求めよ。

IV 2つの自然数 j, k に対し,

$$S(j,k) = \int_{-\pi}^{\pi} (\sin jx)(\sin kx)\, dx, \quad T(k) = \int_{-\pi}^{\pi} x \sin kx\, dx$$

とおく。以下の問いに答えよ。(50 点)

(1)　$j \neq k$ のとき $S(j,k) = 0$ を示せ。また，$S(k,k) = \pi$ を示せ。

(2)　$T(k) = \dfrac{2\pi(-1)^{k+1}}{k}$ を示せ。

(3)　実数 a に対し,

$$L = \int_{-\pi}^{\pi} (x - a\sin x)^2\, dx$$

とおく。L が最小となる a の値およびそのときの L の値を求めよ。

(4)　n を自然数とする。実数 $a_1, a_2, \cdots\cdots, a_n$ に対し,

$$M = \int_{-\pi}^{\pi} \left(x - \sum_{k=1}^{n} a_k \sin kx \right)^2 dx$$

とおく。M が最小となる $a_1, a_2, \cdots\cdots, a_n$ の値を求めよ。

中央大-理工〈共通テスト併用〉   2021 年度　物理　*121*

■物理■

（理科 3 題で 100 分）

(注)　問題は,「物理」: Ⅰ～Ⅲ,「化学」: Ⅰ～Ⅲ,「生物」: Ⅰ～Ⅲの 9 題あります。
そのうち 3 題を選択して解答してください。「生物」は精密機械工学科, 電気電
子情報通信工学科, 応用化学科, ビジネスデータサイエンス学科, 情報工学科,
生命科学科, 人間総合理工学科受験者のみ選択解答できます。

Ⅰ　次の問題の答えを解答用紙の所定の場所に書きなさい。ただし, 小問 3, 4 につい
ては導出の過程も含めて答えなさい。それ以外については答えのみでよい。(50 点)

　　図 1 のように, 直線部分と半径 R の半円部分が点 A で滑らかにつながった針金が
ある。半円と直線は一つの平面上にあり, その平面は鉛直軸を含んでいる。直線部分
は水平方向に延びているため, 半円の中心 O の真下に点 A がある。また, 半円上に
点 B をとる。∠AOB を θ_0 で表すことにし, θ_0 は $0 < \theta_0 < \dfrac{\pi}{2}$ を満たしているとする。
　　この針金に, 質量 m のビーズを通した。このビーズを点 B に置き, 静かに手をは
なした後の運動を, 以下の, 設定の異なる 2 つの実験において観察することにする。
針金とビーズとの間の摩擦は無視できるものとし, 針金はビーズに対して, 針金と垂
直な方向の力のみを与えるとする。重力加速度の大きさを g とし, 空気抵抗は無視で
きるものとして, 以下の問いに答えなさい。

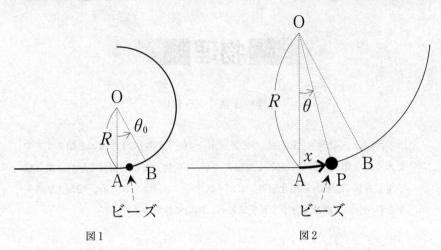

図1　　　　　　　　　　図2

【実験1】　実験1は，図1のように，単純に，ビーズに針金が貫通している設定で行う。点Bで手から離れたビーズは点Aに向かう。ビーズの位置Pが図2のように点Bと点Aの間にあるとき，すなわち∠AOPをθで表したときに$0 \leqq \theta \leqq \theta_0$が成りたつ範囲での運動を考えよう。

問い

1. 図2の点Pにおいてビーズにはたらく全ての力の合力を考え，その針金にそった向きの成分fをm, g, θで表しなさい。ただし，fの符号は反時計回りを正とする。

　以下の小問2，3，4では，θ_0が十分小さく，$\sin\theta_0 \fallingdotseq \theta_0$という近似式が成りたつ場合を考えていこう。このとき，$0 \leqq \theta \leqq \theta_0$を満たすどの$\theta$に対しても$\sin\theta \fallingdotseq \theta$が成りたつ。ここで，図2のように，ビーズの点Aからの針金にそった変位をx（右向きを正とする）で表すことにする。また，点Bにおけるxの値はx_0であったとする。

問い

2. 図2の点Pにおけるfをxおよび，m, g, Rを用いて表しなさい。
3. ビーズが点Bから点Aに移動するのに要する時間t_1をg, Rで表しなさい。
4. ビーズが点Aに達する瞬間の速さv_1をx_0および，g, Rで表しなさい。

【実験2】 実験2は，針金が貫通したビーズにばね定数 k のばねをつなぎ，ばねの左端を図3のように固定した設定で行う。この際，針金はばねの中に通し，ビーズが点Aにあるときにばねが自然長となるようにしておく。点Bで手から離れたビーズは，まず点Aに向かう。最初にビーズの位置Pが図4のように点Bと点Aの間にあるときの運動を考えよう。針金とばねの間には摩擦がないとし，点Bでビーズから手をはなした時刻を $t=0$ として，以下の問いに答えなさい。

問い

5．図4の点Pにおいてビーズにはたらく全ての力の合力を考え，その針金にそった向きの成分 f' を m, g, k, R, θ で表しなさい。ただし， f' の符号は反時計回りを正とする。

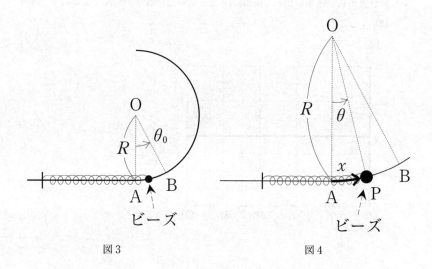

図3　　　　　　　　　図4

以下の小問6〜11では， θ_0 が十分小さく， $\sin\theta_0 \fallingdotseq \theta_0$ という近似式が成りたつ場合を考えていこう。ここで，図4のように，ビーズの点Aからの針金にそった変位を x（右向きを正とする）で表すことにし，点Bにおける x の値は x_0 であったとする。

問い

6．図4の点Pにおける f' を x および， m, g, k, R で表しなさい。

7. ビーズが点Aに達する時刻 t_2 を m, g, k, R で表しなさい。
8. 時刻 t_2 におけるビーズの速さ v_2 を x_0 および, m, g, k, R で表しなさい。

　ビーズは，点Aに達した後，針金の直線部分を進み，ばねは自然長から縮んだ。すなわち x は負の値をとるようになった。そして点Aからの変位が x_3 になったとき，ついにビーズの速さが0になった。

問い

9. x_3 を x_0 および, m, g, R で表しなさい。
10. 点Aからの変位が x_3 になったときの時刻 t_3 を t_2 および, m, k で表しなさい。
11. $\dfrac{mg}{kR} = 8$ の場合における x と t との関係を解答用紙のグラフに描きなさい。ただし，解答用紙の横軸には t_2, 縦軸には x_0 を用いた目盛りが刻んであるので，これを利用すること。

〔解答欄〕

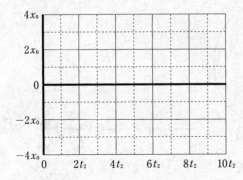

Ⅱ 次の問題の答えを導出の過程も含めて，解答用紙の所定の場所に書きなさい．

(50点)

下図のように右向きに x 軸を，上向きに y 軸を，紙面手前向きに z 軸をとる．$y > 0$ の領域には磁束密度の大きさが B の一様な磁場（磁界）が xy 面に垂直に z 軸の正の向きに，$y < 0$ の領域には磁束密度の大きさが B' の一様な磁場（磁界）が xy 面に垂直に z 軸の負の向きにかかっている．以下では，質量 m，電気量 q の点電荷が xy 面内を運動する場合を考えよう．原点から y 軸に沿って y 軸の正の向きに点電荷を速さ v で打ち出したところ，下図のような軌跡1を通って x 軸上の位置 Q に到達した．次に x 軸との角度が θ $\left(0 < \theta < \dfrac{\pi}{2}\right)$ の向きに点電荷を同じ速さ v で打ち出したところ，下図のように軌跡2を通って x 軸上の同じ位置 Q に到達した．

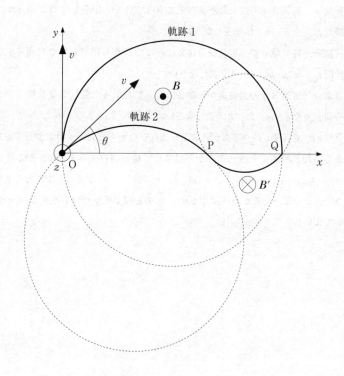

必要があれば，弦の一端を通る円の接線と弦のなす角が θ のとき，弦の長さは半径 $\times \sin\theta \times 2$ で与えられること（右図参照）を使って以下の問いに答えなさい。

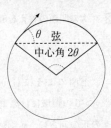

問い

1．磁束密度の大きさが B の一様な磁場（磁界）中を，質量 m, 電気量 q の点電荷が速さ v で等速円運動するときの円の半径を求めなさい。

2．線分 OP の長さを q, m, v, B, θ で表しなさい。

3．線分 PQ の長さを q, m, v, B', θ で表しなさい。

4．OP + PQ = OQ であることを用いて，$\dfrac{B'}{B}$ を θ のみで表しなさい。

5．質量 m, 電気量 q の点電荷が軌跡1に沿って O から出発して Q に到達するまでの時間 t_{OQ} を q, m, B で表しなさい。

6．質量 m, 電気量 q の点電荷が軌跡2に沿って O から出発して P に到達するまでの時間 t_{OP} を q, m, B, θ で表しなさい。

7．質量 m, 電気量 q の点電荷が軌跡2に沿って P から出発して Q に到達するまでの時間 t_{PQ} を q, m, B', θ で表しなさい。

8．質量 m, 電気量 q の点電荷が軌跡1を通って O から出発して Q に到達するまでにかかる時間と軌跡2を通って O から出発して Q に到達するまでにかかる時間との差 $\Delta t = t_{OQ} - (t_{OP} + t_{PQ})$ を q, m, B, θ で表し，Δt が常に正であることを示しなさい。その際，必要があれば $0 < \theta < \dfrac{\pi}{2}$ の範囲で成りたつ不等式 $2\theta < \pi \sin\theta$ を用いてよい。

Ⅲ 次の問題の答えを解答用紙の所定の場所に書きなさい。(50点)

　ヤングの実験では，2本のスリットを通過した光がスクリーン上に干渉縞をつくる。その理由を考えてみよう。図1のようにスリット S_1 および S_2 に波長 λ の位相のそろった単色光を入射させた。S_1 から出る回折光を回折光1，S_2 から出る回折光を回折光2とよぶことにする。スクリーン上の観測点をPとし，S_1 とPの距離を L，S_2 とPの距離を $L+\Delta L$ とする。波長 λ および整数 m （$m = 0, \pm 1, \pm 2, \cdots$）を用いると，回折光1と回折光2が互いに強め合う位置にPがある場合には $\Delta L =$ (1) ，互いに弱め合う位置にある場合には $\Delta L =$ (2) と表すことができる。その他の位置における光の強さも考察するため，以下では回折光を正弦波と見なして考えてみよう。

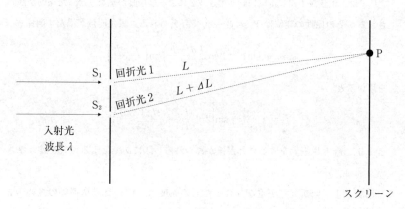

図1

　まず回折光1については，S_1 の位置が $x=0$，Pの位置が $x=L$ となるように S_1 とPを結ぶ直線上に x 軸をとることにする。この x 軸上を正の向きに進む，周期 T，波長 λ，振幅 A（$A>0$）の正弦波の変位 y は，

$$y = A\sin\left[2\pi\left(\frac{t}{T} - \frac{x}{\lambda}\right)\right]$$

と表される。ただし，時刻 $t=0$ における S_1 の位置での位相を0とした。これを正弦波1としよう。正弦波1のPの位置 $x=L$ における変位を y_1 で表すと $y_1 = A\sin\left[2\pi\left(\dfrac{t}{T} - \dfrac{L}{\lambda}\right)\right]$ で与えられる周期 T の単振動をすることがわかる。

128 2021 年度　物理　　　　　　　　　　　　　　　　中央大-理工〈共通テスト併用〉

　　回折光 2 については，S_2 の位置が $x = 0$，P の位置が $x = L + \Delta L$ となるように S_2 と P
を結ぶ直線上に x 軸をとりなおし，その軸上を進む正弦波を正弦波 2 とする。正弦波 2
の P の位置 $x = L + \Delta L$ における変位を y_2 で表すと $y_2 = A\sin\left[2\pi\left(\dfrac{t}{T} - \dfrac{L + \Delta L}{\lambda}\right)\right]$
で与えられる周期 T の単振動をする。

　　スクリーン上の点での光の強度は，その点における単振動の振幅の 2 乗に比例する
ことが知られている。そこで，P で正弦波 1，正弦波 2 を重ね合わせてできる振動を
考え，その振幅の 2 乗を求めてみよう。

問い

1．文中の(1)，(2)にあてはまる数式を，λ，および整数 m（$m = 0, \pm1, \pm2, \cdots$）を
　用いて書きなさい。

2．P では，正弦波 1 による単振動と正弦波 2 による単振動が重なり合った振動が観測
　される。その振動の変位は $Y_1 = y_1 + y_2$ で与えられる。三角関数が満たす関係式

$$\sin a + \sin b = 2\cos\left(\frac{a - b}{2}\right)\sin\left(\frac{a + b}{2}\right) \tag{ア}$$

　を用いると

$$Y_1 = \boxed{} \sin\left[2\pi\left(\frac{t}{T} - \frac{2L + \Delta L}{2\lambda}\right)\right]$$

　となり，Y_1 も単振動をすることが確かめられる。(3)にあてはまる数式を書きなさ
　い。

3．回折光 1，回折光 2 が重なり合った光の強度は，Y_1 が行う単振動の振幅の 2
　乗に比例する。そこで，(3)の 2 乗を F_1 とおき，F_1 のふるまいを調べてみよう。
　$\Delta L = 0, \dfrac{\lambda}{6}, \dfrac{\lambda}{4}, \dfrac{\lambda}{3}, \dfrac{\lambda}{2}, \dfrac{2\lambda}{3}, \dfrac{3\lambda}{4}, \dfrac{5\lambda}{6}, \lambda$ の場合について，F_1 の値を解答用
　紙のグラフ上に黒丸（●）で示しなさい。

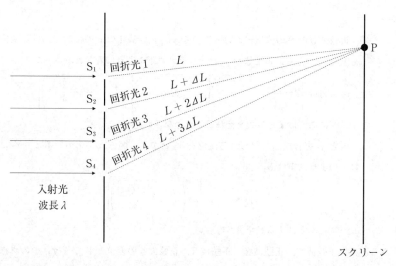

図2

〔解答欄〕

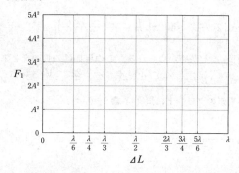

次に，図1の実験装置に図2のようにスリット S_3 とスリット S_4 をすべてのスリットの間隔が等間隔となるように追加する。すべてのスリットで同位相の入射光が回折するように設定されている。ここで，各スリットの間隔に比べて L は十分大きいものとする。このため，各スリットと P を結ぶ直線は互いに平行であると見なしてよく，S_3 と P の距離を $L+2\Delta L$，S_4 と P の距離を $L+3\Delta L$ とすることができる。S_3 から出る回折光を回折光3，S_4 から出る回折光を回折光4とよぶことにし，それらに対応する正弦波をそれぞれ正弦波3，正弦波4とよぶことにする。正弦波3，正弦波4はともに周期 T，波長 λ，振幅 A の正弦波であり，$t=0$ における正弦波3の S_3 の位置での位相，$t=0$ における正弦波4の S_4 の位置での位相は，ともに0であるとする。

問い

4. (a) 正弦波 3 の P の位置における変位を y_3, 正弦波 4 の P の位置における変位を y_4 としたとき, y_3 および y_4 はそれぞれ以下のように表される。

$$y_3 = A\sin\left[2\pi\left(\frac{t}{T} - \frac{\boxed{(4)}}{\lambda}\right)\right], \quad y_4 = A\sin\left[2\pi\left(\frac{t}{T} - \frac{\boxed{(5)}}{\lambda}\right)\right]$$

(4), (5)にあてはまる数式をそれぞれ書きなさい。

(b) y_3 と y_4 を合成して得られる変位を Y_2 とする。関係式(ア)を用いると, Y_2 は以下のように書ける。

$$Y_2 = \boxed{(6)} \sin\left[2\pi\left(\frac{t}{T} - \frac{\boxed{(7)}}{2\lambda}\right)\right]$$

(6), (7)にあてはまる式を書きなさい。

5. 次に, 正弦波 1, 正弦波 2, 正弦波 3, 正弦波 4 の変位が P で行う 4 つの単振動すべてを考えよう。このとき, これら 4 つの単振動が重なり合ってできる変位 Y は Y_1 と Y_2 の和で与えられる。関係式(ア)を用いると, Y は

$$Y = 4A\cos\left(\pi\frac{\Delta L}{\lambda}\right)\cos\left(2\pi\frac{\Delta L}{\lambda}\right)\sin\left[2\pi\left(\frac{t}{T} - \frac{2L + 3\Delta L}{2\lambda}\right)\right]$$

で表され, 変位 Y も単振動を行うことが確かめられる。この単振動の振幅を 2 乗したものを F で表すことにする。$\Delta L = 0, \frac{\lambda}{6}, \frac{\lambda}{4}, \frac{\lambda}{3}, \frac{\lambda}{2}, \frac{2\lambda}{3}, \frac{3\lambda}{4}, \frac{5\lambda}{6}, \lambda$ の場合について, F の値を解答用紙のグラフ上に黒丸(●)で示しなさい。

〔解答欄〕

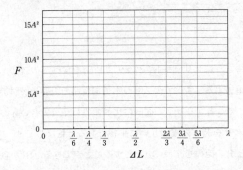

問 3 のグラフと問 5 のグラフを比べると, 位相のそろった単色光を入射させて行う光の干渉実験において, 等間隔に並んだスリットの数を増やしていくほど, スクリーン上により鋭いピークをもった明線が現れることが推測できる。

中央大-理工〈共通テスト併用〉 2021 年度 化学 *131*

■■■化学■■■

（理科 3 題で 100 分）

(注)　問題は，「物理」：Ⅰ～Ⅲ，「化学」：Ⅰ～Ⅲ，「生物」：Ⅰ～Ⅲの 9 題あります。
そのうち 3 題を選択して解答してください。「生物」は精密機械工学科，電気電
子情報通信工学科，応用化学科，ビジネスデータサイエンス学科，情報工学科，
生命科学科，人間総合理工学科受験者のみ選択解答できます。

Ⅰ　次の文章を読み，以下の問い(1)～(6)に答えなさい。(50 点)

　　窒素酸化物の一つである五酸化二窒素 N_2O_5 は，$2N_2O_5 \longrightarrow 4NO_2 + O_2$ の分解
反応に従って，NO_2 と O_2 を生成する。反応容器に N_2O_5 のみを 1.00 mol 導入して反
応を開始した場合について，以下の問いに答えなさい。なお，容積，温度はともに一
定であり，N_2O_5，NO_2，O_2 はいずれもこの条件下で理想気体として扱えるものとする。

問い

(1)　反応開始から 1000 秒後には，N_2O_5 は 0.80 mol に減少していた。このとき反
応容器内に存在する NO_2，O_2 の物質量を有効数字 2 桁で答えなさい。

(2)　(1)において，反応開始から 1000 秒の間の，N_2O_5 の平均の減少速度および
NO_2 の平均の生成速度を，mol/s 単位で有効数字 2 桁で答えなさい。

(3)　(1)において，反応開始から 1000 秒後の反応容器内の全圧は反応開始時の何倍
になっているか，有効数字 2 桁で答えなさい。

(4)　ある反応時間において，N_2O_5 が α [mol] だけ分解したとする。このとき反応
容器内に存在する N_2O_5，NO_2，O_2 の物質量を表す式を答えなさい。必要なら α
を用いて良い。

132 2021 年度 化学　　　　　　　　　　　　　　中央大-理工〈共通テスト併用〉

(5) (4)において，反応容器内の全圧が反応開始時の x 倍であった場合，α を求める式を書きなさい。必要なら x を用いて良い。

(6) 反応開始から十分に時間が経過し，すべての N_2O_5 が分解した場合，反応容器内の全圧は反応開始時の何倍になっているか，有効数字2桁で答えなさい。

Ⅱ　次の文章を読み，以下の問い(1)〜(8)に答えなさい。(50 点)

原子量：S = 32

ある生徒が火山を訪れ黄色固体が付着した岩石を持ち帰った。岩石から黄色固体を完全に取り分け分析したところ単体の硫黄であることがわかった。この黄色固体と残りの岩石を使い以下の操作を行った。

操作1　取り分けた黄色固体の全量を空気中で点火すると青い炎をあげて気体**A**へと完全に変化した。

操作2　(a)操作1で得られた全量の気体**A**を酸化バナジウムを用いて気体状態の**B**へと完全に酸化させた後，水にすべて溶解させて酸性の水溶液 500 mL を得た。この水溶液 10 mL を蒸留水で 50 mL に希釈し，フェノールフタレインを数滴いれ，0.10 mol/L の NaOH 標準溶液で滴定したところ，7.2 mL で中和点に達した。

操作3　黄色固体を完全に取り除いた岩石の成分を分析したところ，Fe^{2+}，Cu^{2+}，Zn^{2+} を含むことがわかった。これらの金属イオンを互いに完全に分離した後，還元するとそれぞれ金属**C**，**D**，**E** のいずれかを与えた。このうち金属**C**と**D**は希硫酸と反応し H_2 を発生したのに対し，金属**E**は熱濃硫酸と反応し気体**A**を与えた。

操作4　金属**C**と**D**の2価イオンを含む弱塩基性の水溶液に H_2S を通じるとそれぞ

中央大-理工〈共通テスト併用〉　　　　　　　　　　　　　　　　2021 年度　化学　*133*

れ白色と黒色の沈殿を与えたのに対し，金属**E**の 2 価イオンを含む水溶液に
H_2S を通じると pH に関係無く黒色の沈殿を与えた。

問い

(1)　操作 1 で得られた**A**の化学式を答えなさい。

(2)　操作 2 で得られた**B**の化学式を答えなさい。

(3)　操作 2 の下線部(a)で得られた酸性の水溶液の pH を小数第一位まで求めなさい。
　　ただし，気体**B**への酸化は完全に進むと仮定せよ。また，水溶液中の酸の電離度
　　は 1 としてよい。必要なら $\log_{10}2 = 0.30$，$\log_{10}3 = 0.48$ を用いなさい。

(4)　持ち帰った岩石に含まれる単体の硫黄の全質量を有効数字 2 桁で求めなさい。
　　ただし，黄色固体を取り除いた岩石には硫黄成分は含まれないものとする。

(5)　気体**B**を過剰に濃硫酸に吸収させて得られる物質の名称を答えなさい。

(6)　操作 3 と 4 の結果から金属**C**，**D**，**E**をそれぞれ元素記号で答えなさい。

(7)　操作 1 ～ 4 に含まれる硫黄を含む化合物のうち硫黄の酸化数が最も高い物質の
　　酸化数を整数で答えなさい。

(8)　金属**C**，**D**，**E**とそれぞれの金属（Ⅱ）イオンの硫酸塩を電解質に用いてダニエ
　　ル型の電池を作製した時，最も高い起電力が得られる組み合わせを一つ選び番号
　　で答えなさい。

　　　① **C**と**D**　　　② **C**と**E**　　　③ **D**と**E**

Ⅲ 次の文章を読み，(1)〜(5)に当てはまる有機化合物の構造式を，また，(ア)〜(オ)に当てはまる化合物名を，それぞれ答えなさい。(50点)

　フェノールはベンゼンの一つの水素をヒドロキシ基で置き換えた化合物である。これは，弱酸性を示すので水酸化ナトリウム水溶液に溶解し，ナトリウムフェノキシドとなる。ナトリウムフェノキシドを高温高圧下で，二酸化炭素と反応させ，希硫酸で酸性にすると (1) が合成できる。

　フェノールの工業的合成法としてクメン法が知られている。酸触媒存在下，ベンゼンと (ア) との反応でクメンを合成する。ついで空気酸化して (イ) へと変換し，これを希硫酸で分解するとフェノールと (ウ) が生成する。

　この他に，次の方法でもフェノールを合成できる。ベンゼンを濃硫酸でスルホン化し，ついで生成物を水酸化ナトリウムと反応させて (2) へ変換する。これと固体の水酸化ナトリウムとともに300℃前後で融解するとナトリウムフェノキシドが生成し，酸性にするとフェノールが生成する。ベンゼンを濃硝酸と濃硫酸の混合物と反応させ (3) を合成し，これをスズと塩酸で還元し，塩基性にすると (エ) が得られる。 (エ) を希塩酸に溶解させ，氷冷下で亜硝酸ナトリウムと反応させ (4) へと変換し，室温で放置することでフェノールが生成する。

　 (4) の水溶液にナトリウムフェノキシドの水溶液を加えると，橙赤色の (5) が生成する。フェノールに濃硝酸と濃硫酸の混合物を加えて加熱すると爆発性の (オ) が生成する。

生物

（理科 3 題で 100 分）

(注) 問題は,「物理」: Ⅰ～Ⅲ,「化学」: Ⅰ～Ⅲ,「生物」: Ⅰ～Ⅲの 9 題あります。そのうち 3 題を選択して解答してください。「生物」は精密機械工学科, 電気電子情報通信工学科, 応用化学科, ビジネスデータサイエンス学科, 情報工学科, 生命科学科, 人間総合理工学科受験者のみ選択解答できます。

Ⅰ 以下の文章を読み, 問い(1)～(11)に答えなさい。(50 点)

　動物細胞の膜には, さまざまなしくみを担う膜タンパク質がある。例えば, ホルモンや神経伝達物質など, 他の細胞から送られる信号を細胞内へと伝える, 細胞内外のイオン濃度差を維持する, 特定の分子を選択的に細胞内部に取り込むなどのしくみに関わる膜タンパク質である。また, 細胞膜内外では, 一般に電位の違い（膜電位）が観察されるが, この膜電位を発生するしくみに関わるイオンチャネルも膜タンパク質の 1 つである。イオンチャネルの開閉と膜電位との間に, どのような関係があるのかを調べる実験について, さらに詳しく見て行く。

　神経細胞で観察される膜電位 (V) と, 膜を通して流れる電流 (I) との関係は, オームの法則に従い,

$$V = R \times I \qquad (1)$$

の式で書き表すことができる。この式の R は, 膜電位 (V) と電流 (I) との間の比例関係を示す比例定数で, 電気抵抗と同じである。一般的な神経細胞の場合, ナトリウムイオン (Na^+) やカリウムイオン (K^+) の流れの総和が電流 (I) となるので,

$$I = I_{Na}^+ + I_K^+ \qquad (2)$$

と記述できる。ここでの I_{Na}^+, I_K^+ はそれぞれ Na^+, K^+ の流れを示す。

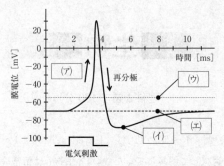

図1　神経細胞を電気刺激したときに見られる膜電位の変化
1 mV は 1/1000 V, 1 ms は 1/1000 秒である。

　図1で示すように，神経細胞が興奮して膜電位 (V) が正負に変化するとき，式(1)や式(2)の中の電流 (I) も同時に測定できれば，神経細胞の活動のしくみを正確に理解できるだろう。しかし，膜電位 (V) とともに，電流 (I)，I_{Na}^+，I_K^+ も刻々と変化する。解析しやすくするために，神経細胞の膜電位 (V) を人為的に一定にして，電流 (I) の変化を調べた。その結果を図2に示す。

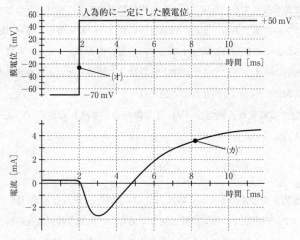

図2　膜電位を人為的に一定にする実験の例
　膜電位を -70 mV から $+50$ mV に変化させ，同時に神経細胞の細胞膜を流れる電流を計測した結果を示す。1 mA は 1/1000 A である。

　ここで，2 ms 以降，膜電位 (V) が一定であるにも関わらず，電流 (I) が時間とともに変化したのは，式(1)の中の R が一定ではなく，刻々と変化したためと考えら

れる。そこで，式(1)を次のように書きかえた。

$$I = V/R \quad (3)$$

さらに，この電流 (I) を式(2)で示すように，I_{Na^+} と I_{K^+} に分けることができると仮定して，それぞれを

$$I_{Na^+} = V/R_{Na^+} \quad (4)$$
$$I_{K^+} = V/R_{K^+} \quad (5)$$

と記述する。R_{Na^+} と R_{K^+} は，ナトリウムイオン流 (I_{Na^+})，および，カリウムイオン流 (I_{K^+}) における比例定数である。

実際に，電流 (I) や比例定数 R を，式(4)や式(5)のようにイオン種ごとに別々に考えても良いのだろうか。これは，I_{Na^+}，I_{K^+} だけをそれぞれ抑制する薬品を使って図 2 と同じ実験を行うことで確かめられる。I_{Na^+} を抑制するフグ毒，I_{K^+} を抑制する TEA（テトラエチルアンモニウム）を使った実験の結果を，それぞれ，図 3 と図 4 に示す。

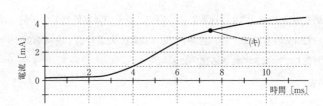

図 3　Na^+ の流れを抑制するフグ毒の存在下で図 2 と同じ実験を行ったとき

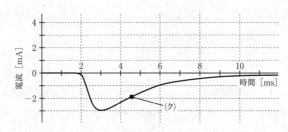

図 4　K^+ の流れを抑制する TEA の存在下で図 2 と同じ実験を行ったとき

問い

(1) 下線部①について，受け取った細胞外の信号を細胞内へ伝える膜タンパク質を

何とよぶか。その名称を解答欄に記しなさい。

(2) 下線部②について，Na$^+$，K$^+$の濃度勾配を生み出す膜タンパク質を何とよぶか。その名称を解答欄に記しなさい。

(3) 下線部③について，水分子だけを特異的に輸送する膜タンパク質の名称を解答欄に記しなさい。

(4) 図1の中の (ア) ～ (エ) を示す名称としてもっとも適切な語句を，下の語群より選び，解答欄に記しなさい。

[語群]

静止電位　　受容電位　　活動電位　　シナプス後膜電位
脱分極　　　過分極　　　閾値　　　　適刺激

(5) 図2の曲線(カ)，図4の曲線(ク)について，電流の測定値をグラフから読み取り，0～12 ms の各時間での電流値の差，「曲線(カ)の電流値」－「曲線(ク)の電流値」を計算して，解答欄にある図内に示しなさい。

[解答欄]

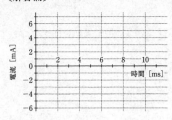

(6) 図2～4の中の直線(オ)，および，曲線(カ)～(ク)に対応するものは何か。それぞれ，下の選択肢より1つずつ選び，その記号を解答欄に記しなさい。

[選択肢]

(a) V　　　(b) I　　　(c) R　　　(d) I$_{Na}^+$

(e) I$_K^+$　　(f) R$_{Na}^+$　　(g) R$_K^+$

(7) 下線部④について，式(4)と式(5)のようにイオンの種類ごとに神経細胞の膜を流れる電流を分けて考えることは正しいか，間違っているか。解答欄の正しい・間違いのいずれかに○印を記し，そう判断する根拠を，実験結果を示す番号（図2〜4)，あるいは，記号(カ)〜(ク)を引用しながら，70字以内で記しなさい。

(8) 図2〜4で示す実験において，Na^+ 電流が流れる方向，Na^+ が拡散によって移動する方向，観察された Na^+ 電流の正負，神経細胞内外の Na^+ 濃度差は，それぞれどのように対応しているか。解答欄の正しい方に○印を記しなさい。

〔解答欄〕

解答例	⑭内側・外側	から	⑭内側・外側
Na^+ 電流は，細胞の	内側 ・ 外側	から	内側 ・ 外側
Na^+ の拡散は，細胞の	内側 ・ 外側	から	内側 ・ 外側
観察される Na^+ 電流は	正 ・ 負		
Na^+ の濃度は，細胞の	内側 > 外側	・	内側 < 外側

(9) I_{Na}^+ に関する以下の記述(a)〜(d)の中で，図2〜4の実験結果から正しいと判断できることをすべて選び，その記号を解答欄に記しなさい。

(a) 膜電位（V）の急速な変化に追従して，1 ms ほどの高速で変化する性質がある

(b) 電流の変化量は，膜電位（V）の変化量に比例する

(c) 膜電位（V）が一定であっても，やがて自動的に消失する性質がある

(d) I_{Na}^+ の逆数の $1/I_{Na}^+$ は Na^+ の流れやすさに相当し，その値は，膜電位（V）が一定でも，次第に増加する傾向にある

(10) R_K^+ に関する以下の記述(a)〜(d)の中で，図2，3の実験結果から正しいと判断できることをすべて選び，その記号を解答欄に記しなさい。

(a) 膜電位（V）の急速な変化に対して 10 ms ほどの時間経過で遅れて追従する

(b) 式(5)で示すように，膜電位（V）に常に比例する関係にあると考えられる

(c) 膜電位（V）が一定であっても，時間経過にともない，ある一定値に近づく

(d) R_K^+ の逆数の $1/R_K^+$ は K^+ の流れやすさに相当し，神経細胞膜の中にある開

いた K^+ チャネルの数に比例する値と考えることができる

(11) 図2～4に示す観察をさまざまな条件下で行うことで，ホジキンとハクスリー(1951)は，図1や図5で示す例のように膜電位が一定ではない場合であっても，神経細胞の興奮はイオンの流れやすさの時間的な変化として記述できることを示した。図5の中に示す2つのイオン流を表す曲線 (ケ) と (コ) に相当する変数は何か。問い(6)にあげた選択肢より適切なものを1つ選び，その記号を解答欄に記しなさい。

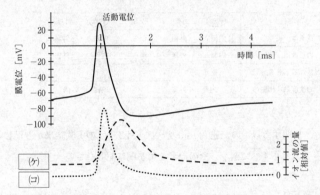

図5 神経細胞で観察される活動電位（上）とイオンの流れ（下）を示す模式図

Ⅱ 以下の**文章A，B**を読み，問い(1)～(13)に答えなさい。(50点)

A 脊椎動物の血液は，液体成分である （ア） と，有形成分（赤血球・ （イ） ・ （ウ） ）からできている。

赤血球は肺で酸素を取り込み，血流に乗って血管内を移動し，組織に酸素を供給する。赤血球内にはヘモグロビンというタンパク質が高濃度に溶けている。ヘモグロビンは肺で酸素と結合し，酸素を消費する組織でこれを放出することにより，体の末端まで酸素が供給される。酸素を結合したヘモグロビンを多く含む血液を （エ） といい，これは鮮やかな赤い色をしている。図１はヒトの血液における酸素濃度と，酸素が結合したヘモグロビンの割合の関係を表したグラフである。これ_①は血液中の二酸化炭素濃度によって異なる特性を示す。酸素を多く消費する筋細胞にはミオグロビンというタンパク質が存在している。ミオグロビンは，ヘモグロビンによって運ばれた酸素と結合する。

ヘモグロビン１分子は，非常によく似た２種類のポリペプチドを２本ずつ，計４本もつ。１本のポリペプチドには （オ） が１分子結合している。 （オ） は鉄イオンを含む化合物で赤い色をしており，酸素分子と１対１で結合する。ヘモグロビンは４本のポリペプチドからなるのに対し，ミオグロビンは１本のポリペプチドではたらくが，その形はヘモグロビンそれぞれのポリペプチドとよく似ている。

ポリペプチドは （カ） が直線状に結合したものである。この （カ） の並び方を一次構造という。これが部分的に折りたたまれた構造を取り，それがさらに立体_②的に配置された構造を取ることで，機能をもつポリペプチドとなる。さらにいくつかのポリペプチド鎖が立体的に組み合わさった （キ） をつくってはたらくものもある。ヘモグロビンはその１つの例である。

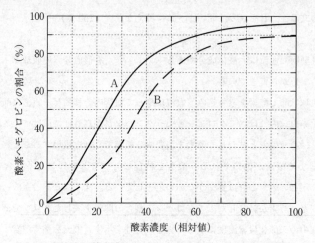

図1　血液中の酸素濃度と酸素ヘモグロビンの割合との関係
　　　Aは肺胞に相当する二酸化炭素の濃度の場合
　　　Bは体の組織に相当する二酸化炭素の濃度の場合

問い

(1) 文中の ｜(ア)｜ ～ ｜(キ)｜ にあてはまるもっとも適切な語を解答欄に書きなさい。

(2) ヘモグロビン1分子は，最大何分子の酸素を結合するか，答えなさい。

(3) 下線部①は何とよばれるか，答えなさい。

(4) 下線部②に示した代表的な構造の例を2つ答えなさい。

(5) 肺胞の酸素濃度は，図1の100に相当する。一方，酸素を消費する組織では酸素濃度が低く，30に相当する濃度である。図1の曲線が二酸化炭素の濃度に依存せず，曲線Aしか取り得なかった場合，全ヘモグロビンのうち最大何％のヘモグロビンが体の組織で酸素を離すか答えなさい。

(6) 図1において，二酸化炭素が肺胞に相当する濃度で存在する場合は，曲線はAになる。一方，酸素を消費する組織に相当する二酸化炭素が存在する場合は，曲

線はBになる。このとき，全ヘモグロビンのうち最大何%のヘモグロビンが体の組織で酸素を離すか答えなさい。

(7) 哺乳類の成熟した赤血球にはミトコンドリアがない。しかし，細胞内のイオン環境は他の細胞内の環境と同じに保たれている。赤血球中のイオン環境が維持されるしくみについて述べた以下の文の中から，もっとも適切なものを1つ選び，記号で答えなさい。

    (a) 赤血球の細胞膜はイオンを通さない。

    (b) 血液中の液体成分のイオン組成は，赤血球内のイオン組成と同じである。

    (c) 解糖系でつくられたATPを使って維持している。

    (d) 小胞体で合成されたATPを使って維持している。

    (e) 血管を構成する細胞がつくったATPを取り込み，これを使って維持している。

B 窒素は生体高分子を構成する主要な6つの元素のうちの1つである。これは，タンパク質にも核酸にも多く含まれており，生体を構成する炭素と窒素を含む化合物は体の中で重要なはたらきをしている。動物は食物としてこの物質を摂取するが，植物は主に NO_3^- を NH_4^+ に還元してタンパク質や核酸を合成する。
　③
　窒素を利用するもう1つの方法は，空気中の窒素を NH_4^+ に還元して使うことで，このしくみをもつ生物は窒素固定細菌に限られる。窒素固定細菌の一種である根粒
菌はゲンゲ（レンゲソウ）やシロツメクサなどの根に侵入して根粒を形成し，ここ
　　　⑤
で窒素を固定する。

　空気中の窒素を固定して NH_4^+ に還元する酵素は，ニトロゲナーゼとよばれる。この酵素は酸素に対して不安定で，空気中の濃度に相当する酸素に触れると，数分のうちに酵素本来の構造が壊れ，活性がなくなる。根粒を切ると，その切断面は血のような赤い色をしている。これはレグヘモグロビンという，ミオグロビンに形がよく似たタンパク質が含まれているためである。このタンパク質のはたらきで，ニトロゲナーゼは活性を保って窒素を固定できると考えられている。

問い

(8) 下線部③の反応は何とよばれるか，答えなさい。

(9)　下線部④について，根粒菌以外の細菌を1つ答えなさい。

(10)　下線部⑤に示した植物は何科に属するか，その名称を答えなさい。

(11)　次ページの図2はヘモグロビン（曲線A，B），ミオグロビン（曲線C），レグヘモグロビン（曲線D）の，酸素濃度と，それぞれの分子が酸素と結合している分子の割合との関係を表したグラフである。この図で，曲線A，Bは図1の曲線A，Bと同じものである。また，図3は酸素濃度の低い部分を拡大した図である。存在するミオグロビンおよびレグヘモグロビンの50%が酸素を結合する酸素濃度（相対値）を答えなさい。

(12)　レグヘモグロビンについて述べた以下の文の中から，もっとも適切なものを1つ選び，記号で答えなさい。

(a)　ヘモグロビンよりも酸素を離しやすい。

(b)　ミオグロビンよりも酸素と強く結合する。

(c)　根粒に酸素を効率よく供給する。

(d)　ヘモグロビンが放出した酸素を結合する。

(e)　レグヘモグロビンに結合した酸素がニトロゲナーゼの基質になる。

(13)　ニトロゲナーゼが根粒中で本来の構造を保ってはたらく上で，レグヘモグロビンはどのような役割を果たしていると考えられるか。「レグヘモグロビンは」で始まる65字以内の文で述べなさい。なお，「レグヘモグロビンは」という語句を含め65字とする。

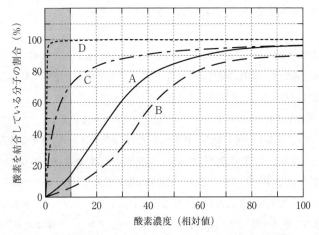

図2　酸素濃度と酸素を結合している分子の割合との関係

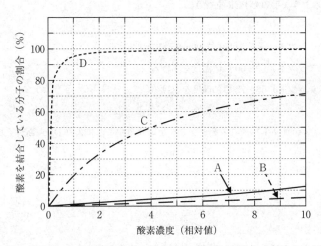

図3　図2における酸素濃度の低い部分（網掛け部分）を拡大した図

Ⅲ 以下の文章を読み，問い(1)〜(7)に答えなさい。(50点)

　PCR とはポリメラーゼ連鎖反応（polymerase chain reaction）の略で，DNA ポリメラーゼを用いて，微量の試料から大量に DNA を増幅する方法である。応用範囲が広く，研究以外にも様々な検査などで利用されている。

　DNA の合成を行う DNA ポリメラーゼは，プライマーを必要とし，　(ア)　′ 末端から　(イ)　′ 末端の一方向のみ，鋳型の配列に相補的なヌクレオチドを既存の DNA 鎖に次々と付加していく重合活性をもつ。プライマーは，通常 20〜30 塩基の長さで，鋳型となる DNA 鎖の特異的な部位と相補的な塩基配列をもち，鋳型となる DNA と結合することで DNA 合成の起点となる。PCR 法では，この配列特異性を利用し，上述の DNA ポリメラーゼ，鋳型となる DNA，プライマー，4 種類のヌクレオチドと適切な緩衝液を混合した溶液を用いて，目的とする DNA 断片を増幅する。

　以下のような手順で PCR を行う。

　（ステップ 1）上述の溶液を 90〜95 ℃で加熱する。

　（ステップ 2）50〜60 ℃に温度を下げる。

　（ステップ 3）68〜72 ℃に温度を上げる。

　この（ステップ 1）〜（ステップ 3）を繰り返すことにより DNA 断片を増幅する（図 1）。

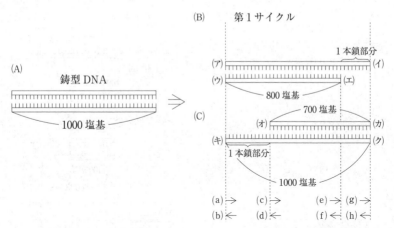

図1　(ステップ1)～(ステップ3)によるDNAの増幅

1000塩基対の2本鎖DNAを鋳型(A)として，2つの異なるプライマーを用いて(ステップ1)～(ステップ3)を1サイクル行った後の状態のDNAを模式的に示す((B)(C))。(ア)～(ク)はDNAの末端部分を示し，(a)～(h)はプライマーを示している。この図において，プライマーの長さは実際と異なるが，矢印の向きは5′から3′方向である。

　このPCR法を応用して，ある遺伝子の転写産物の有無や量を測定する方法（RT-PCR法）が開発され，遺伝子発現の解析に利用されている。この方法では，まず，RNAを鋳型にしてDNAを合成する酵素を用いて，細胞の中で発現しているすべてのmRNAに対して，それらに相補的な1本鎖DNAを合成する。次に，これらの1本鎖DNAを鋳型にしたPCRによって，DNA断片を増幅する（図2）。

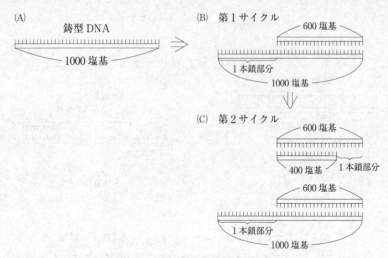

図2　RT-PCR法によるDNAの増幅

1000塩基の1本鎖DNAを鋳型(A)として、2つの異なるプライマーを用いてPCRを1サイクル(B)，2サイクル(C)をそれぞれ行った後の状態のDNAを模式的に示す。プライマーは図に示していない。

問い

(1) (ア) と (イ) にあてはまる適切な数字を答えなさい。

(2) （ステップ1）～（ステップ3）ではそれぞれどのような反応を行わせているか。正しいものを(i)～(vi)の中から選び答えなさい。

  (i) プライマーを結合させる。
  (ii) ヌクレオチドを付加させる。
  (iii) RNAを合成させる。
  (iv) 2本鎖DNAを1本鎖DNAに解離させる。
  (v) 1本鎖DNAを分解させる。
  (vi) ヌクレオチドを分解させる。

(3) 現在では，PCR法に用いられるほとんどのDNAポリメラーゼは，温泉のよ

うな高温下で生息できる細菌由来のものである。しかし，PCR 法が開発された当初は，大腸菌由来の DNA ポリメラーゼを用いていたため，頻繁に DNA ポリメラーゼを加えなければならなかった。高温下で生息できる細菌由来の DNA ポリメラーゼに変更したことにより，PCR は飛躍的に発展した。この DNA ポリメラーゼがもち，大腸菌由来のものにない，PCR の普及に貢献した特徴を答えなさい。

(4) RT-PCR 法では，まず mRNA を鋳型にして反応を行う。ほとんどの mRNA の 3′ 末端には rRNA や tRNA にはない，ポリ A 尾部とよばれる構造がある。ポリ A 尾部とは，AMP（アデノシン一リン酸）が 70〜250 連続した構造である。RT-PCR 法では，この特徴を利用したプライマーを用いる場合がある。このプライマーは同じ種類の塩基が十数個連続している。この塩基の種類を答えなさい。

(5) 以下の文章中の空欄 (1) 〜 (18)（ (3) と (12) は除く）にあてはまるもっとも適切な DNA 末端部分を図 1 の(ア)〜(ク)から選び記号で答えなさい。ただし，同じ記号を 2 度以上用いてもよい。 (3) と (12) のプライマーは(a)〜(h)から選び記号で答えなさい。また， (1) と (2) ， (4) と (5) ， (10) と (11) ， (13) と (14) は順不同で，どちらを先に答えてもよい。

1000 塩基対の 2 本鎖 DNA を鋳型（図 1 (A)）にして PCR を 1 サイクル行うと，図 1 (B) (C)のように 2 本鎖部分だけでなく，部分的に 1 本鎖部分をもつ DNA が合成された。ただし，PCR 反応は理想的な条件で完全に行われるとする。

はじめに，第 1 サイクルが終わった図 1 (B)において，どのように DNA が合成されたのかを考える。末端 (1) と末端 (2) をもつ DNA 鎖が鋳型となり，ここにプライマー (3) が結合し，DNA ポリメラーゼはこのプライマーの末端部分に，一方向性に，鋳型に沿って DNA を合成していくことから，末端 (4) と末端 (5) をもつ DNA が合成されたと推定される。ここで鋳型鎖の 5′ 末端は (6) ，3′ 末端は (7) であり，新しく合成された鎖の 5′ 末端は (8) であり，3′ 末端は (9) である。

同様に，図 1 (C)では，末端 (10) と末端 (11) をもつ鎖が鋳型となり，プライマー (12) が結合し，末端 (13) と末端 (14) をもつ DNA が合成さ

れたと推定される。ここで鋳型鎖の 5′ 末端は ⑮ ，3′ 末端は ⑯ であり，新しく合成された鎖の 5′ 末端は ⑰ であり，3′ 末端は ⑱ である。

(6) (5)の PCR 反応を 10 サイクルまで行った（図 1）。PCR 反応の 2 サイクル後および 10 サイクル後に，どのような長さの DNA 分子が何分子存在することになるかを答えなさい。ただし，PCR 反応は理想的な条件で完全に行われるとし，DNA 分子は 1 本鎖 DNA を 1 分子として解答するものとする。例えば，1 サイクル後の状態は，1000 塩基の DNA が 2 分子，800 塩基の DNA が 1 分子，700 塩基の DNA が 1 分子である。

(7) RT-PCR 法では 1 本鎖 DNA を鋳型にして PCR を開始する（図 2）。PCR 反応を 1 サイクルおよび 2 サイクル行った後の状態の DNA を図 2(B) (C)にそれぞれ示す。3 サイクルおよび 10 サイクルそれぞれ行った後に，どのような長さの DNA 分子が何分子存在することになるかを答えなさい。ただし，PCR 反応は理想的な条件で完全に行われるとし，DNA 分子は 1 本鎖 DNA を 1 分子として解答するものとする。例えば，1 サイクル後の状態は，1000 塩基の DNA が 1 分子，600 塩基の DNA が 1 分子であり，2 サイクル後の状態では，1000 塩基のDNA が 1 分子，600 塩基の DNA が 2 分子，400 塩基の DNA が 1 分子である。

中央大-理工〈共通テスト併用〉　　　　　　　　　2021 年度　数学〈解答〉　*151*

■ 解答編

■数学■

I　解答

$$a(n,\ k)=\sum_{j=0}^{n}(-2)^{n-j}{}_{n+k+1}C_j \quad (n,\ k \text{ は自然数}) \quad \cdots\cdots(*)$$

(1)　$(*)$ より

$$\begin{aligned}
a(1,\ k)&=\sum_{j=0}^{1}(-2)^{1-j}{}_{k+2}C_j\\
&=(-2)^{1-0}{}_{k+2}C_0+(-2)^{1-1}{}_{k+2}C_1\\
&=(-2)\cdot1+1\cdot(k+2)=k \quad \cdots\cdots(\text{答})
\end{aligned}$$

(2)　$(*)$ より

$$\begin{aligned}
a(n,\ 1)&=\sum_{j=0}^{n}(-2)^{n-j}{}_{n+2}C_j\\
&=\sum_{j=0}^{n+2}(-2)^{n-j}{}_{n+2}C_j-\sum_{j=n+1}^{n+2}(-2)^{n-j}{}_{n+2}C_j\\
&=(-2)^{-2}\sum_{j=0}^{n+2}(-2)^{n+2-j}{}_{n+2}C_j \quad \cdots\cdots\text{①}\\
&\qquad\qquad\qquad -\{(-2)^{-1}{}_{n+2}C_{n+1}+(-2)^{-2}{}_{n+2}C_{n+2}\}\\
&=(-2)^{-2}(1-2)^{n+2}-\{(-2)^{-1}(n+2)+(-2)^{-2}\}\\
&=\frac{1}{4}\{(-1)^n+2n+3\} \qquad\qquad\qquad\qquad (\text{証明終})
\end{aligned}$$

①において，二項定理

$$(x+y)^{n+2}=\sum_{j=0}^{n+2}{}_{n+2}C_jx^jy^{n+2-j}$$

に $x=1,\ y=-2$ を代入した。

(3)　$n\geqq2,\ k\geqq2$ とする。

$$a(n,\ k-1)+a(n-1,\ k)$$

$$= \sum_{j=0}^{n} (-2)^{n-j} {}_{n+k}C_j + \sum_{j=0}^{n-1} (-2)^{n-1-j} {}_{n+k}C_j$$

$$= \sum_{j=0}^{n} (-2)^{n-j} {}_{n+k}C_j + \sum_{m=1}^{n} (-2)^{n-m} {}_{n+k}C_{m-1} \quad (\text{第2項で, } j+1=m)$$

$$= (-2)^{n-0} {}_{n+k}C_0 + \sum_{j=1}^{n} (-2)^{n-j} ({}_{n+k}C_j + {}_{n+k}C_{j-1}) \quad \cdots\cdots ②$$

$$= (-2)^n + \sum_{j=1}^{n} (-2)^{n-j} {}_{n+k+1}C_j$$

$$= \sum_{j=0}^{n} (-2)^{n-j} {}_{n+k+1}C_j = a(n, k) \quad \hfill (\text{証明終})$$

②で次式を用いた。

$$\qquad {}_mC_j + {}_mC_{j-1} = {}_{m+1}C_j \quad (m \geqq j \geqq 1)$$

(4) (i) $n=1$ のとき

(1)より

$$\qquad a(1, k) = k > 0$$

となり，成り立つ。

(ii) $k=1$ のとき

(2)より

$$a(n, 1) = \frac{1}{4}\{(-1)^n + 2n + 3\} > \frac{1}{4}(-1 + 2 + 3)$$

$$= 1 > 0$$

となり，成り立つ。

以下すべての自然数 l に対して

「$l = n + k$ をみたす 2 以上の自然数 n, k すべての組について $a(n, k) > 0$ が成り立つ」 $\cdots\cdots(**)$

ことを数学的帰納法を用いて証明する。

このとき，$n \geqq 2$, $k \geqq 2$ より

$$\qquad l \geqq 4$$

(iii) $l=4$ のとき

$$\qquad (n, k) = (2, 2)$$

(1)～(3)より

$$a(2, 2) = a(2, 1) + a(1, 2)$$

$$= \frac{1}{4}\{(-1)^2 + 2\cdot 2 + 3\} + 2$$

中央大-理工〈共通テスト併用〉　　　　　　2021 年度　数学〈解答〉　153

$$=4>0$$

よって，（＊＊）は成り立つ。

(iv) $l=m$ （m：整数，$m \geqq 4$）のとき，（＊＊）が成り立つと仮定する。このとき

$$(n+1)+(k-1)=n+k=m$$
$$(n-1)+(k+1)=n+k=m$$

ゆえに，仮定と(i)，(ii)より

$$a(n+1,\ k-1)>0 \quad \cdots\cdots ③$$
$$a(n,\ k)>0 \qquad\qquad \cdots\cdots ④$$
$$a(n-1,\ k+1)>0 \quad \cdots\cdots ⑤$$

③〜⑤および(3)より

$$a(n+1,\ k)=a(n+1,\ k-1)+a(n,\ k)>0$$
$$a(n,\ k+1)=a(n,\ k)+a(n-1,\ k+1)>0$$

$(n+1)+k=m+1$，$n+(k+1)=m+1$ より，$l=m+1$ のときも，（＊＊）が成り立つ。

(i)〜(iv)より，すべての自然数 l に対して $l=n+k$ をみたす自然数 n，k すべての組について $a(n,\ k)$ が成り立つ。つまり，$a(n,\ k)>0$ である。

（証明終）

■■■■■■■■■　◀解　説▶　■■■■■■■■■

≪二項係数，二重数列の線形漸化式，数学的帰納法≫

(1)　二項係数の定義を具体的に用いる。

(2)　二項定理の展開公式に合わせて，式を変形する。

(3)　二項定理の展開公式の数学的帰納法による証明と同様である。

(4)　二重数列の数学的帰納法である。$a(1,\ 1)$ の値を，(1)および(2)から計算した。当然同じ値になることの検算でもある。

II　解答

$$f(x)=p(x)\,e^x, \ p(x)=x^2+ax+b \quad (a,\ b \ \text{は実数})$$

とおく。

(1)　$p'(x)=2x+a$，$p''(x)=2$，$(e^x)^{(n)}=e^x$ （n は自然数）より

$$f'(x)=p'(x)\,e^x+p(x)\,(e^x)' \quad \cdots\cdots ①$$

$$= \{(2x+a) + (x^2 + ax + b)\} e^x$$
$$= \{x^2 + (a+2)x + (a+b)\} e^x \quad \cdots\cdots (\text{答})$$

①より

$$f''(x) = \{p''(x) e^x + p'(x) (e^x)'\} + \{p'(x) (e^x)' + p(x)(e^x)''\}$$
$$= p''(x) e^x + 2p'(x) (e^x)' + p(x)(e^x)''$$
$$= \{2 + 2(2x+a) + (x^2 + ax + b)\} e^x$$
$$= \{x^2 + (a+4)x + (2a+b+2)\} e^x \quad \cdots\cdots (\text{答})$$

(2)　$f^{(3)}(x) = \{2x + a + 4 + x^2 + (a+4)x + 2a + b + 2\} e^x$
$$= \{x^2 + (a+6)x + b + 3a + 6\} e^x$$

さらに微分して

$$f^{(4)}(x) = \{x^2 + (a+8)x + b + 4a + 12\} e^x$$

ここで

$$f^{(n)}(x) = (x^2 + c_n x + d_n) e^x$$

とおくと，(1)より

$$c_1 = a+2, \quad c_2 = a+4, \quad c_3 = a+6, \quad c_4 = a+8$$
$$d_1 = b+a, \quad d_2 = b+2a+2, \quad d_3 = b+3a+6,$$
$$d_4 = b+4a+12$$

これより

$$c_n = a+2n$$
$$d_n = b + na + n(n-1)$$

と推定できる。

$$f^{(n)}(x) = \{x^2 + (a+2n)x + b + na + n(n-1)\} e^x \quad \cdots\cdots (*)$$

を数学的帰納法で証明する。

(ⅰ) $n=1$ で成立している。

(ⅱ) $n=k$ で成立していると仮定して，さらに微分すると

$$f^{(k+1)}(x) = \{2x + a + 2k + x^2 + (a+2k)x + b + ka + k(k-1)\} e^x$$
$$= [x^2 + \{a + 2(k+1)\}x + b + (k+1)a + (k+1)k] e^x$$

となるので，$n=k+1$ でも成立する。

よって，$(*)$ が証明された。　　　　　　　　　　　　　　（証明終）

(3)　自然数 n に対して，実数 a_n，b_n は次式をみたすとする。

$$\{(x^2 + a_n x + b_n) e^x\}^{(n)} = x^2 e^x \quad \cdots\cdots ②$$

$(*)$，②より

中央大-理工〈共通テスト併用〉　　　　　　　2021 年度　数学〈解答〉　*155*

$$a_n + 2n = 0$$

$$b_n + na_n + n(n-1) = 0$$

$$\therefore \begin{cases} a_n = -2n & \cdots\cdots③ \\ b_n = n(n+1) & \cdots\cdots④ \end{cases} \cdots\cdots（答）$$

(4)　$g_1(x) = (x^2 - 2x + 2)e^x - 2$

$g_2(x) = (x^2 - 4x + 6)e^x - 2x - 6$

$g_3(x) = (x^2 - 6x + 12)e^x - x^2 - 6x - 12$

$g_6(x) = (x^2 - 12x + 42)e^x - \dfrac{x^5}{60} - \dfrac{x^4}{4} - 2x^3 - 10x^2 - 30x - 42$

■━━━━ ◀解　説▶ ━━━━■

≪第 n 次導関数，数学的帰納法，積分漸化式≫

(1)　積の導関数の公式である。

(2)　何回でも微分可能な関数 $F(x)$，$G(x)$ に対して

$$\{F(x)G(x)\}'' = F''(x)G(x) + 2F'(x)G'(x) + F(x)G''(x)$$

$$\{F(x)G(x)\}''' = F'''(x)G(x) + 3F''(x)G'(x)$$
$$+ 3F'(x)G''(x) + F(x)G'''(x)$$

係数の並びは二項定理の係数の並びと同じである。（＊）は $n=0$ のとき
も成り立つ（$f^{(0)}(x) = f(x)$）。

〔考察〕　(2)において，特別な形の 2 つの関数の積の第 n 次導関数を計算
した。

ここでは，一般形を示す。何回でも微分可能な 2 つの関数 $F(x)$，$G(x)$
に対して，次の公式が成り立つ。ただし，$F^{(0)}(x) = F(x)$ とする。

$$\{F(x)G(x)\}^{(n)} = \sum_{k=0}^{n} {}_nC_k F^{(n-k)}(x)G^{(k)}(x) \quad \cdots\cdots(＊＊)$$

(i) $n=1$ のとき

$$（右辺） = \sum_{k=0}^{1} {}_1C_k F^{(1-k)}(x)G^{(k)}(x)$$

$$= {}_1C_0 F^{(1)}(x)G^{(0)}(x) + {}_1C_1 F^{(1-1)}(x)G^{(1)}(x)$$

$$= F'(x)G(x) + F(x)G'(x) = \{F(x)G(x)\}'$$

ゆえに，$n=1$ のとき，（＊＊）は成り立つ。

(ii) $n=m$ のとき，（＊＊）が成り立つと仮定する。

$$\{F(x)G(x)\}^{(m)} = \sum_{k=0}^{m} {}_mC_k F^{(m-k)}(x)G^{(k)}(x) \quad \cdots\cdots(＊＊＊)$$

156 2021年度 数学〈解答〉　　中央大-理工〈共通テスト併用〉

（＊＊＊）の両辺を微分して

$$\{F(x)\,G(x)\}^{(m+1)}$$

$$=\sum_{k=0}^{m}{}_m C_k\{F^{(m-k)}(x)\,G^{(k)}(x)\}'$$

$$=\sum_{k=0}^{m}{}_m C_k F^{(m+1-k)}(x)\,G^{(k)}(x)+\sum_{k=0}^{m}{}_m C_k F^{(m-k)}(x)\,G^{(k+1)}(x)$$

$$（第2項で，k+1=l とおく）$$

$$={}_m C_0 F^{(m+1-0)}(x)\,G^{(0)}(x)+\sum_{k=1}^{m}{}_m C_k F^{(m+1-k)}(x)\,G^{(k)}(x)$$

$$+\sum_{l=1}^{m+1}{}_m C_{l-1} F^{(m+1-l)}(x)\,G^{(l)}(x)$$

$$=F^{(m+1)}(x)\,G^{(0)}(x)+\sum_{k=1}^{m}\left({}_m C_k+{}_m C_{k-1}\right) F^{(m+1-k)}(x)\,G^{(k)}(x)$$

$$+{}_m C_m F^{(0)}(x)\,G^{(m+1)}(x)$$

$$={}_{m+1} C_0 F^{(m+1)}(x)\,G^{(0)}(x)+\sum_{k=1}^{m}{}_{m+1} C_k F^{(m+1-k)}(x)\,G^{(k)}(x)$$

$$+{}_{m+1} C_{m+1} F^{(0)}(x)\,G^{(m+1)}(x)$$

$$=\sum_{k=0}^{m+1}{}_{m+1} C_k F^{(m+1-k)}(x)\,G^{(k)}(x)$$

ゆえに，（＊＊）は $n=m+1$ のときも成り立つ。

(ⅰ)，(ⅱ)より，すべての自然数 n に対して，（＊＊）は成り立つ。

（証明終）

(3)　(2)の結果を用いる。

(4)　$g_n(0)=0$ であるから，$g_n(x)$ は $(x^2+a_n x+b_n)\,e^x$ に加える補正項が必要である。

$$g_0(x)=x^2 e^x$$

$$g_n(x)=\int_0^x g_{n-1}(t)\,dt \quad (n=1,\ 2,\ 3,\ \cdots)\quad \cdots\cdots⑤$$

⑤より

$$g_n{}'(x)=g_{n-1}(x)$$

$$g_n{}^{(n)}(x)=g_0(x) \quad (n=1,\ 2,\ 3,\ \cdots)\quad \cdots\cdots⑥$$

$$g_n(0)=0 \quad (n=1,\ 2,\ 3,\ \cdots)\quad \cdots\cdots⑥'$$

②〜④，⑥，⑥′より

$$g_1(x)=(x^2-2x+2)\,e^x-2$$

$$g_2(x) = (x^2 - 4x + 6)e^x - 2x - 6$$
$$g_3(x) = (x^2 - 6x + 12)e^x - x^2 - 6x - 12$$
$$g_4(x) = (x^2 - 8x + 20)e^x - \frac{x^3}{3} - 3x^2 - 12x - 20$$
$$g_5(x) = (x^2 - 10x + 30)e^x - \frac{x^4}{12} - x^3 - 6x^2 - 20x - 30$$
$$g_6(x) = (x^2 - 12x + 42)e^x - \frac{x^5}{60} - \frac{x^4}{4} - 2x^3 - 10x^2 - 30x - 42$$

Ⅲ 解答 xy 平面上で $(1, 0)$ を中心とする半径 1 の円を C_1, $(-1, 0)$ を中心とする半径 2 の円を C_2 とする。また
$$C : (x-a)^2 + (y-b)^2 = r^2$$
$$(b > 0, \ r > 0)$$
とする。

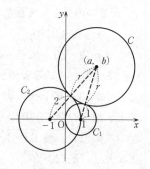

(1) 円 C が円 C_1, C_2 と同時に外接するから、中心間の距離を考えると
$$(a-1)^2 + (b-0)^2 = (r+1)^2 \quad \cdots\cdots ①$$
$$(a+1)^2 + (b-0)^2 = (r+2)^2 \quad \cdots\cdots ②$$

② - ① より
$$(a+1)^2 - (a-1)^2 = (r+2)^2 - (r+1)^2$$
$$4a = 2r + 3$$
$$\therefore \quad r = \frac{4a-3}{2} \quad \cdots\cdots ③ \quad \cdots\cdots (答)$$

$r > 0$ より $a > \dfrac{3}{4} \quad \cdots\cdots ④$

③を①に代入して
$$(a-1)^2 + b^2 = \frac{(4a-1)^2}{4}$$
$$b^2 = \frac{(4a-1)^2 - 4(a-1)^2}{4}$$
$$\therefore \quad b^2 = \frac{3(4a^2-1)}{4} \quad \cdots\cdots ⑤$$

b は実数で、$b > 0$ だから、④, ⑤より

$$b = \frac{\sqrt{3(4a^2-1)}}{2} \quad \cdots\cdots ⑥ \quad \cdots\cdots (答)$$

a のとりうる値の範囲は $a > \dfrac{3}{4}$ である。 $\cdots\cdots$ (答)

(2) ③,⑥より

$$C : (x-a)^2 + \left\{ y - \frac{\sqrt{3(4a^2-1)}}{2} \right\}^2 = \left(\frac{4a-3}{2} \right)^2 \quad \cdots\cdots ⑦$$

C と x 軸の交点の x 座標は,⑦に $y=0$ を代入して

$$(x-a)^2 + \frac{3(4a^2-1)}{4} = \frac{(4a-3)^2}{4}$$

$$(x-a)^2 = a^2 - 6a + 3 \quad \cdots\cdots ⑦'$$

⑦′ が2つの異なる実数解を持つための条件は

$$a^2 - 6a + 3 > 0$$

$$\therefore \quad a < 3 - \sqrt{6}, \ a > 3 + \sqrt{6} \quad \cdots\cdots ⑧$$

④,⑧より,求める a の値の範囲は

$$a > 3 + \sqrt{6} \quad \cdots\cdots ⑧' \quad \cdots\cdots (答)$$

C と x 軸との交点が $P(p, 0)$,$Q(q, 0)$ $(p<q)$ だから,⑦′ より

$$p = a - \sqrt{a^2 - 6a + 3} \quad \cdots\cdots (答)$$

⑧より $\quad a - 3 > \sqrt{6}$

ゆえに

$$\frac{dp}{da} = 1 - \frac{1}{2}(a^2 - 6a + 3)^{-\frac{1}{2}}(2a-6)$$

$$= 1 - \frac{a-3}{\sqrt{a^2-6a+3}} = \frac{\sqrt{a^2-6a+3} - (a-3)}{\sqrt{a^2-6a+3}}$$

$$= \frac{\{\sqrt{a^2-6a+3} + (a-3)\}\{\sqrt{a^2-6a+3} - (a-3)\}}{\{\sqrt{a^2-6a+3} + (a-3)\}\sqrt{a^2-6a+3}}$$

$$= \frac{-6}{\{\sqrt{a^2-6a+3} + (a-3)\}\sqrt{a^2-6a+3}} < 0 \qquad (証明終)$$

(3) $a_0 = 3 + \sqrt{6}$,$p = p(a)$ とおく。

$$p(a_0) = 3 + \sqrt{6} \quad \cdots\cdots ⑨$$

$$p(a) = \frac{(a + \sqrt{a^2-6a+3})(a - \sqrt{a^2-6a+3})}{a + \sqrt{a^2-6a+3}} = \frac{6a-3}{a + \sqrt{a^2-6a+3}}$$

$a > a_0 > 0$ のとき

$$p(a) = \frac{6-3a^{-1}}{1+\sqrt{1-6a^{-1}+3a^{-2}}}$$

$$\lim_{a\to\infty} p(a) = \lim_{a\to\infty} \frac{6-3a^{-1}}{1+\sqrt{1-6a^{-1}+3a^{-2}}}$$

$$= 3 \quad \cdots\cdots ⑨'$$

ゆえに，⑨，⑨' より

$3 < p < 3+\sqrt{6}$ ……(答)

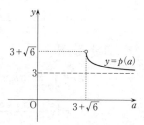

◀解　説▶

≪2つの定円に同時に外接する円の中心と半径≫

(1) 2つの円が外接するための条件は，中心間の距離が半径の和に等しいことである。

(2) C の方程式を求め，$y=0$ とおく。p は a の無理関数である。

(3) $y=p(a)$ は単調に減少するが，遠方ではどのようになるかを考える。そのために，$\lim_{a\to\infty} p(a)$ を計算する。

Ⅳ 解答　自然数 j, k に対し，次式を定める。

$$S(j, k) = \int_{-\pi}^{\pi} (\sin jx)(\sin kx)\,dx$$

$$T(k) = \int_{-\pi}^{\pi} x \sin kx\,dx$$

(1) $j \neq k$ のとき，$j-k \neq 0$，$j+k > 0$ より

$\cos(j+k)x = \cos jx \cos kx - \sin jx \sin kx$

$\cos(j-k)x = \cos jx \cos kx + \sin jx \sin kx$

$\sin jx \sin kx = \dfrac{1}{2}\{\cos(j-k)x - \cos(j+k)x\}$

$S(j, k) = \dfrac{1}{2}\int_{-\pi}^{\pi} \{\cos(j-k)x - \cos(j+k)x\}\,dx$

$\qquad = \dfrac{1}{2}\left[\dfrac{\sin(j-k)x}{j-k} - \dfrac{\sin(j+k)x}{j+k}\right]_{-\pi}^{\pi} = 0$ （証明終）

半角の公式より

$$S(k, k) = \int_{-\pi}^{\pi} \sin^2 kx\,dx = \int_{-\pi}^{\pi} \frac{1-\cos 2kx}{2}\,dx$$

$$= \left[\frac{x}{2} - \frac{\sin 2kx}{4k}\right]_{-\pi}^{\pi} = \pi \qquad \text{(証明終)}$$

(2) 部分積分法より

$$T(k) = \int_{-\pi}^{\pi} x \sin kx \, dx$$

$$= \left[x \cdot \frac{-\cos kx}{k}\right]_{-\pi}^{\pi} - \int_{-\pi}^{\pi} 1 \cdot \frac{-\cos kx}{k} dx$$

$$= \left[\frac{-x \cos kx}{k}\right]_{-\pi}^{\pi} + \left[\frac{\sin kx}{k^2}\right]_{-\pi}^{\pi}$$

$$= \frac{-\pi \cos k\pi}{k} - \frac{\pi \cos(-k\pi)}{k}$$

$$= -\frac{2\pi \cos k\pi}{k} = -\frac{2\pi(-1)^k}{k} = \frac{2\pi(-1)^{k+1}}{k} \qquad \text{(証明終)}$$

(3) (1), (2)の結果より

$$L = \int_{-\pi}^{\pi} (x - a \sin x)^2 dx$$

$$= \int_{-\pi}^{\pi} (x^2 - 2ax \sin x + a^2 \sin^2 x) \, dx$$

$$= \left[\frac{x^3}{3}\right]_{-\pi}^{\pi} - 2a \cdot 2\pi + a^2 \pi$$

$$= \frac{2\pi^3}{3} - 4a\pi + a^2\pi$$

$$= \pi\left(a^2 - 4a + \frac{2\pi^2}{3}\right)$$

$$= \pi(a-2)^2 + \frac{2\pi}{3}(\pi^2 - 6)$$

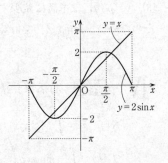

$a = 2$ のとき, L の最小値は $\dfrac{2\pi}{3}(\pi^2 - 6)$ である. ……(答)

(4) 自然数 n, 実数 a_k ($1 \leq k \leq n$) に対し, M を次式で定める.

$$M = \int_{-\pi}^{\pi} \left(x - \sum_{k=1}^{n} a_k \sin kx\right)^2 dx$$

$$= \int_{-\pi}^{\pi} \left\{x^2 - 2\sum_{k=1}^{n} a_k x \sin kx + \left(\sum_{k=1}^{n} a_k \sin kx\right)^2\right\} dx$$

$$= I_1 + I_2 + I_3$$

$$I_1 = \left[\frac{x^3}{3}\right]_{-\pi}^{\pi} = \frac{2\pi^3}{3}$$

中央大-理工〈共通テスト併用〉　　　　　　　　　　　　2021 年度　数学〈解答〉　*161*

$$I_2 = -2\sum_{k=1}^{n} a_k T(k) = -2\sum_{k=1}^{n} a_k T(k) = 4\pi\sum_{k=1}^{n} \frac{(-1)^k}{k} a_k \quad ((2) \text{より})$$

$$I_3 = \int_{-\pi}^{\pi} \Big(\sum_{k=1}^{n} a_k \sin kx\Big)^2 dx = \int_{-\pi}^{\pi} \Big(\sum_{j=1}^{n} a_j \sin jx\Big)\Big(\sum_{k=1}^{n} a_k \sin kx\Big) dx$$

$$= \sum_{k=1}^{n} \int_{-\pi}^{\pi} (a_k \sin kx)^2 dx + \sum_{1 \leq j < k \leq n} 2a_j a_k \int_{-\pi}^{\pi} \sin jx \sin kx \, dx$$

$$= \sum_{k=1}^{n} (a_k)^2 S(k,\ k) + \sum_{1 \leq j < k \leq n} 2a_j a_k S(j,\ k)$$

$$= \pi \sum_{k=1}^{n} (a_k)^2 \quad ((1) \text{より})$$

$$M = \pi \sum_{k=1}^{n} \Big\{ (a_k)^2 + \frac{4(-1)^k}{k} a_k \Big\} + \frac{2\pi^3}{3}$$

$$= \pi \sum_{k=1}^{n} \Big[\Big\{ a_k - \frac{2(-1)^{k+1}}{k} \Big\}^2 - \frac{4}{k^2} \Big] + \frac{2\pi^3}{3}$$

$$= \pi \sum_{k=1}^{n} \Big\{ a_k - \frac{2(-1)^{k+1}}{k} \Big\}^2 + 4\pi \Big(\frac{\pi^2}{6} - \sum_{k=1}^{n} \frac{1}{k^2} \Big)$$

$a_k = \dfrac{2(-1)^{k+1}}{k} \ (1 \leq k \leq n)$ のとき，M は最小値 $4\pi\Big(\dfrac{\pi^2}{6} - \displaystyle\sum_{k=1}^{n} \dfrac{1}{k^2} \Big)$ をとる。

……（答）

◀━━━━━ ◀解　説▶

≪三角関数を用いた最小二乗法≫

(1)　三角関数の積を和に分解する公式は，加法定理から得られることを覚えておくとよい。

(2)　部分積分法を用いる。

(3)　被積分関数を展開して，(1)，(2)の結果を用いる。a の 2 次関数の最小値を求める問題に帰着される。

(4)　被積分関数の展開には注意が必要である。

$$\Big(\sum_{k=1}^{n} a_k \sin kx\Big)^2 = \Big(\sum_{j=1}^{n} a_j \sin jx\Big)\Big(\sum_{k=1}^{n} a_k \sin kx\Big)$$

I_3 における記号 $\displaystyle\sum_{1 \leq j < k \leq n} c_{j,\ k}$ は $1 \leq j \leq n$，$1 \leq k \leq n$，$j < k$ をみたす $j,\ k$ に関する和を表す。また，$\displaystyle\sum_{k=1}^{\infty} \frac{1}{k^2} = \frac{\pi^2}{6}$ より

$$\frac{\pi^2}{6} - \sum_{k=1}^{n} \frac{1}{k^2} = \sum_{k=n+1}^{\infty} \frac{1}{k^2} > 0 \quad (n = 1,\ 2,\ 3,\ \cdots)$$

❖講 評

　共通テスト併用方式は全問記述式であり，大問4題中3題を選択する形式である。一般入試と試験時間が同じで，問題数が1題少ない。レベルは一般入試とほぼ同じである。どの問題も出題者が受験生に何を求めているかが明確な良問である。一番重要な分野は微・積分法で，大問4題のうち2題半がこの分野である。なお，2021年度はすべての問題に証明問題を含んでいる。

　Ⅰ　二項係数を含む有限二重数列の和に関する数列の問題である。漸化式の証明は二項定理の展開式の証明と同様である。二重数列の数学的帰納法は少し示しづらい。標準問題である。

　Ⅱ　積の第n次導関数を求める微・積分法の問題である。数学的帰納法は二項定理の展開式の証明と同様である。Ⅰと方法的に重なる部分が多い。$f'(x)$，$f''(x)$ だけから，$f^{(n)}(x)$ を推測するのは難しい。$f^{(3)}(x)$，$f^{(4)}(x)$ を利用すれば，$f^{(n)}(x)$ の一般形を推測できる。(3)，(4)はもちろん連動しているが，付帯条件 $g_n(0)=0$ があるから，補正項が必要である。これは盲点かもしれない。なお，$g_6(x)$ を求めるには，$g_4(x)$，$g_5(x)$ も求める必要がある。標準問題である。

　Ⅲ　2つの定円にともに外接する円の中心 (a, b) と半径 r を求める問題である。求める円の中心の y 座標 b が正であるとの仮定から，b，r は a の関数として一意的に決まる。a はある値より大きくなるという付帯条件はあるが，半径 r は正の値で，いくらでも小さくなりうるし，いくらでも大きくなりうる。標準問題である。

　Ⅳ　三角関数の定積分を道具として，三角関数を用いた最小二乗法の問題である。$(c_1+\cdots+c_n)^2$ の展開式は公式として覚えているのではなく，基本に戻り，積の分配則を適用する。和の記号 Σ を用いる表記も有用である。この Σ による表記は少し難しいかもしれない。最後の2次式の最小値は予想外で興味深い結果である。やや難しい問題である。

物理

I 解答

1. $-mg\sin\theta$　2. $-\dfrac{mg}{R}x$

3. 2より，θ_0が十分小さいときビーズは単振動することがわかる。単振動の角振動数ωは2より加速度をaとして，運動方程式を立てると

$$ma = -\dfrac{mg}{R}x \quad \therefore \quad a = -\dfrac{g}{R}x = -\omega^2 x$$

よって，$\omega = \sqrt{\dfrac{g}{R}}$ である。その単振動の周期Tは

$$T = 2\pi\sqrt{\dfrac{R}{g}}$$

点Bから点Aへの移動は単振動の$\dfrac{1}{4}$周期分であるから

$$t_1 = \dfrac{1}{4} \times T = \dfrac{\pi}{2}\sqrt{\dfrac{R}{g}} \quad \cdots\cdots\text{(答)}$$

4. 点Aは単振動の振動の中心であるから，速さは最大値vをとる。単振動の振幅Aはx_0であるから

$$v = A\omega = x_0\sqrt{\dfrac{g}{R}} \quad \cdots\cdots\text{(答)}$$

5. $-mg\sin\theta - kR\theta$　6. $-\left(\dfrac{mg}{R}+k\right)x$　7. $\dfrac{\pi}{2}\sqrt{\dfrac{mR}{mg+kR}}$

8. $x_0\sqrt{\dfrac{mg+kR}{mR}}$　9. $-x_0\sqrt{\dfrac{mg+kR}{kR}}$　10. $t_2 + \dfrac{\pi}{2}\sqrt{\dfrac{m}{k}}$

11.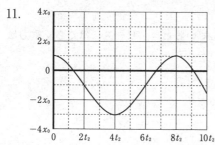

◀ 解　説 ▶

≪針金に沿ったビーズの単振動≫

2．近似式を用いると

$$\sin\theta \fallingdotseq \theta = 2\pi \times \frac{x}{2\pi R} = \frac{x}{R}$$

$$\therefore \quad f = -mg\sin\theta \fallingdotseq -\frac{mg}{R}x$$

5．2より，$\sin\theta \fallingdotseq \theta = \dfrac{x}{R}$ を用いると

$$f' = -mg\sin\theta - kx$$
$$= -mg\sin\theta - kR\theta$$

6．

$$f' = -mg\sin\theta - kx$$
$$= -\left(\frac{mg}{R} + k\right)x$$

7．6よりビーズは単振動することがわかる。3と同様にその角振動数 ω' を求めると

$$\omega' = \sqrt{\frac{mg + kR}{mR}}$$

となる。よって，この単振動の周期 T' は

$$T' = \frac{2\pi}{\omega'} = 2\pi\sqrt{\frac{mR}{mg + kR}}$$

以上より，求める時刻 t_2 は

$$t_2 = \frac{T'}{4} = \frac{\pi}{2}\sqrt{\frac{mR}{mg + kR}}$$

8．4と同様に求めると

$$v_2 = x_0\omega' = x_0\sqrt{\frac{mg + kR}{mR}}$$

9．ビーズが針金の直線部分を進んでいるとき，ビーズにはたらく重力は針金にそった向きの成分をもたないから

$$f' = -kx$$

となる。単振動のエネルギー保存則より

$$\frac{1}{2}mv_2{}^2 = \frac{1}{2}k|x_3|^2$$

中央大-理工〈共通テスト併用〉　　　　　　　2021 年度　物理〈解答〉 *165*

$x_3<0$ より

$$x_3 = -v_2\sqrt{\frac{m}{k}} = -x_0\sqrt{\frac{mg+kR}{kR}}$$

10. $t_2 \leq t \leq t_3$ では，ビーズは周期 $T'' = 2\pi\sqrt{\frac{m}{k}}$ の単振動をするので

$$t_3 = t_2 + \frac{T''}{4} = t_2 + \frac{\pi}{2}\sqrt{\frac{m}{k}}$$

11. 9・10 と $\frac{mg}{kR}=8$ を用いると

$$x_3 = -x_0\sqrt{\frac{mg}{kR}+1} = -x_0\sqrt{8+1} = -3x_0$$

また

$$\begin{aligned}
t_3 &= t_2 + \frac{\pi}{2}\sqrt{\frac{m}{k}} = \frac{\pi}{2}\sqrt{\frac{mR}{mg+kR}} + \frac{\pi}{2}\sqrt{\frac{m}{k}}\\
&= \frac{\pi}{2}\sqrt{\frac{mR}{9kR}} + \frac{\pi}{2}\sqrt{\frac{m}{k}}\\
&= \frac{\pi}{6}\sqrt{\frac{m}{k}} + \frac{\pi}{2}\sqrt{\frac{m}{k}}\\
&= \frac{2\pi}{3}\sqrt{\frac{m}{k}}\\
&= 4t_2
\end{aligned}$$

$t=0$ のときの変位は x_0 なので，単振動の変位の時間変化のグラフは〔解答〕のようになる。

Ⅱ 解答

1．求める半径を r_1 として，円運動の運動方程式を立てると

$$m\frac{v^2}{r_1} = qvB \quad \therefore \quad r_1 = \frac{mv}{qB} \quad \cdots\cdots(答)$$

2．与えられた弦の長さの式より

$$\mathrm{OP} = r_1\sin\theta \times 2 = \frac{2mv\sin\theta}{qB} \quad \cdots\cdots(答)$$

3．P から Q へ向かう円運動の半径 r_2 を求めると

$$m\frac{v^2}{r_2} = qvB' \quad \therefore \quad r_2 = \frac{mv}{qB'}$$

よって，PQ の長さは

$$PQ = r_2 \sin\theta \times 2 = \frac{2mv\sin\theta}{qB'} \quad \cdots\cdots(答)$$

4．OQ の長さは，$OQ = 2r_1 = \dfrac{2mv}{qB}$ であるので

$$OQ = OP + PQ$$

$$\frac{2mv}{qB} = \frac{2mv\sin\theta}{qB} + \frac{2mv\sin\theta}{qB'}$$

$$\frac{1}{B} = \frac{\sin\theta}{B} + \frac{\sin\theta}{B'}$$

$$\frac{\sin\theta}{B'} = \frac{1-\sin\theta}{B}$$

$$\therefore \quad \frac{B'}{B} = \frac{\sin\theta}{1-\sin\theta} \quad \cdots\cdots(答)$$

5．円運動の周期 T_1 は

$$T_1 = \frac{2\pi r_1}{v} = \frac{2\pi m}{qB}$$

よって，t_{OQ} は半周期分の時間なので

$$t_{OQ} = \frac{\pi m}{qB} \quad \cdots\cdots(答)$$

6．O から P に運動するときの回転角は 2θ であることに注意すると

$$t_{OP} = T_1 \times \frac{2\theta}{2\pi} = \frac{2m\theta}{qB} \quad \cdots\cdots(答)$$

7．円運動の周期 T' は $T' = \dfrac{2\pi m}{qB'}$ である。よって

$$t_{PQ} = T' \times \frac{2\theta}{2\pi} = \frac{2m\theta}{qB'} \quad \cdots\cdots(答)$$

8．$\Delta t = t_{OQ} - (t_{OP} + t_{PQ}) = \dfrac{\pi m}{qB} - \left(\dfrac{2m\theta}{qB} + \dfrac{2m\theta}{qB'}\right)$

ここで $\dfrac{B'}{B} = \dfrac{\sin\theta}{1-\sin\theta}$ より B' を消去して

$$\Delta t = \frac{\pi m}{qB} - \left\{\frac{2m\theta}{qB} + \frac{2m\theta(1-\sin\theta)}{qB\sin\theta}\right\}$$

$$= \frac{m(\pi\sin\theta - 2\theta)}{qB\sin\theta} \quad \cdots\cdots(答)$$

設問文より $0<\theta<\dfrac{\pi}{2}$ の範囲では $\pi\sin\theta>2\theta$ が成り立つことから，$\Delta t>0$ を満たすことがわかる。

(証明終)

◀解　説▶

≪磁場中の荷電粒子の運動≫

1．点電荷は，ローレンツ力のみを受けており，これを向心力として円運動している。

6．問題中に与えられた図より，回転角は 2θ になる。

III　解答

1．(1) $m\lambda$　(2) $\left(m+\dfrac{1}{2}\right)\lambda$

2．$2A\cos\dfrac{\pi\Delta L}{\lambda}$

3．
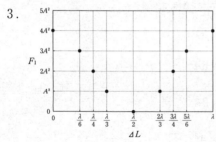

4．(a)(4) $L+2\Delta L$　(5) $L+3\Delta L$　(b)(6) $2A\cos\dfrac{\pi\Delta L}{\lambda}$　(7) $2L+5\Delta L$

5．
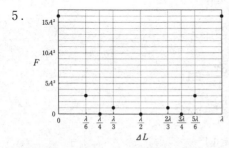

◀解　説▶

≪複数スリットによる光の干渉の数学的考察≫

1．S_1，S_2 での位相が同じとき，強めあう条件と弱めあう条件は整数 m と波長 λ を用いると

強めあう条件：（経路差）$= m\lambda$

弱めあう条件：（経路差）$= \left(m + \dfrac{1}{2}\right)\lambda$

と表せる。

2. $Y_1 = y_1 + y_2$

$\qquad = A\sin\left\{2\pi\left(\dfrac{t}{T} - \dfrac{L}{\lambda}\right)\right\} + A\sin\left\{2\pi\left(\dfrac{t}{T} - \dfrac{L+\Delta L}{\lambda}\right)\right\}$

$\qquad = 2A\cos\left[\dfrac{1}{2}\times\left\{2\pi\left(\dfrac{t}{T} - \dfrac{L}{\lambda}\right) - 2\pi\left(\dfrac{t}{T} - \dfrac{L+\Delta L}{\lambda}\right)\right\}\right]$

$\qquad\qquad\qquad\qquad \times\sin\left[\dfrac{1}{2}\times\left\{2\pi\left(\dfrac{t}{T} - \dfrac{L}{\lambda}\right) + 2\pi\left(\dfrac{t}{T} - \dfrac{L+\Delta L}{\lambda}\right)\right\}\right]$

$\qquad = 2A\cos\left(\dfrac{\pi\Delta L}{\lambda}\right)\sin\left\{2\pi\left(\dfrac{t}{T} - \dfrac{2L+\Delta L}{2\lambda}\right)\right\}$

3. $F_1 = \left(2A\cos\dfrac{\pi\Delta L}{\lambda}\right)^2 = 4A^2\cos^2\dfrac{\pi\Delta L}{\lambda}$ である。

$\Delta L = 0$ のとき $\qquad F_1 = 4A^2\cos^2 0 = 4A^2$

$\Delta L = \dfrac{\lambda}{6}$ のとき $\qquad F_1 = 4A^2\cos^2\dfrac{\pi}{6} = 3A^2$

$\Delta L = \dfrac{\lambda}{4}$ のとき $\qquad F_1 = 4A^2\cos^2\dfrac{\pi}{4} = 2A^2$

$\Delta L = \dfrac{\lambda}{3}$ のとき $\qquad F_1 = 4A^2\cos^2\dfrac{\pi}{3} = A^2$

$\Delta L = \dfrac{\lambda}{2}$ のとき $\qquad F_1 = 4A^2\cos^2\dfrac{\pi}{2} = 0$

$\Delta L = \dfrac{2\lambda}{3}$ のとき $\qquad F_1 = 4A^2\cos^2\dfrac{2\pi}{3} = A^2$

$\Delta L = \dfrac{3\lambda}{4}$ のとき $\qquad F_1 = 4A^2\cos^2\dfrac{3\pi}{4} = 2A^2$

$\Delta L = \dfrac{5\lambda}{6}$ のとき $\qquad F_1 = 4A^2\cos^2\dfrac{5\pi}{6} = 3A^2$

$\Delta L = \lambda$ のとき $\qquad F_1 = 4A^2\cos^2\pi = 4A^2$

それぞれの点をグラフにプロットすればよい。

4. (b) $Y_2 = y_3 + y_4 = A\sin\left\{2\pi\left(\dfrac{t}{T} - \dfrac{L+2\Delta L}{\lambda}\right)\right\} + A\sin\left\{2\pi\left(\dfrac{t}{T} - \dfrac{L+3\Delta L}{\lambda}\right)\right\}$

中央大-理工〈共通テスト併用〉　　　　　　　　2021 年度　物理〈解答〉　*169*

$$= 2A \cos\left[\frac{1}{2} \times \left\{ 2\pi\left(\frac{t}{T} - \frac{L+2\Delta L}{\lambda}\right) - 2\pi\left(\frac{t}{T} - \frac{L+3\Delta L}{\lambda}\right)\right\}\right]$$

$$\times \sin\left[\frac{1}{2} \times \left\{ 2\pi\left(\frac{t}{T} - \frac{L+2\Delta L}{\lambda}\right) + 2\pi\left(\frac{t}{T} - \frac{L+3\Delta L}{\lambda}\right)\right\}\right]$$

$$= 2A \cos\left(\frac{\pi\Delta L}{\lambda}\right) \sin\left\{ 2\pi\left(\frac{t}{T} - \frac{2L+5\Delta L}{2\lambda}\right)\right\}$$

5．変位 Y の式のうち，振幅を表すのは，$4A\cos\left(\pi\dfrac{\Delta L}{\lambda}\right)\cos\left(2\pi\dfrac{\Delta L}{\lambda}\right)$ である。よって

$$F = \left\{ 4A\cos\left(\pi\frac{\Delta L}{\lambda}\right)\cos\left(2\pi\frac{\Delta L}{\lambda}\right)\right\}^2 = 16A^2\cos^2\left(\pi\frac{\Delta L}{\lambda}\right)\cos^2\left(2\pi\frac{\Delta L}{\lambda}\right)$$

$\Delta L = 0$ のとき　　　$F = 16\cos^2 0\cos^2 0 = 16A^2$

$\Delta L = \dfrac{\lambda}{6}$ のとき　　$F = 16\cos^2\dfrac{\pi}{6}\cos^2\dfrac{\pi}{3} = 3A^2$

$\Delta L = \dfrac{\lambda}{4}$ のとき　　$F = 16\cos^2\dfrac{\pi}{4}\cos^2\dfrac{\pi}{2} = 0$

$\Delta L = \dfrac{\lambda}{3}$ のとき　　$F = 16\cos^2\dfrac{\pi}{3}\cos^2\dfrac{2\pi}{3} = A^2$

$\Delta L = \dfrac{\lambda}{2}$ のとき　　$F = 16\cos^2\dfrac{\pi}{2}\cos^2\pi = 0$

$\Delta L = \dfrac{2\lambda}{3}$ のとき　　$F = 16\cos^2\dfrac{2\pi}{3}\cos^2\dfrac{4\pi}{3} = A^2$

$\Delta L = \dfrac{3\lambda}{4}$ のとき　　$F = 16\cos^2\dfrac{3\pi}{4}\cos^2\dfrac{3\pi}{2} = 0$

$\Delta L = \dfrac{5\lambda}{6}$ のとき　　$F = 16\cos^2\dfrac{5\pi}{6}\cos^2\dfrac{5\pi}{3} = 3A^2$

$\Delta L = \lambda$ のとき　　　$F = 16\cos^2\pi\cos^2 2\pi = 16A^2$

それぞれの点をグラフにプロットすればよい。

❖講　評

　大問は 3 題で，力学，電磁気，波動からの出題である。例年通り描図を含む記述問題であった。

　Ⅰ　針金につながれたビーズの運動を考える問題。θ が十分小さいときは単振り子とみなせる。近似を使う問題に慣れているかどうかで差が

つきそうである。小問が細かく分かれているので，運動方程式の立式から周期を求める方法など，単振動の基本を理解していればよい。

Ⅱ　ローレンツ力による円運動を考える問題。2つの軌跡をそれぞれ正確に捉えることが重要である。

Ⅲ　ヤングの実験を題材にした問題。前半は，正弦波の式を使って，波の重ね合わせによる振動の変位を計算する問題。後半は，スリットを増やした場合に干渉した振動の変位を考察する問題。計算がやや難しいかもしれないが，丁寧な誘導がなされているので，流れに沿って取り組みたい問題。

中央大-理工〈共通テスト併用〉 2021 年度 化学〈解答〉 *171*

化学

I 解答

(1)$NO_2 : 0.40\,mol$　$O_2 : 0.10\,mol$

(2)$N_2O_5 : 2.0 \times 10^{-4}\,mol/s$　$NO_2 : 4.0 \times 10^{-4}\,mol/s$

(3)1.3 倍

(4)$N_2O_5 : (1.00 - \alpha)\,[mol]$　$NO_2 : 2\alpha\,[mol]$　$O_2 : 0.50\alpha\,[mol]$

(5)$\alpha = \dfrac{2}{3}(x - 1.00)\,[mol]$

(6)2.5 倍

◀解 説▶

≪気体反応と物質量，反応速度≫

(1) 反応前後での各物質量の変化は次のとおり。

$$2N_2O_5 \longrightarrow 4NO_2 + O_2$$

反応前	1.00	0	0　〔mol〕
変化量	−0.20	+0.40	+0.10　〔mol〕
1000 秒後	0.80	0.40	0.10　〔mol〕

(2) 反応速度 ＝ $\dfrac{\text{変化量}}{\text{経過時間}}$ から計算する。

N_2O_5 の減少速度：$\dfrac{0.20}{1000} = 2.0 \times 10^{-4}\,[mol/s]$

NO_2 の生成速度：$\dfrac{0.40}{1000} = 4.0 \times 10^{-4}\,[mol/s]$

(3) 容積，温度が一定なので，圧力の比は物質量の比に等しい。よって

$$\frac{0.80 + 0.40 + 0.10}{1.00} = 1.3 \text{ 倍}$$

(4) 反応前後での各物質量の変化は次のとおり。

$$2N_2O_5 \longrightarrow 4NO_2 + O_2$$

反応前	1.00	0	0
変化量	$-\alpha$	$+2\alpha$	$+\dfrac{1}{2}\alpha$
反応後	$1.00 - \alpha$	2α	$\dfrac{1}{2}\alpha$

(5) (3)と同様，物質量の比を考えればよい。

$$x = \frac{(1.00 - \alpha) + 2\alpha + 0.50\alpha}{1.00} = 1.00 + 1.50\alpha \quad \cdots\cdots ①$$

$$\therefore \quad \alpha = \frac{2}{3}(x - 1.00) \text{ (mol)}$$

(6) ①に $\alpha = 1.00$ を代入して，$x = 2.5$ 倍となる。

Ⅱ **解答** (1)SO_2 (2)SO_3 (3)1.1 (4)0.58g (5)発煙硫酸
(6)**C**：Zn **D**：Fe **E**：Cu (7)+6 (8)—②

◀ **解 説** ▶

≪硫黄とその化合物≫

(1)・(2) 操作1：$S + O_2 \longrightarrow SO_2$ （気体**A**）

操作2の下線部(a)：$2SO_2 + O_2 \longrightarrow 2SO_3$ （気体**B**）

$$SO_3 + H_2O \longrightarrow H_2SO_4$$

(3) 下線部(a)で得られた H_2SO_4 のモル濃度を x (mol/L) とすると，操作2の中和滴定に関して

$$x \times \frac{10}{1000} \times 2 = 0.10 \times \frac{7.2}{1000}$$

$$\therefore \quad x = 3.6 \times 10^{-2} \text{ (mol/L)}$$

よって，この水溶液の pH は

$$pH = -\log_{10}[H^+] = -\log_{10}(3.6 \times 10^{-2} \times 2)$$
$$= -\log_{10}(2^3 \times 3^2 \times 10^{-3})$$
$$= -(3 \times 0.30 + 2 \times 0.48 - 3)$$
$$= 1.14 \fallingdotseq 1.1$$

(4) (1)・(2)で記した化学反応式より，最初の S と同物質量の H_2SO_4 が得られる。得られた H_2SO_4 の物質量は(3)より

$$3.6 \times 10^{-2} \times \frac{500}{1000} = 1.8 \times 10^{-2} \text{ (mol)}$$

なので，求める硫黄の質量は

$$1.8 \times 10^{-2} \times 32 = 0.576 \fallingdotseq 0.58 \text{ (g)}$$

(5) 操作1と操作2の下線部(a)および本問の反応は，接触式硫酸製造法と同じ。

(6) 操作3：Fe，Cu，Zn のうち，希硫酸と反応して H_2 を発生するのは，

FeとZnである。

操作4：弱塩基性条件でH₂Sを加えて生じる沈殿は，FeS（黒色），ZnS（白色）である。pHに関係なく沈殿するのはCuS（黒色）である。

(7) 操作1～4に含まれる硫黄を含む化合物および硫黄の酸化数は，S (0), SO₂ (+4), SO₃ (+6), H₂SO₄ (+6), H₂S (−2), FeS (−2) などである。

(8) ダニエル型電池において，用いる2種類の金属のイオン化傾向の差が大きいほど起電力は高くなる。イオン化傾向は，Zn＞Fe＞Cuなので，ZnとCuの組み合わせが最も高い起電力が得られる。

III 解答

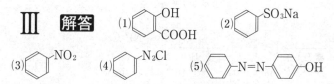

(ア)プロペン　(イ)クメンヒドロペルオキシド　(ウ)アセトン　(エ)アニリン
(オ)ピクリン酸（または，2,4,6-トリニトロフェノール）

◀解　説▶

≪フェノール類の製法，反応≫

リード文の過程を以下に示す。

〔第1段落〕

フェノール —NaOH→ ナトリウムフェノキシド —高温高圧 CO₂→ サリチル酸ナトリウム —希 H₂SO₄→ (1)サリチル酸

〔第2段落〕

ベンゼン ＋CH₃-CH=CH₂ (ア)プロペン —酸触媒→ クメン

174 2021 年度 化学〈解答〉　　　　　　　　　　　中央大-理工〈共通テスト併用〉

$$\xrightarrow{\text{空気酸化}} \underset{\substack{\text{(イ)クメンヒドロ}\\\text{ペルオキシド}}}{\underset{\text{CH}_3\text{-C-CH}_3}{\overset{\text{O-OH}}{}}} \xrightarrow{\text{希 H}_2\text{SO}_4} \underset{\text{フェノール}}{\overset{\text{OH}}{}} + \underset{\underset{\text{(ウ)アセトン}}{\overset{\|}{\text{O}}}}{\text{CH}_3\text{-C-CH}_3}$$

〔第3段落〕

$$\underset{\text{ベンゼン}}{} \xrightarrow{\text{濃 H}_2\text{SO}_4} \underset{\substack{\text{ベンゼン}\\\text{スルホン酸}}}{\overset{\text{SO}_3\text{H}}{}} \xrightarrow{\text{NaOH}} \underset{\substack{\text{(2)ベンゼンスル}\\\text{ホン酸ナトリウム}}}{\overset{\text{SO}_3\text{Na}}{}}$$

$$\xrightarrow[\text{アルカリ融解}]{\text{NaOH}} \underset{\substack{\text{ナトリウム}\\\text{フェノキシド}}}{\overset{\text{ONa}}{}} \xrightarrow{\text{酸性}} \underset{\text{フェノール}}{\overset{\text{OH}}{}}$$

$$\underset{\text{ベンゼン}}{} \xrightarrow[\text{濃 HNO}_3]{\text{濃 H}_2\text{SO}_4} \underset{\substack{\text{(3)ニトロ}\\\text{ベンゼン}}}{\overset{\text{NO}_2}{}} \xrightarrow[\text{還元}]{\text{Sn, HCl}} \underset{\text{アニリン塩酸塩}}{\overset{\text{NH}_3\text{Cl}}{}}$$

$$\xrightarrow{\text{塩基性}} \underset{\text{(エ)アニリン}}{\overset{\text{NH}_2}{}} \xrightarrow[\text{NaNO}_2]{\text{希 HCl}} \underset{\substack{\text{(4)塩化ベンゼン}\\\text{ジアゾニウム}}}{\overset{\text{N}_2\text{Cl}}{}} \xrightarrow[\text{放置}]{\text{常温で}} \underset{\text{フェノール}}{\overset{\text{OH}}{}}$$

〔第4段落〕

$$\underset{\substack{\text{塩化ベンゼン}\\\text{ジアゾニウム}}}{\overset{\text{N}_2\text{Cl}}{}} + \underset{\substack{\text{ナトリウム}\\\text{フェノキシド}}}{\overset{\text{ONa}}{}} \longrightarrow \underset{\substack{\text{(5)}p\text{-ヒドロキシ}\\\text{アゾベンゼン}}}{\text{-N=N-}\overset{\text{OH}}{}}$$

$$\underset{\text{フェノール}}{\overset{\text{OH}}{}} \xrightarrow[\text{濃 HNO}_3]{\text{濃 H}_2\text{SO}_4} \underset{\text{(オ)ピクリン酸}}{\overset{\substack{\text{OH}\\\text{O}_2\text{N}\quad\text{NO}_2\\\text{NO}_2}}{}}$$

❖講　評

　Ⅰは理論分野，Ⅱは無機分野と理論分野の両方の要素を含む問題，Ⅲは有機分野からの出題だった。また，過去に出題されていた論述問題，計算の途中経過を記述させる問題はなかった。

Ⅰ　気体の化学反応に関して，反応速度，圧力変化を計算する問題。容積，温度一定の条件下では，全圧は総物質量に比例するということを理解していれば，完答できるレベルの問題だった。

Ⅱ　硫黄とその化合物に関する実験の問題。硫黄の反応に関する知識を問う問題と，pH，中和滴定，酸化数，電池などの理論分野の問題で構成されていた。知識問題，計算問題ともに基本レベルだった。

Ⅲ　芳香族化合物の製法，反応に関する出題。教科書に出てくるレベルの物質，製法を整理できていれば，迷うことはなかったと思われる。

全体的に，2021 年度より易化していた。ただ，実験の問題など，リード文が長いものもあるので，落ち着いて解くことが必要である。

生物

I 解答

(1)レセプター（受容体）
(2)ナトリウムポンプ（Na^+-K^+-ATPアーゼ）
(3)アクアポリン
(4)(ア)脱分極　(イ)過分極　(ウ)閾値　(エ)静止電位
(5)

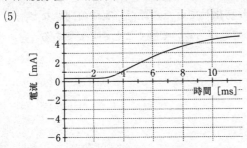

(6)(オ)—(a)　(カ)—(b)　(キ)—(e)　(ク)—(d)

(7)正しい
根拠：図2の(カ)の電流値が，フグ毒で抑制されないK^+の電流値である図3の(キ)と，TEAで抑制されないNa^+の電流値である図4の(ク)の和と一致するから。(70字以内)

(8)(Na^+電流は，細胞の）外側から内側
　(Na^+の拡散は，細胞の）外側から内側
　（観察されるNa^+電流は）負
　(Na^+の濃度は，細胞の）内側＜外側

(9)—(a)・(c)　(10)—(a)・(c)・(d)　(11)(ケ)—(e)　(コ)—(d)

◀解　説▶

≪電位発生のしくみ≫

(5)・(6)　(6)について，まずは，図2の上図の縦軸の表示が膜電位〔mV〕であることから，直線(オ)がV（膜電位）に対応していることがわかる。次に，図2の下図の縦軸の表示が電流〔mA〕であること，および，図3や図4での実験とは異なりI_{Na^+}（Na^+の流れによって生じる電流）やI_{K^+}（K^+の流れによって生じる電流）を抑制する薬品を用いていないことか

中央大-理工〈共通テスト併用〉　　　　　　　　　　2021 年度　生物〈解答〉　*177*

ら，曲線㈍が I（I_{Na^+} と I_{K^+} の総和）に対応していることがわかる。また，図 3 の実験では I_{Na^+} を抑制するフグ毒の存在下で電流を測定していることから，曲線㈎は抑制されていない I_{K^+} の値に対応していることがわかる。さらに，図 4 の実験では I_{K^+} を抑制する TEA（テトラエチルアンモニウム）の存在下で電流を測定していることから，曲線㈏は抑制されていない I_{Na^+} の値に対応していることがわかる。

(5)について，「曲線㈍の電流値」−「曲線㈏の電流値」について問われているが，上記で述べたように，曲線㈍は I_{Na^+} と I_{K^+} の総和である I に，曲線㈏は I_{Na^+} に対応している。つまり，「曲線㈍の電流値」−「曲線㈏の電流値」は

$$(I_{Na^+} + I_{K^+}) - I_{Na^+} = I_{K^+}$$

となり，(5)で問われている内容は I_{K^+} に対応している曲線㈎と一致することとなる。したがって，(5)では図 3 の曲線㈎と同様のグラフを描き込めばよい。

(7)　「曲線㈍の電流値」−「曲線㈎の電流値」についても考えてみる。曲線㈍は I_{Na^+} と I_{K^+} の総和である I に，曲線㈎は I_{K^+} に対応していることから，「曲線㈍の電流値」−「曲線㈎の電流値」は

$$(I_{Na^+} + I_{K^+}) - I_{K^+} = I_{Na^+}$$

となり，これは I_{Na^+} に対応している曲線㈏と一致することとなる（(5)・(6)の〔解説〕で示したように，曲線㈍と曲線㈎の測定値をグラフから読み取り，各時間での「曲線㈍の電流値」−「曲線㈎の電流値」を計算しても，概ね曲線㈏と一致する）。つまり，式(4)と式(5)や図 3 と図 4 のようにイオンの種類ごとに神経細胞の膜を流れる電流を分けた場合でも

$$I_{Na^+} + I_{K^+} = I$$

が成立するため，この考えは正しいと判断できる。

(8)　図 2 と図 4 より，Na^+ が膜を通って流れることによって 2ms から先で電流値が負の値に変化したことから，Na^+ 電流，および，Na^+ の拡散は，細胞の外側から内側に流れていることがわかる。また，Na^+ が外側から内側へと拡散したということから，Na^+ の濃度は，細胞の内側<外側であることがわかる。

(9)　(a)正文。図 2 の膜電位が 2ms で急激に上昇したおよそ 1ms 後に図 4 の電流値 I_{Na^+} も追従して上昇している。

(b)誤文。図2の膜電位が2ms以降上昇したまま変化していないのにもかかわらず，図4の電流値I_{Na^+}は下降したり上昇したりしている。膜電位に比例して変化しているわけではない。

(c)正文。図2の膜電位が上昇したまま変化していない状態でも，図4の電流値I_{Na^+}は0に収束している。

(d)誤文。図4において，Na^+が細胞外から細胞内に急激に流れている，つまり，流れやすい状態の3ms時点でのI_{Na^+}はおよそ$-3mA$である。I_{Na^+}の逆数$\left(\dfrac{1}{I_{Na^+}}\right)$が$Na^+$の流れやすさに相当すると仮定すると，3ms時点での$\dfrac{1}{I_{Na^+}}$が$-\dfrac{1}{3}$となり，マイナスの値ということはNa^+が流れにくいことになる。

(10) 図2の直線(オ)，図3の曲線(キ)について，膜電位と電流の測定値(I_{K^+})をグラフから読み取り，オームの法則（$V=R\times I$）に基づいて，各時間でのR_{K^+}を計算すると次のようになる。

時間 (ms)	0	1	2	3	4	5	6	7	8	9	10	11
直線(オ) V	−70	−70	50	50	50	50	50	50	50	50	50	50
曲線(キ) I_{K^+}	0.2	0.2	0.2	0.4	1.0	1.8	2.8	3.4	3.8	4.0	4.2	4.3
R_{K^+} ($V\div I_{K^+}$)	−350	−350	250	125	50	28	18	15	13	13	12	12

(a)正文。上の表より，膜電位の急激な上昇に対してR_{K^+}は即座に変化し始めるが，2ms以降徐々に下降して10ms以降でほぼ一定になるので，10msほどの時間経過で遅れて追従していると言える。

(b)誤文。上の表より，膜電位が上昇したまま変化していないにもかかわらず，R_{K^+}はゆるやかに下降している。膜電位に比例しているわけではない。

(c)正文。上の表において，膜電位が上昇したまま変化していない状態でも，R_{K^+}はおよそ12に近づくように推移している。

(d)正文。図3と上の表より，K^+が細胞内から細胞外に流れていない2ms時点でのR_{K^+}は250，急激に流れている10ms時点でのR_{K^+}は12である。

中央大-理工〈共通テスト併用〉　　　　　　2021 年度　生物〈解答〉　**179**

R_{K^+} の逆数 $\left(\dfrac{1}{R_{K^+}}\right)$ が K^+ の流れやすさに相当すると仮定すると，2ms 時点での $\dfrac{1}{R_{K^+}}$ が $\dfrac{1}{250}$，10ms 時点での $\dfrac{1}{R_{K^+}}$ が $\dfrac{1}{12}$ となり，その値が神経細胞膜の中にある開いた K^+ チャネルの数に比例する値であることと矛盾しない。

(11)　図3と図4より，活動電位の発生時において，Na^+ が先に細胞外から細胞内に一時的に流入し，その後に K^+ が細胞内から細胞外へと流出することがわかる。したがって，先にイオン流の量を変化させている(コ)が I_{Na^+}，後に変化させている(ケ)が I_{K^+} である。

Ⅱ　解答

A．(1)(ア)血しょう　(イ)・(ウ)白血球・血小板（順不同）
(エ)動脈血　(オ)ヘム　(カ)アミノ酸　(キ)四次構造
(2)4分子　(3)酸素解離曲線　(4)αヘリックス，βシート
(5)33 %（32～36 %で可）　(6)63 %（62～66 %で可）
(7)—(c)

B．(8)窒素同化
(9)アゾトバクター，クロストリジウム，緑色硫黄細菌，アナベナ，ネンジュモなどから1つ
(10)マメ科
(11)ミオグロビン：4　レグヘモグロビン：0.1（0.05～0.25 で可）
(12)—(b)
(13)レグヘモグロビンは酸素と強く結合して，根粒中のニトロゲナーゼの構造が不安定になり不活性化することを抑制する役割を果たしている。(65字以内)

━━━◀解　説▶━━━

≪タンパク質の構造，酸素解離曲線，窒素代謝≫
A．(2)　問題文に「1本のポリペプチドには……酸素分子と1対1で結合する」と記載されていることから，計4本のポリペプチドからなるヘモグロビン1分子は，最大4分子の酸素と結合することがわかる。
(5)　図1の曲線が二酸化炭素の濃度に依存せず，曲線Aしか取り得なかった場合，酸素濃度100の肺胞における酸素ヘモグロビンの割合は約95 %，

酸素濃度 30 の組織における酸素ヘモグロビンの割合は約 62％ となる。したがって，全ヘモグロビンのうち体の組織で酸素を離すヘモグロビンの割合はおよそ

$$95〔％〕- 62〔％〕= 33〔％〕$$

となる。グラフの読み取り値はおよそとなるため，32～36％ で可とする。

(6) 図 1 の曲線が二酸化炭素の濃度に依存して，肺胞では曲線 A を取り，組織では曲線 B を取った場合，酸素濃度 100 の肺胞における酸素ヘモグロビンの割合は約 95％，酸素濃度 30 の組織における酸素ヘモグロビンの割合は約 32％ となる。したがって，全ヘモグロビンのうち体の組織で酸素を離すヘモグロビンの割合はおよそ

$$95〔％〕- 32〔％〕= 63〔％〕$$

(7) (a)誤文。赤血球の細胞膜には Na^+ を細胞外へ排出し，K^+ を細胞内へ取り込むナトリウムポンプなどが存在する。イオンを通さないわけではない。

(b)誤文。ナトリウムポンプのはたらきにより，赤血球外（血液中の液体成分に相当）の Na^+ 濃度は赤血球内より高く，赤血球外の K^+ 濃度は赤血球内より低い。

(c)正文，(d)誤文，(e)誤文。赤血球は核をもたない。したがって，細胞質基質で起こる解糖系でつくられた ATP を使って，細胞内のイオン環境を維持している。小胞体で ATP は合成されない。また，赤血球は血管細胞が合成した ATP を取り込んで利用することはない。

B. (11) 図 3 の C のグラフ（ミオグロビン）と D のグラフ（レグヘモグロビン）において，酸素を結合している分子の割合が 50％ の時の酸素濃度（横軸）の値をそれぞれ読み取ればよい。レグヘモグロビンの値の読み取りはおよそとなるため，0.05～0.25 で可とする。

(12) 図 2 および図 3 より，D のグラフ（レグヘモグロビン）が C のグラフ（ミオグロビン）よりも左方にあることから，レグヘモグロビンはミオグロビンよりも低い酸素濃度で多くの酸素と結合する（酸素と強く結合する）ことがわかる。

(13) B の問題文から，ニトロゲナーゼの構造が酸素に対して不安定であることやレグヘモグロビンのはたらきでニトロゲナーゼが活性を保って窒素を固定できることがわかり，また図 3 から，レグヘモグロビンが非常に低

中央大−理工〈共通テスト併用〉　　　　　　　　　　2021 年度　生物〈解答〉　*181*

い酸素濃度でも酸素と強い結合力をもつことがわかる。このことより，根
粒に存在するレグヘモグロビンが多くの酸素と結合して取り込み，結果的
にニトロゲナーゼの周囲の酸素濃度を低下させ，ニトロゲナーゼの構造を
壊さないようにする役割をもつことが考えられる。

Ⅲ　解答
(1)(ア) 5　(イ) 3
(2)ステップ 1 ：(iv)　ステップ 2 ：(ⅰ)　ステップ 3 ：(ⅱ)
(3)高温下においても失活しないという特徴。

(4)チミン

(5) (1)・(2)―(ア)・(イ) （順不同）　(3)―(f)　(4)・(5)―(ウ)・(エ) （順不同）

(6)―(ア)　(7)―(イ)　(8)―(エ)　(9)―(ウ)　(10)・(11)―(キ)・(ク) （順不同）　(12)―(c)

(13)・(14)―(オ)・(カ) （順不同）　(15)―(ク)　(16)―(キ)　(17)―(オ)　(18)―(カ)

(6)（2 サイクル後）　1000 塩基の DNA が 2 分子，800 塩基の DNA が 2
分子，700 塩基の DNA が 2 分子，500 塩基の DNA が 2 分子。

（10 サイクル後）　1000 塩基の DNA が 2 分子，800 塩基の DNA が 10 分
子，700 塩基の DNA が 10 分子，500 塩基の DNA が 2026 分子。

(7)（3 サイクル後）　1000 塩基の DNA が 1 分子，600 塩基の DNA が 3
分子，400 塩基の DNA が 4 分子。

（10 サイクル後）　1000 塩基の DNA が 1 分子，600 塩基の DNA が 10 分
子，400 塩基の DNA が 1013 分子。

◀解　説▶

≪PCR 法≫

(3)　ステップ 1 ～ 3 にあるように，PCR 法では，高温加熱と冷却を繰り
返すため，多くの生物がもつ DNA ポリメラーゼでは失活してしまい，反
応を連続的に繰り返すことができなくなってしまう。そこで，高温下で生
息できる細菌由来の耐熱性をもつ DNA ポリメラーゼを用いることで，高
温下においても反応が繰り返し起こり，円滑に DNA を増幅できるように
なる。

(4)　mRNA の 3′ 末端にあるポリ A 尾部にチミン（T）が連続したプライ
マーを結合させることで，mRNA を鋳型とした 1 本鎖 DNA が合成され
る。

(5)　図 1（PCR）の第 1 サイクル後の様子を次図に示す。

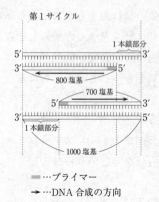

…プライマー
→…DNA 合成の方向

2種類のプライマーが1000塩基の1本鎖DNAの途中部分（上図の網かけ部分）にそれぞれ結合し，5′末端→3′末端方向に新しく1本鎖DNAが合成される。

(6) (5)より，このサイクルが繰り返されると，それぞれの長さの1本鎖DNAの分子数は次のようになると考えられる。

- 1000塩基のDNA→常に2分子。
- 800塩基のDNAおよび700塩基のDNA→1000塩基のDNAから1分子ずつ合成されるため，サイクルが繰り返されるごとに1分子ずつ増えていく。
- 500塩基のDNA→800塩基のDNAおよび700塩基のDNAから1分子ずつ合成される。つまり，すべてのDNA分子数から，1000塩基のDNAの分子数，800塩基のDNAの分子数，700塩基のDNAの分子数を差し引いた分子数になる。

nサイクル後のすべてのDNA分子数は

$$2 \times 2^n = 2^{n+1}$$

したがって，nサイクル後，2サイクル後，10サイクル後におけるそれぞれの長さの1本鎖DNAの分子数は次のようになると考えられる。

DNA分子 の長さ	各サイクル数でのDNA分子数			
	サイクル数	n	2	10
1000塩基		2	2	2
800塩基		n	2	10
700塩基		n	2	10
500塩基		$2^{n+1}-(2+n+n)$	$(2^3-6=)\ 2$	$(2^{11}-22=)\ 2026$
	すべてのDNA分子数	2^{n+1}	2^3	2^{11}

(7) (5)と(6)と同じように考えていけばよい。図2（RT-PCR法）の第1サイクル後と第2サイクル後の様子を次図に示す。

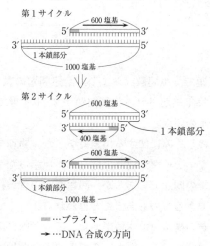

第2サイクル以降では，2種類のプライマーが1000塩基の1本鎖DNAと600塩基の1本鎖DNAの途中部分（上図の網かけ部分）にそれぞれ結合し，5′末端→3′末端方向に新しく1本鎖DNAが合成される。このサイクルが繰り返されると，それぞれの長さの1本鎖DNAの分子数は次のようになると考えられる。

- 1000塩基のDNA→常に1分子。
- 600塩基のDNA→1000塩基のDNAから1分子ずつ合成されるため，サイクルが繰り返されるごとに1分子ずつ増えていく。
- 400塩基のDNA→600塩基のDNAから1分子ずつ合成される。つまり，すべてのDNA分子数から，1000塩基のDNAの分子数および600塩基のDNAの分子数を差し引いた分子数になる。

n サイクル後のすべての DNA 分子数は

$$1 \times 2^n = 2^n$$

したがって，n サイクル後，3 サイクル後，10 サイクル後におけるそれぞれの長さの 1 本鎖 DNA の分子数は次のようになると考えられる。

DNA 分子 の長さ	各サイクル数での DNA 分子数			
	サイクル数	n	3	10
1000 塩基 600 塩基 400 塩基		1 n $2^n - (1+n)$	1 3 $(2^3 - 4 =)\ 4$	1 10 $(2^{10} - 11 =)\ 1013$
	すべての DNA 分子数	2^n	2^3	2^{10}

❖講　評

　大問 3 題の出題で，小問数，および，論述問題の数は 2020 年度と同程度であった。毎年出題される描図問題が 2021 年度でも見られ，例年通りやや難レベルの問題。

　Ⅰ　電位発生のしくみに関する出題であった。物理学のオームの法則などの馴染みのないテーマが取り上げられ，戸惑った受験生もいただろう。難しいレベルの問題ではあるが，問題文中の誘導に従い，落ち着いて解けば，対応できるものもあったと思われる。

　Ⅱ　タンパク質の構造，酸素解離曲線，窒素代謝に関する出題であった。分野横断型の出題であったが，1 つ 1 つの問題は標準レベルであった。Bでは，リード文の内容やグラフの情報をしっかりと把握し，レグヘモグロビンの役割をひも解いていく必要があった。

　Ⅲ　PCR 法に関する出題であった。簡単なレベルの知識問題と，やや難レベルの計算問題で構成されていた。特に計算問題では，それぞれの 1 本鎖 DNA がどのように作られていくのかを解明していく作業に多くの時間をとられた受験生もいたであろう。

　従来からの頻出分野である動物の反応，遺伝情報，代謝からの出題であった。文章読解能力を鍛えておくと有利にはたらくと見受けられる。Ⅰなど，時間がかかると思われる大問もあるので，100 分という与えられた時間を有効に使うことを意識していくとよい。

教学社 刊行一覧

2024年版 大学入試シリーズ（赤本）
国公立大学（都道府県順）

378大学555点 全都道府県を網羅

全国の書店で取り扱っています。店頭にない場合は，お取り寄せができます。

1 北海道大学（文系-前期日程）	62 新潟大学（人文・教育〈文系〉・法・経済科・医〈看護〉・創生学部）	115 神戸大学（理系-前期日程）医
2 北海道大学（理系-前期日程）医		116 神戸大学（後期日程）
3 北海道大学（後期日程）	63 新潟大学（教育〈理系〉・理・医〈看護を除く〉・歯・工・農学部）医	117 神戸市外国語大学 DL
4 旭川医科大学（医学部〈医学科〉）医		118 兵庫県立大学（国際商経・社会情報科・看護学部）
5 小樽商科大学	64 新潟県立大学	
6 帯広畜産大学	65 富山大学（文系）	119 兵庫県立大学（工・理・環境人間学部）
7 北海道教育大学	66 富山大学（理系）医	120 奈良教育大学／奈良県立大学
8 室蘭工業大学／北見工業大学	67 富山県立大学	121 奈良女子大学
9 釧路公立大学	68 金沢大学（文系）	122 奈良県立医科大学（医学部〈医学科〉）医
10 公立千歳科学技術大学	69 金沢大学（理系）医	123 和歌山大学
11 公立はこだて未来大学 総推	70 福井大学（教育・医〈看護〉・工・国際地域学部）	124 和歌山県立医科大学（医・薬学部）医
12 札幌医科大学（医学部）医		125 鳥取大学 医
13 弘前大学 医	71 福井大学（医学部〈医学科〉）医	126 公立鳥取環境大学
14 岩手大学	72 福井県立大学	127 島根大学 医
15 岩手県立大学・盛岡短期大学部・宮古短期大学部	73 山梨大学（教育・医〈看護〉・工・生命環境学部）	128 岡山大学（文系）
		129 岡山大学（理系）医
16 東北大学（文系-前期日程）	74 山梨大学（医学部〈医学科〉）医	130 岡山県立大学
17 東北大学（理系-前期日程）医	75 都留文科大学	131 広島大学（文系-前期日程）
18 東北大学（後期日程）	76 信州大学（文系-前期日程）	132 広島大学（理系-前期日程）医
19 宮城教育大学	77 信州大学（理系-前期日程）医	133 広島大学（後期日程）
20 宮城大学	78 信州大学（後期日程）	134 尾道市立大学 総推
21 秋田大学 医	79 公立諏訪東京理科大学 総推	135 県立広島大学
22 秋田県立大学	80 岐阜大学（前期日程）医	136 広島市立大学
23 国際教養大学 総推	81 岐阜大学（後期日程）	137 福山市立大学 総推
24 山形大学 医	82 岐阜薬科大学	138 山口大学（人文・教育〈文系〉・経済・医〈看護〉・国際総合科学部）
25 福島大学	83 静岡大学（前期日程）	
26 会津大学	84 静岡大学（後期日程）	139 山口大学（教育〈理系〉・理・医〈看護を除く〉・工・農・共同獣医学部）医
27 福島県立医科大学（医・保健科学部）医	85 浜松医科大学（医学部〈医学科〉）医	
28 茨城大学（文系）	86 静岡県立大学	140 山陽小野田市立山口東京理科大学 総推
29 茨城大学（理系）	87 静岡文化芸術大学	141 下関市立大学／山口県立大学
30 筑波大学（推薦入試）医 総推	88 名古屋大学（文系）	142 徳島大学 医
31 筑波大学（前期日程）医	89 名古屋大学（理系）医	143 香川大学 医
32 筑波大学（後期日程）	90 愛知教育大学	144 愛媛大学 医
33 宇都宮大学	91 名古屋工業大学	145 高知大学 医
34 群馬大学 医	92 愛知県立大学	146 高知工科大学
35 群馬県立女子大学	93 名古屋市立大学（経済・人文社会・芸術工・看護・総合生命理・データサイエンス学部）	147 九州大学（文系-前期日程）
36 高崎経済大学		148 九州大学（理系-前期日程）医
37 前橋工科大学		149 九州大学（後期日程）
38 埼玉大学（文系）	94 名古屋市立大学（医学部〈医学科〉）医	150 九州工業大学
39 埼玉大学（理系）	95 名古屋市立大学（薬学部）	151 福岡教育大学
40 千葉大学（文系-前期日程）	96 三重大学（人文・教育・医〈看護〉学部）	152 北九州市立大学
41 千葉大学（理系-前期日程）医	97 三重大学（医〈医〉・工・生物資源学部）医	153 九州歯科大学
42 千葉大学（後期日程）医	98 滋賀大学	154 福岡県立大学／福岡女子大学
43 東京大学（文科）DL	99 滋賀医科大学（医学部〈医学科〉）医	155 佐賀大学 医
44 東京大学（理科）DL 医	100 滋賀県立大学	156 長崎大学（多文化社会・教育〈文系〉・経済・医〈保健〉・環境科〈文系〉学部）
45 お茶の水女子大学	101 京都大学（文系）	
46 電気通信大学	102 京都大学（理系）医	157 長崎大学（教育〈理系〉・医・歯・薬・情報データ科・工・環境科〈理系〉・水産学部）医
47 東京医科歯科大学 医	103 京都教育大学	
48 東京外国語大学 DL	104 京都工芸繊維大学	158 長崎県立大学 総推
49 東京海洋大学	105 京都府立大学	159 熊本大学（文・教育・法・医〈看護〉学部）
50 東京学芸大学	106 京都府立医科大学（医学部〈医学科〉）医	160 熊本大学（理・医〈看護を除く〉・薬・工学部）医
51 東京藝術大学	107 大阪大学（文系）DL	
52 東京工業大学	108 大阪大学（理系）DL 医	161 熊本県立大学
53 東京農工大学	109 大阪教育大学	162 大分大学（教育・経済・医〈看護〉・理工・福祉健康科学部）
54 一橋大学（前期日程）DL	110 大阪公立大学（現代システム科学域〈文系〉・文・法・経済・商・看護・生活科〈居住環境・人間福祉〉学部）	
55 一橋大学（後期日程）		163 大分大学（医学部〈医学科〉）医
56 東京都立大学（文系）		164 宮崎大学（教育・医〈看護〉・工・農・地域資源創成学部）
57 東京都立大学（理系）	111 大阪公立大学（現代システム科学域〈理系〉・理・工・農・獣医・医・生活科〈食栄養〉学部-前期日程）医	
58 横浜国立大学（文系）		165 宮崎大学（医学部〈医学科〉）医
59 横浜国立大学（理系）		166 鹿児島大学（文系）
60 横浜市立大学（国際教養・国際商・理・データサイエンス・医〈看護〉学部）	112 大阪公立大学（中期日程）	167 鹿児島大学（理系）医
	113 大阪公立大学（後期日程）	168 琉球大学 医
61 横浜市立大学（医学部〈医学科〉）医	114 神戸大学（文系-前期日程）	

2024年版　大学入試シリーズ（赤本）
国公立大学 その他

169 〔国公立大〕医学部医学科 総合型選抜・学校推薦型選抜 医総推
170 看護・医療系大学〈国公立 東日本〉
171 看護・医療系大学〈国公立 中日本〉
172 看護・医療系大学〈国公立 西日本〉
173 海上保安大学校／気象大学校
174 航空保安大学校
175 国立看護大学校
176 防衛大学校 総推
177 防衛医科大学校（医学科）医
178 防衛医科大学校（看護学科）

※No.169～172の収載大学は赤本ウェブサイト（http://akahon.net/）でご確認ください。

私立大学①

北海道の大学（50音順）
201 札幌大学
202 札幌学院大学
203 北星学園大学・短期大学部
204 北海学園大学
205 北海道医療大学
206 北海道科学大学
207 北海道武蔵女子短期大学
208 酪農学園大学（獣医学群〈獣医学類〉）

東北の大学（50音順）
209 岩手医科大学（医・歯・薬学部）総推
210 仙台大学 総推
211 東北医科薬科大学（医・薬学部）
212 東北学院大学
213 東北工業大学
214 東北福祉大学
215 宮城学院女子大学 総推

関東の大学（50音順）
あ行（関東の大学）
216 青山学院大学（法・国際政治経済学部－個別学部日程）
217 青山学院大学（経済学部－個別学部日程）
218 青山学院大学（経営学部－個別学部日程）
219 青山学院大学（文・教育人間科学部－個別学部日程）
220 青山学院大学（総合文化政策・社会情報・地球社会共生・コミュニティ人間科学部－個別学部日程）
221 青山学院大学（理工学部－個別学部日程）
222 青山学院大学（全学部日程）
223 麻布大学（獣医、生命・環境科学部）
224 亜細亜大学
225 跡見学園女子大学
226 桜美林大学
227 大妻女子大学・短期大学部
か行（関東の大学）
228 学習院大学（法学部－コア試験）
229 学習院大学（経済学部－コア試験）
230 学習院大学（文学部－コア試験）
231 学習院大学（国際社会科学部－コア試験）
232 学習院大学（理学部－コア試験）
233 学習院女子大学
234 神奈川大学（給費生試験）
235 神奈川大学（一般入試）
236 神奈川工科大学
237 鎌倉女子大学・短期大学部
238 川村学園女子大学
239 神田外語大学
240 関東学院大学
241 北里大学（理学部）
242 北里大学（医学部）医
243 北里大学（薬学部）
244 北里大学（看護・医療衛生学部）
245 北里大学（未来工・獣医・海洋生命科学部）
246 共立女子大学・短期大学
247 杏林大学（医学部）医
248 杏林大学（保健学部）
249 群馬医療福祉大学 新
250 群馬パース大学 総推

251 慶應義塾大学（法学部）
252 慶應義塾大学（経済学部）
253 慶應義塾大学（商学部）
254 慶應義塾大学（文学部）総推
255 慶應義塾大学（総合政策学部）
256 慶應義塾大学（環境情報学部）
257 慶應義塾大学（理工学部）
258 慶應義塾大学（医学部）医
259 慶應義塾大学（薬学部）
260 慶應義塾大学（看護医療学部）
261 工学院大学
262 國學院大学
263 国際医療福祉大学 医
264 国際基督教大学
265 国士舘大学
266 駒澤大学（一般選抜T方式・S方式）
267 駒澤大学（全学部統一日程選抜）
さ行（関東の大学）
268 埼玉医科大学（医学部）医
269 相模女子大学・短期大学部
270 産業能率大学
271 自治医科大学（医学部）医
272 自治医科大学（看護学部）／東京慈恵会医科大学（医学部〈看護学科〉）
273 実践女子大学 総推
274 芝浦工業大学（前期日程〈英語資格・検定試験利用方式を含む〉）
275 芝浦工業大学（全学統一日程〈英語資格・検定試験利用方式を含む〉・後期日程）
276 十文字学園女子大学
277 淑徳大学
278 順天堂大学（医学部）医
279 順天堂大学（スポーツ健康科・医療看護・保健看護・国際教養・保健医療・医療科・健康データサイエンス学部）総推
280 城西国際大学 新
281 上智大学（神・文・総合人間科学部）
282 上智大学（法・経済学部）
283 上智大学（外国語・総合グローバル学部）
284 上智大学（理工学部）
285 上智大学（TEAPスコア利用方式）
286 湘南工科大学
287 昭和大学（医学部）医
288 昭和大学（歯・薬・保健医療学部）
289 昭和女子大学
290 昭和薬科大学
291 女子栄養大学・短期大学部
292 白百合女子大学
293 成蹊大学（法学部－A方式）
294 成蹊大学（経済・経営学部－A方式）
295 成蹊大学（文学部－A方式）
296 成蹊大学（理工学部－A方式）
297 成蹊大学（E方式・G方式・P方式）
298 成城大学（経済・社会イノベーション学部－A方式）
299 成城大学（文芸・法学部－A方式）
300 成城大学（S方式〈全学部統一選抜〉）
301 聖心女子大学
302 清泉女子大学

303 聖徳大学・短期大学部
304 聖マリアンナ医科大学 医
305 聖路加国際大学（看護学部）
306 専修大学（スカラシップ・全国入試）
307 専修大学（学部個別入試）
308 専修大学（全学部統一入試）
た行（関東の大学）
309 大正大学
310 大東文化大学
311 高崎健康福祉大学 総推
312 拓殖大学
313 玉川大学
314 多摩美術大学
315 千葉工業大学
316 千葉商科大学
317 中央大学（法学部－学部別選抜）
318 中央大学（経済学部－学部別選抜）
319 中央大学（商学部－学部別選抜）
320 中央大学（文学部－学部別選抜）
321 中央大学（総合政策学部－学部別選抜）
322 中央大学（国際経営・国際情報学部－学部別選抜）
323 中央大学（理工学部－学部別選抜）
324 中央大学（6学部共通選抜）
325 中央学院大学
326 津田塾大学
327 帝京大学（薬・経済・法・文・外国語・教育・理工・医療技術・福岡医療技術学部）
328 帝京大学（医学部）医
329 帝京科学大学 総推
330 帝京平成大学 総推
331 東海大学（医〈医〉学部を除く一般選抜）
332 東海大学（文系・理系学部統一選抜）
333 東海大学（医学部〈医学科〉）医
334 東京医科大学（医学部〈医学科〉）医
335 東京家政大学・短期大学部 総推
336 東京経済大学
337 東京工科大学
338 東京工芸大学
339 東京国際大学
340 東京歯科大学
341 東京慈恵会医科大学（医学部〈医学科〉）医
342 東京情報大学
343 東京女子大学
344 東京女子医科大学（医学部）医
345 東京電機大学
346 東京都市大学
347 東京農業大学
348 東京薬科大学（薬学部）総推
349 東京薬科大学（生命科学部）総推
350 東京理科大学（理学部〈第一部〉－B方式）
351 東京理科大学（創域理工学部－B方式・S方式）
352 東京理科大学（工学部－B方式）
353 東京理科大学（先進工学部－B方式）
354 東京理科大学（薬学部－B方式）
355 東京理科大学（経営学部－B方式）
356 東京理科大学（C方式、グローバル方式、理学部〈第二部〉－B方式）

2024年版 大学入試シリーズ（赤本）
私立大学②

357 東邦大学（医学部）　医
358 東邦大学（薬学部）
359 東邦大学（理・看護・健康科学部）
360 東洋大学（文・経済・経営・法・社会・国際・国際観光学部）
361 東洋大学（情報連携・福祉社会デザイン・健康スポーツ科・理工・総合情報・生命科・食環境科学部）
362 東洋大学（英語〈3日程×3カ年〉）　新
363 東洋大学（国語〈3日程×3カ年〉）　新
364 東洋大学（日本史・世界史〈2日程×3カ年〉）　新
365 東洋英和女学院大学
366 常磐大学・短期大学　総推
367 獨協大学
368 獨協医科大学（医学部）　医

な行（関東の大学）
369 二松学舎大学
370 日本大学（法学部）
371 日本大学（経済学部）
372 日本大学（商学部）
373 日本大学（文理学部〈文系〉）
374 日本大学（文理学部〈理系〉）
375 日本大学（芸術学部）
376 日本大学（国際関係学部）
377 日本大学（危機管理・スポーツ科学部）
378 日本大学（理工学部）
379 日本大学（生産工・工学部）
380 日本大学（生物資源科学部）
381 日本大学（医学部）　医
382 日本大学（歯・松戸歯学部）
383 日本大学（薬学部）
384 日本大学（医学部を除く−N全学統一方式）
385 日本医科大学
386 日本工業大学
387 日本歯科大学
388 日本社会事業大学　新 総推
389 日本獣医生命科学大学
390 日本女子大学
391 日本体育大学

は行（関東の大学）
392 白鷗大学（学業特待選抜・一般選抜）
393 フェリス女学院大学
394 文教大学
395 法政大学（法〈法律・政治〉・国際文化・キャリアデザイン学部−A方式）
396 法政大学（法〈国際政治〉・文・経営・人間環境・グローバル教養学部−A方式）　総推
397 法政大学（経済・社会・現代福祉・スポーツ健康学部−A方式）
398 法政大学（情報科・デザイン工・理工・生命科学部−A方式）
399 法政大学（T日程〈統一日程〉・英語外部試験利用入試）
400 星薬科大学　総推

ま行（関東の大学）
401 武蔵大学
402 武蔵野大学
403 武蔵野美術大学
404 明海大学
405 明治大学（法学部−学部別入試）
406 明治大学（政治経済学部−学部別入試）
407 明治大学（商学部−学部別入試）
408 明治大学（経営学部−学部別入試）
409 明治大学（文学部−学部別入試）
410 明治大学（国際日本学部−学部別入試）
411 明治大学（情報コミュニケーション学部−学部別入試）
412 明治大学（理工学部−学部別入試）

413 明治大学（総合数理学部−学部別入試）
414 明治大学（農学部−学部別入試）
415 明治大学（全学部統一入試）
416 明治学院大学（A日程）
417 明治学院大学（全学部日程）
418 明治薬科大学　総推
419 明星大学
420 目白大学・短期大学部

ら・わ行（関東の大学）
421 立教大学（文系学部−一般入試〈大学独自の英語を課さない日程〉）
422 立教大学（国語〈3日程×3カ年〉）
423 立教大学（日本史・世界史〈2日程×3カ年〉）
424 立教大学（文学部−一般入試〈大学独自の英語を課す日程〉）
425 立教大学（理学部−一般入試）
426 立正大学
427 早稲田大学（法学部）
428 早稲田大学（政治経済学部）
429 早稲田大学（商学部）
430 早稲田大学（社会科学部）
431 早稲田大学（文学部）
432 早稲田大学（文化構想学部）
433 早稲田大学（教育学部〈文科系〉）
434 早稲田大学（教育学部〈理科系〉）
435 早稲田大学（人間科・スポーツ科学部）
436 早稲田大学（国際教養学部）
437 早稲田大学（基幹理工・創造理工・先進理工学部）
438 和洋女子大学　総推

中部の大学（50音順）
439 愛知大学
440 愛知医科大学（医学部）　医
441 愛知学院大学・短期大学部
442 愛知工業大学
443 愛知淑徳大学
444 朝日大学　総推
445 金沢医科大学（医学部）　医
446 金沢工業大学
447 岐阜聖徳学園大学・短期大学部　総推
448 金城学院大学
449 至学館大学　総推
450 静岡理工科大学
451 椙山女学園大学
452 大同大学
453 中京大学
454 中部大学
455 名古屋外国語大学　総推
456 名古屋学院大学　総推
457 名古屋学芸大学　総推
458 名古屋女子大学・短期大学部　総推
459 南山大学（外国語〈英米〉・法・総合政策・国際教養学部）
460 南山大学（人文・外国語〈英米を除く〉・経済・経営・理工学部）
461 新潟国際情報大学
462 日本福祉大学
463 福井工業大学
464 藤田医科大学（医学部）　医
465 藤田医科大学（医療科・保健衛生学部）
466 名城大学（法・経営・経済・外国語・人間・都市情報学部）
467 名城大学（情報工・理工・農・薬学部）

近畿の大学（50音順）
469 追手門学院大学　総推
470 大阪医科薬科大学（医学部）　医
471 大阪医科薬科大学（薬学部）　総推
472 大阪学院大学　総推

473 大阪経済大学
474 大阪経済法科大学　総推
475 大阪工業大学　総推
476 大阪国際大学・短期大学部　総推
477 大阪産業大学　総推
478 大阪歯科大学（歯学部）
479 大阪商業大学　総推
481 大阪成蹊大学・短期大学　総推
482 大谷大学　総推
483 大手前大学・短期大学　総推
484 関西大学（文系）
485 関西大学（理系）
486 関西大学（英語〈3日程×3カ年〉）
487 関西大学（国語〈3日程×3カ年〉）
488 関西大学（文系選択科目〈2日程×3カ年〉）
489 関西医科大学（医学部）　医
490 関西医療大学　総推
491 関西外国語大学・短期大学部　総推
492 関西学院大学（文・法・社会・法学部−学部個別日程）
493 関西学院大学（経済・人間福祉・国際学部−学部個別日程）
494 関西学院大学（神・商・教育・総合政策学部−学部個別日程）
495 関西学院大学（全学部日程〈文系型〉）
496 関西学院大学（全学部日程〈理系型〉）
497 関西学院大学（共通テスト併用日程・英数日程）
498 畿央大学　総推
499 京都外国語大学・短期大学　総推
500 京都光華女子大学・短期大学部　総推
501 京都産業大学（公募推薦入試）　総推
502 京都産業大学（一般選抜入試〈前期日程〉）
503 京都女子大学　総推
504 京都先端科学大学　総推
505 京都橘大学　総推
506 京都ノートルダム女子大学　総推
507 京都薬科大学　総推
508 近畿大学・短期大学部（医学部を除く−推薦入試）　総推
509 近畿大学・短期大学部（医学部を除く−一般入試前期）
510 近畿大学（英語〈医学部を除く3日程×3カ年〉）　新
511 近畿大学（理系数学〈医学部を除く3日程×3カ年〉）　新
512 近畿大学（国語〈医学部を除く3日程×3カ年〉）　新
513 近畿大学（医学部−推薦入試・一般入試前期）　医 総推
514 近畿大学・短期大学部（一般入試後期）　医
515 皇學館大学　総推
516 甲南大学
517 甲南女子大学　総推
518 神戸学院大学　総推
519 神戸国際大学　総推
520 神戸女学院大学　総推
521 神戸女子大学・短期大学　総推
522 神戸薬科大学　総推
523 四天王寺大学・短期大学部　総推
524 摂南大学（公募制推薦入試）　総推
525 摂南大学（一般選抜前期日程）
526 帝塚山学院大学　新 総推
527 同志社大学（法・グローバル・コミュニケーション学部−学部個別日程）
528 同志社大学（文・経済学部−学部個別日程）
529 同志社大学（神・商・心理・グローバル地域文化学部−学部個別日程）
530 同志社大学（社会学部−学部個別日程）

2024年版　大学入試シリーズ(赤本)
私立大学③

530	同志社大学(政策・文化情報〈文系型〉・スポーツ健康科〈文系型〉学部—学部個別日程)	546	立命館大学(英語〈全学統一方式3日程×3カ年〉)	564	安田女子大学・短期大学 総推
531	同志社大学(理工・生命医科・文化情報〈理系型〉・スポーツ健康科〈理系型〉学部—学部個別日程)	547	立命館大学(国語〈全学統一方式3日程×3カ年〉)		**四国の大学 (50音順)**
				565	徳島文理大学
		548	立命館大学(文系選択科目〈全学統一方式2日程×3カ年〉)	566	松山大学
532	同志社大学(全学部日程)				**九州の大学 (50音順)**
533	同志社女子大学 総推	549	立命館大学(IR方式〈英語資格試験利用型〉・共通テスト併用方式)/立命館アジア太平洋大学(共通テスト併用方式)	567	九州産業大学
534	奈良大学			568	九州保健福祉大学 総推
535	奈良学園大学 総推			569	熊本学園大学
536	阪南大学	550	立命館大学(後期分割方式・「経営学部で学ぶ感性+共通テスト」方式)/立命館アジア太平洋大学(後期方式)	570	久留米大学(文・人間健康・法・経済・商学部)
537	姫路獨協大学				
538	兵庫医科大学(医学部) 医			571	久留米大学(医学部〈医学科〉) 医
539	兵庫医科大学(薬・看護・リハビリテーション学部) 総推	551	龍谷大学・短期大学部(公募推薦入試) 総推	572	産業医科大学(医学部) 医
		552	龍谷大学・短期大学部(一般選抜入試)	573	西南学院大学(商・経済・法・人間科学部—A日程)
540	佛教大学		**中国の大学 (50音順)**		
541	武庫川女子大学・短期大学部	553	岡山商科大学 総推	574	西南学院大学(神・外国語・国際文化学部—A日程/全学部—F日程)
542	桃山学院大学・桃山学院教育大学	554	岡山理科大学		
543	大和大学・大和大学白鳳短期大学 総推	555	川崎医科大学 医	575	福岡大学(医学部医学科を除く—学校推薦型選抜・一般選抜系統別日程) 総推
		556	吉備国際大学		
544	立命館大学(文系—全学統一方式・学部個別配点方式)/立命館アジア太平洋大学(前期方式・英語重視方式)	557	就実大学	576	福岡大学(医学部医学科を除く—一般選抜前期日程)
		558	広島経済大学		
		559	広島国際大学 総推	577	福岡大学(医学部〈医学科〉)—学校推薦型選抜・一般選抜系統別日程) 医 総推
545	立命館大学(理系—全学統一方式・学部個別配点方式・理系型3教科方式・薬学方式)	560	広島修道大学		
		561		578	福岡工業大学
		562	広島文教大学	579	令和健康科学大学 総推
		563	福山大学/福山平成大学		

医 医学部医学科を含む
総推 総合型選抜または学校推薦型選抜を含む
DL リスニング音声配信　新 2023年 新刊・復刊

掲載している入試の種類や試験科目、収載年数などはそれぞれ異なります。詳細については、それぞれの本の目次や赤本ウェブサイトでご確認ください。

akahon.net
赤本｜　検索

難関校過去問シリーズ

出題形式別・分野別に収録した
「入試問題事典」
19大学 71点
定価 2,310～2,530円(本体2,100～2,300円)

先輩合格者はこう使った!
「難関校過去問シリーズの使い方」

61年, 全部載せ!
要約演習で、総合力を鍛える
東大の英語
要約問題 UNLIMITED

国公立大学

東大の英語25カ年[第11版]
東大の英語リスニング20カ年[第8版] DL
東大の英語 要約問題 UNLIMITED
東大の文系数学25カ年[第11版]
東大の理系数学25カ年[第11版]
東大の現代文25カ年[第11版]
東大の古典25カ年[第11版]
東大の日本史25カ年[第9版]
東大の世界史25カ年[第8版]
東大の地理25カ年[第8版]
東大の物理25カ年[第8版]
東大の化学25カ年[第8版]
東大の生物25カ年[第8版]
東工大の英語20カ年[第7版]
東工大の数学20カ年[第7版]
東工大の物理20カ年[第4版]
東工大の化学20カ年[第4版]
一橋大の英語20カ年[第9版]
一橋大の数学20カ年[第8版]

一橋大の国語20カ年[第5版]
一橋大の日本史20カ年[第5版]
一橋大の世界史20カ年[第5版]
京大の英語25カ年[第12版]
京大の文系数学25カ年[第12版] 改
京大の理系数学25カ年[第12版] 改
京大の現代文25カ年[第2版]
京大の古典25カ年[第2版]
京大の日本史20カ年[第3版]
京大の世界史20カ年[第3版]
京大の物理25カ年[第9版]
京大の化学25カ年[第9版]
北大の英語15カ年[第8版]
北大の理系数学15カ年[第8版] 改
北大の物理15カ年[第2版]
北大の化学15カ年[第2版]
東北大の英語15カ年[第8版]
東北大の理系数学15カ年[第8版] 改
東北大の物理15カ年[第2版]

東北大の化学15カ年[第2版] 改
名古屋大の英語15カ年[第8版]
名古屋大の理系数学15カ年[第8版] 改
名古屋大の物理15カ年[第2版]
名古屋大の化学15カ年[第2版] 改
阪大の英語20カ年[第9版]
阪大の文系数学20カ年[第3版] 改
阪大の理系数学20カ年[第9版] 改
阪大の国語15カ年[第3版]
阪大の物理20カ年[第8版]
阪大の化学20カ年[第6版]
九大の英語15カ年[第8版]
九大の理系数学15カ年[第7版] 改
九大の物理15カ年[第2版]
九大の化学15カ年[第2版]
神戸大の英語15カ年[第9版] 改
神戸大の数学15カ年[第5版] 改
神戸大の国語15カ年[第3版] 改

私立大学

早稲田の英語[第10版]
早稲田の国語[第9版]
早稲田の日本史[第8版]
早稲田の世界史
慶應の英語[第10版]
慶應の小論文[第2版]
明治大の英語[第8版]
明治大の国語
明治大の日本史
中央大の英語[第8版]
法政大の英語[第8版]
同志社大の英語[第10版] 改
立命館大の英語[第10版] 改
関西大の英語[第10版] 改
関西学院大の英語[第10版]

DL リスニングCDつき
改 2023年 改訂

共通テスト対策関連書籍

共通テスト対策も赤本で

❶ 過去問演習

2024年版 共通テスト赤本シリーズ 全13点

A5判／定価1,210円
(本体1,100円)

- これまでの共通テスト本試験 全日程収載!!＋プレテストも
- 英語・数学・国語には，本書オリジナル模試も収載！
- 英語はリスニングを11回分収載！ 赤本の音声サイトで本番さながらの対策！

- 英語 リスニング／リーディング※1 DL
- 数学Ⅰ・A／Ⅱ・B※2
- 国語※2
- 日本史B
- 世界史B
- 地理B
- 現代社会
- 倫理, 政治・経済／倫理
- 政治・経済
- 物理／物理基礎
- 化学／化学基礎
- 生物／生物基礎
- 地学基礎

付録：地学

DL 音声無料配信　※1 模試2回分収載　※2 模試1回分収載

❷ 自己分析

赤本ノートシリーズ　過去問演習の効果を最大化

▶共通テスト対策には

赤本ノート
(共通テスト用)

赤本ルーズリーフ
(共通テスト用)

共通テスト
赤本シリーズ
Smart Start
シリーズ
全28点
に対応!!

▶二次・私大対策には

大学入試
シリーズ
全555点
に対応!!

赤本ノート(二次・私大用)

❸ 重点対策

Smart Startシリーズ　共通テスト スマート対策 3訂版

基礎固め＆苦手克服のための分野別対策問題集!!

- 英語 (リーディング) DL
- 英語 (リスニング) DL
- 数学Ⅰ・A
- 数学Ⅱ・B
- 国語 (現代文)
- 国語 (古文・漢文)
- 日本史B
- 世界史B
- 地理B
- 現代社会
- 物理
- 化学
- 生物
- 化学基礎・生物基礎
- 生物基礎・地学基礎

共通テスト本番の内容を反映!
全15点
好評発売中！

DL 音声無料配信

手軽なサイズの実戦的参考書

目からウロコのコツが満載！
直前期にも！

満点のコツ
シリーズ

赤本ポケット

A5判／定価1,210円 (本体1,100円)

いつも受験生のそばに──赤本

大学入試シリーズ+α
入試対策も共通テスト対策も赤本で

入試対策

赤本プラス

赤本プラスとは、過去問演習の効果を最大にするためのシリーズです。「赤本」であぶり出された弱点を、赤本プラスで克服しましょう。

- 大学入試 すぐわかる英文法 DL
- 大学入試 ひと目でわかる英文読解
- 大学入試 絶対できる英語リスニング DL
- 大学入試 すぐ書ける自由英作文
- 大学入試 ぐんぐん読める英語長文[BASIC]
- 大学入試 ぐんぐん読める英語長文[STANDARD]
- 大学入試 ぐんぐん読める英語長文[ADVANCED]
- 大学入試 最短でマスターする
  数学Ⅰ・Ⅱ・Ⅲ・A・B・C 新 ◎
- 大学入試 突破力を鍛える最難関の数学 新 ◎
- 大学入試 ちゃんと身につく物理 新 ◎
- 大学入試 もっと身につく物理問題集
  ①力学・波動 新 ◎
- 大学入試 もっと身につく物理問題集
  ②熱力学・電磁気・原子 新 ◎

入試対策

英検®赤本シリーズ

英検®（実用英語技能検定）の対策書。
過去問集と参考書で万全の対策ができます。

▶過去問集〔2023年度版〕
- 英検®準1級過去問集 DL
- 英検®2級過去問集 DL
- 英検®準2級過去問集 DL
- 英検®3級過去問集 DL

▶参考書
- 竹岡の英検®準1級マスター DL
- 竹岡の英検®2級マスター CD DL
- 竹岡の英検®準2級マスター CD DL
- 竹岡の英検®3級マスター CD DL

入試対策

赤本プレミアム

「これぞ京大！」という問題・テーマのみで構成したベストセレクションの決定版！

- 京大数学プレミアム[改訂版]
- 京大古典プレミアム

CD リスニングCDつき　DL 音声無料配信
新 2023年刊行　◎ 新課程版

入試対策

赤本メディカルシリーズ

過去問を徹底的に研究し、独自の出題傾向をもつメディカル系の入試に役立つ内容を精選した実戦的なシリーズです。

- 〔国公立大〕医学部の英語[3訂版]
- 私立医大の英語[長文読解編][3訂版]
- 私立医大の英語[文法・語法編][改訂版]
- 医学部の実戦小論文[3訂版]
- 〔国公立大〕医学部の数学
- 私立医大の数学
- 医歯薬系の英単語[4訂版]
- 医系小論文 最頻出論点20[3訂版]
- 医学部の面接[4訂版]

入試対策

体系シリーズ

国公立大二次・難関私大突破へ、自学自習に適したハイレベル問題集。

体系英語長文	体系日本史
体系英作文	体系世界史
体系数学Ⅰ・A	体系物理[第6版]
体系数学Ⅱ・B	体系物理[第7版] 新 ◎
体系現代文	体系化学[第2版]
体系古文	体系生物

入試対策

単行本

▶英語
- Q&A即決英語勉強法
- TEAP攻略問題集 CD
- 東大の英単語[新装版]
- 早慶上智の英単語[改訂版]

▶数学
- 稲荷の独習数学

▶国語・小論文
- 著者に注目！現代文問題集
- ブレない小論文の書き方 樋口式ワークノート

▶理科
- 折戸の独習物理

▶レシピ集
- 奥薗壽子の赤本合格レシピ

入試対策 ／ 共通テスト対策

赤本手帳

- 赤本手帳（2024年度受験用）プラムレッド
- 赤本手帳（2024年度受験用）インディゴブルー
- 赤本手帳（2024年度受験用）ナチュラルホワイト

入試対策

風呂で覚えるシリーズ

水をはじく特殊な紙を使用。いつでもどこでも読めるから、ちょっとした時間を有効に使える！

- 風呂で覚える英単語[4訂新装版]
- 風呂で覚える英熟語[改訂新装版]
- 風呂で覚える古文単語[改訂新装版]
- 風呂で覚える古文文法[改訂新装版]
- 風呂で覚える漢文[改訂版]
- 風呂で覚える日本史[年代][改訂新装版]
- 風呂で覚える世界史[年代][改訂新装版]
- 風呂で覚える倫理[改訂版]
- 風呂で覚える化学[3訂新装版]
- 風呂で覚える百人一首[改訂版]

共通テスト対策

満点のコツシリーズ

共通テストで満点を狙うための実戦的参考書。重要度の増したリスニング対策は「カリスマ講師」竹岡広信が一回読みにも対応できるコツを伝授！

- 共通テスト英語[リスニング] 満点のコツ CD DL
- 共通テスト古文 満点のコツ
- 共通テスト漢文 満点のコツ
- 共通テスト化学基礎 満点のコツ
- 共通テスト生物基礎 満点のコツ

入試対策 ／ 共通テスト対策

赤本ポケットシリーズ

▶共通テスト
- 共通テスト日

▶系統別進
- デザイン系
- 心理学科